beck **Ische**
reihe

W0087325

b**ˢʳ**

Demokratie ist aktuell wie kaum zuvor – und wirft Fragen auf. Am Anfang des 21. Jahrhunderts steht Euphorie unmittelbar neben tiefer Enttäuschung, der arabische Frühling in der islamischen Welt neben der Occupy-Bewegung und «Wutbürgern» im Westen. Gerade die Deutschen erhoben die Demokratie nach 1945 zu einem Denkmal, dem man mit Ehrfurcht begegnete. Aber die dramatisch wachsende Politikverdrossenheit und ein neues Phänomen wie «Stuttgart 21» zeigen, dass auch hierzulande die Zweifel zunehmen, ob die eingespielten Verfahren der parlamentarischen Demokratie wirklich noch ihrem zentralen Auftrag gerecht werden – den Willen des Volkes zu repräsentieren.

Paul Nolte zeigt in seiner Darstellung, die historische Perspektiven, grundsätzliche Fragen und aktuelle Probleme brillant miteinander verbindet, dass die Geschichte der Demokratie nie nur von Wachstum, Fortschritt und Erfüllung handelte. Sie war immer zugleich eine krisenhafte Suche nach der Auflösung von Konflikten und Widersprüchen. Sein neues Buch, das erfrischend unprofessoral geschrieben ist, bietet einen fulminanten, glänzend informierten Überblick über die politische Lebensform «Demokratie».

Paul Nolte, geb. 1963, ist Professor für Neuere Geschichte und Zeitgeschichte an der Freien Universität Berlin und Präsident der Evangelischen Akademie zu Berlin. Bei C. H. Beck sind u. a. seine Bücher «Die Ordnung der deutschen Gesellschaft» (2000), «Generation Reform» (6/2005) und «Riskante Moderne» (2006) erschienen.

Paul Nolte

Was ist Demokratie?

Geschichte und Gegenwart

Verlag C.H.Beck

Originalausgabe

© Verlag C.H.Beck oHG, München 2012
Satz, Druck u. Bindung: Druckerei C.H.Beck, Nördlingen
Umschlaggestaltung: malsyteufel, willich
Umschlagabbildung: © Melonstone/Dreamstime
Printed in Germany
ISBN 978 3 406 63028 6

www.beck.de

INHALT

I Einleitung: Fragen an die Demokratie

Demokratie ist aktuell wie kaum zuvor – und wirft Fragen auf. Am Anfang des 21. Jahrhunderts steht Euphorie unmittelbar neben tiefer Enttäuschung. Gerade für Deutsche stand die Demokratie, nach 1945, lange Zeit auf dem Sockel wie ein Denkmal, dem man mit Ehrfurcht begegnete. Aber die Herrschaft des Volkes, der Anspruch auf gleiche Freiheit und Selbstregierung sind voller Konflikte und Widersprüche. Die Geschichte der Demokratie handelt nicht nur von Wachstum, Fortschritt und Erfüllung, sondern ist einer immerwährenden Suche vergleichbar. Sie vollzog sich nie geradlinig, sondern geriet in schwere Krisen. Was ist, was war Demokratie? Geschichte und Gegenwart verschränken sich, und die Antworten können kaum eindeutig sein, sondern laden zum Nachdenken über die Zerrissenheit eines Versprechens ein.

Das Jahr 2011 wird als ein Jahr der Demokratie in die Geschichte eingehen. Die Suche nach Freiheit und politischer Selbstbestimmung hat Menschen überall auf der Welt aufgerührt und auf die Straßen getrieben. Diktatoren wie Gaddafi sind gestürzt, autoritäre Regierungen vertrieben worden. Und doch lassen sich die Proteste nicht als ein strahlender Triumphzug der Demokratie lesen. Bürgerinnen und Bürger engagierten sich mit gemischten Gefühlen: Neben der Hoffnung auf freie Verhältnisse und bessere Zeiten, neben einem unbändigen Optimismus standen tiefe Ängste und Sorgen angesichts demokratischer Zustände, die für viele diesen Namen immer weniger verdienen. Nicht nur Diktaturen erfuhren die Wut ihrer Untertanen – auch in etablierten Demokratien des Westens artikulierten «Wutbürger» ihr Unbehagen gegenüber politischen Institutionen und Entscheidungsprozessen, in denen sie sich wie entmündigte Untertanen fühlen: machtlos und ausgeliefert an anonyme Systeme. Das Jahr der Demokratie erfüllte manche Träume, war aber zugleich ein Jahr der tiefen Krise und der Suche nach Demokratie jenseits der ausgetretenen Pfade.

Der «arabische Frühling» bestätigte die Erwartungen derjenigen, die von einem letztlich unaufhaltsamen Siegeszug demokratischer Verfassung überall auf der Welt überzeugt sind. Am südlichen Rand des Mittelmeers und auf der arabischen Halbinsel, von Marokko bis Ägypten und von Syrien bis Jemen, erhoben sich Menschen gegen die verkrusteten und unfreien politischen Verhältnisse ihres Landes. Sie verlangten nach freien Wahlen und bürgerlichen Rechten, nach Teilhabe an der politischen Gestaltung ebenso wie nach freierer Luft zum Atmen in den allgemeinen, auch privaten Lebensumständen. In Tunesien und Ägypten mündeten die Ereignisse, einschließlich des Sturzes der bisherigen Regime, in eine regelrechte Revolution; in Libyen in einen Bürgerkrieg mit westlicher Intervention auf Seiten der Rebellen; in Syrien bislang in eine blutige Selbstbehauptung des Ancien Régime.

Nordamerika und Europa erschraken, als der Volksprotest bewährte Bundesgenossen und vermeintliche Stabilitätsanker wie den ägyptischen Präsidenten Mubarak zu Fall brachte. Der Westen staunte, dass Bürgerinnen und Bürger überwiegend islamisch geprägter Staaten für Freiheit und Demokratie kämpften. Und die etablierten Demokratien fühlten sich letztlich bestätigt in ihrer Auffassung, dass Demokratie nicht eine kulturell-politische Besonderheit des Westens sei, die in anderen Regionen der Welt, angesichts unterschiedlicher Traditionen und Wertvorstellungen, unpassend bleiben müsse. Weil der Funke der «Arabellion» so schnell von einem Land zum andern übersprang, wurden in Europa Erinnerungen an den «Völkerfrühling» des 19. Jahrhunderts wach, an die eigenen Proteste gegen selbstverliebte Monarchien und für bürgerliche und politische Freiheitsrechte, wie sie in der Revolution von 1848/49 kulminierten. Wie damals kamen auch im 20. Jahrhundert die Fortschritte der Demokratie häufig in Wellen, in verdichteten Schüben wie nach dem Ersten und Zweiten Weltkrieg oder wie 1989. Das Jahr 2011 könnte also eine neue Welle der globalen Demokratisierung einläuten und die vermeintliche Unfähigkeit der arabischen Welt (und in anderer Perspektive: des Islam) zu freiheitlicher, partizipatorischer Verfassung widerlegen.

Ob demokratische Proteste auf lange Sicht in stabile demokratische Institutionen münden, und ob diese wiederum in eine freizügige «offene Gesellschaft» nach dem Muster des Westens eingebettet werden können, ist jedoch noch alles andere als gewiss. Auch auf die Revolutionen von 1848 folgten Rückschläge und neue autoritäre Verhältnisse, nicht zuletzt in Deutschland. Die Demokratie der Institutionen, etwa von freien Wahlen und Parlament, durch eine gelebte und gefühlte Demokratie der Bürger abzusichern und zu erweitern dauerte auch im «Westen» oft viele Jahrzehnte, zum Beispiel in der Bundesrepublik seit 1949. Für westliche Überheblichkeit besteht aber schon deshalb kein Anlass, weil die eigenen politischen Zustände nicht mehr so gefestigt und selbstverständlich erscheinen, wie das gegen Ende des 20. Jahrhunderts, zumal nach dem Ende des Kommunismus in Osteuropa, der Fall war.

Auch für diese neuen Zweifel verdient das Jahr 2011 einen Eintrag im Geschichtsbuch. Seit der globalen Finanz- und Wirtschaftskrise von 2008 nehmen immer mehr Menschen die demokratische Politik als Spielball einer entfesselten kapitalistischen Logik von Profit und Spekulation wahr statt als Anwältin der Bürgerinteressen. Die Staatsschuldenkrise in der Eurozone und in den USA hat für viele den endgültigen Beweis einer Unterwerfung der Demokratie unter die Finanzmärkte und die Macht der Banken geliefert. Die gewählten Politiker und die Parlamente wirken bestenfalls hilflos und überfordert, schlimmstenfalls mit den Finanzinteressen im Bunde gegen die Wählerinnen und Wähler, deren Interessen sie doch eigentlich vertreten sollten. Die «Occupy»-Bewegung im Herbst 2011 brachte deshalb die Forderung nach Demokratie auch auf die Straßen und Plätze westlicher Hauptstädte und Finanzzentren, von New York bis nach Frankfurt und Berlin. Und immer häufiger begehren die Bürger jenseits der globalen Zusammenhänge von Politik und Wirtschaft auf, in ihrer eigenen Heimat, in ihrer städtischen und regionalen Lebenswelt. Wie bei den Protesten um das Bahnprojekt «Stuttgart 21» in Baden-Württemberg stellen sie Entscheidungen der Eliten in Frage. Ein demokratisches Mandat durch Wahl und Mehrheit genügt nicht mehr, um dem Handeln eines Bürgermeisters oder Ministerpräsidenten Glaubwürdigkeit und breite Akzeptanz zu verleihen. Die Demokratie wird zur Rechenschaft gezogen.

In der neuen Figur des «Wutbürgers» hat sich diese Unzufriedenheit prägnant verdichtet. Der Begriff bringt mehr als ein momentanes Unbehagen zum Ausdruck. Wut staut sich auf, bevor sie sich Luft macht. Zur Vorgeschichte des Wutbürgers gehört deshalb eine über mindestens zwei, drei Jahrzehnte gewachsene Enttäuschung über die Mechanismen der klassischen demokratischen Politik. In der Bundesrepublik hat die Wahlbeteiligung schon in den 1970er Jahren einen historischen Höhepunkt überschritten. Politische Parteien tun sich schwer, jüngere Menschen als Mitglieder zu gewinnen. Die Distanz gegenüber dem

Wahllokal und der Parteiversammlung verstärkt wiederum den Eindruck, Politik werde von «den anderen» gemacht. Sind Parlamentarier noch Volksvertreter, oder haben sie sich, gemeinsam mit hohen Bürokraten, Lobbyisten und anderen Eliten zu einer politischen Klasse verselbstständigt? Eine Kluft ist gewachsen, an deren fernem Ende die gewählten Politiker weniger als Repräsentanten der Bürgerinteressen erscheinen, sondern mehr wie eine Obrigkeit in vordemokratischen Zeiten, gegen die Freiheitsspielräume verteidigt oder zurückerobert werden müssen. Damit sind die Proteste in Westeuropa und Nordamerika von denen in der arabischen Welt gar nicht mehr so weit entfernt, wie es zunächst aussieht.

In eine antidemokratische Bewegung ist das Unbehagen an der etablierten Demokratie jedenfalls nicht umgeschlagen. In Anlehnung an Sigmund Freuds «Unbehagen in der Kultur» von 1930 könnte man also sagen: Es handelt sich um ein neues Unbehagen nicht «an» der Demokratie, also ihr gegenüber und mit einer Alternative zu ihr, sondern um ein Unbehagen «in» der Demokratie, also geradezu: im Angesicht ihrer Unausweichlichkeit und Alternativlosigkeit. Denn wir können der Demokratie so wenig entkommen (wollen) wie der Kultur. Angesichts historischer Erfahrungen zu Beginn des 20. Jahrhunderts, etwa in Deutschland während der Weimarer Republik, ist das alles andere als selbstverständlich. Im Gegenteil: Über Frustration und Wut hinweg bildet der Wunsch nach einer Einlösung demokratischer Versprechen ein Leitmotiv der neuen Proteste. Demokratie, so wie sie ist, wird gewogen und für zu leicht befunden. Ob die Bürger in den letzten Jahrzehnten tatsächlich politischen Einfluss verloren haben, den sie früher schon einmal besaßen, oder ob Parlamentarier sich von den Bürgern weiter entfernt haben, ist nicht leicht zu sagen. Zugleich sind nämlich die Erwartungen an demokratische Regierungssysteme gestiegen ebenso wie an das Engagement von Bürgern, deren demokratische Rolle sich nicht mehr in der des Wählers erschöpft.

So drückt sich in der neuen Unzufriedenheit mit der (repräsentativen, parlamentarischen) Demokratie nicht so sehr deren politische Erstarrung aus, sondern eher die Dynamisierung demokratischer Erwartungen und Handlungsformen im Westen seit den 1970er Jahren. Parteiensysteme haben sich keineswegs als verkrustet erwiesen, sondern als wandlungsfähig und offen für Innovationen – Deutschland ist ein besonders wichtiges Beispiel dafür, mit dem Aufstieg der Grünen, der Etablierung der Linkspartei und vielleicht neuerdings mit den «Piraten». Die Mobilisierung von Bürgerinnen und Bürgern in öffentlichem Protest und ihr Zusammenschluss jenseits von Parteien – von der Bürgerinitiative im Stadtviertel bis zu den «Global Players» der Zivilgesellschaft wie Greenpeace, Human Rights Watch oder attac – ist nicht nur ein Vehikel der Forderung nach mehr und anderer Demokratie. Mobilisierung, Vernetzung und bürgerliches Selbstbewusstsein sind vielmehr selber Ausdruck von Veränderung und Vitalität der Demokratie.

Jedenfalls ist die Lage am Beginn des 21. Jahrhunderts keineswegs so eindeutig, wie die Triumphgefühle der einen oder die Verzweiflung bei anderen nahelegen mögen. Eindeutig ist nur, dass die Demokratie, die nach 1945 gerade in Deutschland klar umrissene Grenzen zu haben schien, jetzt unsicherer, amorpher, vielgestaltiger geworden ist. Die «freiheitlich-demokratische Grundordnung»: Man hatte sie, oder man hatte sie nicht. Die den Deutschen zuvor so lange flüchtige Demokratie war nun endlich im Grundgesetz eingehaust, und es galt, sie gegen innere und äußere Feinde zu verteidigen. Diese Perspektive hat 1989/90 ihren Höhepunkt erreicht, mit der Ankunft der ehemaligen DDR-Bürger in der bundesdeutschen Demokratie. Im ganz unzweifelhaften Gewinn, den der Sturz von Diktaturen und die Demokratisierung Ostmitteleuropas bedeuteten, sind aber die inneren Wandlungen der westlichen Demokratie zu wenig beachtet worden. Auch ihre äußeren Bedingungen haben sich geändert, seit die goldenen Nachkriegsjahrzehnte von stetig wachsendem Wohlstand und sozialer Sicherheit vor einer Generation zu Ende gegangen sind. Eine neue Dynamik des globalen Kapitalismus hat Wohlstand in andere Teile der Welt getragen, im alten Westen aber Ungleichheiten verschärft. An die Stelle kollektiver Verbindlichkeiten und öffentlicher Leistungsgewährung sind Kommerzialisierung und eine Freisetzung des Individuums getreten. Die politischen Wirkungen sind kompliziert, wie das Beispiel der Individualisierung besonders eindrücklich zeigt: Menschen fallen durch die nicht mehr so engen Maschen sozialer Netze und politischer Zugehörigkeit, aber sie haben seit den 1970er Jahren auch neue Freiheit und neue Handlungsmacht gewonnen. So sind nicht zuletzt die Frauen erst seit dieser Zeit in vollem Sinne in die Demokratie eingetreten, obwohl sie schon ein halbes Jahrhundert über das Wahlrecht verfügt hatten.

*

Wenn diese Veränderungen so mehrdeutig, so vielschichtig sind, ist es Zeit für eine Bestandsaufnahme von Geschichte und Gegenwart der Demokratie jenseits der vorschnellen Urteile. Auch die Wissenschaftler sind sich derzeit nicht einig in ihren Diagnosen. In der Politikwissenschaft, vor allem in der politischen Theorie, folgen manche den Frustrationen und der Demokratieermüdung eines wachsenden Teils der Bevölkerung, vor allem der jüngeren Generation. Danach hat die westliche Demokratie am Anfang der 1970er Jahre einen Höhepunkt überschritten und befindet sich seitdem in Abstieg und innerer Entleerung. Neoliberalismus und kapitalistische Globalisierung haben, dieser Sichtweise zufolge, nicht nur eine tiefe Krise demokratischer Herrschaft und bürgerlicher Partizipation ausgelöst, sondern markieren eine denkbar tiefe historische Zäsur – das Ende von zweihundert Jahren westlicher Demokratiegeschichte. Seitdem treten wir in eine neue Ära politischer Entmündigung jenseits der klassischen autoritären Herrschaft ein, für den Colin Crouch den Begriff der «Postdemokratie» geprägt hat.

Historiker sind da naturgemäß skeptisch, denn sie wissen: Die Demokratie hat schon viele Wandlungsprozesse und Krisen durchlaufen. Sie wissen auch, dass Menschen (auch Wissenschaftler!) dazu neigen, ihre eigene, zufällige Gegenwart zum Dreh- und Angelpunkt der Weltgeschichte zu stilisieren. Ganz ähnlich ist in den 1960er und 70er Jahren vom «Spätkapitalismus» die Rede gewesen, als stehe das Ende des Kapitalismus bevor, der in Wirklichkeit kurz darauf in eine besonders dynamische Phase seiner Geschichte eintrat. Wie der Spätkapitalismus steht die Rede von der Postdemokratie in einer linken, marxistischen Tradition. Das verleiht ihr kritisches Potential und zeitdiagnostische Kraft, verleitet sie aber zu einer Unterschätzung der historischen Beharrungskraft und der prinzipiellen Bedeutung liberaler Demokratie. Der von empirischen Sozialwissenschaftlern – gerade auch des «linken» Spektrums! – immer wieder scharf herausgearbeitete Aufstieg einer «Basisdemokratie» der unmittelbaren Bürgerbeteiligung und des zivilgesellschaftlichen Engagements kommt dagegen in der düsteren Vision von der «Postdemokratie» kaum vor.

Genauso unbefriedigend ist aber das Horn des Triumphes, in das ein anderer Teil der Politikwissenschaft mit überbordendem Optimismus stößt. Danach kann von einem Niedergang der Demokratie gar keine Rede sein, die sich vielmehr, trotz einzelner Rückschläge, unaufhaltsam über immer größere Teile der Welt ausbreitet. Am Ende dieses Prozesses wird ihre universelle Ausbreitung stehen, die schon im historischen

Keim des demokratischen Gedankens und in der fundamentalen Überlegenheit von Freiheit über Unterdrückung angelegt war. Diese Sichtweise wiederum verengt Demokratie auf einen institutionellen Bausatz aus Grundrechten, freien Wahlen, parlamentarischer Regierung und ein paar anderen Zutaten und kann die inneren Wandlungen, auch die inneren Gefährdungen eines solchen Patentregimes nicht einfangen. Sie macht den umgekehrten Fehler wie die Postdemokratiker: Während diese nämlich die Geschichtlichkeit (und damit die Vergänglichkeit) der Demokratie überschätzen, manchmal bis an die Grenze einer leichtfertigen Preisgabe der Demokratie, unterschätzen die Triumphalisten ganz eklatant ihre historische Gewordenheit und Offenheit, ihre «Kontingenz». Denn der Siegeszug der Demokratie ist alles andere als unvermeidlich, und es könnte tatsächlich irgendwann eine andere Form politischer Herrschaft geben, deren Form wir noch nicht kennen.

So sind die wissenschaftlichen Perspektiven auf Geschichte und Gegenwart der Demokratie alles andere als einheitlich, und keineswegs objektiv, sondern vielmehr vom jeweiligen Standpunkt und von der Richtung des Blickes abhängig. Immer wieder lassen sich «Optimisten» und «Pessimisten» unterscheiden. Von ihrem politischen Standort her neigen Liberale und zivilgesellschaftlich inspirierte Linke eher zu einer optimistischen Sicht, Theorielinke und zumal Vertreter marxistischer Ansätze eher zum Demokratiepessimismus. Aber auch unabhängig von der eigenen politischen Position sind Theoretiker (und Theoretikerinnen, wie in der feministischen Demokratiedebatte) in der Regel skeptischer als empirische Forscher, die mehr die praktische Vielheit und Dynamik im Blick haben als die prinzipiellen Dilemmata und Grenzen von Demokratie. Eine andere Linie trennt, jedenfalls in der westlichen Forschung, die internationale Perspektive von der Binnensicht. Die einen sehen mehr die Gewinne in der globalen Ausbreitung von Demokratie, die anderen mehr die strukturellen Probleme im Innern westlicher Gesellschaften und formal konsolidierter Demokratien. Das verweist zugleich auf die Ungleichzeitigkeit demokratischer Erfahrung: Was viele Menschen im Westen langweilig und ausgezehrt finden, ist anderswo das höchste Gut, nach dem man zuallererst strebt: Meinungs- und Pressefreiheit, freie Wahlen, ein funktionierendes Parlament, ein Rechtsstaat! Und schließlich sind, aufs Ganze gesehen, in der gegenwärtigen Unsicherheit über die Zukunft der Demokratie die Amerikaner – wie so oft – optimistischer als die von Selbstzweifeln mehr geplagten Europäer.

Will man zu einem ausgewogenen Urteil kommen, muss man unterschiedlichen Perspektiven gerecht zu werden versuchen. Das gilt nicht nur für die Verschiedenheit politischer oder geographisch-kultureller Standorte, sondern auch für einen möglichst weiten Blick auf die praktische Gegenwärtigkeit von Demokratie, denn sie manifestiert sich längst nicht mehr nur in Wahlen und Parlamenten. Und nicht zuletzt sollte eine historische Vergewisserung über die Demokratie in gegenwärtiger Absicht ein multidisziplinäres Unterfangen sein. Bloß eine Geschichte der Demokratie zu erzählen genügt nicht. Ebenso wenig genügen die oft unhistorischen Sichtweisen der Sozial- und Politikwissenschaften. Die empirisch orientierte Sozialwissenschaft muss ebenso einbezogen werden wie die Begriffsschärfe der Sozialtheorie und politischen Philosophie, die aber für sich genommen leer und wirklichkeitsfern bleibt. Geschichte, empirische Sozialwissenschaft und Sozialtheorie könnten also das Dreieck einer zeitgemäßen Demokratiewissenschaft bilden. Daran orientiert sich der folgende Versuch. So soll am Beispiel der Demokratie der Anspruch einer «Historischen Sozialwissenschaft» (Hans-Ulrich Wehler) erneut erprobt werden.

*

Triumphzug oder Ermüdung, vielleicht sogar Niedergang – wie lässt sich die Geschichte der Demokratie begreifen, in welcher «Tonlage» kann sie heute am besten geschrieben werden? Auch hier kann eine eindimensionale, bloß lineare Sichtweise nicht mehr befriedigen. Am Anfang des 21. Jahrhunderts wissen wir zu viel über die Demokratie, um uns mit einfachen Antworten, so verlockend sie auf den ersten Blick sein mögen, zufrieden geben zu können. Wir sind aufgeklärt und abgeklärt zugleich: weithin einig in der Wertschätzung freier Regierung und freien Lebens und doch ernüchtert gegenüber den utopischen Verheißungen, die sich damit einst verknüpft haben. Aber daraus muss nicht Beliebigkeit folgen. Dieses Buch versucht die Geschichte und Gegenwart der Demokratie in drei Perspektiven zu verstehen und zu erzählen: als eine Erfüllungsgeschichte, eine Suchbewegung und eine Krisengeschichte. Seit den Anfängen der modernen Demokratie im 18. Jahrhundert, vielleicht sogar schon seit der klassischen Demokratie Athens vor zweieinhalbtausend Jahren, haben sich Erfüllung, Suche und Krise ständig überlappt und ineinander verflochten.

Demokratie als *Erfüllungsgeschichte*: Das ist die klassische Erzählung der westlichen Moderne, die in Aufklärungsdenken, Fortschrittsglauben und Liberalismus wurzelt. Freiheit und Gleichheit erscheinen darin als ein ursprüngliches Versprechen, das über die Jahrhunderte immer weiter und besser eingelöst werden konnte. Dabei mag man den Ursprungsmoment bereits im Athen des 6. oder 5. Jahrhunderts v. Chr. sehen, denn auf dieses Muster haben sich die Forderungen nach «mehr» und «besserer» Demokratie häufig bezogen – bis heute, wenn es zum Beispiel um die direkte Herrschaft in der Volksversammlung oder Volksabstimmung geht. Der wichtigste Anker der modernen Fortschritts- und Erfüllungsgeschichte von Demokratie aber sind die Revolutionen des späten 18. Jahrhunderts in Nordamerika und Frankreich. «All men are created equal»; allgemeine Menschen- und Bürgerrechte; die Republik als freie Regierung anstelle der monarchischen Despotie: Diese Forderungen wirkten als Keimzelle, als eine Art genetischer Code, der sich in den folgenden beiden Jahrhunderten Stück für Stück entfaltet hat. Die Wirklichkeit konnte an den kühnen Versprechen gemessen werden. Sind wirklich «alle Männer gleich geschaffen»? Dann mussten Vermögensschranken der politischen Teilhabe verschwinden. Nur weiße Männer? Auch eine andere Hautfarbe qualifizierte, selbst wenn das lange und hartnäckig, sogar extrem blutig bestritten wurde, zu persönlicher Freiheit, Bürgerschaft und politischer Mitsprache. Und sollte das «gleich geschaffen» und gleich berechtigt nicht für alle Menschen gelten? Dann musste die Geschlechtergrenze irgendwann fallen, auch wenn das bis weit ins 20. Jahrhundert dauerte.

Mit dem Fortschrittsgedanken verbindet sich also jener der Universalität, der Allgemeingültigkeit, auch in räumlicher Hinsicht. Während Republiken und (Proto-)Demokratien am Anfang des 19. Jahrhunderts exotische Ausnahmen darstellten, hat sich die Weltkarte seitdem in vielen Etappen demokratischer gefärbt. So entfaltet sich neben der inneren Erfüllungsgeschichte, also der Demokratisierung und Inklusion in einzelnen Gesellschaften, auch eine äußere der globalen Expansion. In postmodernen, aufklärungs- und fortschrittsskeptischen Zeiten sind viele Menschen – zumal im Westen – gegenüber dieser Perspektive kritisch, teils geradezu allergisch geworden. Wenn man die Erfüllungsgeschichte von ihrem geschichtsphilosophischen Ballast befreit, bleibt sie jedoch unverzichtbar, weil sie einen wichtigen Teil der empirischen Wirklichkeit einfängt. Dazu gehören auch bittere Konflikte und Kämpfe um das Versprechen der Demokratie. Harmonisch ging es bei den

Fortschritten der Freiheit kaum jemals zu. Und schließlich bleiben die ursprünglichen Anker dieses Versprechens auch ein kritischer Stachel in der Gegenwart. Wenn allen Menschen gleiche Freiheit zusteht, warum lebt dann in deutschen Städten seit Jahrzehnten ein großer Teil der Bevölkerung ohne allgemeines Wahlrecht?

Dennoch – die Perspektive von Versprechen und Erfüllung reicht nicht aus. Die Geschichte der Demokratie war immer auch eine *Suchbewegung* in einer offenen Situation. Auch wenn radikale Visionäre im 18. Jahrhundert ihrer eigenen Zeit weit voraus waren, auch wenn sich an der Grundidee zentraler Institutionen wie des Parlaments seit zweihundert Jahren erstaunlich wenig geändert hat: Natürlich wusste damals noch niemand, wohin Idee und Praxis der Demokratie in den nächsten Generationen führen würden. Erst recht war die Situation immer wieder offen und voll von ganz neuartigen Herausforderungen, weil sich politische Herrschaftsformen seit der Amerikanischen und Französischen Revolution nicht in einer stabilen Gesellschaft weiterentwickelten. Im Gegenteil, es begann eine der tiefsten Umwälzungen der Menschheitsgeschichte: die Ablösung des europäischen Feudalismus durch individualisierte Marktgesellschaft und kommerziellen Kapitalismus; die Industrielle Revolution; der große Zug vom Land in die werdenden Großstädte; die Umwälzung von Kommunikation und Verkehr. Angesichts dieser stürmischen Veränderungen musste immer wieder neu überlegt werden, was Demokratie eigentlich heißen konnte. Neue Chancen standen offen, aber es bildeten sich auch neue Barrieren. Bürokratischer Staat und Großunternehmen standen für Hierarchie und Kontrolle, nicht für Gleichheit und Partizipation. Soziale Ungleichheit verschärfte sich – und gab zugleich Anstoß für die Suche nach neuer und erweiterter Demokratie für die Masse der lohnabhängigen Bevölkerung.

So lässt sich der Sozialismus mit all seinen vielfältigen Ideen und Strömungen als die vielleicht wichtigste demokratische Suchbewegung des 19. und 20. Jahrhunderts verstehen. «Es muss doch möglich sein», so lautete das Grundmotiv dieser und vieler anderer Fragen und Suchen immer wieder: Demokratie jenseits krasser Besitzunterschiede zu etablieren; sie nicht nur in der Politik, sondern auch im Betrieb anzuwenden; vielleicht auch: auf diesem Wege Herrschaft von Menschen über Menschen ganz verschwinden zu lassen. Die Suche führte an bisherige Grenzen der Demokratie und über sie hinaus. Das war ein schwieriges Unterfangen, denn das so erschlossene Neuland erwies sich oft als tragfähig für eine demokratische Erweiterung, teils aber auch als Nährboden für ganz andere politische Regime und sogar für eine neue Unfreiheit. Für die Aporien dieser Suche steht besonders der Weg Lenins und des russischen Bolschewismus in die kommunistische Diktatur. Das Suchprinzip als solches war damit jedoch nicht diskreditiert; die Demokratie nicht zur Erstarrung in ihren bürgerlichen Formen um 1900 gezwungen. Die zweite Hälfte des 20. Jahrhunderts ist voll von neuen Anläufen und Experimenten, Freiheit und Partizipation zeitgemäße und effektive Gestalt zu geben. Das wichtigste Feld dieser Suche bildet die Demokratie des Protests, der sozialen Bewegungen und der Zivilgesellschaft, mit der die Demokratie von Parteien und Parlamenten um heute unverzichtbare Dimensionen erweitert wurde. Auch dabei ging es – und geht es bis heute – nicht harmonisch zu, sondern spannungs- und konfliktreich und bisweilen gewaltsam.

Schließlich ist die Geschichte der Demokratie immer auch *Krisengeschichte*. Das klingt zunächst vielleicht trivial, erinnert aber an zusätzliche Aspekte dieser Geschichte, hilft bei der Gegenwartsdiagnose und sagt etwas über die besondere Eigenart der Demokratie als Herrschafts- und Lebensform aus. Wenn man, wie das hier geschieht, die Konflikthaftigkeit demokratischer Entwicklung besonders betont, also den Streit um Demokratie, mit welchen Mitteln auch immer er ausgetragen wurde, dann sind die Krisen der Demokratie nicht weit entfernt. So gesehen, kehrt sich die Perspektive der «Erfüllungsgeschichte» geradezu um: Wir sehen nicht den unaufhaltsamen Aufstieg einer Idee, die unwiderstehliche Einlösung eines Versprechens, sondern eine stolpernde, eine unsichere, von innen und außen immer wieder in Bedrängnis geratende Demokratie. Das gilt schon früh und ganz unmittelbar: Die unabhängigen nordamerikanischen Republiken und das revolutionäre Frankreich mussten sich in Kriegen gegen die feindlichen europäischen Monarchien behaupten. Später war Hitlers Nazi-Deutschland kurz davor, die Demokratie von der europäischen Landkarte vollständig zu tilgen. Weniger spektakulär, aber nicht weniger gefährlich waren die inneren Krisen: Im 19. Jahrhundert lassen sich immer wieder Weggabelungen erkennen, an denen die Demokratie sich in Richtung einer verkrusteten Elitenherrschaft hätte entwickeln können, statt den Weg der Egalisierung und Inklusion zu gehen. So entwickelten die Sklavenbesitzer in den amerikanischen Südstaaten ihre ganz eigene Auffassung von «Demokratie».

Die bisher tiefste innere Krise jedoch hatte ihr Zentrum in Europa während der ersten Jahrzehnte des 20. Jahrhunderts. Damals breitete sich die Überzeugung aus, die Demokratie habe den Höhepunkt ihres Lebenszyklus überschritten, weil sie mit der liberal-bürgerlichen Gesellschaft des 19. Jahrhunderts entstanden sei und mit dieser auch wieder vergehen müsse. Dahinter nämlich erschienen die Umrisse einer zugleich wissenschaftlich-technokratischen und massenhaft-kollektiven Gesellschaft, die nach neuen Formen der autoritären Führung zu verlangen schien und individuelle Rechte gering achtete. Das rückt die gegenwärtige Krisenstimmung in Perspektive, denn verglichen mit der «großen Krise» der Demokratie vor etwa achtzig bis hundert Jahren weht heute nur eine leichte Brise der Skepsis – und nicht zuletzt: die explizite Alternative, die damals Diktatur hieß, fehlt heute. Aber die früheren Krisen können auch als Warnung gelesen werden, nicht vorschnell und ungeprüft von einer historischen Abenddämmerung der Demokratie zu sprechen. Denn ganz ähnliche Argumente haben freie persönliche und politische Verhältnisse schon einmal für historisch überlebt erklärt. Damals war eine vermeintlich nüchterne Analyse des Werdens und Vergehens von Demokratie in Wirklichkeit Angriff auf die Demokratie und Selbstpreisgabe. Jedoch kann sich die Demokratie deshalb gegen Kritik, auch gegen die schärfste Kritik, nicht immunisieren. Im Gegenteil, ihre Geschichte ist auch deshalb immer wieder eine Krisengeschichte, weil die Demokratie eine «schwache» Herrschaftsform ist, die sich selber dauernd in Frage stellt und noch ihre Gegner zur Kritik einlädt.

*

Wann und wo war die Geschichte der Demokratie? Sie vollzog sich zunächst in einem Stadtstaat, einer Polis, im östlichen Mittelmeer. Athen gehörte zu einer mediterranen und vorderasiatischen Zivilisation, die sich keineswegs als Teil, geschweige denn als Keimzelle des «Westens» sah, als die sie viel später oft vereinnahmt wurde. Im 17. und 18. Jahrhundert verlagerte sich das Gravitationszentrum in den nordatlantischen Raum, vor allem in die westliche Hälfte Europas und in die britischen Kolonien an der nordamerikanischen Atlantikküste. Bis weit in das 20. Jahrhundert hinein ist dies der historische Kernraum demokratischer Ideen, Bewegungen und Regime gewesen. Hier liegt auch der räumliche Schwerpunkt dieses Buches, das keine Vorgeschichte der europäischen Demokratie sein will und auch deshalb den USA besondere Beachtung schenkt. Weil es sich zunächst vor allem an deutsche Leser wendet, kommt die Darstellung immer wieder auf die komplizierte Geschichte der Demokratie in Deutschland zurück. Besonders für das 20. Jahrhundert ist der «Fall Deutschland» aber auch grundsätzlich von Bedeutung, als ein Muster besonders radikaler Krisengeschichte mit weiten Pendelausschlägen zwischen mörderischer Demokratieverweigerung und demokratischem Musterschüler. In der zweiten Hälfte des 20. Jahrhunderts hat sich die Geschichte von Demokratie endgültig global erweitert. In Indien etablierte sich die bevölkerungsreichste Demokratie der Erde und zugleich ein Muster für den Transfer von Demokratie in nichtwestliche Gesellschaften, wie er sich jüngst im arabischen Raum beschleunigt fortsetzt. Überhaupt ist die jüngere Dynamik der Demokratie, von internationalen NGOs bis zum Internet, an territoriale Grenzen immer weniger gebunden. Diese Entgrenzung jenseits des nordatlantischen Westens ist ein Fluchtpunkt der Darstellung, auch wenn eine wirkliche Globalgeschichte der Demokratie anders aussehen müsste.

In zeitlicher Dimension wird weit ausgeholt, aber keine strikt chronologisch angeordnete Geschichte erzählt. Die Kapitel des Buches folgen einem zeitlichen Faden, der von der Antike bis in die Gegenwart reicht. Doch geht es zugleich immer wieder um eine Problemdiskussion in systematischer Absicht. Die athenische Demokratie «war» nicht nur vor zweieinhalbtausend Jahren, sondern wirkt bis heute nach. Moderne Parteien sind im späten 18. und frühen 19. Jahrhundert entstanden – das ist Anlass, nach den Wandlungen politischer Parteien bis in das beginnende 21. Jahrhundert zu fragen. Man kann das Buch gewiss als eine Geschichte lesen, von vorne bis hinten, von den Anfängen bis in die Gegenwart. Man kann aber auch an jedem beliebigen Punkt «einsteigen», um sich über eine bestimmte Episode, ein bestimmtes Grundsatzproblem zu informieren und anregen zu lassen. Geschichte und Gegenwart sollen sich verbinden.

Das gilt noch in anderer Hinsicht: nämlich in dem Versuch, die Geschichte der Demokratie bis in das frühe 21. Jahrhundert zu führen. Damit ist nicht so sehr die Erwähnung bestimmter Ereignisse gemeint, vom Fall des Kommunismus bis zum arabischen Frühling, oder von der Etablierung der Grünen Partei bis zu Twitter und Wikileaks. Schwieriger ist nämlich der Entwurf eines Rahmens, in dem die jüngste Geschichte der Demokratie überhaupt erzählt – und das heißt ja: sinnhaft verdichtet – werden kann. Gerade in Deutschland dominierte lange Zeit (und teils bis heute) eine «Wiedergutmachungsgeschichte» der

Demokratie: Nach der Katastrophe von 1933 bis 1945 arbeitete sich das Land mühsam wieder in die Demokratie zurück, zunächst institutionell mit dem Grundgesetz, dann im Wandel von Mentalitäten in der westlichen Nachkriegszeit, schließlich auch mit der Einbeziehung der ehemaligen DDR. Diese Erzählung genügt nicht mehr. Denn wir sind nicht in einer Demokratie angekommen, die nach der Heilung einer furchtbaren Krankheit nunmehr immerwährende Stabilität verheißt. Wandlungen der deutschen Demokratie lassen sich längst nicht mehr mit einer Wiedergutmachung von Diktaturschäden erklären, sondern sind Teil einer viel breiteren – europäischen, westlichen, globalen – Dynamik von Demokratie geworden.

Der Fluchtpunkt dieser Dynamik, die sich besonders seit den 1960er Jahren entfaltet hat, ist nicht leicht zu fassen. Denn es ist nicht eine klare institutionelle Alternative zur klassischen Demokratie, die sich seitdem mehr und mehr herausbildet. Vielmehr verliert die klassische institutionelle Rahmung der Demokratie seitdem an Bedeutung, nämlich das repräsentative Regime von Wahlen, Parlamenten und parlamentarischer Exekutive. Demokratie franst aus, wird vielfältiger, tritt nicht notwendig institutionalisiert, jedenfalls nicht formal organisiert auf: etwa in sozialen Bewegungen, die keine Parteien mehr sind, oder in Menschenrechtsorganisationen, die für junge Menschen ebenso wichtig sind wie früher die Parteien, aber im Gegensatz zu diesen keine Erwähnung im Grundgesetz finden. Ein Grundzug der jüngsten Demokratiegeschichte ist die Aufwertung der unmittelbaren Bürgerbeteiligung, der Siegeszug der «partizipatorischen Demokratie». Aber darin geht die Entwicklung der letzten Jahrzehnte nicht auf. Wie verhält sich die Europäische Union zur nationalen und zur Bewegungsdemokratie? Warum spielen Gerichtsentscheidungen eine so große Rolle? Was bedeutet es, wenn Bürgerinnen und Bürger nicht mehr primär – wie in der klassischen Demokratie – für ihre eigenen Interessen kämpfen, sondern für die Interessen anderer, die selber nicht sprachfähig sind? Aus der klassischen, vor allem repräsentativen Demokratie ist eine vielfältige, eine multiple Demokratie geworden.

Für das Verhältnis von Dauer und Wandel, von Stabilität und Veränderung interessieren sich Historiker immer. In der Geschichte der Demokratie wird man da gewiss fündig. Die Ideen und Grundprinzipien gleicher Freiheit, freier Regierung und freier Lebensführung haben sich als erstaunlich dauerhaft erwiesen, über allen gesellschaftlichen Wandel hinweg, und in sehr unterschiedlichen kulturellen Traditionen. Trotzdem muss man sich hüten, darin so etwas wie anthropologische Universalien, also Grundbedingungen der menschlichen Existenz überhaupt, zu sehen. Nicht nur sind diese Ideen höchst unterschiedlich interpretiert worden; an vielen Orten und über lange Strecken waren sie auch in der europäischen Geschichte weithin unbekannt. Bemerkenswert ist auch die Stabilität praktischer und institutioneller Arrangements der Volksherrschaft: etwa der Gewaltenteilung oder des Parlamentarismus. Ihre Ablösung oder Neuerfindung ist auf absehbare Zeit unwahrscheinlich – und doch steht der institutionellen Kontinuität eine permanente Herausforderung und Erneuerung durch soziale Bewegungen gegenüber, die nicht erst seit dem späten 20. Jahrhundert ihre Fragen an die «etablierte» Demokratie richten.

Das Wirken solcher sozialen Protest- und Reformbewegungen lässt sich mindestens bis in das frühe 19. Jahrhundert zurückverfolgen und bildet ein Leitmotiv dieser Geschichte der Demokratie. Ältere Schichten der Demokratie verschwinden nicht, sondern werden durch neuere ergänzt und «überschrieben». In der Gegenwart der Demokratie ist deshalb ihre Geschichte «aufgehoben» – nicht so sehr im dialektischen Sinne, sondern im Sinne eines Palimpsests: eines alten Schriftstücks, das immer wieder neu beschrieben wird, ohne dass die älteren Schichten ihre Lesbarkeit und Präsenz verlieren. Aber das Verhältnis von Dauer und Wandel hat auch eine normative Komponente. Demokratie kann uns nicht gleichgültig sein, weil sie die Existenzgrundlagen unserer freien Lebensverfassung betrifft. Sie ist offen, historisch kontingent, extrem flüssig – und doch offenbar nicht beliebig. *In* der Demokratie fällt es schwer, sie zu definieren. Wo sie abhanden gekommen ist, sind die Defizite offensichtlich, und die Forderungen nach ihr klingen überall auf der Welt gleich: Meinungs- und Pressefreiheit, freie Wahlen, unabhängige Gerichte, Schutz vor willkürlicher Verfolgung.

Darin scheint ein weiteres Spannungsfeld auf, das die Geschichte der Demokratie seit der Antike begleitet hat und als roter Faden dieses Buches immer wieder aufscheinen wird. Demokratie ist, einerseits, in ihrem Kern eine Verfassung der politischen Freiheit und Selbstregierung. Wo diese zentrale Dimension von Demokratie in Frage gestellt oder auch nur relativiert wurde, haben nicht nur die politischen Rechte und Freiheiten Schaden genommen. Die politische Demokratie – man könnte auch sagen: die «bürgerliche Demokratie» – lässt sich nicht gegen andere Typen von Institutionen oder Rechten aufrechnen. In der DDR hieß es gerne: Ihr habt politische Rechte, wir haben soziale Rechte, also sind wir mindestens quitt – oder sind die sozialen Rechte nicht sogar für die Menschen wichtiger? Diese Rechnung ist in der Geschichte der Demokratie niemals aufgegangen; im Extremfall bezeichnet sie den Unterschied zur Diktatur. Und doch ließ sich Demokratie noch nie auf die politische Verfassung, auf Herrschaft und Regierung im engeren Sinne einschränken, sondern drängte immer darüber hinaus. Die athenische Demokratie war einerseits eine ungemein «politische» Sache: Sie galt für die Polis, nicht für andere Lebensbereiche, in denen der Bürger Ehemann, Haushaltsvorstand, Handwerker oder Bauer war. Andererseits durchdrang die Demokratie schon damals weite Bereiche der Lebensführung, und die Bürger-Identität war nicht auf ein enges Segment politischen Handelns zu begrenzen. In modernen Gesellschaften entspricht dem die Spannung zwischen Demokratie als Herrschafts- und als Lebensform. Besonders seit der Mitte des 20. Jahrhunderts ist sie immer wieder als ein «way of life» interpretiert und gesucht worden. Ohne diese Sehnsucht nach einer Lebensführung in Gleichheit, Freiheit, Teilhabe und Selbstverwirklichung ist Demokratie seitdem nicht mehr vorstellbar. Dennoch kann der politische Kern der Demokratie in einem solchen, weit gefassten Ideal nicht seine spezifischen Konturen verlieren, ohne die politische Freiheit zu gefährden. Das ist weit mehr als eine abstrakte Frage: In der Entwicklung der Volksrepublik China scheint die Möglichkeit einer weithin offenen, modernen, liberalisierten Gesellschaft auf, der die politische Selbstbestimmung gleichwohl fehlt.

*

Angesichts eines so wichtigen, in Wissenschaft und Öffentlichkeit gleichermaßen breit und kontrovers diskutierten Themas erstaunt es, dass eine Geschichte der Demokratie in letzter Zeit nur selten geschrieben wurde. Interessierte Leserinnen und Leser können bisher nur auf eine sehr begrenzte Auswahl von Titeln zurückgreifen, von denen die meisten in englischer Sprache vorliegen. Die wegen ihrer Originalität und intellektuellen Weite bemerkenswertesten Versuche, die auch den Verfasser dieses Buches immer wieder angeregt haben, sind eine knappe Skizze von John Dunn und jüngst, erst 2009 erschienen, die beeindruckende und umfangreiche Darstellung aus der Feder John Keanes. Beide zeichnen sich durch eine interdisziplinäre Perspektive aus, die Politikwissenschaft und Geschichte verbindet; beiden fehlt eine deutsche

Übersetzung. Beide richten sich zudem eher an ein fachlich vorgebildetes, wenn nicht wissenschaftliches Publikum.

So trifft dieser Versuch, Geschichte und Gegenwart, historische Entwicklung und grundsätzliche Probleme der Demokratie zu umreißen, hoffentlich auf Interesse. Seine Idealvorstellung ist die Neugier der Leserin und des Lesers, der Ausgangspunkt der Darstellung deswegen immer wieder das Prinzip der Physikstunde aus der «Feuerzangenbowle»: «Jetzt stellen wir uns mal ganz dumm». Was ist eigentlich Demokratie, warum gibt es Parteien, wie war das mit der Französischen Revolution oder dem Grundgesetz? Es rechnet zugleich damit, dass sich Neugier verführen lässt, auch einmal etwas komplizierteren Gedankengängen zu folgen. Wer sich genauer auskennt, wird darin Fachbegriffe wiedererkennen, wird Positionen der Theorie und der Forschung reflektiert finden, die zum Teil auch in den Literaturnachweisen dokumentiert sind. Für andere, für Einsteiger, bieten diese Hinweise die Möglichkeit zum vertieften Weiterlesen. Wem es an einer Stelle zu schwierig wird, der möge das Buch nicht gleich aus der Hand legen, denn mit jedem Abschnitt beginnt der Erklärungsversuch von neuem.

Die Gegenwart der Demokratie jedenfalls, die der Titel des Buches verspricht, findet sich nicht nur auf seinen letzten Seiten, sondern vom ersten Kapitel an und zieht sich als ein roter Faden durch die historischen Annäherungen hindurch. Viele Themen, viele historische Ereignisse und systematische Aspekte fehlen gleichwohl – enzyklopädische Vollständigkeit war nicht das Ziel und wäre bei einem solchen Gegenstand ohnehin nicht erreichbar, auch wenn eine gründlichere, zwangsläufig dann aber auch erheblich umfangreichere Geschichte der Demokratie wünschenswert bleibt. Wichtiger ist: Leserinnen und Leser sollen sich in diesem Buch selber wiederfinden können und bei der Lektüre erfahren: Demokratie ist nicht das, was einige andere veranstalten, sondern hat etwas mit mir zu tun, so wie sie seit jeher von Menschen gemacht wurde.

II Anfänge

Demokratie ist noch sehr neu und hat doch eine lange Geschichte. Sie beginnt vor mehr als zweieinhalbtausend Jahren, als athenische Bürger die Herrschaft des Volkes zum ersten Mal praktizierten – und ihr auch diesen Namen gaben. Etwas später erprobten die Römer den selbstverwalteten Staat ohne Könige: die Republik. Aber bald riss dieser Faden. Erst in viel jüngerer Erinnerung konnte die antike Demokratie als Vorgeschichte einer anderen, modernen gedeutet werden. In der Zwischenzeit war Demokratie in Europa unbekannt und passte nicht zu Gesellschaft, Politik und Kultur des christlichen Kontinents. Erst seit dem späten Mittelalter regten sich, vor allem in Städten, neue Ansätze bürgerschaftlicher Selbstregierung; später entstanden auch Republiken wie die der Niederlande. Aber erst im 18. Jahrhundert, im Zeitalter der Aufklärung, wurde demokratische Verfassung wieder vorstellbar, und für manche auch wünschenswert. Dennoch: Die Schwelle zur modernen Demokratie konnten auch der frühe Republikanismus und die Aufklärung noch nicht überschreiten.

1 Nicht wir:
Die Erfindung der Demokratie in Athen

Vor etwa zweieinhalbtausend Jahren entstand im östlichen Mittelmeerraum, auf der griechischen Halbinsel Attika, zum ersten Mal überhaupt in der Weltgeschichte Demokratie. Die Bürger von Athen überließen die Regierung ihrer Polis, also ihres stadtstaatlichen Gemeinwesens, nicht einem König, einem Tyrannen oder einer schmalen aristokratischen Elite, was weithin den kaum hinterfragten Normalfall darstellte, sondern regierten sich selbst: frei und einander gleich; durch die Übernahme von Ämtern und unmittelbar in der Volksversammlung. So haben es Generationen von Schülern im Geschichtsunterricht gelernt, und das historische Beispiel dient dabei bis heute zugleich als ein Sprungbrett für die Beschäftigung mit der Gegenwart, ja als eine Art archimedischer Punkt der politischen Pädagogik, der Erziehung zur Demokratie. Die moderne Geschichts- und Altertumswissenschaft hat den Glanz des unmittelbaren, geradezu heroischen Vorbilds gehörig angekratzt, den der Griechenkult in der humanistischen Bildung seit dem späten 18. Jahrhundert gepflegt hatte. Die athenische Demokratie war weit von der Gegenwart entfernt; ihre Bürger würden sich in unserer Demokratie keineswegs sofort zurechtfinden. Das klassische Athen des 5. und 4. Jahrhunderts v. Chr., in dem sich diese Regierungsform entfaltete, hat den modernen «Westen» der Aufklärung oder gar die nordatlantische Nachkriegsordnung nicht vorweggenommen, sondern war Teil einer Welt mit ganz anderen Koordinaten. Ihr Kompass zeigte nicht nach West- und Mitteleuropa, sondern in die ägäische Inselwelt, nach Nordafrika und in den Vorderen Orient, wo schon früher Hochkulturen geblüht hatten.

Dennoch hat auch eine nüchterne und kritische Forschung der letzten Jahrzehnte das Bild von der Erfindung der Demokratie im antiken Griechenland nicht umgestoßen, vielmehr insgesamt bestätigt, und zum Teil sogar noch pointierter als früher gezeichnet. «Erfindung» heißt dabei aber nicht, dass die Athener durch intensives Nachdenken und Philosophieren über eine bessere Regierungsform auf die Demokratie gekommen wären, dass sie eine Blaupause der Demokratie angefertigt und diese anschließend planmäßig in Verfassung und praktische Politik umgesetzt hätten. Dazu fehlte ihnen schon das moderne Bewusstsein von Zeit und Fortschritt, das seit dem späten 18. Jahrhundert Republik und Demokratie als einen Auftrag der Geschichte und einen Entwurf für die Zukunft verstand. Die athenische Demokratie entstand also nicht zuerst in der Theorie, sondern entwickelte sich, langsam und in vielen Etappen, im praktischen Vollzug. Dass dabei eine «Demokratie» entstehen würde, war den Zeitgenossen vorher (oder auch währenddessen) nicht klar, zumal das Wort ihnen zunächst noch nicht zur Verfügung stand – es tauchte erst in der zweiten Hälfte des 5. Jahrhunderts auf, nach den Reformen des Perikles, als die entsprechende Verfassung bereits in mehreren Stufen ausgebaut war und ihre «radikale» Stufe erreicht hatte.

Insgesamt dauerte die Geschichte der athenischen Demokratie knapp drei Jahrhunderte. Sie begann mit den Reformen des Solon, der im Jahre 594 v. Chr. von seinen Mitadligen in das Amt des «Archon» gewählt wurde. Er sorgte für eine Entlastung der völlig überschuldeten und damit unfrei gewordenen Bauern und durchbrach die Vorherrschaft des

Adels in Politik und Gesellschaft durch ein Zensussystem. Politische Teilhabe bemaß sich jetzt an vier Vermögensklassen – das klingt nicht sehr demokratisch, erinnert aber an den späteren «Umweg» der modernen Demokratie von der ständischen Gesellschaft in die staatsbürgerliche Gleichheit über das Zensuswahlrecht. Seine Gesetze ließ Solon auf steinerne Tafeln schreiben. Das war das Signal für eine von Menschen gemachte, «gesatzte» Ordnung, die auch wieder veränderbar war. Die politischen und sozialen Verhältnisse leiteten sich nicht aus göttlicher Fügung ab, sondern konnten bewusst gestaltet werden.

Die zweite Hälfte des 6. Jahrhunderts stand im Zeichen der Alleinherrschaft des Peisistratos und seiner Söhne. Der Weg führte erst einmal weg von der Demokratie, doch schwächte die «Tyrannis» andererseits, ganz bewusst, den athenischen Adel. Daran konnte Kleisthenes anknüpfen, mit dessen Reformen im Jahre 508/507 die «klassisch» genannte Phase der athenischen Demokratie beginnt. Ausgangspunkt dafür war eine Neugliederung der Bürgerschaft, die die bisherigen adligen Verbände und vom Adel dominierten sozialen Abhängigkeitsverhältnisse durchbrach, die sogenannte «Phylenreform». Bisher waren die Phylen, als Untereinheiten der attischen Polis, von Adligen geführte Personenverbände gewesen. An die Stelle dieser vertikalen Gliederung trat eine horizontale, und eine Durchmischung der Bürgerschaft, indem Kleisthenes die neuen Phylen nach geographischen Kriterien bildete. Die Gebiete von Stadt, Binnenland und Küste wurden in je zehn Teile, «Trittyen» genannt, aufgeteilt; dann setzte man die Phylen im Losverfahren aus je einem Segment der drei landschaftlichen Gebiete zusammen. Sie galten fortan als Grundlage der politischen Vertretung, indem jede Phyle 50 Vertreter in den neuen «Rat der 500» entsandte. Modern gesprochen, waren das die Wahlkreise, deren Bürgerschaft sich ihre Repräsentanten wählte.

Bald darauf forderten die Perserkriege die ganze Aufmerksamkeit der Athener: mit der Schlacht bei Marathon 490 und der endgültigen Abwehr der Perser unter ihrem König Xerxes zehn Jahre später, maßgeblich gestützt durch Siege der athenischen Flotte in den großen Seeschlachten von Kap Artemision und Salamis. Der Krieg führte jedoch nicht in eine Beschränkung der Demokratie, im Gegenteil. Für die großen Ruderschiffe, die Trieren, benötigte man Ruderer-Krieger, die Bürger und nicht Sklaven sein mussten. Auf diesem Wege erlangten viele ärmere Athener das Bürgerrecht und die Teilhabe an der Demokratie. Bis zur Mitte des Jahrhunderts setzte sich dieser Prozess als Übergang zur «radikalen» Demokratie fort. Der Areopag, also der alte Adelsrat, verlor seine Macht; diese verlagerte sich immer mehr in den Rat der 500 und unmittelbar in die Volksversammlung. Damit auch einfache Bürger an deren Sitzungen teilnehmen und Ämter übernehmen konnten, führten die Reformen des Perikles Diätenzahlungen ein. So ging die athenische Demokratie in eine zweite große Phase der militärischen Auseinandersetzung: in den Peloponnesischen Krieg, die Auseinandersetzung mit Sparta und dessen ganz anderer politisch-sozialer Ordnung in den Jahren 431 bis 404.

In der Schlussphase des Krieges geriet die Demokratie in eine schwere Krise; zweimal innerhalb von zehn Jahren trat ein oligarchisches Regime, teils von Sparta gestützt, an ihre Stelle. Im Jahre 403 jedoch stürzte die zweite dieser Oligarchien, das «Regime der dreißig Tyrannen». Die Demokratie wurde wiederhergestellt – und ging sogar mit neuem Selbstbewusstsein aus der Krise hervor. Das ist ganz wörtlich zu verstehen: Die Athener waren sich nun der Besonderheit ihrer politischen Ordnung mehr als zuvor bewusst, sprachen positiver von ihr; sie huldigten ihr gar in kultischer Verehrung und zeigten sich zu ihrer Verteidigung entschlossen. So erlebte die Demokratie in den nächsten Jahrzehnten, vor allem in der ersten Hälfte des 4. Jahrhunderts, eine neue Blütezeit. Ihr Ende kam in neuen außenpolitischen Konstellationen des östlichen Mittelmeerraums, vor allem mit dem Aufstieg der makedonischen Herrschaft Philipps II. und seines Sohnes Alexanders, «des Großen». Angesichts des machtvollen Ausgreifens der Makedonen nach einem Weltreich konnten die griechischen Stadtstaaten, auch Athen, ihre äußere Vormachtstellung nicht bewahren und verloren im Gefolge auch die Autonomie über ihre innere Verfassung. Im Jahre 322 endete die athenische Demokratie, als der größte Teil der Bürger in einer neuen Verfassung seine politischen Rechte verlor.

Wenn die Demokratie sich in vielen Etappen, auch über Rückschläge und Krisen hinweg, etablierte und sozial ausdehnte, dauerte es erst recht längere Zeit, bis sie als solche überhaupt benannt werden konnte. Herkömmlich hatten die Griechen den Zustand eines Gemeinwesens nicht mit dem Wort für «herrschen» («kratein», wie später in Demokratie als Herrschaft des Volkes) beschrieben, sondern mit ihrem Wort für Gesetz und Ordnung, «nomos». Davon leitete sich der Begriff «Eunomie» ab: die gute Ordnung, deren Vorzug vor allem in ihrer Stabilität und Ausgewogenheit gesehen wurde, nicht in einer möglichst breiten Bürgerbeteiligung. Die Normalität der guten Ordnung war eine aristokratische, in der eine Minderheit von bevorrechtigten oder reichen Männern die politischen Geschäfte führte und Entscheidungen traf. In einer Tyrannis dagegen, in der Alleinherrschaft eines Mannes, geriet die gute Ordnung auch schon für die vordemokratischen Athener aus den Fugen. Für den Übergang zur Demokratie spielte ein anderer Begriff eine entscheidende Rolle, der sich etwa um das Jahr 500 als Leitbild etablierte: die «Isonomie», was übersetzt etwa Gleichordnung, oder Ordnung der (untereinander) Gleichen, bedeutet. Insofern führte der Weg in die Demokratie nicht zuerst über den Gedanken der individuellen Freiheit wie in der modernen Variante seit dem 18. Jahrhundert, sondern über die Idee der Gleichheit. Mit ihr war freilich keine soziale bzw. sozialökonomische Gleichheit gemeint, sondern eine staatsbürgerliche Gleichberechtigung. Isonomie bezeichnete eine Ordnung, in der alle Bürger auf prinzipiell gleiche Weise in die Regelung der politischen Angelegenheiten einbezogen waren; oft wurde das Wort nahezu synonym mit Demokratie benutzt. Spät, seit der Mitte des 4. Jahrhunderts, kam der Begriff der «politeia» auf, gelegentlich deutsch als «Politie» übertragen, und bezeichnete eine gute und verfassungsmäßige Ordnung, die eine Demokratie sein konnte oder – wie bei Aristoteles – eher eine Mischung aus ihr und einer Aristokratie, weil er der reinen Volksherrschaft misstraute.

Von Demokratie sprach man schon einige Jahrzehnte früher viel häufiger, besonders nach dem Ausgang aus den Krisen und Oligarchien am Ende des Konflikts mit Sparta. Während die athenische Verfassung nun einerseits hochgeschätzt wurde, traten auch skeptische und kritische Stimmen auf den Plan, die in wichtigen schriftlichen Quellen, vor allem in der politischen Philosophie des klassischen Athen, sogar überwiegen. Das Bewusstsein von der Demokratie mündete also auch in einen Streit über sie, zumindest in Uneinigkeit. In den Schriften des Aristoteles wie der «Politik» erschien Demokratie als eine Verfassungsform unter vielen, die man nach der Anzahl der Herrschenden in einem Dreier-Schema anordnete. Es konnte einer herrschen oder wenige – nämlich der Adel – oder alle: Das ergab Monarchie, Aristokratie (wörtlich: die Herrschaft der Besten) und Demokratie. Dabei eignete dem Wort «demos» schon damals eine Doppelbedeutung, die sich zum Teil bis in unsere Zeit erhalten hat. Es konnte nämlich das «Volk» im Sinne aller bedeuten, das heißt: der Gesamtheit der vollberechtigten Bürger. Es konnte aber auch die Nicht-Adligen oder die ärmeren Bürger meinen; dann ging die Bedeutung von Demokratie in die Richtung einer

«Pöbelherrschaft», jedenfalls aus der Perspektive der Adligen, Reichen und Gebildeten gesehen. Das entsprach zumal für Aristoteles nicht dem Ideal einer guten Ordnung, die sich durch Ausgewogenheit, durch das Finden der richtigen Mitte zwischen den politischen, aber eben auch den sozialen Extremen von Arm und Reich auszeichnete.

Wieder etwas positiver stand die Demokratie da, wenn sie (mit Monarchie und Aristokratie) den drei «guten» Verfassungen zugeordnet wurde, denen jeweils eine schlechte oder «entartete» Form gegenüberstand, nämlich die Tyrannis, die Oligarchie – bis heute Bezeichnung für eine schlechte Form der Cliquenherrschaft! – und die «Ochlokratie» als ein ungezügeltes Pöbelregime. Aber obwohl ihre eigene Demokratie historisch auf Königs- und Adelsherrschaft gefolgt war, verfügten die Griechen nicht über eine Vorstellung der linearen Entwicklung von Herrschaft, wie sie modernen Menschen in Fleisch und Blut übergegangen ist. Die Demokratie war kein Fortschritt gegenüber dem Königtum; man dachte eher in Zyklen von Aufstieg, Verfall und Wiederkehr. Einen Idealzustand gab es als Fernziel der Geschichte ohnehin nicht. Die ideale Verfassung sahen die Griechen häufig in einer Mischung aus den drei «reinen» Verfassungsformen, in der Verbindung von monarchischen, aristokratischen und demokratischen Elementen. Diese Idee entfaltete in der Neuzeit, bis in das 20. Jahrhundert hinein, eine lange Wirkungsgeschichte.

Trotz dieser sehr praktischen Weise der «Erfindung» von Demokratie, die weithin ohne theoretisches Vordenken auskam und sich über viele experimentelle Etappen mit ungewissem Ausgang vollzog: Die Athener entwickelten zunehmend ein Bewusstsein dafür, dass ihre Form der Politik eine besondere, eine ungewöhnliche, vielleicht sogar eine einzigartige war. Der Geschichtsschreiber Thukydides ließ den athenischen Führer Perikles in seiner großen Darstellung des Peloponnesischen Krieges, also der Auseinandersetzung zwischen Athen und Sparta, eine Totenrede halten, in der dieses Sonderbewusstsein besonders klar formuliert ist: «Die Verfassung, nach der wir leben, vergleicht sich mit keiner der fremden; viel eher sind wir für sonst jemand ein Vorbild als Nachahmer anderer. Mit Namen heißt sie, weil der Staat nicht auf wenige Bürger, sondern auf eine größere Zahl gestellt ist, Volksherrschaft» – also Demokratie. Obwohl Thukydides die Vorbildfunktion der athenischen Verfassung ausdrücklich erwähnte, fehlte ihr trotz des Bewusstseins für die Andersartigkeit in der damaligen politischen Umwelt Griechenlands und des östlichen Mittelmeerraums jenes Sendungsbewusstsein, das die moderne Demokratie oft kennzeichnet. Der Gedanke, dass «ihre» Demokratie, weil sie anderen Ordnungen überlegen war, zu einer universellen werden müsse, war den Athenern fremd.

Moderne Historiker haben, auch in jüngerer Zeit, die Besonderheit Athens oft noch viel schärfer hervorgehoben, als sie den Mitlebenden klar sein konnte. Christian Meier spricht von einem «Neubeginn der Weltgeschichte», von einer «politischen Revolution der Weltgeschichte» und einem «griechischen Sonderweg» der Polisgesellschaften auf dem Weg zur erstmaligen Realisierung von Demokratie. Vielleicht noch wichtiger und folgenreicher sei es gewesen, dass die Athener ein neuartiges Verständnis von «Politik» entwickelten. Politik war danach nicht mehr mit einem faktischen System von Herrschaft identisch; sie trat aus der Normalität, aus der scheinbaren Natürlichkeit der Lebensverhältnisse heraus und etablierte sich als eine eigene Sphäre, in der man sprechen, debattieren und entscheiden konnte. Nicht so sehr im Sinne von Institutionen oder organisierter Verfasstheit – der griechische Begriff von Politik meinte nicht Staatlichkeit im modernen Sinne. Was die Griechen entdeckten war, in den Worten des großen englischen Althistorikers Moses Finley, die «Kunst, Entscheidungen durch öffentliche Diskussion herbeizuführen und diesen Entscheidungen dann auch zu folgen, als notwendige Bedingung einer zivilisierten Lebensführung».

Diese Besonderheit verwirklichte sich in Institutionen wie der Volksversammlung, aber sie gründete vor allem in einem Bild vom Menschen – damals noch: dem männlichen Vollbürger –, der prinzipiell, unabhängig von Herkunft, Vermögen oder sozialer Stellung, politische Urteilskraft besitze. Das meinte auch die berühmte Formel des Aristoteles vom Menschen als einem «zoon politikon», einem politischen Lebewesen. Umgekehrt ließ sich die Demokratie nicht auf die enge politische Sphäre des Regierens und Entscheidens begrenzen. Sie wirkte in weite Bereiche der Kultur und alltäglichen Lebensführung hinein, in die Erziehung, den Sport im «Gymnasium», in das Theater. Darin gründete eine Spannung, die im modernen Verständnis der Demokratie teilweise bis heute umstritten bleibt: Ist die Demokratie ein Privileg der Politik, mit der die freie und gleiche Selbstregierung gerade aus anderen Formen der Lebenspraxis herausgehoben wird? Oder ist sie, von der Politik ausstrahlend, geradezu ein Prinzip der freien Lebensführung schlechthin, das der gesamten sozialen Existenz des Menschen seinen Stempel aufdrücken sollte?

Waren die Griechen, waren unter ihnen die Athener wirklich so besonders, so anders, so revolutionär in der Schöpfung einer neuartigen politischen Verfassung der breiten Bürgerbeteiligung? Vielleicht wissen wir über sie nur mehr, weil sie ihre Geschichte besonders dicht und in schriftlichen Quellen überliefert haben – und weil das klassische Griechenland lange Zeit im Zentrum eines liberalen westlichen Interesses stand, das auf die Wurzeln und die historische Rechtfertigung der modernen, bürgerlich-demokratischen Lebensordnung zielte. Nachdem die athenische Polis auf diese Weise zum Ursprungsort der westlichen Zivilisation stilisiert wurde, oftmals auch in überheblicher Unterscheidung von den «orientalischen» Kulturen Vorderasiens und Nordafrikas, setzte in den 1980er Jahren eine Gegenbewegung ein. Waren die Griechen nicht Teil ebendieses kulturellen Raumes, sogar in wesentlicher Hinsicht ihr Produkt, weil ihre eigene Kultur ohne die Vorbilder und Aneignungen aus dem Südosten gar nicht denkbar gewesen wäre – angefangen mit der maßgeblichen Innovation der Alphabetschrift? Hatte Athene nicht eine schwarze Hautfarbe, fragte 1987 provokativ Martin Bernal in seinem Buch «Black Athena». Archäologische Erkenntnisse haben diese Zusammenhänge in letzter Zeit durchaus gestützt.

Doch darf man sich das Urteil auch nicht durch eine moralisch gefärbte Haltung verstellen lassen, nach der die lange Zeit vom Westen geschmähten orientalischen Hochkulturen die Leistungen des klassischen Athen vorweggenommen oder in ähnlicher Weise mitvollzogen hätten. So lassen sich zahlreiche Hinweise für die Existenz von Versammlungen als Gremien der Beratung oder Entscheidung auch in anderen frühen Hochkulturen finden; John Keane hat das in seiner Geschichte der Demokratie kürzlich sehr hervorgehoben. Darin kann man, im weiteren Sinne, eine Wurzel demokratischer Impulse sehen. Über die Funktion dieser Versammlungen und ihre breitere Einbettung in ein System der bürgerschaftlich-egalitären Selbstregierung ist damit jedoch noch wenig gesagt. Nach allem, was wir wissen, war die klassische Demokratie nicht nur ein griechischer Sonderfall. Auch innerhalb der griechischen Stadtstaaten, der Poleis, hebt sich der Fall Athens ziemlich klar heraus. Die Verflechtung Athens in einen mediterranwestasiatischen Kulturraum wird damit gar nicht bestritten. Im Gegenteil: Wir – als moderne Westeuropäer oder Nordamerikaner – müssen nur aufhören, in dem Athen vor 2500 Jahren einen unmittelbaren Teil von uns selber zu sehen. Dann kann man weiterhin guten Gewissens sagen, wofür in der Forschung alles spricht: Die Griechen, die Athener haben die Demokratie erfunden. Aber sie taten es nicht als Teil des «Westens», geschweige denn in dessen höherem Auftrag.

2 Herrschaft des Volkes:
Funktionsweisen der athenischen Demokratie

Wenn die Deutschen in wirtschaftlichen Krisenzeiten unsicher über ihr Vertrauen in die Demokratie werden, fällt oft der Begriff von der «Schönwetterdemokratie». Damit wird kritisch gefragt, ob die Zustimmung zu dieser politischen Verfassung sich in Westdeutschland nach 1945, vielleicht auch ähnlich in der ehemaligen DDR seit 1989, enger als anderswo an das Versprechen von Wachstum und allgemeinem Wohlstand knüpfte. Das klassische Athen war keine «Schönwetterdemokratie» in diesem Sinne, weil es eine solche Verbindung zwischen politischer Ordnung und ökonomischem Gewinn für die Bürger – von ökonomischem «output», wie die Politikwissenschaftler sagen – in der damaligen Vorstellungswelt gar nicht geben konnte. Aber wirtschaftliche Stabilität und Prosperität können, als ein «input»-Faktor, auch zur Voraussetzung von demokratischer Verfassung werden. So entstand und expandierte die Demokratie in Athen zu Zeiten wirtschaftlichen Wohlstandes und sozialer Stabilität im Innern, ebenso wie in einer Phase der Machtstellung dieser Polis nach außen. Sie hatte sich immer wieder in kriegerischen Konflikten zu bewähren und zeigte sich in Friedenszeiten in der Vormachtstellung im von Athen geführten Attischen Seebund. Man hat die Existenz dieses «Empire» sogar eine notwendige Bedingung des Übergangs zur radikalen Demokratie in der Mitte des 5. Jahrhunderts genannt. Das galt nicht nur für den Zusammenhang von Kriegstechnik und Bürgerverfassung, den die großen Ruderschiffe herstellten, sondern auch für direkte Abgaben, die Athen aus den verbündeten und unterworfenen Nachbarstaaten zuflossen.

Wichtiger aber war die seit den Solonischen Reformen über viele Etappen erreichte Konstruktion einer einheitlichen Bürgerschaft, in der die Zugehörigkeit zur alten Führungsschicht des Adels am Ende für die Politik kaum mehr eine Rolle spielte, ohne dass Unterschiede von Besitz und Einkommen an ihre Stelle traten. Aber was heißt «einheitliche» Bürgerschaft? Es bedeutete damals nicht die Zugehörigkeit aller erwachsenen Einwohner. Wie in fast allen politischen Systemen – einschließlich der modernen Demokratien bis in das 20. Jahrhundert hinein – blieb Frauen der Zugang zum Bürgerrecht, zur politischen Beteiligung, zu politischen Führungspositionen grundsätzlich verwehrt. Während die gleiche Einbeziehung der Frauen seit der Mitte des 19. Jahrhunderts jedoch vorstellbar war und längst vor ihrer Realisierung in Worten und Taten gefordert wurde, tauchte dieser Gedanke in der athenischen Demokratie nicht auf. Ausgeschlossen waren auch die zugezogenen Einwohner Athens, überwiegend andere Griechen, die mehr oder weniger dauerhaft in der Stadt lebten: die sogenannten Metöken. Erst recht standen die Sklaven ganz außerhalb von Bürgerrecht und Partizipation.

In Zahlen sah das im 5. Jahrhundert ungefähr so aus: Stadt und umgebende Landgebiete zählten etwa 200 000 Einwohner, davon waren etwa 60 000 erwachsene Männer – die Zahl der vollberechtigten, also an den Verfahren und Ämtern der Demokratie teilhabenden Bürger betrug etwa 30 000. Das ist eine, selbst an modernen Maßstäben bis 1918 (teils auch bis 1945), sehr beachtliche Quote. Die Altersgrenze lag mit 18 Jahren sehr niedrig; nur für den Zugang zu bestimmten Ämtern musste man älter sein. Und der Ausschluss der Metöken, der Fremden, hat in modernen Gesellschaften bis heute seine Entsprechung, wo «Ausländern», dauerhaft ansässig gewordenen Migranten, ohne die Staatsbürgerschaft auch die politischen Rechte fehlen, nicht zuletzt das Wahlrecht. Legt man heutige Maßstäbe an, könnte man die athenische Verfassung vielleicht eine «unvollständige» Demokratie nennen, vergleichbar mit derjenigen der Schweiz vor 1971 oder der amerikanischen Südstaaten bis in die 1960er Jahre.

Entscheidend blieb jedoch, dass es innerhalb der sehr weit gefassten Bürgerschaft keine weiteren Bevorrechtigungen und Abstufungen nach Stand oder Vermögen gab – alle Bürger waren gleichermaßen in die Ordnung der Isonomie, der Gleichheit, einbezogen. Die reicheren Bürger Athens mussten sogar in einem erheblichen Umfang für die Finanzierung des Gemeinwesens aufkommen, seiner Verfahren und Institutionen ebenso wie seiner Aufgaben wie der Rüstung und Kriegführung. In einem «Trierarchat» trugen sie die Kosten für die Unterhaltung eines großen Ruderschiffes, einer Triere, oder übernahmen eine «Liturgie», wörtlich: einen öffentlichen Dienst, und stellten damit aus ihrem Vermögen das Geld für eine bestimmte Aufgabe in Verwaltung, Kultur oder Bildung zur Verfügung. Daraus mochten sie zusätzliches Prestige ableiten, aber keinen politischen Führungsanspruch gegenüber den ärmeren Bürgern.

Wie übten diese Bürger nun ihre Demokratie aus? Im Verlaufe des 6. und 5. Jahrhunderts verloren die bisherigen Institutionen der Adelsmacht schrittweise ihre Bedeutung; ehemals exklusive Ämter standen immer mehr und schließlich allen Bürgern offen. Zwei Mechanismen verbürgten, dass buchstäblich alle Bürger diese Ämter auch tatsächlich ausübten. Am wichtigsten war die Vergabe von Ämtern durch das Losverfahren statt durch eine Wahl. Was uns heute willkürlich erscheint, bildete für die Athener geradezu die verfahrensmäßige Essenz ihrer Demokratie. Denn das Losverfahren ließ alle zum Zuge kommen und war blind gegenüber sozialen Abhängigkeitsverhältnissen, die Reichere bei einer Wahl bevorzugt hätten. Es verhinderte die Bildung einer geschlossenen politischen Klasse. Dafür beruhte die Losung auf der Vorstellung einer Bürgerschaft mit prinzipiell einheitlichem Willen. Die liberale Idee unterschiedlicher Interessen und der Stimmabgabe für einen bestimmten Kandidaten als Ausdruck von Interesse und Überzeugung war in Athen unbekannt. Parteien, gar eine formelle Opposition gab es nicht. Damit auch ärmere Bürger, Handwerker etwa oder Bauern, ihren Erwerb eine Zeitlang zugunsten des politischen Amtes ruhen lassen konnten, wurden Diäten gezahlt; zunächst nur in geringem Umfang und für wenige Führungspositionen, schließlich sogar für den Besuch der Volksversammlung. Damit wollte man auch deren Beschlussfähigkeit garantieren, denn wichtige Entscheidungen setzten eine Mindestbeteiligung von 6000 Bürgern voraus.

Die Volksversammlung stand im Zentrum der athenischen Demokratie. Sie war, auch wenn sich nie alle Bürger an dem Abhang eines Hügels in Athen, Pnyx genannt, versammelten, geradezu mit dem Volk identisch; sie war, in heutigen Begriffen, der Souverän. Die Volksversammlung trat etwa vierzig Mal im Jahr für jeweils einen ganzen Tag zusammen und fasste Beschlüsse, die von kleineren tagespolitischen Angelegenheiten über die Verabschiedung von Gesetzen bis zur Entscheidung über Krieg und Frieden reichten. Über ein ungewöhnliches Machtinstrument verfügte sie mit dem 487 erstmals angewendeten Scherbengericht, dem «Ostrakismos». Einmal im Jahr konnten die Bürger damit in einer besonderen Abstimmung einen ihnen missliebig gewordenen politischen Führer für zehn Jahre in die Verbannung schicken. Am Ende des 5. Jahrhunderts löste ein neuer, sachbezogener Mechanismus den Ostrakismos ab. Nun konnte in der Volksversammlung eine besondere Form der Klage eingebracht werden («graphe paranomon»), wenn Zweifel an der Gesetzmäßigkeit eines Beschlusses bestanden. Man kann das als eine frühe Form der Normenkontrolle bezeichnen, wie sie heute ein Verfassungsgericht ausübt.

Der Volksversammlung war seit der Reform des Kleisthenes der «Rat der 500» vorgelagert, in den je 50 Bürger aus den zehn Phylen gelost wurden. (Aber sie «vertraten» diese Phylen nicht wie Abgeordnete in einem modernen Parlament; auch der Repräsentationsgedanke war den Athenern fremd.) Er verdrängte zunehmend den alten Adelsrat, den Areopag, bis zu dessen gänzlicher Entmachtung im Jahre 462/61. Der Rat tagte sogar fast täglich und bereitete die Beschlüsse der Volksversammlung vor. Man gehörte ihm für ein Jahr an, so dass im Laufe einer vergleichsweise kurzen Zeit ein sehr großer Teil der Bürger in den Rat der 500 hinein- und wieder heraus-«rotierte». Das galt auch für die Vielzahl der anderen Ämter – mehrere hundert waren jedes Jahr zu besetzen. Zusätzlich war die Rechtsprechung unmittelbar in die Verfassung der Demokratie einbezogen. Jedes Jahr dienten etwa 6000 Bürger, erneut durch ein Losverfahren ausgewählt, in den «Dikasterien», den athenischen Volksgerichten. Jedem einzelnen Gerichtshof, der zu Beratung und Entscheidung zusammentraf, gehörten etwa 500 Richter an. Es ging also nicht um fachliche Kompetenz auf der Grundlage professioneller Schulung; auch kannten die Griechen kein kodifiziertes Rechtssystem, wie es in Rom etwas später entwickelt wurde, oder eine darauf gegründete Rechtskultur. Vielmehr ging es um dasselbe Prinzip der gleichen Partizipation der Bürger an Entscheidungen, die sie selbst betrafen – ob in «öffentlichen» oder «privaten» Angelegenheiten, denn erneut: Diese Unterscheidung trafen die Athener nicht.

So erinnert die Demokratie der Athener vor 2500 Jahren in vielen Zügen an das, was viel später (und bis heute) als unmittelbare, direkte oder Basisdemokratie diskutiert wird. Dennoch unterschieden sich die Voraussetzungen grundlegend, nicht nur hinsichtlich der wirtschaftlichen und sozialen, geschweige denn der technologischen Bedingungen. Auch die Formen der Politik selbst lassen sich nur schwer übersetzen und auf heutige Begriffe bringen. Man kann zwar sagen, dass die Athener keine Gewaltenteilung kannten; Gesetzgebung, Verwaltung und Justiz ließen sich nicht voneinander unterscheiden, und eine Exekutive, eine ausführende Gewalt, fehlte völlig im Sinne der modernen, zentralisierten «Regierung» eines Staates. Aber es wäre ebenso falsch, darin ein Defizit der antiken Demokratie zu sehen, wie man diese Amalgamierung heutiger Funktionen nicht romantisieren darf als eine ursprüngliche und bürger-authentische Form der Demokratie. Das komplexe

Geflecht der Institutionen mit der Volksversammlung im Mittelpunkt bildete auch keinen Staat. Man kann allenfalls von einem Prozess institutioneller Verdichtung vom 6. bis zum 4. Jahrhundert sprechen, oder von einer zunehmenden Abstrahierung von Politik, verglichen mit der früheren Herrschaft der adligen Personenverbände.

Auch die moderne Demokratie legitimiert sich durch ihre – berechenbaren, überprüfbaren, möglichst transparenten – Verfahren. Die athenische Demokratie war in besonderer Weise eine Verfahrensordnung, eine Verfassung der politischen Praxis. Sie aktualisierte sich in der freien und gleichen Rede, in der Volksversammlung oder in anderen Ämtern und Institutionen. Das entsprach einer Gesellschaft, die trotz einer entwickelten Schriftlichkeit ganz überwiegend auf einer oralen Kultur gründete. Das Reden, das öffentliche Sprechen aller Bürger brachte die Demokratie wie kaum etwas anderes zur Geltung. Neben der allgemeinen Ordnung der Gleichheit, der Isonomie, stand deshalb die Isegorie, das gleiche Recht der Rede in der Volksversammlung, in höchster Wertschätzung. Nicht alle konnten davon in gleicher Weise Gebrauch machen; wer sich als guter, als mitreißender und überzeugender Redner erwies, konnte in der Volksversammlung erheblichen Einfluss ausüben; Perikles ist dafür ein Beispiel. So hat man Athen geradezu als eine «deliberative Demokratie» bezeichnet – und damit erneut einen modernen Begriff, ein Konzept des späten 20. Jahrhunderts aufgegriffen: Demokratie als öffentlicher und vernünftiger Austausch von Argumenten, als eine «horizontale» Form der bürgerlichen Selbstverständigung mehr als ein «vertikaler» Mechanismus des rationalen und durch Mehrheit legitimierten Entscheidens. So zeigt sich immer wieder: Wie fremd und anders die athenische Demokratie auch war, wir kommen in der Gegenwart kaum von ihr los.

3 Die römische Republik –
die andere antike Demokratie?

In der europäischen Erinnerung nimmt die klassische Geschichte Roms zwischen Republik und Kaiserzeit einen bevorzugten Platz direkt neben der der athenischen Demokratie ein. Aber ihre Bedeutung, ihre Orientierungsfunktion ist eine andere. Während sich mit Athen bis heute – neben Idealen der Bildung, des Sports oder der Kultur, zum Beispiel des Theaters – die besondere politische Verfassung im Innern verbindet, weckt Rom Assoziationen an einen riesigen, nach außen immer mehr gedehnten Machtbereich: an das «Imperium Romanum», das Römische Weltreich. Bis heute, und in den letzten Jahren wieder vermehrt in der Projektion auf die imperiale Stellung und militärische Macht der USA, gilt Rom auf diese Weise als Chiffre für einen globalen Herrschaftsanspruch, der mit überlegenen militärischen Mitteln gesichert wird, im Innern aber Lebenskraft und Freiheit verliert, bis er an dem krassen Missverhältnis zwischen imperialer «Überdehnung» und innerer Auszehrung zugrunde geht: So stand der Untergang des Römischen Reiches den Zeitgenossen seit dem späten 18. Jahrhundert mahnend vor Augen, wenn sie die mehrbändige Geschichte des englischen Historikers Edward Gibbon über den «Verfall und Untergang des Römischen Reiches» (1776 ff.) lasen.

Mit der Unterwerfung fremder Völker, mit Kriegführung und Expansion verbindet sich tatsächlich nicht erst die Geschichte der Kaiserzeit seit 27 v. Chr., also seit der Errichtung des «Prinzipats» durch Gaius Octavius, der sich seitdem offiziell als «Augustus» verehren ließ. Auch die Geschichte der Republik sah über das halbe Jahrtausend zuvor eine beständige Ausweitung des Machtbereichs jener Stadt am Tiberfluss in Mittelitalien, die am Ende Hauptstadt eines Weltreiches war: Zunächst wurde die Halbinsel des «Stiefels» unterworfen, dann erfolgte der Sprung über das Mittelmeer nach Nordafrika – so in den Punischen Kriegen gegen Karthago im 3. Jahrhundert –, schließlich das Ausgreifen nach West- und Mitteleuropa nördlich der Alpen, bei denen Caesars Feldzüge nach Gallien eine wichtige Rolle spielten, und in den östlichen Mittelmeerraum, nach Kleinasien und in den Nahen Osten. In Italien stützte sich Rom auf ein System der «Bundesgenossen», wie die unterworfenen, in Verträge gezwungenen Gebiete genannt wurden; bis hierher galt im Prinzip auch das Römische Bürgerrecht. Die übrigen Territorien der «Pax Romana» – denn die Römer hatten sie aus ihrer Sicht «befriedet» – wurden als abhängige Provinzen verwaltet.

Dieser Aufstieg vollzog sich im politischen Rahmen einer «Republik», seit die Römer am Beginn des 5. Jahrhunderts die Königsherrschaft der Etrusker abgeschüttelt hatten. Aus heutiger Sicht war damit ein Verfassungstyp etabliert, der in der Neuzeit, zumal im 18. und 19. Jahrhundert, eine gewaltige Anziehungskraft entfaltete; eng verknüpft und doch nicht identisch mit der Neubegründung der Demokratie. Republik, das war und ist die Staatsform einer Selbstregierung, die nicht auf die Führung durch Könige oder Kaiser, auch nicht durch

Diktatoren, angewiesen ist – also das Gegenteil von Monarchie (und teils auch von Diktatur). So verwenden auch Althistoriker den Begriff, wenn sie von der Römischen Republik als der Zeit zwischen dem Ende der Königsherrschaft und der Begründung eines Kaisertums durch Augustus sprechen. Aber für die Zeitgenossen war die Sache komplizierter. So inszenierte Augustus sich als Retter, als Wiederhersteller der Republik, die durch permanente Krisen, durch Bürgerkriege und Diktaturen handlungsunfähig geworden war. Darin steckte mehr als bloße Propaganda, denn die Bezeichnung «res publica» lebte auch nach dem Übergang von 27. v. Chr. fort. Sie bezeichnete, prinzipiell nicht unähnlich der griechischen «Eunomie» oder «Politeia», eine gute und stabile politische Ordnung. Zugleich fehlte der Römischen Republik ein Bewusstsein ihrer Verfassung im modernen Sinne: ein politisches System, das sich eine Gesellschaft gibt. Man hatte sich nicht bewusst für die Republik und gegen die Monarchie entschieden im Sinne der Wahl einer Staatsform; erst recht gab es keine schriftlich niedergelegte Verfassung. Die Politik war nicht Produkt einer von ihr erst einmal unabhängigen Gesellschaft; als wählbar, als verfügbar, also als «kontingent» (im Sinne von: nicht notwendig, nicht «natürlich») konnte man sich die Verfassung nicht vorstellen.

Auf der anderen Seite erhob der Anspruch der «res publica» doch ein Programm, das sogar mit der Beteiligung des Volkes an der Herrschaft, also mit Demokratie, verknüpft war. Dafür spricht schon die Herkunft und Bedeutung des Wortes «publicus», das in Verbindung zum lateinischen Wort «populus» für das Volk steht – so wie es sich bis heute in Begriffen wie «Populismus» spiegelt. Die «res publica» sei die «res populi», die Sache des Volkes, legte Cicero in seiner Schrift über die Republik dem Scipio Africanus in den Mund. Res publica, das ist aber zuerst die «öffentliche Sache»: das, was der gemeinschaftlichen Verhandlung und Regelung bedarf. Das inzwischen altmodische Wort «Gemeinwesen» ist eine Übersetzung davon. Die Unterscheidung zu den «res privata», modern gesprochen also: zwischen Öffentlichkeit und Privatsphäre, konnten die Römer in der Antike schon klarer ziehen als die Athener. Und besonders in der Dauerkrise der späten Republik – ziemlich genau ein Jahrhundert zwischen den Reformen der «Gracchen», der Brüder Tiberius und Gaius Gracchus, und der Etablierung des Prinzipats – breitete sich ein Bewusstsein von der Gefährdung dieser Ordnung aus, die man vor Schaden oder mutwilliger Zerstörung zu bewahren habe. Das spiegelt sich in der berühmten Formel des Staatsnotstandes, des «senatus consultum ultimum»: «Die Konsuln mögen zusehen, dass die Republik keinen Schaden nehme» (*videant consules ne quid res publica detrimenti capiat*). Dieses Motiv der stets durch Chaos und Bürgerkrieg, durch Diktatur, durch den Verlust der gesetzmäßigen Ordnung gefährdeten Republik entfaltete eine lange Wirkungsgeschichte in der Moderne. Wer klassisch gebildet ist, sagt bis heute nur «videant consules», wenn er auf eine Gefährdung von Freiheit und Demokratie aufmerksam machen will, die besondere Wachsamkeit erfordert.

Aber die Römische Republik war keine Demokratie. Sie war es nicht im eigenen Selbstverständnis, und sie ist es auch nicht für heutige Historiker, die auf wichtige Unterschiede zu Gesellschaft und Verfassung der athenischen Polis hinweisen. Nach dem Sturz der Könige hatten die adligen Familien Roms die Macht übernommen. Sie bildeten eine relativ geschlossene Führungsschicht, das Patriziat, das sich von den breiten bäuerlichen und handwerklichen Volksschichten, den Plebejern, deutlich abhob. Die schlechte wirtschaftliche Situation, vor allem die Verschuldung der Bauern führte im 5. und 4. Jahrhundert – während also in Athen die Demokratie in Blüte stand – in heftige Konflikte, die «Ständekämpfe», in deren Verlauf sich die Plebejer politisch organisierten und auch Einfluss auf die Verfassungsordnung insgesamt gewannen. Dabei spielten zwei Institutionen eine wichtige Rolle: das Volkstribunat und die Volksversammlungen. Die Volkstribune agierten gegenüber der aristokratischen Herrschaft und den durch sie bestellten Amtsträgern als eine Art Sprecher oder Sachwalter des Volkes; in Konfliktfällen schritten sie mit ihrem «Interzessionsrecht» ein. (Heute läge eine Parallele mit Ombudsleuten nahe.) Die Volksversammlungen unterschieden sich beträchtlich von der Bürgerversammlung Athens; man muss von ihnen in der Mehrzahl sprechen, weil sie keine geschlossene Körperschaft darstellten, geschweige denn mit der Vollbürgerschaft politisch identisch waren. Vier verschiedene Versammlungen existierten nebeneinander, die teils auf regionalem (Wohnort-)Prinzip beruhten, teils Familienverbände spiegelten, teils eine Vertretung militärischer Einheiten, der Zenturien, waren. Diese besonders wichtigen Versammlungen, die «Zenturiatskomitien», gliederten sich zudem nach dem Vermögen. Nach einer Reform im Jahre 367 stellten die Plebejer meistens auch einen der beiden Konsuln, also der obersten Amtsträger der Republik.

Das aristokratische Machtzentrum Roms jedoch bildete der Senat mit seinen 300 (am Ende der Republik: 600) Mitgliedern. Einmal Senator, blieb man es sein Leben lang. Und hinein gelangte man nicht durch Wahl oder Losung, sondern nach dem Ausscheiden aus einem politischen Amt, nach der Bekleidung einer «Magistratur». Diese Ämter, mit den Konsuln an der Spitze, bildeten einen charakteristischen Teil der republikanischen Verfassung. Manches an ihnen erinnert an heutige «basisdemokratische» Prinzipien: Man hatte ein Amt immer nur für ein Jahr inne («Annuität») und konnte es danach auch nicht erneut übernehmen; man teilte sich zumeist die Ausübung mindestens zu zweit – das Prinzip der Kollegialität. Aber obwohl die Volksversammlungen die Magistrate wählten, spielten Einfluss, Geld und die Herkunft aus bestimmten Familien dabei eine entscheidende Rolle. In der späteren Republik etablierte sich sogar immer mehr ein fester Karriereverlauf, der «cursus honorum». Man begann als relativ junger Mann in einem niedrigen Anfangsamt als Quästor oder Ädil und stieg von dort weiter auf, möglichst bis zum Konsulat.

Bis zum Schluss blieb die Republik eine im Wesentlichen aristokratische Verfassung mit einigen «popularen», also das Volk einbeziehenden Elementen. Das drückte auch die Souveränitätsformel «Senatus populusque Romanus»: der Senat und das Volk von Rom, aus, die in der Abkürzung «SPQR» den römischen Legionen vorangetragen wurde (und sich heute auf Gullydeckeln der Stadt Rom findet). Im Senat selber standen sich bisweilen zwei Flügel oder Richtungen gegenüber: Die «Optimaten» standen für eine mehr aristokratische Politik, die «Popularen» richteten sich eher an den Interessen des breiten Volkes aus bzw. versuchten auf diese Weise, ihre Machtbasis zu erweitern. So geht schon die Rede von einem demokratischen Teil der republikanischen Verfassung Roms zu weit, weil das Volk zwar Anteil an der Herrschaft hatte, aber sie nicht in «demokratischen» Institutionen (wie sie die Athener besaßen) ausübte.

Es fehlten auch die sozialen Voraussetzungen für eine Demokratie. Die Bürgerschaft Athens, wiewohl längst nicht alle (männlichen) Einwohner umfassend, konstituierte sich aus Gleichen, dem Prinzip der Isonomie folgend – Besitzunterschiede gab es natürlich, aber sie galten für die Polis nicht. Die römische Gesellschaft dagegen blieb vertikal strukturiert, nicht nur in Hinsicht auf ökonomische Ungleichheit oder die (tendenziell in den Hintergrund tretende) Differenz zwischen Patriziern und Plebejern. Sie beruhte auf persönlichen und familiären Abhängigkeitsverhältnissen, in denen Herr und Abhängiger, «Patron» und «Klient» in der Sprache Roms, einander Schutz und Dienste leisteten.

Unabhängigkeit und politische Freiheit konnten in diesem Klientel-
system nicht entstehen, ähnlich wie (in noch schärferer Form) Jahrhunderte später im europäischen Feudalismus von «Lehnsherr» und «Vasall». Das römische Bürgerrecht war, anders als das griechische, kein
politisch-partizipatives. Oft wird auch eine besondere Mentalität angeführt, wenn man die nicht überschrittenen Grenzen zur Demokratie
erklären will: Die Kultur und das Selbstverständnis Roms ruhten maßgeblich auf Herkommen und Tradition. Man berief sich gern auf die
Sitten der Vorväter, den «mos maiorum», den es zu achten gelte. Demokratie aber erfordert ein Bewusstsein von der menschlichen und gegenwärtigen Machbarkeit einer neuen, auch gegen Herkommen und Tradition gerichteten Ordnung des Politischen.

Andererseits entwickelte die Römische Republik eine Vielzahl von
Institutionen, die in abgewandelter Form als unverzichtbarer Bestandteil moderner Demokratien gelten, mindestens aber als ihre Voraussetzung. Dazu gehört eine Rechtsordnung, die freilich erst in der Zeit des
Kaiserreichs zu voller Entfaltung kam und die dem Prinzip Bahn brach,
(berechenbare) Gesetze und nicht (willkürliche) Personen sollten herrschen. Das Gesetz sei das Band der bürgerlichen Gesellschaft, schrieb
Cicero. Dem römischen Bürgerbegriff fehlte die egalitäre – oder besser:
die «isonomische» – Stoßrichtung, aber dafür erinnerte der «Civis Romanus» eher an den modernen Staatsbürger. Auch hier erfolgte eine
entscheidende Verbreiterung, die Ausweitung des Bürgerrechts auf alle
Untertanen des Römischen Reiches, jedoch erst in der kaiserzeitlichen
Spätantike. Als folgenreichste Innovation aber erwies sich die Erfindung der Republik selber, im erwähnten doppelten Sinne: Als das Ge-
genprinzip zur Monarchie blieb sie zwar im antiken Rom aristokratisch befangen – aber auch in der Neuzeit gab es Adelsrepubliken wie
die polnische im 18. Jahrhundert oder andere Gestaltungsformen nicht-
demokratischer Republik. Holland seit dem 17. Jahrhundert, die italienischen Stadtrepubliken: Sie schreiben gleichwohl ein wichtiges Kapitel
in der Frühgeschichte der Demokratie. Als «res publica», als öffentliche
Sache und Gemeinwesen, ist der römische Beitrag diffuser. Aber er
grundiert unverkennbar das Selbstverständnis moderner Demokratien
– nicht zuletzt im Sinne eines normativen Appells an Recht, Öffentlichkeit und Gemeinwohlbezug, an dem sich der Gebrauch von Macht
messen lassen muss. Denn wie die Römer schon wussten, existiert die
«res publica» – wir würden heute übersetzen: die Demokratie – immer
schon in Gefährdung, und ist deshalb eine zu verteidigende.

4 Ein ferner Spiegel:
Antike und moderne Demokratie

Die griechische und römische Antike fasziniert moderne Menschen bis heute. An erster Stelle stehen dabei die unmittelbaren Hinterlassenschaften Athens und Roms, die archäologischen Zeugen der Akropolis und des Forum Romanum. Der Blick auf antike Skulpturen ist wie der Blick in einen Spiegel, und viele andere Facetten der klassischen Kultur sind bis in die Alltagskultur hinein präsent, auch wenn die Prägekraft des bildungsbürgerlichen Griechisch- und Lateinunterrichts nachgelassen hat. Während die humanistisch Gebildeten vor hundert Jahren sich geradezu eins mit der Antike fühlten, ist die Kluft, die uns von Griechen und Römern trennt, längst unübersehbar. Christian Meier hat deshalb schon vor vierzig Jahren die Antike als das «nächste Fremde» der modernen Gesellschaften bezeichnet: Sie führt uns ganz andere Lebensformen vor Augen, die aber doch ähnlich genug sind, um Maßstäbe des Vergleiches mit der Gegenwart zuzulassen. Für eine bloße Exotik, mit anderen Worten, ist die Antike zu nah.

Dabei spielen die politischen Ordnungen Athens und Roms, die Polis und die Republik, in der heutigen Antikenrezeption nicht einmal die Hauptrolle. Das ist in den letzten Jahrhunderten, seit der Wiederentdeckung der Antike im Spätmittelalter, kaum jemals anders gewesen. Zumal die athenische Demokratie hat ihren wichtigen Platz und ihre weithin positive Bewertung in der europäisch-westlichen Erinnerung sogar erst in jüngerer Zeit eingenommen: im 20. Jahrhundert und besonders nach 1945. Insofern sind die politischen Ideale der Antike nicht verblasst, sondern eher noch näher gerückt. Gleichzeitig ist das Bewusstsein für die fundamentale Differenz zwischen antiken und modernen Gesellschaften gewachsen. Politische Systeme werden in ihrem sozialgeschichtlichen Kontext verstanden – und hier tut sich ein weiter Abstand zu den frühen Hochkulturen des Mittelmeerraums vor zwei- bis dreitausend Jahren auf. Trotz entwickelter Handelsbeziehungen beruhte ihre Wirtschaft nicht auf marktkapitalistischen Prinzipien; patriarchalische Familienbeziehungen und vertikale Abhängigkeitsverhältnisse prägten die soziale Welt; die Sklaverei war ein selbstverständlicher Bestandteil der gesellschaftlichen Ordnung; Frauen konnten in Politik und Öffentlichkeit keine Rolle spielen.

Ebenso fehlten entscheidende kulturelle Voraussetzungen der modernen Demokratie: das Bewusstsein von der Gestaltbarkeit menschlichen Zusammenlebens in Richtung auf «Fortschritt», oder die Wertschätzung des Individuums mit seinen unveräußerlichen Menschen- und Freiheitsrechten. Nicht zuletzt verfügte die Antike noch lange nicht über die technologischen Mittel, die in einem weiteren Sinne die Praxis der modernen Demokratie erst möglich gemacht haben: Verkehrsmittel, mit denen sich große Distanzen schnell überbrücken lassen; Massenmedien, vom Buch- und Zeitungsdruck bis zum Internet, die Information und Öffentlichkeit schnell auch an weiter entfernte Orte bringen können. Stattdessen sehen wir Athen und Rom eher in einem Zusammenhang mit ihren zeitlichen und räumlichen Nachbarn, als Varianten vielfältiger früher Hochkulturen im Gebiet des östlichen und zentralen Mittelmeers, Nordafrikas und Vorderasiens. Dazu haben archäologische Forschungsergebnisse jenseits der «klassischen» Grabungsstätten ebenso beigetragen wie das neue Interesse an jener Kulturregion, in der sich Jahrhunderte später der Islam ausgebreitet hat.

Erst recht führt keine gerade, ungebrochene Entwicklungslinie von den politischen Verfassungen Griechenlands und Roms zur modernen Neubegründung von Republiken und Demokratien seit dem späten 18. Jahrhundert. Im Gegenteil, sie gerieten nach der Auflösung des Weströmischen Reiches (476 n. Chr.) weithin in Vergessenheit. Als sich der Frankenkönig Karl der Große im Jahre 800 in Rom zum Kaiser krönen ließ, begann ein komplizierter Transfer antiker Vorstellungen nach Westeuropa. Er stützte sich jedoch nicht auf die Erinnerung an die römische Republik, geschweige denn die athenische Demokratie. Vielmehr bildete die Reichsidee des Imperium Romanum das entscheidende Bindeglied – man stilisierte das später zu einer «translatio imperii», einer Übertragung des Reiches, auf die sich seit dem Spätmittelalter auch die Bezeichnung «Heiliges Römisches Reich» stützte. Ein zweites Bindeglied bildete der universalistische Anspruch des Christentums, das im frühen Mittelalter von seinen römischen bzw. westasiatischen Ursprüngen nach West- und Mitteleuropa ausgriff.

Die demokratisch-republikanische Vorstellungswelt eroberte sich nur ganz langsam zwischen dem 13. und dem 17. Jahrhundert ihren Platz zurück. Dabei spielte die Wiederentdeckung und Kanonisierung der Schriften des Aristoteles eine wichtige Rolle. Der griechische Universalgelehrte stieg im 13. Jahrhundert zum wichtigsten intellektuellen Orientierungspunkt an den westlichen Universitäten wie Paris und Oxford auf. Im Mittelpunkt stand jedoch seine Logik, seine Philosophie und Naturwissenschaft, nicht die Politik. Erst recht konnte man aus Aristoteles' Schriften keine neue Legitimation der Demokratie ableiten, zu deren Kritikern der große Philosoph ja gehört hatte. Erst die Wiedergeburt der Antike in Renaissance und Humanismus führte die antike politische Theorie in ein breiteres europäisches Bewusstsein ein und gab ihr eine praktische – wir würden heute auch sagen: eine zeitkritische – Wendung. In Italien verfasste Niccolò Machiavelli mit dem «Fürsten» (Il Principe) am Anfang des 16. Jahrhunderts sein bis heute vielzitiertes Standardwerk über den starken Herrscher im werdenden modernen Staat, aber sein politisches Ideal war die städtische Republik, wie er sie in seiner Heimatstadt Florenz durch die Herrschaft der Medici bedroht sah. Etwas später verfasste er sein zweites Hauptwerk, das sich schon im Titel an römische Geschichtsschreibung und römisches Politikverständnis anlehnte: die «Abhandlungen über die ersten zehn Bücher des Titus Livius». In ihnen diskutierte er die Vorzüge einer republikanischen Verfassung und die Notwendigkeit bürgerlicher Aktivität und Tugend, um die instabile Republik vor dem Umschlag in eine Despotie zu bewahren. Diese «Discorsi» etablierten sich als ein Grundbuch des frühen Republikanismus mit großer Ausstrahlung auf die westeuropäische und nordatlantische Entwicklung im 17. und 18. Jahrhundert, zumal auf die Amerikanische Revolution.

Mit der Renaissance etablierte sich überhaupt ein Spannungsverhältnis zwischen Antike und Moderne. Einerseits betonte man die Kontinuität und das Vorbild der Antike, aus der Lehren für die Gegenwart zu ziehen seien, auch für die Gestaltung politischer Herrschaft. Andererseits wuchs das Selbstbewusstsein einer «Moderne» und eines «modernen» Menschen – auch diese Begriffe kamen bereits auf, als man in Frankreich am Ende des 17. Jahrhunderts in der «Querelle des anciens et des modernes» über den Wert der Antike für die Gegenwart und die Vorzüge des einen oder anderen stritt. Um Demokratie ging es dabei jedoch nicht. In England dagegen etablierte sich der Begriff wieder in den Debatten, als im Zuge von Revolution und Bürgerkrieg die von Aristoteles, Polybios und anderen entwickelte «gemischte Verfassung» plausibel wurde: mit Elementen der Monarchie, der Aristokratie und eben der Demokratie, die sich institutionell im Unterhaus des englischen Parlaments abbildete. Die Stoßrichtung ging gegen den Absolutismus, auch ein Jahrhundert später in den britischen Kolonien in Nordamerika. Die Mischverfassungstheorie mit ihrem Plädoyer für demokratische

Anteile, der oft auf Machiavelli sich berufende «Klassische Republikanismus» und die liberale Vertragstheorie eines John Locke vermischten sich hier und befeuerten antikolonialen Widerstand und schließlich die Revolution.

Die Amerikanische und erst recht die Französische Revolution erstrebten keine politische Rückkehr in die Antike, aber sie bezogen einen wichtigen Teil ihres Pathos, ihrer revolutionären Emphase aus klassischen Vorbildern, wobei die römische Republik eindeutig vor der griechischen Polis kam. Während in der Amerikanischen Revolution eher die Moderaten in die Vergangenheit blickten und die Radikalen einen Neuanfang jenseits der Klassik machen wollten, waren es in Frankreich eher die Radikalen, nämlich die Jakobiner um Robespierre, die den Kult des Klassisch-Römischen betrieben, vor allem in der Überhöhung ihres Strebens nach einer tugendhaften Republik. Auch in Nordamerika gaben sich die Autoren politischer Abhandlungen und Flugblätter gern Pseudonyme, die an die Gefährdung der römischen Republik und den selbstlosen Einsatz für deren Schutz gegen die Usurpation erinnern sollten: «Cato» oder «Cincinnatus», «Agrippa» oder «Brutus» – der Mörder Cäsars galt ihnen also als Held des Widerstands gegen die Diktatur. Doch was die Gestaltung einer republikanischen Verfassung anging, setzte sich das Motiv einer Neubegründung, einer dezidierten Abstoßung der antiken Vorbilder immer mehr durch. Thomas Paine wandte sich Anfang 1776, in seinem weit verbreiteten Pamphlet «Common Sense», schneidend scharf gegen diejenigen, die zwischen einer autonomen Gesellschaft und der Regierung keinen Unterschied machen würden – das war gegen das antike Ideal einer Polis-Bürgerschaft gemünzt, in der eine Sphäre autonomer Individuen nicht unabhängig von der Politik existieren konnte. Gut zehn Jahre später versuchten die «Federalist Papers» zu zeigen, warum eine Republik als Repräsentativverfassung auch in einem großen Flächenstaat bestehen könne, während die «reine Demokratie» nur bei direkter Mitwirkung der Bürger in einem Stadtstaat denkbar sei – und deshalb nicht zukunftsfähig.

Es war kein Zufall, dass sich in der deutschen Antikenrezeption zwischen Aufklärung und Liberalismus, im späten 18. und frühen 19. Jahrhundert, der idealisierende Blick mehr ins klassische Griechenland als nach Rom wandte. Die republikanischen Assoziationen wurden abgewehrt; die Griechen aber dienten mehr als kulturelles denn als politisches Vorbild: als Orientierungsmaßstab für Ästhetik und Bildung. Aber der griechische Aufstand gegen die türkische Herrschaft im Jahre

1821 führte im restaurativen Klima des Deutschen Bundes immerhin zu einer frühliberalen Begeisterung, bei der sich Sympathie für die modernen Griechen mit eigenen Freiheitshoffnungen und antiken Reminiszenzen verknüpfte. Aber wo die deutschen Liberalen in der Zeit des Vormärz und der Revolution von 1848/49 an die Geschichte appellierten, sprachen sie meist weniger von der athenischen Demokratie, auch nur gelegentlich von der römischen Republik – sondern von einer «eigenen» freien Vergangenheit, die gegen den modernen Territorialstaat und die absolute Monarchie in Stellung gebracht wurde: von den Städten des späten Mittelalters und von einer diffusen germanischen Frühzeit. In typischer Weise beschwor Friedrich Daniel Bassermann aus Mannheim, später einflussreicher Abgeordneter in der Paulskirche, 1843 eine vermeintliche Urdemokratie der germanischen Vorfahren: «Sie waren nicht bevormundet von Leuten, die sie nicht wollten, nein, unter freiem Himmel, in großen Volksversammlungen wählten sie ihre Anführer, unter freiem Himmel hielt das Volk Gericht und gegen seinen Willen konnte nichts geschehen.»

Dabei mochten sich Bilder der athenischen Volksversammlung und Volksgerichte mit dem Entwurf einer germanisch-deutschen Nationalgeschichte vermischen. Im Zeichen von Romantik und Historismus bildete sich daraus eine einflussreiche Spur deutscher Freiheitsvorstellungen, die bis in das 20. Jahrhundert führt. In der Zeit der Reichsgründung entwickelte der liberale Staatsrechtler Otto von Gierke mit seinem «Genossenschaftsrecht» ein umfassendes Modell staatlicher Organisation und sozialer Beziehungen, mit dem sich Deutschland vom Westen, zumal von Frankreich, unterscheiden sollte. Seine «germanistische» stand gegen die «romanistische» Rechtsschule, damit gegen das römische Recht, und insofern auch gegen die römisch-antiken Traditionen. Aus der germanischen Vorgeschichte in Mitteleuropa leitete man den Vorrang genossenschaftlicher Verbände gegenüber herrschaftlichen Verbänden ab, den Vorrang horizontaler Vergemeinschaftung und «organischer» Gesellschaft. Tatsächlich entfaltete der Genossenschaftsgedanke in dieser Zeit eine erhebliche demokratische Wirkung, in der Arbeiterbewegung und im sozialen Liberalismus: praktisch umgesetzt in der Raiffeisen-Bewegung, in Konsum- oder Wohnungsgenossenschaften. Aber er enthielt zugleich eine Spitze gegen den Individualismus und zunehmend auch gegen die westliche Demokratie, und darauf konnte sich später die völkische Ideologie der Nationalsozialisten gut berufen.

Deshalb kann man sagen: Die heute so häufigen Hinweise auf antike Ursprünge der Demokratie, vor allem auf das klassische Athen, sind keine Restbestände einer vielhundertjährigen Tradition, die im 20. Jahrhundert, im Zeitalter moderner Demokratie, allmählich aussterben. Vielmehr hat sich das politische Leitbild «Athen», trotz der bildungsbürgerlich-neuhumanistischen Kulturprägung des 19. und frühen 20. Jahrhunderts, überhaupt erst nach 1945 vollends etabliert, zumal in der Bundesrepublik Deutschland, im Zuge ihrer eigenen Demokratisierung. In der Schule lernen die Fünftklässler die Grundzüge der athenischen Demokratie, noch bevor sie so recht mit Französischer Revolution oder den Grundzügen des eigenen Regierungssystems vertraut sind. Dabei dient die Antike jedoch keineswegs nur als eine heroische Bestätigung der eigenen Gegenwart, als selbstzufriedene Vergewisserung einer westlichen Kontinuität über 3000 Jahre, die es in Wirklichkeit gar nicht gab. Vielmehr beruft sich seit den 1970er Jahren gerade die Kritik an der modernen, repräsentativen Demokratie immer wieder auf die unmittelbare Demokratie Athens. Der amerikanisch-britische Althistoriker Moses Finley, ein undogmatischer Neomarxist, sah die «elitäre» Demokratie einer modernen, politisch-bürokratischen Klasse als Verfall gegenüber der breiten Bürgerbeteiligung Athens. Auch hinter dem Kampf von Bürgerinitiativen und sozialen Bewegungen für mehr direkte Demokratie steht bis heute häufig das antike Vorbild.

Entscheidend ist also gar nicht, ob die athenische Demokratie, oder auch die Verfassung der römischen Republik, als ein direkter Vorläufer der modernen Demokratien gelten kann. Zwar lassen sich gute Gründe dafür anführen, dass es sich nicht bloß um eine zufällige Namensgleichheit handelt: Wichtige Prinzipien der Demokratie sind im Athen des 6. bis 4. Jahrhunderts v. Chr. zum ersten Mal – soweit wir wissen – in Verfahren gegossen und praktisch erprobt worden. Aber eine gerade Linie führt keineswegs von dort in die Gegenwart. Athen war nicht der «Westen», sondern eine Kultur des östlichen Mittelmeers. Ungleich wichtiger ist das Eigengewicht der historischen Traditionsbildung. Die Griechen entdeckten die Demokratie so, wie Kolumbus Amerika «entdeckte», hat Moses Finley sehr klug gemeint: Längst waren Ureinwohner dort, auch Wikinger von Europa aus gelandet. Aber von Kolumbus ging die welthistorische Wirkung aus; auf ihn berief man sich, an ihm reibt man sich heute. Eine scharfe Grenze zwischen antiker Realität und moderner Erinnerungskultur lässt sich kaum ziehen. Die athenische Demokratie ist wichtig, weil sie uns als Spiegel dient.

5 Feudalismus und Monarchie:
Die europäische Vormoderne

Die alten Griechen haben die Demokratie erfunden, vor gut 200 Jahren wurde sie endlich wiederentdeckt – warum nur konnte sie sich in der langen Zwischenzeit nicht halten, die wir aus europäischer Sicht als Zeit des Mittelalters und der Frühen Neuzeit bezeichnen? Diese Frage ist im Grunde falsch gestellt, denn sie geht von einer Kontinuität aus, die es «eigentlich» hätte geben müssen und aufgrund widriger Umstände unterbrochen war. Sie unterstellt auch, dass die Demokratie eine Art Normalfall sei. Tatsächlich aber ist sie eine sehr unwahrscheinliche Form der Herrschaft und der Organisation von Gesellschaften, für deren Zustandekommen viele Bedingungen erfüllt sein müssen. In den gut tausend Jahren der vormodernen europäischen Geschichte zwischen Frankenreich und Französischer Revolution stand Demokratie nur selten, und erst spät, überhaupt zur Debatte. Soweit das Wort, der Begriff Demokratie aus der Aristotelesrezeption seit dem 13. Jahrhundert bekannt war, wurde er kaum auf konkrete Formen der politischen Verfassung angewendet, geschweige denn als eine Zielprojektion für eine zukünftig bessere Verfassung, für eine freie und selbstbestimmte Ordnung verwendet. Demokratie war nichts Gutes, nichts Erstrebenswertes – ein «Paria-Wort».

Dennoch lassen sich wichtige Gründe nennen, warum das europäische Mittelalter und die Frühe Neuzeit (die drei Jahrhunderte seit etwa 1500) sich Demokratie nicht vorstellen konnten und – wichtiger noch – warum Demokratie mit den sozialen und politischen Strukturen dieser Epoche nicht kompatibel war. Der wichtigste Schlüssel sind Feudalismus und Ständegesellschaft: eine spezifisch europäische Form der Organisation agrarisch geprägter Gesellschaften, bei der Rechtsordnung und soziale Ungleichheit, Wirtschaft und politische Verfassung eng ineinander verwoben waren. In ihr waren die Menschen, in der Regel schon durch ihre Geburt bzw. soziale Herkunft, einem bestimmten «Stand» zugeordnet, aus dem sich ihre Funktion für das Ganze ableitete und der sie in Abhängigkeit von anderen Ständen stellte. Anders als die Antike kannte der Feudalismus keine Sklaverei, sondern verschiedene Formen der persönlichen Abhängigkeit und Unfreiheit bis hinunter zu Varianten der Leibeigenschaft. Umgekehrt existierte in diesem vielfältig gestuften System aber auch keine Vorstellung von einer einheitlichen Bürgerschaft (wie der Athens), der alle freien Männer, die nicht Sklaven oder Fremde waren, unabhängig von Besitz oder Beruf angehörten. Ursprünglich beruhte die Ständegesellschaft auf einem einfachen Dreierschema: Adel, Klerus und Bauern, die jeweils eine besondere Aufgabe erfüllten: Sie herrschten, beteten und arbeiteten. Mit der Entstehung von Städten und ihrem wirtschaftlichen Aufstieg im Spätmittelalter kamen die Stadtbürger hinzu und wurden seitdem – bis in das 19. Jahrhundert hinein – als der «dritte Stand» bezeichnet. Innerhalb der Städte entwickelten sie neue Formen der Bürgerfreiheit, ja der republikanischen Verfassung, aber jenseits der Stadtmauern galten die feudalen Abhängigkeitsverhältnisse.

Sie gründeten nicht nur in der Ungleichheit der Stände oder ihren verschiedenen Funktionen, sondern im rechtlichen und ökonomischen Kern des Feudalismus, der Beziehung zwischen Lehnsherr und Vasall. Der Erste, meist ein Adliger, gab Schutz und stellte Land zur Verfügung; der Zweite war zur Treue verpflichtet – und wirtschaftlich gesehen, zu Diensten oder Abgaben. Dieses Verhältnis war wesentlich schärfer ausgeprägt als die Patron-Klient-Beziehung in der antiken römischen Gesellschaft; sowohl in ihrer rechtlichen Bindungswirkung als auch in ihren ökonomischen Konsequenzen. Freies Eigentum an Land und die Verfügung über Land auf Märkten waren in diesem System nicht vorgesehen. Überhaupt fehlte ein allgemeiner Begriff von Freiheit. In der ständischen Gesellschaft war Freiheit nie abstrakt und ein umfassender Anspruch, sondern immer etwas Konkretes. Man verfügte über verschiedene «Freiheiten» – über erworbene Rechte, etwas zu tun oder zu lassen, aber nicht über Freiheit an sich als persönliche Autonomie oder als Anspruch auf politische Mitwirkung unter Gleichen. In einer solchen Ordnung persönlicher Abhängigkeit war politische Partizipation noch schwerer denkbar als in einer bloß gestuften, ständisch segmentierten Gesellschaft, denn der Einzelne – ohnehin nur das männliche Familienoberhaupt in einer patriarchalischen Welt – war im Prinzip seinem Herrn zugeordnet, statt sich mit seinesgleichen zusammenzuschließen. Im späten Mittelalter und in der Frühen Neuzeit gewannen die Stände jedoch auch einen solchen «horizontalen» Charakter, sie wurden zu korporativen Verbänden, die auch kollektive politische Interessen vertraten: die Bürger gegenüber dem Adel; oder die «Stände» insgesamt gegenüber der Monarchie.

Die Grenze zur Demokratie lag dennoch in weiter Ferne, auch weil die praktischen, die kommunikativen Voraussetzungen dafür fehlten.

Feudalismus war Herrschaft «über Land und Leute»: eine Organisationsform, welche die Kontrolle über weite ländliche Gebiete mit vergleichsweise dünner Besiedlung ermöglichte. Demokratie aber erforderte im Verständnis der Vormoderne die Mitwirkung der Bürger in Anwesenheit, auf dem Versammlungsplatz – schon im Stadtstaat Athen war das für die außerhalb der eigentlichen Stadt wohnenden Bürger nicht leicht zu leisten. Dennoch bildeten sich die Grundlagen moderner Demokratie noch vor der Erfindung von Eisenbahn oder Telegraphie, von Automobil oder Telefon heraus. Die wichtigere Grenze bildete mithin die Rechtsordnung des Feudalismus selber. Die Abschaffung des Feudalsystems stand insofern nicht zufällig im Zentrum der ersten Phase der Französischen Revolution, und der Angriff zielte nicht nur auf die Ablösung drückender Lasten oder die Durchsetzung marktkapitalistischer Verhältnisse, sondern auch auf individuelle Freiheit als eine Bedingung der Möglichkeit von Demokratie. Umgekehrt besagte eine klassische Theorie der amerikanischen Demokratie nicht zufällig, sie habe dort schon mit den ersten Siedlern in den Kolonien wachsen können, weil das Korsett der Feudalordnung fehlte.

Fragt man nach der politischen Verfassung im engeren Sinne, stößt man auf das Königtum, auf die Monarchie als eine Konstante der vormodernen europäischen Gesellschaften. Monarchie und Demokratie – das war unter den Bedingungen des Mittelalters und der Frühen Neuzeit nicht miteinander vereinbar, mit der gewissen Ausnahme des englischen Parlaments und seines langsam wachsenden Selbstverständnisses als demokratischer Teil einer gemischten Verfassung. Erst im 19. und 20. Jahrhundert wurden Wege gefunden, beides miteinander kompatibel zu machen, so dass viele europäische Staaten, von Spanien bis Schweden, längst volle Demokratien in monarchischer Staatsform sind. In seinen Ursprüngen war das Königtum in der Feudalgesellschaft verankert, der König also oberster Lehnsherr. In der gedachten Nachfolge des Römischen Reiches wurde es als Kaisertum imperial aufgeladen – und damit auch zusätzlich religiös überhöht, denn bis ins 16. Jahrhundert musste der Kaiser in Italien durch den Papst gekrönt werden und gewährte der römischen Kirche dafür im Gegenzug kaiserlichen Schutz. Mit Recht wird gerne betont, dass die Trennung der weltlichen von der geistlichen Herrschaft, von «regnum» und «sacerdotium», eine besondere Leistung des europäischen Mittelalters darstellt, ohne die auf lange Sicht auch die Demokratie als Herrschaft von Menschenhand schwer vorstellbar ist. Aber zunächst blieb doch entscheidend, dass die Monarchie, sei es als Erbmonarchie oder als Wahlmonarchie (wie im Heiligen Römischen Reich bis zu dessen Ende 1803), unauflöslich mit der christlichen Legitimation von Herrschaft, mit dem Gottesgnadentum, verknüpft blieb. Die Quelle der Souveränität konnte dann nicht beim Volk liegen. Überhaupt machte diese Vorstellung die politische Ordnung unantastbar, entzog sie jener menschlichen Verfügbarkeit, welche die Athener gekannt hatten.

In der Frühen Neuzeit wurde die Monarchie in Kontinentaleuropa zum Kristallisationskern des frühmodernen Staates. Dieser Prozess der Staatsbildung, der im Absolutismus seinen vorläufigen Höhepunkt erreichte, steht in einem ambivalenten Verhältnis zur Geschichte der Demokratie. In ganz langer Perspektive leistete er ihr Vorarbeit: durch die Zentralisierung von Herrschaft gegen die Vielfalt ständischer oder auch kirchlicher Konkurrenten; oder durch den Versuch, aus der Feudalgesellschaft einen einheitlichen Verband von «Untertanen» zu machen, die dann später zu gleichen Staatsbürgern umdefiniert werden konnten. Auch übernahm der frühmoderne Staat in der Sorge und Disziplinierung seiner Untertanen Aufgaben, die viel später zum Markenzeichen von Demokratien wurden – so liegt ein Ursprung des modernen Sozialstaates in der sozialen Fürsorge und «guten Policey» des Absolutismus. Aber eine Vorstufe zur Demokratie war der aufsteigende Territorialstaat mit seinen frühen bürokratischen Apparaturen deshalb noch lange nicht. Er drängte ältere Formen der ständischen Mitsprache an den Rand; in Italien war der Fürstenstaat der Feind der Stadtrepubliken, und bürgerliche (oder auch: adlige, bäuerliche) Partizipation florierte am meisten dort, wo sich ein «starker Staat» nicht durchsetzen konnte: in Polen oder den Niederlanden, in der Schweiz oder in England.

Thomas Hobbes nannte seine Rechtfertigung des absoluten Staates als Bezwinger des «Kriegs aller gegen alle» nicht zufällig «Leviathan»: Das Ungeheuer aus biblischer Überlieferung stand für eine unbezwingbare Macht, die sich alles unterwerfen konnte, was ihr in den Weg kam. «Legibus absolutus», losgelöst von den Gesetzen: Aus dieser Formel, die freilich nie der Realität entsprach, entstand der Begriff des Absolutismus. Während Ludwig XIV. meinte, selber der Staat zu sein, hoben Aufklärer des 18. Jahrhunderts wie Montesquieu oder John Adams hervor, der freie Staat oder die Republik sei die Herrschaft durch Gesetze, nicht durch Menschen. Liberale Freiheitskonzepte und demokratische Partizipationsansprüche wurden seit dem 17. Jahrhundert ganz überwiegend gegen den Staat geltend gemacht. In England und den

USA fehlt die kontinentaleuropäische Vorstellung vom Staat weithin bis heute; die vom Volk ausgeübte Regierung ist «government».

Schließlich fehlten im Mittelalter und in der Frühen Neuzeit auch die kulturellen und mentalen Grundlagen, auf denen die institutionelle Ordnung der Demokratie danach ruhte. Herrschaft und Politik waren im Alltag der meisten Menschen gleichermaßen weit entfernt wie unauflöslich in die eigene Existenz, in Rechtsstellung und materielle Verhältnisse verwoben. Seit dem 16. Jahrhundert ermöglichte der Buchdruck eine Leserevolution, die spätestens im 18. Jahrhundert auch die unteren Schichten erfasste, aber eine breite Politisierung der Bevölkerung steckte dann trotzdem erst in den Kinderschuhen. Bis in die Aufklärung blieben die politischen Debatten weithin in Sonderkulturen von Gebildeten, von Intellektuellen und staatlichen oder kirchlichen Funktionsträgern, eingekapselt. Die hergebrachte Ordnung der Dinge galt als natürliche, als gottgewollte Ordnung. Sie nach menschlichem Ermessen und abstrakten Maßstäben von Fortschritt, Freiheit oder Gleichheit umzugestalten, lag noch außerhalb der Vorstellungskraft. Diese Ordnung konnte wohl aus dem Gleichgewicht geraten, sie konnte durch Übergriffe, durch einen Bruch mit der Tradition verletzt werden. Dann kämpfte man jedoch nicht für eine ganz neue Verfassung, geschweige denn eine neue «Gesellschaftsordnung», sondern für eine Wiederherstellung verletzten Rechts und verletzter Ehre. Auch darin konnte freilich ein Zündfunken der Demokratie liegen. Denn noch die Revolutionen des späten 18. Jahrhunderts in Amerika und Frankreich begannen mit diesem Blick in die Vergangenheit: in dem Gefühl, verletztes Recht und eingeschränkte Freiheiten wiederherstellen zu sollen. Die Stände wandten sich gegen ihre Ausschaltung durch die Monarchie, die Siedler gegen ein Empire, das die Machtschrauben plötzlich anzog. Ohne es zu wissen, sprengten sie damit die Grenzen der vormodernen Welt.

6 Städte, Gemeinden, Republiken: Anfänge der Demokratie seit dem Spätmittelalter

Von Demokratie wurde im Mittelalter und in der Frühen Neuzeit wenig gesprochen, und vor dem 18. Jahrhundert diente der Begriff nur sehr selten dazu, konkrete Staaten oder Herrschaftsordnungen zu beschreiben. Martin Luther unterschied in seinen «Tischreden» im Jahre

1539 die verschiedenen Verfassungsformen, wie sie aus der antiken
Tradition bekannt waren, und nannte dafür jeweils Beispiele: etwa
England und Frankreich für die Monarchie, Deutschland für die Aristokratie, die Stadt Erfurt für eine Oligarchie – und die Schweiz sowie
das norddeutsche Dithmarschen für die Demokratie, wo «viele regieren». Außerhalb solcher bäuerlich-genossenschaftlich organisierter Gebiete standen der Praxis von Demokratie hohe Hindernisse entgegen,
von der Feudalgesellschaft bis zur absoluten Monarchie. Dennoch ist
die Frage nach vormodernen europäischen Wurzeln der Demokratie
berechtigt. Sie wurde seit dem 19. Jahrhundert auch häufig gestellt –
und im emphatischen Überschwang der liberal-demokratischen Bewegung dieser Zeit öfters allzu optimistisch beantwortet. Denn zur Rechtfertigung der eigenen Ziele wollte man sich gerne auf historische
Kontinuität berufen, etwa auf die Demokratie, die es vermeintlich
schon in mittelalterlichen Städten gegeben habe. Aus heutiger Sicht
fällt das Urteil skeptischer aus. Aber die «Erfindung» der modernen
Demokratie seit dem späten 18., vor allem dann im 19. Jahrhundert
schnitt nicht alle Verbindungen in die Vergangenheit ab, sondern profitierte von manchen Ansätzen und Frühformen der Selbstregierung,
auch wenn diese von den Zeitgenossen noch nicht als Demokratie verstanden wurden. Geläufiger war ihnen der Begriff der Republik, doch
auch in diesem gehen nicht alle vormodernen Formen der politischen
Mitbestimmung und freiheitlichen Verfassung auf.

In jedem Fall stößt man dabei kaum auf größere Flächenstaaten, auf
souveräne Territorialstaaten, sondern eher auf kleinere Gebilde: auf
Städte und Gemeinden, auf Landschaften und Regionen, die sich innerhalb eines größeren, feudal oder monarchisch verfassten Verbundes
Freiräume der Selbstbestimmung eroberten. Am auffälligsten ist das in
den europäischen Städten des Spätmittelalters und der Frühen Neuzeit.
Sie verfügten über wirtschaftliche und soziale Voraussetzungen politischer Entwicklung, die der ländlichen Gesellschaft fehlten. Gewerbe,
Handel und Verkehr spielten eine wichtige Rolle in der städtischen
Ökonomie. Das begünstigte, zumal in den größeren Städten, die Zentren des Fernhandels waren, Wohlstand und Weltoffenheit. Handwerker und Kaufleute organisierten sich in Zünften und Gilden – das waren keine modernen Vereine oder Interessenverbände, sondern
korporative Vereinigungen im Sinne der ständischen Gesellschaft, die
aber doch über ein hohes Maß an Selbstregulierung verfügten. Sie repräsentierten ein städtisches Bürgertum im sozialen Sinne einer nicht

bäuerlichen, selbstständig gewerblich wirtschaftenden und kommerziell tätigen Schicht.

Sie konstituierten zugleich das Bürgertum als einen Rechtsverband derjenigen, die über das städtische Bürgerrecht verfügten und damit bestimmte Privilegien der Lebensweise und sozialen Versorgung, aber auch der politischen Mitsprache in Anspruch nehmen konnten. In der Redewendung «Stadtluft macht frei» schwingt bis heute der Unterschied zwischen der ländlichen Gesellschaft mit ihrem Geflecht feudaler Abhängigkeiten und der Stadt als dem Ort einer größeren Unabhängigkeit – von Individualität sollte man noch nicht sprechen – und bürgerlicher Freiheiten mit. Gerade in Zeiten sehr beschränkter Kommunikations- und Verkehrsmittel war die dichte Besiedlung der Stadt ein ganz wesentlicher Vorzug für die politische Vergemeinschaftung und Mitsprache. Man konnte sich auf dem Marktplatz, in den Geschäften, in Gasthäusern, vor allem aber auf dem Rathaus treffen, gemeinsam beraten und entscheiden, ohne sich durch mühselige Reisen für lange Zeit von Familie und Broterwerb zu entfernen. Insofern knüpften die Städte seit dem Spätmittelalter durchaus an die griechischen Poleis wie Athen an.

Aber sie waren von der politischen Verfassung Athens doch weit entfernt. Das Bürgerrecht unterschied sich erheblich; es gründete in den mittelalterlichen Städten auf korporativer Zugehörigkeit und konnte zudem vielfach abgestuft sein; damit fehlte auch ein Verständnis von der Gleichheit der Bürger im Sinne der griechischen Isonomie. Freiheit war wichtiger als Gleichheit, und durchaus entwickelte sich ein Verständnis von bürgerlicher Freiheit im Singular, als abstrakter Begriff für die besondere Rechtsstellung und freiere politische Kultur in der Stadt. Aber diese Freiheit war nie absolut oder individualistisch, und letztlich beruhte sie auf einer Vielzahl von korporativen Rechten, die zum Beispiel der Landesherr oder der Kaiser oder der Erzbischof als geistlicher Herr gewährt hatte. Überhaupt konnten die Freiheitsgrade sehr unterschiedlich ausfallen, nach außen wie im Innern. Auch wenn Städte fast immer, von ganz kleinen Ackerbürger- oder Landstädten abgesehen, einen Vorsprung vor der umgebenden ländlichen Gesellschaft besaßen, reichte das Spektrum von der stolzen Souveränität zeitweise mächtiger italienischer Stadtrepubliken wie Florenz, Siena oder Venedig über die freien Reichsstädte im Heiligen Römischen Reich, die nur dem Kaiser unterstanden, bis hinunter zu landesherrlichen Städten, die häufig in der Frühen Neuzeit, im Zuge des Ausbaus des Absolutismus, einen erheblichen Teil ihrer vormaligen Eigenständigkeit einbüßten.

Die innere Verfassung der Städte lässt sich als eine Herrschaftsordnung ebenso wie eine Freiheitsordnung verstehen; man hat gesagt, dass die mittelalterliche Stadt keine Ausnahme vom europäischen Feudalismus bildete, sondern Teil und «Sonderform» des Feudalismus blieb. Die Bürgerschaft hatte keineswegs gleichen Anteil an der Bestimmung der Stadtregierung; oft bestimmte eine relativ kleine und geschlossene Oberschicht – häufig als «Patriziat» bezeichnet – die Geschicke der Stadt. Darauf zielt auch der schon von den Zeitgenossen – wie das Beispiel Luthers zeigt – gerne verwendete Begriff der «Oligarchie»: die Herrschaft einer exklusiven Elite. Im Einzelnen waren es meist komplizierte Mischungsverhältnisse aus Freiheit, Herrschaft und Konsens, zwischen denen sich das Stadtregiment bewegte. Auch wenn nicht alle Bürger unmittelbaren Anteil hatten, indem ihnen etwa der Zugang zum Rat verwehrt blieb, bildete doch der Konsens von regierenden und beherrschten Bürgern eine wichtige Grundlage der städtischen Verfassung. Die Vorstellung von einem städtischen «Gemeinwohl» war mehr als Ideologie; sie stützte sich auch außerhalb der eigentlichen Politik auf ein Geflecht von Institutionen und Ritualen, dem eine neue Kulturgeschichte der Politik in letzter Zeit viel Aufmerksamkeit gewidmet hat.

Gleichwohl – im Zentrum der Bürgerfreiheit stand durchaus die politische Selbstregierung der Bürger, die Ausübung von Wahlämtern, die Mitwirkung in den städtischen Verfassungsorganen wie vor allem dem Rat, neben dem häufig noch ein größeres, weniger exklusives Gremium stand, oft «Großer Rat» oder «Bürgerausschuss» genannt. Dabei von Exekutive und Legislative, von Regierung und Parlament der Stadt zu sprechen wäre jedoch ein modernes Missverständnis. In Florenz bildete die «Signoria» die politische Leitung der Stadt, ergänzt durch einen Großen Rat. Die wichtigsten politischen Ämter wurden hier im 15. Jahrhundert, einer Blütezeit der freien Stadtregierung, durch eine Mischung aus Wahl- und Losverfahren besetzt. Zunächst konnten wahlfähige Bürger für Ämter nominiert werden; wer bei der Abstimmung eine Zweidrittelmehrheit erhielt, dessen Name kam in einen Losbeutel, eine Art «Pool», aus dem in den folgenden Jahren immer wieder die tatsächlichen Amtsträger gezogen wurden. Das aktive Wahlrecht besaßen nur wenige, nämlich die Mitglieder eines exklusiven Wahlmännergremiums; Hoffnung auf ein Amt aber konnte sich ein erheblich größerer

Anteil der Bürger machen. Öfters jedoch war es, so auch in großen deutschen Städten wie Köln, umgekehrt: Die in Zünften organisierten Bürger, insgesamt eine kleine Minderheit der Bevölkerung, hatten durch die «Gaffeln» – in Köln Verbände mehrerer Zünfte oder Gilden mit vielfältigen politischen und sozialen Aufgaben – an der Wahl des Rates Anteil. Doch der durchschnittliche Handwerksmeister besaß kaum eine Chance, in dieses exklusive Gremium hineingewählt zu werden; der Rat blieb ein Reservat der Eliten.

Dennoch darf man die Bedeutung solcher Wahlen in spätmittelalterlichen und frühneuzeitlichen Städten nicht unterschätzen. In ihnen kam das Freiheitsbewusstsein der Bürgerschaft zum Ausdruck, aber es definierte sich nicht durch die Möglichkeit zur Kandidatenauswahl, durch Pluralismus und Konkurrenz wie in der modernen Demokratie. Vielmehr ging es um die Herstellung von Konsens, genauer: um die Bestätigung der Legitimität politischer Herrschaft durch konsensuelle Teilhabe der Bürger. Symbole, Rituale oder zeremonielle Verfahren – Festmähler, Eidleistungen, Prozessionen und vieles mehr – waren nicht eine bloß äußerliche Zugabe zu den Wahlen und anderen Formen der vormodernen Entscheidungsfindung. Sie bildeten einen integralen Bestandteil dieses älteren Verständnisses von Politik. Nicht Individuen und Institutionen standen in ihrem Zentrum, sondern Korporationen (wie die Zünfte in einer Stadt oder Adelsverbände in einem größeren Territorium) und Rituale. Das unterstreicht noch einmal, wie kompliziert die Frage nach frühen Formen der Demokratie angesichts ganz unterschiedlicher sozialer und rechtlicher Bedingungen, und nicht zuletzt kultureller Koordinaten der Lebensführung, ist.

Nicht nur in den dicht besiedelten, bürgerlich-gewerblichen Städten entstanden seit dem Spätmittelalter Freiräume der Autonomie und Selbstregierung. Auch auf dem Lande konnten die Gemeinden zur selben Zeit, seit dem 14. Jahrhundert, teilweise ein größeres Maß an Unabhängigkeit gegenüber der feudalen Oberhoheit gewinnen. Sie bildeten Ämter und Institutionen aus, in denen die politisch Berechtigten – in der Regel die vermögenderen Bauern mit eigenem Landbesitz – ihre Angelegenheiten relativ frei und egalitär regeln konnten: in Gemeindeversammlungen, durch die Wahl des Dorfbürgermeisters oder in eigenen Gerichten, die von Landesherrn, Adel oder Kirche unabhängig waren. Besonders im damaligen oberdeutschen Raum, das heißt in Süddeutschland einschließlich weiter Teile der deutschsprachigen Alpen, also Österreichs und der Schweiz, emanzipierten sich die Gemeinden auf diese

Weise von Feudalismus und Territorialherrschaft. Im Mittelpunkt stand der «Gemeine Mann», wie der ländliche Durchschnittsbürger von damals in den Quellen genannt wurde. Der Historiker Peter Blickle hat diese landgemeindliche Freiheitstradition, der früher wenig Beachtung galt, vor einigen Jahrzehnten dezidiert hervorgehoben und mit dem Begriff des «Kommunalismus» charakterisiert. Er bezeichnet eine vormoderne Verfassung und Gesellschaftsform, in der die selbstgewählten Organe der ländlichen Gemeinden ein großes Maß an Zuständigkeiten an sich ziehen konnten, also Autonomie in partizipativen Verfahren verwirklichten. Das konnte am ehesten dort gelingen, wo der Adel vergleichsweise schwach war und wo die frühmoderne Staatsbildung nicht so schnell und effektiv hinreichte wie in Frankreich oder in Preußen seit dem 17. Jahrhundert.

Wo sich einzelne Inseln gemeindlicher Autonomie zu einer größeren Landschaft der politischen Selbstbestimmung verbanden, entstanden – wie in der Schweiz – frühe Formen von Republiken. Unter einer Republik verstanden die Zeitgenossen in der Frühen Neuzeit aber jede Ordnung, die sich fürstlicher und feudaler Oberhoheit entledigt hatte und in der ein Gemeinwesen sich stattdessen selbst regierte. Das musste keine Stadt- oder Landgemeinde, sondern konnte auch ein größeres Territorium sein, nach heutigen Begriffen also: ein Flächenstaat. Gleichzeitig war eine solche Republik keine Demokratie (und man benutzte auch diesen Begriff nicht), sondern stützte sich in der Regel auf eine kleine Minderheit politisch berechtigter Personen bzw. auf Korporationen, die durch Angehörige einer schmalen Elite repräsentiert wurden. Deshalb waren Adelsherrschaft und Republik zwischen dem 16. und dem 18. Jahrhundert kein Gegensatz. Die Republik Venedig bestand seit dem Mittelalter und fiel erst 1797 dem Machtanspruch Napoleons zum Opfer. Sie war Stadtrepublik und weit ausgreifende Handelsmacht, ja mittelmeerische Kolonialmacht in einem. Im 12. und 13. Jahrhundert wurde die bisherige Alleinherrschaft des Stadtfürsten, des Dogen, durch verschiedene Verfassungsorgane eingehegt; eine kleine Zahl adliger Familien beschickte diese Gremien und bestimmte fortan die Geschicke der Stadt. Wie auch anderswo in Italien und in Mitteleuropa, ging der Trend in der Frühen Neuzeit keineswegs zu sozialer Öffnung und Demokratisierung, sondern im Gegenteil zu Abschließung und Exklusivität der adligen (oder anderswo: bürgerlichen, patrizischen) Führungsschichten.

Eine ganz andere Adelsrepublik bestand von 1569 bis zum Ende des 18. Jahrhunderts in Polen. Die königliche Dynastie der Jagiellonen starb aus; die Ständeversammlung führte eine Wahlmonarchie ein, in der ein König gewissermaßen als ihr Beauftragter handelte. In der Ständeversammlung, die schon damals «Sejm» hieß, wie bis heute das polnische Parlament, dominierte der landsässige Adel. Unter dem Druck Preußens und Russlands zerbrach die polnisch-litauische Adelsrepublik; Polen wurde in den «Teilungen» der Flügelmächte bis 1918 zerschlagen. Kurz zuvor erhielt das Land aber am 3. Mai 1791 die erste moderne, liberale Verfassung Europas – noch vor Frankreich, doch schon unter dem Einfluss der Französischen Revolution. Das ist ein gutes Beispiel für die komplizierte Mischung aus adlig-ständischer Kontinuität und revolutionärem Neuanfang beim Übergang aus den alten Republiken in die neuen des 19. Jahrhunderts.

Etwa zur selben Zeit wie die polnische entstand, in einer ganz anderen Konstellation, eine weitere europäische «Flächen»-Republik: die Republik der Vereinigten Niederlande. Die nördlichen Provinzen der damals spanischen Niederlande revoltierten nämlich gegen die Spanier und deren neuen König Philipp II. Sie schlossen sich 1579 in der «Utrechter Union» zusammen und erklärten zwei Jahre später als «Republik der sieben vereinigten Niederlande» ihre Unabhängigkeit von dem spanischen Habsburgerreich. Die niederländische Revolte war insofern die erste Unabhängigkeitsrevolution der Neuzeit, ein früher Vorläufer der Amerikanischen Revolution, und ein Ausdruck des Widerstands gegen die strafferen monarchisch-imperialen Ansprüche in den Anfängen der modernen Staatsbildung. Zugleich trug sie, im Zeitalter der Reformation, Züge eines religiösen Bürgerkrieges zwischen (spanischen) Katholiken und Protestanten, besonders den reformorientierten und bilderstürmerischen Calvinisten. Die oberste Gewalt der neuen Republik lag fortan bei den «Generalstaaten», der allgemeinen Ständeversammlung der sieben Provinzen. Sie wählten Wilhelm von Oranien als Statthalter, aber die wirkliche Macht übten der Adel und die städtischen Führungsschichten der großen Handels- und Gewerbezentren wie Amsterdam aus. Denn im 17. Jahrhundert, im «Goldenen Zeitalter», blühte die Republik wirtschaftlich durch Überseehandel und koloniale Expansion sowie kulturell mit Künstlern wie Rembrandt und Rubens. Nach einer Phase des Niedergangs im 18. Jahrhundert schlug die «Batavische Republik», unter französischer Herrschaft, für ein gutes Jahrzehnt (1795–1806) eine Brücke zwischen den alten republikanischen Traditionen und der modernen Revolution. Seit 1815 waren die Niederlande wieder eine Monarchie – unter diesem Vorzeichen, nicht unter dem der Republik, begann der langsame Prozess der Demokratisierung.

Der polnische Sejm, die niederländischen Generalstände, auch das englische Parlament in Revolution und Bürgerkrieg im 17. Jahrhundert: Immer wieder stößt man bei der Suche nach frühen europäischen Wurzeln der Demokratie also auf ständische Versammlungen, die sich von der Monarchie zu emanzipieren suchten. Eine ähnliche Bewegung gab es auch in Mitteleuropa, auf dem Gebiet des Heiligen Römischen Reiches deutscher Nation, wenngleich sie nicht in eine ständisch-republikanische Revolution mündete – nicht zuletzt wohl deshalb, weil das Reich keine Ambitionen einer absoluten Monarchie verfolgte, sondern sich auf ein Geflecht moderierender, ausgleichender, Konflikte regulierender Institutionen stützte. In manchen Territorien des Reiches jedoch erlebten die Stände im 18. Jahrhundert eine Renaissance, besonders in seinen südwestlichen Kerngebieten. Der Adel und das Bürgertum (wo es, wie in Württemberg, in den Ständen vertreten war) wehrten sich gegen fürstliche Ansprüche auf Alleinherrschaft. Immer wieder wurde das Recht der Stände auf Steuerbewilligung oder Kreditgewährung zum wirkungsvollen Hebel für die ständische Opposition, zumal angesichts eines steigenden Finanzbedarfs der Staaten für Bürokratie, Militär und «merkantilistische» Wirtschaftsförderung. Zwar führt von hier keine gerade Linie zu den ersten modernen deutschen Parlamenten des 19. Jahrhunderts in den süddeutschen Staaten, aber Kontinuitäten der antimonarchischen «Volks»-Vertretung gab es doch, in der politischen Kultur und im Bewusstsein der frühliberalen Zeitgenossen.

Die Vielfalt spätmittelalterlicher und frühneuzeitlicher Vorformen von Demokratie lässt sich, natürlich vereinfacht, in fünf wesentlichen Strukturelementen ordnen: erstens städtische Herrschaft, zweitens Gemeindebildung – beides gehört zusammen als die kommunale Wurzel der Demokratie. Sodann drittens Ständeversammlungen und viertens Republiken – wiederum ist der Zusammenhang mehrfach deutlich geworden, weil Republiken sich, jenseits der Stadtrepubliken, auf ständische Vertretungen maßgeblich stützten. Als fünftes Element schließlich formten Bürgerideologien in unzähligen Varianten das Freiheitsbewusstsein, wirkten als Katalysator von Protest und als kulturelle Grundlage partizipatorischer Verfassung: von der städtischen Bürgerfreiheit des Spätmittelalters bis zur Suche nach dem tugendhaften, politisch aktiven Bürger im «Klassischen Republikanismus» der Frühen Neuzeit. Ob man darin demokratische Elemente einer im Übrigen ganz anderen, vergangenen politisch-sozialen Welt sieht oder Vor- und Frühformen moderner Demokratie bis in die Gegenwart – darüber lässt sich lange diskutieren. Manche älteren Formen von Partizipation brachen im Laufe der Jahrhunderte wieder ab, oder sie erstarrten – wie häufig die städtische Herrschaft – zu Elitenherrschaft und Hierarchie.

Auch hat sich der Blick der Geschichtsschreibung und einer weiteren Öffentlichkeit auf diese Vorläufer der Demokratie immer wieder gewandelt. Im 19. Jahrhundert sahen liberale Bürger besonders in Deutschland die kommunale Freiheit des Mittelalters als Wegbereiter der modernen kommunalen Selbstverwaltung. Damit wurde aber nicht nur die Vergangenheit idealisiert, sondern auch die lokale Demokratie als eine Art Ersatzraum beschworen, wo man der «richtigen» Demokratie als einer vermeintlich westlichen Erfindung skeptisch gegenüberstand. In der neueren Historiographie machte sich nach 1945 deshalb zunächst eine Gegenbewegung geltend, die zur Geschichte der Vormoderne radikal auf Distanz ging und die feudalen, ständischen, oligarchischen, sozial ungleichen Fesseln ihrer politischen Ordnung betonte. Aber gerade die Kritik an Demokratiefeindschaft und Untertanengeist der Deutschen konnte ältere Vorbilder auch wieder hochleben lassen. Peter Blickles «Kommunalismus» verdankt sich nicht nur neuen Quellenfunden, sondern einer höchst gegenwärtigen politischen Pädagogik der Demokratie: der Suche nach alternativen Potentialen bürgerlicher Partizipation, nach Widerstandsgeist und «grass roots»-Beteiligung in der deutschen Geschichte. Darin spiegelt sich unverkennbar der antistaatliche, der basisdemokratische und zivilgesellschaftliche Aufbruch der 1970er und 1980er Jahre. Auch auf diese Weise bleiben ferne Epochen höchst aktuell mit der Gegenwart und Zukunft von Demokratie verbunden.

7 Wilhelm Tell im 19. Jahrhundert: Die Schweiz als Stammland der Demokratie?

Wenn von sehr alten und tief verwurzelten Traditionen der Demokratie die Rede ist, geht es nicht selten um die Schweiz. Das kleine Land in der alpinen Mitte Europas hat seine demokratische Identität und Geschichte geradezu zu einem Markenzeichen entwickelt. Die demokratische Verfassung gehört zur Grundausstattung des nationalen Stolzes und Zusammengehörigkeitsgefühls des offiziell viersprachigen Bundesstaates, wirkt aber auch nach außen als Vorbild und Sympathieträger. Das erste verbindet die Schweiz mit den Vereinigten Staaten von Amerika, das zweite unterscheidet beide Nationen scharf, jedenfalls seit dem späten 20. Jahrhundert. Während die imperiale Demokratie der USA, im Verein mit den inneren Spannungen des Landes, in großen Teilen der Welt auf zunehmende Skepsis stößt, steht die Schweiz mit ihrer Tradition der Neutralität weithin als Muster für Selbstbescheidung und friedliche Bürgerbeteiligung in der direkten Demokratie. Aber auch kritische Facetten des Schweiz-Bildes verknüpfen sich mit der besonderen bürgerlich-politischen Verfassung: die Militarisierung der Gesellschaft durch das Milizsystem, oder die zögernde Durchsetzung des Frauenstimmrechts, das auf Bundesebene erst 1971 gewonnen wurde. Dahinter scheint die größere Frage auf, ob eine besonders lange demokratische Tradition der modernen Dynamik der Demokratie überhaupt förderlich ist, oder sie sogar eher zu blockieren, jedenfalls zu verzögern vermag.

In der öffentlichen Darstellung reicht die Schweizer Freiheitstradition bis in das Jahr 1291 zurück, als Vertreter der drei Zentralschweizer «Urkantone» Uri, Schwyz und Unterwalden sich in der Nähe des Vierwaldstätter Sees mit einem Schwur zur Abwehr der Habsburger verbündeten. An diesen «Rütlischwur» erinnert bis heute der Nationalfeiertag, die Bundesfeier, am 1. August. Schon darin vermischen sich jedoch historische Wirklichkeit und viel spätere Legendenbildung. Auf das Jahr 1291 wurde die «Gründung» der Schweiz erst am Ende des 19. Jahrhunderts verlegt; bis dahin war der Rütlischwur nach allgemeiner Ansicht erst 1307 geleistet worden. Und die Bemühungen, der Eidgenossenschaft eine Legitimation in einem formellen und hochsymbolischen Gründungsakt zu geben, reichen sogar bis in das 16. Jahrhundert zurück. Dazu gehört auch die Geschichte von Wilhelm Tell – nicht nur Schweizer Nationalheld, sondern durch das Drama von Friedrich Schiller auch eine Ikone des deutschen Bildungsbürgertums bis in die Mitte des 20. Jahrhunderts: Nachdem Tell von dem bösen habsburgischen Landvogt Gessler gezwungen worden war, mit der Armbrust einen Apfel vom Kopf seines Sohnes zu schießen, überlistet er Gessler und tötet ihn, der mit der heimischen Landschaft nicht vertraut ist, in der «hohlen Gasse».

Aus dem Jahre 1291 datiert eine von vielen Urkunden, die eine schwurförmige Verbindung der drei «Waldstätten», wie es ursprünglich hieß, von Uri, Schwyz und Unterwalden belegen. In das späte

13. Jahrhundert reicht also tatsächlich, unabhängig von Rütlischwur und Wilhelm Tell die Geschichte der ursprünglichen, der «alten» Eidgenossenschaft zurück. Bürger in Städten und Bauern in den Dörfern der Bergtäler schlossen sich politisch und militärisch zusammen, und tatsächlich spielte dabei die Abwehr der Habsburgischen Herrschaftsansprüche eine wichtige Rolle. Die Kantone der Ur-Schweiz gaben dabei aber ihre Unabhängigkeit nicht auf, sie machten sich also nicht auf den Weg zu einem einheitlichen Territorialstaat. Und nach außen gelang es ihnen nicht nur – keineswegs friedlich, sondern mit erfolgreichen Militärkampagnen –, die Habsburger abzuschütteln. Sie erlangten auch zunehmende Selbstständigkeit vom Heiligen Römischen Reich, die ihnen 1648 im Westfälischen Frieden, nach dem Dreißigjährigen Krieg, auch offiziell zugestanden wurde. Ähnlich wie die Zentralschweiz entwickelten sich benachbarte Regionen und Alpentäler, zum Beispiel das Wallis (also das Rhonetal mit seinen Nebentälern), wo die erzbischöfliche Herrschaft seit dem 14. Jahrhundert allmählich einer Selbstregierung verbündeter Gemeinden wich; oder weiter östlich in der Quellregion des Rheins, wo aus verschiedenen Bünden im 15. Jahrhundert der «Freistaat der Drei Bünde» hervorging, Vorläufer des heutigen Kantons Graubünden, und sich seinerseits mit der Eidgenossenschaft verbündete.

Warum sich gerade in dieser Region das Streben nach politischer Autonomie erfolgreich durchsetzen konnte, gegen den kontinentaleuropäischen Haupttrend der Territorialisierung und fürstlichen Staatsbildung, ist eine schwierige Frage – zweifellos aber spielten die naturräumlichen Bedingungen eine wichtige Rolle. Das Hochgebirge erwies sich nicht unbedingt als ein ökonomischer Gunstfaktor, wohl aber als ein politischer. Die Erträge waren gering; vieles konnte nur in der Gemeinschaft der Dorfbewohner geregelt und erwirtschaftet werden – ein praktischer Zwang zur Solidarität der Ansässigen und wenig attraktiv für eine fremde Herrschaft. Die Eidgenossenschaft selber verfügte nur über lose Strukturen, vor allem in der «Tagsatzung», einer jährlichen Versammlung von Vertretern der Kantone. So entwickelten sich die Gemeinden und Gemeindebünde selber zu kleinen Republiken, die jedoch untereinander verbündet waren anstatt – wie die italienischen Stadtrepubliken, etwa Florenz und Siena – gegeneinander Krieg zu führen. Eine wichtige Besonderheit war auch die Vernetzung von Stadt und Land: Die Städte hoben sich nicht, wie viele Freie Reichsstädte in Deutschland, von ihrer feudal-unfreien Umgebung ab, sondern Stadt und Land wurden gleichermaßen in die gemeindlich-kantonale Unabhängigkeit einbezogen.

Damit war «die» Schweizer Demokratie jedoch nicht fertig ausgebildet, um nur noch bis in unsere Gegenwart bewahrt, vielleicht hier und da angepasst, zu werden. Die Jahre um 1800 markierten, wie für die politische Geschichte Kontinentaleuropas insgesamt, einen scharfen Einschnitt. Unter dem Druck des revolutionären Frankreich und Napoleons entstand 1798 die kurzlebige «Helvetische Republik»: ein zentralistisches Gebilde, in dem die Kantone zu Verwaltungsbezirken wie die französischen Départements degradiert wurden. Schon 1803 gab Napoleon nach; die «Mediationsakte» konstituierte die Schweizerische Eidgenossenschaft wieder als einen Staatenbund. Zwölf Jahre später bestätigte der Wiener Kongress deren Unabhängigkeit und arrondierte mit der Zuordnung neuer Kantone das Staatsgebiet in seinen heutigen Grenzen. Auch an der nächsten großen Zäsur der europäischen Geschichte, der Revolution von 1848, hatte die Schweiz indirekten Anteil. Denn am 12. September trat eine neue Verfassung in Kraft, die aus dem Staatenbund einen Bundesstaat mit parlamentarisch-repräsentativer Verfassung machte. Damit endete ein tieferer innerer Konflikt, der 1845 sogar zu der Abspaltung einer konservativ-katholischen Minderheit der Kantone von der liberal-reformierten Mehrheit und schließlich in einen Bürgerkrieg, den Sonderbundskrieg von 1847, geführt hatte. Seit 1848 ist Bern die «Bundesstadt» der Schweiz, die offiziell nicht «Hauptstadt» heißen darf.

Tatsächlich bewegte sich die Schweiz während des ganzen 19. Jahrhunderts weithin im Hauptstrom der politisch-sozialen Entwicklung Europas. Auf den Wiener Kongress folgte eine konservative Restaurationszeit; im Umfeld der französischen Julirevolution von 1830 wendete sich das Blatt zu einer liberalen Entwicklung: Die «Regeneration» von 1830/31 entmachtete in vielen Kantonen die aristokratischen Familien und führte wie in Frankreich und Deutschland in eine Dynamik politischer Radikalisierung, bei der sich die Demokraten von den nun als halbherzig geltenden Liberalen abspalteten. Die 1860er und frühen 1870er Jahre waren, erneut wie in Deutschland, eine Phase des Aufbruchs und der demokratischen Reform. Doch zugleich schlugen Demokratie und Partizipation einen charakteristischen eigenen Weg ein. Während anderswo repräsentativ-parlamentarische Verfahren gestärkt wurden und als Königsweg zur Volksherrschaft galten, etablierte sich in der Schweiz mehr und mehr die direkte Demokratie: die politische

Souveränität des Volkes (bzw. der vollberechtigten Stimmbürger) in unmittelbarer Beteiligung. Die direkte Demokratie der Schweiz in ihrer heutigen Gestalt führt also nicht bis in die Zeiten des Rütlischwurs zurück, sondern ist eine vergleichsweise junge Erfindung des 19. Jahrhunderts. In der Geschichte der Schweiz ist sie auch nicht die «ursprünglichere» Form von Demokratie, die sich der «moderneren» Entwicklung zur Repräsentation verweigert hat, denn der direkten Demokratie ging eine – wenn auch relativ kurze und schwache – Phase der repräsentativen durchaus voraus, mit dem Höhepunkt von 1848.

Die wichtigste Etappe auf dem Weg bildete seitdem die Verfassungsreform von 1874 im Bund, die ihrerseits auf einer breiten demokratischen Bewegung in den Kantonen seit den frühen 1860er Jahren aufbaute. Aus deutscher Perspektive gesehen setzten die vehementen Proteste des Volkes in diesem Jahrzehnt manche Impulse des Vormärz und der Revolution von 1848 fort: Der Hass auf die professionelle Regierung und Verwaltung, auf Beamte und den «Bürokratismus» war groß; der emphatische Appell an das «Volk» und seine unmittelbare Freiheit vermochte ein breites soziales Spektrum zu integrieren, ländliche und städtische Bevölkerung; Bauern, Bürger und Arbeiter. Die bevorzugte Protestform war, wie in den 1840er Jahren, die «Volksversammlung». Die Forderungen richteten sich auf eine Reform der kantonalen Verfassungen durch direkt-demokratische Elemente. Dazu zählten ältere Wünsche nach größerer Unabhängigkeit der Gemeinden oder nach demokratischer Justiz, nach einer Volkswahl der Richter. Mehr und mehr rückten aber das Referendum und die Initiative in den Mittelpunkt des demokratischen Begehrens: Wesentliche Entscheidungen sollten nicht im Parlament, sondern in direkter Volksabstimmung getroffen werden; und die Bürger sollten selber Gesetzesinitiativen bzw. Initiativen zur Verfassungsänderung auf den Weg bringen können. Nachdem bis Ende der 1860er Jahre viele Kantone ihre Verfassungen unter dem Druck der demokratischen Bewegung geändert hatten, ging auch der Bundesstaat 1874 zur Referendumsdemokratie über.

In vielen weiteren Etappen, die hier nicht nachzuzeichnen sind, wurde die direkte Demokratie weiter ausgebaut, und auch nach 1945 führte der Weg der Schweiz in eine andere Richtung als im übrigen Westeuropa. Während die Amerikaner für ihr Konzept einer pluralistischen, parlamentarischen Konkurrenzdemokratie warben, gingen die Schweizer 1959 zur «Konkordanz» über; nach einer festen «Zauberformel» verteilten sie seitdem, und unverändert bis 2003, die Ämter im Bundesrat (der nationalen Regierung) an die Parteien, also gegen das Prinzip von Regierung und Opposition. Auf der anderen Seite wuchs der internationale Druck, sich allgemein anerkannten Rechten und Verfahrensregeln nicht länger zu entziehen. Das galt besonders für das Frauenstimmrecht, aber auch für die offenen, also nicht geheimen Wahlen und Abstimmungen in den Versammlungen unter freiem Himmel, den kommunalen Gemeindeversammlungen und den kantonalen Landsgemeinden: Verletzten sie das demokratische Grundrecht auf geheime Wahl? Oder kam in ihnen nur ein anderes Verständnis von Demokratie zum Ausdruck, demzufolge die Bürgerinnen und Bürger Entscheidungen so öffentlich und einsehbar treffen wie die Abgeordneten in Parlamenten, in denen ja in der Regel ebenfalls offen abgestimmt wird? Muss Demokratie sich zuerst an einem Universalismus des Individuums und seiner Grundrechte bemessen, oder lässt sich Freiheit auch in der Moderne ein Stück weit kommunal und föderalistisch «buchstabieren»?

So stößt man noch einmal auf das komplizierte Verhältnis von Tradition und Innovation in der Schweizer Demokratie. Denn die Beschwörung ihrer vielhundertjährigen, scheinbar kaum gebrochenen Geschichte ist weithin eine «Erfindung von Tradition». Aber die kulturell-politischen Voraussetzungen einer europäischen Sonderentwicklung seit dem späten Mittelalter – das Fehlen der Monarchie, die kommunale Solidarität, die Entscheidungsfindung unter Anwesenden – reichen dennoch unverkennbar bis in die Gegenwart hinein.

8 Aufbrüche und Grenzen: Die Aufklärung

Um 1800 begann eine neue Ära der Weltgeschichte. Das sahen schon viele Zeitgenossen so, auch wenn sie die Zukunft bestenfalls erahnen konnten; das bestätigt die Geschichtswissenschaft bis heute immer wieder. «Moderne» Zeiten brachen an, gegenüber denen das Mittelalter und die Frühe Neuzeit gemeinsam alt und rückständig wirkten. Die Französische Revolution wirkte als ein markantes Fanal dieses Umbruchs, und mit der napoleonischen Herrschaft war klar, dass es sich dabei nicht um einen «Betriebsunfall» der Geschichte handelte – kein Weg führte mehr in das «Ancien Régime» zurück.

Der revolutionäre Umbruch hatte sich im vorangegangenen Jahrhundert langsam vorbereitet. Das späte 17., dann vor allem das 18. Jahrhundert war eine Zeit der vielfältigen Dynamik in der europäischen Geschichte. Nach Kriegen und Krisen, vom Dreißigjährigen Krieg bis zur «Kleinen Eiszeit» des 17. Jahrhunderts, prosperierte die Wirtschaft, Ernährung und Lebenssituation verbesserten sich nachhaltig, die Bevölkerung wuchs. Neben die herkömmlichen Bereiche der ländlichen Agrarwirtschaft und des städtischen Gewerbes und Handels traten neue Formen der gewerblichen Produktion, in der Manufaktur oder in der ländlichen Heimindustrie. Märkte und kommerzielle Beziehungen begannen den Alltag zu durchdringen. Kaufleute und Unternehmer verließen den traditionellen Rahmen der zünftischen Wirtschaft und wurden zur Keimzelle eines neuen Bürgertums. Seit der Mitte des 18. Jahrhunderts traten technische Erfindungen hinzu, besonders die Dampfmaschine, die den modernen Bergbau erst möglich machte und damit das Zeitalter fossiler Energien einläutete. In England begann, noch vor der politischen Revolution Frankreichs, die Industrielle Revolution, und manch andere Regionen Nordwesteuropas und Nordamerikas folgten schnell nach. Vorbereitet durch eine lange Geschichte kolonialer Expansion, übernahm der europäisch-nordatlantische Raum – der «Westen», wie man jedoch erst später sagte – für die nächsten zwei Jahrhunderte eine globale Führungsrolle.

Nicht die wirtschaftliche und technische Beschleunigung jedoch hat dem Zeitalter seinen prägnantesten Namen gegeben, sondern eine geistige, politische und kulturelle Bewegung: die Aufklärung. Beides lässt sich nicht voneinander trennen – im Zeichen der Aufklärung versuchten Regierungen die Effizienz der Landwirtschaft mit wissenschaftlichen Methoden zu steigern oder schlossen Unternehmer sich auf der Suche nach Investitionschancen und Absatzmärkten zusammen. Aber im allgemeinsten Sinne beflügelte die Menschen ein optimistischer Geist des Aufbruchs und der Gestaltbarkeit einer Welt, die ihrer vermeintlichen Schicksalhaftigkeit entrissen wurde. Wissen leitete sich nicht von Tradition oder Dogmen her, sondern aus der empirischen Erkenntnis der Natur und ihrer Gesetze, so wie Isaac Newton angeblich aus dem Fall des Apfels auf die Gravitationsgesetze schloss. Politische und soziale Ordnungen waren nicht statisch, sondern sie entwickelten sich, sie entfalteten sich als eine bürgerliche Gesellschaft, die statt auf ständischen und korporativen Bindungen auf freien Vertragsbeziehungen von Individuen beruhte.

Die englisch-schottische Aufklärung eines Adam Smith oder Adam Ferguson entwickelte diesen Gedanken für die Ökonomie, aber nicht im Sinne eines späteren «Manchesterliberalismus», sondern auf der moralphilosophischen Basis eines Menschenbildes, das Individuum und Solidarität auszubalancieren versuchte. Dieselbe Spannung trieb aber auch die Staatstheoretiker der Aufklärung um, auch wenn die Antworten sehr unterschiedlich ausfallen konnten: Für Thomas Hobbes beendete der starke Staat den ungeregelten Konflikt der Individuen und schuf damit geordnete Freiheit. John Locke zeichnete in seiner «Zweiten Abhandlung über die Regierung» am Ende des 17. Jahrhunderts ein positives Bild der individuellen Freiheit in einem fiktiven, vorpolitischen «Naturzustand». Trotzdem unterstellten sich die Menschen, auch zur Sicherung des Eigentums, einer Regierung, gegen die sie aber ein Recht des Widerstandes und der Revolution in Anspruch nehmen konnten. Zwei Generationen später ging auch Jean-Jacques Rousseau in seiner Schrift über den Gesellschaftsvertrag (1762) davon aus, dass alle Menschen in gleicher Freiheit geboren waren – und doch sah er sie «überall in Ketten», weil die Regierungen nicht frei waren und nicht den «allgemeinen Willen» des Volkes zum Ausdruck brachten. Der emphatische Radikalismus Rousseaus umfasste die Idealisierung einer ursprünglichen, radikal-individualistischen Freiheit ebenso wie das Ziel einer kollektiven und möglichst homogenen Verwirklichung des Gemeinwohls in politischen Institutionen – eine Spannung, die weit über Aufklärung und Französische Revolution hinaus wirksam blieb.

Die freie und vernünftige Selbstregierung von Natur aus freier Individuen stieg, in vielen Varianten, zur politischen Leitvorstellung zumal der späteren Aufklärung, etwa seit der Mitte des 18. Jahrhunderts, auf. Auch spielte der Begriff «Demokratie» in den politischen Schriften dieser Zeit eine wichtigere Rolle als früher. Neben das überlieferte griechische Fremdwort traten Versuche der Übersetzung, der Eindeutschung; man sprach von der «Regierung des ganzen» oder des «gemeinen Volks», gelegentlich auch schon von der «Volks-Regierung». Eine Demokratie im modernen Sinne, wie sie sich seit den Revolutionen und vor allem im 19. Jahrhundert herauskristallisierte, lag jedoch noch nicht im Horizont der Aufklärung. Zum einen blieb die Idee vom freien Individuum begrenzt: Mit ihr waren prinzipiell nur Männer gemeint, häufig nur solche von gewissem Status und bürgerlichem Besitz. Der Appell an die Freiheit grenzte sich emphatisch von der «Sklaverei» ab. Im Zeitalter des europäischen Kolonialismus und der massenhaften

Versklavung von Afrikanern zielte das jedoch in der Regel nicht auf die Abschaffung der Sklaverei oder gar eine frühe multikulturelle Gesellschaft. Vielmehr bestärkte der Ausruf der weißen Aufklärer, nur ja kein Sklave mehr sein zu wollen, die Selbstverständlichkeit der Unterscheidung von Freien und Unfreien auf subtile Weise.

Zum anderen verblieb das Reden von der Demokratie selbst in der späten Aufklärung noch weithin in überlieferten Deutungshorizonten. Zwar sprengte das Naturrecht den Aristotelismus. Doch unter Demokratie verstand man in der Regel weiterhin, der klassischen Tradition folgend, eine Regierung des «gemeinen», also des einfachen Volkes, die für sich nicht stabil sein könne und durch aristokratische Elemente mindestens ergänzt werden müsste – nicht im Sinne erblichen Adels, sondern einer Regierung der «Besten», der Gebildeten und Verständigen. Wichtiger noch, Demokratie meinte auch noch in der zweiten Hälfte des 18. Jahrhunderts, bei Rousseau ebenso wie bei Immanuel Kant, die unmittelbare Herrschaft des Volkes, die direkte Demokratie der Volksversammlung, wie sie in Stadtrepubliken oder Schweizer Kantonen praktiziert werden konnte. Parlamentarismus und Repräsentation fielen nicht darunter. Der Leitbegriff für den freien Staat, der Gegenbegriff zur Tyrannei oder, wie man damals bevorzugt sagte, zur «Despotie» war die «Republik», und anders als im modernen Verständnis (das, wie wir sehen werden, erst in der Amerikanischen und Französischen Revolution zum Durchbruch kam) konnte das durchaus auch eine Monarchie sein, wenn sie vernünftig handelte, das Wohl des Volkes bedachte oder das Volk an der Regierung beteiligte.

Noch 1795 warnte Kant in seiner Schrift «Zum ewigen Frieden» eindringlich davor, republikanische und demokratische Verfassung zu verwechseln. Wie seit zweitausend Jahren unterschied er drei «Formen der Beherrschung» nach der Zahl: einer, viele oder alle – das war dann die Demokratie oder «Volksgewalt». Entscheidender war ihm daneben der Unterschied zweier «Regierungsformen»: der republikanischen und der despotischen, wobei er, Montesquieu folgend, die letztere durch Eigenmächtigkeit und Willkür, den Republikanismus dagegen durch die Trennung ausführender und gesetzgebender Gewalt definierte. Und gerade die Demokratie sei «notwendig» ein Despotismus, meinte Kant, weil sie diese Trennung (als direkte Demokratie verstanden!) eben nicht vollziehen könne. Andererseits gelangte Kant auf diese Weise zur Würdigung der Repräsentation, die ihm – anders als Rousseau – geradezu eine notwendige Bedingung der politischen Freiheit war.

Der Historiker Jonathan Israel hat kürzlich eine Lesart der Aufklärung präsentiert, in der ihre radikalen Strömungen ganz modernen Prinzipien folgten: «Demokratie, Gleichheit der Rassen und Geschlechter, individuelle Freiheit der Lebensführung», und vieles mehr. Dieses Bild ist anachronistisch; es beruht auf der Rückprojektion von Idealen, die sogar erst im späteren 20. Jahrhundert vollends denkbar und praktisch wurden, wie das Ideal expressiver Selbstbestimmtheit der Lebensführung. Und was die Demokratie betrifft, liegt Israel schlicht falsch: Es waren nicht die radikalen Strömungen der Aufklärung, die sich durch eine «anti-rousseauistische Präferenz für repräsentative Demokratie» auszeichneten. Vielmehr bevorzugten die radikalen Strömungen in Aufklärung und Revolutionen des 18. Jahrhunderts beinahe überall die direkte Demokratie, während die Repräsentation eher ein Prinzip der Moderaten war, mit dem die Unberechenbarkeit des einfachen Volkes institutionell gebändigt werden sollte.

Davon zu unterscheiden ist die soziale Praxis von Aufklärung, in der man Vorübungen für eine demokratische Gesellschaft erkennen kann. Menschen begegneten sich außerhalb ihrer korporativen Bindungen – nicht als Herr und Knecht, nicht als Mitglieder eines Adelsverbandes oder einer Handwerkerzunft, der sie mehr oder weniger zwangsläufig angehörten und die über ihr Lebensschicksal bestimmte. Gemeinsame Interessen und Überzeugungen führten seit dem späten 17. Jahrhundert Bürger und aufgeschlossene Adlige zusammen: in wissenschaftlichen Vereinigungen, in Bildungs-, Lese- und Geselligkeitsvereinen, in Vereinen zur Beförderung wirtschaftlicher Reformen oder zu Unterstützung und Genuss der schönen Künste. Seit der Mitte des 18. Jahrhunderts drang das Prinzip der «Assoziation», der freien Vereinigung, explosionsartig vor und erfasste auch kleinere Provinzstädte mit der Gründung einer Lesegesellschaft oder einer Freimaurerloge. Trotz der Aura des Arkanen, des Geheimnisses, mit der sich die Freimaurer und andere aufgeklärte Zirkel umgaben, etablierte sich damit eine neue Form von Öffentlichkeit: als eine Sphäre der gesellschaftlichen Selbstorganisation, unabhängig von der öffentlichen Selbstdarstellung des monarchischen Staates, und häufig ihr gegenüber kritisch.

Dabei stand die Aufklärung dem Staat keinesfalls feindlich gegenüber, schon gar nicht in Kontinentaleuropa, wo Fürsten wie Friedrich der Große in Preußen oder Joseph II. in Österreich die Aufklärung adaptierten und in eine staatliche Reformpolitik übersetzten. Die soziale

Praxis der Aufklärung wirkte unmittelbar in die Vielfalt demokratischer Assoziation im 19. Jahrhundert fort, in Vereine und Parteien, Verbände und Gewerkschaften. Als Staatsprojekt jedoch stieß die Aufklärung an eine Grenze, die im späten 18. Jahrhundert erst durch die Revolutionen in Nordamerika und Frankreich überwunden wurde. Auch da, wo diese Revolution fehlte, wie in Mitteleuropa, blieben die tiefe Erschütterung und politische Zäsur nicht aus. Eine evolutionäre Entwicklung deutscher Demokratie aus dem Geiste friderizianischer oder josephinischer Aufklärung ist schwer vorstellbar.

Gleichwohl legte die Aufklärung vielerlei Fundamente für eine Brücke in die moderne Demokratie – die Fundamente selber sind inzwischen teilweise entbehrlich geworden. Die Aufklärung hat also den Weg bereitet, aber wir benötigen ihre Denkmuster und Begründungen nicht mehr zur Rechtfertigung von Demokratie in der Gegenwart. Das gilt zum Beispiel für das naturrechtliche Denken, mit dem Freiheitsansprüche in einer Welt der Tradition angemeldet werden konnten; es wirkt nur noch als Schatten in Diskussionen über die unveräußerlichen Menschenrechte nach. Ebenso brach die Idee eines vernunftgemäßen Fortschritts mit der Statik der vormodernen Welt, und die exakten Naturwissenschaften stützten den Anspruch auf die rationale Erfassbarkeit und Konstruierbarkeit politisch-sozialer Ordnungen ab. Im 20. Jahrhundert hat das klassifikatorische Ordnungsdenken der Aufklärung sich als zutiefst ambivalent erwiesen, wo es der Diskriminierung, Aussonderung und Verfolgung von Menschen diente. Anstelle der scheinbar eindeutigen Vernunft ist die «Dialektik der Aufklärung» getreten, wie sie Max Horkheimer und Theodor W. Adorno 1944 aus dem amerikanischen Exil beschrieben.

Die Überzeugung von einem großen historischen Prozess des Fortschritts ist in den letzten Jahrzehnten weithin verloren gegangen, ohne dass die Demokratie dadurch Schaden genommen hätte. Andere Prinzipien der Aufklärung jedoch sind bis heute für den Anspruch auf Selbstbestimmung und freie Selbstregierung unaufgebbar: der Individualismus, die Anerkennung freier Gleichheit und die darauf ruhenden Menschen- und Bürgerrechte; die Anerkennung des Anderen in der Toleranz; auch das von Kant beschriebene Prinzip des «Ausgangs aus der Unmündigkeit». In diesem Sinne ist der Anspruch auf Demokratie auch in einer nachaufklärerischen Zeit immer Anspruch auf Emanzipation geblieben. Der aufklärerische Gestus hat seine Selbstgewissheit eingebüßt, und die Vorstellung von politischer Herrschaft als Menschen-

werk findet ihr spätes Echo in Theorien einer «bescheidenen» Demo-
kratie: Demokratie handelt von der Kontingenz der Dinge, von dem
Auch-anders-sein-Können, eher von der Suche als von der definitiven
Lösung.

III Revolutionen

Demokratie und Revolution – das klingt nach Klischee, nach einer Bilderbuchgeschichte der Demokratie, die zwischen Barrikaden und Bastillesturm plötzlich aus dem Ei schlüpft. Die Wirklichkeit war komplizierter, aber ohne die Dynamik von Revolution ist die Entstehung moderner Demokratien und Republiken kaum vorstellbar. Traditionen galten nicht mehr, Könige verloren ihren Kopf. Die Sehnsucht nach Neuheit und nach Freiheit verknüpfte sich mit dem Anspruch, Gesellschaft und Politik nach eigenen Maßstäben zu entwerfen: Politische Herrschaft war Menschenwerk. Und schon im 18. Jahrhundert war klar, dass demokratische Prinzipien die sozialen Beziehungen und das Alltagsleben nicht unberührt lassen konnten; sie endeten nicht in einem politischen Institutionengefüge. Im 19. Jahrhundert beschleunigte sich demokratische Entwicklung auch in Deutschland in einer Revolution. Selbst wenn es immer wieder stille, evolutionäre Wege der Demokratisierung gibt – die enge Verbindung mit revolutionären Ereignissen bleibt bis in die Gegenwart erhalten. Auf die globale Erweiterung folgte 1989 die Rückkehr in die Mitte Europas, und das frühe 21. Jahrhundert schreibt diese Geschichte weiter.

1 Revolution und Demokratie

Demokratie und Revolution sind Geschwister. Das späte 18. Jahrhundert war ein «Zeitalter der demokratischen Revolution» (R.R. Palmer): In der Amerikanischen und Französischen Revolution brachen sich demokratische Prinzipien, auf beiden Seiten des Atlantiks, auf ganz neue Weise Bahn. Aber der Zusammenhang ist komplizierter, als man lange annahm. Weder in den ehemaligen britischen Kolonien an der nordamerikanischen Ostküste noch in Frankreich entstand bis 1800 eine moderne Demokratie; sie war zunächst sogar kaum ein Ziel der Revolutionäre. Es ging um Kritik der Monarchie, um die Vertretung des «dritten Standes» und des Volkes, um Steuerbewilligungsrechte; auch um individuelle Freiheiten wie die des Eigentums, der Meinung, der Religionsausübung. Und doch ist in diesen Forderungen auf Anhieb ein Programm erkennbar, das bis heute zu den unverzichtbaren Bestandteilen von Demokratie gehört, auch wenn die Zeitgenossen am Ende des 18. Jahrhunderts noch eher nach einer «Mitregierung» als nach einer «Selbstregierung» strebten, oder eine Republik ohne volle Gleichheit, zumal in den Wahlrechten, entwarfen. Auch wenn man noch so sehr die Grenzen der Amerikanischen und Französischen Revolution betont, bleibt richtig: Ohne sie ist die Entstehung der modernen Demokratie kaum vorstellbar.

Das liegt nicht nur an den Forderungen, die damals erhoben wurden, und an den Institutionen, wie zum Beispiel Parlamenten und Verfassungen, die so entstanden. «Demokratisch» waren diese Revolutionen auch, weil sie einfache Menschen – Handwerker, Bauern, kleine Kaufleute; Männer und Frauen – auf nie dagewesene Weise mobilisierten und in den Protest gegen lange Zeit nicht in Frage gestellte Autorität führten. Demokratisch war der bisweilen äußerst radikale Anspruch auf «Freiheit» ebenso wie auf «Gleichheit». Auch wenn die Einlösung noch in weiter Ferne lag, war damit ein neuer Maßstab gesetzt, der teilweise bis heute als Messlatte gilt: für Menschen unter Diktaturen ebenso wie für die Kritik unzureichender Demokratie. Demokratisch war schließlich der damals geradezu unerhörte Anspruch, gegen alle Tradition eine ganz neue Ordnung zu schaffen, mit der Revolution gewissermaßen ein neues Kapitel der Geschichtsbücher aufzuschlagen. Das stand den Menschen des späten 18. Jahrhunderts bereits sehr klar vor Augen; es machte sie euphorisch und verunsicherte sie zugleich.

Denn das Neue der Demokratie und Republik war riskant – man konnte sich nicht mehr auf Tradition und Gottesgnadentum der Herrschaft berufen, sondern brauchte Menschen, deren Tugenden als demokratische Bürger unsicher waren. Insofern liegt in den «klassischen» Revolutionen, wie sie oft genannt werden, eine Wurzel des heutigen Verständnisses von Demokratie als einer «fehlbaren», einer nicht perfekten, einer schwachen Herrschaftsordnung. Man hat auch die athenische Demokratie als eine «Revolution» der Weltgeschichte bezeichnet (Christian Meier): nicht, weil sie mit revolutionären Mitteln, etwa durch einen Volksaufstand, etabliert wurde. Sondern deshalb, weil ihr auf ähnliche Weise ein Bewusstsein von Neuheit, und von einer riskanten, menschengemachten Ordnung zugrunde lag. Natürlich auch deshalb, weil sie eine tiefe Zäsur markierte. Auch in diesem übertragenen Sinne – revolutionär als «Epoche machend» – zieht sich die Verschwisterung von Demokratie und Revolution über das 18. Jahrhundert bis in die Gegenwart.

Erst recht gilt das konkret und unmittelbar: Revolutionen sind immer wieder – nein: sogar zunehmend – für die Demokratie gemacht worden. 1830 oder 1848 gab es viele Liberale, die dezidiert keine Demokratie wollten. Aber kaum eine europäische Revolution lässt sich eindeutiger als eine Revolution für Demokratie bezeichnen als die mittel- und osteuropäische von 1989. In Deutschland ist die erste Demokratie, die der Weimarer Republik, in der Revolution von 1918/19 gemacht worden. Aber nicht immer bedarf es einer Revolution im Übergang zur Demokratie. Die britische Demokratie ist evolutionär entstanden, im schrittweisen Ausbau demokratischer Rechte und Institutionen; gleiches gilt überwiegend für die Schweiz und für die skandinavischen Länder. Die Demokratie der Bundesrepublik Deutschland etablierte sich unter Führung der westlichen Alliierten nach der Befreiung von der nationalsozialistischen Diktatur.

Andererseits sind Revolutionen nicht per se demokratisch oder drängen im Ergebnis auf Demokratie hin. Das gilt vor allem im 20. Jahrhundert. Bis 1800 konnten Revolutionen noch gar nicht im vollen Sinne demokratisch sein – seit 1917 können sie über die liberale Demokratie hinausdrängen, nicht nur im Ergebnis, sondern auch in der Absicht. Die von Lenin geführte russische Oktoberrevolution markiert hier die welthistorische Zäsur. Abschaffung des Parlaments, Einschränkung individueller Rechte zugunsten vermeintlich höherer Ziele, Verfolgung politischer Gegner: Das war kein Betriebsunfall, sondern Programm. Die Ambivalenz von Befreiung und neuer Unfreiheit hat seitdem vor allem die kolonialen Unabhängigkeitsrevolutionen geprägt, ob in China 1949 oder in Kuba 1959; auf besondere Weise auch die islamische Revolution im Iran 1979, die ohne Zweifel eine «Revolution» gewesen ist, und auch demokratische Elemente enthielt. Ein besonderer Fall ist die Etablierung faschistischer Regime im frühen 20. Jahrhundert. Die Nationalsozialisten haben ihre Machtübernahme in Deutschland 1933/34 als eine Revolution gesehen und teils auch bewusst so inszeniert. Aber die Mehrzahl der Forscher lehnt den Begriff in diesem Fall ab. Das zeigt noch einmal, dass in dem Begriff von Revolution bis heute wenigstens der Anspruch auf Freiheit oder Gleichheit, selbst wenn er scheitert oder pervertiert wird, mitschwingt.

2 Revolution, Republik, Parlament: England im 17. Jahrhundert

Bürgerkriege und Revolution, Hinrichtung des Königs und Übergang zur Republik, Restauration der Monarchie und schließlich eine zweite, die sogenannte «Glorreiche» Revolution 1689: Die politische Geschichte Englands geriet im 17. Jahrhundert gewaltig in Bewegung. Die Englische Revolution, im engeren Sinne zwischen 1640 und der Begründung der Republik als «Commonwealth» 1649, kann als die erste moderne Revolution gelten, auch wenn der Aufstand der niederländischen Provinzen gegen die spanische Herrschaft am Ende des 16. Jahrhunderts in manchem schon ähnlichen Mustern folgte. Die Reformation hatte eine religiöse Dynamik freigesetzt, die sich in politische und soziale Konflikte übertrug. Besonders die calvinistischen Richtungen des Protestantismus, zu denen auch die englischen Puritaner gehörten, standen gegen die absolute Monarchie, oft auch gegen Hierarchie und für Modelle einer egalitären Gesellschaft. Vertreter der «Stände» – überwiegend Adlige, noch nicht der bürgerliche «Dritte Stand» – kämpften gegen die Krone um Rechte, nicht zuletzt das Recht der Steuerbewilligung. Die Idee, nicht nur eine Stadt wie Venedig, oder einen Schweizer Kanton, sondern ein größeres Territorium ohne König zu regieren, wurde erprobt: in den «Generalstaaten» der Niederlande und eben auch in England zwischen 1649 und 1660; ein Jahrhundert später dann auch in der polnischen Adelsrepublik.

Was die Englische Revolution von der früheren Revolte der Niederlande unterscheidet, ist nicht zuletzt ihre soziale Komplexität und Tiefenwirkung. Im politischen Kern war sie zwar ein Konflikt zwischen Monarchie und Parlament um die Erweiterung der Parlamentsrechte. Das forderten die «Nineteen Propositions» des Langen Parlaments 1642. König Charles I. wies es zurück, und der Bürgerkrieg begann. Am Ende stand, fast ein halbes Jahrhundert später, die bis heute gültige Festschreibung der Rechte des Parlaments in der «Bill of Rights» von 1689, dem Abschluss der «Glorious Revolution». Jenseits des Parlaments aber erfasste der Konflikt breite Bevölkerungsschichten, vor allem über den Hebel des religiösen Dissenses, hinter dem wiederum soziale Ängste aufschienen angesichts der beginnenden kommerziell-kapitalistischen Transformation des Landes. In diesem Strudel formierten sich radikale protestantische Gruppen, außerhalb der offiziellen, der anglikanischen Reformation Englands. In Revolution und Bürger-krieg gewannen die Puritaner (also die Anhänger der «reinen» Lehre) Zulauf; manche radikalisierten sich weiter in ihrem religiösen, poli-tischen und sozialen Programm und versuchten sich gegenseitig zu überbieten. Auf die «Levellers», also die Gleichmacher, folgten die «True Levellers», auch «Diggers» genannt, die Hierarchien ebenso grundsätzlich ablehnten wie das Privateigentum an Land. Man hat in ihnen frühe bäuerliche Kommunisten, in letzter Zeit auch Pioniere einer ökologischen Lebensform gesehen. Darin liegt oft zu viel heutige Projektion in eine Zeit, die weder Karl Marx noch die Grünen kennen konnte. Aber diese religiös-sozialen Gruppierungen waren doch eine Art Prototyp radikal-egalitärer Bewegungen, die seitdem und bis in das 20. Jahrhundert immer wieder die Dynamik von Revolutionen voran-trieben und dabei besonders die demokratische Gleichheit (weniger die Freiheit) anmahnten.

Dennoch war die Englische Revolution keine «demokratische» Re-volution. Sie erbrachte jedoch (ohne dass das den Zeitgenossen klar war!) wichtige Vorleistungen für die moderne Demokratie im Allgemei-nen, für den späteren Weg der britischen Demokratisierung im Beson-deren. Bauern und städtische Mittelschichten konnten sich radikalisie-ren, weil die ganze Gesellschaft «politischer» wurde. Flugschriften verbreiteten sich und wurden lebhaft diskutiert; jenseits des Parlaments etablierte sich eine politische Öffentlichkeit, zu der prinzipiell die ganze Nation gehörte. Im Parlament bildeten sich gegnerische Gruppierungen: die königstreuen «Cavaliers» und die reformerischen «Roundheads», die beide ihre Anhängerschaft auch in der Bevölkerung (und in den Truppen des Bürgerkrieges!) fanden. Das war eine wichtige Wurzel mo-derner Parteien. Auch wenn England bis heute keine geschriebene Ver-fassung hat, verbriefte die «Bill of Rights», in Anknüpfung an die Magna Charta von 1215, doch zentrale Parlaments- und Freiheits-rechte und wurde damit zum Modell späterer Verfassungen und Grund-rechtserklärungen, vor allem in der Amerikanischen und Französischen Revolution.

Und nicht zuletzt zeigte die Englische Revolution der absoluten Monarchie, der Alleinherrschaft, dem Gottesgnadentum politischer Ordnung klare Grenzen auf. Im englischen Verständnis des 17. und 18. Jahrhunderts war das Unterhaus des Parlaments sogar der «demo-kratische» Teil der Herrschaft, während das Oberhaus die aristokrati-sche und der König die monarchische Komponente bildete. Eine solche «gemischte Verfassung» erschien vielen als ideal, die sich eine reine Demokratie nicht vorstellen konnten. Aber die Gewichte verschoben sich doch mehr und mehr zugunsten des Unterhauses, der «Commons». Der schon von den Zeitgenossen als dramatisch empfundene Akt der Hinrichtung Charles I. im Januar 1649 etablierte sogar für elf Jahre eine Republik – aber keine Demokratie! England ging den Weg der gemischten Verfassung, des Ausbaus der Parlamentsrechte, der allmählichen Demokratisierung weiter und nahm an den späteren europäischen Revolutionen nicht mehr teil. Einen anderen Weg, den der Geburt der Demokratie aus der Republik, nahmen dagegen die britischen Kolonien Nordamerikas, die in der Mitte des 17. Jahrhunderts noch ganz am Anfang standen.

3 Unabhängigkeit, Republik und Verfassung: Die Amerikanische Revolution

Als britische Siedler seit dem frühen 17. Jahrhundert die ersten dauerhaften Kolonien an der nordamerikanischen Ostküste gründeten, von Boston bis nach Virginia, brachten sie die Demokratie keineswegs auf den Segelschiffen, wie der berühmten «Mayflower» der Pilgerväter, mit. Sie bauten auch nicht automatisch demokratische Gemeinschaften in den Dörfern und Städten, nur weil sie sich weit ab vom englischen König und scheinbar in einem Land der unbegrenzten Möglichkeiten befanden. Beides sind Theorien, die längst als Mythen erwiesen sind. Das Land war nicht frei, und die Möglichkeiten waren oft sehr begrenzt. Man musste mit der indianischen Urbevölkerung kooperieren und verdrängte diese zugleich. Das erwartete Gold fand sich nicht. Zumal im Süden konnten die Siedlungen nur durch die Arbeit afrikanischer Sklaven profitabel werden.

Aber auf der anderen Seite kannte die weiße Siedlergesellschaft, trotz krasser Ungleichheit zwischen Lohnknechten und reicher Pflanzerelite mit aristokratischem Lebensstil, keine geburtsständischen Festlegungen von sozialem Status und politischen Rechten. Eine feudale Gesellschaft und Wirtschaft konnte sich, von winzigen Ausnahmen abgesehen, nicht etablieren. In den nördlichen Kolonien von Neuengland, wo sich religiöse Minderheiten wie die Puritaner angesiedelt hatten, bildeten sich dichte Dorfgemeinschaften, in denen die politische Mitbestimmung breit gestreut war. Für die Menschen europäischer Herkunft war die

Stadtluft in Boston, New York oder Philadelphia «freier» als häufig in ihrer Heimat. Und überall gewannen die repräsentativen Versammlungen im Laufe des 18. Jahrhunderts Gewicht und Eigendynamik. Sie wurden als koloniale Pendants zum britischen Unterhaus verstanden. Die Wahlen ihrer Vertreter begannen Streit und politische Debatten zu erregen. Das Selbstbewusstsein dieser kleinen Parlamente nahm zu, auch gegenüber der Monarchie, den kolonialen Beamten, dem Gouverneur. Aber man war nicht im eigentlichen Parlament, in London, repräsentiert, und sollte trotzdem Steuern dorthin zahlen: So entstand in der Krise der 1760er Jahre, als England nach dem Siebenjährigen Krieg seine Kolonien für dessen Kosten zahlen lassen wollte, der berühmte Ruf: «No taxation without representation» – keine Steuern ohne parlamentarische Vertretung.

Das war 1765 der Beginn der Revolution. In ihr kämpften nicht nur koloniale Eliten – Kaufleute, Anwälte, Sklavenbesitzer – gegen die britische Vormundschaft. Viele einfache Leute beteiligten sich an den Protesten, begannen Zeitungen und Flugblätter zu lesen und verstanden den Unabhängigkeitskampf auch als einen Konflikt um ihre eigene Freiheit, ihre Rechte, ihre Position in der Gesellschaft. In manchen Regionen, etwa in Virginia, hatte kurz zuvor eine Erweckungsbewegung die religiöse Landschaft tiefgreifend verändert: Kleine Farmer sammelten sich bei den Methodisten, und Baptisten forderten die anglikanische Elitenreligion heraus. In den Städten inszenierten die Unterschichten Proteste und Tumulte, oft im Einverständnis mit der Oberschicht: so, als in der «Boston Tea Party» im Dezember 1773 aufgebrachte Bostoner Bürger, teils als Indianer verkleidet, den wertvollen Tee von drei britischen Schiffen ins Hafenwasser kippten. Handwerker trieben die Radikalisierung in den Küstenstädten voran und vertraten ein frühdemokratisches Programm von Freiheit und Gleichheit, das über die Vorstellungen der Oberschicht weit hinausging. Und in den ländlichen Gebieten, fernab des Atlantiks, häuften sich bis in die 1790er Jahre kleinere Aufstände, in denen einfache Siedler den Küsteneliten mehr Mitsprache abforderten.

So war die Revolution nicht nur ein Streit um die Unabhängigkeit der Kolonien von England, sondern auch eine Bewegung der massenhaften Politisierung und ein Streit um eine demokratischere Gesellschaft. Die Verbindung dieser Ziele brachte Thomas Paine im Januar 1776 in seinem Pamphlet «Common Sense», der einflussreichsten Flugschrift der Amerikanischen Revolution, in ebenso scharfen wie einfachen Worten zum Ausdruck: Nicht nur war der englische König ein Tyrann; die ganze englische Verfassung war schlecht, weil kompliziert. Eine Republik musste schlicht konstruiert sein, «simple», damit die Rechte der Menschen ohne Umwege ihren Ausdruck in Institutionen finden konnten. Ein halbes Jahr später, am 4. Juli 1776, proklamierte die von Thomas Jefferson maßgeblich formulierte Unabhängigkeitserklärung ähnliche Gedanken. Demokratisch waren die 13 neuen Staaten damit noch nicht. Der Pflanzer und Sklavenhalter Jefferson wusste genau, dass der Grundsatz «All men are created equal» nicht für alle Menschen galt: weder für die Sklaven noch für die Frauen, nicht für die Indianer und noch nicht einmal für alle weißen Männer. Und doch war damit ein Anspruch formuliert, auf den sich auch die Ausgeschlossenen berufen konnten. Wenn die früheren Kolonien nun «freie und unabhängige Staaten» sein sollten, war damit nicht nur die Freiheit vom Mutterland gemeint, sondern auch die Freiheit der inneren politischen Ordnung: Sie konnten keine unabhängigen Königreiche, sondern mussten Republiken sein. Wie kam es dazu?

Bis heute erinnern die Amerikaner die «Gründerväter» der Vereinigten Staaten und verbinden damit häufig das Bild weiser Männer, die hinter geschlossenen Türen die bis heute gültige Bundesverfassung der USA entwarfen: Männer wie Benjamin Franklin und Alexander Hamilton, James Madison und natürlich George Washington, Held des Unabhängigkeitskrieges und erster Präsident von 1789 bis 1797. Das ist keine Legende, und tatsächlich zeichneten sich viele dieser Männer durch eine ungewöhnliche Verbindung von Bildung und scharfem Verstand einerseits, politischer Tatkraft und praktischem «Common Sense» andererseits aus. Theoretiker von Republik und Demokratie wurden, wie John Adams und Thomas Jefferson, regierende Präsidenten. Frauen waren in offizieller Funktion nicht zugelassen, aber in Abigail Adams, der gebildeten und einflussreichen Ehefrau von John Adams, und in Mercy Otis Warren, Schriftstellerin und frühe Historikerin der Revolution, kann man durchaus inoffizielle «Gründermütter» der Vereinigten Staaten sehen.

Das Gründerväter-Bild trifft die Realität der Entstehung von amerikanischer Verfassung und Demokratie jedoch nur sehr verzerrt. Diese Entstehung war eine komplizierte und konfliktreiche Geschichte, mit vielen Schauplätzen und Akteuren, mit Suchbewegungen und Sackgassen. Die «Erfindung» der amerikanischen Demokratie vollzog sich nicht in der stillen Kammer, sondern als das, was wir heute einen demokratischen «Basisprozess» nennen würden. Er begann im Moment der Unabhängigkeit damit, dass die 13 neuen Staaten sich eine neue, republikanische Ordnung geben mussten. Das geschah nicht informell, sondern durchweg in der Form geschriebener Verfassungen oder «Konstitutionen». Um deren Inhalt gab es oft heftigen Streit zwischen Gemäßigten und Radikalen, Eliten und städtischen Mittelschichten, Küstenregionen und Hinterland. Wer sollte wählen dürfen, wie hoch war der Zensus? Sollte das Parlament aus einer oder zwei Kammern bestehen? Pennsylvania gab sich 1776 eine ungewöhnlich radikale, demokratische Verfassung: mit einer schwachen, rotierenden Exekutive; einem Einkammer-Parlament mit breitem Wahlrecht; mit strikter Beschränkung von Mandatszeit und kurzen Wahlperioden, so dass häufig gewählt wurde; die Türen zum Parlament sollten zudem buchstäblich offen stehen. In anderen Staaten, wie z. B. in Massachusetts 1780, setzten sich moderatere Kräfte durch. Und in Pennsylvania ging der Streit weiter bis zu einer neuen, weniger basisdemokratischen Verfassung im Jahr 1790.

Breite Mobilisierung, politischer Streit und Parteibildungen bestimmten auch das Bild auf der nationalen Ebene. Am Ende des Unabhängigkeitskrieges 1781 waren die 13 Staaten, von Massachusetts bis Georgia, nur durch einen lockeren Staatenbund vereinigt. Dessen Verfassung, die «Articles of Confederation», zeigte sich in wirtschaftlicher Krise und politischer Instabilität den Anforderungen bald nicht mehr gewachsen. Vertreter der Staaten luden zu einer Versammlung nach Philadelphia ein, die von Mai bis September 1787 tagte und nach heftigen Debatten und schwierigen Kompromissen den Entwurf für die Verfassung eines Bundesstaates vorlegte: eine immer noch föderale, aber vergleichsweise zentralistische Lösung. Man hat in dieser verfassunggebenden Versammlung, deren 55 Delegierte nicht durch Wahlen legitimiert waren, bisweilen eine Art Putsch gegen den demokratischen Impuls der Amerikanischen Revolution gesehen. Aber genauso zeigt das Vorgehen, dass die Revolution noch nicht abgeschlossen war, sondern ihre Dynamik weitergetrieben wurde.

Denn aus dem Bund der Staaten wurde ein Bundesstaat, der seine Berechtigung unmittelbar auf das Volk, nicht mehr auf die Staaten, stützte: «We, the People of the United States» – diese Eingangsformel brachte das revolutionäre und demokratische Prinzip der Volkssouveränität zum Ausdruck. Die politische Gewalt des Volkes teilte sich, im Sinne gegenseitiger Kontrolle und Balance, auf das gesetzgebende Parlament, die starke Exekutive: nämlich den Präsidenten, und ein oberstes Bundesgericht, den «Supreme Court», für die judikative Gewalt auf. Am strittigsten war die Konstruktion des Parlaments. Man einigte sich schließlich auf ein Zweikammersystem, in dem der Senat die Staaten, das Repräsentantenhaus das Volk unmittelbar repräsentierte. Das kam den Demokratieskeptikern entgegen, die in dem kleineren Senat ein elitäres, aristokratisches Gegengewicht gegen die befürchteten Leidenschaften des Volkes sahen. Es beruhigte aber auch manche Radikalen, für die die Sicherung der Demokratie in den Staaten, statt in dem ferneren Bundesgebilde, lag. Die Südstaaten setzten durch, dass ihre Sklavenbevölkerung zu drei Fünfteln in die Berechnung ihrer Sitze im Repräsentantenhaus einging, ohne dass damit irgendwelche Rechte der Sklaven verbunden waren: eine klare Grenze der Demokratie, die erst achtzig Jahre später, nach dem Bürgerkrieg, fiel.

Dann wurde die Verfassung in den einzelnen Staaten zur Diskussion und Abstimmung, in eigens dafür gewählten Parlamenten, gestellt. Diese 1787 und 1788 geführte Debatte über die Ratifizierung der neuen Bundesverfassung mobilisierte und politisierte die Menschen bis in die kleinsten Dörfer und fernsten Siedlungen hinein. Um die Befürworter und Gegner bildeten sich Frühformen politischer Parteien: die «Federalists» und die «Anti-Federalists». Beide Seiten sparten nicht an Ideen und Tatkraft, öfters auch nicht am Schnaps, um Anhänger zu gewinnen. Sie sparten aber auch nicht an Argumenten, die zu wichtigen Elementen demokratischer Theorie bis heute wurden. Dabei entstanden ihre Überlegungen aus konkretem Anlass und erschienen als Flugschriften oder Zeitungsartikel, wie die später so genannten «Federalist Papers»: eine unter dem Pseudonym «Publius» veröffentlichte Serie aus der Feder von Alexander Hamilton, James Madison und John Jay, die in New York für die Annahme der Bundesverfassung warb. Darin erklärten die Autoren die Vorzüge einer nach Fläche und Bevölkerung großen Republik, denn bis dahin hielten viele eine Republik höchstens für einen Stadtstaat, oder einen Schweizer Kanton, für geeignet. Sie gaben die Vorstellung auf, man müsse nach dem gemeinsamen Besten für das Volk suchen, und plädierten dafür, unterschiedliche Interessen anzuerkennen, die um die Mehrheitsposition wetteiferten, ohne dabei Minderheiten unterzubuttern. Dafür sei eine repräsentative Verfassung sogar besser geeignet als eine direkte Demokratie.

Die Verfassung trat schließlich in Kraft, aber nicht ohne ihren Gegnern durch eine Grundrechtserklärung entgegenzukommen: die «Bill of Rights», die 1791 als die ersten zehn Zusätze zur Verfassung in Kraft trat. Sie garantierte individuelle Freiheiten gegenüber dem Staat: Rede-, Versammlungs- und Pressefreiheit, Freiheit der Religionsausübung, des Eigentums – aber auch des Waffentragens, und sie sicherte ein faires Gerichtsverfahren zu. Die Wirkungsgeschichte dieser fundamentalen Grundrechte, auch über die USA hinaus, kann gar nicht überschätzt werden. Denn an ihrem Maßstab werden bis heute Defizite der amerikanischen Demokratie gemessen und Erweiterungen individueller Rechte eingeklagt, von der klassischen Meinungsfreiheit bis zum neuen Recht auf Privatheit; in der öffentlichen Debatte ebenso wie, justiziabel, vor dem Supreme Court.

4 Freiheit, Gleichheit – Schreckensherrschaft? Die Französische Revolution

Freiheit, Gleichheit, Brüderlichkeit: Der berühmte Dreiklang ist älter als die Französische Revolution; er reicht in die Aufklärung der Mitte des 18. Jahrhunderts zurück. In der Revolution war es eine Parole unter mehreren ähnlichen – erst viel später ist «Freiheit, Gleichheit, Brüderlichkeit» zu der Formel der Französischen Revolution schlechthin, und darüber hinaus auch für den Anspruch auf Demokratie, geworden. Die Revolution begann nicht mit Barrikadenrufen und auch nicht mit dem legendären Sturm auf die Bastille am 14. Juli 1789, auf den sich bis heute der französische Nationalfeiertag bezieht. Ihr Ursprung lag vielmehr, geradezu traditionell, in einem Konflikt zwischen der Monarchie und den Ständen um Vertretung und Mitbestimmung, um Finanz- und Steuerhoheiten: ähnlich wie in der Englischen und in der Amerikanischen Revolution. Seit dem 17. Jahrhundert, besonders unter Ludwig XIV., hatte das Königtum seine Stellung zu dem ausgebaut, was man bis heute eine «absolute Monarchie» nennt, losgelöst (lat. «absolutus») von Gesetzen und anderen mitregierenden Kräften. Die Generalstände waren 1614 zum letzten Mal zusammengetreten. Am Ende der 1780er Jahre wuchs der Druck auf Ludwig XVI., und er berief die Generalstände für 1789 wieder nach Versailles ein. Schon die Wahlen der Vertreter des «Dritten Standes» – neben dem Adel und dem Klerus – im Frühjahr 1789 mobilisierten die Bevölkerung auf neue Weise; Sorgen und Forderungen wurden in Beschwerdeheften, den «cahiers des doléances», formuliert. Mobilisierung und Politisierung schufen die

Voraussetzungen für eine Revolution, die in den folgenden Jahren, vor allem bis 1794, das ganze Land erfasste, auch wenn das Zentrum in Paris und Versailles blieb.

Dort beschleunigten sich die Ereignisse im Frühsommer 1789, seit der Eröffnung der Generalstände am 5. Mai, auf ungeahnte Weise. Die knapp 600 Vertreter des Dritten Standes waren mit großem Selbstbewusstsein angereist. Schon im Januar hatte der Abbé Sieyès in einer flammenden Schrift den Anspruch erhoben, der Dritte Stand sei die eigentliche und einzige Vertretung Frankreichs. Am 17. Juni erklärten sich dessen Abgeordnete tatsächlich zur «Nationalversammlung», zogen aus den Generalständen aus und schworen drei Tage später im Ballhaus, erst wieder auseinanderzugehen, wenn sie dem Land eine neue Verfassung gegeben hätten. In einer langen Kette dramatischer Ereignisse war das der vielleicht wichtigste «demokratische Moment» der Französischen Revolution. Eine Vorstellung von einer einheitlichen politischen Nation war entstanden; das Volk dieser Nation hatte sich Souveränität angemaßt, auch wenn diese noch mit dem König geteilt wurde. Das Gesetz des Handelns lag jedenfalls in der Nationalversammlung, also in einem Parlament, dessen Vertreter sich als Repräsentanten des ganzen Volkes verstanden. Noch einmal knapp drei Wochen später, am 9. Juli, definierte sich dieses Parlament als eine Verfassunggebende Versammlung, was die Zäsur einer neuen Ordnung noch unterstrich, und machte sich an die Ausarbeitung einer geschriebenen Konstitution.

So war die Französische Revolution, wie die Amerikanische, noch nicht im modernen Sinne eine Revolution für die Demokratie. Der Begriff der Demokratie spielte nur eine sehr untergeordnete Rolle gegenüber Leitkonzepten wie Nation und Volk, Freiheit und Verfassung; später Republik. Aber die Revolution schuf doch, in mehrfacher Hinsicht, entscheidende Grundlagen für das moderne Verständnis von Demokratie, für ihre Institutionen, und auch für eine demokratische Gesellschaft. In den eng verknüpften Ideen der Nation und des Volkes schien ein neuer Universalismus auf, der von abgestuften Rechten und Freiheiten einzelner Stände nichts mehr wissen wollte. Die Grenzen der Inklusion blieben vor allem an der Geschlechterlinie unübersehbar. Doch ab sofort konnten die Grenzen an dem Anspruch gemessen werden. Und das Wahlrecht zum Konvent, dem republikanischen Parlament der Jahre 1792 bis 1795, stand allen erwachsenen Männern ab 21 Jahren, ohne jede Abstufung oder Besitzklausel, zu. Der neue Begriff der

Nation wurde nicht zuletzt in den Kriegen praktisch, die das revolutionäre Frankreich seit 1792 gegen seine europäischen Gegner führte: Es waren neuartige Volkskriege, für die nicht der König ein Heer zusammenstellte, sondern in denen sich die Nation, in ihrer «levée en masse», selbst bewaffnete und verteidigte.

Zur Demokratie drängte, in mehreren Stufen, auch die Verfassungsordnung: zunächst in der Einhegung der absoluten Monarchie durch eine Volksvertretung, durch ein parlamentarisches Gegenüber. Dann in dem Versuch, der neuen Konstellation eine verbindliche schriftliche Grundlage zu geben. Die am 3. September 1791 schließlich verabschiedete Verfassung machte Frankreich zu einer «konstitutionellen Monarchie» (der Begriff wurde aber erst im frühen 19. Jahrhundert üblich). Nur ein knappes Jahr später fegten der Unmut des Volkes im Tuileriensturm und die radikalen Kräfte des Parlaments das Königtum hinweg; seit dem 21. September 1792 war Frankreich Republik, besiegelt mit der symbolträchtigen Hinrichtung Ludwigs XVI. im folgenden Januar.

Zur Demokratie drängte aber nicht zuletzt das Programm und Gesetzeswerk der Revolution, schon im Sommer 1789. In der Nacht vom 4. August wurde die feudale Ordnung mit ihren persönlichen Unfreiheiten, ungleichen Rechtsverhältnissen und ökonomischen Abhängigkeiten abgeschafft. Zwar zog sich die Umsetzung noch lange hin, aber im Prinzip war damit eine Gesellschaft rechtsgleicher Individuen und freier Eigentümer geschaffen. Die Abschaffung der Feudalordnung ist ein wichtiges Beispiel dafür, dass Freiheit und Gleichheit, manchmal im Konflikt miteinander, auch unauflöslich verbunden sein konnten. Rechtsgleichheit und Freiheit von Abhängigkeit, auch Freiheit des Eigentums, waren hier zwei Seiten derselben Medaille.

Die Bedeutung der individuellen Freiheit einer rechtsgleichen Gesellschaft von «citoyens», von Staatsbürgern, kam besonders in der Erklärung der Menschen- und Bürgerrechte vom 26. August 1789 zum Ausdruck, die als erster Teil der Verfassung gedacht war. In ihr klang das Denken der französischen Aufklärer, nicht zuletzt von Jean-Jacques Rousseau und seinem «Contrat Social» (1762) an, etwa wenn die politische Einheit der Nation in ihrem «allgemeinen Willen», Rousseaus «volonté générale», begründet wurde. Überhaupt sind die Akzente gegenüber den amerikanischen Grundrechtserklärungen – die «Bill of Rights» entstand ja im selben Jahr 1789 – auf charakteristische Weise verschoben. Auch im Verständnis der Französischen Revolution stand die Freiheit im Vordergrund; die Erklärung der Menschen- und Bürgerrechte ankert in der Emphase der Freiheit, nicht der Gleichheit. Aber ihr Freiheitsbegriff tendiert zum einen eher zu einer «negativen Freiheit»: der Freiheit, all das tun zu können, was anderen nicht schadet (Art. IV), während in den USA die «positive Freiheit», die Freiheit zu etwas bestimmtem, wichtiger ist: zur freien Rede, zur freien Ausübung von Religion. Zum anderen versteht sie die Nation als eine Einheit, die nicht erst als Summe ihrer Individuen zustande kommt und zur Quelle der Souveränität wird. Das Individuum ordnet sich der Nation im Zweifelsfall ein und unter; persönliche Freiheiten sind von Anfang an mit Vorbehaltsklauseln verknüpft (Art. III, X, XI). Dieser Unterschied prägt auch die Form der Bewaffnung: durch ein stehendes Heer mit allgemeiner Wehrpflicht statt durch eine Bürgermiliz (Art. XIII). Die Freiheit der Französischen Revolution betont die Gleichheit der Staatsbürger von vornherein stärker; sie hat einen mehr egalitären Grundzug (Art. I). Das wirkt bis heute in amerikanisch-europäischen Unterschieden nach.

So ist es nicht mehr überraschend, dass «Freiheit, Gleichheit, Brüderlichkeit» nicht nur zur klassischen Parole der Französischen Revolution geworden ist, sondern in ganz Europa und darüber hinaus das Selbstverständnis sozialer Bewegungen, vor allem der Arbeiterbewegung und der Sozialdemokratie im 19. und 20. Jahrhundert, maßgeblich geprägt hat: überall da, wo soziale Rechte und sozialer Zusammenhalt als fundamentaler Teil von Demokratie gesehen wurden, über die Rechte und Stärken und Freiheiten des Individuums hinaus. Sie ist darüber hinaus als eine zentrale Formel in das Selbstverständnis der französischen Demokratie eingegangen, die sich in der Verfassung der Fünften Republik von 1958 ausdrücklich darauf beruft, ebenso wie auf die blau-weiß-rote Trikolore und auf das Revolutionslied der «Marseillaise» als Nationalhymne. So sind «Freiheit, Gleichheit, Brüderlichkeit» in der Traditionsbildung bis heute sogar noch wichtiger für die Verankerung von Demokratie und Volkssouveränität geworden, als sie es für die Revolutionäre selber waren.

Unterdessen hatte die revolutionäre Dynamik die Ereignisse immer schneller vorangetrieben und viele der Akteure radikalisiert. Das war nicht nur in Frankreich so, sondern ist, in unterschiedlichen Mischungsverhältnissen, stets die Bedingung des Erfolges von Revolution wie Teil ihres Dilemmas. So gewaltsam und intolerant sich diese Phase der Revolution zuspitzte, wurde sie doch durch wesentliche Kräfte der Revolution seit 1789 vorbereitet und lange Zeit auch getragen. Zunächst traten im Dritten Stand, bald also in der Nationalversammlung, Meinungsunterschiede hervor. Gemäßigte wollten an der Monarchie wenig ändern, Radikale standen ihr zunehmend feindlich gegenüber und betonten als Anhänger Rousseaus den Gleichheitsgedanken. Die Moderaten oder Konservativen setzten sich nach rechts, die Radikalen nach links – darin liegt der Ursprung unseres bis heute gültigen Schemas von «links» und «rechts» in der Politik. Außerhalb des Parlaments traf und besprach man sich in Klubs, die an Lese- und Diskussionszirkel der Aufklärung anknüpften. Eine wichtige radikale Gruppierung traf sich in einem ehemaligen Jakobiner-Kloster und wurde seither danach benannt. Im Konvent, also dem republikanischen Parlament, sammelten sich die Radikalen als «Montagnards» in der sogenannten Berg-Partei. Am 6. März 1793 richtete der Konvent den «Wohlfahrtsausschuss» ein; seit Ende Juli gehörte ihm auch Maximilien Robespierre an, ein führender Vertreter der Jakobiner und brillanter Redner. Unter seiner Führung wurde der Wohlfahrtsausschuss zum eigentlichen Machtzentrum und zur Agentur einer Radikalisierung der Französischen Revolution, die in die Schreckensherrschaft der «Terreur» mündete: die Verfolgung von Feinden der Revolution und ihre Hinrichtung durch die Guillotine. Ihr fielen schließlich, Ende Juli 1794, auch Robespierre selber und seine Anhänger zum Opfer.

Undenkbar aber war der Radikalismus, und die Französische Revolution überhaupt, ohne die städtischen Mittel- und Unterschichten von Paris (und in anderen größeren Städten): Handwerker, kleine Händler, Arbeiter, die auch in Boston oder Philadelphia die radikaldemokratische Bewegung getragen hatten. Weil sie nicht die typischen Kniehosen der gebildeten und vermögenden Oberschicht, die «culottes», trugen, nannte man sie die Sansculotten. Das einfache Volk von Paris hatte schon im Sommer 1789 unter einer Wirtschaftskrise und steigenden Preisen zu leiden – vor allem um den Brotpreis ging es, denn für Brot musste manchmal die Hälfte des Einkommens aufgewendet werden. Wie schon in den Jahrzehnten zuvor, protestierte das Volk auch seit 1789 lebhaft und manchmal gewaltsam, zum Beispiel mit dem Stürmen und Plündern von Markthallen und Bäckereien. Darin kam der Wunsch nach gerechten, notfalls auch behördlich festgesetzten Preisen für Brot und andere Grundnahrungsmittel zum Ausdruck; auch ein elementarer Gleichheitsimpuls gegen die vermögenden Händler und Produzenten. 1792/93 verschärfte sich die Situation nochmals, und der Wohlfahrtsausschuss reagierte mit der Festsetzung von Höchstpreisen für Getreide, Brot und andere elementare Güter ebenso wie mit dem Versuch der Festlegung eines Höchstlohnes (nicht Mindestlohnes!) in den «Maximumgesetzen» vom Mai und September 1793, um seinen Anhängern, den Trägern des Radikalismus in den Unter- und Mittelschichten, entgegenzukommen. Dafür wichen die Jakobiner von ihrer ursprünglich bürgerlich-liberalen, an der Marktfreiheit orientierten Wirtschaftskonzeption ab.

So trat neben die Elitenrevolution des Dritten Standes und Parlamentes eine zweite Revolution, die des einfachen Volkes in den großen Städten, vor allem in Paris, das die großen politischen Debatten um Freiheit und Gleichheit auf die eigene Lebenswelt, die eigenen Nöte bezog. Man hat sogar von drei Revolutionen – man könnte auch sagen: drei Schichten in der Französischen Revolution – gesprochen, denn auf dem Lande protestierten die Bauern und rückten dabei wiederum ihre eigene Situation, die feudale Abhängigkeit von den adligen Grundherren, in den Vordergrund: Man bewaffnete sich mit Sensen, stürmte und plünderte Schlösser und verbrannte die verhassten Dokumente der Unfreiheit. Zugleich breitete sich im Sommer 1789 eine allgemeine Furcht vor einem adligen und monarchischen Gegenschlag rasant auf dem Lande aus: mit wild umlaufenden Gerüchten über anrückende Armeen, marodierende Banden und Racheakte der Revolutionsgegner. Diese Massenangst der «Grande Peur» ist auch ein Schlüssel zu den späteren Pariser Ängsten der Jakobiner und des Wohlfahrtsausschusses, die sich mehr und mehr von Gegnern umzingelt sahen und ihrer Paranoia ihrerseits durch die Verfolgung und Tötung vermeintlicher Gegner zu entkommen versuchten. In den «Septembermorden» waren 1792 bereits etwa 1000 Häftlinge in Pariser Gefängnissen gelyncht worden. Dass es im Frühjahr 1793 tatsächlich einen größeren antirevolutionären Aufstand in der westfranzösischen Vendée gab, bestärkte Robespierre und seine Anhänger in ihrem Weltbild und Vorgehen.

Die Herrschaft des Wohlfahrtsausschusses war also darin demokratisch, dass sie die Rechte und Freiheiten, die von den Eliten gefordert wurden, auch der einfachen Bevölkerung auf eine Weise zugänglich machen wollte, mit der diese etwas anfangen konnte: als Sorge um ihre sozialen Rechte; in dem Akzent auf die Durchsetzung einer nicht nur rechtsgleichen, sondern auch ökonomisch gleichen Gesellschaft. Für dieses Ziel, und überhaupt zur Erweiterung und Bewahrung der Revolution, hielt Robespierre auch Mittel für gerechtfertigt, die liberale und demokratische Grundprinzipien aufs Spiel setzten: In einer Notsituation, wie sie die Jakobiner 1793/94 sahen, konnte das Parlament (also der Konvent) umgangen werden. In seiner berühmten Rede «über die Prinzipien der politischen Moral» sprach Robespierre im Februar 1794 vom «Despotismus der Freiheit» – man musste die Freiheit also auch autoritär-diktatorisch betreiben. Er unterschied das Volk von den «Feinden des Volkes», was sich leicht als Einfallstor für willkürliche Verfolgung herausstellen konnte. Überhaupt genoss das öffentliche Interesse im Zweifel den Vorrang vor Einzelinteressen und dem Individuum. Die Revolution wurde zum Ziel an sich; Robespierre war von dem Bewusstsein durchdrungen, die Revolution nicht nur zu beobachten, sondern sie aktiv gestalten, ihr Ziel und Richtung geben zu können. Bis heute sehen manche Historiker in der Herrschaft des Wohlfahrtsausschusses und der «Terreur» den demokratischen Höhepunkt der Revolution, andere ihr fatales Abgleiten von demokratischen Prinzipien, ihre «dérapage».

Nicht nur in Paris, auch in der Provinz fielen Zehntausende, einfaches Volk und gebildete Eliten, dieser Suche nach dem Revolutionsideal zum Opfer – dann fiel Robespierre selber, am 27. Juli 1794, nach dem Revolutionskalender im Hitzemonat Thermidor. Der Konvent übernahm wieder die Herrschaft, doch blieb die Situation in den folgenden Jahren des Direktoriums (1795–1799) labil, von Umstürzen und Aufständen geprägt. Die radikal-egalitären, frühsozialistischen Impulse erhoben sich noch einmal in François Babeufs «Verschwörung der Gleichen» im Frühjahr 1796. Dann beendete Napoleon Bonaparte die Revolution, zunächst als Konsul, seit 1804 als gekrönter Kaiser der Franzosen. Der Begriff «Thermidor» bezeichnet seitdem, auch über die Französische Revolution hinaus, den Umschlagpunkt von der Radikalisierung in die Stabilisierung – und je nach politischer Interpretation den konservativ-reaktionären Abbruch radikaler Demokratisierung oder die Gewinnung demokratischer Stabilität nach einer Phase der Überhitzung, die sich gegen die Demokratie selber zu wenden droht.

5 Neuordnung der Welt:
Revolution und demokratische Gesellschaft

Die Revolutionen des späten 18. Jahrhunderts haben demokratische Herrschaft, wie wir sie heute verstehen, nur in ersten Ansätzen etabliert. Aber es bleibt gerechtfertigt, auch in globaler Perspektive, sie als den wichtigsten einzelnen Durchbruch zur modernen Demokratie zu verstehen. Gerade die jüngere Forschung zur Amerikanischen und Französischen Revolution hat das besonders unterstrichen. Denn über das Schreiben von Verfassungen und die Einrichtung von Parlamenten, über die Verkündung abstrakter Ideale hinaus haben diese beiden Revolutionen auf neuartige Weise eine demokratisierende Tiefenwirkung entfaltet und demokratische Gesellschaft sehr praktisch, nicht nur in großen Theorien, greifbar werden lassen. Aus vielen früher nicht beachteten Quellen wissen wir inzwischen, dass die Revolution auch im Alltag der einfachen Menschen in Nordamerika und Frankreich ankam, ihr Leben und ihre Weltsicht veränderte. Viele verhasste Abhängigkeiten entfielen; oftmals eröffnete sich eine freiere Gestaltung des eigenen Lebens. Die meisten Männer und Haushaltsvorstände konnten in Wahlen Einfluss auf die Politik nehmen, vor Ort ebenso wie auf der nationalen Ebene. Das war mehr als nur formelles Recht und formeller Akt – eine regelrechte Kultur der Partizipation entstand, die zum Beispiel in den revolutionären Festen und Umzügen zum Ausdruck kam. Die politische Informiertheit auch einfacher Leute nahm sprunghaft zu; man las Zeitung, diskutierte, stritt über Kandidaten: Dass sich Menschen für Politik interessieren, ist ja nicht selbstverständlich, aber eine wichtige Voraussetzung von Demokratie. Und schließlich gehörte zu dieser Veränderung des Alltags auch ein neues Bewusstsein der Gleichheit. Man musste zu anderen Menschen nicht mehr so aufsehen wie früher, nur weil sie vermeintlich höher geboren waren. Und diejenigen, die oben waren (und oft dort blieben), konnten Politik nicht mehr machen, ohne das früher als Pöbel verachtete Volk zumindest ins Kalkül zu ziehen.

Obwohl die Amerikanische Revolution weniger als die Französische eine Gleichheitsrevolution war, bewirkte sie einen deutlichen Schub, gerade für den Egalitarismus im Alltag. Dass es einen Geburtsadel in den britischen Kolonien ohnehin nicht gegeben hatte, erwies sich dabei als Vorteil. Aber trotzdem hatten sich die einfachen Leute gegenüber den Gebildeten, Besitzenden und politisch Einflussreichen – der «better sort», wie man sagte – unterwürfig und ehrerbietig zeigen müssen: am Arbeitsplatz, in der Begegnung auf der Straße, im Laden oder vor Gericht. Die Revolution beseitigte die Ungleichheiten nicht, aber sie erschütterte diese Haltung und ihre Praxis in zahllosen Situationen. Ein einfacher Schuhmacher in Boston konnte das verspüren und beschreiben. Auch viele Frauen der Mittel- und Oberschicht gewannen ein neues Selbstbewusstsein, auch wenn sie mit ihrer neuen republikanischen Rolle erst ausnahmsweise in die Öffentlichkeit vordrangen und zumeist auf die häusliche Sphäre beschränkt blieben. In den nördlichen Staaten zerbröckelten die Reste der Sklaverei; im Süden blieb dieser eklatante Widerspruch zu einer demokratischen Gesellschaft bestehen. In den Jahrzehnten nach der Revolution, in das frühe 19. Jahrhundert hinein, setzte sich die Transformation des Alltags oft beschleunigt fort, zumal in den von europäischer Siedlung neu erschlossenen Gebieten im Westen, fernab – nach damaligen Maßstäben und Kommunikationsverhältnissen! – von der mehr hierarchischen Gesellschaft der Atlantikküste. Man sagt oft, die USA seien in der Revolution republikanisch, aber erst in der Generation danach demokratisch geworden, jedenfalls im Sinne einer weißen Männerdemokratie.

In ganz ähnlicher Weise politisierte die Französische Revolution und schuf eine Kultur der Partizipation, die in einem spezifischen «Staatsbürger»-Gedanken wurzelte. Der egalitäre Impuls setzte sich noch klarer, vor allem aber anders durch. Die Abschaffung der Sklaverei hatte in Westeuropa nur begrenzte Bedeutung, strahlte aber nicht zuletzt nach Amerika, in die französische Karibik, aus. Wichtiger war der Kampf gegen die jahrhundertealten europäischen Hierarchien, gegen die Aristokratie – und die katholische Kirche. Selbst der oberste Adlige: der König, sollte nur noch einfacher Bürger sein und wurde noch in der Hinrichtung zum «Bürger Louis Capet» degradiert. Dieses Motiv einer radikalen Egalität in Namen und Anrede setzte sich später in der Arbeiterbewegung fort, mit der «Genossen»-Anrede und dem verbindlichen Duzen. Auch der Angriff auf die katholische Kirche hatte zum Teil antifeudale Wurzeln, die in der «Säkularisation», der Enteignung bzw. Nationalisierung der Kirchengüter, zum Ausdruck kamen. Es ging aber auch darum, jede Quelle einer legitimen Ordnung zu beseitigen, die mit der neu proklamierten Volkssouveränität, und seit 1792 mit der Republik, konkurrierte. Und gerade das betraf nicht nur die formelle Rechts- und Herrschaftsordnung, sondern die Ordnung des Alltags. Deshalb wandten sich die Jakobiner zunehmend gegen christliche Feste und Rituale; kurzzeitig versuchte Robespierre, dagegen einen staatsreligiösen «Kult des höchsten Wesens» zu etablieren. Etwas dauerhafter war die Erfindung eines ganz neuen Kalenders, dessen Zählung nicht bei Christi Geburt, sondern mit dem Beginn der Republik als Jahr I einsetzte, dem Jahr der Natur entlehnte Monatsnamen gab und den Monat, aufklärerisch-rational, in drei Zehntagesperioden unterteilte, welche zugleich die jüdisch-christliche Siebentagewoche ersetzten.

Auch wenn die Menschen in der Provinz diese offiziellen Versuche einer grundlegenden Umordnung der Welt allenfalls mühsam akzeptierten, waren sie doch der Ausdruck einer besonderen republikanisch-demokratischen Emphase: Ausdruck des Anspruchs, dass die Demokratie ein völlig neues Zeitalter einläutete. Und jenseits von Antiklerikalismus und Kalenderreform hat die Französische Revolution auch weitab von Paris einen tiefgreifenden Umbruch von Lebenseinstellungen und Mentalitäten bewirkt: Der Blick auf Leben und Tod, Vergangenheit und Zukunft, Notwendigkeit und Freiheit veränderte sich unwiderruflich.

Jede Revolution hat ihre Grenzen, und die Grenzen der Amerikanischen und Französischen Revolution blieben besonders im Hinblick auf die Inklusion: von Frauen, von Nicht-Europäern, klar gezogen. In einem berühmten Buch hat Alexis de Tocqueville 1856 argumentiert, die Französische Revolution habe das Ancien Régime in vielem fortgesetzt: zum Beispiel im Zentralismus, oder in der Staatsorientierung, die von der absoluten Monarchie auf Nation und Republik übertragen wurden. Das kann man auch so lesen: Revolutionen haben langlebige historische Traditionen auch in die jeweiligen Gestaltungen, in die nationalen Varianten von Demokratie eingespeist. In den Revolutionen des 19. Jahrhunderts trat der Anspruch auf einen radikal-egalitären Umsturz der Alltagsordnung wieder in den Hintergrund – teils wegen der Erfahrungen der Französischen Revolution; vor allem aber wohl, weil jetzt andere Kräfte die Dynamik alltagskultureller Demokratisierung trieben, etwa die Urbanisierung und dann der Massenkonsum. Erst im 20. Jahrhundert gewann dieses Motiv neue Attraktivität, mit teils zerstörerischer Wirkung: in der Russischen Revolution und im frühen Stalinismus; in der chinesischen Kulturrevolution der 1960er Jahre; teils auch in der Islamischen Revolution im Iran. Lässt sich daraus schließen, Revolutionen sollten ihren demokratischen Anspruch besser auf die politische Ordnung, auf das Regierungssystem im engeren Sinne beschränken? Dagegen spricht nicht zuletzt eine deutsche Erfahrung: die der Revolution von 1918/19, welche die Weimarer Demokratie etablierte, aber eine demokratische Gesellschaft und Kultur nicht zu schaffen vermochte.

6 Demokratie und Scheitern in der deutschen Revolution von 1848/49

Die Revolution von 1848 und 1849 ist ein zentrales Ereignis und eine Wendemarke in der Geschichte von Demokratie in Deutschland. Aber sie «gehört» nicht allein den Deutschen, die sich damals oft überhaupt erst als solche zu verstehen begannen, ob in Wien, Königsberg, Köln oder Stuttgart. Mitteleuropa war nur ein Schauplatz, wenn auch am Ende wohl der wichtigste, einer europäischen Freiheitsbewegung, die im Januar 1849 mit Aufständen im Norden und Süden Italiens begann und mit der Februarrevolution in Paris ihr großes Signal für liberale Forderungen und Proteste in Mittel- und Südosteuropa setzte: vor allem im Deutschen Bund und im Habsburgerreich. Weil die Welle Ende Februar über den Rhein schwappte und im März 1848 die meisten deutschen Staaten erschütterte, sprach man früher von der «Märzrevolution», doch dauerte sie tatsächlich bis zum Sommer des folgenden Jahres an, als die letzten Aufstände militärisch niedergeschlagen wurden.

Die «deutsche Revolution von 1848/49», wie sie jetzt überwiegend genannt wird, stand aber nicht nur im europäischen Kontext, sondern auch in einer längeren, wiederum europäischen Vorgeschichte. Seit 1821 kämpften die Griechen um ihre Unabhängigkeit vom Osmanischen Reich; 1830 erhoben sich die Polen, ebenfalls ohne eigenen Staat, für ihre Freiheit und die Unabhängigkeit von Russland. Die Pariser Julirevolution im selben Jahr stürzte die Bourbonen-Monarchie und brachte den «Bürgerkönig» Louis Philippe an die Macht. Von den westlichen und östlichen Nachbarn ermuntert, gewannen liberale und demokratische Kräfte auch in Deutschland neues Selbstbewusstsein. Viele Regierungen ließen die Zügel der Zensur und politischen Überwachung lockerer. Bürger organisierten sich in Vereinen und trafen sich zu Festen und Demonstrationen. Zum Hambacher Fest strömten am 27. Mai 1832 an die 30 000 Menschen zur Schlossruine Hambach in der Pfalz. Sie forderten Freiheit, Grundrechte und politische Beteiligung in ihren Heimatstaaten, ob das Bayern, Baden oder Preußen war, und trugen schwarz-rot-goldene Farben für die Idee eines freiheitlichen Nationalstaates. Trotz neuer Unterdrückung gewann diese liberale Opposition weiter Zulauf; ein Teil von ihr spitzte ihre Forderungen zu und zielte auf Demokratie oder sogar auf erste Ideen eines Sozialismus.

Später sprach man vom «Vormärz», also der Zeit der politischen Bewegung, die in den März 1848 hineinführte. Schon die Zeitgenossen erlebten und erhofften die 1830er und 1840er Jahre, mit gesamteuropäischem Bewusstsein, als einen «Völkerfrühling».

Was aber machte die Revolution von 1848/49 zu einer demokratischen? Lange Zeit nannte man sie eher eine «bürgerliche Revolution». Aber das blendete entweder die soziale Vielfalt der Ereignisse aus, an denen eben nicht nur Bürger, sondern auch Bauern, Handwerker, Arbeiter teilnahmen. Oder es bezog sich, im Sinne der marxistischen Geschichtstheorie, auf die Stufe eines vermeintlich festgelegten historischen Prozesses, der irgendwann die proletarisch-kommunistische Revolution folgen würde. Die 1848er Revolution war nicht demokratisch, weil sie eine Demokratie errichtete: Das gelang nicht; es war für die Mehrheit noch nicht einmal das Ziel. Einen gewaltigen Schub der Demokratisierung bewirkte diese Revolution zunächst – ganz ähnlich wie ihre großen Vorgänger im späten 18. Jahrhundert – im politischen Prozess, in der politischen Teilhabe breiter Schichten der Bevölkerung. Es war kaum mehr möglich, sich nicht für Politik zu interessieren. Man las Flugblätter und Zeitungen, die wie Pilze aus dem Boden schossen, diskutierte im Wirtshaus und schloss sich in politischen Vereinen zusammen. Man nahm Kontakt auch über weite Entfernungen auf, schrieb Briefe, reiste zu Versammlungen und Parlamenten, teils schon mit der Eisenbahn. Man ereiferte sich in Wahlkämpfen, unterstützte emphatisch «seinen» Abgeordneten – und man bezog Stellung, ordnete sich einem politischen Lager, einer Parteirichtung zu: als «konstitutioneller», gemäßigter Liberaler; als Demokrat; auch als Konservativer, denn die Anhänger der alten Monarchie und Gegner von Volksherrschaft und Freiheit mussten sich ebenfalls in ganz neuer Weise im Volk Unterstützung suchen. Zwar gab es Vorläufer solcher Richtungen und Organisationen seit den 1830er Jahren, aber erst die Revolution gab der Parteibildung einen entscheidenden Schub, überregionale Vernetzung und prägte ein Grundmuster des deutschen Parteiensystems, das bis in die Weimarer Republik Bestand hatte.

Demokratisch waren sodann Forderungen und Institutionen von 1848/49. In den «Märzforderungen» erschien ein immer wieder variierter Katalog des Verlangens nach bürgerlichen und politischen Rechten (Abschaffung der Zensur, Versammlungsfreiheit) und nach einer Mitbestimmung des Volkes in Parlamenten. Beides, Freiheitsrechte und Mitregierung, sollte durch geschriebene Verfassungen abgesichert werden, wie sie einige Einzelstaaten – Baden, Bayern oder Hessen – schon besaßen, nicht aber Preußen und Österreich. In einem freiheitlichen deutschen Einheitsstaat sollte die Enge und Gängelung der monarchisch-bürokratischen Herrschaft überwunden werden. Mit diesen Stichworten lässt sich der Minimalkonsens, der im weiteren Sinne demokratische Horizont der Revolution von 1848/49 umreißen.

In der Frankfurter Paulskirche begann im Mai 1849 die Arbeit an diesem Projekt auf der nationalen Ebene. Das erste deutsche Parlament (nicht: das erste moderne Parlament in Deutschland!) war ein Meilenstein der Demokratiegeschichte. Es beruhte auf freiem und gleichem Wahlrecht (fast) aller Männer und entwickelte eine lebhafte Debattenkultur auf hohem Niveau, denn ihm gehörten führende Professoren und Journalisten, Anwälte und Kaufleute aller liberalen und demokratischen Strömungen an. Die Nationalversammlung in der Paulskirche war kein «regierendes» Parlament, sondern eine Konstituante, eine verfassunggebende Versammlung (wie 1919 die Weimarer Nationalversammlung). Ihre Arbeit an einer gesamtdeutschen Verfassung begann sie, wie in Frankreich 1789, mit den Grundrechten, die nach langer Beratung schließlich Ende Dezember 1848 verkündet wurden. Zu diesem Zeitpunkt war die Revolution an anderen Stellen schon ins Stocken geraten oder, wie in Wien, mit Gewalt niedergeschlagen worden. Dort erschoss das Militär am 9. November Robert Blum, einen Abgeordneten der Paulskirche und führenden Vertreter der Demokraten.

Blum war eine Symbolfigur und stand für die engere Bedeutung der Demokratie in der Revolution von 1848/49. Denn als Demokraten bezeichneten sich damals diejenigen, denen die Positionen der Liberalen nicht entschieden genug waren: im Hinblick auf die Rechte des Volkes und auf die Kritik am Königtum. Liberale (Konstitutionelle) und Demokraten bildeten, wiederum in vielen Schattierungen, die beiden wichtigsten Parteien in der Revolution, aber nur hier und da, und kaum in der Paulskirche, gewannen die Demokraten die Oberhand. Wie ihre Konkurrenten organisierten sie sich in Vereinen, die oftmals «Volksvereine» hießen, und schufen mit dem «Centralmärzverein» sogar eine nationale Dachorganisation, die von einer modernen Parteizentrale jedoch noch weit entfernt war. Die soziale Basis beider Parteien überlappte sich, doch fanden die Demokraten oder «Radikalen», wie sie mancherorts auch hießen, ihre Anhänger mehr im Kleinbürgertum als in der Oberschicht, und ihre parlamentarischen Spitzen mehr im Bildungs- als im Besitzbürgertum.

Im Mittelpunkt ihrer Vorstellungen stand die Volkssouveränität, im Gegensatz zu der von den Liberalen akzeptierten Teilung der Herrschaft mit der Monarchie. Für die ganz entschiedenen Demokraten konnte deshalb nur eine Republik als Staatsform in Frage kommen; für andere war auch ein schwacher, eher repräsentativer König oder deutscher Kaiser vorstellbar. Als der preußische König Ende April 1849 die ihm von der Nationalversammlung schließlich angetragene Kaiserkrone hochmütig ablehnte, erhoben sich die republikanischen Strömungen im Mai und Juni zu einer letzten, verzweifelten Kraftanstrengung. In Baden existierte für wenige Wochen sogar eine, wenngleich fragile und militärisch bedrängte, Republik: die erste moderne deutsche Republik in einem Flächenstaat (also abgesehen von den alten Stadtrepubliken und von der Mainzer Republik 1792), die in der Erinnerung bis heute fast vollständig verdrängt wurde.

Mit den Republikanern wiederum überlappten sich die Anfänge von Arbeiterbewegung und sozialer Demokratie. Eine Wirtschaftskrise mit Hunger auf dem Lande und Arbeitslosigkeit in großen Städten wie Berlin war der Revolution seit 1846/47 unmittelbar vorausgegangen und hatte sie zugleich befeuert. Das Ende der Feudalgesellschaft im Süden Deutschlands und der Beginn der Industrialisierung überschnitten sich; in Köln schrieb Karl Marx für die «Neue Rheinische Zeitung» und begann seine Partnerschaft mit dem Wuppertaler Fabrikantenspross Friedrich Engels – 1848 veröffentlichten sie das «Kommunistische Manifest». Aber nicht in Ketten liegende Fabrikarbeiter, sondern durchaus selbstbewusste Handwerksmeister und -gesellen prägten die sozialen Forderungen in der Revolution. Man organisierte sich, traf sich auf Kongressen und diskutierte Forderungen wie den Schutz vor der neuen Fabrikindustrie oder eine progressive Einkommensteuer. Die Schnittmenge mit den bildungsbürgerlichen Linksliberalen und Demokraten war groß, auch wenn «bürgerliche» und «proletarische» Demokratie in Deutschland früher und klarer als anderswo (z. B. in England) unterschiedliche Wege gingen, definitiv seit Mitte der 1860er Jahre.

Auch die Anfänge der deutschen Frauenbewegung liegen in der Revolution von 1848/49, auch wenn es vorerst nur eine kleine Minderheit war, die sich engagierte. Louise Otto gab in Sachsen eine eigene Frauenzeitung heraus unter dem Motto «Dem Reich der Freiheit werb ich Bürgerinnen». Die volle politische Teilhabe von Frauen, insbesondere das Frauenstimmrecht, war höchstens ein Fernziel, aber der Anspruch war erhoben, Frauen als Bürgerinnen in die freie politische Gesellschaft

einzubeziehen. Anders gesagt: So verstand sich auch die Frauenbewegung als Teil des Strebens nach Demokratie.

Die großen Ziele der Revolution und der demokratischen Bewegungen in ihr aber wurden nicht erreicht. Die Reichsverfassung der
Paulskirche konnte trotz heftiger Bemühungen in der Pfalz, Baden und
Sachsen nicht in Kraft gesetzt werden, erst recht gab es keinen konstitutionellen deutschen Einheitsstaat. Deshalb bezeichnet man die deutsche Revolution von 1848/49 im Ergebnis oft als eine gescheiterte Revolution. Sie ist weniger deshalb gescheitert, weil es keine Revolutionäre,
keine Liberalen und Demokraten gegeben hätte, sondern weil deren
Gegner, die monarchischen und adligen, bürokratischen und militärischen Kräfte nicht entscheidend geschwächt werden konnten. Das
wiederum hatte mit der dezentralen politischen Geographie zu tun, in
der nicht wie in Frankreich ein Erfolg in der Hauptstadt das nationale
Blatt schon entscheidend wenden konnte.

Ganz ohne Erfolge blieb die Revolution gleichwohl nicht; die Uhr
ließ sich auch in der nachfolgenden Zeit der «Reaktion» nicht mehr
ganz zurückstellen: Preußen und Österreich waren nun Verfassungs-
staaten, die Reste der feudalen Gesellschaft im Süden gesprengt, ein
neuer Erwartungshorizont für zukünftige Veränderung geschaffen.
Dennoch ist das Scheitern in der Hauptsache nicht wegzudiskutieren
und hat die weitere Entwicklung von Freiheit und Demokratie in
Deutschland verzögert, die Herausbildung einer demokratischen Kultur beschädigt. Viele Demokraten und Republikaner flohen vor Verfolgung in die Schweiz, nach Frankreich, in die USA. Angstformeln von
der «roten Republik» konnten kursieren. «Gegen Demokraten helfen
nur Soldaten» hatte ein Berliner Flugblatt 1848 verkündet – das hallte
nach der militärischen Niederschlagung der Revolution im Sommer 1849 erst recht lange nach.

Man muss sich davor hüten, von der «gescheiterten Revolution»
eine Einbahnstraße zwangsläufiger Entwicklung weg von der Demokratie, gar bis zum Nationalsozialismus zu konstruieren: einen «Sonderweg», demzufolge die Deutschen eine Revolution nicht machen
konnten und der ihre moderne Geschichte mindestens bis 1945 schick-
salhaft bestimmte. Aber ein Rückschlag für die Demokratie bleibt es
doch. Er zeigt sich bis heute als farblose Erinnerung. Den «Platz des
18. März» in Berlin, auf der Westseite des Brandenburger Tores, kennen wohl nur wenige beim Namen, und noch weniger können ihn mit
dem Höhepunkt der Barrikadenkämpfe in der preußischen Hauptstadt

1848 in Verbindung bringen. Auch im gemeinsamen europäischen Bewusstsein, in der Demokratieerinnerung der Europäischen Union, ist «1848» kaum verankert. Dabei hat dieser Völkerfrühling in jüngerer Zeit Nachfolger in grenzüberschreitenden Demokratiebewegungen gefunden: 1989 in Mittel- und Osteuropa und 2011 im «arabischen Frühling» Nordafrikas.

7 Nationalismus und Demokratie

Nation und Nationalismus – steht das nicht für Überheblichkeit und Aggressivität, für den Mangel an Toleranz und die Unterdrückung anderer, letztlich also: für das Gegenteil von Demokratie? Gerade in Deutschland wird das bis heute oft so empfunden, weil der deutsche Nationalismus sich tatsächlich, vor allem seit dem späten 19. Jahrhundert, von liberalen und demokratischen Strömungen abgelöst hat. Stattdessen ging er eine Verbindung mit der monarchisch-konservativen Gesinnung des Kaiserreichs ein und nahm Elemente des Sozialdarwinismus – das Leben gesehen als Kampf, in dem der Stärkste gewinnt – und des Rassismus auf. Zwar nahm der Nationalismus auch in England oder den USA um 1900 eine ähnliche Wendung, doch wurde er dort, von Ausnahmen abgesehen, nicht so zutiefst antidemokratisch und illiberal wie in Deutschland. Im Nationalsozialismus erreichte diese Tendenz einen Höhepunkt – die selbstverkündete «nationale Revolution» schaffte Demokratie und Freiheit ab. Man kann den Nationalsozialismus geradezu als besonders radikalisierte Variante des Nationalismus verstehen. Deshalb wollten die Westdeutschen ihre Demokratie seit 1945 keinesfalls in der Nation begründen – dass es einen einheitlichen Nationalstaat ohnehin nicht mehr gab, verstärkte das Bewusstsein, damit endlich auf der richtigen historischen Spur zu sein. Erst Mauerfall und Vereinigung von 1990 haben diese Frage wieder komplizierter gemacht.

Dabei waren Nationalismus und Freiheitsbewegung auch in Deutschland eng verbündet, teils sogar kaum voneinander zu trennen: Im restaurativ-illiberalen Klima des Deutschen Bundes von 1815 kam die Berufung auf die Nation radikaler Opposition gleich und meinte ein Eintreten für die Rechte des Volkes und individuelle Freiheiten des Bürgers. Schwarz-rot-gold wurde zu den Farben der demokratischen Dissidenz. Während in den Einzelstaaten das Prinzip dynastischer «Le-

gitimität» die Monarchie festbetonierte und die Volkssouveränität ab-
zuwehren versuchte, projizierten sich Sehnsüchte freiheitlicher Verfassung auf einen neu zu schaffenden Nationalstaat. Zwar schwang im
deutschen Nationalismus seit der Herrschaft Napoleons immer auch
ein Element des Franzosenhasses und der Arroganz mit; Schriftsteller
wie Ernst Moritz Arndt und Friedrich Ludwig Jahn machten das populär. Aber von 1830 über die Revolution bis in die 1860er Jahre stand
das Streben nach innerer Befreiung im gemeinsamen Bewusstsein eines
deutschen Volkes, und zunehmend das Streben nach einem gemeinsamen Verfassungsstaat, ganz im Vordergrund. Insofern waren die
Ähnlichkeiten mit Frankreich größer: Die Französische Revolution
hatte ja mit der Nationsidee die Monarchie ausgehebelt und ein einheitliches «Volk» an die Stelle der Ständegesellschaft gesetzt.

Noch enger war das Bündnis von Nationalismus und Demokratie
überall dort, wo Menschen, die sich als Völker und Nationen begriffen,
am Rande großer Monarchien oder Imperien gegen die Fremdbestimmung aus einer fernen Herrschaftszentrale aufbegehrten. Schon im
späten 16. Jahrhundert entstand die niederländische Republik aus dem
Unabhängigkeitskampf gegen die spanische Habsburgermonarchie.
Zwei Jahrhunderte später begehrten die nordamerikanischen Kolonien
gegen das britische Empire auf. Ihre Bewohner verstanden sich nicht
mehr als Engländer, sondern als Amerikaner; sie wollten sich selbst regieren und gründeten dafür die Republik der USA. Dieses Vorbild wiederum ermunterte die Untertanen des spanischen Mittel- und Südamerika am Anfang des 19. Jahrhunderts, angeführt von Simon Bolivar,
ihre Unabhängigkeit in eigenen Republiken zu suchen. Brauchte es dafür Nationsidee und Nationalismus? Man benötigte jedenfalls eine
Vorstellung von Zusammengehörigkeit und gemeinsamem politischen
Auftrag. Als Nationalismus verfestigte sich diese Idee oft erst (wie auch
im Falle der USA) lange nach der Unabhängigkeit. Und warum war das
Streben nach Unabhängigkeit in den Randzonen, an der «Peripherie»
von monarchischen Reichen demokratisch? Die Abneigung gegen die
Monarchie wurde prinzipiell, so dass meist eine Republik das Resultat
war. Die Mobilisierung des Volkes sowie der Freiheitsgedanke ließen
sich – das zeigen fast alle historischen Beispiele – nicht auf den äußeren
Feind beschränken, sondern zogen den Anspruch auf innere Freiheit
und Selbstbestimmung fast unweigerlich nach sich.

Im 19. und 20. Jahrhundert schwappte diese Welle wieder nach Europa: im Aufbegehren der Polen gegen Russland 1830, und vor allem

im österreich-ungarischen Habsburgerreich, das schon 1848 unter dem Nationalismus und Freiheitsbegehren der Ungarn und Tschechen fast zerriss. Aber erst mit dem Ende des Ersten Weltkriegs entstanden demokratische Staaten aus der Erbmasse des zerfallenen Reiches. Sie waren auch deshalb nicht stabil, weil sie große Minderheiten anderer Völker und Sprachen einschlossen, wie die Rumänen in Ungarn, die nun ihrerseits von den zuvor Unterdrückten geknebelt wurden; oder weil sie, wie in Jugoslawien oder der Tschechoslowakei, mehrere Nationen in einen Staat zusammenfassten. Nach dem Zweiten Weltkrieg erlangte Indien erfolgreich seine Unabhängigkeit vom schrumpfenden Britischen Empire und etablierte sich bis heute als die bevölkerungsreichste Demokratie der Welt. Einen Sonderfall stellt Israel dar, dessen demokratische Staatsgründung ebenfalls ganz wesentlich in einem besonderen Nationalismus, dem Zionismus, wurzelte.

Aber man darf die Verschwisterung von Nationalismus und Demokratie nicht einseitig sehen oder idealisieren. Denn nicht nur die Peripherie, sondern auch das Zentrum hatte «seinen» Nationalismus, der sich häufig als arroganter oder aggressiver Mehrheitsnationalismus gegen Minderheiten, gegen Selbstbestimmung, Demokratien und Freiheit richtete. Der Nationalismus im deutschen Kaiserreich mit seiner vehementen Frontstellung vor allem gegen die polnische Minderheit im Osten Preußens, die einer Germanisierungspolitik unterworfen wurde, ist dafür ein sprechendes Beispiel. Das Zarenreich kultivierte einen großrussischen Nationalismus gegenüber nationalen Minderheiten und Nachbarvölkern, den die Sowjetunion unter kommunistischem Vorzeichen fortsetzte. In Frankreich übte der revolutionäre Nationalismus einen Anpassungsdruck auf regionale und sprachliche Minderheiten wie die Basken und die Bretonen aus. Und das demokratische Spanien ringt bis heute mit der Frage, wie viel politische Autonomie den Basken und Katalanen eingeräumt werden kann, ohne den Nationalstaat in seiner Existenz zu gefährden.

Wird die Verbindung von Nationalismus und Demokratie auch in Zukunft noch eine Rolle spielen? Sie tut es ganz manifest zum Beispiel in jenem republikanisch-demokratischen Patriotismus, den die Deutschen an den fähnchenschwenkenden Franzosen oder Amerikanern oft befremdlich finden. Vor der Wiedervereinigung haben manche wie Dolf Sternberger oder Jürgen Habermas, für einen «Verfassungspatriotismus» der Westdeutschen geworben: also für ein nationales Identitätsbewusstsein, das auf dem Stolz auf das Grundgesetz beruht statt auf dem Glauben an die Überlegenheit deutschen Blutes oder deutscher Dichtung. Mit dem demokratischen Aufbruch in der DDR 1989 und der daraus resultierenden Vereinigung ist, so sagen viele, auch ein «normaler» Nationalstolz, wie ihn unsere Nachbarn pflegen, möglich geworden. Aber trotz der Wiederentdeckung der schwarz-rot-goldenen Fahne bei der Fußballweltmeisterschaft 2006 tun sich die Deutschen schwer, ein Bewusstsein ihrer Zusammengehörigkeit zu entwickeln, das auf Demokratie und Freiheit beruht. Ein «Denkmal für Freiheit und Einheit» zu errichten kommt vielen irgendwie schwülstig vor.

Zudem tritt die nationale Demokratie durch die europäische Einigung in den Hintergrund. Auch wenn inzwischen klar ist, dass dieser Weg kaum zu einer Auflösung von Nationalstaaten oder nationalen Identitäten in Europa führen wird – nicht zu einer einzigen Nation der «Vereinigten Staaten von Europa» also –, ist der historische Impuls für den europäischen Einigungsprozess gerade in Deutschland und Frankreich unvergessen: nämlich die Lehren aus übersteigertem Nationalismus und Völkerfeindschaft zu ziehen. Gleichzeitig überlagern sich in manchen europäischen Regionen, vor allem im ehemaligen Jugoslawien, demokratisch-freiheitliche und aggressiv-illiberale Impulse des Nationalismus auf manchmal kaum zu entwirrende Weise. Dort hat die Wiederentdeckung von Nationen und Ethnien seit 1990 die demokratische Nationalstaatsbildung und die innere Annäherung an Westeuropa vorangetrieben, aber im selben Atemzug ethnische Feindschaft, autoritäres Denken und brutale Gewalt genährt: Diese Paradoxie kennzeichnet die jüngste Geschichte Kroatiens. In den ehemaligen Sowjetrepubliken im Kaukasus und in Zentralasien sind ähnliche Spannungen bis heute virulent. Und dennoch kann man erwarten, dass die historischen Grundimpulse der Nationsidee: der Gedanke der Inklusion, also der universellen Zugehörigkeit; die Vorstellung von der Gleichheit aller in der Nation; und nicht zuletzt die Verbindung von Nation und Volkssouveränität, an verschiedenen Stellen der Erde auch in Zukunft aufgegriffen werden, um sich gegen Unterdrückung und autoritäre Regime zu wehren.

8 Demokratische Revolutionen im 20. Jahrhundert

Als Zeitalter der demokratischen Revolution bezeichnet man gewöhnlich die Spanne von der Amerikanischen und Französischen Revolution bis zum Ende der Europäischen Revolutionen von 1848, also ungefähr die Zeit zwischen 1770 und 1850. Aber das 20. Jahrhundert war kaum weniger revolutionär. Und was vorher auf die westliche Welt beschränkt war – zunächst Europa, dann Nord- und Südamerika –, das wurde jetzt zu einer globalen Erscheinung. Die Revolutionen des 20. Jahrhunderts waren nicht immer demokratisch, weder in ihrer Zielsetzung noch in ihren Ergebnissen, zum Teil nicht einmal in ihren Mitteln. Aber das gilt, unter umgekehrtem Vorzeichen, auch für das 17. und 18. Jahrhundert: Die frühen Revolutionen konnten nicht im vollen Sinne demokratisch sein, weil eine moderne Demokratie noch gar nicht im Horizont der Zeitgenossen liegen konnte. Die Revolutionen des 20. Jahrhunderts dagegen begannen, in neuartiger Weise über die Demokratie hinauszudrängen. Sie gaben sich mit den liberalen Freiheitsrechten und der parlamentarischen Republik teils nicht mehr zufrieden, teils lehnten sie eine solche Ordnung ganz bewusst ab oder versuchten sie sogar zu beseitigen. Aber auch der Typus der «klassischen» demokratischen Revolution, in dem die Menschen Demokratie erstrebten und am Ende auch institutionell sichern konnten, ging im Laufe des 20. Jahrhunderts und bis heute nicht verloren.

Eine solche Phase läutete das 20. Jahrhundert an ganz verschiedenen Stellen der Erde, weitgehend unabhängig voneinander, ein: Autoritäre Regime fielen, Monarchien wurden durch Republiken ersetzt oder zumindest durch parlamentarische Mitwirkung in ihrer Allmacht eingeschränkt. Die erste Russische Revolution von 1905 versetzte der zaristischen Autokratie einen schweren Schlag. Liberaler Konstitutionalismus und Bewegungsfreiheit jenseits des Polizei- und Überwachungsstaates waren ihre Hauptziele, aber daneben organisierten sich sozialistische Industriearbeiter schon in den ersten Räten, den «Sowjets». Ein nationales Parlament, die Duma, regierte seither mit schwachen Befugnissen in St. Petersburg mit. 1910 stürzte in Mexiko die autoritäre Diktatur des Porfirio Diaz; die «Mexikanische Revolution» führte lange Zeit aber nicht in stabile Verhältnisse und vermochte kaum, ihr soziales Reformprogramm in einer krass ungleichen ländlichen Gesellschaft umzusetzen. In China fiel die jahrtausendealte kaiserliche Herrschaft 1911 zugunsten der bürgerlichen Republik Chiang Kai-sheks und seiner Kuomintang-Partei, doch folgte auf diese erste Chinesische Revolution bald ein Bürgerkrieg gegen die Kommunisten und eine lange Phase von Instabilität und Gewalt, bis in die Kulturrevolution der späten 1960er Jahre. Das Streben nach einer grundlegenden sozialen Veränderung trat am Anfang des 20. Jahrhunderts allenthalben neben das Ziel der politischen Freiheit und bürgerlichen Demokratie; bisweilen verstärkten sich beide, aber sie gerieten auch zueinander in Spannung. Nach dem Ersten Weltkrieg begnügte sich die deutsche Revolution von 1918/19 im Wesentlichen mit der politischen Umgestaltung zu Republik, parlamentarischer Demokratie und liberaler Rechtsordnung; auch die Mehrheit der Sozialdemokraten lehnte weitergehende sozialrevolutionäre Ansprüche ab, weil sie befürchtete, damit die Demokratie wieder zu gefährden.

Der Russischen Revolution von 1917 kommt deshalb eine zentrale Bedeutung, eine Scharnierstellung zwischen Vergangenheit und Zukunft zu. Man kann sie als die letzte große Revolution des klassischen Typs verstehen: Unübersehbar knüpften die Bolschewiki an das Vorbild der Jakobiner in der radikalen Phase der Französischen Revolution an. Zugleich etablierte sie das Grundmuster eines neuen Revolutionstypus: eine Revolution, die sich nicht nur in unvermeidlichen Konflikten zwischen politischen Freiheits- und sozialen Gleichheitsrechten verheddderte, sondern ganz bewusst eine prinzipielle Entscheidung gegen Freiheit und Demokratie im Namen vermeintlich überlegener Ziele traf. Im Februar 1917 erzwang eine liberal-bürgerliche Revolution zunächst das, was 1905 nicht voll gelungen war: Russland wurde, eine verheerende Niederlage gegen Deutschland im Weltkrieg vor Augen, im vollen Sinne konstitutionelle Monarchie. Aber das parlamentarische System blieb instabil, weil ihm in einer rückständigen und bitterarmen ländlichen Gesellschaft der Rückhalt fehlte und in den Industriestädten St. Petersburg und Moskau die Arbeiterschaft überwiegend den sozialistischen Parteien folgte. Die informelle «Doppelherrschaft» von provisorischer Regierung und den erstarkenden Räten konnte nicht von Dauer sein. Ende Oktober stürzten die Bolschewiki unter Lenins Führung die Regierung und das parlamentarische System. Eine Konstituierende Versammlung ließen sie noch wählen, um sie sofort wieder aufzulösen. Russland sollte als Räterepublik die «Diktatur des Proletariats» verwirklichen. Lenins Versprechen von «Land und Frieden» war für viele Arbeiter und Bauern zeitweise attraktiver als individuelle Freiheit und pluralistische Demokratie.

Auch wo man der späteren stalinistischen Verhärtung der Sowjetunion nicht folgen wollte, sahen seitdem viele die Russische Revolution als ein Vorbild für die Umgestaltung ihres Landes – und nicht zuletzt: für die Unabhängigkeit vom Westen, den man nicht als Muster von Freiheit und Demokratie erfuhr, sondern als direkte oder informelle Kolonialmacht, die es ihrem ganzen Wesen nach abzuschütteln galt. Dieser antiwestliche Grundzug hat immer wieder die Revolutionen und Unabhängigkeitskämpfe in der «Dritten Welt», in Asien, Afrika und Lateinamerika geprägt, besonders in den drei Jahrzehnten zwischen 1949 und 1979: im Sieg der Kommunisten Mao Zedongs in China und der Etablierung der Volksrepublik dort; im algerischen Unabhängigkeitskrieg gegen Frankreich zwischen 1954 und 1962; in der kubanischen Revolution Fidel Castros 1959; und schließlich in der Islamischen Revolution im Iran 1979. Sie markiert vielleicht einen weiteren historischen Wendepunkt, denn sie war wohl die letzte der großen antiwestlichen Revolutionen und bildete zugleich mit ihrem islamischen Fundamentalismus den Auftakt einer neuen Ära. In all diesen Fällen blieb das Verhältnis von Revolution und Demokratie bestenfalls prekär, auch wenn die gestürzten Systeme im seltensten Fall Demokratien waren. Ein Grundzug vieler Revolutionen des 20. Jahrhunderts ist auch ihre extreme Gewalthaftigkeit. Sie verknüpften sich oft mit langwierigen Bürgerkriegen, ja mit Verfolgung und Massenmorden. Das begann in Mexiko, setzte sich in Russland in Bürgerkrieg und Stalinismus bis in die 1930er Jahre fort, ebenso wie im Chinesischen Bürgerkrieg bis in die Kulturrevolution. In Algerien tobte seit 1954 ein blutiger Bürgerkrieg. Und zwischen 1975 und 1978 verwirklichte sich der Agrarkommunismus der Roten Khmer in Kambodscha in einem Genozid am eigenen Volk.

Zur selben Zeit, in der Mitte der 70er Jahre, erlebte Europa jedoch die Rückkehr der demokratischen Revolution. Die autoritär-faschistischen Regime Portugals und Spaniens, die mit westlicher Billigung das Ende des Zweiten Weltkriegs überlebt hatten, fielen ebenso wie die griechische Militärdiktatur der «Obristen» innerhalb weniger Jahre, zwischen 1974 und 1978. In allen drei südeuropäischen Staaten etablierte sich, überall unter maßgeblicher Mitwirkung der demokratischen Sozialisten, eine stabile parlamentarische Demokratie und freie Gesellschaft. Während der Übergang in Spanien von König Juan Carlos moderiert und abgesichert wurde (und erneut bewies, dass Monarchie und Demokratie nicht mehr im Gegensatz zueinander stehen müssen), hatte der Wandel in Portugal, Ende April 1974, am ehesten revolutionären Charakter. Teile des Militärs putschten gegen das autoritäre Regime – aber nicht mit dem Ziel einer Militärdiktatur, sondern dem Ende der portugiesischen Kolonialherrschaft, dem Anschluss an Europa, und der Demokratie. Die Bevölkerung unterstützte den Wandel massenhaft auf den Straßen mit dem Symbol der roten Nelke an der Kleidung und in den Gewehrläufen der Soldaten. Mit der «Nelkenrevolution» kehrte die demokratische Revolution in die europäische Geschichte zurück.

Zu einem Flächenbrand wurde sie fünfzehn Jahre später in der Transformation des kommunistischen Osteuropa 1989. In Polen oder Ungarn, in der DDR oder in der Tschechoslowakei – die Proteste hatten überall ihr eigenes Gepräge, ebenso wie die Form des Übergangs in die Demokratie: teils mehr von oben gesteuert und vereinbart wie in Ungarn, teils von Intellektuellen geführt wie im Prag Václav Havels, teils unter dem Druck einer millionenfachen Bewegung wie der polnischen «Solidarität» Lech Wałęsas. Überhaupt waren die von Michail Gorbatschow in der Sowjetunion initiierten Reformen von «Perestroika» und «Glasnost» ein wesentlicher Impuls und Grund zur Hoffnung für den Sturz der kommunistischen Diktaturen in den Staaten des damaligen Warschauer Paktes. Aber der Begriff der demokratischen Revolution ist dennoch in jeder Hinsicht treffend: Revolution, weil es sich um komplexe und dramatische Ereignisse des fundamentalen Machtwechsels handelte, die bis in einzelne Phasen und Handlungsmuster an die klassischen Revolutionen, etwa von 1848/49, erinnern: die Wirkung von Ideen in Flugblättern und Aufrufen – die Mobilisierung von Massenprotesten – die zunehmende Organisierung in Vereinen, neuen Parteien – die Radikalisierung, also das Weitertreiben ehemals bescheidener Forderungen – schließlich das Verhandeln über neue Verfassungen, mit denen die Revolution zum Abschluss kommt. In den ehemals baltischen Sowjetrepubliken Estland, Lettland und Litauen trug der Übergang darüber hinaus klassische Züge früherer Unabhängigkeitsrevolutionen.

Um demokratische Revolutionen handelte es sich nicht nur, weil am Ende des Übergangs überall – mit Schwierigkeiten in Rumänien und Bulgarien – demokratische Regime und individuelle Freiheitsrechte standen; nicht nur, weil ihr Verlauf im Zeichen demokratischer Praxis und Mobilisierung stand. Sie hatten sich auch auf teils bemerkenswert klare Weise das Ziel der Demokratie auf die Fahnen geschrieben; besonders eigenständig und in langer Vorbereitung seit den 1970er Jahren in Polen, wo Intellektuelle wie Adam Michnik die Vision einer neuen «Zivilgesellschaft» für die erstrebte Demokratie entwarfen. In der DDR hießen die Oppositionsgruppen «Demokratie Jetzt» oder «Demokratischer Aufbruch», und auf den Straßen Leipzigs wurde nach Volkssouveränität gerufen: «Wir sind das Volk!»

So bleibt die demokratische Revolution auch im Übergang in das 21. Jahrhundert auf der Tagesordnung. Nicht überall ist sie erfolgreich. So kann man die chinesischen Proteste, die im Juni 1989 auf dem Pekinger Tiananmen-Platz niedergewalzt wurden, als eine erstickte demokratische Revolution bezeichnen, ebenso wie die Massenproteste im Iran nach der Präsidentschaftswahl im Juni 2009. In der Ukraine war 2004 die «Orange Revolution» halbwegs erfolgreich. In Nordafrika und im Mittleren Osten erschütterte 2011 das Verlangen nach Freiheit und Demokratie autoritäre Regime, auch wenn der demokratische Ausgang dieser Revolutionen, wie in Ägypten, noch offen ist.

IV Ordnungen

Demokratie schafft Institutionen. Damit sind nicht nur Parlamente und Parteien gemeint, nicht nur Verfahren wie die politischen Wahlen oder ein Organisationsschema wie die Gewaltenteilung zwischen Gesetzgebung, Regierung und Justiz. In einem viel breiteren Sinne geht es um Regelhaftigkeiten und um Räume. Grundlegende Freiheitsrechte sollen den Schutz des Individuums gewährleisten und ihm Raum zur möglichst freien Gestaltung des eigenen Lebens geben. Was in Gesetzen, vielleicht sogar in einer Verfassung verankert ist, kann nicht nach Belieben geändert werden und hat, nachprüfbar, für alle gleichermaßen zu gelten. Aber lässt sich Demokratie durch ein solches Regelwerk allein konstituieren, oder ist sie nur mit dem Engagement der Bürgerinnen und Bürger denkbar, zu dem dennoch niemand gezwungen werden soll? Den Ordnungen der Demokratie, die fast alle auf eine Geschichte von mindestens zwei- bis dreihundert Jahren zurückblicken, haftet mittlerweile etwas fast Zeitloses an. Die Erfindungen des 17. und 18. Jahrhunderts haben sich als erstaunlich langlebig erwiesen. Zugleich jedoch haben sie sich pausenlos gewandelt und verändern sich noch heute weiter.

1 Parlamente:
Die Begründung der repräsentativen Demokratie

Zwar ist die moderne Demokratie mit ihrer etwa zweihundertjährigen Geschichte noch relativ jung. Aber die Erfindung von Parlamenten reicht viel weiter zurück: in England bis in das Mittelalter, als die normannischen Könige führende Adlige und Geistliche, zugleich die Stützen der feudalen Gesellschaftsordnung, zu versammeln begannen. Seit dem 13. Jahrhundert kam dafür der Begriff des «Parlaments» in Gebrauch, dessen lateinischer Wortstamm auf das Reden und Diskutieren in einer solchen Versammlung verweist. Von hier führt, trotz vieler Umbrüche, eine erstaunlich kontinuierliche Linie zum britischen Parlament von heute mit seinem Unterhaus und Oberhaus. Auch auf dem Kontinent bildeten sich Vertretungen der «Stände» heraus, in denen der Adel, der Klerus und der bürgerliche Dritte Stand vor allem der Städte ihre Ansprüche gegenüber der Monarchie artikulierten: gegenüber den regierenden Fürsten, die ihre Herrschaft über ein Territorium seit dem späten Mittelalter ausbauten; in Mitteleuropa auch gegenüber dem Kaiser im Heiligen Römischen Reich: Das war der «Reichstag», der sich nach dem Dreißigjährigen Krieg verstetigte. Als Versammlung der obersten Fürsten und der unabhängigen Reichsstädte tagte er bis 1806 in Regensburg. Reichstag hieß dann auch das Parlament des neuen deutschen Nationalstaates von 1871, und seit dem Umzug des Bundestages nach Berlin in das 1894 errichtete, neu überkuppelte Gebäude in der Nähe des Brandenburger Tores wird mit diesem Begriff – inoffiziell und umstritten – auch auf das demokratische Parlament der Bundesrepublik verwiesen.

Die Ständeversammlungen vor 1800 waren nach Zusammensetzung, Arbeitsweise und Funktion, und nicht zuletzt ihrer prinzipiellen Natur nach, weit von modernen Parlamenten entfernt. Aber sie kannten doch einige Rechte und Regeln, die in den Kernbestand des demokratischen Parlamentarismus übergegangen sind: Kein Präsident, kein Kabinett kann über Einnahmen und Ausgaben beschließen. In der parlamentarischen Kultur ist deshalb die Haushaltsdebatte bis heute ein symbolischer Höhepunkt und Anlass für Grundsatzdebatten zwischen Regierung und Opposition. Das wurzelt in dem von den Ständen früher beanspruchten Recht gegenüber dem König, neue Steuern zu bewilligen. Im Absolutismus versuchten die Herrscher, wie Frankreichs Ludwig XIV. oder der preußische «Große Kurfürst» Friedrich Wilhelm, die Ständeversammlungen zu umgehen und zu entmachten. Am Ende des 18. Jahrhunderts jedoch lebten sie in vielen Staaten und Regionen wieder auf – auch in Frankreich, wo 1789 aus den Generalständen das revolutionäre Parlament hervorging. In Deutschland waren die Übergänge komplizierter. Aber die frühliberale Theorie am Beginn des 19. Jahrhunderts nahm mit ihrer Forderung nach einer Vertretung des Landes und Volkes «gegenüber» der Monarchie und ihrem bürokratischen Apparat ein wichtiges Motiv der ständischen Tradition auf. Das erste moderne deutsche Parlament, die Zweite Kammer des Großherzogtums Baden, hieß seit 1818 «Ständeversammlung», obwohl es erstmals eine reine Vertretung des Volkes war.

Eine wichtige Antwort auf die Frage nach dem Warum von Repräsentation und Parlament muss also lauten: weil Demokratien eine vordemokratische Institution aufgegriffen und für ihre Zwecke umgeformt haben. Umgekehrt heißt das: Der Parlamentarismus ist eine der wichtigsten Wurzeln der modernen Demokratie, in England die wichtigste überhaupt. Dennoch schwingt in der Frage etwas anderes mit, nämlich mögliche Alternativen demokratischer Ordnung, die ohne den «Umweg» der Repräsentation auskommen, indem sie dem Volk die direkte Entscheidungsgewalt überlassen: also verschiedene Formen der direkten oder plebiszitären Demokratie, die in Volksversammlungen bzw. durch Volksabstimmungen ausgeübt wird. Die historische Tradition solcher Demokratie vor dem 19. Jahrhundert ist gebrochener und sporadischer als die der repräsentativ-parlamentarischen. Als Demokratie in der Mitte des 18. Jahrhunderts ein neues großes Thema wurde, war die antike Demokratie der attischen Polis immer noch das mit Abstand wichtigste Beispiel für die direkte Herrschaft des Volkes, in ihren Vorzügen wie in ihren Nachteilen; daneben wurde noch auf die Schweiz verwiesen.

Dennoch meinte der Begriff «Demokratie» in der politischen Theorie im späteren 18. Jahrhundert oft die direkte Demokratie, nicht die repräsentative. Rousseau definierte Demokratie 1762 so, dass das ganze Volk, oder doch seine Mehrheit, Regierungsverantwortung trug: Die Mehrheit der Bürger übte ein politisches Amt aus, statt bloß Privatmensch zu sein. Madison verstand 1787 «reine Demokratie» als eine kleinräumige Gesellschaft aus wenigen Bürgern, die sich persönlich versammeln, um die Regierungsangelegenheiten zu regeln. Montesquieu dagegen ging schon 1748 davon aus, dass eine politische Beteiligung des ganzen Volkes nicht unmittelbar ausgeübt werden könne, sondern der Wahlen und Vertretungskörperschaften bedürfe. Um 1800 hatte sich die Auffassung weithin durchgesetzt, dass Demokratie und Repräsentation jedenfalls keinen Gegensatz bildeten; zumindest aus praktischen Erwägungen war eine repräsentative Demokratie sogar vorzuziehen. Das war nicht nur das Ergebnis eines Theoriestreits, sondern mehr noch der konkreten Erfahrungen mit der revolutionär-demokratischen Kraft der neuen Parlamente in Nordamerika und Frankreich.

Das wichtigste pragmatische Argument für eine repräsentative und gegen die direkte Demokratie bezog sich auf Größe und Bevölkerungszahl: In kleinen politischen Gebilden wie einzelnen Städten oder den Dörfern eines Gebirgstales sei die Versammlung aller Bürger wohl möglich, aber nicht mehr in Nationen mit vielen Millionen Einwohnern – Frankreich hatte schon 1750 die 25-Millionen-Marke überschritten – oder mit geradezu kontinentalen Ansprüchen wie den USA.

Dieses Argument hat bis heute grundlegende Berechtigung, auch wenn die Revolution von Kommunikationsmedien, zuletzt die digitale Revolution, viele Hindernisse aus dem Weg geräumt hat, die um 1800 ganz praktisch der Anreise zu einer allgemeinen Bürgerversammlung entgegenstanden. Vor allem die amerikanischen «Federalist Papers» warben aber auch grundsätzlicher für die Repräsentation, weil sie darin einen Schutz vor der ungehinderten Durchsetzung von Einzel- und Parteiinteressen sahen: einerseits weil Wahlen und Vertretungsprinzip einen Filter gegen Egoismus bilden könnten; andererseits weil in einem großen Staat auch eine größere Zahl von Interessen existiere, so dass eine einzelne Position durch eine Vielzahl anderer Meinungen und Interessen aufgefangen und im Zaum gehalten werde. So diene die Repräsentation auch dem Schutz von Minderheiten, die nicht permanent in Abstimmungen unterliegen, sondern im Parlament ihre – wenn auch vielleicht kleine – Vertretung fänden. Auch dieses Argument ist bis heute wichtig, besonders in Demokratien mit Verhältniswahlrecht oder «proportionaler Repräsentation», in denen die Stimmen der Wahlkreisverlierer nicht «verloren gehen».

Es gibt also nicht eine einzige, fundamentale Begründung für repräsentative Demokratie, sondern ein Bündel von Gründen und Rechtfertigungen teils mehr pragmatischer, teils prinzipieller, demokratietheoretischer Natur. Manche Gründe waren früher wichtig, sind es aber heute nicht mehr: so das «aristokratische» Argument, die Demokratie müsse eine Auslese der Besten, der Eliten des Volkes treffen, die zur politischen Entscheidung und Führung befähigt sind. Angesichts der zunehmenden Komplexität politischer Prozesse und ihrer Entscheidungsgrundlagen bietet Repräsentation den Bürgerinnen und Bürgern den Vorteil, sich nicht dauernd selber mit allen Einzelfragen beschäftigen und ein abstimmungsreifes Urteil fällen zu müssen. In einem modernen «Arbeitsparlament» wird dafür außerhalb des Plenums, zumal in den Ausschüssen, sehr viel Zeit aufgewendet. So trägt das Parlament auch zur Verstetigung und Kontinuität des politischen Prozesses bei, während einzelne Abstimmungen in der direkten Demokratie oft nicht miteinander im Zusammenhang stehen. Die direkte und zumal die plebiszitäre Demokratie betont die scharfe Alternative, das «Entweder-Oder»: Ein Vorschlag wird angenommen oder abgelehnt. Die repräsentative Demokratie dagegen gibt dem Diskurs, der Meinungsbildung in Rede und Gegenrede mehr Raum; je nach politischer Tradition eines Landes damit auch: dem Kompromiss.

Was aber ist mit «Repräsentation», mit der politischen Vertretung des Volkes (oder: der einzelnen Bürger?) durch Abgeordnete in einem Parlament, eigentlich gemeint? Auch dafür gibt es viele Begründungen, nicht eine einzelne; teils überlappen sie sich, teils stehen sie im Konflikt zueinander. Nach der pluralistischen Vorstellung von Demokratie sind Abgeordnete Vertreter bestimmter Interessen, die sich als Parteien organisieren. Für den einen ist der Umweltschutz am wichtigsten, für eine andere die Bewahrung von Werten, für den dritten soziale Gerechtigkeit und für eine vierte wiederum wirtschaftliche Freiheit: Sie werden eine Partei oder Abgeordnete wählen, die sie damit im Parlament vertritt. Aber die Abgeordneten sind zugleich, so bestimmt es etwa Art. 38 des deutschen Grundgesetzes, «Vertreter des ganzen Volkes», an Aufträge nicht gebunden und nur ihrem Gewissen unterworfen. Das ist eine Art Fiktion, aber keine unwichtige, weil sie das Prinzip der Volkssouveränität noch einmal in jeden einzelnen Repräsentanten hineinverlagert und zugleich die Unabhängigkeit des Parlaments betont.

Anhänger einer direkten oder radikalen, an der sozialen Basis orientierten Demokratie haben seit dem 18. Jahrhundert bis heute immer wieder für das sogenannte «imperative Mandat» plädiert, das die Abgeordneten an die Beschlüsse und Weisungen der Urwähler, oder der Parteiorgane an die Basis, bindet. Besonders in Umbruchzeiten und in Phasen intensiver politischer Mobilisierung wurde damit experimentiert. Das «freie Mandat» hat sich jedoch durchgesetzt, weil sich eine Mobilisierung der Basis kaum dauerhaft etablieren ließ, und weil die Auftragsbindung die unabhängige Kompromissfähigkeit des Parlamentes in Frage stellt. Doch bewegt sich die Demokratie in letzter Zeit wieder von einer allzu strikten Auffassung des freien Mandats weg: Denn das soll ja nicht heißen, dass die Abgeordneten nach der Wahl tun können, was sie wollen, ohne noch auf ihre Wähler zu hören. Rechenschaft und Verantwortlichkeit «vor Ort», besonders im eigenen Wahlkreis, spielen eine größere Rolle.

Damit erscheint neben dem Modell des Interesses und dem des ganzen Volkes ein drittes Prinzip, nach dem die Abgeordneten die Bevölkerung in ihrem Wahlbezirk repräsentieren, auch diejenigen, die anderen Kandidaten ihre Stimme gegeben haben. Dieser Gedanke ist umso stärker ausgeprägt, je mehr das Parlament aus Personen- bzw. Mehrheitswahlrecht hervorgeht; also weniger in Deutschland, mehr in England und den USA. Und schließlich gibt es noch die Theorie, nach der das Parlament die Bevölkerung in bestimmten feststehenden Merkmalen abbilden solle: nach Beruf oder nach Geschlecht, in letzter Zeit aber vor allem in ihrer ethnischen oder auch religiösen Pluralität. So werden in den USA Wahlkreise teilweise so zugeschnitten, dass Afro-Amerikaner einen Sitz im Repräsentantenhaus erlangen können. Manchmal sollen auch die beiden «Häuser» oder «Kammern» eines Parlaments verschiedene Prinzipien der Repräsentation zum Ausdruck bringen, zum Beispiel indem der amerikanische Senat oder der deutsche Bundesrat die verschiedenen Bundesstaaten bzw. Bundesländer repräsentieren.

Dieser Föderalismus erinnert auch daran, dass in fast allen Demokratien das Prinzip der Repräsentation auf verschiedenen Ebenen des Staatsaufbaus angewandt wird: nicht nur auf der nationalen Ebene, sondern auch in regionalen und kommunalen Einheiten, in Stadtparlamenten und Gemeinderäten. In Deutschland ist dieser vertikale Pluralismus der Repräsentation, aus historischen Gründen, besonders deutlich ausgeprägt. Anderswo genießt die nationale Ebene, das nationale Parlament einen deutlichen Vorrang: nicht aus falschem Nationalismus, sondern weil in ihm der Kern der Volkssouveränität gesehen wird, und auch historisch oft gelegen hat, so wie in Frankreich. Deshalb tun sich manche Länder mit einer starken demokratischen Tradition wie Großbritannien besonders schwer, Rechte an eine neue und übergeordnete Stufe der Repräsentation abzugeben: an das Europäische Parlament.

Fundamentale Kritik der repräsentativen Demokratie und des Parlamentarismus gibt es bis heute. Teils wirken in ihr, wie in Deutschland, antidemokratische Haltungen und eine Parlamentsverachtung nach, wie sie auf fatale Weise die Weimarer Republik geprägt haben. Besonders pointiert tritt diese Kritik auch immer wieder in Frankreich hervor, wo man in der Tradition Rousseaus gerne die direkte Demokratie und den unmittelbaren Vollzug des Volkswillens zum Ideal nimmt. Als Stachel im Fleisch spielt diese Kritik, gerade auch der Appell an die möglichst unmittelbare Demokratie, eine wichtige Rolle in der Veränderung von Demokratie während der letzten drei bis vier Jahrzehnte: Repräsentation und Parlament alleine machen die Demokratie nicht mehr aus. Andererseits spricht alles dafür, dass Parlamente ein Eckpfeiler der Demokratie bleiben und die Demokratie ihren repräsentativen Kern so schnell nicht verlieren wird.

2 Überzeugungen und Interessen: Ursprünge der Parteibildung

Politische Parteien genießen nicht immer den besten Ruf. Sie sollen Interessen der Bevölkerung vertreten, aber viele Menschen empfinden die Parteipolitik, die sie heute meist nur aus den Massenmedien kennen, als weit entfernt von ihren eigenen Problemen. «Parteienverdrossenheit» ist ein häufiges Schlagwort für diese Stimmung. In der Bundesrepublik Deutschland sind etwa 1,5 Millionen Menschen Mitglied in einer politischen Partei; das ist weniger als jeder vierzigste Erwachsene. Jüngere Menschen bleiben den Parteien zunehmend fern und betreiben Politik in anderen Organisationen: in Bürgerinitiativen, Menschenrechts- oder Umweltgruppen. Viele engagieren sich politisch, ohne überhaupt organisiert zu sein, zum Beispiel durch soziale Netzwerke im Internet. Geht die Zeit der Parteiendemokratie zu Ende?

Historisch ist die Geschichte der modernen Demokratie ganz eng mit der Entwicklung von Parteien verknüpft. Die athenische Demokratie kannte keine Parteien. In der späten Römischen Republik entstanden politische Konflikte und Strategien, die man früher bisweilen als Parteien verstanden hat: Politiker wie die «Gracchen», die Brüder Tiberius und Gaius Gracchus, stützten sich in ihrer Politik mehr auf das einfache Volk und wurden deshalb als «Popularen» bezeichnet, im Gegensatz zu den «Optimaten», die ihre Politik klassisch in der Senatsaristokratie verankerten. Aber feste politische Richtungen waren das nicht, geschweige denn Organisationen. Auch in den Städten des Spätmittelalters, seit dem 13. Jahrhundert, äußerten sich politische und soziale Spannungen zwischen der Führungsschicht, dem Patriziat, und den nach Anteil an der Macht strebenden Handwerkern in den Zünften. Diese Lager prägten manchmal bis an die Schwelle der Moderne um 1800 die städtische Politik, zumal in den Reichsstädten. Im frühen 19. Jahrhundert «adoptierten» solche Lager und Konfliktparteien bisweilen sogar eines der neuen politischen Programme wie den Liberalismus, um zusätzliche Überzeugungskraft und höhere ideologische Legitimation für ihre lokalen Interessen zu gewinnen.

Vor allem aber liegen die Ursprünge von Parteien in drei wesentlichen Konstellationen, die sich in der Frühen Neuzeit, also im 16. bis 18. Jahrhundert, zwischen Reformation und Französischer Revolution, herausbildeten. Erstens war die Reformation selber ein treibender Faktor, genauer: die konfessionelle Pluralisierung in ihrem Gefolge. Sie zerstörte auf sehr fundamentale Weise die Vorstellung von einer einzigen Wahrheit und einzigen Identität in Europa. Sie legitimierte die Möglichkeit zur «abweichenden Meinung», zum Dissens, und etablierte – nach blutigen Konflikten wie dem Dreißigjährigen Krieg oder dem Englischen Bürgerkrieg – das Konzept der gegenseitigen Toleranz unterschiedlicher Überzeugungen. Die Rede von den «Konfessionsparteien» verweist zwar noch lange nicht auf moderne Parteibildung, aber doch auf eine neuartige Pluralisierung der Gesellschaft – und der Politik, angesichts der damaligen Bedeutung von Religion für den gesamten Lebenshorizont.

Eine zweite Wurzel führt auf die moderne Staatsbildung, die sich seit dem 17. Jahrhundert, teils als Folge der Reformation, verdichtete, und damit auch auf die Stärkung der Monarchie im Absolutismus. Dagegen formierte sich Widerstand: bei Adligen, die nicht von der Nähe zum Hof profitierten; bei den Ständen, die nicht mehr wie früher einbezogen wurden; überhaupt in Teilen der Eliten, die dieser Machtkonzentration skeptisch gegenüberstanden oder von ihr Nachteile zu erwarten hatten. Schon im Englischen Bürgerkrieg hatten sich Anhänger des Königs und Anhänger des Parlaments bekämpft. Im 18. Jahrhundert erneuerte sich dieser Konflikt und bildete sich auch im Parlament ab, im Gegensatz zwischen den Interessen des «Hofes» und des «Landes», von «Court» und «Country». Die Königstreuen wurden «Tories» genannt, aus ihnen gingen die heutigen Konservativen hervor. Die «Whigs» dagegen verstanden sich als liberale Kritiker der Macht und Vertreter des Landes, obwohl sie im 18. Jahrhundert überwiegend an der Regierungsmacht waren. Im frühen 19. Jahrhundert spielte diese Konstellation auch in der Frühgeschichte deutscher Parteien, vor allem des Liberalismus, eine wichtige Rolle. Die konstitutionelle Monarchie sollte eine Einhegung der absoluten und bürokratischen Herrschaft durch das Volk bewirken; die Liberalen begriffen sich als die Partei des Volkes, des Landes gegenüber der Machtfülle der zentralen Monarchie.

In einem viel unmittelbareren Sinne aber wurden, drittens, die Revolutionen des späten 18. Jahrhunderts zu Geburtshelfern moderner Parteien. Sie mobilisierten und politisierten die Gesellschaft weit jenseits der Eliten und zwangen dazu, Stellung zu beziehen. Für oder gegen eine Stärkung des Zentralstaates mit der neuen Bundesverfassung? Das sammelte in Nordamerika die einen im Lager der «Federalists», die anderen bei den «Anti-Federalists». Auf verschlungenen Umwegen gingen daraus schließlich noch die Republikaner und die Demokraten als heutige Parteien der USA hervor. Die Dynamik von Revolution, ihre Radikalisierung wie etwa in Frankreich seit 1792, beförderte die Lagerbildung erst recht. War man mit der konstitutionellen Monarchie und der Verfassung zufrieden oder wollte man mehr: die Republik, soziale Gleichheit? Zugleich prägte das geschichtsphilosophische Modell der Aufklärung mit seinem Entwurf eines «Fortschritts» in der Geschichte diese Lager- und frühe Parteibildung nachhaltig, besonders in Kontinentaleuropa. Wer diesen Fortschritt begrüßte und aktiv befördern wollte, war seitdem progressiv oder «links», wer ihm skeptisch gegenüberstand und die Traditionen erhalten wollte, war konservativ oder «rechts». In der Mitte bewegten sich die Liberalen: «juste milieu», die richtige Mitte, nannte man das im 19. Jahrhundert, bald auch abwertend für die vermeintliche Halbherzigkeit des Fortschritts.

Parteien dienten also dazu, abweichende Meinungen zu artikulieren, Widerstand gegen die Obrigkeit auszudrücken und ein politisches Programm voranzutreiben, das nicht von allen geteilt wurde. Bis heute sammeln Parteien die Meinungen und Interessen einzelner Bürgerinnen und Bürger, konzentrieren und aggregieren sie. Geht es dabei eher um Meinungen, Überzeugungen – oder um handfeste ökonomische Interessen? Steht die frei gewonnene Gesinnung des Einzelnen im Vordergrund oder seine gesellschaftliche Position, aus der sich eine bestimmte Parteipräferenz mehr oder weniger ableiten lässt? Ideen oder Interessen – das lässt sich nicht mehr im Sinne einer klaren Alternative, eines Primats des einen oder des anderen entscheiden. Für Marx und in seiner Tradition bilden Parteien Interessen von sozialen Klassen ab. Der Liberalismus, dessen Aufstieg Marx beobachtete, war für ihn vor allem Ausdruck, gar politische Fassade, des Klasseninteresses der Bourgeoisie. In der hochindustriellen Klassengesellschaft des späten 19. und frühen 20. Jahrhunderts hat diese Interessenbindung tatsächlich eine sehr große Rolle gespielt, für die sozialistischen Parteien ebenso wie für Mittelstandsparteien in der Weimarer Republik.

Aber ihre Bedeutung ist in der «postmateriellen» Konsumgesellschaft seit der Mitte des 20. Jahrhunderts geschrumpft, und überhaupt misst die Wissenschaft heute kulturellen Traditionen oder religiösen Überzeugungen mehr Eigengewicht zu, wenn es darum geht zu erklären, warum jemand sich zu einer bestimmten Partei oder politischen Richtung bekennt. Das Gewicht von Interessen stand jedoch, längst vor Marx, vielen politischen Denkern des 18. Jahrhunderts klar vor Augen, weil sie, mit Adam Smith, eine arbeitsteilige kommerzielle Gesellschaft heraufziehen sahen, aus der die Verschiedenheit von Interessen unvermeidlich folgte. Für James Madison gründete sich auf dem Zusammenspiel dieser «interests» – von Kaufleuten oder Farmern, Handwerkern oder Plantagenbesitzern – sogar die Balance der neuen amerikanischen Republik. Beides: Gesinnung und Interesse, Idealismus und Utilitarismus, formt bis heute in komplizierten Mischungen die Bindung an Parteien. Das wusste im Grunde schon David Hume, der in der Mitte des 18. Jahrhunderts die beiden britischen Parteien als «mixed parties» bezeichnete, «influenced both by principle and by interest».

In jedem Fall bilden Parteien nur Teilmeinungen und Teilinteressen ab – das Wort Partei bedeutet nichts anderes als «Teil» (vom lateinischen «pars»). Deshalb erfüllen sie eine wichtige, schwer verzichtbare praktische Funktion. Denn das Gegenteil von Parteien wäre insofern entweder, dass sich Meinungen nicht bündeln – dann hätte jeder zu jeder Streitfrage seine eigene Meinung. Das funktioniert in einer kleinen, direkten Abstimmungsdemokratie, aber kaum in größeren Gesellschaften. Parteien sind damit auch Orientierungspunkte, die den Einzelnen politisch entlasten: Wenn man einer bestimmten Grundüberzeugung folgt, sich als Sozialist oder Konservativer oder Liberaler versteht, muss man sich nicht zu jeder Einzelfrage ein Urteil bilden, sondern vertraut sich einer Partei an, aus deren größerem Weltbild sich die Position in Detailfragen und neuen Problemen jeweils ableiten lässt. Eine große Anzahl von Parteien ist zwar prinzipiell wünschenswert, aber sie macht Entscheidungsprozesse nicht einfacher und das Regieren nicht stabiler. Weil man in der Zersplitterung des Parteiensystems eine Ursache für das Scheitern der Weimarer Republik sah, wurde 1953 die Fünf-Prozent-Hürde in ihrer heutigen Form für die Bundestagswahlen eingeführt.

Eine prinzipielle Alternative zu Parteien, zu verschiedenen «Teilen» wäre, dass alle Menschen der gleichen Überzeugung folgen. Diese Vorstellung ist (historisch) nicht absurd, sondern vom 18. bis zum 20. Jahrhundert sehr häufig vertreten worden. Für Rousseau ließ sich ein «allgemeiner Wille» erkennen, der das objektiv Beste für ein politisches Gemeinwesen beschrieb. Viele, oder sogar alle Bürger, mochten anderer Meinung sein – aber das bedeutete letztlich, dass sie sich irrten, weil sie den Allgemeinwillen nicht erkannten. Auch im rechtsextremen Denken ist eine solche Vorstellung von der Homogenität politischer Überzeugungen zeitweise sehr attraktiv gewesen, zum Beispiel bei Carl Schmitt, einem der geistigen Wegbereiter des Nationalsozialismus. Die einflussreichste Variante dieses Arguments jedoch entstand am Anfang des 20. Jahrhunderts aus dem Marxismus. Lenin sah die Kommunistische Partei als «Avantgarde» des Proletariats, als Vollstreckerin der Revolution und der Geschichtsgesetze. Andere Überzeugungen, andere Parteien durften demnach nicht weiterbestehen, denn ihre Positionen waren falsch und standen dem Fortschritt im Wege. So wurde die Sowjetunion zu einem Einparteienstaat (ebenso wie das nationalsozialistische Deutschland). In der DDR dagegen bestanden, wie in manchen sozialistischen Staaten nach 1945, andere politische Parteien fort, mussten aber die «führende Rolle» der SED anerkennen. Die Abschaffung dieser überall in den Verfassungen verankerten «führenden Rolle» der kommunistischen Partei markierte nicht zufällig eine der schärfsten Zäsuren in der Demokratisierung Osteuropas 1989/90.

Parteien müssen nicht jene fest organisierten Mitgliedschaftsverbände sein, die man gerade in Deutschland, aus historischen Gründen, damit assoziiert. Im späten 19. Jahrhundert hat die SPD ein Muster straffer Organisation entwickelt, nicht zuletzt als Schutz gegen politische Verfolgung und Verteidigung in feindlicher Umgebung, das andere Parteien später nachzuahmen versucht haben. Ursprünglich, auch im historischen Sinne, ist Partei mehr eine Gesinnungsgemeinschaft als eine Organisation. «Parteibildung» verweist zunächst einmal darauf, dass sich unterschiedliche Überzeugungen und Lager in einer politisierten Gesellschaft bilden. Wie verbindlich oder wie hierarchisch man sich dann organisiert, kann sehr unterschiedlich sein. In den USA sind die Parteien nur lose Gebilde, die Parteivorsitzenden weithin unbekannt. Aber ein Großteil der Bevölkerung «bekennt» sich als Demokrat oder Republikaner im Sinne einer Grundüberzeugung und ist für sie als Wähler eingetragen. Damit ist eine weitere Funktion, ein Aggregatzustand moderner Parteien benannt: Sie sind ganz vorrangig Wahlmaschinerien – ohne den Bezug auf regelmäßige Wahlen in einem repräsentativen System sind Parteien kaum denkbar. Sie wollen Wahlerfolge erzielen und dadurch politische Entscheidungen gestalten. Tatsächlich liegt eine weitere Wurzel von Parteien im Parlament: Auch da, wo (wie etwa in der Frankfurter Paulskirche 1848) einzelne Abgeordnete noch nicht eindeutig für eine Partei ins Parlament gewählt wurden, fanden sie sich dort in Gruppen ähnlicher politischer Meinung zusammen. Ähnlich wie ein Verein traf man sich anfangs in bestimmten Gaststätten. Die heutigen Parlaments-«Fraktionen» waren «Clubs» – in Öster reich heißen die Fraktionsvorsitzenden deshalb bis heute «Klubobmann» (oder Obfrau). Was Partei ist, kann von der lockeren Gesinnung bis zur straffen Organisation, von der dörflichen Politik bis zum nationalen Parlament also sehr Unterschiedliches bedeuten. Der Angelpunkt ist aber immer die Mobilisierung für Wahlen.

Die Skepsis oder gar Feindschaft gegenüber politischen Parteien ist keineswegs erst ein neueres Phänomen der «Verdrossenheit», sondern so alt wie Parteien selber. Rousseau war mit seiner Berufung auf den Allgemeinwillen weniger ein Vorläufer von Diktaturen als vielmehr ein Kind seiner Zeit. Parteien drückten, so dachte man weithin bis zum späten 18. Jahrhundert, egoistische Meinungen und Einzelinteressen aus, die dem Gemeinwohl bewusst schaden wollten. Demnach war nicht jeder, und mit gleichem Recht, «Partei» für etwas, sondern eine Minderheit von Parteilichen unterlief jene, die einen Konsens zum Wohle des Volkes, unter vermeintlich objektiven oder neutralen Gesichtspunkten, erstrebten. In Deutschland hat diese Form der Parteienfeindschaft die politische Kultur der Weimarer Republik geprägt und beschädigt. Man hat in ihr später, nach 1945, einen Ausdruck generell mangelnder Konfliktfähigkeit der Deutschen gesehen, eines gefährlichen Harmoniestrebens. Deshalb hat das Grundgesetz (im Art. 21, Abs. 1) die Parteien ausdrücklich anerkannt: Sie gehören nicht ins Vorfeld der Demokratie, sondern sind deren wesentlicher Bestandteil – sie «wirken bei der politischen Willensbildung des Volkes mit». Sie sind aber keine Staatsinstitutionen, denn wo der Unterschied zwischen Staat und Partei eingeebnet wurde, wie in vielen Diktaturen des 20. Jahrhunderts, blieb die Demokratie auf der Strecke.

Wenn man die Differenz von Staat und Partei besonders scharf betont, gelangt man – wie die Partei der Grünen zumal in ihrer Gründungsphase – zur Forderung nach der Trennung von «Amt und Mandat», also von Funktion in der Partei und gleichzeitigem Abgeordnetenmandat (im weiteren Sinne dann auch: Regierungsfunktion, z. B. als Minister). Zugleich müssen Parteien «demokratische Parteien» in einem doppelten Sinne sein: Einerseits müssen sie (so erklärt Art. 21 GG weiter) im Innern demokratisch organisiert sein; einen Parteidiktator kann es (offiziell) nicht geben. Aus der Erfahrung des Aufstiegs der NSDAP hat das Grundgesetz aber eine weitere Folgerung gezogen: Parteien in Deutschland müssen sich in ihren Zielen zur demokratischen Verfassung des Grundgesetzes bekennen bzw. diese nicht zu beseitigen trachten (Art. 21, Abs. 2 GG). Auf dieser Grundlage sind in den 1950er

Jahren zwei Parteien verboten worden: die neonazistische «Sozialistische Reichspartei» 1952 und, schon damals sehr umstritten, die KPD 1956. Die lange Diskussion um ein Verbot der NPD zeigt, dass dieser Weg zwar prinzipiell zustimmungs- und mehrheitsfähig ist, der Schutz der Demokratie aber anderswo ansetzen muss: weit vor der formalen Existenzberechtigung einer demokratiefeindlichen Organisation, etwa in politischer Bildung und pädagogischer Jugendarbeit.

Gegenüber diesen Grundsatzfragen treten die vielfältigen Erscheinungsformen von Parteien und Parteiensystemen, im historischen und internationalen Vergleich, eher in den Hintergrund. In England und den USA haben sich über viele Jahrhunderte nur zwei Parteien gegenübergestanden, jedenfalls in der parlamentarischen Vertretung und begünstigt durch ein entsprechendes Wahlrecht. In Kontinentaleuropa überwiegen Mehrparteiensysteme, die phasenweise zum Zweiparteiensystem tendieren können: so wie in der Bundesrepublik in den 60er und 70er Jahren, als Union und SPD zusammen etwa 90 Prozent der Stimmen auf sich vereinten; oder wie noch gegenwärtig in der relativ jungen Demokratie Spaniens. Historisch hat jedoch eine Vierteilung dominiert: Liberale, Sozialisten, Konservative; dazu oft katholische Parteien oder später Christdemokraten. Bis in die Mitte des 20. Jahrhunderts zielten politische Parteien überhaupt oft auf einen bestimmten Teil der Bevölkerung: als Konfessionspartei, als Klassenpartei (wie die alte Sozialdemokratie); immer wieder auch, und bis heute, als regionale Parteien bzw. Parteien ethnischer oder sprachlicher Minderheiten, wie die Schottische Nationalpartei. In Deutschland spiegelte das Parteiensystem zwischen 1870 und 1933 sehr rigide solche gesellschaftlichen Zerklüftungen oder Inseln; seit den 1960er Jahren lösen sich diese «Milieus» wie das katholische oder das Arbeitermilieu rapide auf. Besonders die großen Parteien verstehen sich als «Volksparteien»: Sie beanspruchen, alle Teile der Bevölkerung anzusprechen. Parteibindung und Wahlverhalten haben sich von der gesellschaftlichen Position abgelöst: Auch Arbeiter wählen die CDU und Christen die SPD.

So ist das Parteiensystem, besonders im kontinentalen Europa, in den letzten Jahrzehnten erheblich im Wandel. In Italien sind die Parteien der Nachkriegszeit Anfang der 1990er Jahre sogar vollkommen zusammengebrochen und in wesentlich labilerer Form neu erstanden. Dort wie auch in Frankreich, Belgien und anderswo haben rechte, populistische Bewegungen und Parteien große Erfolge erzielt. Demgegenüber ist die deutsche Parteienlandschaft in vergleichsweise langsamem, evolutionären Wandel. Die Grünen bestehen seit über dreißig Jahren und wachsen seither in meist kleinen Schritten. Die SPD verliert seit den frühen 80er Jahren, die Union seit den späten 90er Jahren ihr sicheres 40 Prozent-Plateau. Auf lokaler Ebene sind schon seit langem unabhängige Bürgerparteien und «Freie Wähler» erfolgreich. Grüne und Linke haben gezeigt, dass das Parteiensystem nicht festgefroren ist, sondern Neuerungen hervorbringen kann. Insofern halten sich Erosion und Neubildung durchaus die Waage. Für den parlamentarisch-repräsentativen Kern der Demokratie sind Parteien auch weiterhin kaum verzichtbar. Aber insgesamt geht die Bedeutung von Parteien, angesichts neuer Formen der demokratischen Partizipation, zurück.

3 Anerkannter Dissens: Opposition

Opposition meint, wörtlich übersetzt, die Gegenposition oder das Gegenüber – nämlich das Gegenüber zur Regierung bzw. zur Parlamentsmehrheit, die gerade die Regierung stellt. Das «Gegenüber» ist durchaus wörtlich zu nehmen, wie ein Blick in das britische Unterhaus bis heute zeigt: Dort sitzen die Abgeordneten nicht nach vorne ausgerichtet, zum Parlamentspräsidenten und zur Regierungsbank (wie im deutschen Bundestag, aber auch im amerikanischen Kongress). Zwei Blöcke von grüngepolsterten Bänken sind vielmehr gegeneinander ausgerichtet, mit einem großen Tisch in der Mitte, und in äußerster räumlicher Enge, so dass man dem jeweiligen politischen Gegner beim Debattieren auf wenige Meter in die Augen sieht. Der Premierminister, also der Regierungschef, sitzt mit seinen Ministern nicht abgesondert von den Abgeordneten seiner Partei, sondern in der ersten Reihe, der «front bench» des Parlaments. Ihm gegenüber nimmt die nicht regierende Minderheit Platz, wiederum mit dem Oppositionsführer in der vordersten Bank.

Tatsächlich ist die parlamentarische Opposition eine englische Erfindung, in der modernen Form vor allem des 18. Jahrhunderts. Sie bringt die britische Variante von Demokratie und Repräsentation besonders klar zum Ausdruck, auch in den vom Vereinigten Königreich ehemals abhängigen Staaten des Commonwealth wie Kanada oder Australien. Aber auch anderswo verkörpert sie fundamentale Gedanken der Demokratie. An erster Stelle ist die Opposition eine permanente Erinnerung daran, dass Demokratie nur Herrschaft auf Zeit bedeutet. Deshalb bezeichnet man die Opposition auch als «Regierung im Wartestand», die bei einer Veränderung der Kräfteverhältnisse jederzeit die alte Mehrheit und ihre Regierung ablösen kann – und sich darauf auch vorbereitet, zum Beispiel mit der Bildung eines «Schattenkabinetts», dem Experten der Minderheit spiegelbildlich zu den Kabinettsressorts angehören. Umgekehrt ist deshalb auch die Regierung die Opposition von morgen, das heißt, sie muss ihre Herrschaft als begrenzt und geliehen verstehen. Damit das funktioniert, muss auch tatsächlich Wechsel stattfinden. Deshalb wird die Opposition schwach, und die Regierung selbstgenügsam oder überheblich, wo eine einzige Partei (oder Koalition) über viele Jahrzehnte an der Macht bleibt, selbst wenn das ein Ergebnis freier Wahlen ist. Die lange Herrschaft der Liberaldemokratischen Partei in Japan in der Nachkriegszeit ist dafür ein Beispiel. Aber nach 1945 mussten sich auch die Deutschen in der Bundesrepublik erst an diesen Mechanismus gewöhnen. Die CDU/CSU tat sich 1969, nach der Bildung der sozialliberalen Koalition unter Willy Brandt, schwer zu begreifen, dass sie nach zwanzig Jahren nicht mehr Regierungspartei war.

Zweitens, und fast ebenso wichtig, ist die Opposition sichtbarer Ausdruck der Tatsache, dass in einer Demokratie unterschiedliche Meinungen, Weltanschauungen und ganz konkrete politische Konzepte nicht nur erlaubt, sondern erwünscht, ja notwendig sind. Im 19. Jahrhundert, im System der konstitutionellen Monarchie, verstand sich das Parlament öfters insgesamt als eine Opposition gegenüber der Monarchie, als Ausdruck des Volkswillens, so als seien die Wünsche des Volkes mehr oder weniger gleichgerichtet, schon weil sie sich gegen den Alleinherrscher, seine verhasste Willkür und Bürokratie richteten. Bismarck und die ihm folgenden Kanzler des Deutschen Reiches seit 1871 regierten, vom Kaiser ernannt, meist ohne sich auf eine eigene Parlamentsmehrheit zu stützen. Die «Parlamentarisierung» der Regierung gehörte zu den wichtigsten Reformforderungen der SPD und der linksliberalen Kräfte: Der Kanzler und seine Regierung sollten durch die Parlamentsmehrheit bestimmt und von ihr getragen werden. Im Oktober 1918, kurz vor dem Ende des Kaiserreichs, gelang das schließlich. Genau deshalb ist die Bundeskanzlerin, ebenso wie die meisten ihrer Minister, zugleich Abgeordnete. Das wird heute manchmal kritisiert oder nicht verstanden, weil diese Vorgeschichte, und die prinzipielle Bedeutung einer Parlamentsregierung für die Demokratie, nicht mehr bekannt sind.

Die Vielfalt, ja der zugespitzte Gegensatz der Auffassungen darüber, was politisch richtig sei, ist bisweilen an der Schärfe der Debatten ablesbar, in den rhetorischen Gefechten zwischen Regierung und Opposition. Eine wichtige Funktion der Opposition ist es, nicht nur eine Alternative zur Regierungspolitik aufzuzeigen, sondern auch die Regierung zu kontrollieren, zur Rechenschaft zu ziehen, schonungslos zu kritisieren. Aber diese Kritik hat dann auch wieder Grenzen – nicht nur des persönlichen Respekts, sondern auch sehr grundsätzlich. Denn Opposition in einer Demokratie drückt in aller Regel nicht nur Dissens, sondern zugleich einen tiefer liegenden Konsens aus: die Zustimmung zu dem politischen System, in dem man sich gemeinsam bewegt, und den Bezug auf eine gemeinsame Quelle der Souveränität wie das Volk. In Großbritannien ist noch immer die Monarchie, jedenfalls der Tradition nach, dieser Bezugspunkt. Die Anerkennung der Opposition, also die Berechtigung von Dissens, aber auch ihre Einfügung in das System, spiegelt sich in dem altmodischen, bis heute offiziellen Ausdruck von «Her Majesty's Opposition», oder sogar: «loyale Opposition Ihrer Majestät».

Außerhalb parlamentarischer Systeme, zumal des britischen «Westminster»-Typs, ist der Begriff der Opposition weniger gebräuchlich und auch weniger sinnvoll. Die USA sind dafür das beste Beispiel, wo der vom Volk gewählte Präsident als Regierungschef dem Parlament nicht angehört und sich auch nicht unmittelbar auf die Abgeordneten seiner Partei stützen kann. Im Senat und im Repräsentantenhaus gibt es jeweils eine Mehrheit und eine Minderheit der Demokraten und der Republikaner, aber die Mehrheitsfraktion regiert deshalb nicht, auch wenn sie den Präsidenten unterstützt – sofern er derselben Partei angehört. In manchem ist dennoch der «Minderheitsführer» das Pendant des parlamentarischen Oppositionsführers, aber er vertritt nicht selten, auch wieder seit den Wahlen im November 2010, die Partei des Präsidenten. Dennoch war auch die amerikanische Geschichte wichtig für die prinzipielle Anerkennung von Opposition, wie umgekehrt dafür, dass die Opposition, bzw. die unterlegene Minderheit, die Verfassung anerkannte, statt sich fundamental gegen sie zu stellen. Die «Anti-Federalists» schlüpften zwischen 1788 und 1791 unter das Dach der von ihnen ursprünglich abgelehnten Bundesverfassung und stellten nach den Wahlen von 1800 (nunmehr als «Democratic Republicans» firmierend) mit Thomas Jefferson auch erstmals den Präsidenten.

Die Bundesrepublik ist keine reine «Westminster»-Demokratie, wie man schon an der Sitzordnung im Bundestag erkennt. Aber ihre parlamentarische Kultur erinnerte nicht zufällig zu jener Zeit am meisten an die klassische englische, als das Parteiensystem von Union und SPD beherrscht wurde, also von den 6oer Jahren bis in die frühen 8oer Jahre des 20. Jahrhunderts. Der Oppositionsführer verstand sich als Reservekanzler und griff im «konstruktiven Misstrauensvotum» tatsächlich nach der Ablösung: Rainer Barzel vergeblich gegen Willy Brandt am 27. April 1972, Helmut Kohl erfolgreich gegen Helmut Schmidt am 1. Oktober 1982. Mit der zunehmenden Pluralisierung des Parteiensystems und einem Parlament mit inzwischen fünf Fraktionen hat die Bedeutung dieser klaren Entgegensetzung, der «Spiegelung» der Regierung in der Opposition, abgenommen. Denn die Opposition repräsentiert seitdem gar nicht unbedingt ein einheitliches politisches Lager, eine potentielle neue Koalitionsregierung; geschweige denn eine einzige Partei oder Fraktion, wie das zwischen 1961 und 1983 immer der Fall war. Aber auch größere Veränderungen von Demokratie, jenseits von Parlament und Parteien, scheinen dabei eine Rolle zu spielen. Die Kontrolle der Regierung wird immer weniger der Opposition überlassen, sondern öfter außerhalb des Parlaments wahrgenommen: durch die Massenmedien, durch Gerichte, und nicht zuletzt durch wachsame und kritische, organisierte und demonstrierende Bürgerinnen und Bürger selber.

4 Gewaltenteilung: Die drei Säulen der Demokratie

Das Grundgesetz legt die Gewaltenteilung, ohne den Begriff zu benutzen, im Artikel 20 fest: «Die Staatsgewalt wird durch besondere Organe der Gesetzgebung, der vollziehenden Gewalt und der Rechtsprechung ausgeübt.» Damit sind die Parlamente, also der Bundestag und auch die Länderkammer, der Bundesrat, gemeint; die Regierung mit den ihr nachgeordneten Verwaltungsapparaten und die Gerichte – aus der Sicht des Bundes nicht zuletzt die obersten Bundesgerichte wie das Bundesverfassungsgericht oder der Bundesgerichtshof. Häufig werden diese drei Gewalten mit ihren lateinischen Fremdwörtern bezeichnet, als Legislative, Exekutive und Judikative. Diese Reihenfolge, die auch das Grundgesetz aufnimmt, ist nicht zufällig. Denn die gesetzgebende Gewalt des Parlamentes ist in besonderer Weise Ausdruck der Volkssouveränität: einerseits, weil das Parlament im Gegensatz zu den beiden anderen Gewalten unmittelbar aus freien Wahlen hervorgeht; andererseits, weil die Kompetenz zum Erlassen von Gesetzen den anderen Befugnissen in mancher Hinsicht übergeordnet ist. (Denn man kann, vereinfacht, sagen, dass die Exekutive die Gesetze ausführt und die Judikative ihre Einhaltung kontrolliert.) Außerdem ist ein freies Staatswesen historisch häufig als Herrschaft von Gesetzen, nicht von Willkür oder von Einzelpersonen, definiert worden (s. auch IV.6.).

Mit Recht wird der französische Schriftsteller und Philosoph Montesquieu, der eigentlich Charles de Secondat hieß, bis heute als Erfinder der Gewaltenteilung genannt, obwohl er – wie so häufig – nur auf den Punkt brachte, was auch anderswo und früher gedacht und gefordert wurde. In seinen aufklärerischen Schriften, vor allem im Buch über den «Geist der Gesetze» von 1748, unterschied er die drei Teile der Staatsgewalt in den bis heute üblichen Begriffen, verbunden mit der Forderung, dass in einem freien und demokratischen Staatswesen diese drei Vollmachten voneinander getrennt sein müssten. Denn auch die Demokratie – das ist eine interessante Begründung, die noch im politischen Denken der Antike wurzelt – sei nicht von vornherein oder «von Natur aus», wie man im 18. Jahrhundert sagte, eine freie Staatsform. Auch sie bedürfe der Einhegung und Kontrolle, weil alle Menschen, die in den Genuss von Macht kommen, zu deren Missbrauch neigen. Also müsse die Macht der Macht Grenzen setzen, indem jeder der drei Bereiche nur eine Teilgewalt ausübe und damit die anderen aufwiege und kontrolliere. Dieser Gedanke einer Balance und gegenseitigen Kontrolle kommt im Begriff der «checks and balances» besonders klar zum Ausdruck, der für das amerikanische Verfassungs- und Demokratieverständnis zentral ist. Er weist auch darauf hin, dass die Trennung der drei Gewalten keine absolute sein kann, denn nur in ihrem koordinierten Zusammenwirken kann der Staat funktionieren. In der Frühen Neuzeit stellte man sich den Staat häufig als einen Körper mit verschiedenen Gliedern und Organen vor, deren Spezialisierung, aber auch Zusammenspiel für das Überleben und Wohl des Ganzen förderlich seien. Auch das Grundgesetz spricht ja, in der Metaphorik des Körpers, noch von den «Organen» der Staatsgewalt.

Die Sichtweise Montesquieus war bei seinen Zeitgenossen – selbst bei denen, die sich mit ihm gegen die absolute Monarchie stellten – keineswegs unumstritten. Jean-Jacques Rousseau, ein anderer früher Theoretiker der Demokratie, wandte sich in seinem «Contrat Social» 1762 ausdrücklich gegen die Gewaltenteilung, ja machte sich über sie lustig und stellte ihr seine Konzeption einer einheitlichen, ungeteilten Volkssouveränität gegenüber. Tatsächlich gehörte Montesquieu in der Mitte des 18. Jahrhunderts nicht zu den radikalen Aufklärern, und in seinem Hinweis auf die Grenzen der Demokratie klingt eine viel ältere Theorie der Staatsformen an, die ebenfalls zu einer wichtigen Wurzel der Gewaltenteilung wurde. Schon in der griechischen Antike hatte man nämlich in der Mischung der drei Grundformen von Regierung häufig die ideale Verfassung gesehen: sie sollte Elemente der Monarchie (also der Herrschaft eines Einzelnen), der Aristokratie (Wenige, bzw. die «Besten») und der Demokratie verbinden. Dieser Gedanke wurde von Kritikern des Absolutismus im 17. und 18. Jahrhundert gerne aufgegriffen und häufig auf die englische Verfassung mit ihrer Dreiteilung von König, Oberhaus und Unterhaus projiziert. Er stand den Machern der amerikanischen Verfassung 1787 klar vor Augen, als sie das Zusammenspiel und die gegenseitige Kontrolle von Präsident, Senat und Repräsentantenhaus entwarfen. Der «aristokratische» Senat sollte die demokratischen Leidenschaften des Volkes in der anderen Parlamentskammer zügeln. Aus dem demokratischen Drittel der Verfassung wurde eine Dreiteilung innerhalb der Demokratie.

Darüber aber schob sich gleichzeitig der Dreiklang Montesquieus, also unter Einschluss der Judikative, der richterlichen Gewalt. So sah die amerikanische Verfassung einen «Supreme Court» vor, an dessen Vorbild sich auch die Errichtung des Bundesverfassungsgerichts seit 1949 orientierte. So gibt es zwar einerseits eine besonders enge Verbindung zwischen Demokratie und Gerichtsbarkeit. Andererseits ist die Judikative, demokratietheoretisch gesehen, der hinkende Fuß der Gewaltenteilung. Denn sie gründet sich, jedenfalls im kontinentaleuropäischen Verständnis, nicht auf unmittelbare demokratische Legitimation. Vielmehr steht die Unabhängigkeit der Gerichte, auch ihre Professionalität, im Vordergrund, und beides könnte gefährdet sein, wenn man die Richter vom Volk, oder sogar aus der Mitte des Volkes, wählen ließe. In England und den USA ist das aber ganz anders. Das Wahlrichtertum in Geschworenen- oder Jury-Gerichten hat dort lange Tradition und zählt zu den selbstverständlichen und unverzichtbaren Elementen von Demokratie. So sind zum Beispiel die Gerichtsgebäude in Amerika oft symbolische Mittelpunkte ihrer Stadt oder Region und signalisieren weniger die Staatsgewalt (wie in Deutschland) als die Volks- und Gesetzesherrschaft. Auch in Deutschland gehörte das längere Zeit zu den Kernforderungen der demokratischen Bewegung, besonders im Vormärz und in der Revolution von 1848/49. In deren Vorfeld forderte das «Offenburger Programm» im Herbst 1847 «Gesetze, welche freier Bürger würdig sind und deren Anwendung durch Geschworenengerichte. Der Bürger werde von dem Bürger gerichtet.» Diese Gestalt der judikativen Demokratie lebt immerhin noch in der Schrumpfform von Laienrichtern, z. B. von Schöffen an Amtsgerichten, fort.

Zugleich ist die Judikative jedoch, als eine unabhängige Gerichtsbarkeit, der praktisch wichtigste Einzelbaustein der klassischen Gewaltenteilung. Denn die beiden anderen Gewalten, Legislative und Exekutive, sind viel enger miteinander verflochten, zumal in einem parlamentarischen Regierungssystem wie dem Großbritanniens. Daran sieht man, dass unterschiedliche Prinzipien der Demokratie, aus historischer Herkunft ebenso wie in theoretischer Perspektive, miteinander in Konflikt geraten können. Denn die Parlamentsregierung ist nicht einfach ein Defizit der Demokratie, weil sie die Gewaltenteilung verletzt, sondern gerade ein besonderer Ausdruck der Volkssouveränität gegenüber der monarchischen Regierung, oder gegenüber einem (wie in Frankreich) vom Präsidenten ernannten Premierminister. Man spricht deshalb heute manchmal eher von «Gewaltenverschränkung» als von Gewaltenteilung. Oder man sieht Parlament und Regierung in dem engen Zusammenhang, den sie de facto auch in der Bundesrepublik bilden, wo das Kabinett Gesetzesvorlagen berät, ehe sie in den Bundestag kommen. Davon unterscheidet man dann die vollziehende und ausführende Gewalt im Sinne der nachgeordneten Verwaltungsbehörden, die im bürokratischen Rechtsstaat ein erhebliches Eigengewicht gewonnen haben. Gelegentlich wird die klassische Gewaltenteilung auch als eine «horizontale» bezeichnet, weil sie sich auf derselben Ebene (in der Regel des Nationalstaates) abspielt. Quer dazu steht dann eine «vertikale» Gewaltenteilung: Mit ihr sind die verschiedenen Stufen der Demokratie besonders in einem föderalen, nicht zentralistisch organisierten Staatsgebilde gemeint. Die Amtsträger auf lokaler und regionaler Ebene, also die Bürgermeister, Regional- oder Ministerpräsidenten, werden nicht von oben, aus der Zentrale eingesetzt, sondern von den Bürgerinnen und Bürgern gewählt, und der Dreiklang von Legislative, Exekutive und Judikative wiederholt sich auf allen Stufen. Vor diesem Hintergrund erscheint die Demokratie der Europäischen Union häufig in einem kritischen Licht, weil sie nur über eine schwache parlamentarische Legislative verfügt.

Müssen es immer genau drei Gewalten sein, in die sich demokratische Herrschaft teilt? Wie in vielen anderen Bereichen moderner Kultur schwingen bei der Dreierformel Mythen und das christliche Konzept der Dreieinigkeit Gottes unverkennbar mit. Aber es hat auch Versuche gegeben, die Liste zu erweitern. Schon im 18. Jahrhundert erkannte man in Frankreich und England in der Presse eine «vierte Gewalt» oder einen «vierten Stand». Im späteren 20. Jahrhundert erschien diese Sichtweise erst recht plausibel: Die Massenmedien sind demnach vor allem in der Zeit des Radios und Fernsehens so einflussreich geworden, so prägend für Meinungen, Stimmungen und Entscheidungen gerade in einer Demokratie, dass man sie als eine vierte Säule bezeichnen müsse. Das kann positiv und emphatisch gemeint sein, im Sinne einer wirkungsvollen Kontrollinstanz, wie sie etwa der investigative Journalismus bietet. Es kann aber auch als Kritik an der Anmaßung einer verfassungsmäßig nicht vorgesehenen Rolle gemeint sein. Der Lobbyismus ist vor kurzem eine «fünfte Gewalt» genannt worden, auch wenn der Einfluss organisierter Interessen auf Parlament und Politik schon viel älter ist.

Heute ist die Gewaltenteilung so etwas wie ein Urgestein der Demokratie, über das neues Gras gewachsen ist. Sie bleibt fundamental wichtig auch in entwickelten Demokratien. Und sie bietet einen Maßstab, um die niemals stabile Balance der drei Teilgewalten kritisch zu messen: Hat die Legislative, das Parlament, noch genügend Eigenständigkeit gegenüber der Regierung? Ist der Bedeutungsgewinn von Gerichten, den man in den letzten Jahrzehnten besonders in Deutschland beobachten kann, noch mit Balance und Trennung vereinbar, oder greift das Bundesverfassungsgericht in die gesetzgebende Gewalt über? Erst recht bildet die Gewaltenteilung dieses Fundament dort, wo es keine oder nur eine «defekte» Demokratie gibt. In Diktaturen sind Parlamente meistens Scheinveranstaltungen zur Akklamation der Regierung. In autoritären Regimen, oder in deren Transformation zur Demokratie, steht die Etablierung unabhängiger Justiz ganz oben auf der Tagesordnung. Zugleich aber ist die Gewaltenteilung längst zur unbefragten Normalität geworden. Wichtiger noch, ihre klassische Trias hat an Strahlkraft und Definitionsmacht für die Demokratie verloren, weil neue Formen der demokratischen Artikulation neben sie getreten sind, die Landschaft der Demokratie also pluraler und heterogener geworden ist.

5 Wahlen in der Demokratie: Grundrecht und Konfliktkultur

Ohne Wahlen keine Demokratie? Wenn die Teilhabe an politischer Führung nicht auf Geburt oder Gewalt beruht, oder auf anderen Mechanismen der Selbstrekrutierung aus einer wie auch immer (geblütsmäßig, ethnisch) definierten Herkunftselite; wenn außerdem ihre Dauer auf einige Jahre begrenzt sein soll statt auf Lebenszeit zu gelten: dann muss es jedenfalls Mechanismen der fairen Auswahl geben. Denn es gibt mehr Berechtigte für politische Ämter – in der Demokratie alle Bürgerinnen und Bürger – als Plätze, wenn auch nur auf Zeit, zur Verfügung stehen. Deshalb muss man noch nicht unbedingt wählen. In der griechischen Demokratie wurden die Ämter ausgelost, und tatsächlich ist ein Losverfahren unter demokratischen Gesichtspunkten ideal, weil es die Gleichheit aller Bürgerinnen und Bürger unterstreicht. Ämter werden mit dem Los buchstäblich ohne Ansehen der Person vergeben. Dahinter stand die Vorstellung, die Demokratie sei eine Herrschaft der Gesetze, nicht wie die Monarchie oder Aristokratie von bestimmten Personen; prinzipiell müsse es also gleichgültig sein, wer innerhalb der gesetzlichen Ordnung bestimmte Aufgaben auf Zeit übernimmt. Noch Montesquieu argumentierte im «Geist der Gesetze» in dieser antiken Tradition, das Losverfahren gehöre ebenso zur Demokratie wie die Auswahl zur Aristokratie, die wörtlich ja die Herrschaft der «Besten» ist. Aber auch ganz praktische Erfahrungen sprachen in früheren Zeiten, von der Antike bis ins 19. Jahrhundert hinein, gegen das Wählen: Da viele ärmere Bürger von den Vermögenderen persönlich abhängig waren – in der Landwirtschaft, als Hausdiener; oft durch Verschuldung –, drohten sie bei Wahlen erpressbar, ihre Stimmen käuflich zu sein. Dieses Dilemma «klientelistisch» strukturierter Gesellschaften umgeht das Los.

Dennoch hat sich das Wahlprinzip in der Geschichte der modernen Demokratie seit dem 18. Jahrhundert rasch und letztlich ohne echte Konkurrenz durchgesetzt. Aber das geschah nicht ohne Konflikte, und die Regeln, nach denen gewählt wurde, waren oft umstritten und bleiben es zum Teil bis heute. Gegenüber dem Losverfahren wollen wir sichergehen, dass Menschen auch zur Übernahme eines Mandates oder Amtes bereit sind – dass sie also, in politischer Sprache, kandidieren. Auch eine pluralistische Demokratie mit ihren unterschiedlichen Gesinnungen und Interessen, die wiederum in Parteien zusammenfinden, ist mit einem Losverfahren nicht vereinbar. Und schließlich halten wir bestimmte Menschen für besser geeignet als andere, politische Verantwortung zu übernehmen, und treffen insofern in Wahlen doch eine Auslese der relativ «Besten». Im 18. Jahrhundert hätte man das noch aristokratisch genannt; heute spricht man öfters von einer Meritokratie, bei der also nach Leistungen und Verdiensten entschieden wird. So unbestritten das grundsätzlich ist, gibt es doch bis heute immer wieder Anlass zu Kritik und Konflikten: Braucht man eine akademische Bildung, am besten ein Jura- oder Volkswirtschaftsstudium, um ein höheres politisches Amt zu übernehmen? Ist aus einer offenen Meritokratie eine abgeschlossene politische Klasse geworden? Das spiegelt sich historisch in der Unterscheidung zwischen «aktivem» und «passivem» Wahlrecht. Nicht jeder, der wählen darf (aktiv, auch Stimmrecht genannt), darf sich auch wählen lassen, also Ämter in der Demokratie übernehmen. Dafür galten oft besondere Einschränkungen nach Besitz, aber auch nach dem Lebensalter. Diäten, das heißt Tagegelder für Abgeordnete, waren deshalb ursprünglich ein sehr egalitäres Instrument: Sie sollten auch jenen, die nicht aus einem eigenen Vermögen schöpfen konnten, den zeitweisen Verzicht auf den Brotberuf zugunsten der Politik ermöglichen. Altersgrenzen nehmen die uralte Vorstellung vieler Kulturen auf, dass die Älteren wegen ihrer Lebenserfahrung besonders weise, oder in ihrem Urteil gemäßigt, und deshalb auch politisch klug und zur Herrschaft berufen sind. Ein spärliches Überbleibsel dieser Idee, die in der modernen Demokratie keinen Platz mehr hat, ist das Mindestalter von vierzig Jahren für die Wahl zum Bundespräsidenten nach Art. 54 des Grundgesetzes.

Gegenüber anderen Mechanismen wie der Vererbung politischer Ämter – in der Erbmonarchie, im 20. Jahrhundert aber zunehmend auch in Diktaturen wie Nordkorea – ermöglichen Wahlen aber zunächst einmal die Offenheit politischer Führung. Sie sind ein zentraler Baustein der «Kontingenz» von Demokratie. Kontingenz bedeutet: Es könnte so, aber auch anders sein. Die Entscheidung kann in einer Wahl für Person A oder Person B fallen, oder in einer Abstimmung für den einen oder den anderen Weg: für oder gegen Atomkraftwerke, für oder gegen eine Rentenerhöhung. Man kann Kontingenz auch mit Freiheit übersetzen. Darin liegt dann sogar ein Vorzug der Wahlen gegenüber dem Losverfahren. Denn bei aller Bedeutung von Recht und Gesetzen geht das moderne Verständnis von Demokratie davon aus, dass Menschen als Persönlichkeiten mit ihren besonderen Vorstellungen und Wünschen sehr wohl eine Rolle spielen und nicht nur Vollzugsorgane eines Systems sind. Die moderne Demokratie gründet in einem freiheitlichen und individualistischen Menschenbild, das die griechische Antike noch nicht kannte. Das kommt in der Wahl von Menschen, die möglichst das Vertrauen der Bürgerinnen und Bürger genießen sollen, zum Ausdruck. Welchen Spielraum die Zwänge des «Systems» gerade in modernen Gesellschaften noch lassen, ist freilich selber Gegenstand einer kritischen Debatte geworden.

Demokratische Wahlen sollen frei, gleich, geheim und direkt sein. Das ist eine bekannte Formel, beinahe ein Katalog von Selbstverständlichkeiten. Aber hinter jedem einzelnen dieser Begriffe steht eine lange Geschichte, stehen Konflikte und auch Ambivalenzen der Demokratie. Die Freiheit der Wahl meint historisch vor allem, dass die Stimmabgabe nicht durch Druck von außen beeinflusst wird, durch offene oder verdeckte Mechanismen der Kontrolle, ob die Stimme denn auch im «richtigen» Sinne abgegeben wurde. Freiheit der Wahl ist aber auch Wahlfreiheit, das heißt, die echte Auswahl unter mehreren Möglichkeiten. Wo man nur Ja zu einem einzigen Kandidaten sagen kann, ist Freiheit der Wahl nicht gegeben. Schließlich lässt sich die «freie» Wahl auch so interpretieren, dass es jedem freisteht, ob er überhaupt an der Wahl teilnimmt. Nur in ganz wenigen Demokratien gibt es eine Wahlpflicht; ganz überwiegend macht es sich die Demokratie zum Prinzip, die aktive Teilnahme an ihr nicht zu erzwingen, sondern den Bürgerinnen und Bürgern zu überlassen.

Die Gleichheit der Wahl scheint heute ebenfalls so natürlich, dass man sich ihr Gegenteil in Erinnerung rufen muss. Wieder kann man drei Aspekte unterscheiden. Erstens soll das Wahlrecht, soll die Stimme aller politisch Berechtigten gleich viel wert sein: die Stimme eines Adligen so viel wie die eines Handwerkers, die eines Reichen so viel wie die Stimme eines Armen. In Deutschland war das lange Zeit nicht der Fall, besonders in seinem größten Staat Preußen, wo der Landtag zwischen 1850 und 1918 nach einem «Dreiklassenwahlrecht» gewählt wurde. Auf der Grundlage der Steuerkraft konnte die Stimme eines Fabrikbesitzers oder Großkaufmanns dabei so viel zählen wie die von hundert Arbeitern. Zweitens geht es um die Gleichheit im Sinne des Einschlusses aller Staatsbürger in das Wahlrecht. Dieser Kampf wurde in Europa vor allem um die Einführung des Frauenstimmrechts geführt. Auch dieses Ziel war nach dem Ende des Ersten Weltkriegs in den meisten Demokratien erreicht. Langwieriger zog sich zum Beispiel in den USA die Durchsetzung des Wahlrechts für die schwarzen Amerikaner im Süden hin, bis in die 1960er Jahre. Und in einem dritten Sinne ist die Gleichheit der Wahl manchmal immer noch umstritten, auch in der politischen Theorie. Dabei geht es um das gleiche Repräsentationsgewicht der Stimmen: Müssen alle Wahlkreise möglichst genau gleich viele Einwohner (bzw. Wähler) haben, damit jede Stimme die gleiche Hebelwirkung für die Wahl eines Abgeordneten hat? In England gab es im 19. Jahrhundert die berüchtigten «rotten boroughs»: ländliche Wahlbezirke, die seit langem existierten, aber kaum noch bevölkert waren, jedenfalls im Vergleich mit den explodierenden neuen Industriestädten. In vielen Demokratien, so auch in Deutschland und den USA, werden deshalb die Wahlkreise neu eingeteilt, wenn sich die Bevölkerung verschoben hat, um diese Gleichheit wiederherzustellen.

Wahlen sollen auch geheim sein: Das hängt unmittelbar mit der Freiheit der Wahl zusammen, mit der Freiheit von Beeinflussung und von nachträglichen Sanktionen. Deshalb gehen wir in die Wahlkabine und stecken den Stimmzettel verdeckt in die Urne, ohne dass er nachträglich einem bestimmten Wähler zugeordnet werden kann. Stimmbezirke dürfen deshalb nicht zu klein sein, sonst könnte man eine einzelne Stimme, die für eine kleine oder eine Oppositionspartei abgegeben wurde, informell doch zuordnen, weil man die Menschen in der Nachbarschaft oder einem Dorf kennt. Das Prinzip der geheimen Wahl musste sich im 19. Jahrhundert erst mühsam durchsetzen; teils hielt man es nicht für nötig, teils war die offene Stimmabgabe ein zu verlockendes Mittel der politischen und sozialen Kontrolle. Manche plädierten auch, wie Montesquieu, gerade deshalb prinzipiell für eine offene Wahl, weil doch die Demokratie auf Öffentlichkeit statt auf Geheimnis beruhe. Das würde heute niemand mehr sagen. Und doch kann man fragen, ob das Geheimnis, das viele Menschen um ihre Wahlentscheidung und ihr politisches Bekenntnis machen, als sei es Teil der innersten Intimsphäre, dem Geist von Demokratie und diskursiver Öffentlichkeit förderlich ist.

Schließlich das Prinzip der direkten oder unmittelbaren Wahl. Es erinnert erneut an eine Schicht früherer Demokratie, die seit dem frühen 20. Jahrhundert kaum noch eine Rolle spielt. Die ersten «Direktwahlen» zum Europäischen Parlament im Jahre 1979 sind vielen Älteren noch gut in Erinnerung. Bis dahin wurden die Europa-Abgeordneten indirekt bestimmt: nämlich nicht von den Bürgerinnen und

Bürgern an der Wahlurne, sondern von den Parlamenten der Mitglieds-staaten (die wiederum demokratisch gewählt waren). Auch wenn Demokratie mit großer Bevölkerung und auf großer Fläche praktiziert wird, soll die Stimmabgabe doch unmittelbar zu Auswahl des Amts- oder Mandatsträgers – etwa eines Präsidenten oder einer Abgeordneten – führen, ohne dass Zwischenwähler zum Zuge kommen. Genau das war in Deutschland im 19. Jahrhundert lange Zeit der Fall: Die (männlichen) Bürger wählten nicht direkt die Abgeordneten, sondern «Wahlmänner», die sich dann später zur Wahl des Abgeordneten trafen. In der Regel wusste man vorher, welche Abgeordneten für welche Partei kandidierten, und die Wahlmänner fühlten sich daran meist gebunden. Aber das konnte auch anders sein, und vor allem begünstigte dieses Prinzip, bei dem die Wahlmänner ihrerseits oft lokale Amtsträger oder Honoratioren waren – der Bürgermeister, der Kaufmann, der Lehrer –, die Ausnutzung von Abhängigkeit. In den USA wurden bis 1911 die Senatoren indirekt, nämlich von den Parlamenten ihrer Staaten, nach Washington entsandt. Und wie ein Fossil überlebt das indirekte Verfahren dort sogar in der weltweit einflussreichsten demokratischen Wahl: der des amerikanischen Präsidenten, der noch immer formell erst durch ein Wahlmännergremium, das «Electoral College», bestimmt wird.

Geläufiger sind andere Unterscheidungen geblieben: unterschiedliche Wahlsysteme, bei denen man unmöglich sagen kann, welches «mehr» oder «weniger» demokratisch ist. Bei der Wahl einzelner Personen in exekutive Ämter, also etwa bei der direkten Volkswahl eines Staatspräsidenten, ist das Verfahren, mit der amerikanischen Einschränkung, ziemlich eindeutig: Eine große Zahl von Kandidaten mit mehr oder weniger fester Parteiunterstützung tritt an; gewählt ist, wer die absolute Mehrheit der abgegebenen (gültigen) Stimmen erhält. Erreicht kein Kandidat diese Marke von mehr als 50 Prozent, findet ein zweiter Wahlgang statt, oft im Abstand von zwei Wochen, an dem nur noch die beiden Erstplatzierten der ersten Runde teilnehmen können: So müssen sich die Kandidaten und Parteien im Vorfeld verständigen, und eine eindeutige Mehrheit ist sichergestellt. Nach diesem Muster wählten die Deutschen in der Weimarer Republik 1925 und 1932 ihren Reichspräsidenten, und so wird der Präsident der Fünften Französischen Republik bestimmt. Komplizierter ist es jedoch bei der Wahl von Parlamenten: Hier konkurrieren das Mehrheits- oder Personenwahlrecht einerseits, das Verhältniswahlrecht andererseits miteinander, und manchmal werden die jeweiligen Vorzüge durch Mischung zu verbinden versucht, wie bei Bundestags- und Landtagswahlen in der Bundesrepublik.

Historisch ist die Frage nach dem Vorrang einfach zu beantworten. Frühe Parlamente repräsentierten die (berechtigte, stimmfähige) Bevölkerung in einem bestimmten Gebiet, die sich dafür «ihren» Abgeordneten wählte. Zur Auswahl standen also lokale Kandidaten, und wer von ihnen die Mehrheit der Stimmen, oder die meisten Stimmen (also die «relative Mehrheit») erhielt, zog ins Parlament ein. Die Minderheit unterliegt, wird aber am Ende doch durch den gewählten Abgeordneten repräsentiert, der eben nicht nur seine parteiliche Wähler- und Anhängerschaft, sondern den gesamten Bezirk, seine «constituency», vertritt. Außerdem werden, je größer und heterogener das Land ist, hier die Kandidaten der einen, und anderswo die der anderen Partei erfolgreich sein, so dass sich die Minderheit eines Wahlbezirks zugleich durch Erfolg derselben Partei in einer anderen Region vertreten sehen kann. Großbritannien ist dafür das historisch wichtigste Beispiel. Bei der Unterhauswahl geht es um einzelne Wahlkreise, zu deren Eroberung bereits eine relative Mehrheit der Stimmen, also auch deutlich unter 50 Prozent, genügt. «First past the post» nennen die Engländer das – gewonnen hat, wer mit Vorsprung durchs Ziel geht. Wer im eher konservativen Südengland die Labour Party wählt, hat wenig Chancen, seinen Kandidaten im Unterhaus zu sehen. Aber er kann sich durch den Erfolg der eigenen Partei in Nordengland und Schottland mit vertreten sehen, was die Parteirichtung betrifft. Dieses System hat mehrere demokratische Vorzüge: Es praktiziert eine klare und faire Mehrheitsregel, und es bringt Abgeordnete mit persönlicher Bindung an den Wahlkreis und Verantwortung gegenüber den lokalen Wählerinnen und Wählern hervor. Im Prinzip ganz ähnlich wird das amerikanische Repräsentantenhaus gewählt. Diese Regeln funktionieren am besten in einer Zweiparteienlandschaft, die sie umgekehrt auch begünstigen oder stabilisieren. Die Durchsetzung neuer Parteien ist erschwert, wie man am Ende des 20. Jahrhunderts am Schicksal ökologischer und «grüner» Parteien in Großbritannien und den USA erkennen kann.

Die ganz andere Variante, das Verhältniswahlrecht, ist historisch wesentlich jünger, weil es ein verfestigtes und national einheitlich organisiertes Parteiensystem voraussetzt: Auf diese Idee konnten die Vordenker der Demokratie im 18. und frühen 19. Jahrhundert also noch gar nicht kommen. Seine bekannteste Ausprägung hat es im Reichstagswahlrecht der Weimarer Republik gefunden. Die Wählerinnen und

Wähler entscheiden sich für eine Partei bzw. eine Wahl-«Liste», das heißt eine gereihte Aufstellung der Personen, die für diese Partei oder dieses Bündnis ins Parlament einziehen sollen. Lokale und regionale Einheiten spielen keine Rolle; die Loyalität der gewählten Abgeordneten bezieht sich nicht auf einen Wahlkreis und seine Wahlbürger, sondern auf die Partei und ihre programmatische Linie. Alle Parteien dürfen nach dem erhaltenen Stimmenanteil Abgeordnete ins Parlament senden. Auch Minderheitsrichtungen und kleine Parteien werden also repräsentiert, die beim Mehrheitswahlrecht keine Erfolgschance gehabt hätten. Deshalb wird das Verhältniswahlrecht in Deutschland oft als gerechter, oder sogar als «demokratischer» empfunden – eine Vorstellung, die sich aus der Weimarer Republik auch in die politische Kultur der Bundesrepublik hinein bis heute erhalten hat. In der 1949 etablierten Mischung des «personalisierten Verhältniswahlrechts» gehört die Erst- oder Wahlkreisstimme zwar einem lokalen Kandidaten. Entscheidend für die Zusammensetzung des Bundestages (und der Landtage) ist aber die Zweitstimme für eine Liste der Partei; wegen des Föderalismus sind das «Landeslisten», nicht national einheitliche Parteilisten.

Wie fremd den Deutschen seit 1949 das Mehrheitswahlrecht ist, zeigt die Tatsache, dass zusätzlich gewonnene Wahlkreise als «Überhangmandate» verstanden werden, die für andere Parteien durch «Ausgleichsmandate» arithmetisch wieder egalisiert werden müssen. Es zeigt sich auch an der Arroganz, mit der in der deutschen öffentlichen Meinung bisweilen das Mehrheitswahlrecht als undemokratisch kritisiert wird, weil dort angeblich Stimmen «verloren gehen» und damit das Gleichheitsprinzip verletzt würde. Dieser Einwand ist aber nicht stichhaltig, weil er die Bedeutung der Mehrheitsregel für die Demokratie verkennt. Trotzdem kann man Gründe für das Verhältniswahlrecht finden und es am Ende vorziehen. In der Geschichte der Bundesrepublik plante die erste Große Koalition (1966–1969) aus CDU/CSU und SPD einen Wechsel zum Mehrheitswahlrecht. Aber am Ende wollte man der FDP, die als Mehrheitsbeschaffer notwendig sein konnte, nicht schaden. Seitdem, und erst recht angesichts der Pluralisierung des Parteiensystems seit den 1980er Jahren, hat es größere Debatten über das Wahlrecht in Deutschland nicht mehr gegeben.

Wichtiger, jedenfalls oft spannender als das Wahlrecht ist ohnehin die Praxis von Wahlen, ihr konkreter Vollzug, ihre Einbettung in die Gesellschaft. Daran zeigt sich so etwas wie eine sekundäre demokratische Funktion von Wahlen. Sie dienen nicht nur dazu, Personen auf Zeit politische Verantwortung zu geben, sondern auch der Mobilisierung einer Gesellschaft für politische Ziele, der politischen Selbstverständigung, der Diskussion über politische Programme und Richtungen; und nicht zuletzt auch: immer aufs Neue der Einübung demokratischer Spielregeln und Rituale. Wahlkämpfe sind deshalb keine lästige Begleiterscheinung, keine unnötige Inszenierung vor dem «eigentlich» bedeutsamen Wahlakt selber. Sie sind, trotz vielfältiger Wandlungen, keine Erfindung der letzten Jahrzehnte oder ein Resultat neuerer technischer Innovationen, auch wenn sich eine Geschichte von Wahlkämpfen sehr gut entlang des Fortschritts von Technik und Kommunikationsmitteln schreiben ließe. Längst vor dem Radio und dem Fernsehen wäre dabei von der Druckerpresse, der Eisenbahn und dem Telegraphen die Rede; am Beginn des 21. Jahrhunderts schreibt das Internet diese Geschichte fort.

Im späten 18. und im frühen 19. Jahrhundert gewannen Wahlkämpfe eine neue Dynamik; in Frankreich wie in den USA, in England wie in vielen deutschen Regionen. Die Leidenschaft für Parteien erreichte auch die normale Bevölkerung; zugleich erhielten auch einfache Bürger das Wahlrecht. Nicht nur in den Großstädten wie London, Philadelphia oder Paris wurde im Vorfeld von Wahlen erbittert gestritten; auch in der Provinz, in den Kleinstädten und auf dem Lande boten die Parteien alles auf, was ihnen zur Verfügung stand: neben politischen Argumenten in Flugblättern und Versammlungen immer wieder auch reichliche Mengen Alkohol, die in Wirtshäusern oder vor Wahllokalen freigiebig flossen, damit die Stimme dem Spender zugutekam. Kleine wirtschaftliche und menschliche Vorteile wurden versprochen – und ebenso Drohungen ausgesprochen: dass man seine Schulden sofort zurückzahlen müsse, oder als Handwerker keine Aufträge, als Tagelöhner keine Arbeit mehr erhalte. Am Wahltag selber hielten die Aktivisten der Parteien den Wählern unmittelbar vor dem Wahllokal Wahlzettel mit den Kandidaten der eigenen Partei entgegen, die man nur noch – oft unter scharfer Beobachtung – in die Urne stecken musste. So verliefen Wahlen in Amerika um 1800 ebenso wie in Baden in den 1840er Jahren oder in Preußen noch um 1900. Behördlich gedruckte und vereinheitlichte Wahlzettel waren nämlich lange Zeit unbekannt; man musste die Namen auf ein Stück Papier schreiben oder sich eben einen schon beschriebenen Zettel geben lassen, was vor allem den weniger Gebildeten und Schreibunkundigen entgegenkam. Im späten 19. Jahrhundert wurde diese traditionelle Form des Wahlkampfes aber immer mehr von modernen Formen des organisierten und zentral gesteuerten Wahlkampfes überlagert. Zugleich hielt der standardisierte Stimmzettel, nach seiner Herkunft auch «Australian ballot» genannt, Einzug.

An dieser Geschichte gemessen hat sich in den letzten hundert oder zweihundert Jahren zweierlei vollzogen: eine Entdramatisierung des Wählens selber und eine Formveränderung des Wahlkampfes. Wahlkämpfe sind zu Produkten einer professionellen Maschinerie geworden und zu Produkten der Massenmedien. Das Fernsehen hat vermutlich eine noch größere Zäsur gesetzt als das Radio und eine ganz neue Kategorie der visuellen Attraktivität und Überzeugungsfähigkeit von Kandidaten geschaffen. Wie viele Legenden hat auch die von Richard Nixon ein Körnchen Wahrheit, der im amerikanischen Präsidentschaftswahlkampf 1960 auch deshalb den Kürzeren zog, weil er schlecht rasiert in ein Fernsehduell ging und die Kameras ihm nicht schmeichelten. Der klassische Plakatwahlkampf spielt immer noch eine wichtige Rolle, aber die Botschaften sind nicht mehr so scharf, so eindeutig und spezifisch, wie sie in der Anfangszeit der Bundesrepublik (zum Teil) waren. Die Kosten von Wahlkämpfen sind steil angestiegen und bisweilen Gegenstand der Kritik, vor allem wenn sie – wie in den USA – durch die Kandidaten selber in Spendenkampagnen mobilisiert werden müssen. In Deutschland dagegen übernimmt der Staat (also die Steuerzahler, also die Bürger) einen Teil der Parteienfinanzierung und beteiligt sich damit auch an den Wahlkampfkosten – in Anerkennung der Bedeutung von Parteien und Wahlen für die Demokratie. Welchen Mechanismus man auch immer bevorzugt – das amerikanische System führt zu wesentlich mehr bürgerlichem Engagement für bestimmte Kandidaten, ist aber auch korruptionsanfälliger –, die Kosten von einigen Euro pro Wähler halten sich in Grenzen, die der Bedeutung von Wahlen wohl nicht unangemessen sind.

Rückt der Wahltag heran, verstummt – anders als früher – der Wahlkampf: Der Wahlakt soll sich unbeeinflusst, in Neutralität und Ruhe vollziehen. In Deutschland finden Wahlen seit langem an einem Sonntag statt, um jenseits der regulären Arbeitszeiten möglichst vielen Bürgerinnen und Bürgern die Gelegenheit zur Wahl zu geben. Man verband dies traditionell mit Kirchgang oder Spaziergang; das Wählen gewann dadurch etwas Feierliches und beinahe Heiliges. Tatsächlich ist die Bedeutung von Wahlen für die Demokratie auch heute noch so groß, dass man sie als Teil von deren zivilreligiösem Kern bezeichnen kann. Das spiegelt sich inzwischen aber weniger in dem Wahlakt des einzelnen Bürgers (der zudem durch die Briefwahl diffuser wird) als vielmehr in der medialen Inszenierung der Wahl bzw. ihrer Ergebnisse im öffentlich-rechtlichen Fernsehen, wenn um kurz vor 18 Uhr, mit der Schließung der Wahllokale, die Uhr zur ersten Prognose herunterickt und sich daran allerlei Rituale bis zur «Elefantenrunde» der Spitzenkandidaten und dem Kommentar des Chefredakteurs als Predigtersatz anschließen.

Wahlen haben sich stets verändert. In Deutschland sinkt seit etwa vier Jahrzehnten die Wahlbeteiligung. Das ist ein kritisches Zeichen vor allem für den Einschluss derer in die Demokratie, die den Wahlen fernbleiben: ärmere und weniger gebildete Schichten. Von Wahlmüdigkeit kann aber grundsätzlich nicht die Rede sein; viele fordern mehr direkte Partizipation an der Urne, in Volksbegehren und Volksentscheiden, und der Trend geht in diese Richtung. Trotz ihrer Vorliebe für das Verhältniswahlrecht wollen die Deutschen auch ein engeres Verhältnis zu den Kandidaten, denen sie als Personen politisches Vertrauen geben. In den Kommunalwahlen der meisten Bundesländer kann bereits «panaschiert» und «kumuliert» werden: Mehrere Stimmen werden auf verschiedene Kandidaten verteilt oder auf einen «gehäufelt», der oder die dadurch in der Liste nach vorne rücken soll. Auch hier ist eine Revolution nicht absehbar, aber eine Ausweitung auf Landtagswahlen schon im Gange. Der Wahlakt dagegen wird eher unpersönlicher werden, weil eine digitale Stimmabgabe als nächster Schritt auf die Briefwahl folgt. Unpersönlicher heißt aber nicht unpolitischer, denn in «sozialen Netzwerken» des Internets kann auch jene Intimität durchbrochen werden, die das Wahlverhalten längere Zeit gekennzeichnet hat. In globaler Perspektive behalten Wahlen erst recht ihre zentrale Bedeutung. Egal, in welchem kulturellen Umfeld oder in welcher religiösen Tradition man sich bewegt: Die Forderung nach freien Wahlen gehört überall zum Kernbestand dessen, was Menschen in Diktaturen und autoritären Regimen fordern und in demokratischen Transformationsprozessen etablieren wollen, auch wenn sich Wählen, wie die Demokratie insgesamt, nicht von heute auf morgen lernen lässt. Werden wir auch in fünfzig Jahren noch wählen? Mit ziemlicher Sicherheit.

6 Rechtsstaat und Demokratie

Der Rechtsstaat ist bisweilen zur abgedroschenen, nichtssagenden Formel geworden. Gleichzeitig erregt er aber auch hitzigen Streit, wenn es heute darum geht, ob die DDR als sein Gegenteil, als ein «Unrechtsstaat», zu verstehen sei. Und in den Debatten über die Transformation autoritärer Regime und die Stabilisierung von «failing states» heißt es häufig, man müsse zunächst einmal rechtsstaatliche Strukturen schaffen, wie eine erste Stufe, noch im Vorhof der eigentlichen Demokratie. In all diesen Varianten eines in der Tat schillernden und komplizierten Begriffes schwingt ein Stück von der Geschichte des Rechtsstaates und seines Verhältnisses zur Demokratie mit. Bis in die griechische und römische Antike, etwa zu Aristoteles, lässt sich der Gedanke zurückverfolgen, eine gute Regierung sei nicht die von Menschen, sondern von Gesetzen. Das römische Recht stellte bereits ein weit verzweigtes Arsenal «positiven», das heißt in Gesetzesform gemachten Rechts zur Verfügung, das den Menschen in Privatverhältnissen oder Geschäftsdingen Berechenbarkeit und Sicherheit gab.

Zwischen französischer Aufklärung und Amerikanischer Revolution gehörte es zu den wichtigsten Prinzipien des politischen Denkens, die Republik als eine gesetzmäßige Herrschaft zu verstehen. Am Anfang seines «Contrat Social» definierte Rousseau die Republik geradezu als «Staat, der durch Gesetze regiert wird». Darin klang die alte Vorstellung von einer Republik, die nicht im modernen Sinne auf Volkssouveränität beruhen musste, noch ebenso mit wie bei dem amerikanischen «Gründervater» John Adams, der 1776 festhielt: «A republic is a government of laws, not of men.» Und Montesquieus «Vom Geist der Gesetze» hatte das erst recht zur Leitmaxime gemacht. Immer wieder beriefen sich diese Autoren nicht nur auf die Antike, sondern auch auf die englische Geschichte, in der die Herrschaft des Rechts und der Gesetze einen zusätzlichen Akzent erhalten hatte. Seit der Magna Charta von 1215, und dann besonders in den Revolutionen des 17. Jahrhunderts, war die Gewährung von Rechten zum Schutz des Einzelnen gegen die monarchische Autorität und Willkür immer mehr in den Vordergrund gerückt und schriftlich verbrieft worden. Vielgelesene Autoren wie James Harrington mit seiner republikanischen Utopie über den «Commonwealth of Oceana» von 1656 festigten in dieser Zeit den Begriff des «rule of law», der sich nicht nur auf Gesetze, sondern auch auf grundlegende Rechte bezog. Das englische «law» heißt ja sowohl Recht als auch Gesetz, und in der Idee des Rechtsstaates schwingt seither immer auch die Bedeutung eines «Rechte-Staates» mit. Es genügt also nicht, dass irgendein Gesetz gilt, sondern die Gesetze müssen den Bürgerinnen und Bürgern Sicherheit und Schutz gewähren.

Schriftlich fixierte Gesetzbücher spielten in England, und dann auch in den USA, ohnehin nicht die gleiche Rolle wie im kontinentalen Europa, vor allem in Frankreich und Deutschland. Deshalb ist in der angelsächsischen Tradition des «Common Law», in dem sich das Recht in einzelnen Konfliktfällen durch gerichtliche Entscheidungen weiterentwickelt, bis heute der Begriff «rule of law» verbreitet, während der «Rechtsstaat» für dortige Ohren fast schon zu sehr nach einem starken Staat klingt. Genau diesen staatsnahen, also «etatistischen» Beiklang entwickelte der Rechtsstaat in Deutschland, besonders in Preußen, in der zweiten Hälfte des 19. Jahrhunderts. Das war ohnehin die Zeit, in der alle sozialen und wirtschaftlichen Verhältnisse in Gesetzbücher mit vielen tausend Paragraphen gegossen wurden, vom Handelsrecht über das Strafgesetzbuch bis zu unserem Bürgerlichen Gesetzbuch, dem BGB, von 1900. In Verfassung und Politik hatte das Kaiserreich von 1871 nicht den demokratischen Weg von 1848 fortgesetzt. Umso mehr betonten Liberale wie Lorenz von Stein während dieser Zeit die Bedeutung von Recht und Verwaltung zur Sicherung der Freiheit des Bürgers auch in einer monarchisch-konstitutionellen, vielfach obrigkeitlich gefärbten Ordnung. Ja, man konnte in der vergleichsweise liberalen Gestaltung der Gesetze und in einem professionellen, relativ berechenbaren Justizwesen sogar so etwas wie einen Ersatz für Demokratie und Volkssouveränität sehen. Bis heute spielt die Verwaltungsgerichtsbarkeit in Deutschland eine wichtige Rolle: also das Recht der Bürger, gegen eine Verwaltungsentscheidung – zugespitzt könnte man sagen: gegen den Staat selber – vor Gericht zu ziehen. Diese Dimension des Rechtsstaates geht weithin auf die vordemokratische Zeit des Kaiserreichs zurück, wenn man die Linie nicht sogar bis in die Verfassung des Heiligen Römischen Reiches zurückverfolgen will, in der zwei Gerichte: das zuletzt in Wetzlar ansässige Reichskammergericht und der Wiener Reichshofrat, als Instrumente der Konfliktschlichtung und Rechtssicherung dienten, wenngleich noch nicht im modernen Sinne der individuellen Rechte.

In den 1920er und 1930er Jahren nahm der Begriff des Rechtsstaates erneut unter dem Eindruck politischer Ereignisse in Europa eine Wendung. Autoritäre Bewegungen suchten die parlamentarischen Demokratien durch Diktaturen zu überwinden – der Rechtsstaat wurde jetzt zu einem Gegenbegriff und Sicherungsanker gegen die Diktatur. In seiner berühmten Schrift «Rechtsstaat oder Diktatur» analysierte der sozialdemokratische Staatsrechtler Hermann Heller im Jahre 1930, schon unter dem Eindruck erster rasanter Erfolge der NSDAP, die neue Attraktivität der Diktatur als einen Angriff auf den Rechtsstaat, der bis 1918 in Europa «eine Selbstverständlichkeit» gewesen sei. Obwohl Heller also politisch eher links stand und die Weimarer Demokratie emphatisch unterstützte, galt ihm das deutsche Kaiserreich doch unzweifelhaft als ein Rechtsstaat. Man konnte sich, auch bei begrenzter politischer Teilhabe, auf die Gesetze und auf seine Sicherheit verlassen. Heller nahm damit vorweg, was andere unter dem Eindruck der nationalsozialistischen Diktatur genauer charakterisieren konnten. Ein neuer Typus des Willkürstaates etablierte sich, den Ernst Fraenkel 1941 einen «Doppelstaat» nannte: Einerseits bestand die Hülle des Rechtsstaates im «Dritten Reich» fort, andererseits konnte er als ein «Maßnahmenstaat» jederzeit durch willkürliche Übergriffe und ad hoc-Regelungen außer Kraft gesetzt werden. Auf dieser Linie des Gegensatzes von Rechtsstaat und Diktatur ist auch die Debatte über die DDR als «Unrechtsstaat» einzuordnen. Der Begriff hat aber kaum wissenschaftliche Bedeutung. Man kann ihn als Abwesenheit des Rechtsstaates verstehen – als «Un-Rechtsstaat» also, was die DDR nach den allermeisten Definitionen des Rechtsstaates zweifellos war. Pointierter ist die Lesart als «Unrechts-Staat», also als ein Regime, in dem das Unrecht gewissermaßen Prinzip, Programm und Praxis geworden wäre.

Moderne Begriffe des Rechtsstaates betonen jedenfalls viel mehr als früher die unauflösliche Verbindung von Rechtsstaat und Demokratie. Man spricht von einem «materiellen» im Gegensatz zum bloß «formellen» Verständnis des Rechtsstaats, weil es um mehr geht als bloß ein Gerüst Sicherheit gebender gesetzlicher Ordnung, denn mit Gesetzen lassen sich auch Unterdrückung, Verfolgung und Völkermord betreiben. In seinem Buch «Faktizität und Geltung» nennt Jürgen Habermas zwar auch den individuellen Rechtsschutz und die Gesetzmäßigkeit der Verwaltung als grundlegende Prinzipien des Rechtsstaates, darin gewissermaßen der deutschen Tradition des späten 19. und frühen 20. Jahrhunderts folgend. Erstes und fundamentales Kriterium aber ist für ihn die Volkssouveränität, also das Grundprinzip der modernen Demokratie überhaupt. Habermas spricht vom «demokratischen Rechtsstaat», aber damit ist nicht seine demokratische Variante gemeint, sondern die Symbiose von beidem. So werden auch Grundrechte und Gewaltenteilung, insbesondere die Unabhängigkeit der Gerichte, heute häufig als unverzichtbare Bestandteile des Rechtsstaates gesehen. In modernen Konzepten des «Rule of Law» ist, etwas abgeschwächt, ein ähnlicher Trend erkennbar. Aber auch klassische formale Regeln werden weiterhin hervorgehoben: die Öffentlichkeit von Gesetzen; Klarheit und Stabilität der Rechtsordnung; die Transparenz von Verfahren.

So pendelt die Vorstellung vom Rechtsstaat bis heute zwischen zwei Polen. In einer emphatischen und normativen Sicht ist er eine Ausdrucksform von Demokratie, ihrer institutionellen Gestalt ebenso wie ihres praktischen, den Menschen alltäglich begegnenden Vollzugs. Darin kann man eine Kontinuität der klassischen republikanischen Emphase des 18. Jahrhunderts sehen, aber auch eine dezidiert moderne Verschiebung. Denn mit diesem Begriff wird gewissermaßen behauptet: Unterhalb einer Demokratie fangen wir mit dem Rechtsstaat gar nicht an, zumal nach den Diktaturerfahrungen des 20. Jahrhunderts. Genau dieselben Erfahrungen rechtfertigen aber auch weiterhin ein bescheideneres Konzept des Rechtsstaates. Er wäre dann Vorstufe und Vorbedingung weitergehender Demokratisierung, eine Minimaldemokratie sozusagen, die noch vor der Volkssouveränität oder einem funktionierenden Parlamentarismus wenigstens die Menschenrechte achtet, individuellen Rechtsschutz und die Abwesenheit von Willkür garantiert; also eine Grundausrüstung humanen Regierens. Der Rechtsstaat darf damit nicht zum Demokratieersatz werden. Aber er stellt den Individuen jene Grenze bereit, die schon Montesquieu als unverzichtbar für die Erhaltung von Freiheit erkannte.

7 Religionsfreiheit:
Grenzen des Staates, Freiheit des Gewissens

Am Ende des 20. Jahrhunderts schien Religion nur noch eine Nebensache in Konflikten um Freiheit und Demokratie zu sein, besonders aus europäischer Sicht. Doch seit der Jahrtausendwende haben sich religiös-politische Auseinandersetzungen wieder zugespitzt. Die Herausforderung der westlichen Kultur durch fundamentalistische Varianten des Islam spielt dabei eine wichtige, aber nicht die einzige Rolle. Die Migration von Muslimen nach Westeuropa und Nordamerika hat diese Gesellschaften religiös vielfältiger gemacht, und ihnen dabei zugleich einen Spiegel der eigenen, überwiegend christlichen Religionskultur vorgehalten. Das Verhältnis von Staat und Religion wird neu diskutiert, die Säkularität des Staates neu interpretiert: sowohl im Sinne einer schärferen Grenzziehung als auch im Sinne einer größeren Toleranz gegenüber der öffentlichen Präsenz von Religion und ihren Symbolen, seien es islamische Kleiderregeln oder das christliche Kreuz. Aber auch in Asien und Afrika haben Konflikte um die freie Ausübung von Religion zugenommen, oder sie werden schärfer beobachtet wie die Situation von Christen in muslimisch geprägten Ländern.

Der Begriff der Religionsfreiheit musste dabei oft neu entdeckt und neu erklärt werden, denn zumal in Westeuropa war er im 20. Jahrhundert in den Hintergrund getreten und wurde oft eher als eine Freiheit einzelner Bürger, oder sich als zunehmend säkular verstehender Gesellschaften, *von* Religion aufgefasst: als die «negative» Religionsfreiheit des privaten Unbehelligtseins durch Religion oder ihrer öffentlichen Abwesenheit. Obwohl sich mit dieser Freiheit von Religion häufig das Bild von Aufklärung und Fortschritt verknüpfte, liegen der historische Ursprung der Religionsfreiheit und ihre Bedeutung für die Demokratie ganz überwiegend in dem, was man zum Zwecke der klareren Unterscheidung jetzt häufig die «positive» Religionsfreiheit nennt: also in der Freiheit des Bekenntnisses und der öffentlichen Ausübung von Religion. Den Begriff der Religionsfreiheit muss man also lesen wie den der Pressefreiheit oder der Redefreiheit; mehr noch: mit genau diesen Freiheiten (oder: Grundrechten) ist die Religionsfreiheit unauflöslich verknüpft, ja hat ihnen entscheidend vorgearbeitet. Deshalb ist sie, im Blick auf die Entstehung moderner Freiheiten, nicht nur ein Element in einem Katalog der Rechte, sondern nimmt sogar einen privilegierten Platz darin ein.

Diese Geschichte führt in Europa fast ein halbes Jahrtausend zurück, als mit der Reformation das religiöse Quasi-Monopol der katholischen Kirche aufbrach und sich in heftigen Konflikten, auch Kämpfen und Kriegen im 16. und 17. Jahrhundert eine neue Situation konfessioneller Pluralität des Christentums etablierte. Man kann im Programm der Reformation, wie es von Martin Luther, Philipp Melanchthon oder Johannes Calvin betrieben wurde, selber Anstöße für Freiheit erkennen: mit der Betonung des Individuums und seiner Verantwortung; mit der Stoßrichtung gegen Hierarchien und unbefragte Autoritäten. Wichtiger aber war wohl zweierlei: Zum einen mussten die verfeindeten, im Dreißigjährigen Krieg oder im Englischen Bürgerkrieg sich geradezu gegenseitig abschlachtenden religiösen Bürgerkriegsparteien wieder befriedet werden. Das war ein wesentliches Motiv für die Staatstheorie von Thomas Hobbes in seinem «Leviathan» von 1651. Ein starker Staat musste den «Kampf aller gegen alle» beenden – und dabei auch gegenseitige Toleranz in religiösen und weltanschaulichen Dingen durchsetzen. Aber dieser große europäische Konflikt führte – das ist der andere Aspekt – nicht in eine bunte religiöse Vielfalt, sondern in die Aufteilung von Territorien, deren Herrscher eine der Konfessionen für sich übernahmen und sie möglichst auch für ihre Untertanen gelten lassen wollten. «Cuius regio, eius religio»: In wessen Land man wohnt, dessen Religion hatte man auch anzunehmen. So galt es seit 1555 im Reich, und sinngemäß auch für das katholische Frankreich, das anglikanische England oder das lutherische Skandinavien.

Die Verbindung von Staat und Kirche verfestigte sich wie in England im 17. Jahrhundert, wo sich die Reformation in der Variante der «Church of England» durchsetzte und nach Bürgerkrieg und Revolutionen Katholiken von der Thronfolge ausgeschlossen wurden. (Das gilt bis heute!) Damit stellte sich in der Gesellschaft die Frage nach dem Umgang mit Dissens, mit abweichenden religiösen Bewegungen und Gemeinschaften. In England waren das weniger die Katholiken als radikalere Protestanten wie die Puritaner, von denen ein Teil vor der Verfolgung nach Nordamerika floh. In Frankreich hatte das Edikt von Nantes den Hugenotten, der calvinistisch-protestantischen Minderheit, 1598 Toleranz und Bürgerrechte gewährt. Aber Ludwig XIV. widerrief es 1685, und Hunderttausende flohen in die Niederlande oder nach Preußen, wo die protestantischen Herrscher sich von ihrer Toleranz auch wirtschaftliche Vorteile versprachen.

Diese Toleranz galt aber unter dem Dach einer Staatskirche. Der entscheidende Durchbruch zur modernen Religionsfreiheit erfolgte im Zuge der Amerikanischen Revolution am Ende des 18. Jahrhunderts. Er ging nicht von Neuengland aus, wo sich die Puritaner überwiegend niedergelassen hatten; auch nicht von Pennsylvania, wo mit den Quäkern eine andere protestantische Gruppierung die Politik maßgeblich bestimmte. Zwar hatte sich in diesen nördlichen Kolonien ein beachtliches Maß an religiöser Pluralität und Freiheit durchgesetzt. Aber im Süden war der Konflikt schärfer, weil dort die Anglikaner, die Staatskirche der alten Kolonialmacht, die offizielle Vorrangstellung genossen. Deshalb ging das Streben nach Unabhängigkeit und Republik hier einher mit dem Verlangen nach «disestablishment», nach dem Verlust des Vorrangs der «etablierten» anglikanischen Kirche. Positiv gewendet, bedeutete das Religionsfreiheit, und wurde auch so genannt. Thomas Jefferson aus Virginia, zugleich Hauptautor der Unabhängigkeitserklärung, verfasste ein Jahr später, 1777, die bis heute wohl berühmteste Erklärung der Religionsfreiheit, das «Virginia Statute for Religious Freedom». In heute altertümlich anmutenden langen Sätzen, aber mit großer Emphase erklärte Jefferson darin den Zusammenhang zwischen allgemeiner und religiöser Freiheit.

1786 wurde die Deklaration ein staatliches Gesetz und verbürgte, dass niemand zu einer bestimmten Religion gezwungen oder wegen seines Glaubens verfolgt werden könne. Jeder müsse frei sein, seine Religion auch öffentlich zu bekennen, ohne Nachteil für seine bürgerlichen Rechte. Wiederum wenige Jahre später fand eine kompakte Fassung Eingang in den allerersten Verfassungszusatz der USA, also in den ersten Artikel der «Bill of Rights». Dieser Artikel ist so bemerkenswert, weil er im selben Atemzug die Rede- und Pressefreiheit festhält, die aus der Religionsfreiheit zu folgen scheinen: Kein Gesetz dürfe eine bestimmte Religion «etablieren» (also als Staatsreligion festlegen und bevorzugen), noch die freie Ausübung von Religion verbieten, noch die Freiheit der Rede und der Presse, die Versammlungs- und Petitionsfreiheit einschränken. Die Religionsfreiheit bildet insofern die Wurzel der Gedanken-, Meinungs- und Redefreiheit.

Das bedeutet nicht, dass sich Meinungs- oder Pressefreiheit heute nur im Rückgriff auf die Religionsfreiheit rechtfertigen lassen. Aber für die Zeitgenossen des 18. Jahrhunderts hätte die Verbindung kaum enger sein können. Unterschiedliche politische «Bekenntnisse» (wie man freilich nicht zufällig bis heute sagt!) gewannen erst langsam an Bedeutung; Glauben und religiöses Bekenntnis definierten die Menschen in ihrer innersten Identität und in ihren sozialen Beziehungen. Eine «negative» Religionsfreiheit konnte dabei kaum eine Rolle spielen, denn auch die aufgeklärtesten Liberalen, die sich von den klassischen Konfessionen fernhielten und einem freidenkerischen «Deismus» anhingen – auch Jefferson selber! –, waren keine Atheisten, oder auch nur säkular im heutigen Sinne. Dennoch enthält das Virginia-Statut im Kern auch die Rechtfertigung der negativen Religionsfreiheit, weil es eine prinzipielle Freiheit der Weltanschauung begründet und sogar festhält, dass niemand an religiöse Orte – heute würden wir auch sagen: unter religiöse Symbole – gezwungen werden kann. Darin steckt allerdings auch ein Keim des Konflikts beider Religionsfreiheiten, den Jefferson noch nicht sehen konnte.

Das 19. Jahrhundert war nicht, wie das 18. und dann wieder das 20., eine Zeit der großen programmatischen Freiheitserklärungen. In Europa bewegte sich das Thema der Religionsfreiheit eher in einer Vielzahl politisch-sozialer Konflikte fort, die sich in zahllosen Varianten immer wieder auch mit dem Kampf um Liberalismus und Demokratie verbanden. Die Emanzipation der Juden war vielen Liberalen zugleich ein Symbol für die Anerkennung allgemeiner bürgerlicher Rechte auch von Minderheiten. Vom Vormärz bis in die 1870er Jahre verknüpfte sich religiöser und politischer Dissens in Deutschland immer wieder in Protestbewegungen wie den «Deutschkatholiken». Äußerst ambivalent war der «Kulturkampf» des preußischen Staates und der Liberalen gegen die katholische Kirche in den 1870er Jahren. In seiner Wirkung hat er eine Grundhaltung auch bei deutschen Protestanten folgenreich geprägt, nach der die Verdrängung von Religion aus der Öffentlichkeit als gesellschaftlicher Fortschritt zu gelten habe. Anderswo, etwa in den multiethnischen und multireligiösen Städten des Habsburgerreiches bis in die heutige Ukraine und auf dem Balkan, war das Zusammenleben von Katholiken, Juden, Muslimen und Protestanten bis 1917/18 zwar nicht konfliktfrei, aber vergleichsweise frei und tolerant.

Eine grundsätzlich neue Färbung erhielt das Verhältnis von Religionsfreiheit und Demokratie erst mit den radikalisierten politischen Ideologien und neuen Diktaturen in der ersten Hälfte des 20. Jahrhunderts. Die Nationalsozialisten beriefen sich gerne auf vorchristliche Traditionen, etwa germanische Mythen und Kulte, doch blieb ihr Angriff auf Kirchen und Religionsfreiheit begrenzt (zumal die meisten Protestanten das «Dritte Reich» gerne unterstützten). In offener Feindschaft begegnete das bolschewistische Regime in der Sowjetunion der orthodoxen Kirche, ebenso wie die meisten sozialistischen Staaten nach 1945 ihren Religionsgemeinschaften und religiös bekennenden Bürgern. Nach der orthodoxen marxistischen Theorie war die Religion ein Produkt des «Überbaus» und falschen, manipulierten Bewusstseins, das mit dem Übergang in den Kommunismus verschwinden müsse.

Mindestens genauso wichtig für die Religionsfeindschaft vieler Diktaturen des 20. Jahrhunderts war jedoch ihre Gründung in umfassenden Weltbildern und Ideologien, die selber religiöse Züge trugen. Von der paradiesischen Enderwartung des Kommunismus oder eines «tausendjährigen Reiches» über die Erfindung von Ersatzkulten und Initiationsritualen bis zur messianischen Inszenierung ihrer Herrscher spiegelten sie die jüdisch-christliche Tradition als säkularisierten Gegenentwurf wider. Ihr Anspruch auf Absolutheit und ihre Verweigerung von Pluralität musste sich auch deshalb gegen religiöse Autonomie und Freiheit richten, weil in ihr immer die Gefahr von Loyalitätsverweigerung, Kritik und Gegenentwurf lauerte. Und tatsächlich gaben die katholische Kirche in Polen und die evangelische Kirche in der DDR der Überwindung der Diktaturen und der Demokratisierung in ihren Ländern entscheidende Anstöße. Als Antwort auf die neuartige Herausforderung der Unterdrückung von Religion in Diktaturen erschien die Religionsfreiheit in programmatischen Dokumenten der zweiten Hälfte des 20. Jahrhunderts wieder, wie am Ende des 18. Jahrhunderts, an prominenter Stelle: so im Art. 18 der UN-Menschenrechtserklärung von 1948 oder 1975 im «Korb I» der Schlussakte von Helsinki.

Als Heilsbringer der Demokratie darf man Religion deshalb nicht missverstehen, weder vor zwei Jahrhunderten noch in der jüngeren Geschichte und Gegenwart. Man kann vielmehr auch umgekehrt die Frage nach der Demokratiefähigkeit von Religion stellen und zeigen, welchen langen und komplizierten Weg gerade auch das Christentum dabei zurückzulegen hatte. Das gilt nicht zuletzt in Deutschland, wo viele Protestanten, aber auch Katholiken erst nach der Gründung der Bundesrepublik ihre Skepsis, wenn nicht gar Abneigung gegen die parlamentarische Demokratie aufgegeben haben. Mit Arroganz lässt sich dieselbe Lernfähigkeit also nicht von anderen einfordern. Das historische geprägte Verhältnis von Religionsfreiheit und Staatskirchenverfassung wirkt in vielen Ländern nach. Säkulare Staaten wie Frankreich suchen religiöse Symbole des Islam strikt aus der Öffentlichkeit zu verdrängen. In den USA, wo die Trennung von Staat und Kirche, also das «disestablishment» ebenfalls ein sehr hohes Gut ist, wird dagegen die Freiheit der Religionsausübung und das Persönlichkeitsrecht höher bewertet. Dort sieht man es wiederum skeptisch, wenn in Deutschland die «Scientology»-Bewegung nicht ohne weiteres als Religionsgemeinschaft anerkannt wird. In Mitteleuropa hat man sich eine Zeit lang auch schwer getan, Moscheebauten zu akzeptieren; die Schweizer haben in einer Volksabstimmung 2009 ein Minarettverbot unterstützt.

Es gibt weiterhin westliche Länder mit einer Staatskirche: England, Griechenland oder Dänemark. Ein Hindernis der Religionsfreiheit ist das für die allermeisten praktischen Zwecke nicht; erst recht keine Belastung der Demokratie. Aber die Religionsfreiheit ist auch in jüngster Zeit oft ein Lackmustest für die allgemeine Geltung von Grundrechten gewesen, und sie ist immer wieder ein wichtiges Kriterium für den Fortschritt von Liberalisierung und Demokratie in autoritären Regimen, in China, der Türkei oder vielen arabischen Ländern. So ist ihre Bedeutung am Anfang des 21. Jahrhunderts sogar wieder gewachsen.

8 Menschenrechte, Bürgerrechte, Grundrechte

Menschenrechte sind seit den 1970er Jahren eines der wichtigsten Themen der internationalen Politik. Organisationen wie «amnesty international» in London oder «Human Rights Watch» in New York prangern die Verletzung von Menschenrechten überall auf der Welt an, und in Europa ziehen immer mehr Bürgerinnen und Bürger vor Gerichte, um Rechte einzuklagen, in denen sie sich selber verletzt sehen. Dabei geht es um ein sehr breites Spektrum von Rechten und Freiheiten, das von sehr abstrakten Konzepten wie der Menschenwürde und der Freiheit der Person bis zu konkreten Themen wie der Gleichbehandlung am Arbeitsplatz oder dem Zugang zu Bildung reicht.

Die moderne Geschichte der Menschenrechte führt aber wiederum mehr als zweihundert Jahre zurück in das Zeitalter der Revolutionen, als in Nordamerika und Frankreich schriftliche Erklärungen oder «Deklarationen», wie es meist hieß, verfasst und verbindlich zu machen versucht wurden. Und wiederum war die englische Tradition zwischen der Magna Charta von 1215 und der Bill of Rights von 1689 häufig der Anknüpfungspunkt. Darin waren elementare Rechte und Freiheiten der Untertanen – von «Bürgern» konnte man noch nicht sprechen – gegenüber der staatlichen Ordnung, der Monarchie, festgehalten: das Recht, in Petitionen Beschwerden zu äußern; der Schutz vor grausamen Strafen; oder die (parlamentarische) Redefreiheit. Dahinter stand noch nicht die Vorstellung von einer natürlichen, vorpolitischen Freiheit der Menschen zu ihrer Lebensgestaltung, sondern es waren konkrete Freiheiten, die den britischen Untertanen von der Monarchie abgetrotzt waren. Deshalb kannte die englische Bill of Rights auch keinen Unterschied zwischen Menschenrechten, die allen Menschen schon mit ihrer Geburt, aus der Annahme einer fundamentalen menschlichen Würde, verliehen sind, und Bürgerrechten, die auf die politischen Rechte und Freiheiten in einem ganz bestimmten Gemeinwesen zielen.

Erst mit der «Erklärung der Menschen- und Bürgerrechte» in der Französischen Revolution, die am 26. August 1789 von der Nationalversammlung verabschiedet wurde, kam diese begriffliche Unterscheidung in die Welt. In ihrer Auflistung mischen sich aber allgemeinste «Menschenrechte» – die eigentlich, auch sprachlich, nur Männerrechte waren, «droits de l'homme» – und politische Bürgerrechte. Die beiden ersten Artikel halten den Kern von Menschenrechten nach dem Verständnis des späten 18. Jahrhunderts fest: Alle Menschen – oder nur Männer? – sind frei geboren und bleiben frei und gleich in ihren Rechten. Staat und Regierung dienen der Sicherung dieser Rechte, vor allem der folgenden: Freiheit, Eigentum, Sicherheit – und das Recht auf Widerstand gegen Unterdrückung. Wenige Sätze später ist aber auch von politischen Grundrechten jeden «Bürgers» die Rede, zum Beispiel des Rechts auf Teilhabe an der Gesetzgebung in eigener Person oder durch gewählte Repräsentanten. Zwei Dinge waren also gegenüber dem englischen Vorläufer neu: die unauflösliche Einbettung fundamentaler Rechte in ein demokratisches Regierungssystem – letztlich in die Volkssouveränität – und die Herleitung dieser Rechte, den Gedanken der Aufklärung folgend, aus der Natur der Menschen. Damit wurden sie zugleich, im Sinne der aufgeklärten Theorie vom Staat als Vertrag zwischen den Bürgern, vor jedes konkrete Regierungssystem gestellt und für schlechthin unwiderruflich erklärt.

Amerikanische Aufklärer wie Thomas Paine, der die Französische Revolution in Paris miterlebte, nahmen deren Sprachgebrauch auf: «Rights of Man» nannte Paine 1791 seine Verteidigungsschrift der Revolution. In Amerika dagegen ging es, in der englischen Tradition, schlicht um «Rechte». Dreizehn Jahre vor der Erklärung der Menschen- und Bürgerrechte hatte das Parlament von Virginia am 12. Juni 1776 – noch vor der Unabhängigkeitserklärung! – eine von George Mason entworfene «Declaration of Rights» verabschiedet, die als erste moderne Grundrechtserklärung überhaupt gelten kann. Sie nahm an ihrem Beginn die ersten französischen Artikel beinahe wörtlich vorweg: die Feststellung der gleichen Freiheit aller Menschen (oder wieder nur: aller Männer? – das englische Wort «man» hat die gleiche Doppelbedeutung wie das französische «homme»!) von Natur aus und vor ihrem Eintritt in einen Gesellschaftsvertrag. Und auch hier folgte die Feststellung der Volkssouveränität der Freiheitsdeklaration nicht zufällig auf dem Fuße, gleich im zweiten Artikel. Menschen- und Bürgerrechte ließen sich also gar nicht trennen. Ähnlich sah das auch Jeffersons Unabhängigkeitserklärung, die in den gleichen Wochen entstand und am 4. Juli 1776 offiziell die berühmte Formel verkündete: «All men are created equal.»

Das war damals noch weithin eine Behauptung, ein uneingelöstes Versprechen. Aber genau dieses Spannungsverhältnis gehörte seit dem 18. Jahrhundert zur Geschichte der Menschen- und Bürgerrechte unauflöslich dazu: Sie sollten einerseits, wie das «positive Recht» von Gesetzen, unmittelbar gelten. Denn meistens waren sie nicht nur «Deklaration», sondern Teil der neuen Verfassungen – in Frankreich 1789, in Deutschland 1848 – oder Ergänzung zu ihnen wie die «Bill of Rights» in der amerikanischen Bundesverfassung seit 1791. Andererseits setzten sie sich, mit der typischen aufklärerischen Emphase, über ihre Zeit und ihre Bedingungen grandios hinweg – und damit zu diesen Bedingungen oft auch in Widerspruch, wenn – wie im amerikanischen Süden – die Sklaverei trotz der deklamierten Gleichheit und Freiheit für «alle» fortbestehen konnte. Aber sie entwarfen damit auch einen Horizont der Erwartung für die Zukunft, an dem ihre Defizite, ihre Einlösung gemessen werden konnten. Denn der Widerspruch blieb ja nicht unentdeckt, nicht einmal für wenige Jahre. Schon 1792 stellte Mary Wollstonecraft ihre «Rechtfertigung der Frauenrechte» den «Rights of Man» gegenüber und forderte die Geltung der gleichen Freiheit und allgemeinen Rechte auch für die Frauen. Das war damals noch eine Utopie, aber eben dieser utopische Vorgriff hat die Dynamik der Menschenrechte seitdem maßgeblich bestimmt. Eine «letzte Utopie», die nach dem Scheitern anderer Zukunftsentwürfe heute noch verblieben ist, hat der Historiker Samuel Moyn kürzlich die Menschenrechte genannt.

Der utopische Vorgriff des 18. Jahrhunderts reichte so weit, dass seine Forderungen auch im beginnenden 21. Jahrhundert immer noch aktuell sind und Kritik an Menschenrechtsverletzungen begründen können. Aber die heute oft so zeitlos erscheinenden Erklärungen sind von Menschen mit ganz bestimmten Erfahrungen verfasst und in konkreten Konfliktsituationen verabschiedet worden. Menschenrechte unterliegen historischem Wandel – vor allem im 20. Jahrhundert sind neue Rechtsansprüche und Freiheitsideale hinzugekommen, während uns manches als überholt vorkommt, was den Zeitgenossen vor zweihundert Jahren auf den Nägeln brannte. Die in der amerikanischen Bill of Rights verbürgte Freiheit des Waffentragens etwa sollte die neue republikanische Freiheit sichern, indem die Bürger sich in einer Miliz organisierten, statt der gefürchteten Unterdrückung durch ein stehendes Heer anheimzufallen, das als Instrument monarchischer Tyrannei galt. Die Eigentumsfreiheit erschien prominent angesichts des Heraufziehens einer kommerziell-kapitalistischen Gesellschaft. Andere zentrale Forderungen von damals wie die nach Abschaffung von Folter und Sklaverei sind in den westlichen Demokratien nicht mehr so lebensweltlich nahe wie damals, haben aber ihre Bedeutung noch nicht verloren, auch nicht in den USA und Europa.

Vor allem haben neue Erfahrungen und Möglichkeiten den Grundrechtskatalogen zunehmend ihren Stempel aufgedrückt. Soziale und kulturelle Rechte haben die allgemeinen und bürgerlich-politischen Freiheiten nicht abgelöst, aber ergänzt: das Recht auf Arbeit, auf Bildung, auf medizinische Versorgung. Der britische Soziologe T. H. Marshall hat 1950 ein Stufenmodell vorgeschlagen, demzufolge im 18. Jahrhundert allgemeine und bürgerliche Rechte, im 19. Jahrhundert politische Rechte und im 20. Jahrhundert soziale Rechte im Vordergrund gestanden hätten. Das trifft die Realität aber nur unvollkommen, denn das Spektrum der frühen Deklarationen von Rechten war, wie wir gesehen haben, bereits sehr breit und schloss, besonders in Frankreich, auch einen sozialegalitären Impuls mit ein.

Das gesamte 19. Jahrhundert, auch noch die erste Hälfte des 20. Jahrhunderts erscheint beim Blick auf die Geschichte der Menschenrechte oft wie ein schwarzes Loch. Tatsächlich war die Zeit der beiden Weltkriege, von Diktaturen, Rassismus und Völkermord keine gute Zeit für die Menschenrechte – nicht nur in Europa, sondern auch mit dem Beginn der Apartheid in Südafrika und der Rassentrennung und Entrechtung der Schwarzen in den amerikanischen Südstaaten. Aus dieser Erfahrung nährte sich die neue internationale Emphase der Menschenrechte nach 1945. Das 19. Jahrhundert jedoch steht gar nicht so schlecht da. Es war zwar weniger ein Zeitalter der ganz neuen Ideen und Forderungen. Aber die Grundfreiheiten der Amerikanischen und Französischen Revolution schwappten in andere Länder über, auch nach Deutschland. Hier prägte die Arbeit der Frankfurter Paulskirche an den «Grundrechten des deutschen Volkes» 1848 eine eigene Tradition: International hat sich der Begriff der Grundrechte nicht durchgesetzt, wurde jedoch 1919 in die Weimarer Reichsverfassung und von dort 1949 in das Grundgesetz übernommen, wo die Grundrechte den ersten, unantastbaren Teil der deutschen Verfassung bilden. – In vieler Hinsicht kann man das 19. Jahrhundert auch als eine Erfüllungsphase der revolutionären Forderungen betrachten. Viele der Menschen- und Bürgerrechte erlangten weitere, oder selbstverständlichere Geltung – sei es spektakulär wie mit dem Ende von russischer Leibeigenschaft 1861 und amerikanischer Sklaverei 1865; sei es eher im Verborgenen, vor allem durch ein immer dichteres Netz von Gesetzen, das die Sicherheit der Person, eine geordnete Strafverfolgung oder auch das private Eigentum garantierte.

Nach dem alliierten Sieg über das nationalsozialistische Deutschland begann nicht nur eine neue, emphatische Phase der Menschenrechte. Erst jetzt setzte sich überhaupt der Begriff der Menschenrechte allgemein durch, die zudem auf ganz neue Weise internationalisiert und globalisiert wurden, bis hin zu dem umfassenden «Menschenrechtsregime» der Vereinten Nationen und des Europarats, von dem man seit einiger Zeit spricht. Die «universelle Deklaration der Menschenrechte» der Vereinten Nationen, am 10. Dezember 1948 in Paris von der Generalversammlung verabschiedet, gab dafür die Initialzündung. Ihre Sprache, ihr Aufbau, auch ein wesentlicher Teil ihres Inhalts stehen in unverkennbarer und unmittelbarer Kontinuität zu den Deklarationen des 18. Jahrhunderts. Auch die Verknüpfung mit der aktiven politischen Freiheit findet sich wieder, denn nach Art. 21 hat jeder «das Recht, an der Regierung seines Landes teilzuhaben, direkt oder durch frei gewählte Repräsentanten». Neue Akzente setzt ein erweitertes Gleichheitsmotiv, das die Diskriminierung aufgrund von Rasse, Hautfarbe, Geschlecht, Nationalität oder Religion ausschließt, und setzen auch soziale und wirtschaftliche Rechte wie das Recht auf Arbeit und das Prinzip des gleichen Lohns für gleiche Arbeit. Solange nicht nur politische Partizipation, sondern auch wesentliche soziale und kulturelle Leistungen wie Bildung und Gesundheit überwiegend nationalstaatlich organisiert sind, bleibt dieser globale Anspruch freilich schwer einklagbar. Einen entscheidenden Schritt weiter hat deshalb in jüngster Zeit die europäische Menschenrechtspolitik gemacht. Zur Sicherung der Europäischen Menschenrechtskonvention von 1950, der sich alle 47 Mitgliedsländer des Europarats angeschlossen haben, ist deshalb der Europäische Gerichtshof für Menschenrechte gegründet worden. An ihn können sich seit dem Ende der 90er Jahre auch einzelne Bürgerinnen und Bürger mit ihren Beschwerden richten.

So unterstreichen diese Entwicklungen der letzten Jahrzehnte zugleich ein enges, aber vielschichtiges Verhältnis von Menschenrechten und Demokratie. Die im späten 18. Jahrhundert angelegte Amalgamierung von Grundfreiheiten und demokratischer Partizipation hat sich erhalten; anders gesagt: Demokratie als freie Selbstregierung gehört zu den Grund- und Menschenrechten dazu. Andererseits hat sich die Verbindung von beidem in dem neuen Begriff der Menschenrechte gelockert. Zum einen ist angesichts existentieller Not und extremer Armut in vielen Teilen der Welt eine vorpolitische Humanität des würdevollen (Über-)Lebens mindestens praktisch wichtiger geworden: Wasser, Nahrung, ein Dach über dem Kopf, minimale medizinische Versorgung, Schutz vor marodierenden Soldaten – das verbindet sich heute eher mit Menschenrechten als vor 200 Jahren. Zweitens ist der Demokratieanspruch der Menschenrechte aber auch prinzipiell umstritten. Wie bis 1990 im kommunistischen Osteuropa, gilt er heute in der Volksrepublik China oder im Iran als Ausdruck eines spezifisch westlichen, vor allem amerikanisch dominierten Lebensmodells, dem andere Kulturen nicht unbedingt folgen sollten. Deshalb betonen auch Menschenrechtsorganisationen häufig zunächst jene allgemeinen Rechte und Freiheiten, über die sich schneller ein universeller Konsens herstellen lässt, wie etwa den Schutz vor willkürlicher Verhaftung. Aber schon bei der Meinungs- oder Pressefreiheit zeigt sich, dass eine saubere Trennung in vorpolitische Menschenrechte und politische Bürgerrechte genau wie im 18. Jahrhundert kaum möglich ist. Freilich hat sich auch die Demokratie selber gewandelt, und die Menschenrechtspolitik ist dafür ein wichtiger Schauplatz: mit der führenden Rolle von Nichtregierungsorganisationen in der Interessenvertretung ebenso wie mit der prominenten Funktion von Gerichten, vor denen einzelne Bürger ihre Rechte einklagen.

9 Verfassung: Aufgeschriebene Demokratie

In Deutschland hat man sich angewöhnt, wie in vielen anderen Ländern, unter einer Verfassung ein besonders herausgehobenes schriftliches Dokument zu verstehen, das als eine Art Fundamentalgesetz die politische Ordnung definiert, einzelnen Institutionen wie dem Parlament ihre Befugnisse zuweist, oftmals auch Grundrechte verankert. Im 19. Jahrhundert sprach man (mit einer Unterscheidung, die andere Sprachen nicht machen können) von einer «Konstitution», denn Verfassung bezeichnete ursprünglich ganz allgemein die Struktur der staatlichen Ordnung, die Art und Rechtfertigung der Herrschaft. Monarchie, Aristokratie, Demokratie: Das waren für griechische Schriftsteller der Antike wie Aristoteles oder Polybios verschiedene Formen der «politeia», des Staates oder der Regierung; oder eben auch: der Verfassung.

Dieser Begriff ist in der politischen Theoriegeschichte bis heute üblich, im Rückgriff auf eine vielhundertjährige Tradition, die über «gemischte Verfassungen» räsonnierte oder sich, im Anschluss an Polybios, die politische Entwicklung von Staaten als einen «Verfassungskreislauf» vorstellte, in dem die klassischen Regierungsformen einander in Aufstieg und Verfall immer wieder ablösen. Auch wissenschaftliche Disziplinen wie das Verfassungsrecht oder die Verfassungsgeschichte beziehen sich auf einen solchen weiteren Horizont.

In diesem Sinne gibt es bis heute Staaten, auch Demokratien, die eine Verfassung, aber keine Konstitution haben. In Großbritannien stützt sich das Verständnis von Staatsordnung, Souveränität und Rechten auf Tradition – und auf eine Vielzahl von einzelnen Dokumenten, die nach Krisen und Konflikten, vor allem des 17. und frühen 18. Jahrhunderts, Regelungen über Rechte und Verfahren getroffen haben. Im 19. Jahrhundert fasste Walter Bagehot diese Verfassung in einem einflussreichen Standardwerk über «The English Constitution» (1867) zusammen, aber eine Verfassungsurkunde, wie man auch sagt, haben sich die Briten nie gegeben. Solche Texte entstanden zuerst in den Revolutionen des späten 18. Jahrhunderts, in den ehemaligen britischen Kolonien Nordamerikas, dann auch für den Bundesstaat, und in Frankreich.

In dieser Tradition ist der Zusammenhang von Revolution und Konstitution bis in das 20. Jahrhundert sehr eng geblieben. Denn in einer Revolution geht es darum, schnell und verbindlich eine neue politische Ordnung zu schaffen und zu legitimieren, zum Beispiel die Republik anstelle der Monarchie. Forderungen müssen befriedigt und dauerhaft garantiert werden, deshalb hält man sie schriftlich fest und verleiht ihnen einen besonderen Wert, oberhalb der normalen Gesetze. Dabei schwingt auch das naturrechtliche Denken der Aufklärung mit: Denn insofern eine Verfassung die «natürlichen» Rechte, die naturgegebene Freiheit der Menschen festhält, muss sie mehr sein als das übliche, menschengemachte, «positive» Gesetz. Die revolutionäre Verkündung der Verfassung gewann oft, über ihren Inhalt hinaus, eine besondere Bedeutung. Sie wurde geradezu inszeniert, mit deklaratorischem Pathos. Das ist die «performative» Dimension von Verfassung, ihr Vollzug als eine hochsymbolische politische Handlung, als Gründungsmythos von Demokratien. Auch autoritäre Regime oder Diktaturen haben öfters Verfassungen; die DDR hatte im Laufe ihrer Geschichte sogar drei. Aber sie spielen dort kaum eine öffentliche Rolle, oder sie werden, wenn sie schon vorher bestanden, von den neuen Machthabern still-schweigend in den Ruhestand versetzt.

In Deutschland hat man besonders in der ersten Hälfte des 19. Jahr-hunderts um geschriebene Verfassungen und damit um einen solchen Gründungsmythos heftig gerungen, zumal in der Revolution von 1848/49. Doch bewegte sich das Streben nach «Verfassung» zunächst in einer Schwebelage, in der eine Konstitution nicht unmittelbar ge-meint sein musste. Für die Gegner der absoluten Monarchie, für aufge-klärte Adlige, für bürgerliche Liberale bedeutete Verfassung eine Staats-ordnung, in der das Volk durch Repräsentanten Mitspracherechte hatte, also so etwas wie eine eingehegte Monarchie. Genau in diesem Sinne traf der Freiherr vom Stein im April 1806 seine berühmte Feststellung: «Der preußische Staat hat keine Staatsverfassung, die oberste Gewalt ist nicht zwischen dem Oberhaupt und den Stellvertretern der Nation ge-teilt.» Deshalb blieb in den folgenden anderthalb Jahrzehnten der Re-formzeit auch unklar, ob mit verschiedenen «Verfassungsversprechen» des Königs tatsächlich eine schriftlich fixierte Konstitution gemeint sein sollte oder eher die Einrichtung eines preußischen Parlamentes. Die Tendenz ging immer mehr zu dem schriftlichen Staatsgrundgesetz, vor allem seit den sogenannten frühkonstitutionellen Verfassungen der süd-deutschen Staaten, die seit 1818/19 in Bayern, Baden und Württemberg galten. Aber die doppelte Bedeutung von Verfassungsurkunde einerseits und einer Staatsform mit Rechten des Volkes andererseits schwang noch lange mit, wenn Liberale eine Verfassung forderten. Auch das un-terstreicht den Zusammenhang von Verfassung und Demokratie.

Für Inhalt und Aufbau von Verfassungen bildete sich schon seit den klassischen Revolutionen ein mehr oder weniger festes Schema heraus. In einer vorangestellten Präambel, wie sie auch das Grundgesetz kennt (und davor die Weimarer Verfassung), wird der Akt der Verfassungsge-bung begründet: aus einer historischen Situation des Umbruchs; in der Berufung auf die Volkssouveränität; oft auch, um die besondere Quali-tät der Verfassung zu unterstreichen, mit einem Gottesbezug: «Im Be-wusstsein der Verantwortung vor Gott und den Menschen» heißt das im Grundgesetz. Darin kommt weniger eine religiöse Bindung zum Ausdruck als vielmehr eine Emphase der Demokratie, so etwas wie die demokratische Heiligkeit der Verfassung. Im Hauptteil der Verfassung wird, sofern das in der Präambel nicht schon geschehen ist, die Quelle der Souveränität definiert: das demokratische (nicht das ethnische, «völkische») Volk.

Überwiegend geht es dann um «technische» Regelungen: einzelne Organe des Staates bzw. der demokratischen Souveränität, damit auch die verschiedenen Zweige der Gewaltenteilung, werden eingeführt, ihre Wahl und ihre Kompetenzen geklärt. Das geschieht häufig, auch in der amerikanischen Verfassung und im deutschen Grundgesetz, in «Artikeln», nicht in Paragraphen. Mit dieser Tradition betont man schon seit vielen Jahrhunderten den besonderen, übergesetzlichen und deklaratorischen Charakter der Verfassung. Seit dem 18. Jahrhundert gehört auch ein Grundrechteteil meistens zur Verfassung dazu. Schließlich finden sich häufig besondere Bestimmungen, ob und wie die Verfassung geändert, oder durch eine neue ersetzt werden kann. Einfache Mehrheitsbeschlüsse des Parlaments genügen dafür nicht. Die amerikanische Verfassung gilt sogar als schlechterdings unveränderbar. Sie kann nur durch besondere Zusätze, die «Amendments», modifiziert werden, und selbst diese Zusätze verschwinden nicht wieder, wenn sie überholt sind, sondern müssen durch einen neuen Zusatz aufgehoben werden. So finden sich in jedem Abdruck der amerikanischen Bundesverfassung bis heute das Alkoholverbot der Prohibition von 1919 ebenso wie seine Aufhebung vierzehn Jahre später.

Wie man mit einer Verfassung praktisch umgeht, welche Bedeutung sie im alltäglichen politischen Leben gewinnt, das lässt sich mit dem Begriff der «Verfassungskultur» einfangen, die in Demokratien oft eine besonders wichtige Rolle spielt. Im späten 18. und frühen 19. Jahrhundert feierten Bürger «ihre» Verfassung häufig emphatisch und ausgelassen mit Straßenumzügen, Versammlungen und festlichen Mahlzeiten. Ob in Philadelphia 1787 oder in badischen Kleinstädten in den 1840er Jahren – solche Feste brachten zum Ausdruck, dass die Verfassung zu einem wichtigen Symbol der Freiheit geworden, aber zugleich im einfachen Volk, bei Handwerkern oder kleinen Kaufleuten, angekommen war. Man konnte sie verstehen und zur eigenen Lebenserfahrung in Beziehung setzen, umso leichter, je knapper und prägnanter sie formuliert war.

Solche Feste verschwanden im späteren 19. Jahrhundert wieder, aber in den USA blieb die Verfassung bis heute auf einem besonderen symbolischen Podest der Heiligkeit. Sie wird auf Pseudo-Pergamentpapier touristisch verkitscht, dient aber vor allem als erster Bezugspunkt von öffentlichen Debatten um Freiheitsrechte und um die Aufgaben des Staates, gerade auch in Kritik und Protestbewegungen. Wie in Deutschland spielt das oberste Gericht, das für die Auslegung der Verfassung zuständig ist, für diese kulturelle Verankerung und zivilreligiöse Über-höhung der Verfassung eine zentrale Rolle. Worum auch immer es geht: um Steuern, «free speech» oder das Recht auf Abtreibung, immer defi-nieren zwei Kräfte die Verfassungskultur: Was lag in der ursprünglichen Intention der Verfassung, und wie bleiben wir dem treu? Und anderer-seits: Wie kann der Sinn der Verfassung veränderten gesellschaftlichen Verhältnissen angepasst werden; wie müssen ihre Grundaussagen im Lichte veränderter Wertvorstellungen interpretiert werden?

In anderen Demokratien steht die Verfassung nicht so im Mittel-punkt. Weil die Verfassungen in Frankreich seit der Revolution häufig gewechselt haben, ist auch diejenige der Fünften Republik von 1958 kaum mit einem besonderen Kult umgeben. Länderverfassungen haben in Deutschland seit 1918, erst recht seit 1945 kaum größere öffentliche Bekanntheit erlangt oder sind zu Bezugspunkten politischer Identität geworden. Dafür hat sich um das Grundgesetz seit 1949 eine ausge-prägte Verfassungskultur entwickelt. Gerade dem Grundgesetz war das keineswegs in die Wiege gelegt, das nicht revolutionär entstand wie seine Vorläufer von 1849 und 1919 und mit seiner Geltung für den westdeutschen Teilstaat nur eine Übergangslösung, ein Provisorium bis zu einer Verfassung für ganz Deutschland sein sollte. Erst in den 1960er und 1970er Jahren entwickelte sich das Grundgesetz zu jenem archi-medischen Punkt für Freiheitsrechte und Demokratie, den es bis heute darstellt. Der damalige Bundesinnenminister Hermann Höcherl meinte noch 1963, man könne das Grundgesetz nicht ständig «unter dem Arm tragen». Dafür wurde er viel kritisiert, und am Ende der 1970er Jahre sprach Dolf Sternberger schon von einem besonderen westdeutschen «Verfassungspatriotismus».

Jürgen Habermas griff diesen Begriff auf und setzte sich mit ihm für eine demokratische Identität der Westdeutschen ein, die sich nicht mehr auf die alte «Nation» bezog, sondern auf die Werte des Grundgesetzes. Das Trauma der Zerstörung der Weimarer Verfassung durch die Nati-onalsozialisten 1933/34 verstärkte die Einstellung, die neue Verfassung, das Grundgesetz, nicht so schnell loszulassen und auch gegen seine Gegner zu verteidigen. Nicht umsonst heißt ein Geheimdienst «Bun-desamt für Verfassungsschutz». Obwohl Habermas 1989/90 zu jenen gehörte, welche die Wiedervereinigung zum Anlass für eine neue Ver-fassung (nach Art. 146 GG) nehmen wollten, war es letztlich gerade der von ihm beschriebene Verfassungspatriotismus, also der überragende symbolisch-kulturelle Wert des Grundgesetzes, der eine Mehrheit für seinen Fortbestand (und einen Beitritt der Länder der ehemaligen DDR nach Art. 23 GG) votieren ließ.

Ein gutes Jahrzehnt später stritt die Europäische Union um eine Verfassung, und damit auch über ihr demokratisches Selbstverständnis. Die alten Schwebelagen des Begriffes schienen dabei wieder auf: Hatte Europa nicht schon eine Verfassung, die – der britischen nicht unähnlich – aus einem Geflecht einzelner Dokumente und Verträge seit den 50er Jahren bestand? Aber es ging um eine «Konstitution», die mit einem Ausbau der EU als Demokratie, zum Beispiel in den Parlamentsrechten, verknüpft werden sollte. Andererseits fehlte eine revolutionäre Dynamik, ein deklaratorischer Zeitpunkt, wie es ihn bei nationalen Verfassungsschöpfungen oft gegeben hatte. Die Verfassung sollte, so wie sie 2004 in Rom von den Staats- und Regierungschefs unterzeichnet wurde, «Vertrag über eine Verfassung» heißen und las sich auch so, ohne die charakteristische Knappheit klassischer Verfassungstexte. Wie in Nordamerika 1787/88 musste dieser Vertrag von den Einzelstaaten ratifiziert werden und scheiterte vor allem nach der Ablehnung in den Referenden Frankreichs und der Niederlande 2005. An die Stelle der Verfassung trat zwei Jahre später der Vertrag von Lissabon. Viele in Deutschland argumentierten, die europäische Verfassung sei letztlich an ihrer mangelnden demokratischen Kühnheit gescheitert: Sie habe die Souveränität weiterhin aus den Einzelstaaten der Union ableiten wollen, statt ein europäisches Volk zu schaffen. Aber genau diesen Schritt lehnten viele andere Länder – und nicht diejenigen mit der schwächsten demokratischen Tradition! – ab, weil sie damit die nationale Volkssouveränität bedroht sahen. So spiegelt die offene Frage der europäischen Verfassung bis heute ein Spannungsfeld der Demokratie.

10 Gute Bürger?
Der Streit um demokratische Tugenden

Man verbindet Demokratie häufig zuerst mit ihren Institutionen: mit einem Parlament und den anderen Zweigen der Gewaltenteilung, mit Verfassungen und regelmäßigen freien Wahlen. In solchen Institutionen sei Demokratie «verankert», sagt man und meint damit auch, dass sie etwas dauerhaft sichern, was sonst vielleicht gefährdet sei. Aber genügt dieses institutionelle Fundament? Schließlich konnten Parlamente immer wieder auch abgeschafft, frei gewählte Regierungen durch Diktaturen ersetzt werden. Wenn Demokratie die Herrschaft des Volkes ist, dann ist die Haltung der Bürgerinnen und Bürger zur Demokratie, überhaupt ihr Interesse für politische Dinge, vielleicht sogar von entscheidender Bedeutung. Kann Demokratie also nur entstehen und weiterbestehen, wenn ihre Bürger sich zu ihr bekennen, wenn sie demokratisch denken und auch handeln? Und wie lässt sich das erreichen, denn jemanden zur Demokratie zu zwingen, würde ihrem Anspruch zur Freiheit ja widersprechen. Dieses Problem ist nicht trivial und kein Glasperlenspiel, sondern ein zentrales Thema der Demokratie seit ihren Anfängen. Immer noch wird darüber gestritten; eine eindeutige Antwort gibt es nicht.

Eine klassische und einflussreiche Antwort hat bereits Aristoteles gegeben: Der Mensch ist für ihn seiner Natur nach ein politisches Lebewesen, ein «zoon politikon». Die Politik, der gute Zustand des Gemeinwesens, kann ihm gar nicht egal sein, weil er mit einem politischen Instinkt, mit einer Orientierung auf aktives Engagement für das Gemeinwohl, schon geboren wird. Solche guten Charaktereigenschaften nannte man früher, und manchmal noch heute, «Tugenden». Durch die gesamten fünfhundert Jahre der neuzeitlichen Geschichte, von der Renaissance bis in die Gegenwart, zieht sich eine wichtige Tradition, den tugendhaften Bürger (seit dem 18. Jahrhundert dann auch vermehrt die gute Bürgerin) ins Zentrum zu stellen: für die Sicherung freiheitlicher Regierungen etwa in den italienischen Stadtrepubliken; für moderne Republiken und Demokratien; heute würden wir oft sagen: für eine engagierte demokratische Zivilgesellschaft. Schärfer als bei Aristoteles stellte sich dabei, etwa für Niccolò Machiavelli in seinen «Discorsi», die Frage nach der Gefährdung und Zerbrechlichkeit dieser politischen Bürgertugend. Denn auch wenn sie dem Menschen prinzipiell in die Wiege gelegt ist, kann sie zerstört oder korrumpiert werden. Unter dem Einfluss des frühen Kapitalismus sah man im 17. und 18. Jahrhundert, vor allem in England, das individuelle Streben nach Profit, nach Reichtum, nach Luxus als solche zerstörerische Kraft. Wer seinen freiheitlichen Geist nicht verlieren und die Interessen des Ganzen im Blick behalten wollte, musste sich einer Art demokratischer Askese verpflichten. Und in Montesquieus «Geist der Gesetze» war die Tugend das Grundprinzip, das die Demokratie von der Monarchie oder Despotie unterschied, weil sie sich nicht auf Autorität oder Gewalt stützen konnte.

Diesen Gedanken wiederum spitzte Robespierre in der Französischen Revolution zu und machte daraus seine elitäre und schließlich gewaltbereite Tugendlehre, in der nur eine Minderheit der Bürger zur Tugend im vollen Sinne fähig war und für die übrigen definieren konnte, was unter einem tugendhaften politischen Verhalten zu verstehen sei. Karl Marx konnte übrigens mit solchen Tugendlehren nichts anfangen, weil er als junger Mann ein optimistisches Menschenbild hatte und ihm später die Strukturgesetze des Kapitalismus entscheidend waren. Aber Lenins Konzept einer revolutionären Avantgarde, die zur Durchsetzung der Diktatur des Proletariats berufen sei, knüpfte im frühen 20. Jahrhundert wieder an Robespierre an. Dabei brachen die Brücken zur Demokratie endgültig ab, doch in vielen Neuansätzen des späteren 20. Jahrhunderts tauchte der Appell an die bürgerlichen Tugenden wieder auf, und ihre Notwendigkeit gerade für eine Sicherung der Demokratie gegen ihre Feinde wurde betont. Dazu musste man, wie das etwa der britische Philosoph Alasdair MacIntyre getan hat, die elitäre Verengung des Tugendbegriffes und seine zwangserzieherischen Fesseln abschütteln und ihn, auch im Rückgriff auf Aristoteles, wieder näher an die menschliche Natur heranführen. Auch im öffentlichen Streit um Demokratie werden Tugenden guter demokratischer Bürger immer wieder beschworen; eine Denkschrift der Evangelischen und Katholischen Kirche stand im November 2006 unter dem Titel «Demokratie braucht Tugenden». Doch wo diese Tugenden herkommen, angefangen von einem ganz grundsätzlichen Interesse an Politik, bleibt schwer zu beantworten.

Man kann von einer ganz anderen Voraussetzung ausgehen, genauer: von einem anderen Menschen- und Gesellschaftsbild. In der klassischen liberalen Lehre ist der Mensch kein «politisches Lebewesen» und nicht von Natur aus auf das Gemeinwohl geeicht. Sondern er ist frei geboren, vor und außerhalb jeder politischen Organisation, und verfolgt seine individuellen Interessen eines freien, sicheren und glücklichen Lebens, zu deren Erreichung er sich eher notgedrungen mit anderen zusammenschließt und eine Regierung einsetzt. Demokratie entsteht dann aus einem freien Spiel der Kräfte, indem Bürgerinnen und Bürger ihre individuellen, ja sogar egoistischen Interessen einbringen und durchzusetzen versuchen, freilich – so die Idealvorstellung – unter Beachtung vernünftiger Grundregeln wie des Mehrheitsprinzips. Dann bedarf es keiner besonderen Tugend, keiner Orientierung an Werten des Gemeinwohls; streng genommen noch nicht einmal eines privilegierten Interesses an Politik. Politische Entscheidungen sind gewissermaßen ein Nebeneffekt der eigenen Interessen, mögen sie sich auf niedrige Steuern, kostenlose Bildung oder Schutz vor Fluglärm beziehen. So bildet dieses Modell, das in den amerikanischen «Federalist Papers» im späten 18. Jahrhundert klassisch formuliert ist, gerade auch die Realität der modernen, vielstimmigen Demokratien mit ihrer unmittelbaren Artikulation von Bürgerinteressen ein ganzes Stück weit ab: Was soll der Appell an Tugend und Gemeinwohl, wenn die neue Bahntrasse nun einmal nicht an *meinem* Grundstück vorbeiführen soll?

Gleichwohl fanden viele Liberale diese Antwort nicht mehr befriedigend, vor allem zu Beginn des 20. Jahrhunderts. Im fortschreitenden Industriekapitalismus war die Gesellschaft ungleicher geworden; von freiem Spiel gleicher Kräfte konnte nicht mehr die Rede sein. In älteren Demokratien wie den USA registrierten viele Zeitgenossen eine Ermüdung. Institutionen alleine konnten die demokratische Ordnung nicht am Leben erhalten. Es bedurfte der Reformen – und der Belebung einer demokratischen Gesinnung. Das war der Ausgangspunkt für den amerikanischen Philosophen und Erziehungswissenschaftler John Dewey, einen wechselseitigen und unauflöslichen Zusammenhang von Erziehung und Demokratie zu fordern. Einerseits setzte er sich für Erziehungs- und Schulreformen ein, die statt Lernstoff und Autorität die Freiheit und individuelle Selbstentfaltung betonten. So sollte die Demokratie die Erziehung prägen, während andererseits die Demokratie der Erziehung bedürfe; anders gesagt: die Bürgerinnen und Bürger zur Demokratie erzogen werden müssten. «Weil eine Demokratie das Prinzip externer Autorität ablehnt», schrieb Dewey 1916, «muss sie einen Ersatz in freiwilliger Neigung und Interesse finden; beides kann nur durch Erziehung entstehen.» Der französische Soziologe Emile Durkheim entwickelte zur selben Zeit ähnliche Gedanken: Der Mensch war frei geboren, aber in dieser Freiheit hilflos und zur Gesellschaft unfähig; erst die Erziehung vermittelt ihm Maßstäbe von Gut und Böse und des guten Zusammenlebens.

Nach der NS-Diktatur ist die Erziehung zur Demokratie in Deutschland sogar zu einem sehr praktisch wirksamen Konzept geworden. Entnazifizierung und demokratische «re-education» sollten vor allem für die Amerikaner Hand in Hand gehen. Die Deutschen hatten nicht nur die demokratischen Institutionen und Spielregeln über Bord geworfen, sondern waren auch, so die Diagnose, tatsächlich zu Nazis geworden und mussten die Demokratie folglich erst wieder unter Anleitung lernen, eben zu ihr erzogen werden. Diese Sichtweise trat in der Bundesrepublik der 50er Jahre, als der institutionelle Aufbau der Demokratie in

Grundzügen abgeschlossen war, zwar wieder in den Hintergrund; im Blick auf die Ursachen des Nationalsozialismus wirkte er aber teilweise nach, vor allem in der Deutung der Weimarer Republik als einer «Demokratie ohne Demokraten». Daraus leiteten sich auch ganz konkrete Erziehungs- und Bildungsprojekte ab. Der demokratische Staat wollte selbst dafür sorgen, auch außerhalb der Schulen, dass die Bürgerinnen und Bürger sich für die Demokratie interessierten und aktiv in ihr engagierten. Deshalb entstand 1952, aus einem Weimarer Vorläufer, die Bundeszentrale für politische Bildung und hat heute den ausdrücklichen Auftrag, «das demokratische Bewusstsein zu festigen und die Bereitschaft zur politischen Mitarbeit zu stärken». Insofern nimmt die Demokratie ganz ausdrücklich eine Parteilichkeit zu ihren eigenen Gunsten in Anspruch; sie ist sich selber gegenüber nicht neutral – sonst müsste sie sich ja darauf beschränken, allgemein über Politik zu informieren und die Bürger mit allen denkbaren Staatsformen vertraut zu machen, ohne die Demokratie dabei zu bevorzugen.

Das ist in einer freien Gesellschaft ein Balanceakt. Einer berühmt gewordenen Feststellung des Verfassungsrechtlers Ernst-Wolfgang Böckenförde zufolge lebt «der freiheitliche, säkularisierte Staat (…) von Voraussetzungen, die er selbst nicht garantieren kann». Vor der Französischen Revolution hätten sich die Monarchien ihre Legitimation selber beschaffen können, oft unter Rückgriff auf religiöse Begründungen wie das Gottesgnadentum der Herrschaft. Diese Voraussetzungen sind entfallen; die Gesellschaft ist zudem vielfältiger geworden, und ihre Individuen lassen sich nicht mehr auf einen einheitlichen Zweck verpflichten. Böckenförde sieht darin ein Wagnis, das der Staat «um der Freiheit willen» eingegangen ist. Demokratie wäre also auf die Unterstützung durch gute Bürgerinnen und Bürger angewiesen, aber sie kann niemanden zu dieser Unterstützung oder zu einer demokratischen «Tugend» verpflichten. Manche sehen eine Lösung des Problems in der Berufung auf gemeinsame Werte. Doch ist dann wieder offen, woher diese Werte kommen und wer sie – gegen die Freiheit? – verbindlich zu machen versucht. Führt die Begründung der Demokratie in Werten zu einer «Tyrannei der Werte», vor der Carl Schmitt 1967 gewarnt hat? Oder lässt sie sich, mit Hans Joas, gerade demokratisch rechtfertigen, weil Werte in der freien Erfahrung des Individuums entstehen und in einer freien Öffentlichkeit kommuniziert werden? So bleibt am Ende die Erkenntnis, dass sich die Frage nach dem guten Bürger nicht eindeutig beantworten lässt. Das heißt aber nicht, dass wir im Nebel stochern, sondern wir wissen sehr genau: Die Spannung zwischen guten, gemeinwohlbezogenen Bürgern und freien Individuen, denen Politik völlig egal ist, gehört zur Demokratie wie zu keiner anderen Regierungs- und Lebensform von Anfang an dazu.

11 Öffentlichkeit:
Marktplatz der Meinungen, Kritik der Macht

Im demokratischen Verständnis soll Politik das sein, was alle betrifft, was von allen diskutiert und entschieden wird. Republik bedeutet nichts anderes als «öffentliche Sache» – so wurde der Bereich politisch-staatlicher Angelegenheiten in der römischen Republik genannt: «res publica». Im modernen Verständnis jedoch ist der Staat keineswegs mit der Öffentlichkeit identisch, auch nicht als Republik oder Demokratie. Im Gegenteil, die Ursprünge der Öffentlichkeit vor allem in der Aufklärungszeit des 18. Jahrhunderts liegen in einem Spannungsverhältnis zur Politik. Unabhängig von der staatlichen Obrigkeit, also von der Monarchie und ihrer höfischen Repräsentation, wollten Bürger frei darin sein, ihre Meinungen auszutauschen und damit auch Kritik an der Herrschaft zu üben.

So hat Öffentlichkeit bis heute eine «horizontale» und eine «vertikale» Dimension. Ein einzelner Kritiker der Macht stellt keine Öffentlichkeit dar, die erst in einer Gemeinschaft konstituiert wird: den Lesern eines Magazins, den Teilnehmerinnen an einer Demonstration, den Kontrahenten in einer Podiumsdiskussion. Öffentlichkeit ist aber auch keine Spielwiese des folgenlosen Austauschs politischer Meinungen und Argumente. Sie stellt politische Herrschaft auf den Prüfstand; sie kritisiert die Mächtigen oder überhaupt die Machtverhältnisse. Das galt im 18. Jahrhundert, als solche Kritik überhaupt erst eine Demokratisierung absoluter Monarchien erzwingen wollte. Es gilt aber auch in Demokratien, in denen die «kritische Öffentlichkeit» eine Kontrollfunktion wahrnimmt und neue politische Ideen entwickelt. Das geschieht heute in der Regel innerhalb der Demokratie, das heißt im Streben sie zu verändern oder zu erweitern, nicht sie zu überwinden.

Im 18. Jahrhundert entstand Öffentlichkeit an ganz konkreten Orten. Bürger in einer Stadt wollten sich über ihre Ansichten austauschen und trafen sich deshalb in Gaststätten. Sie gründeten Vereine, die vordergründig oft geselligen oder praktischen Zwecken dienten: der Freizeit von Beamten oder Kaufleuten nach Feierabend oder der Beförderung wirtschaftlicher Entwicklung. Wo immer man sich traf – im Kaffeehaus oder im eigenen Vereinsgebäude, mit offenem Zugang oder im geschlossenen Mitgliederkreis – stand die Lektüre von Zeitschriften und Zeitungen ganz obenan, die meist im Abonnement gehalten wurden. Politische Themen drängten sich umso mehr in den Vordergrund, als solche Periodika von aufregenden Neuerungen aus der ganzen damals bekannten Welt zu berichten wussten. Das mochte die Besprechung eines Buches sein, das sich in ungekannter Radikalität gegen die Monarchie, den Adel oder die Kirche wandte, genauso wie ein Bericht über die revolutionären Ereignisse in Nordamerika, der in den 1770er Jahren in Paris oder Hamburg für Gesprächsstoff sorgte.

In seinem Buch «Strukturwandel der Öffentlichkeit» hat Jürgen Habermas diese neue, bürgerliche Öffentlichkeit des 18. Jahrhunderts in Westeuropa beschrieben und damit ein Stück der Vorgeschichte von Demokratie rekonstruiert. Seither sind die Strukturen dieser Öffentlichkeit viel genauer ausgeleuchtet worden. Das Bild von den bürgerlichen, teilweise auch adligen Oberschichten, die sich in Teestuben, Salons und Freimaurerlogen versammelten und anspruchsvolle Schriften diskutierten, gibt nur einen Teil von ihnen wieder. Auch in der Provinz, in kleineren Städten und Dörfern begann man zu lesen und zu diskutieren; Zeitungen und kleinere Flugschriften aller Art erreichten zunehmend soziale Schichten jenseits der Eliten: Handwerker, Bauern, sogar Arbeiter. Zumal in revolutionären Zeiten in Nordamerika und Frankreich konnten fast alle Plätze, auch außerhalb der formellen Treffpunkte der Gebildeten, zu Orten der Öffentlichkeit werden: ein Wirtshaus, ein Gerichtsgebäude und natürlich die Straße. Öffentlichkeit wurde nicht nur geschrieben, gedruckt und gelesen, sondern auch mündlich und durch gemeinsames Handeln, zum Beispiel in einer Protestaktion, hergestellt.

Dennoch gewannen Druckerzeugnisse seit dem 18. Jahrhundert eine besondere Bedeutung für die Öffentlichkeit und haben sie bis heute, bis in die digitale Revolution hinein, behalten. Die Entstehung von Öffentlichkeit verknüpfte sich eng mit dem Kampf für die Pressefreiheit, und damit gegen die Zensur. Diese ursprünglich kirchliche Einrichtung der Kontrolle (und ggf. des Verbots) von Druckschriften war selber eine Antwort auf die Gutenberg-Revolution des Buchdrucks. Im frühen 19. Jahrhundert erreichte sie in Deutschland ihren Höhepunkt als staatliche Vorzensur, bei der beinahe alle Druckerzeugnisse vorab einer Behörde, einem Zensor mit der sprichwörtlichen Schere (die es auch «im Kopf» gibt!) vorgelegt werden mussten. So stellte sich Öffentlichkeit nicht nur horizontal und vertikal her, sondern zugleich im Zusammenspiel von gedruckten Schriften, die an vielen Orten gleichzeitig gelesen werden konnten, und von direktem, persönlichen Kontakt. Bis heute schwingt im Verständnis von Öffentlichkeit auch diese Dimension der unmittelbaren physischen Präsenz und Interaktion mit. Erst in der Internet-Öffentlichkeit, in sozialen Netzwerken oder bei Twitter, verschwimmt diese Grenze zwischen Medium und direkter Kommunikation unter Anwesenden.

Schon Habermas hatte der von ihm untersuchten bürgerlichen Öffentlichkeit der Eliten eine andere, eine «plebejische» Öffentlichkeit des einfachen Volkes gegenübergestellt. Arbeiter und andere Unterschichten entwickelten seit dem Ende des 18. Jahrhunderts ihre eigenen Formen, ihre eigenen Orte der politischen Artikulation. Aus ihrer Sicht war die Öffentlichkeit der adlig-bürgerlichen Eliten ein vornehmes Spiel innerhalb der Oberschicht, dessen Kritik an den Machtverhältnissen entweder nicht weit genug ging oder die Lebenswelt der einfachen Leute nicht berührte und nicht verbesserte. So hat der Historiker E. P. Thompson die Entstehung der englischen Arbeiterklasse als Formierung einer alternativen Öffentlichkeit (wie wir heute sagen würden) aus der Lebens- und Konflikterfahrung der Unterschichten geschildert. In der marxistischen Tradition, der sich auch Thompson zurechnete, ist immer wieder auf die Eigenständigkeit einer proletarischen Öffentlichkeit hingewiesen worden, die von der bürgerlichen abgedrängt, bestenfalls ignoriert worden sei.

Tatsächlich ist Öffentlichkeit nicht sozial neutral oder steht automatisch im Dienste eines allgemeinen Besten, oberhalb konkreter Erfahrungen und Interessen (auch, aber nicht nur: Klasseninteressen) schwebend. Man muss sich hüten, sie so zu idealisieren, gar zu romantisieren als ein unfehlbares gutes Gewissen der Demokratie. Aber auch in der Idee einer plebejischen oder proletarischen Öffentlichkcit steckt viel Idealismus und bisweilen ein falscher Glaube an ihre Überlegenheit gegenüber dem bürgerlichen Pendant. Historisch lässt sich eine scharfe Trennung ohnehin nicht nachweisen: Im 18. Jahrhundert haben Eliten und einfaches Volk in den Revolutionen oft eng zusammengewirkt, auch die Lektüre von Flugblättern oder Zeitungen geteilt. Die parlamentarisch-politische Öffentlichkeit der Eliten stand in England schon im frühen 19. Jahrhundert in dichter Verflechtung mit «Volkes Stimme». Die sozialdemokratische Arbeiterbewegung in Deutschland wollte seit ihren Anfängen in den 1860er Jahren immer sehr entschieden Teil einer allgemeinen, demokratischen Öffentlichkeit sein. Und in der polnischen Opposition der 1970er und 80er Jahre unterstützten Intellektuelle nicht nur mit ihren Schriften, sondern auch im «Komitee zur Unterstützung der Arbeiter» (KOR) die proletarische Öffentlichkeit der Danziger Werftarbeiter.

Öffentlichkeit ist nichts allumfassendes, nichts homogenes, und kaum jemals historisch stabil. Sie nimmt verschiedene Formen an, drückt unterschiedliche Interessen aus – man spricht von «Teilöffentlichkeiten». Im späteren 20. Jahrhundert sprach man auch oft von einer alternativen oder «Gegen-Öffentlichkeit», um auszudrücken, dass in den Hauptströmungen der Medien, oder in der Mehrheit der Bevölkerung, bestimmte Positionen nicht genügend Beachtung finden. Oder man versteht unter Gegen-Öffentlichkeit die unterdrückte politische Diskussion in Diktaturen, die sich gegenüber der staatlich kontrollierten Schein-Öffentlichkeit und unter persönlichen Risiken zu artikulieren versucht wie das oppositionelle Schrifttum des «Samisdat» in den realsozialistischen Ländern. Letztlich geht es dabei aber nicht um die Etablierung prinzipiell voneinander getrennter Sphären, sondern um Offenheit, Erweiterung und Vielfältigkeit.

Seit dem 18. Jahrhundert haben Idee und Praxis der Öffentlichkeit immer wieder auf solche Erweiterung gezielt, auf die Inklusion vermeintlich nicht meinungs-, sprach-, politikfähiger Gruppen. Die aufgeklärt-elitäre Öffentlichkeit war ganz überwiegend eine männliche Angelegenheit, auch wenn Frauen wie Rahel Varnhagen in ihren Salons und Gesprächskreisen schon um 1800 vereinzelt eine wichtige Rolle spielten. Im 19. und 20. Jahrhundert wurden Frauen teilweise sogar erst recht unter Hinweis auf die häusliche und private Sphäre, in der ihr natürlicher Wirkungskreis liege, aus der männlichen Domäne der Öffentlichkeit verdrängt. Aber dennoch suchten und fanden sie immer wieder Wege in die öffentliche Betätigung: in Reformbewegungen und sozialen Aktivitäten, in Vereinen und Veröffentlichungen; schließlich auch mit dem Anspruch auf Teilhabe an «der» Öffentlichkeit und den politischen Rechten der Demokratie.

Dennoch lässt sich die Geschichte der Öffentlichkeit nicht einfach als Siegeszug immer weiterer Ausdehnung beschreiben. Schon Habermas verwies 1962 mit dem «Strukturwandel» auf bedenkliche Veränderungen und Gefährdungen. Wenn Bürger sich gegen den Staat, jedenfalls unabhängig vom Staat organisieren, tun sie das zunächst einmal privat. Private Interessenverfolgung aber kann auch gewinnorientiert, kommerziell, kapitalistisch sein. Eine Zeitung, wenn sie nicht vom Staat unterhalten wird, muss profitabel sein, um der Öffentlichkeit ein Forum zu bieten. Zu den Prinzipien der Öffentlichkeit kann das aber auf mehrfache Weise in Spannung geraten. Die politische Richtung des Eigentümers kann sich in den Vordergrund drängen, so wie das im 20. Jahrhundert den großen Zeitungs- und Medienkonzernen immer wieder vorgehalten wurde, von Alfred Hugenberg in der Weimarer Republik über Axel Springer bis zu Rupert Murdoch. Politische Überzeugungen und Argumente verwandeln sich in Handelsware, und das kommerziell erfolgreichere «Produkt» droht sich durchzusetzen.

Im Streben nach einem Erfolg im Massenpublikum geht – so eine weitere Befürchtung – überhaupt der politische, und damit auch machtkritische, Kern von Öffentlichkeit verloren. Oberflächliche Unterhaltung tritt an die Stelle politischer Auseinandersetzung, möglicherweise sogar als eine bewusste Strategie herrschender Klassen zur Entpolitisierung, Manipulation und Ruhigstellung eines sonst aufmüpfigen Volkes. So hat besonders die neomarxistische «Frankfurter Schule» immer wieder argumentiert, seit Theodor W. Adorno und Max Horkheimer im amerikanischen Exil der 1940er Jahre, im Angesicht Hollywoods, ihre Kritik der modernen «Kulturindustrie» verfassten. Darin steckte unverkennbar auch ein elitär-bildungsbürgerlicher Hochmut gegenüber Massenunterhaltung und Kommunikationstechnik, die tatsächlich – spätestens seit dem 18. Jahrhundert – immer wieder auch kraftvolle Hebel der sozialen Ausdehnung von Öffentlichkeit gewesen sind.

Die Sorge bleibt berechtigt, weil Horkheimer und Adorno als Flüchtlinge des «Dritten Reiches» eine besonders gefährliche Mutation beobachteten: nämlich die Inszenierung einer Schein-Öffentlichkeit der Diktatur in Medien und auf Massenveranstaltungen wie den Nürnberger Reichsparteitagen der NSDAP. Ein solches Publikum ist zur nur noch Beifall gebenden, zur «akklamatorischen» Öffentlichkeit verkommen. In Demokratien des späteren 20. Jahrhunderts sind die Gefahren oft stiller. Unter dem Einfluss der Meinungsforschung schrumpft die Öffentlichkeit manchmal zur «öffentlichen Meinung», zur demoskopischen Messung von Einstellungen, die mit dem Streit von Argumenten ebenso wenig zu tun hat wie mit Kritik, aber dennoch politische Entscheidungen – immer im Angesicht der nächsten Wahlen! – zu treiben droht. Dem steht aber eine bemerkenswerte Regenerations- und Erfindungskraft gegenüber, die im letzten halben Jahrhundert neue Medien – von alternativen Zeitungsprojekten bis zu politischen Webforen – ebenso hervorgebracht hat wie neue Formen der Präsenzöffentlichkeit, vom «Sit-In» der 1960er Jahre bis zum «Flashmob» unserer Tage.

So ist die enge, wenngleich nicht konfliktlose Verbindung von Öffentlichkeit und Demokratie in den letzten zwei bis drei Jahrhunderten kaum schwächer, wahrscheinlich sogar enger geworden. Die häufig geschriebenen Verfallsgeschichten von Öffentlichkeit idealisieren oft einen Zustand um 1750, der mit Demokratie in unserem Sinne noch gar nicht viel gemein hatte. Auch die Inkorporierung des öffentlichen Prinzips in die demokratischen Institutionen, vor allem ein Produkt des 19. Jahrhunderts, darf man nicht unterschätzen: öffentliche Parlamentssitzungen; Gerichtsverfahren, aus denen die Öffentlichkeit nur mit guten Gründen ausgeschlossen werden darf. Öffentlichkeit ist nicht eine Sache der Gesellschaft gegenüber dem Staat geblieben, sondern wird dem demokratischen Staat selber abgefordert, durchaus im wörtlichen Sinne der alten «res publica». Die Veröffentlichung politisch-diplomatischer Geheimdokumente durch WikiLeaks ist dafür nur ein weiteres Indiz (auch wenn sie aus anderen Gründen sehr problematisch sein mag). Vor allem aber ist die Öffentlichkeit immer wieder, und keineswegs nur in westlichen Ländern, ein Motor der Demokratisierung gewesen. Deshalb ist es eine besonders spannende Frage, ob die Volksrepublik China in ihrer immer offeneren Gesellschaft auch eine Öffentlichkeit zulässt – und welche Ansprüche auf politische Demokratie daraus erwachsen würden.

12 Jenseits der repräsentativen Demokratie?

Trotz einer Geschichte von mindestens zweihundert Jahren, die inzwischen auch rund um den Erdball reicht, hat sich an der Praxis von Demokratie in vieler Hinsicht erstaunlich wenig geändert. Besonders der institutionelle Kern der repräsentativen Demokratie aus Wahlen, Parteien und Parlament ist auffällig stabil geblieben – in einem gesellschaftlichen Umfeld, das sich in fast jeder Hinsicht rasant verändert hat. Im englischen Parlament des 16. Jahrhunderts würden wir uns im frühen 21. Jahrhundert zwar nicht so leicht wiedererkennen, wohl aber in Parlamenten des späten 18. und frühen 19. Jahrhunderts, sei es in der französischen Nationalversammlung 1790, dem amerikanischen Repräsentantenhaus 1810, oder der württembergischen Ständeversammlung 1830. Umgekehrt würden Zeitgenossen von damals, auf eine Zeitreise zu uns geschickt, heutige Wahlkämpfe ebenso noch wiedererkennen wie das Grundmuster vieler Debatten, wenn sie nur erst einmal den Schock moderner Verkehrsmittel und des Internets verkraftet hätten – und den eines aus ihrer Sicht unvorstellbar egalitären Lebensalltags.

Hinter dieser institutionellen Stabilität verbergen sich viele Variationen, in zeitlicher ebenso wie in räumlicher Hinsicht. Ein präsidentielles System funktioniert anders als ein parlamentarisches; die Unterschiede zwischen der britischen und der amerikanischen Politik sind heute mindestens so groß wie um 1800. Nationale und kulturelle Traditionen setzen sich nicht nur in Kultur und Mentalitäten fort, sondern auch in den Institutionen, nicht selten auch aus vordemokratischer Zeit. Dass der deutsche Regierungschef «Kanzler» heißt, wie ursprünglich der Leiter der königlichen Verwaltung im Hochmittelalter, ist ein solches Relikt. Historiker und Politikwissenschaftler verwenden mit Recht viel Energie darauf, diese Variabilität der Demokratie bis in ihre Verästelungen zu verfolgen. Aber die umgekehrte Perspektive lohnt ebenfalls das Nachdenken, weil die prinzipielle Ähnlichkeit und die institutionelle Beharrlichkeit der demokratischen Systeme letztlich doch frappierend sind.

Man kann dieser Frage historisch oder systematisch begegnen. Historisch würde man festzustellen versuchen, in welchen Situationen die Frage demokratischer Verfassung kontrovers diskutiert worden ist, wann Alternativen einer anders verfassten Demokratie sichtbar wurden, und warum sich diese möglicherweise nicht durchsetzen konnten. Im späten 18. Jahrhundert war die repräsentative Demokratie, wie wir gesehen haben, noch nicht selbstverständlich, weil sich beides in einer älteren Vorstellungswelt geradezu gegenseitig ausschloss; Demokratie konnte nur die direkt, ohne Repräsentanten, ausgeübte Herrschaft des Volkes sein. Aber schon im Vollzug der Revolutionen in Amerika und Frankreich etablierte sich das parlamentarische Modell, gewissermaßen als eine praktische Widerlegung solcher Theoretiker, die noch an ihrem Schreibtisch über den antiken Verfassungsmodellen grübelten. Ob dabei der revolutionären Dynamisierung, der Neuheit einer «1789» – wie man oft abgekürzt sagt – geschaffenen politischen Welt größeres Gewicht zukommt, oder den Traditionen, aus denen sich diese speiste: den frühneuzeitlichen Ständeversammlungen und Rechtstraditionen etwa, bleibt schwer zu entscheiden.

Die nächste Weggabelung müsste man etwa in der Mitte des 19. Jahrhunderts ansetzen, als die radikale Kritik an der liberal-parlamentarischen Demokratie sich von den gemeinsamen Wurzeln weiter entfernte und in die sozialistische Herausforderung mündete. Ein alternativer institutioneller Entwurf zeichnete sich aber erst in Umrissen ab. Marx und Engels kritisierten zwar schon in ihren jüngeren Jahren die bürgerliche Demokratie und den parlamentarischen Betrieb, zeichneten aber nur ein sehr vages Bild von der politischen Gestalt der erträumten freien Gesellschaft der Zukunft. Die Sehnsucht nach der direkten Demokratie, nach der unmittelbaren Entscheidung der Bürger vor Ort, blieb groß, und die Vorstellung von einer Demokratie, die von der Produktion, vom Arbeitsplatz her organisiert war, bildete sich langsam heraus. Mit beidem experimentierte die Pariser Kommune 1870. Seitdem blieb die Kritik an der «bürgerlichen» Demokratie ein Stachel in den Konflikten und Debatten, vor allem in Kontinentaleuropa. Hinter der parlamentarischen Demokratie vermuteten die Sozialisten verschiedener Strömungen immer wieder eine bloße Klassenherrschaft der Bourgeoisie. Das war manchmal auch keine ganz falsche Beschreibung, zum Beispiel in Frankreich in der Mitte des 19. Jahrhunderts. In Deutschland traf es eigentlich nie zu, weil die SPD bereits eine starke parlamentarische Stellung gewann, als der Adel gerade erst seinen Rückzug antrat.

Man ist überhaupt davon abgekommen, die Revolutionen des 18. und 19. Jahrhunderts als «bürgerliche» zu bezeichnen, wie das eine Zeitlang auch in der nichtmarxistischen Wissenschaft üblich war. Dafür war der Anteil der «kleinen Leute», des einfachen Volkes in ihnen viel zu groß. Anders gesagt: Gerade weil die Ungebildeten, die Handwerker, die Arbeiter einen so erheblichen Anteil an den demokratischen Bestrebungen dieser Zeit hatten; gerade weil sie sich dabei ganz überwiegend mit der repräsentativ-parlamentarischen Demokratie und den vermeintlich «bürgerlichen» Freiheitsrechten identifizierten, ist der Begriff der bürgerlichen Demokratie schief, sofern er unterstellt, jenseits dieser Institutionen sei die Demokratie überhaupt erst zu entdecken. Die sozialdemokratische Arbeiterbewegung seit den 1860er Jahren wollte gleiche Staatsbürger- und Freiheitsrechte (zögernd dann auch für die Frauen), wollte freie Wahlen und parlamentarische Regierung: Dann würde sich, so war etwa Ferdinand Lassalle überzeugt, auch die soziale Lage der Arbeiter bessern können. Im frühen 20. Jahrhundert nahm der Begriff der «bürgerlichen Demokratie» erst recht, und zwar auf der radikalen Linken wie auf der Rechten, abwertende, oft denunziatorische Züge an, und bis heute schwingt in seinem Gebrauch etwas von dem Vorwurf mit, das parlamentarische System sei so etwas wie eine uneigentliche Demokratie, zu der eine Alternative entwickelt werden müsste.

Aus dieser Tradition nahm dann auch am Anfang des 20. Jahrhunderts eine institutionelle Alternative konkretere Gestalt an: das Konzept der Rätedemokratie. Die «Räte» von Arbeitern und Soldaten waren das Produkt revolutionärer und kriegsmüder Situationen, wie in Russland 1905 und 1917, und in Deutschland 1918. Es erwies sich aber als schwierig, sie in einen Dauerbetrieb zu überführen. Dann näherten sie sich entweder in ihrer Arbeitsweise parlamentarischen Gremien an, oder sie verloren ihren demokratischen Charakter, und überhaupt ihr politisches Gewicht, gegenüber Parteiführung und starker Exekutive. Die gleichzeitige Instabilität der parlamentarischen Demokratie in Europa verlieh dieser Option zwar eine gewisse Glaubwürdigkeit, doch konnte sie sich als demokratische Alternative nirgendwo etablieren. Im späteren 20. Jahrhundert drängte in der Kritik der repräsentativ-parlamentarischen Demokratie der unmittelbare und direkte Impuls wieder in den Vordergrund, wie er sich etwa im grünen Schlagwort von der «Basisdemokratie» bündelte. Aber es war schnell, wenn nicht von Anfang an klar, dass damit nur eine Erweiterung und Reform, nicht aber institutionelle Alternative zum Parlaments- und Wahlregime gemeint sein konnte.

Vielleicht ist die Erfindungskraft der europäischen und nordamerikanischen Gesellschaften ausgereizt, was ganz andere Mechanismen der Demokratie betrifft; oder sie können sich nicht von dem Gewicht ihrer historischen Tradition lösen, von der «Pfadabhängigkeit» ihres einmal eingeschlagenen Weges? Dann könnten demokratische Modelle jenseits des westlichen Syndroms von Wahlen, Parteien und Parlament an anderen Stellen der Welt, in anderen Ländern, aus der Tradition anderer Kulturen entstehen? Das ist eine sehr reizvolle Überlegung, und schlecht für die Zukunft der Demokratie wäre eine breitere Palette gewiss nicht. Aber bisher gibt es dafür kaum empirische Indizien. Vielmehr wird der Ruf nach Freiheit und Demokratie fast immer in die Forderung nach freien Wahlen zu einem freien Parlament übersetzt, wenn Unmut gegenüber autoritären Herrschern oder Militärdiktaturen den nächsten Schritt der Konkretisierung einer Alternative geht.

Es gibt wohl keine Kultur, in der es nicht Traditionen und Institutionen der gemeinsamen Beratung politischer Angelegenheiten, der Entscheidungsfindung in Versammlungen, meist auch der Bestimmung von Führern gibt. In arabischen Gesellschaften und nach islamischem Recht ist die «Schura» eine solche Ratgeberversammlung. Im 19. Jahrhundert haben Europäer immer wieder den «Großen Rat» des Irokesenbundes, eines Zusammenschlusses von Indianervölkern im heutigen Staate New York seit dem 16. Jahrhundert, als Vorbild einer «anderen» Demokratie angeführt. Aber auf die Bedingungen moderner Gesellschaften und großer Flächenstaaten lassen sich diese Modelle nur schwer übertragen. Sie halten auch nur schwer dem stand, was die meisten (nicht nur im Westen) heute als Minimalanforderung an Demokratie geltend machen würden: die formelle Gleichheit der Geschlechter und überhaupt aller Staatsbürger; oder die Herrschaft auf Zeit mit der Möglichkeit der Abberufung. Es mag sogar kein Zufall sein, dass die politische Ordnung der Irokesen gerade von Deutschen, von Johann Gottfried Herder bis Friedrich Engels, idealisiert worden ist, spiegelte sich darin doch die Überzeugung vieler Deutscher, ihnen selbst sei die «westliche» Demokratie kulturell wesensfremd. Daran glaubt heute fast niemand mehr. Aber schon wegen dieser historischen Erfahrung, die viel zum Aufstieg der NS-Diktatur beigetragen hat, sollten Deutsche besonders vorsichtig sein, andere Kulturen als der Demokratie nicht zugänglich zu beschreiben.

Damit sind auch schon einige Indizien für die zweite Perspektive: den systematischen Zugang auf die gestellte Frage, zusammengetragen. Man könnte nach der Entbehrlichkeit einzelner Komponenten der repräsentativen Demokratie fragen, oder nach einem funktionalen Ersatz für sie. Ein Parlament lässt sich durch andere Wahl- und Beratungsgremien ersetzen – aber dann ist die Frage, ob am Ende nicht nur der Name anders ist. Warum soll in einer afghanischen Demokratie das Parlament nicht Schura heißen, so wie man in Deutschland auch im 19. Jahrhundert von den «Ständen» sprach; wie man in Russland Duma und in Polen Sejm sagt? An die Stelle der Repräsentation lassen sich plebiszitäre Verfahren setzen, doch hat sich das für den Alltagsbetrieb moderner Gesellschaften als unpraktisch herausgestellt, wenn es zum überwiegenden Entscheidungsprinzip für Streitfragen wird. Politische Ämter könnten durch Los statt durch Wahl besetzt werden. Man könnte das Mehrheitsprinzip durch Einstimmigkeit ersetzen – dafür gibt es immer wieder Beispiele: zum Beispiel den EU-Ministerrat bis zum Vertrag von Nizza, doch war das in einem größeren Gremium, in der Erweiterung der Europäischen Union, nicht mehr praktikabel. Eine

Demokratie ohne Parteien, oder mit bloß lockeren Gruppierungen, ist durchaus vorstellbar; manche würden sagen: in Ländern wie Italien schon Realität. Die Frage ist dann, wie unterschiedliche Interessen ausgedrückt und gebündelt werden. Insgesamt also: Das eine oder andere Puzzleteil der Demokratie ist verschiebbar, möglicherweise sogar ersetzbar. Das ganze Bild sieht am Ende aber kaum anders aus, jedenfalls dann nicht, wenn man fundamentale Prinzipien nicht mit verrücken will, auf denen die repräsentativ-parlamentarischen Institutionen beruhen – an erster Stelle das Prinzip der gleichen Freiheit.

Die Frage nach einer anderen institutionellen Gestalt, nach einem alternativen Baumuster der Demokratie erinnert an das naturwissenschaftliche Problem der Bauformen des Lebens: Hätte sich Leben auf der Erde auch ganz anders entwickeln können; sieht Leben auf fernen Planeten völlig anders aus? Andere chemische Elemente existieren aber, soweit wir wissen, im Universum nicht, und die meisten Wissenschaftler halten es für sehr wahrscheinlich, dass auch außerhalb der Erde entwickelte Lebensformen auf Kohlenstoffchemie und Wasser beruhen würden. Übersetzt heißt das: Geht man von Freiheit und Gleichheit aus, soll politische Führung nur auf Zeit vergeben werden und jederzeit kritisierbar sein; will man damit nicht nur Dörfer, sondern viel größere Gemeinschaften, «Staaten» organisieren – dann wird man auf Verfahren und Institutionen stoßen, die mit der repräsentativen Demokratie zumindest große Ähnlichkeit haben.

Damit ist die Demokratie weder zwangsläufig noch ein menschenunabhängiges Schicksal. Aber ihr scheint eine Doppelnatur eigen zu sein: Sie ist ein Produkt der Geschichte; sie ist entstanden und kann auch wieder vergehen; sie ist also «historisch kontingent». Zugleich ist sie mehr als nur eine zufällige Regierungsform unter anderen. Sie ist mit einer elementaren Freiheitssehnsucht der Menschen verbunden, die keine kulturellen Grenzen kennt. Genau deshalb wird die Suche nach einer anderen oder besseren Demokratie wahrscheinlich auch nie aufhören.

V Expansionen

Demokratie ist immer in Bewegung. Am Ende des 18. Jahrhunderts stand sie nicht als zeitloses Fertigprodukt von Revolutionen zur Verfügung, sondern nur in ersten Anfängen, in embryonaler Form. Aber jetzt konnte das Versprechen von freier Verfassung, von gleicher politischer Beteiligung mit einer ungleichen Wirklichkeit verglichen und Stück für Stück eingeklagt werden: für Frauen und Männer, für Weiße und Schwarze, für Arbeiter und Bürger. So begann im frühen 19. Jahrhundert eine lange Expansionsphase der Demokratie. Ein Selbstläufer des Fortschritts war das jedoch nicht. Menschen mussten sich engagieren und organisieren, mussten in heftigen Konflikten Widerstand überwinden und manchmal Rückschläge hinnehmen. Was Demokratie einmal sein würde, war noch nicht in den Stein der Anfänge gemeißelt. Erst im Laufe der Zeit, auch noch im 20. Jahrhundert, kamen neue Dimensionen zum Vorschein, oft unter dem Druck sozialer Bewegungen oder des gesellschaftlichen Wandels. In solcher Expansion erfüllte sich der Anspruch von Demokratie, und zugleich wurde sie stets neu erfunden.

1 Demokratie nach Besitz:
Das Zensuswahlrecht

Allgemeines und gleiches Wahlrecht: Diese demokratische Grundformel klingt auch am Beginn des 21. Jahrhunderts noch manchmal nach, aber ihre historische Bedeutung ist immer mehr in den Hintergrund getreten. Dabei gelang die Überwindung des Apartheid-Regimes in Südafrika, das die Bevölkerung nicht-europäischer Herkunft weithin von der politischen Partizipation ausschloss, erst in den 1990er Jahren, und die Erinnerung an den Kampf um das Frauenstimmrecht wirkte auch in der modernen Frauenbewegung noch lange nach. Aber selbst in den Ländern, die sich der längsten demokratischen Tradition rühmen wie England, Frankreich und die USA, durften mindestens bis zur Mitte des 19. Jahrhunderts noch nicht einmal alle Männer zur Wahl gehen und somit über die Zusammensetzung des nationalen Parlaments mitentscheiden. Aus einer Tradition, die in das späte Mittelalter und die Frühe Neuzeit zurückreichte, genossen nur jene Männer das Wahlrecht, die eine bestimmte Schwelle des Besitzes oder der Steuerkraft überschritten. Diese ökonomische Hürde der politischen Berechtigung nennt man einen Zensus, das entsprechende Wahlrecht ein Zensuswahlrecht. Manchmal durften ärmere Bürger zwar wählen, aber ihre Stimme zählte weniger als die der vermögenderen Bürger, weil die Wähler nach ihrer Steuerkraft in unterschiedliche Kategorien eingeteilt wurden. Dann war das Wahlrecht ungleich, ein Klassenwahlrecht.

Schon in der Antike konnte der Status eines Bürgers mit seinen vollen politischen Rechten an ökonomische Kriterien gebunden sein. Das wurzelte in einer bestimmten Auffassung von Freiheit. Wer nach seinem persönlichen Status unfrei war – im Extremfall: als Sklave –, konnte nicht nur kein Eigentum bilden, sondern auch keine anderen Rechte, keine aktive politische Freiheit, genießen. Wer persönlich frei war, aber ohne Landbesitz, Handelskapital oder anderes Vermögen, war für seinen Broterwerb in der Regel von anderen abhängig: etwa als Knecht, als Tagelöhner, als Geselle im Handwerk. Politische Beteiligung aber setzte nach dem Verständnis der meisten vormodernen Gesellschaften die persönliche «Selbstständigkeit» voraus.

Mit diesem Begriff, der in den deutschen Wahlrechtsdebatten des frühen 19. Jahrhunderts eine wichtige Rolle spielte, war zuallererst eine unabhängige Grundlage der ökonomischen Existenz (der «Subsistenz») gemeint; nicht nur für sich selber, sondern für eine Familie mit Ehefrau und Kindern. Im weiteren Sinne assoziierte diese Selbstständigkeit eine grundlegende Bildung und Urteilsfähigkeit, eine Unabhängigkeit der eigenen Meinung. Wer für seinen Lebensunterhalt von anderen abhängig war, der war auch in seinem politischen Verhalten – so wurde argumentiert – nicht unbestechlich, denn er konnte sich buchstäblich seine Stimme abkaufen lassen. Ökonomische Selbstständigkeit und ein gewisses Vermögen waren aber in Deutschland bis in das 19. Jahrhundert auch nötig, um das volle Bürgerrecht in der eigenen Gemeinde in Anspruch nehmen zu können, um also Bürger von Mannheim oder Magdeburg zu sein und die damit verbundenen Privilegien – politische, wirtschaftliche und soziale Rechte – in Anspruch zu nehmen. Weil das Wahlrecht zum Parlament wiederum an diesen Kommunalbürgerstatus geknüpft sein konnte, ergab sich so zugleich eine Besitzschranke, ein

Zensus. Das Selbstständigkeitskriterium wirkte lange nach: Bis 1918 blieben in Deutschland Empfänger öffentlicher Armenunterstützung – heute wären das Sozialhilfe- und «Hartz IV»-Empfänger – vom Wahlrecht ausgeschlossen.

Besitz und Vermögen konnte man in verschiedenen Formen nachweisen, doch an erster Stelle stand historisch der Landbesitz, nicht das bewegliche, «kapitalistische» Vermögen. Der Wahlzensus für das englische Parlament beruhte seit dem 15. Jahrhundert auf freiem Grundbesitz, auf einem «freehold» im Werte von 40 Schilling. Auch noch im amerikanischen und französischen Zensus des frühen 19. Jahrhunderts bildete der Landbesitz oft den privilegierten Zugang zum Wahlrecht. Das lag zuallererst an der langen Tradition und dem ökonomischen Übergewicht der agrarischen Gesellschaft. Damit verknüpfte sich die Vorstellung von einer besonderen Stabilität und Vertrauenswürdigkeit, die der immobile Besitz gewährleistete und die sich gewissermaßen auch in politische Vertrauenswürdigkeit übersetzte. Um 1800 versuchten manche, wie der Osnabrücker Jurist Justus Möser, diese Tradition mit der aufgeklärten Vertragstheorie des Staates zu verbinden, indem sie den Staat als einen Vertrag der Grundbesitzer definierten. Ein ähnliches Denken prägte auch die Plantagenbesitzer und Sklavenhalter in den amerikanischen Südstaaten bis zum Bürgerkrieg. Allmählich aber drangen moderne, kapitalistische Kriterien vor, die den Zensus vom Landbesitz lösten und allgemein an Vermögen und wirtschaftliche Fähigkeit banden. Dann war das Kriterium die Steuerkraft, eine bestimmte Summe der jährlichen Steuerzahlung. Diesen Übergang vom Landbesitz- zum Steuer-Zensus vollzogen viele der neuen amerikanischen Staaten wie Pennsylvania oder New Hampshire während der Revolution, in den 1770er und 1780er Jahren. Für eine Übergangszeit wurde der Zensus also kapitalistischer und Ausdruck einer «Plutokratie», einer Herrschaft der Reichen, als die man dieses Wahlrecht im 19. Jahrhundert häufig kritisierte.

Ein klassisches Beispiel für das Zensuswahlrecht und seine Wirkung ist Frankreich. Nach dem Fall Napoleons wurde die Monarchie der Bourbonen restauriert. Hinter Verfassung und Parlament als Errungenschaften der Revolution führte kein Weg mehr zurück. Aber die Verfassung – die «Charte constitutionelle» von 1814, die der «konstitutionellen Monarchie» den Namen gab – gründete nicht auf Volkssouveränität, und die Nationalversammlung nicht auf dem allgemeinen und gleichen Wahlrecht. Das aktive Wahlrecht besaßen nur Männer, die mindestens 300 Francs an jährlichen direkten Steuern zahlten und mindestens 30 Jahre alt waren. Das galt, bei einer Bevölkerung von etwa 30 Millionen, für weniger als 100 000 Personen. Für das passive Wahlrecht galt sogar ein Zensus von 1000 Francs.

In der konservativen Stimmung der Restaurationszeit sattelte das Gesetz über das doppelte Stimmrecht im Jahre 1820 sogar noch eine andere Ungleichheit auf den Zensus. Das nach der Steuerkraft oberste Viertel der Wähler durfte in einem komplizierten System gestufter Wahlen zusätzliche Abgeordnete in das Parlament schicken, so dass sich Zensus und ungleiches Klassenwahlrecht verknüpften. Nach der Julirevolution von 1830 fiel die Grenze für das Stimmrecht auf 200 Francs; in bestimmten Fällen konnte sie auch darunter liegen; wählbar war man jetzt ab 500 Francs direkten Steuern. Die Februarrevolution von 1848, die den 1830 zunächst emphatisch begrüßten «Bürgerkönig» Louis Philippe vom Thron stürzte und die Zweite französische Republik ausrief, beendete diese Ungleichheiten und schaffte den Zensus ab: Seit 1848 galt in Frankreich das allgemeine und gleiche Männerwahlrecht; aus zuletzt etwa 250 000 Wählern wurden auf einen Schlag neun Millionen.

Die Geschichte des Zensuswahlrechts in den USA zeigt, dass Landbesitz und Steuerkraft im späten 18. und frühen 19. Jahrhundert sogar wichtigere Kriterien sein konnten als Geschlecht und Hautfarbe. So durften nach einem Gesetz von 1777 in New Jersey auch einige Frauen wählen, sofern ihr Besitz die Zensushürde überstieg. Da Frauen nach dem Common Law jedoch mit der Heirat ihre Rechts- und Besitzfähigkeit weitgehend einbüßten, galt das vor allem für einige Witwen – und nicht länger als bis 1807. Denn in diesem Jahr wurde der Besitzzensus bis auf eine niedrige Steuerhürde abgeschafft und somit ein sehr breites Wahlrecht für weiße Männer geschaffen. Gleichheit ohne Zensus für Männer, aber ein rigiderer Ausschluss von Frauen: Diese Entwicklung war für das frühe 19. Jahrhundert nicht untypisch. Bis etwa 1830 fielen in den meisten Staaten der USA Wahlrechtsbeschränkungen für weiße Männer, ob sie auf Landbesitz, Steuerkraft oder auf dem Dienst in der Miliz gegründet hatten. Dabei spielten die neu aufgenommenen, gerade von der europäischen Besiedlung erschlossenen Staaten Indiana oder Illinois im Westen eine wichtige Rolle. Denn sie verzichteten oft von vornherein auf einen Zensus, weil sich eine reiche Oberschicht dort ohnehin noch nicht etabliert hatte und ihr offenes Wahlrecht ein Vorteil im Werben um neue Siedler zu sein versprach. Dort konnte man sogar das Wahlrecht erhalten, ohne schon amerikanischer Staatsbürger geworden zu sein.

Bis 1860, gerade vor dem Beginn des Bürgerkriegs, hatten auch die letzten der konservativen «alten» Südstaaten wie Virginia nachgezogen und den Zensus abgeschafft. Von marginalen Ausnahmen abgesehen galt ein allgemeines und gleiches Wahlrecht für die weißen Männer. In fünf Staaten Neuenglands waren sogar schwarze Männer – freie natürlich, keine Sklaven – wahlberechtigt, während anderswo, dem Muster des Frauenwahlrechts in New Jersey folgend, die Ausweitung des weißen Wahlrechts mit dem klareren Ausschluss der Afro-Amerikaner Hand in Hand ging. Der Staat New York wiederum führte mit der Gleichheit der weißen Männer einen extrem hohen Zensus für schwarze Männer neu ein! Nur selten kam es über die Wahlrechtsreformen zu heftigeren Konflikten, wie in einer Beinahe-Rebellion in Rhode Island 1841. Die Abschaffung des Zensus folgte einem breiten Trend, auch deshalb, weil sich am Anfang des 19. Jahrhunderts noch kein industrielles Proletariat gebildet hatte, das als Schreckbild einer Pöbelherrschaft hätte dienen können. Aber heftig gestritten wurde zwischen den Parteien doch, wobei die Republikaner um Jefferson meist die mehr egalitäre Position vertraten.

In Deutschland wurde das preußische Dreiklassenwahlrecht zur bekanntesten und wirkmächtigsten Form eines Wahlzensus. Während der ursprüngliche Zensus, als eine (Land-)Besitzschwelle, in vorkapitalistischen Verhältnissen wurzelt, war ein Klassenwahlrecht häufig die Reaktion auf neue, kapitalistische Formen der Ungleichheit. Nicht zufällig ist die preußische Variante 1845 für ein neues Kommunalwahlrecht des Rheinlandes «erfunden» worden: einer Provinz, die politisch fortschrittlich, aber auch kommerziell und industriell weit entwickelt war. 1850 wurde es in das Wahlrecht zum preußischen Abgeordnetenhaus, der zweiten Kammer des Landtags, übernommen. Man schlug die (männlichen) Wähler nach ihrer Steuerkraft geordnet drei verschiedenen «Abteilungen» zu, so dass jede Abteilung dasselbe Steueraufkommen umfasste. Die Wähler in jeder Abteilung bestimmten dann ein Drittel der Abgeordneten. Wenn also zwei Unternehmer zusammen ein Drittel der Steuern ihres Bezirkes zahlten, konnten ihre Stimmen (je nach der lokalen Vermögensverteilung) gleich viel wert sein wie die von Dutzenden Kleinhändlern oder Beamten, oder von Hunderten Arbeitern. Zugleich handelte es sich um ein kompliziertes indirektes Wahlverfahren mit zwischengeschalteten «Wahlmännern». Trotz der von

Sozialdemokraten und manchen Linksliberalen als skandalös ange-
prangerten Verzerrung überlebte dieser Zensus – auch im Widerspruch
zum gleichen Männerwahlrecht bei den Reichstagswahlen seit 1871 –
bis zum Untergang des Kaiserreichs 1918. Mit dem Ersten Weltkrieg
ging das Zeitalter des Zensus zu Ende, weil die «Massen» jetzt weniger
Furcht und Abwehr auslösten, sondern auf neue Weise mobilisiert wurden – auch gegen die Demokratie.

2 Individuum und Assoziation: Tocqueville in Amerika

Am 2. April 1831 brach Alexis de Tocqueville, ein französischer Adliger
und Staatsbeamter, von Le Havre zu einer Reise in die Vereinigten Staaten auf. Sein offizieller Auftrag war es, die amerikanischen Gefängnisse
zu studieren, die damals in ganz Europa zum Vorbild für Justizreformen
wurden. Doch schon auf dem Schiff nahm er sich viel breitere Studien
über Demokratie und Gesellschaft in den USA vor. Mit seinem Kollegen Gustave de Beaumont bereiste der gerade einmal 26-jährige neun
Monate lang die Ostküste zwischen Boston und Washington, erreichte
mit Kutschen und Dampfschiffen aber auch die Grenzen der europäischen Besiedlung in Wisconsin und gelangte über den Mississippi bis
nach New Orleans. Zurück in Frankreich, lieferte er pflichtgemäß seinen Gefängnisreport ab – und verarbeitete seine Eindrücke zu zwei
Bänden «Über die Demokratie in Amerika», die 1835 und 1840 erschienen.

Wie viele andere europäische Besucher in dieser Zeit staunte Tocqueville über die Unterschiede zwischen Europa und Amerika. Obwohl
sein eigenes Heimatland, Frankreich, seit der Revolution von 1789 unverkennbar im Aufbruch, in rapidem politischen und sozialen Wandel
begriffen war, wogen die Traditionen dort schwer: eine immer noch
sehr hierarchische Gesellschaft, die den Menschen eine klare Position
zuwies; eine katholische Kirche als konservative Verbündete der Monarchie. In der amerikanischen Republik, so Tocquevilles faszinierter
Eindruck, waren die Menschen auf ganz andere Weise frei und begegneten sich zudem, bei allen sozialen Unterschieden, in fundamentaler
Gleichheit, sozusagen auf Augenhöhe und ohne die europäischen Regeln und Rituale von Rang und Unterwürfigkeit. Auch für die Französische Revolution war Freiheit und Gleichheit ein Begriffspaar, aber in

Amerika schien beides auch praktisch, im Lebensalltag, zu konvergieren. Nicht primär als Theoretiker, sondern aus der Anschauung formulierte Tocqueville so ein zentrales Prinzip der modernen Demokratie: die gegenseitige Bedingtheit von politischer Freiheit und Gleichheit. Fast alle weißen Männer besaßen das Wahlrecht; in den kleinsten Provinzstädten gab es Zeitungen, die ein Forum für den Parteienstreit boten.

Über die politische Gleichheit hinaus erschienen ihm aber auch die Unterschiede von Besitz und Status geringer als in Europa. Er begegnete keinem Geburtsadel und weniger krasser Armut und beschrieb auf diese Weise das Ideal einer Mittelklassengesellschaft, mit der die Demokratie als Regierungsform geradezu eine Symbiose eingehen konnte. Während in Europa oft ein selbstsüchtiger «Egoismus» herrsche, zumal in den oberen Schichten, habe sich in Nordamerika ein neuer «Individualismus» gebildet, der die Freiheit des Einzelnen mit seiner Orientierung auf eine Gemeinschaft und das Gemeinwohl verbinde. Tocqueville bewunderte also einerseits Freiheit und Individualismus – den die Amerikaner andererseits einhegten, indem sie sich auf Institutionen verpflichteten, «die jeden einzelnen Bürger daran erinnern, dass er in Gesellschaft lebt». Besonders hob er die Vielfalt der Vereine und Assoziationen hervor: den freiwilligen Zusammenschluss in Vereinen, Parteien, Reformbewegungen; nicht zuletzt auch in religiösen Gemeinschaften, die nicht Teil einer quasi-staatlichen Hierarchie, sondern der horizontalen Verbindung untereinander waren.

Als einem europäischen Liberalen aus adliger Familie erschien Tocqueville manches daran fremd oder allzu extrem. Er staunte darüber, dass eine gleiche, demokratische Gesellschaft gute Literatur und Kunst hervorbringen konnte. Er befürchtete, Gleichheit und Abstimmungsdemokratie könnten in eine «Tyrannei der Mehrheit» führen. Mit seinen Diagnosen bewegte er sich überhaupt auf der Schwelle zwischen der klassischen politischen Theorie, die hinter zu viel Freiheit den Despotismus lauern sah, und einer neuen, radikal modernen Sichtweise. Er bewunderte das demokratische Prinzip, doch in seiner Folge würden die Amerikaner, nach den großen «Gründervätern» des späten 18. Jahrhunderts, keine bedeutenden Staatsmänner mehr hervorbringen und lieber die Mittelmäßigkeit in die politischen Ämter wählen. Das ist ein Beispiel für die Aktualität seiner Beobachtungen. Denn die populäre Kritik an der Demokratie schwankt bis heute öfters zwischen der Klage über die Durchschnittlichkeit der Politiker einerseits, der elitären Abgehobenheit einer politischen «Kaste» andererseits.

Dennoch hat Tocqueville die amerikanischen Verhältnisse idealisiert. Er kam mit der Faszination des Fremden, und seine Gesprächspartner, bis hinauf zum Präsidenten Andrew Jackson, entstammten überwiegend den Führungsschichten, sei es in Washington, in New York oder in der Provinz. Obwohl er beeindruckend scharf Veränderungen beschrieb, die sich vor seinen Augen am Anfang der 1830er Jahre vollzogen, bekräftigte er den Mythos, die Amerikaner seien bereits gleich und demokratisch «geboren» worden. Heute weiß man, dass erst während der Jahrzehnte von Revolution und früher Republik alte Ungleichheiten und Abhängigkeiten über Bord geworfen wurden, vom Wahlzensus bis zu quasifeudalen Einrichtungen in der Landwirtschaft. Tocqueville sah die Sklaverei in den Südstaaten, von New Orleans bis Baltimore, maß ihr aber keine zentrale Bedeutung für sein Verständnis der amerikanischen Freiheit und Gleichheit bei. Wo er Indianern begegnete, prallten seine europäischen Vorurteile vom freien Wilden auf die bittere Realität von Abhängigkeit und Alkoholismus. Die gewaltsame Vertreibung zehntausender Indianer aus dem Südosten in das Oklahoma-Territorium begann 1831/32, während Tocquevilles USA-Aufenthalt. Aber den paradoxen Zusammenhang von Freiheit der weißen Siedler einerseits, Sklaverei und Vertreibung anderer «Rassen» andererseits mochte er nicht erkennen.

Andererseits bleibt sein Buch lesenswert, sogar informativ, weil die historische Forschung viele der Diagnosen Tocquevilles bestätigt und natürlich verfeinert hat. Auch wenn man alle soziale Idealisierung abzieht: In der ersten Hälfte des 19. Jahrhunderts gab es in Europa keine freiere, gleichere und auch in einem fundamentalen Alltagssinne «modernere» Gesellschaft als jedenfalls die Nordstaaten der USA. Vereine und Assoziationen erlebten tatsächlich zwischen 1830 und 1860 eine Blüte, häufig mit dem Ziel weiterer Liberalisierung, von politischen und sozialen Reformen. Religiöse Motive trieben die Mäßigungsbewegung gegen Alkoholkonsum an, aber auch die Abolitionisten, unter ihnen sehr viele Frauen, die vehement für die Abschaffung der Sklaverei in den Südstaaten kämpften und Fluchtwege organisierten. Tocqueville lag auch nicht falsch, wenn er dem Vereins- und Assoziationsleben eine besondere Bedeutung für die Demokratie beimaß. In Europa vollzog sich derselbe Trend, in mancher Hinsicht sogar noch schärfer, weil der Eintritt in das Zeitalter der liberalen «Assoziation», also der freiwilligen Vereinigung, den Ausgang aus dem Zeitalter der «Korporation» bedeutete: also aus jenen Bindungen, in die Menschen hineingeboren waren oder denen sie, ihrer sozialen Stellung nach, verpflichtend angehörten wie Handwerker einer Zunft. Heute beschreiben wir diese Netzwerke der freiwilligen Organisation als unverzichtbaren «zivilgesellschaftlichen» Teil der Demokratie; die Abolitionisten würden wir eine «advocacy»-Gruppe nennen.

Tocqueville verwendete bewusst den Begriff der «politischen Gesellschaft» und machte damit darauf aufmerksam, dass sich Demokratie nicht nur in einer abgeschlossenen Sphäre der Politik vollzieht oder bloß eine Regierungsform, noch schärfer gesagt: eine Regierungstechnik darstellt. Sie lebt nicht nur «aus» dem politischen Interesse einer Gesellschaft, sondern vollzieht sich in ihm. Mit einem solchen Begriff von Demokratie hatten die Deutschen noch im 20. Jahrhundert lange ihre Schwierigkeiten, weil sie dazu neigten, «Staat» und «Gesellschaft» voneinander zu trennen: so wie der Philosoph Georg Wilhelm Friedrich Hegel, der dem von der Bürokratie gelenkten Staat die bürgerliche Gesellschaft als ökonomische, nicht als politische, geschweige denn demokratische Sphäre gegenüberstellte – nur zehn Jahre vor Tocquevilles Amerikareise.

Demokratie reichte mit ihren Verästelungen sogar tiefer als in den Bereich der organisierten Gesellschaft mit ihren Vereinen, Kirchen, Reformgruppen. Sie hatte angefangen, die «Sitten und Gebräuche», wie man damals sagte, zu prägen. Wir würden heute sagen: Sie reichte über Politik in den Alltag hinein und prägte die Mentalitäten, die alltäglichen Umgangsformen, den Lebensstil. Die Ehrerbietung gegenüber Höherrangigen, beobachtete Tocqueville, zerbröselte. Auch ein Politiker, sogar der Präsident, konnte schonungslos und schärfstens kritisiert werden. Im Alltag, im Konsum, auch in den ästhetischen Präferenzen bildete sich ein Massengeschmack heraus. Die politische Gleichheit strahlte auf andere Bereiche des Lebens aus: auf Erziehung und Bildung oder die Beziehungen der Geschlechter. Wenn Demokratie im 20. Jahrhundert zunehmend als ein «Lebensstil» weit jenseits von Wahlen, Parlament und Regierung beschrieben wurde, war Alexis de Tocqueville ein Urahn dieser Idee.

3 Fundamentalpolitisierung:
Das allgemeine Interesse an der Politik

«Stell dir vor es ist Demokratie und keiner geht hin.» Dieser Spruch wird seit vielen Jahren immer wieder angeführt, wenn die Wahlbeteiligung erneut gesunken ist und überhaupt das Interesse der Menschen an Politik nachzulassen scheint. Er macht damit auf eine grundlegende Voraussetzung von Demokratie aufmerksam: Das Volk muss erst einmal regieren oder doch die politischen Verhältnisse mitbestimmen wollen, und dafür bedarf es eines Interesses an Politik. Wenn man nicht davon ausgeht, dass es sich dabei um eine Art natürlichen Instinkt der Menschen, um eine anthropologische Konstante handelt, ist dieses Interesse historisch keineswegs selbstverständlich. Oft wird die Geschichte der Demokratisierung anders herum erzählt: Monarchen und Autokraten halten das Volk gegen seinen Willen von der Herrschaft fern, bis sich dessen hartnäckiger Gestaltungswille schließlich doch durchsetzt. Darin steckt eine Teilwahrheit. Ebenso aber mussten breitere Schichten der Bevölkerung – nicht nur Gebildete oder ohnehin herrschaftsnahe Eliten – ihr Interesse für Politik erst entdecken.

Bis zum 18. Jahrhundert war das in weiten Teilen Europas schwierig, weil die elementaren Voraussetzungen der Lebensführung andere Prioritäten setzten. Bis zu 80 Prozent der vorindustriellen Bevölkerung lebten vor allem in der Sorge um die tägliche Ernährung, um das eigene Überleben und das der Kinder. «Erst kommt das Fressen, dann kommt die Moral», hat Bertolt Brecht einmal drastisch formuliert. Man kann Moral auch durch Politik ersetzen. Auch räumlich und kommunikativ blieb der Horizont der meisten Menschen eng begrenzt. Informationen aus der Hauptstadt kamen nur langsam in die Dörfer, während die Dorfbewohner oft nicht weiter als bis zur nächsten Markt- oder Gerichtsstadt reisten. Dennoch gab es schon vor der Revolution durch Kommunikation und Industrie Phasen tiefer existenzieller, im weitesten Sinne politischer Betroffenheit bis in die Unterschichten und die einfache Landbevölkerung hinein. Die wichtigste europäische Erfahrung dieser Art war die religiös-politische Mobilisierung in Reformation und konfessionellem Zeitalter des 16. und 17. Jahrhunderts.

Das allgemeine Interesse an Politik, das wir bis heute oft als selbstverständlich voraussetzen, ist aber erst ein Produkt des späten 18., vor allem des 19. Jahrhunderts. Historiker sehen in dieser Aneignung der

Politik durch ganze Gesellschaften einen so wichtigen Prozess, dass sie ihn häufig als «Fundamentalpolitisierung» beschreiben. Politische Informationen und politisches Interesse begannen auch in die Provinz zu reichen. Aus der Beschwerde gegenüber dem Gutsherrn oder Dorfbürgermeister wurde eine politische Forderung. Dabei spielten die Ausbreitung der Presse und die Verbilligung von Zeitungen und Magazinen, die sich zuvor nur eine Mittel- und Oberschicht leisten konnte, eine ganz wichtige Rolle. In den 1830er Jahren kam in England und Amerika die «Penny Press» auf: Zeitungen, die buchstäblich einen Penny kosteten und damit um ein Vielfaches günstiger waren als bisher üblich. Ihr Schwerpunkt lag zwar häufig nicht auf der Politik, sondern auf der Unterhaltung. Aber sie wurden doch zu einem Türöffner, und das Verhältnis zwischen Politik und Unterhaltung im medialen Massenmarkt ist bis heute ambivalent geblieben. Die neuen Märkte für politische Information und Debatten konnten ebenso zum Vehikel für politisches Interesse werden wie auch der Ablenkung von Politik dienen. Sie funktionierten – und das markiert eine weitere Voraussetzung – nur in einer «Massengesellschaft», in der die Stellung der Menschen nicht mehr ständisch-korporativ gebunden war.

Fundamental nennt man diese Politisierung auch, weil sie zunächst einmal unabhängig von bestimmten Überzeugungen und Parteirichtungen ist: Ob links oder rechts oder «Wechselwähler», auf das Interesse an Politik überhaupt kommt es an. Doch sehr bald bildeten sich Parteiströmungen und Weltbilder heraus und verdichteten sich zu konsistenten politischen Anschauungen mit allgemeinem Erklärungsanspruch, zu «fundamentalen» politischen Haltungen, die man seit dem frühen 19. Jahrhundert immer öfter als «Ideologien» bezeichnete. Die Zuordnung des eigenen politischen Interesses zu einer solchen Ideologie – man verstand sich, oft geradezu mit Haut und Haaren, als Liberaler, als Konservativer, als Sozialist – prägte in Europa besonders die Zeit zwischen den 1830er Jahren und der Mitte des 20. Jahrhunderts. Man muss aber vorsichtig sein, sie für ein notwendiges Element der politischen Interessiertheit, oder gar der Demokratie, zu halten. Jedenfalls darf die Verflüssigung dieser Ideologien in den letzten Jahrzehnten (und eine größere Unsicherheit darüber, wo man selber politisch «steht») nicht mit Desinteresse verwechselt werden.

Schließlich war die Politisierung des 19. Jahrhunderts fundamental, weil sie im sozialen Sinne bis in die Fundamente der Gesellschaft reichte: nicht auf die oberen Schichten begrenzt blieb wie weitgehend noch während der Aufklärung, sondern die Unterschichten erreichte. Ohne elementare Bildung, jedenfalls Lesefähigkeit, wäre das schwer vorstellbar gewesen. Deshalb war die Durchsetzung der allgemeinen Schulpflicht eine unerlässliche Voraussetzung für politisches Interesse, das sich ja erst im Mitvollzug von Informationen konstituieren kann. Seit der Jahrhundertmitte wirkte die Arbeiterbewegung als ein besonders wirkungsvoller Katalysator in der Politisierung der damals «neuen Unterschichten», der städtisch-industriellen Lohnarbeiterschaft. In ihren Gewerkschaften, Parteien, Bildungseinrichtungen, sogar in Sport und Freizeit trug sie maßgeblich dazu bei, Politik und Demokratie aus dem Reservat von Bürgertum und Mittelschichten zu befreien. Seitdem die klassische industrielle Arbeiterschaft der westlichen Gesellschaften, besonders im letzten Drittel des 20. Jahrhunderts, schnell geschrumpft ist und wiederum neue, heterogenere Unterschichten an ihre Stelle getreten sind, ist das politische Interesse tatsächlich wieder enger mit der sozialen Stellung verknüpft.

Was aber heißt es, sich für Politik zu interessieren? Wenn man sich die Geschichte des 19. Jahrhunderts näher ansieht, stoßen klassische theoretische Erklärungen schnell an Grenzen: die anthropologische vom natürlichen Politiksinn aller Menschen ebenso wie die klassisch-liberale, die von spezifischen Interessen jedes Einzelnen ausgeht, die sich in politische Forderungen übersetzen. Politikwissenschaftler nennen das ein «rational choice»-Modell, aber das Verhalten der Menschen geht darin längst nicht immer auf. Vielmehr lassen sich drei Muster erkennen, die allesamt eher die Politisierung durch konkrete Erfahrung in spezifischen Lebenssituationen hervorheben. Erstens musste Politik, mussten nicht zuletzt die großen «Weltbilder» sich in persönlichen Problemlagen wiedererkennen lassen. Der eigene Lohn mochte einem schon immer zu niedrig vorkommen oder die bürokratischen Vorschriften zu kompliziert für den eigenen Handwerksbetrieb – es bedurfte aber einer Brücke, einer Übersetzungsleistung, die solche Erfahrungen in ein sozialistisches oder liberales Programm transformierte. Das lässt sich im 19. Jahrhundert an unendlich vielen Beispielen studieren; heute wirkt es als «Politik aus Betroffenheit» fort.

Damit solches Interesse nicht schnell in der Sackgasse der Frustration endet, ist zweitens die Erfahrung, etwas bewirken und verändern zu können, entscheidend für die Festigung eines nicht nur sporadischen politischen Interesses. In jüngster Zeit haben sich dafür englische Begriffe wie «agency», also die Handlungsmacht des Einzelnen, oder das

«empowerment» schwacher oder resignierter Gruppen bis in die All-
tagssprache geschoben. Im 19. Jahrhundert nährten, viel mehr als im
20. Jahrhundert, Wahlen und Wahlkämpfe dieses Bewusstsein eigener
politischer Hebelkraft. Revolutionen waren verdichtete Schübe, in denen das erregte Gefühl, in das Rad der Geschichte greifen zu können,
politisches Interesse mobilisierte. – Einen dritten Erfahrungsraum bildete die eigene Herkunft: das Elternhaus, die Sozialisation. Wer in einer
politisch sehr bewussten Familie aufwuchs, konnte später tatsächlich
meinen, die Politik sei ihm oder ihr in die Wiege gelegt worden. So
bildeten sich von der Mitte des 19. bis in die Mitte des 20. Jahrhunderts Familientraditionen, in denen persönliche und politische Identität sich breit überlappten, und man war auf seine sozialdemokratische
Herkunft oder die Verbundenheit mit dem katholischen Zentrum
stolz.

Diese Beispiele haben bereits anklingen lassen: Im 20. Jahrhundert
setzte sich die Fundamentalpolitisierung nicht in gerader Linie, in immer weiterem Ausbau, fort. In Europa löste sich der enge Nexus von
politischem Interesse und Demokratie ein Stück weit auf, als ein neuer
Typus der modernen Diktatur die Politisierung der Gesellschaft auf die
Spitze trieb, aber zugleich in Propaganda und Konformismus erstarren
ließ. In der Bundesrepublik hatten viele nach der NS-Diktatur das Bedürfnis, sich dem politischen Zugriff auf die eigene Persönlichkeit entziehen zu müssen, und zogen sich in die schon von den Zeitgenossen
beschriebene unpolitische Haltung der 1950er Jahre zurück. Dieses
Bild ist nicht ganz zutreffend, weil die Bundesbürger in großer Zahl
wählen gingen und sich millionenfach wieder in Parteien und Gewerkschaften organisierten. Aber es unterstreicht, dass Politisierung und
Demokratie in einem komplizierten Verhältnis zueinander stehen. Auch
die Unzufriedenheit und «Politikverdrossenheit» der letzten zwei bis
drei Jahrzehnte ist, wie empirische Untersuchungen zeigen, mit Entpolitisierung oder einem Rückzug aus der praktizierten Demokratie
nicht vorschnell gleichzusetzen; das Interesse an Politik ist in den meisten Demokratien, auch in Deutschland, weiterhin sehr hoch. Dennoch
lohnt es zu erinnern, dass die Fundamentalpolitisierung ein historischer
Prozess war, der nicht immer und überall weitergelten muss.

4 Die britischen Wahlrechtsreformen im 19. Jahrhundert

Bis heute gilt England oft als das Mutterland der modernen Demokratie, mindestens im eigenen Selbstbewusstsein. Die parlamentarische Tradition seit dem späten Mittelalter ist beeindruckend, aber der Weg der Kontinuität hat auch vieles bewahrt, von dem sich andere Demokratien getrennt haben. Das «Vereinigte Königreich» ist weiterhin eine Monarchie und keine Republik. Ein allgemeines, demokratisches Wahlrecht selbst für Männer hat sich im 19. und 20. Jahrhundert langsamer, später und viel komplizierter durchgesetzt als in den USA oder Frankreich, aber auch als in Deutschland. So ist Großbritannien tatsächlich in vieler Hinsicht ein Sonderfall in der Geschichte der Demokratie, aber keineswegs nur als Pionier, sondern auch als Nachzügler. Den Reformen von 1832, 1867 und 1884 gilt dabei seit langem besondere Aufmerksamkeit, aber die schrittweise Ausdehnung des Wahlrechts setzte sich im 20. Jahrhundert, zwischen dem Ende des Ersten und des Zweiten Weltkriegs, fort. Nicht weniger als sechs verschiedene Reformgesetze waren zwischen 1832 und 1948 nötig, bis das Prinzip «one person, one vote» uneingeschränkt galt.

Das erste «Gesetz über die Vertretung des Volkes» trat im Juni 1832 in Kraft. Ihm waren immer heftigere Reformforderungen von Liberalen vorausgegangen, denn seit dem 17. Jahrhundert hatte sich an Wahlrecht und Repräsentation des Unterhauses kaum etwas geändert. Das Wahlrecht war an Besitz geknüpft, und das Parlament vertrat nicht so sehr «Stände» im kontinentaleuropäischen Sinne (den Adel, die Bürger), schon gar nicht Individuen, sondern städtische und ländliche Wahlbezirke, wobei in den Städten zunehmend das Handelsbürgertum, auf dem Land der grundbesitzende Adel dominierte. Die meisten der städtischen «Boroughs» und der ländlichen «Counties» schickten mehrere Abgeordnete nach Westminster, zwei oder sogar vier. Die Einteilung der Counties und Boroughs vollzog die Veränderungen in Bevölkerung und Wirtschaftsweise – die im späten 18. Jahrhundert beginnende Industrialisierung, dann den Zug in die Städte – nicht mit, so dass in etlichen Bezirken, ländlichen und städtischen gleichermaßen, am Vorabend der Reform nur wenige Dutzend Wähler existierten, im Extremfall weniger als zehn.

Um 1830 waren große Teile Europas, ausgehend von der Französischen Julirevolution und dem polnischen Aufstand, in Bewegung. In

England starb König Georg IV., und der Thronwechsel und die damit verbundenen Neuwahlen zum Unterhaus heizten auch hier die Debatte mächtig an. Im Parlament stritten Liberale und Konservative, Reformer und Traditionalisten; das Oberhaus versuchte bis zum Schluss fast jede Reform überhaupt zu verhindern. Vor allem aber etablierte sich die außerparlamentarische Öffentlichkeit endgültig als neuer und moderner Faktor der britischen Politik: nicht nur als «gedruckte» Öffentlichkeit, sondern auch in der Agitation von Vereinen und Reformgesellschaften sowie im massenhaften Protest von Menschen auf den Straßen. In diesem Durchbruch zu einem modernen – und im weiteren Sinne «demokratischen» – Politikstil liegt die Bedeutung der «Reform Bill» von 1832 vielleicht sogar eher als in ihren konkreten Ergebnissen, die zumal für die Erweiterung des Wahlrechts mager ausfielen. In den ländlichen Bezirken blieb die Grenze von 40 Schilling für den Landbesitz bestehen; zusätzlich durften jetzt aber auch Pächter mit langfristigen oder erblichen Rechten wählen. Die Zahl der Wähler stieg von etwa 400 000 auf 650 000, das war rund jeder sechste männliche Erwachsene des Königreichs. Viele der kleineren Bezirke, der «rotten boroughs», wurden aufgelöst, dafür neue Wahlbezirke in Stadt und Land geschaffen. Für die gehobene Mittelklasse war die Reform durchaus ein Erfolg; Arbeiter aber blieben vom Wahlrecht ausgeschlossen und organisierten sich seitdem in der Bewegung der «Chartisten», die sich für das allgemeine Männerwahlrecht einzusetzen begann.

Die europäische Revolution von 1848/49 berührte England noch weniger als die von 1830, aber nicht zufällig kam in der Mitte der 1860er Jahre wieder Bewegung in die Wahlrechtsfrage. Auch anderswo, zumal in Deutschland, begann eine «neue Ära» des Liberalismus; der Sieg des Nordens im amerikanischen Bürgerkrieg war ein Signal für die Reformer weltweit. Zu ihnen gehörten auch manche Konservative wie der Premierminister Benjamin Disraeli, der ähnlich wie Bismarck zur gleichen Zeit in Deutschland kalkulierte, dass ein Großteil des Volkes eher konservativ gesinnt sein würde. Noch mehr als eine Generation zuvor jedoch baute sich jetzt Druck «von unten» auf. Die «Reform-Liga» trat für ein allgemeines Wahlrecht ein, für manche wie den liberalen Politiker und Autor John Stuart Mill sollten darin sogar schon die Frauen eingeschlossen sein. In großen Städten Englands und Schottlands protestierten Hunderttausende für diese Ziele, allein 200 000 Menschen bei einer großen Demonstration im Londoner Hyde Park am 6. Mai 1867. Erneut änderte sich der Stil der Politik: hin zu einer

Politik der Massengesellschaft weit jenseits der noch eher elitären liberalen Öffentlichkeit. Und erneut zeigte sich, dass Demokratie nicht «sich durchsetzte», sondern in heftigen Konflikten und gegen Widerstand erstritten werden musste.

Mit dem Ergebnis, dem Reformgesetz von 1867, verdoppelte sich die Zahl der Wähler auf etwa zwei Millionen – immer noch erst 40 Prozent der erwachsenen Männer. Wahlberechtigt waren nun alle männlichen Haushaltsvorstände, die Kommunalsteuern zahlten. Das schloss immerhin – und darin liegt die Bedeutung dieses Reformschrittes – den Großteil der städtischen, industriellen Arbeiterschaft ein. Und wieder reduzierte das Gesetz die Vertretung kleinerer Bezirke und schuf neue, um die größeren Städte besser zu repräsentieren. Die Counties und Boroughs auf den britischen Inseln, deren Geschichte oft ins Mittelalter zurückreichte, waren aber nie bloße Wahldistrikte, deren Grenzen rein technisch für diesen Zweck gezogen und auch schnell wieder verändert werden konnten, wie das schon sehr früh in den USA der Fall war. Sie bildeten auch Einheiten der Justiz und lokalen Verwaltung, und sogar einzelne Universitäten verfügten über eigene Sitze im Unterhaus. Das machte den Übergang zu einem Wahlrecht, das sich an die einzelne Person knüpfte, viel schwieriger. Auch im dritten Schritt blieben die prinzipiellen Mechanismen der Repräsentation unangetastet: Das Reformgesetz von 1884 vollzog vor allem die Erweiterung der Wählerschaft auf die ländlichen Gebiete nach, die seit 1867 für die Städte galt. Jetzt waren immerhin schon 5,5 Millionen Männer wahlberechtigt. Aber die Regeln blieben sehr kompliziert; Stadt und Land blieben grundsätzlich unterschieden, und bei beiden gab es eine Fülle einzelner Kategorien: Man durfte als freier Grundbesitzer wählen, oder als Pächter dieser oder jener Art, oder als Haushaltsvorstand und Steuerzahler. Wer über Besitz in mehreren Bezirken verfügte, konnte auch weiterhin mehrere Stimmen abgeben. So handelte es sich bei dem britischen System, trotz seiner Besitzschranken, genau genommen noch nicht einmal um einen «Zensus». Denn ein Zensus wie der französische bis 1848 geht vom bürgerlichen Individuum als politischer Person aus, was im Vereinigten Königreich der Idee nach nicht der Fall war, auch wenn sich die Realität dem im Gesetz von 1884 weiter annäherte.

Wie auch anderswo brachte das Ende des Ersten Weltkriegs den nächsten entscheidenden Schub, das vierte Reformgesetz von 1918. Dass Soldaten das eigene Land unter Einsatz des Lebens verteidigen – und als politisch nicht voll berechtigte Bürger zurückkehren, diese Vorstellung schien den meisten Engländern unerträglich. So erstreckte sich das Wahlrecht nun auf praktisch alle Männer ab 21 Jahren. Auf ungewöhnliche Weise überlappte sich diese Reform mit den Anfängen des Frauenwahlrechts: Britische Frauen durften nun ebenfalls wählen, mussten dafür aber 30 Jahre alt sein und einen minimalen Besitz nachweisen. Erst zehn Jahre später, 1928, wurden sie mit den Männern im allgemeinen Wahlrecht gleichgestellt. Aber erst 1948 räumte die Labour-Regierung unter Premierminister Clement Attlee mit den letzten Eigentümlichkeiten des britischen Wahlrechts auf, indem die Universitäten ihre eigenen Unterhaussitze verloren und das Mehrfachstimmrecht entfiel. So galt bei den Unterhauswahlen von 1950 zum ersten Mal überhaupt das Prinzip «one person, one vote».

Über die Gründe für diesen verschlungenen Weg der Briten zum allgemeinen Wahlrecht kann man lange spekulieren. An vorderer Stelle steht die lange Geschichte der parlamentarischen Tradition, die sich mit einem besonderen Verständnis von «Repräsentation» so eng verknüpft hatte, dass dieser Knoten nur schwer zu durchschlagen war – ganz anders als in Ländern, wo Parlamente, trotz mancher ständischen Vorläufer, als Vertretung des Volkes neu geschaffen wurden. So konnte ein Pionier der Demokratie, jedenfalls seiner parlamentarischen Komponente, im 19. und frühen 20. Jahrhundert von Nachzüglern wie Deutschland überholt werden. Auch in anderer Hinsicht nahm England eine Pionierrolle ein, die eine frühe Ausweitung des Wahlrechts nicht begünstigte. Während die USA das allgemeine Männerwahlrecht vor der Industriellen Revolution, vor der Entstehung einer millionenfachen Industriearbeiterschaft verankerten, war die englische Arbeiterschaft bereits früh ein politischer Faktor – und ihre politische Beteiligung ein Schreckbild auch mancher gemäßigt-liberaler Reformer.

Entscheidend aber blieb, wie die Nachwirkung bis 1948 unterstreicht, die spezifische Auffassung von Repräsentation. Seit 1832 trugen alle Reformgesetze den offiziellen Titel «Representation of the People Act». Es war aber nicht das «Volk» im politischen Sinne der Französischen Revolution oder des amerikanischen «We, the People» von 1787, das damit gemeint war. Gemeint war eher die «Bevölkerung», die in den städtischen und ländlichen Bezirken, den «constituencies», repräsentiert sein sollte, nicht aber als individuelle Staatsbürger eines demokratisch-politischen Volkes. Mit anderen Worten: England gelangte zur Demokratie, ohne sich eigentlich auf das Prinzip der «Volkssouveränität» Kontinentaleuropas und Amerikas einzulassen.

5 Sklaverei, Union, Demokratie: Der amerikanische Bürgerkrieg

Am 12. April 1861 begann der Amerikanische Bürgerkrieg, als Truppen der «Konföderierten Staaten von Amerika» das im Hafen von Charleston gelegene Fort Sumter, einen Stützpunkt der Unionstruppen, angriffen und der neugewählte Präsident, Abraham Lincoln, das nicht hinnehmen wollte. Kurz nach der Wahl des Republikaners Lincoln, aber noch vor seiner Amtseinführung hatten sieben Staaten des Südens unter Führung von South Carolina ihren Austritt aus der Union erklärt und die «Confederate States of America» gegründet; nach dem Beginn des Krieges kamen weitere vier Staaten dazu. So ging es in dem vier Jahre, bis April 1865 dauernden Bürgerkrieg zunächst einmal um die Bewahrung oder Wiederherstellung der Union. Dahinter stand eine grundsätzliche Frage über den Charakter dieser Union, der nationalen Staatsgründung von 1787: War sie ein Bündnis souveräner Staaten, das man auch wieder verlassen konnte – so die Position des Südens –, oder handelte es sich um eine Schöpfung aus der Volkssouveränität, die eine unteilbare Nation im Zeichen der Freiheit geschaffen hatte? Das war die Auffassung des Nordens, schon seit vielen Jahrzehnten, denn der Streit zwischen Nord und Süd hatte sich bereits um 1830 immer mehr zugespitzt, und bereits damals hatte Daniel Webster, ein einflussreicher und sprachgewaltiger Senator aus Massachusetts, den südlichen Vertretern der «Staatenrechte» entgegengeschleudert: «Liberty *and* Union, now and forever, one and inseparable!»

Insofern war die Bewahrung der Union nie nur ein «technisches» Problem, sondern unlösbar mit dem Selbstverständnis und dem Auftrag der Freiheit verknüpft. Unter dieser Freiheit konnte man sehr Unterschiedliches verstehen, aber in den 1850er Jahren, im Jahrzehnt vor dem Bürgerkrieg, hatten sich die konkurrierenden Vorstellungen von Freiheit wiederum untrennbar mit der Zukunft der Sklaverei verbunden. Die politischen Eliten in den Südstaaten, die sklavenhaltenden Besitzer von Baumwoll- oder Reisplantagen verstanden unter Freiheit die Selbstbestimmung über ihre herkömmliche Lebens- und Wirtschaftsweise, unter Einschluss der persönlichen Unfreiheit von vier Millionen afrikanischstämmigen Männern, Frauen und Kindern. Die Mehrheit im Norden dagegen – nördlich der Grenze zwischen Maryland und Pennsylvania – begriff die Sklaverei immer mehr als einen Makel der gesamten Nation und als Inbegriff für eine eklatante Verletzung der Freiheit, der nicht nur in den neu aufgenommenen Staaten weiter im Westen ein Riegel vorgeschoben werden müsse, sondern auch in ihren Bastionen im Südosten, an der Atlantikküste, wo die Geschichte der Sklaverei bereits in das frühe 17. Jahrhundert zurückreichte. So kann man den Bürgerkrieg auch als Auseinandersetzung über die Sklaverei lesen. Ob es dem Norden zuerst um die Bewahrung der Union oder um die Abschaffung der Sklaverei gegangen sei, darüber ist eine Zeitlang viel gestritten worden. Lincoln selber hat einmal gesagt, er würde die Union zu retten versuchen, ob dabei am Ende alle oder keine Sklaven befreit würden. Heute würde man eher sagen, dass sich beides nicht trennen ließ; die Bedeutung der Auseinandersetzung um die Sklaverei wird insgesamt wieder stärker betont. Aber wo immer man den Schwerpunkt setzt: In jedem Fall kämpften die beiden Seiten um konkurrierende Visionen von Freiheit, und damit auch um ihre Vorstellung von Demokratie.

In den Nordstaaten setzte sich in der Mitte des 19. Jahrhunderts ein Freiheitsbegriff immer mehr durch, der die Institution der Sklaverei frontal angriff, und zwar aus mehreren Quellen. Die Reformbewegungen mit ihren Vereinen und Wohltätigkeitsnetzwerken schrieben sich die Abschaffung der Sklaverei im Süden auf die Fahne, betrieben politische Lobbyarbeit, unterstützten Fluchtwege aus dem Süden in die nördliche Freiheit und setzten auf die anklagende Macht des Wortes in Erfolgsromanen wie Harriet Beecher Stowes «Uncle Tom's Cabin» von 1852. Gleichzeitig formte sich ein neues Parteiensystem, in dem die neue Partei der Republikaner zum (bis heute) wichtigsten Gegenspieler der Demokraten wurde. Die Programmatik der Republikaner ankerte in einem Verständnis von persönlicher Freiheit, das nicht nur Ausdruck von Menschenfreundlichkeit war, sondern auch Spiegel der industriell-kapitalistischen Umwälzung, die sich seit der Jahrhundertmitte beschleunigte und jenseits von Küstenregionen auch das Hinterland, die neuen Städte an den Großen Seen wie Chicago, zu erfassen begann. Die Freiheit des Individuums, der Arbeits- und Vertragsverhältnisse (als «freie Lohnarbeit») und des Grund und Bodens als frei veräußerliches Gut gehörten in dieser Sicht unmittelbar zusammen und ließen für die Sklaverei keinen Platz. Abraham Lincoln gehörte, auch in der Frage der Sklaverei, zum eher entschiedenen, nicht kompromissbereiten Flügel der Republikaner. In einer seiner frühen Reden hatte er bereits im Juni 1858 erklärt, die Vereinigten Staaten könnten nicht auf Dauer «half slave, half free» existieren; sie müssten ganz das eine oder ganz das andere sein. Dass er selber für die Freiheit war, daran ließ er keinen Zweifel.

Man wird nicht behaupten können, dass es den Südstaaten in gleicher Weise um die Verteidigung von Freiheit und Demokratie ging; sicher nicht im heutigen Sinne der Begriffe. Und doch haben Historiker in letzter Zeit argumentiert, man könne die Verteidigung der Sklaverei, der Freiheit der eigenen Lebensweise und der Freiheit der Staaten gegen die vermeintliche Vormundschaft des Bundes nicht als notdürftig zusammengeschusterte Rechtfertigung abtun. Sie war kein bloß rhetorischer Vorwand, an den im Süden selber niemand wirklich glaubte, da es doch offensichtlich um die Verteidigung persönlichen Besitzes und eines profitablen Systems der Landwirtschaft gegangen sei. Vielmehr hatte sich über lange Zeit, seit dem 17. Jahrhundert und auch durch die Revolution hindurch, eine Auffassung tief in die südliche Mentalität und politische Weltanschauung eingegraben, nach der Sklaverei und republikanische Freiheit zwei Seiten derselben Medaille waren. Im 19. Jahrhundert, in den Jahrzehnten vor dem Bürgerkrieg, verfestigte sich diese Haltung und nahm neue Elemente auf: die Existenz und den Fortschritt der westlichen, auch der christlichen Zivilisation, als deren Bannerträger sich die südlichen Eliten verstanden; auch neue rassistische Argumente. Die Südstaaten begriffen sich entschieden als republikanisch, und die Konföderation sollte selbstverständlich nicht einen Rückweg zu den Monarchien und Ständegesellschaften europäischen Stils einschlagen.

So fanden sich unter den Verteidigern der Sklaverei und des Rechtes der Staaten, darüber selber zu bestimmen, hochintelligente Politiker. Sie versuchten sogar, wie John C. Calhoun aus South Carolina, so etwas wie eine eigene Demokratietheorie hervorzubringen. Calhoun war sieben Jahre Vizepräsident der USA und bis zu seinem Tod 1850 lange Jahre als Senator für seinen Heimatstaat in Washington. Als er die Südstaaten immer mehr in die Defensive geraten sah, entwickelte er eine Theorie des Minderheitenschutzes (die Minderheit waren ihm die Südstaaten, nicht die unfreien Sklaven!) unter dem Leitbegriff der «concurrent majority», also der übereinstimmenden oder zusammenwirkenden Mehrheit. Wenn eine Mehrheit immer ohne weiteres ihren Willen durchsetze, sei das nicht demokratisch, sondern der Weg in die Despotie. Minderheiten müssten also mitberücksichtigt werden, eine Art Einspruchs- oder Vetorecht erhalten. Damit berührte er eine Problematik der Demokratie, die ebenso prinzipiell wichtig wie bis heute aktuell ist, genauso wie die Frage nach dem Verhältnis von Bundes- und Einzelstaaten in einem föderalen System. Wenn man die Geschichte der Demokratie nicht als eine Autobahn versteht, die geradewegs zu einem lang angekündigten Fernziel führt, lässt sich der Konflikt des Bürgerkriegs als ein Streit um unterschiedliche Konzeptionen der Demokratie verstehen. Freilich hatte die Demokratiekonzeption von Männern wie Calhoun ein entscheidendes Manko, das man durchaus schon damals benennen konnte: Sie ignorierte oder unterschätzte die Bedeutung der persönlichen Freiheit für die Demokratie und der Gleichheit aller Menschen in dieser Freiheit. So erwies sich dieser Weg als Sackgasse.

Historisch kam er an ein Ende, weil die Union ihre von vornherein überlegenen Ressourcen an Bevölkerung und Wirtschaftskraft seit 1862 zunehmend auch in militärische Erfolge ummünzen konnte. Auch während des Krieges trat die Frage der Sklaverei nicht in den Hintergrund, wenn sie sich auch öfters mit strategischen Überlegungen verknüpfte – schließlich konnte die Befreiung der Sklaven den Süden schwächen und den Unionstruppen sogar wertvolle neue Soldaten zuführen. Deshalb erließ Lincoln mitten im Krieg zunächst eine provisorische, dann eine endgültige Emanzipationserklärung (22. September 1862 und 1. Januar 1863). In einer Ansprache auf dem Schlachtfeld von Gettysburg in Pennsylvania, in der Ehrung der Gefallenen einer der blutigsten Schlachten des Bürgerkrieges, erinnerte er am 19. November 1863 an den Zweck des Krieges: eine Wiedergeburt der Nation in Freiheit. Darin steckte viel Pathos, doch auch hier war mit der Freiheit sehr konkret eine Gesellschaft jenseits der Sklaverei gemeint. Und Lincoln verknüpfte diesen Auftrag mit einem Bekenntnis zur Demokratie in der Form einer bündigen Definition, die bis heute als eine der knappsten und klarsten Bestimmungen von Demokratie als Regierungsform Bestand hat: «government of the people, by the people, for the people» – also die Regierung aus dem Volk, durch das Volk und für das Volk. Politikwissenschaftler würden sagen, dass er damit den Anspruch der Demokratie in ihrer Legitimation (oder dem Herrschaftsgrund), in ihrem Verfahren und in ihrem Zweck erfasst hatte. Damit war auch gemeint, dass sich keine dieser drei Säulen herausbrechen lässt: Eine Regierung, die noch so Gutes «für» die Bevölkerung tut, ist keine Demokratie, sondern vielleicht – in heutigen Begriffen – eine Fürsorgediktatur.

Nach dem Ende des Bürgerkrieges zeigte sich rasch, dass die Wiederherstellung der Union gegen die innerlich widerstrebenden Südstaaten immer noch massiven Drucks und militärischer Präsenz bedurfte. Die Aufhebung der Sklaverei führte die Afro-Amerikaner im Süden keineswegs automatisch in eine Freiheit der ökonomischen Subsistenz oder der selbstbestimmten Lebensführung. Häufig blieb die Abhängigkeit von dem früheren Herrn und Eigentümer bestehen, weil eine andere Behausung als die früheren Sklavenhütten nicht zur Verfügung stand und das Land nun in Pacht bearbeitet wurde, oft zu einschnürenden Bedingungen, die der Gutsbesitzer diktieren konnte. Rassismus in den weißen Köpfen verschwand nicht, sondern nahm jetzt erst recht zu. Dennoch sollte man den Einschnitt und den demokratischen Gewinn nicht gering schätzen, auch für den Lebensalltag nicht, aus dem unmittelbare physische Gewalt und Unterdrückung verschwanden. Den rechtlich-politischen Ertrag hielten drei neue Zusatzartikel zur Bundesverfassung fest, die zwischen 1865 und 1870 in Kraft traten und wie ein Stufenbau der persönlichen und politischen Freiheit angelegt waren: Zunächst verbot das 13. Amendment Sklaverei und unfreiwillige Knechtschaft, legte also den Grundstein der persönlichen Freiheit. Knapp drei Jahre später garantierte der 14. Zusatz den früheren Sklaven ihren Status als Staatsbürger und legte für die parlamentarische Repräsentation die Gesamtbevölkerung zugrunde. Bisher hatten Sklaven ja nur drei Fünftel gezählt, ohne wählen zu dürfen. Dieses Recht bekräftigte das 15. Amendment, das im Februar 1870 in Kraft trat und den Ausschluss vom Wahlrecht auf der Grundlage von «Rasse, Hautfarbe oder früherer Unfreiheit» verbot. Darüber gab es auch im Norden Streit, weil der Rassismus inzwischen auch vor neuen Einwanderern, zum Beispiel Chinesen an der Westküste, nicht Halt machte.

Eine andere fundamentale Ungleichheit blieb nicht nur bestehen, sondern wurde sogar erstmals ausdrücklich in der Verfassung festgehalten: Der 14. Zusatzartikel sprach im Zusammenhang mit dem Wahlrecht nämlich von der «männlichen Bevölkerung». Wie schon bei der Ausweitung des Wahlrechts für die weißen Männer um 1830 zeigte sich also, dass die Inklusion der einen mit einem schärferen Ausschluss der anderen, hier also der Frauen, erkauft sein konnte. Aber auch die schwarzen Männer konnten das Wahlrecht und die staatsbürgerliche Gleichheit nur etwa zwei bis drei Jahrzehnte genießen, bis um die Jahrhundertwende eine radikale Gegenbewegung einsetzte.

6 Grenzen der Demokratisierung:
Das deutsche Kaiserreich 1871–1918

Passen Kaiserreich und Demokratie überhaupt zusammen? Das aus dem preußisch-österreichischen Krieg und dem Krieg gegen Frankreich hervorgegangene «Zweite» Kaiserreich (nach dem 1806 untergegangenen, dem Heiligen Römischen Reich) war vor nicht allzu langer Zeit für viele Historiker alles andere als demokratisch, ja sogar eine wichtige Etappe auf dem späteren Weg in die nationalsozialistische Diktatur. Zwischen den 1960er und 1980er Jahren warfen sie einen besonders kritischen Blick auf die Zeit Bismarcks und Wilhelms II., weil sie in der immer noch jungen und unsicheren Demokratie der Bundesrepublik nach tieferen Ursachen für das Scheitern der Weimarer Republik suchten. In einer besonders pointierten Formel charakterisierte Hans-Ulrich Wehler die Politik der ersten zwanzig Jahre des Kaiserreichs, also der von Bismarcks Kanzlerschaft geprägten Ära bis 1890, als «plebiszitär gefestigtes, bonapartistisches Diktatorialregime im Gehäuse einer halbabsolutistischen und pseudokonstitutionellen Militärmonarchie». Darin war fast alles enthalten, was undemokratische Regierungen alten wie neuen Typs bezeichnete: Monarchie und Absolutismus einerseits, Diktatur und Militärherrschaft andererseits – ein Regime des Übergangs vom Regen in die Traufe. So verstand man unter «Bonapartismus» denn auch genau dies: die Herrschaft eines starken Mannes in der Zeit, als Adel und alte Eliten noch nicht abgedankt hatten, das neue Bürgertum aber noch nicht selber zur Herrschaft bereit war. Dass dieses Regime «plebiszitär» war, also durch den direkten Appell an das Volk gestützt, verwies immerhin auf eine wichtige Errungenschaft des Kaiserreichs: die Einführung des allgemeinen und gleichen Männerwahlrechts bei den Reichstagswahlen, die zunächst alle drei Jahre, nach 1893 alle fünf Jahre abgehalten wurden.

Tatsächlich war das Kaiserreich, wie der Name schon sagte, keine Republik, sondern ein Bund souveräner Fürsten, die als Oberhaupt ihrer Vereinigung den mächtigsten unter ihnen, den preußischen König, zugleich als deutschen Kaiser einsetzten. Die Verfassung ging nicht aus einer gewählten Versammlung hervor, wie das Paulskirchenparlament das 1848 versucht hatte, und der neue Nationalstaat berief sich auch nicht auf das Prinzip der Volkssouveränität; er begann noch nicht einmal mit einem fiktiven «Wir, das Volk». Vielmehr war das Reich ein

Bündnis seiner 25 Mitglieder, die ihrerseits allesamt, von den drei «freien Städten» Bremen, Hamburg und Lübeck abgesehen, einen erblichen Fürsten an der Spitze hatten. Diese föderale Konstruktion spiegelte sich im Bundesrat, während der Reichstag zwar auf einer demokratischen Grundlage ruhte, die keinerlei Vergleich zu scheuen brauchte, aber nicht die Regierung bestimmen konnte. Denn dem Prinzip der konstitutionellen Monarchie entsprechend ernannte der Kaiser die Reichskanzler, die sich für ihre Politik dann im Parlament eine (durchaus auch wechselnde) Mehrheit suchen mussten. Im Laufe der Jahrzehnte gewann der Reichstag zwar erheblich an Selbstbewusstsein und näherte sich in seinem Stil immer mehr einem heutigen demokratischen Parlament an. Das palastartige Gebäude nach Plänen des Architekten Paul Wallot, das seit 1894 den Reichstag aufnahm, strahlte dieses Selbstbewusstsein aus, doch wurde es nicht zufällig aus Berlins monarchischer Mitte verbannt, jenseits der alten Stadtgrenze, und fand sich deshalb 1945 im Westteil der Stadt wieder.

Aber nicht nur die Verfassung, der staatsrechtliche Rahmen des Kaiserreichs, blieb hinter vielen liberalen und demokratischen Erwartungen zurück. Vor allem die «Verfassungswirklichkeit», also die praktischen Formen der politischen Herrschaft bis 1918, stand einer demokratischen politischen Kultur der freien, pluralistischen Meinungsbildung immer wieder krass entgegen. Der «Kulturkampf» gegen die katholische Kirche am Beginn der 1870er Jahre wurde zwar von vielen Liberalen als Kampf von Aufklärung und Fortschritt gegen finsteres Mittelalter verstanden, enthielt aber unverkennbar autoritär-bürokratische Züge. Kurz darauf geriet die Sozialdemokratie ins Visier der Verfolgung; ihre Organisationen, voran Partei und sozialistische Gewerkschaften, wurden unter dem «Gesetz gegen die gemeingefährlichen Bestrebungen der Sozialdemokratie» zwischen 1878 und 1890 verboten. Nach dem Rücktritt Bismarcks blieben solche repressiven Kampfperioden zwar Vergangenheit, aber eine freiere Gesinnung bildete sich oft nur mühsam heraus. Im Gegenteil, schon die Zeitgenossen haben die wilhelminische Phase des Kaiserreichs, die im Zeichen Wilhelms II. und schwächerer Reichskanzler stand, als Zeit der Obrigkeitshörigkeit und Untertanengesinnung kritisiert, so wie Heinrich Mann in seinem Roman «Der Untertan» im Jahre 1906 die schwächliche Hauptfigur des Diederich Heßling entwarf: politisch unterwürfig und unfrei, aber im eigenen Umfeld, in Familie und Fabrik, autoritär.

Das war nicht nur ein Problem der Einstellung einzelner Bürger, sondern hatte sich in die Strukturen der Gesellschaft und des Parteiensystems eingefressen. Soziologen wie Ralf Dahrendorf oder M. Rainer Lepsius haben bildreich von den Verkrustungen und «Verwerfungen» in der Gesellschaft des Kaiserreichs gesprochen. Nicht Gleichförmigkeit oder Homogenität, wie sie Diktaturen des 20. Jahrhunderts anstrebten, war das Problem: Denn die Katholiken unterschieden sich ja scharf von den Protestanten, nicht nur am Sonntag vormittag, sondern bis in jede Verästelung des Alltags hinein; die seit 1890 rasch expandierende Welt der Sozialdemokratie schuf beinahe einen kompletten Gegenentwurf zur liberal-konservativen bürgerlichen Welt. Diese Unterschiedlichkeit aber war kein Ausdruck freier Pluralität, sondern sie schuf zementierte Segmente von Gesellschaft, Kultur und politischen Einstellungen; sie schottete verschiedene «Milieus» voneinander ab, die sich bestenfalls nichts zu sagen hatten.

Doch in diesem Bild, gar in einem Verdikt über «strukturelle Demokratiefeindschaft» (Wehler) geht die politische Wirklichkeit des Kaiserreichs nicht auf. In den letzten zwei Jahrzehnten hat die Forschung kompliziertere Mischungen zu Tage gefördert und demokratische Potentiale entdeckt, insgesamt auch einen Trend zur Öffnung und Demokratisierung im Übergang in das 20. Jahrhundert. Im internationalen Vergleich war noch nicht einmal die Verfassung von 1871 allzu rückständig, gewiss nicht das Wahlrecht. Vor allem darf man sich das Kaiserreich nicht als einen allzu einheitlichen Block vorstellen, in dem Bismarck oder Wilhelm II. Politik und Alltag in einer württembergischen Kleinstadt oder im schlesischen Industrierevier in ihrem autoritären Griff gehabt hätten. Der neue Nationalstaat wurde erst ganz allmählich zu einer «Nation» gemeinsamer Traditionen und Zukunftsentwürfe. Der föderale Aufbau des Reiches ließ den Einzelstaaten, in Preußen auch den Provinzen wie dem Rheinland oder Ostpreußen, viel Raum, auch dort, wo – wie im Rheinland oder in Südwestdeutschland – liberale und demokratische Traditionen lebendig waren. Unterhalb der Staaten und Provinzen genossen die Städte und Gemeinden ein hohes Maß an Selbstverwaltung. So boten die Kommunen Raum für Partizipation; die liberalen Parteien und selbstbewusste Bürger spielten in ihnen eine viel wichtigere Rolle als in der Politik des Reiches. Waren es am Anfang des 19. Jahrhunderts eher kleine und mittlere Städte, die als Treibhaus der Demokratie wirkten, traten in der Zeit des Kaiserreichs die Großstädte immer mehr in den Vordergrund. In ihnen überlagerten sich liberaler Bürgergeist, eine wachsende Sozialdemokratie und die Freiheitsspielräume der modernen Welt von technischer Kommunikation und Massenmedien. Gewiss, die Spannweite zwischen Großstadt und Provinz, zwischen radikaler Modernität und traditionellen Lebens- und Arbeitsformen kann man sich kaum groß genug vorstellen – aber das war im letzten Drittel des 19. Jahrhunderts nicht nur in Deutschland so. Während einerseits eine Nation zusammenwuchs, kam andererseits der Stadt-Land-Unterschied auf einen historischen Höhepunkt und schmolz erst seit den 1920er Jahren, unter dem Einfluss von Radio und Automobil, sehr schnell dahin.

Dynamik, auch: demokratische Dynamik, bestimmte aber schon die Zeit seit der Jahrhundertwende. Das Wahlrecht blieb gleich, aber die Praxis des Wählens und der Wahlkämpfe veränderte sich. Auf dem Lande wurde es für die Gutsherren schwieriger, ihre soziale Autorität in politischen Einfluss an der Wahlurne umzusetzen. In den Städten schwand der Einfluss der «Honoratioren», jener Mitglieder der lokalen Oberschicht, die aus Herkommen, Prestige und Vermögen das politische Wort führten und ihre Parteien geradezu verkörperten. Obwohl für den Reichstag Personen (und keine Parteilisten) zur Wahl standen, löste eine neue Massenpolitik zunehmend die alte Honoratiorenpolitik ab. Vielen Parteien, gerade den Liberalen, bereitete dieser Übergang Schwierigkeiten. Zu den Gewinnern zählten nicht nur neue, oft nationalistisch und antidemokratisch ausgerichtete Massenverbände wie der «Alldeutsche Verband», sondern zuallererst die Freien Gewerkschaften und die SPD, die in kurzer Zeit, zwischen 1890 und 1910, zu Massenorganisationen mit Millionen von Mitgliedern aufstiegen. Bei den letzten Reichstagswahlen vor dem Ersten Weltkrieg, im Januar 1912, erreichte die SPD fast 35 Prozent der Stimmen und war damit klar stärkste Partei; die Wahlbeteiligung war von gut 50 Prozent (1871) auf 85 Prozent gestiegen. Und weit jenseits der engeren Politik veränderten sich ihre Voraussetzungen. Zeitungen und Zeitschriften blühten auf; in ihnen artikulierte sich eine vielstimmige, kritische Öffentlichkeit, die schon sehr an Öffentlichkeiten des späten 20. Jahrhunderts erinnerte, einschließlich der oft widerspruchsvollen Mischung aus Politik, Skandal und Unterhaltung sowie dem hochkulturell-ästhetischen «Feuilleton». In Metropolen wie Berlin ebenso wie in utopischen Kommune-Experimenten auf dem Lande verschwanden alltägliche Hierarchien und wurden neue, avantgardistische oder alternative Lebensformen erprobt.

Also demokratische Inhalte in einem undemokratischen Staat? Das wäre zu einfach. Denn gerade in der dynamischen Phase vor dem Ersten Weltkrieg tauchten vermehrt neue antidemokratische Züge in Gesellschaft und Kultur auf. Der Aufstieg der Naturwissenschaften begünstigte auch den Rassismus und diente als Hintergrund neuer völkischer Ideologien; auch: eines überheblichen Sendungsbewusstseins, das im Kolonialismus und Imperialismus den deutschen «Platz an der Sonne» suchte. Die Neigung wichtiger Teile des Bildungsbürgertums zur Trennung der hochgeschätzten Kultur von der verachteten Politik ist oft beschrieben worden. Thomas Manns «Betrachtungen eines Unpolitischen» legten davon noch bis in die Weimarer Republik hinein Zeugnis ab. Beim Ausbruch des Ersten Weltkriegs war viel von einem kulturellen Grundsatzkonflikt zwischen Deutschland und den westlichen Kriegsgegnern Frankreich und England die Rede – heute würde man von einem «clash of civilizations» sprechen. Die deutschen «Ideen von 1914» standen positiv gegen die verachteten, liberal-demokratischen «Ideen von 1789»; die Deutschen hatten vermeintlich eine «Kultur», die der westlichen, bloß rationalen und technischen «Zivilisation» turmhoch überlegen war. In der Schlussphase des Kaiserreichs offenbarte sich auch politisch die tiefe Ambivalenz des vorangegangenen halben Jahrhunderts. In der Mobilisierung aller Kräfte seit 1916, einer Art Vorlauf zum «totalen Krieg», trat die zivile Regierung in den Schatten der De-facto-Militärdiktatur der 3. Obersten Heeresleitung unter Hindenburg und Ludendorff. Aber im letzten Moment gelang dann, in den sogenannten «Oktoberreformen», im Herbst 1918 doch noch, was linke Liberale und Demokraten schon seit 1871 eingeklagt hatten: die «Parlamentarisierung» des Reiches, das heißt der Übergang von der konstitutionellen Regierungsweise zu einer Regierung, die von der Mehrheit des Parlaments abhängig war und aus ihr hervorging. Das ging dann aber fast schon in der Kriegsniederlage und beginnenden Revolution unter.

Die These von einem deutschen «Sonderweg» in die Moderne, der nicht zuletzt durch eine verzögerte, blockierte Demokratisierung im Kaiserreich gekennzeichnet wäre, wird inzwischen kaum noch vertreten. Sie ist schon deshalb problematisch, weil das Kaiserreich in Grundzügen seiner politischen Verfassung kaum weniger demokratisch war als irgendeine andere größere Nation zur selben Zeit. In England jedenfalls war das Wahlrecht rückständiger und die Gesellschaft nur auf andere Weise gespalten als in Deutschland; in den USA drängte der

Rassismus im Süden die Schwarzen zunehmend aus Gleichheit und Bürgerschaft heraus. Frankreich immerhin war Republik mit allgemeinem Männerwahlrecht, doch auch das schützte vor illiberalen Zügen in der Gesellschaft nicht, zum Beispiel einem vehementen Antisemitismus, wie er sich in der «Dreyfus-Affäre» der 1890er Jahre offenbarte. Der Blick auf das Kaiserreich, das nur kurze vierzehn Jahre vor dem 30. Januar 1933 endete, wird sich auch in Zukunft nicht von der Frage nach dem Scheitern der Weimarer Demokratie und den Ursachen der völkermordenden NS-Diktatur trennen lassen, auch wenn in der Wissenschaft im Moment die eher kurz- und mittelfristigen Ursachen wieder mehr betont werden: die Folgen des Ersten Weltkriegs etwa und eine durch ihn genährte Kultur der Gewalt. Die deutsche politische Kultur am Ende des Kaiserreichs war «nicht pränationalsozialistisch, aber widerstandsarm gegen Machtmissbrauch, Radikalnationalismus, Illiberalismus»: an diesen «Schattenlinien» gab es auch für Thomas Nipperdey, einen Kritiker der Sonderwegthese, nichts zu deuteln. Am Ende markieren sie auch ein demokratisches Defizit.

7 Siedlergesellschaften: Gewalt und expansive Freiheit

Hart arbeitende Siedlerfamilien an der Grenze der Zivilisation, weit weg von politischen Autoritäten: Entsteht so nicht eine individualistische Lebenshaltung, die sich gerade noch auf den Nachbarn verlässt, aber keine Befehle von außen akzeptieren will; oder eine eingeschworene Gemeinschaft von Gleichen, die ihre politischen Verhältnisse selber regelt? Mit solchen Bildern und Erfahrungen ist die Entstehung von Demokratie oft aus dem Geiste von Siedlergesellschaften erklärt worden. Das ist schon deshalb eine interessante Theorie, weil sie sich nicht auf das Wirken der Ideen berühmter Vordenker verlässt, sondern nach konkreten sozialen Konstellationen und praktischen Erfahrungen fragt, in denen Demokratie plausibel werden konnte. Ihren bekanntesten und bis heute einflussreichsten Ausdruck hat diese Siedler-Theorie in den Schriften des amerikanischen Historikers Frederick Jackson Turner gefunden. Nach der Volkszählung von 1890 hatten die Behörden festgestellt, die (weiße, europäische) Besiedlung sei nun so weit fortgeschritten, dass es eine klare Siedlungsgrenze, eine «frontier» nicht mehr gebe, an der in den Vorstellungen des 19. Jahrhunderts «Zivilisation» und

«Wildnis» aufeinanderprallten. Schon seit dem 17. Jahrhundert hatte sich diese Grenze, von der Atlantikküste ausgehend, immer weiter nach Westen verschoben, über die Appalachen, dann über den Mississippi. 1890 existierten noch viele inselartige Gebiete, in denen Europäer sich noch nicht angesiedelt hatten, aber im Prinzip war die Brücke zur Pazifikküste geschlagen.

Turner erkannte darin, in seinem berühmten Vortrag auf der Chicagoer Weltausstellung von 1893, eine tiefe Zäsur in der bisherigen amerikanischen Geschichte. Er blickte durchaus sorgenvoll in die Zukunft und fragte, wie sich Gesellschaft und Demokratie eines Landes weiterentwickeln würden, dessen Dynamik so lange entscheidend von dem Siedlermechanismus geprägt war: von der Verfügbarkeit von Land, von einer überwiegend agrarischen Lebensform, von dem Erfordernis, sein Leben selber zu regulieren. Wie schon Thomas Jefferson hundert Jahre vor ihm, sah er die Alternative in düsterem Licht: Menschen, die sich in Städten eng zusammendrängen und dabei ihre Unabhängigkeit verlieren. Städtisches Leben, weit entfernt von jeder «frontier», war weithin ein Synonym für Europa, und Europa ein Synonym für Monarchie und politische Unfreiheit.

Darin steckte immer schon ein gehöriges Maß an romantischer Sehnsucht nach dem Ländlichen, aber zumal zu Turners Zeiten auch viel Realität. Nicht nur in New York und Chicago, sondern auch in den neuen Berliner Mietskasernen oder im Londoner East End hausten damals Hunderttausende Menschen, viele von ihnen Migranten, eng zusammengedrängt unter Bedingungen, die schon zeitgenössische Sozialreformer aufschreien ließen. Die Erklärung war auch deshalb innovativ, weil sie die allzu simple Vorstellung, die Keime der Demokratie seien bereits mit den ersten Siedlern an der Ostküste angelandet, zurückwies. Es war erst das Leben an der Siedlungsgrenze, in Unsicherheit und Gefahr, das eine Mentalität des Individualismus hervorbrachte, deren wichtigster Effekt wiederum die Beförderung der Demokratie gewesen sei. Die Menschen an der «frontier» hätten eine Abneigung gegen jede Kontrolle und Regulierung durch eine übermächtige Regierung entwickelt, den Steuereinnehmer als Boten der Unterdrückung gesehen – und unter sich für Gleichheit und Selbstbestimmung gesorgt.

Dafür konnte Turner, der selber auf einem westlichen Vorposten lehrte, an der Universität von Wisconsin, eine Reihe guter Indizien anführen. Tatsächlich waren von den westlichen Randgebieten seit dem 18. Jahrhundert immer wieder Impulse für mehr Demokratie ausgegangen. Siedler hatten die traditionelle Machtverteilung kritisiert, die den Eliten in den Küstenregionen unverhältnismäßig viel Einfluss sicherte, und schon vor der Revolution die Ausweitung von Partizipation und mehr egalitäre Mechanismen in der kolonialen Politik erreicht. Im 19. Jahrhundert standen die neu aufgenommenen westlichen Staaten oft an der Spitze bei der Ausweitung des Wahlrechts, zunächst für die weißen Männer, am Ende des 19. Jahrhunderts auch für die Frauen, und um 1900 hatte eine Bewegung für mehr direkte Demokratie ihre Schwerpunkte in westlichen Staaten. Sogar Turners These, das Leben als Pionier an der «frontier» bringe eine besondere individualistische Lebenshaltung hervor, kann man – auch noch mit Blick auf die gegenwärtige amerikanische Gesellschaft – ein Stück weit Recht geben. Aber hier stößt seine Grenztheorie auch an Grenzen der Erklärungskraft. Denn der Individualismus mag eine wichtige Wurzel von Demokratie sein, ist aber nicht mit ihr identisch, zumal wenn er in eine «anti-soziale Tendenz» und den schon von Turner beschriebenen Hass auf die – demokratische! – Regierung umschlägt.

Auch andere Siedlergesellschaften wie Australien, Südafrika oder Israel haben die Ursprünge ihrer politischen Lebensform in einer Pionierexistenz gesehen, und sie teilweise zu einem Gründungsmythos überhöht. Nicht in den Blick kam dabei in der Regel eine Grenze, die auch Turner ignorierte: nämlich die zwischen Siedlerbevölkerung, meistens weißen Europäern, und indigener Bevölkerung, auf deren Land die Siedler ihr Leben als Kolonisten begründeten. So war die Kehrseite einer größeren Gleichheit der europäischen Siedler fast immer die umso schärfere Ausgrenzung der Urbevölkerung, wie der nordamerikanischen Indianer oder der australischen Aborigines; aber auch anderer «Rassen» und Ethnien, die als billige Arbeitskräfte dienten wie die Westafrikaner in den USA oder die Inder im britischen Empire. Der amerikanische Westen war gewiss nicht die Kernzone von Sklaverei und Rassismus, aber der Zusammenhang zwischen freien Siedlern einerseits und unfreier Bevölkerung andererseits war hier so eng wie in vielen anderen Fällen. Das konnte bis in das gerade Gegenteil von Demokratie umschlagen, in die physische Segregation, die bürgerliche und politische Entrechtung wie im amerikanischen Süden zwischen 1900 und 1960 oder im Südafrika der Apartheid seit 1948. Eine andere Kehrseite des Siedlerindividualismus ist die oft beschriebene Neigung, das Recht in Formen der spontanen Selbstjustiz in die eigenen Hände zu nehmen. So haben Siedlergesellschaften häufig eine spezifische Kultur der selbstrichtenden Gewalt hervorgebracht, den «Vigilantismus», der nur schwer rechtsstaatlich zu bändigen war.

An der Geschichte Australiens im 19. Jahrhundert lässt sich die Verbindung zwischen Siedlergesellschaft und Ursprüngen der Demokratie noch am überzeugendsten nachweisen – bei allen Einschränkungen schon hinsichtlich der Verdrängung und teilweise auch politischen Exklusion der Urbevölkerung. Dabei spielte möglicherweise sogar eine andere Form der Unfreiheit eine wichtige Rolle, waren viele der europäischen «Siedler» doch Strafgefangene aus England, Männer und Frauen, die seit dem späten 18. Jahrhundert bis in die 1840er Jahre in die Kolonie New South Wales deportiert wurden. Das Regime dieser Strafkolonien ließ den Gefangenen durchaus Freiheiten – mehr vermutlich als sie in einem europäischen Gefängnis besessen hätten – und machte von ihren individuellen Fähigkeiten und beruflichen Fertigkeiten Gebrauch. Gerade die Gefangenengesellschaft hat deshalb, so argumentieren manche Historiker, in der Mitte des 19. Jahrhunderts die rasche und erfolgreiche Etablierung demokratischer Institutionen in New South Wales, der mit Abstand wichtigsten Provinz Australiens, befördert. Auch das Goldfieber, das um die Jahrhundertmitte, parallel zum kalifornischen Goldrausch, Australien erfasste und neue europäische Glückssucher und Siedler ins Land brachte, verstärkte die egalitären und demokratischen Tendenzen.

In der zweiten Hälfte der 1850er Jahre gewährte die britische Krone den australischen Kolonien, voran New South Wales, als «responsible government» eine repräsentative Verfassung mit einer parlamentarischen Zweiten Kammer, die auf der Grundlage eines sehr breiten Männerwahlrechts stand; in einigen Kolonien fielen schon jegliche Zensusschranken. An der kolonialen Peripherie konnten sich die demokratischen Forderungen leichter durchsetzen, um die sich zu dieser Zeit in England selber die Reformbewegung der Chartisten vergeblich bemühte. Von hier nahm auch eine Neuerung ihren Anfang, die als «Australian ballot», als australische Stimmabgabe also, bekannt wurde und heute ebenso selbstverständlich wie unverzichtbar scheint: nämlich die geheime Wahl mit offiziell vorgedruckten, einheitlichen Stimmzetteln. Bis dahin hatten die Wähler nämlich die Namen der Kandidaten selber aufschreiben müssen, oder sie erhielten von den Parteien vorbereitete Zettel, so dass man leicht erkennen konnte, wer das Papier einer bestimmten Partei oder eines bestimmten Kandidaten in die Urne steckte (siehe IV. 5.). Eine selbstbewusste und aktive Frauenbewegung erstritt schon früh das Stimmrecht für die Frauen, das zwischen 1894 und 1908 in allen einzelnen Kolonien und für das nationale Parlament – Australien war seit 1901 ein Bundesstaat unter britischer Oberhoheit – eingeführt wurde. Am schlechtesten stand es um die Aborigines, die am Anfang des 20. Jahrhunderts zwar formell über das Wahlrecht verfügten (und «britische Bürger» waren), aber de facto noch viele Jahrzehnte aus der Demokratie der weißen Siedler und ihrer Nachfahren ausgeschlossen blieben.

Dem australischen (und US-amerikanischen) Muster lassen sich jedoch viele Fälle gegenüberstellen, in denen die Gleichung der Siedlerdemokratie noch weniger aufging oder das Regime der Kolonisten sogar in besonders brutale Segregation, Unterdrückung oder Verfolgung mündete. Die südamerikanische Erfahrung ist ambivalent: Auf einen starken Republikanismus und die Unabhängigkeit der spanischen Kolonien im frühen 19. Jahrhundert folgten lange Phasen der Instabilität und autoritärer Regime unter der Führung von «Caudillos» oder Militärjunten, bis ins späte 20. Jahrhundert. Argentinien oder Chile sind typische Beispiele dafür. Kolonisationsversuche und Siedlerpioniere spielten auch in der russischen Geschichte immer wieder eine Rolle, in der Ansiedlung von Deutschen an der Wolga im späten 18. Jahrhundert oder in der Erschließung Sibiriens im 19. Jahrhundert. Hier nährte die Siedlergesellschaft aber keinen regierungsfernen Individualismus wie im amerikanischen Westen, sondern stand unter Aufsicht eines autoritär-zentralistischen Staates. Von Südafrika war schon die Rede, wo das Selbstbewusstsein der europäischen Siedler – der Briten und der überwiegend niederländischen Buren – früh in ein System der Selbstregierung führte, das aber von Anfang an auf rassischer Ungleichheit (mit dem Ausschluss der Nichtweißen vom Wahlrecht) beruhte und im Verlauf des 20. Jahrhunderts, besonders seit 1948, zur Apartheid ausgebaut wurde. Das von den Nationalsozialisten erstrebte Herrenmenschenreich der «Ostsiedlung» schließlich ist, einschließlich seines Vollzugs im Zweiten Weltkrieg, das krasseste Beispiel antidemokratischer und menschenverachtender Siedlermentalität.

Ob es bloß eine Ironie der Geschichte ist, dass Südafrika seit den 1990er Jahren zu den wenigen stabilen Demokratien auf dem afrikanischen Kontinent gehört, oder ob seine siedler-republikanische Vergangenheit, gegen alle mit ihr verbundenen Kosten, daran einen gewissen Anteil trägt – das ist eine schwer zu beantwortende Frage. Historische Siedlergesellschaften gehören am Anfang des 21. Jahrhunderts zu den erfolgreichsten Demokratien außerhalb Europas – auch Israel lässt sich, wiederum mit aller Ambivalenz von Grenzziehung und Exklusion, sehr gut in diese Reihe stellen. Und welche Region der Erde hat der europäische Kolonialismus und Imperialismus so unberührt gelassen, dass seine Nachgeschichte nicht, ob fördernd oder als Hemmnis, die Demokratisierung der unabhängigen Staaten beeinflusste? Japan und Indien aber sind Beispiele asiatischer Demokratien, die sich trotz ihrer kolonialen Vorgeschichte nicht als Siedlerdemokratien etabliert und behauptet haben.

8 Das Frauenwahlrecht: Die andere Hälfte der Demokratie

Die Vorstellung, dass Frauen in älteren Gesellschaften, vor dem Aufstieg der westlichen Hochkulturen mit ihrer Männerdominanz, gleichberechtigt waren oder sogar politisch den Ton angaben, hat seit jeher eine große Anziehungskraft ausgeübt: Man denkt an Amazonen oder an Gesellschaften, in denen Matriarchat und «Mutterrecht» herrschten. Solche historischen Vorbilder moderner Frauenemanzipation sind durch empirische Fakten aber kaum gestützt. Überall, wo sich komplexere politische Herrschaftssysteme ausgebildet haben, hatten Männer die entscheidenden Positionen inne, als Stammesälteste, Könige oder Richter; in der athenischen Volksversammlung ebenso wie bei den Indianern Mittel- und Nordamerikas; im römischen Senat ebenso wie in mittelalterlichen Stadträten. In einigen der wichtigsten europäischen Monarchien kamen Erbfolge und Dynastie vor dem Geschlecht, aber als Triumph der Partizipation von Frauen lässt sich die Herrschaft Elisabeths I. in England im 16. Jahrhundert oder der russischen Zarin Katharina II. nicht bezeichnen. Immerhin war die Grenze zwischen den Geschlechtern in der Vormoderne nicht immer so scharf gezogen, wie das im 19. Jahrhundert zur Regel wurde. Wo politische Mitsprache an Besitzrechte geknüpft war, konnten Frauen manchmal den Platz ihres verstorbenen Mannes einnehmen, also als Witwen den Familienbesitz weiter repräsentieren, in Einzelfällen auch durch eine politische Stimmabgabe. Als für Männer die Zensusschranken fielen und sich das universelle Wahlrecht durchsetzte, tauchten in den Gesetzen immer wieder Klauseln auf, die Frauen explizit vom «allgemeinen» Wahlrecht ausschlossen, wie 1832 in England oder 1868 in den USA.

Das bedeutet aber nicht, dass Frauen damit auf breiter Front Rechte verloren, die sie vorher gehabt hätten. Die Übergangszeit vor allem des 19. Jahrhunderts, als Männer schon, Frauen aber noch nicht wählen durften, zeigt vielmehr ein Janusgesicht. Einerseits nahm das Bewusstsein für die vermeintlich natürlichen Unterschiede der Geschlechter und ihrer Befähigung zu. Politik galt nicht mehr als Reservat für Eliten, sondern als Ausdruck der außerhäuslichen Veranlagung aller Männer, während Frauen auf den inneren, privaten Bereich von Familie, Erziehung, Haushalt verwiesen wurden und sich auch in der Öffentlichkeit allenfalls sozial, nicht politisch, engagieren sollten. Andererseits konnte sich diese Differenz kaum irgendwo länger als für wenige Jahrzehnte etablieren. Das allgemeine Männerwahlrecht wirkte für viele Frauen – und immer auch einige Männer – beinahe sofort als ein Stachel, möglichst bald nachzuziehen. In England setzte sich John Stuart Mill schon in den Reformdebatten der 1860er Jahre auch für ein Frauenstimmrecht ein. In den USA hatten einige Staaten die Besitzschranken für Männer noch nicht ganz abgeschafft, als Elizabeth Cady Stanton in einer der Unabhängigkeitserklärung von 1776 nachempfundenen «Declaration of Sentiments» 1848 das Fehlen politischer Rechte der Hälfte der Bevölkerung beklagte. Einerseits also verschärften sich die Grenzen und wurden auf neue Weise ideologisch überhöht, andererseits gehören die Ausweitung des Männerwahlrechts und das Frauenwahlrecht in dieselbe größere Bewegung der Inklusion und Universalisierung der Demokratie.

Die Revolutionen des späten 18. Jahrhunderts hatten Frauen auf neue Weise als Bürgerinnen angesprochen und ihnen eine politische Rolle zugewiesen, die sich von derjenigen der Männer aber doch deutlich unterschied. Frauen galten als Symbol von Freiheit und Republik wie die französische Gestalt der Marianne, oder ihr politischer Auftrag wurde als «republikanische Mutterschaft» definiert, als die Erziehung der Söhne zu aktiven und engagierten Bürgern wie in Amerika. Aber erst in der Mitte des 19. Jahrhunderts formierte sich die moderne Frauenbewegung, in Europa (und besonders in Deutschland) zumal während der Revolution von 1848/49. Politische Gleichberechtigung, insbesondere das Wahlrecht, war dabei nur ein Ziel unter anderen und stand oft noch für mehrere Jahrzehnte im Schatten anderer Forderungen. Vielen kam dieses Ziel gar zu vermessen oder utopisch vor, oder sie plädierten bewusst für eine Politik der kleineren Schritte, die den Frauen überhaupt erst einmal einen Platz im öffentlichen Leben sichern sollte. Diesen Platz reklamierten Frauen häufig durch ihr Engagement in moralisch gefärbten Reformbewegungen, weil das ihrer natürlichen Bestimmung als Expertinnen für das Gefühl zu entsprechen schien: also im Abolitionismus gegen die Sklaverei, in der «sozialen Frage» von Armut und Industrieproletariat, und immer wieder in Temperenzvereinen. Aber solche Aktivitäten konnten die Erlangung des Stimmrechts beschleunigen. Auch gab es andere Räume der Politik, neben und vor dem Stimmrecht, die es zu erobern galt, zum Beispiel das Recht der politischen Organisation, der Mitgliedschaft in Vereinen und Parteien, das Frauen in Deutschland erst mit dem Vereinsgesetz von 1908 erhielten.

Mit welchen Argumenten setzten sich Frauen überhaupt für ihre politischen Rechte ein? Der Hinweis auf die fundamentale Gleichheit aller Menschen konnte sich auf das entsprechende Denken der radikalen Aufklärung im späten 18. Jahrhundert berufen, und im 20. Jahrhundert wurde das auch wieder zur entscheidenden Begründung – bis in die internationalen Rechtsdeklarationen wie die der Vereinten Nationen von 1948. Dazwischen aber setzte die Frauenbewegung auch an anderen Stellen den Hebel an. Sie verwies auf Erfahrungen der Geschichte, auch immer wieder auf praktische Gesichtspunkte der Nützlichkeit für das größere Gemeinwohl. Der Vorstellung von prinzipiellen Unterschieden in den «Geschlechtscharakteren» folgend, wurde sogar die Verschiedenheit von Männern und Frauen zum Hebel für die Forderung nach der Repräsentation im Parlament. Denn nach der liberalen Theorie sollten die Anschauungen und Interessen des Volkes sich ja im Parlament abbilden. Wenn Frauen aber Geschöpfe eigener Art waren, konnten sie nicht von den Männern, als Ehemännern und Haushaltsvorständen, mitvertreten werden, wie es die Theorie der «virtuellen Repräsentation» behauptete. Auf diese Weise ergab sich eine Parallele zu den Forderungen anderer Gruppen, zumal der industriellen Arbeiterschaft, die ebenfalls für die parlamentarische Vertretung ihrer Interessen kämpfte. Insgesamt aber stand das Argument der natürlichen und staatsbürgerlichen Gleichheit im Vordergrund und setzte sich auch langfristig durch.

Um die Jahrhundertwende, als weit entfernt von Europa bereits das Frauenstimmrecht eingeführt wurde – in Neuseeland 1893, in Australien 1901, auch in einigen westlichen Staaten der USA –, erreichte die Frauenbewegung auf dem alten Kontinent ihren Höhepunkt und rückte die Wahlrechtsfrage zunehmend in den Mittelpunkt ihrer Reden,

Schriften und Demonstrationen. In Deutschland existierte eine deutliche Kluft zwischen der sozialistischen und der bürgerlichen Frauenbewegung. Die sozialistische Frauenbewegung schrieb sich die politische, nicht nur soziale oder bildungsmäßige Emanzipation früh auf die Fahne und, wie die SPD 1891, ins Erfurter Parteiprogramm. August Bebel lieferte mit seinem Buch «Die Frau und der Sozialismus», 1879 erstmals erschienen, einen politischen Bestseller des Kaiserreichs, und in der Generation danach prägten Frauen wie Clara Zetkin und Rosa Luxemburg einen schärferen Ton in der Geschlechterfrage ebenso wie in der allgemeinen Richtung der Partei. Die bürgerliche Frauenbewegung, politisch oft den liberalen Parteien nahestehend, war zurückhaltender; das Wahlrecht stand meist nicht an erster Stelle, aber führende Protagonistinnen wie Helene Lange setzten sich seit Mitte der 1890er Jahre dezidierter dafür ein. Kurz darauf begannen in England die «Suffragetten» für Aufsehen zu sorgen. Damit waren vor allem Aktivistinnen der 1903 gegründeten «Women's Social and Political Union» gemeint. Sie versuchten mit unkonventionellen und drastischen Mitteln die Öffentlichkeit zu gewinnen, bis hin zu Brandanschlägen einer gewaltbereiten Minderheit.

Immer wieder sahen sich bürgerliche Männer zu dieser Zeit von den Frauen, ihrem Wunsch nach Emanzipation im Allgemeinen und der Wahlrechtsforderung im Besonderen herausgefordert und organisierten sich sogar zum Widerstand. In den USA hatte sich schon 1897, im Staat New York, eine «Association Opposed to Woman Suffrage» gegründet, der sogar viele Frauen angehörten. In England gab es seit 1908 einen Frauenverband gegen das Frauenwahlrecht und seit 1909 eine Männerorganisation, die sich im folgenden Jahr zur «National League for Opposing Woman Suffrage» zusammenschlossen (und so friedlich politisch zusammenwirkten!). Das blieb in Deutschland nicht unbemerkt, wo 1912 der «Deutsche Bund zur Bekämpfung der Frauenemanzipation» auf den Plan trat, um das Frauenwahlrecht zu verhindern und Frauen aus anderen Bereichen wie dem Universitätsstudium zurückzudrängen, das sich ihnen gerade geöffnet hatte. Aber nicht nur für die Gegner, sondern erst recht für die Frauenbewegung selber spielte der internationale Kontakt eine ganz wichtige Rolle; für die Sozialistinnen war er ohnehin geradezu Programm. Nach der Einführung des Frauenwahlrechts übrigens strichen die antifeministischen Verbände meist schnell die Segel. Überhaupt ist auffällig, dass dieses Recht, einmal eingeführt, kaum mehr umstritten war, geschweige denn wieder rückgängig zu machen versucht wurde. Auch gesellschaftspolitisch extrem rückständige Regime im 20. Jahrhundert haben die politische Rolle der Frauen eher zu instrumentalisieren als zu beseitigen getrachtet; nicht zuletzt die Nationalsozialisten in Deutschland von 1933 bis 1945.

Und wann erhielten die Frauen nun das Wahlrecht – oder genauer, das «Stimmrecht», denn manchmal hinkte das passive Wahlrecht hinter dem aktiven der Stimmabgabe hinterher? Anfänge in lokalen und einzelstaatlichen Wahlen, vor allem in Australien und den USA, reichen bis in die 1860er Jahre zurück. Auf nationaler Ebene machte Neuseeland 1893 den Anfang, und das Frauenwahlrecht in Wyoming und Utah (1890 bzw. 1896) ermöglichte die Teilnahme auch an den nationalen Wahlen der USA. Noch vor dem Ersten Weltkrieg schwappte die Welle nach Nordeuropa: nach Finnland im Jahre 1906 und Norwegen 1913. Der «Große Krieg» selber wirkte als Katalysator der politischen Berechtigung, auch für die Frauen; zwischen 1918 und 1920 führten Deutschland und die Vereinigten Staaten, Russland, Polen, mit Einschränkungen auch Großbritannien das Frauenwahlrecht ein. Das Ende des Zweiten Weltkriegs brachte einen weiteren Schub, in dem sich Frankreich, Italien und Japan anschlossen. Kaum irgendwo war der Abstand zwischen allgemeinem Männerwahlrecht und Frauenwahlrecht größer als in Frankreich: fast hundert Jahre zwischen 1848 und 1945. Aber Frankreich war nicht das einzige «klassische» Land von Republik und Demokratie, das sich mit weiblichen Bürgerinnen besonders schwer tat – noch länger dauerte es in der Schweiz, die erst 1971 Frauen auf Bundesebene mit abstimmen ließ. Man hat argumentiert, dass die republikanische Tradition diese Verzögerung sogar mitverursacht hat, zum Beispiel weil sie ein bestimmtes, auch männlich-militärisch geprägtes Bürgerideal kultivierte.

In wenigen Nachläufern setzt sich diese Kette bis in die Gegenwart fort, in der sich die politisch autoritären und kulturell patriarchalischen Arabischen Emirate und andere Golfstaaten erst zögernd dem Frauenwahlrecht (oder überhaupt der Demokratie) öffnen. Doch auch wo das Frauenwahlrecht in der ersten Hälfte des 20. Jahrhunderts eingeführt wurde, blieben viele Fragen der staatsbürgerlichen und sozialen Gleichberechtigung offen. So wurde das Thema «Frauen und Demokratie» seit den 1960er Jahren von der neuen Frauenbewegung praktisch aufgegriffen und von einer feministischen politischen Theorie kritisch durchdacht und weiterentwickelt.

9 Arbeiterbewegung und soziale Demokratie

Am Anfang des 19. Jahrhunderts, besonders seit den 1830er Jahren, beschleunigte sich in Westeuropa und Nordamerika die Dynamik des industriellen Kapitalismus. Fabriken mit zentralisierter Produktion – für Textilien und Schuhe, wenig später für Eisen, Stahl und Lokomotiven – brachten Handwerksbetriebe in Bedrängnis. Unternehmer und Fabrikbesitzer, aber auch zahlreiche Kaufleute gelangten zu neuem Reichtum, während die Arbeiter, unter ihnen viele Frauen und Kinder, mit geringem Lohn und ohne die Sicherheiten der ständischen Ordnung, am untersten Rand der Gesellschaft existierten. Die Zeitgenossen sprachen oft noch vom «Arbeiterstand» oder vom «Pöbel», bald aber auch vom «Proletariat» als einer neuen «Klasse» der Gesellschaft. Seit etwa 1830, endgültig mit der Revolution von 1848 überschritt nicht nur die wirtschaftliche Entwicklung, sondern auch die politische Diskussion und Organisation eine wichtige Schwelle. Die Vehemenz und Neuartigkeit der sozialen Frage ließ sich nicht länger bestreiten; Erklärungs- und Lösungsversuche tauchten auf, und nicht zuletzt wurden Forderungen nach Besserung und Überwindung des Elends laut, wie Friedrich Engels es 1844 in seiner «Lage der arbeitenden Klassen in England» eindringlich beschrieben hatte. Arbeiter begannen sich zur Selbsthilfe zusammenzuschließen, unter ihnen anfangs viele Handwerker in Branchen, die von der Industrie bedroht schienen; fortschrittlich gesinnte Bürger schlossen sich ihnen an oder gründeten eigene Vereine zur Sozialreform.

So sprach man schon vor 1848 von der «sozialen Bewegung» und auch vom «Sozialismus», der mindestens bis zur Jahrhundertmitte ein weiter Sammelbegriff für konkrete Reformbestrebungen, etwa im Arbeiterschutz, aber auch schon für weitreichende, geradezu utopische Erwartungen einer humaneren Gesellschaft jenseits des Industriekapitalismus war. Gerade im britischen und französischen Frühsozialismus, etwa bei Robert Owen und Charles Fourier, gingen pragmatische Reform und weitgespannte Utopie eine enge Verbindung ein. Sie mündete öfters in die Gründung von Kommunen als Experimentierplätze einer neuen Lebensform, die nicht von Privateigentum und entfremdeter Arbeit, sondern von Gemeinschaftsbesitz und Gleichheit geprägt sein sollte. In Deutschland nahm der radikalere, der demokratische Flügel der liberalen Opposition im Vormärz die Herausforderung der sozialen

Frage auf, besonders seit der Wirtschaftskrise von 1846/47. So verlangten die im September 1847 im badischen Offenburg verabschiedeten «Forderungen des Volkes» die «Ausgleichung des Missverhältnisses zwischen Arbeit und Kapital», den Schutz der Arbeit und eine progressive Einkommensteuer, um zum Beispiel die Mittel für allgemeine Bildung «in gerechter Verteilung aufzubringen». Damit waren zentrale Begriffe und Programmpunkte formuliert, die dem Selbstverständnis von Arbeiterbewegung und Sozialdemokratie für viele Jahrzehnte eine Richtung gaben.

Von Sozialdemokratie (oder: sozialer Demokratie) sprach man in Deutschland seit der Revolution von 1848/49. In anderen Ländern bzw. anderen Sprachen war dieser Begriff weniger geläufig; dort setzte sich entweder «Sozialismus» stärker durch (wie in Frankreich), oder die Bezeichnungen der Bewegung kreisten um «Arbeit» und «Sozialreform» wie in England, wo die (allerdings erst am Anfang des 20. Jahrhunderts gegründete) sozialdemokratische Partei bis heute «Labour Party» heißt. Der Begriff «Demokratie» bezeichnete im Deutschen damals ohnehin weniger eine bestimmte Staats- oder Regierungsform, sondern eine Bewegung und ein radikales politisches Bekenntnis jenseits des gemäßigt-bürgerlichen Liberalismus – für die Verfassungsform oder als Hinweis auf die Volkssouveränität bevorzugte man, auch noch in der Sozialdemokratie des späten 19. Jahrhunderts, Bezeichnungen wie «Freistaat» oder «freier Volksstaat». Wenn diese Demokratie durch eine Programmatik im Sinne der sozialen Frage ergänzt werden sollte, sprach man von «sozialer Demokratie». Neben herkömmliche Forderungen nach Pressefreiheit oder unabhängiger Justiz, nach starken parlamentarischen Rechten oder Volksbewaffnung trat damit der Anspruch auf sozialen Ausgleich und auf die Teilhabe der Arbeiterschaft an Fortschritt und Freiheit, wofür Bildung einen Schlüssel darstellte.

In diesem Sinne eines Bewegungsprogramms trug auch die von Karl Marx während der Revolution in Köln herausgegebene «Neue Rheinische Zeitung» den Untertitel «Organ der Demokratie». Für Marx ebenso wie für seinen Mitstreiter, den Elberfelder Fabrikantensohn Friedrich Engels, war damit die radikale Bewegung gemeint, für die er schon damals den Begriff «Kommunismus» verwendete, nicht aber ein wie auch immer definiertes System der Volksherrschaft, das sich in einem Geflecht aus Rechten und Institutionen konstituierte. Man kann sogar sagen, dass der Begriff der Demokratie im Werk von Marx und Engels eine regelrechte Leerstelle bildet. Es ging ihnen um die Analyse der ökonomischen und sozialen Verhältnisse und der existenziellen Situation des Einzelnen darin; die Frage der politischen Verfassung war bestenfalls eine abhängige Variable und taucht in zentralen Schriften überhaupt nicht auf. Das «Manifest der Kommunistischen Partei» von 1848 spricht bloß von «Klassen, die sich die Herrschaft eroberten» wie zuletzt die Bourgeoisie und in naher Zukunft das Proletariat. Ob damit nur die alles bestimmende Verteilung der Produktionsmittel gemeint ist oder auch eine politische Regulierung von Herrschaft – und wenn ja, in welchen Formen –, bleibt mehr als vage.

Zum Teil steht hinter dieser Leerstelle das Erbe der Hegelschen Philosophie mit ihrer Konzentration auf den «Staat» statt auf konkrete Regierungsformen. Tatsächlich kann man, weit über Marx und den Marxismus hinaus, die Vernachlässigung der Demokratie als eine gravierende Schwäche deutscher Staats- und Herrschaftstheorien bis ins 20. Jahrhundert hinein sehen. Auf der extremen Linken ebenso wie auf der Rechten ging es allzu oft um den Staat statt um die Demokratie. Sogar die liberale Herrschaftssoziologie Max Webers, der oft als ein bürgerlicher Gegen-Marx gesehen wird, legt davon Zeugnis ab, indem Demokratie und Volkssouveränität sich bei ihm hinter der formalen Fassade «rationaler» oder «legitimer» Herrschaft verstecken. Für Marx selber sollte das Proletariat «herrschen» – und im Zweifelsfall nicht im Rahmen der «bürgerlichen» Institutionen wie des Parlamentarismus, denen er oft genug mit Zynismus und kalter Verachtung begegnete; aber wie dann? Letztlich würde sich, wenn die romantisch-utopische Hälfte von Marx die Oberhand gewann, das Problem in der Abschaffung jeglicher Herrschaft, im Verschwinden des Staates von selber erledigen.

Nicht Marx bestimmte jedoch zuvörderst, was (soziale) Demokratie für die frühe deutsche Arbeiterbewegung hieß. Einen ganz anderen Akzent setzte Ferdinand Lassalle mit seinem 1863 gegründeten «Allgemeinen Deutschen Arbeiter-Verein» (ADAV). Lassalle kehrte die Marxsche Logik geradezu um: Nicht die ökonomische Befreiung des Proletariats in der naturnotwendig eintretenden Revolution stand an erster Stelle, aus der auch die politische Freiheit (wie immer sie aussehen sollte) folgte. Zunächst mussten vielmehr die Arbeiter politisch emanzipiert, zu vollberechtigten Staatsbürgern werden, dann würden sie auch ihre ökonomische Stellung verbessern und ihre sozialen Rechte erstreiten können. Für Lassalle war die Sozialdemokratie – so wie übrigens hundert Jahre später auch für Willy Brandt – eine Freiheits-, nicht primär eine Gleichheitsbewegung, und eine revolutionäre schon gar nicht. Die wichtigste Forderung, mit der die ADAV-Statuten denn auch begannen, war das «allgemeine, gleiche und direkte Wahlrecht». Wenn die Interessen der Arbeiter im Parlament vertreten würden, könne auch «eine wahrhafte Beseitigung der Klassengegensätze in der Gesellschaft herbeigeführt» werden. Freilich färbte ein unerschütterliches Staatsvertrauen die Überzeugungen Lassalles, das unverkennbar ebenfalls durch die Schule Hegels gegangen war.

In der Geschichte der Sozialdemokratie während der Zeit des Kaiserreichs überlagerten sich die drei Traditionen auf komplizierte und zur Jahrhundertwende zunehmend spannungsreiche Weise: die Forderung nach sozialen Rechten aus der Tradition des vormärzlichen Radikalismus, die Marxsche Kapitalismusanalyse und Revolutionserwartung, und der Lassallesche Akzent auf den Kampf um Repräsentation der Arbeiter in gleicher Freiheit mit den übrigen Staatsbürgern. Als sich 1875 in Gotha der ADAV mit der «Sozialdemokratischen Arbeiterpartei» August Bebels und Wilhelm Liebknechts zusammenschloss, erklärte die Präambel des neuen Programms zunächst die vermeintlichen Gesetzmäßigkeiten von Ökonomie und Geschichte, die in eine Abschaffung von Kapitalismus und Lohnarbeit münden müssten. Bis es soweit sei, sollten aber schon einmal, mit Hilfe des Staates, Produktivgenossenschaften gegründet und das allgemeine, gleiche, direkte Wahlrecht eingeführt werden, ergänzt um Presse- und Versammlungsfreiheit, die allgemeine Schulpflicht und konkrete Arbeitsschutzgesetze.

Nach dem Auslaufen der Sozialistengesetze nannte sich die wieder in die Legalität zurückkehrende Partei «Sozialdemokratische Partei Deutschlands» und gab sich 1891 ein neues, das Erfurter Programm. Die marxistische Diagnose nahm jetzt einen breiteren Raum ein; in ihr ging es um den «Kampf der Arbeiterklasse», die «in den Besitz der politischen Macht» kommen müsse; wie diese Macht ausgeübt werden sollte und ob das den Entzug politischer Rechte für diejenigen bedeuten könnte, die nicht der Arbeiterklasse angehörten, blieb bewusst diffus. Darauf aber folgte ein klassischer Katalog der repräsentativen Demokratie auf egalitärer Grundlage: allgemeines und gleiches Wahlrecht, nun auch für die Frauen; Verhältniswahlrecht; kurze, zweijährige Legislaturen, ergänzt um plebiszitäre Elemente der direkten Gesetzgebung durch Volksabstimmungen.

Schon bald danach brachen die heftigen Konflikte zwischen den «Revisionisten» um Eduard Bernstein und dem revolutionär-marxistischen

Flügel der Partei um Karl Kautsky auf. Wofür noch Revolution, fragten die Revisionisten, wenn man eine egalitäre Demokratie erreichen konnte und auf dem Weg dorthin bereits stärkste Partei im Reich geworden war? Und welche politische Ordnung, welches konkrete System der Demokratie sollte nach einer Revolution denn etabliert werden, das dem egalitären, parlamentarisch-plebiszitären Mischmodell des Erfurter Programms überlegen wäre und gewonnene Freiheiten nicht sogar wieder aufs Spiel setzte? Diese Alternative, diese Weggabelung bestimmte die Geschichte der deutschen Sozialdemokratie im 19. Jahrhundert mindestens ebenso entscheidend wie ihre viel diskutierte organisatorische Trennung von der «bürgerlichen» Demokratie, die sich als linker Flügel des Liberalismus parteipolitisch formierte. Eine Zeitlang konnte die aufbrechende Kluft durch eine utopische Projektion vom «Zukunftsstaat» überbrückt werden, so dass man pragmatische Demokratie betreiben konnte, ohne die weitergehenden Ziele ganz aufzugeben, aber auch ohne sie in revolutionärer Praxis erkämpfen zu müssen. Genau das aber erstrebte die Parteilinke mit ihrem Konzept des «politischen Massenstreiks» schon im Jahrzehnt vor dem Ersten Weltkrieg, in dessen Verlauf sich der demokratische und der revolutionäre Flügel der SPD auch organisatorisch trennten.

Doch wird man dem Demokratieverständnis der frühen Sozialdemokratie nicht gerecht, wenn man es nur an den großen programmatischen Auseinandersetzungen misst. An der Basis, in der alltäglichen politischen Arbeit ging es oft um viel konkretere Probleme, auch in der Kommunalpolitik der großen Städte, in die die SPD trotz des sie krass benachteiligenden ungleichen Wahlrechts allmählich eindrang. Nicht zuletzt war Demokratie, wie in keiner anderen Partei oder Bewegung des 19. Jahrhunderts, ein entscheidendes Prinzip der eigenen inneren Organisation. Man erkennt das auch daran, dass anfangs zwischen den «Statuten» der Partei und dem «Programm» kaum ein Unterschied bestand; Diskussion und Meinungsbildung untereinander waren ein Experimentierfeld für die größere, staatliche Demokratie. So spielten, in der Tradition von Vormärz und 1848er Revolution, Volksversammlungen eine wichtige Rolle und waren Ausdruck einer besonderen Emphase für direkte Demokratie. Manchmal verband sich das, wie bei dem Königsberger Johann Jacoby, mit einer scharfen und grundsätzlichen Kritik an Parlament und Repräsentation. Doch verwarf Jacoby, der erst spät vom Linksliberalismus zur Sozialdemokratie wechselte, damit nicht im marxistischen Sinne die «bürgerliche» Demokratie, sondern hielt eher an älteren Entwürfen radikal-direkter Demokratie aus dem späten 18. und frühen 19. Jahrhundert fest. Auch das Prinzip der «Selbsthilfe», das die Arbeiter auf vielen Wegen praktisch zu realisieren suchten – in der Parteiarbeit, aber auch in Konsum- oder Wohnungsgenossenschaften –, war eine demokratische Innovation, die der Praxis von sozialen Bewegungen und Selbsthilfegruppen im späten 20. Jahrhundert entscheidend vorarbeitete.

So ist die «soziale Demokratie» mehrfach als eine Erweiterung älterer Ideen von Demokratie zu verstehen. Sie war das im Sinne einer sozialen Universalisierung, also des gleichberechtigten Einschlusses der Arbeiter, und damit letztlich aller Staatsbürger (und Staatsbürgerinnen) in die Demokratie. Sie machte aber auch darauf aufmerksam, dass Demokratie in einer ungleichen Gesellschaft des sozialen Ausgleichs und der sozialen Rechte bedarf. Und obwohl Karl Marx (im Unterschied zur Hauptströmung der Sozialdemokratie) nie ein konkretes, geschweige denn positives Verhältnis zur Demokratie als Regierungsform gewann, wirkt ein Teil seiner utopischen Vision bis in einen weiteren Demokratiebegriff der Gegenwart fort: nämlich die Hoffnung auf eine selbstbestimmte, autonome Lebensführung, jenseits eines Zustands der «Entfremdung». Die Praxis der frühen Arbeiterbewegung setzte mehr auf Bildung als auf Revolution, um ihrer Vorstellung von ganzheitlicher Persönlichkeit (wie wir heute sagen würden) als Voraussetzung von Demokratie nahezukommen; als Teil von Demokratie als Lebensform.

10 Der Sozialstaat:
Sicherheit, Inklusion, Verwirklichungschancen

Der Ursprung des modernen Sozialstaates liegt in der gleichen «sozialen Frage» der Industrialisierung, die auch der Arbeiterbewegung und sozialen Demokratie ihre Impulse gab. Während die Arbeiter zur Selbsthilfe und Selbstorganisation griffen, engagierten sich auch bürgerliche Reformer im Angesicht von Not und Elend der «unteren Stände», besonders seit dem zweiten Drittel des 19. Jahrhunderts. Religiöse und karitative Vereine übernahmen das neue Prinzip der bürgerlichen Assoziation und ergänzten damit die herkömmlichen, oft kommunal und korporativ (z. B. handwerklich-zünftisch) organisierten Formen der Armenunterstützung: Diese hatten nämlich den Arbeiterfamilien in den großen Städten, aber auch einer zunehmenden Landarmut wenig zu bieten. Doch auch der Staat war Adressat von Klagen – Bettina von Arnim nannte ihre 1843 erschienene Sozialkritik nicht zufällig «Dies Buch gehört dem König»! England reformierte seine Armenpolitik 1834, zwei Jahre nach der ersten Wahlrechtsreform. Darin kam eine neue liberale Sensibilität gegenüber sozialen Notlagen zum Ausdruck, aber auch ein Grundzug der Kontrolle und Disziplinierung. Denn man wollte die Armen jetzt bevorzugt in «Arbeitshäusern» unterbringen, statt sie in ihrem Haushalt zu unterstützen.

Die enge Verbindung von Sozialstaat und Demokratie ist im 19. Jahrhundert vorbereitet worden, hat sich aber hauptsächlich im 20. Jahrhundert, eigentlich sogar erst nach 1945, voll herausgebildet. So ist das Sozialstaatsprinzip im Grundgesetz von 1949 gleich doppelt verankert worden, in der Bestimmung der Bundesrepublik Deutschland als «demokratischer und sozialer Bundesstaat» in Art. 20 und in Art. 28, der die Länder dazu verpflichtet, «den Grundsätzen des republikanischen, demokratischen und sozialen Rechtsstaates» zu entsprechen. Indirekt aber verweist diese Hervorhebung der sozialen Verpflichtung der Demokratie auf die vordemokratischen Ursprünge des deutschen Sozialstaates, denn in ihr setzt sich eine ältere deutsche Auffassung fort, nach der soziale Fürsorge eine wesentliche Aufgabe der politischen Obrigkeit sei. In der Frühen Neuzeit bezeichnete man solche Politik als «gute Policey», womit ein breites Spektrum staatlichen Handelns gegenüber den Untertanen gemeint war, das wir heute der Innen- und Sozialpolitik zurechnen würden. Eine zweite Wurzel der modernen Sozial- und Armenpolitik liegt freilich in den Kommunen, denn die Städte und Gemeinden, später auch die Landkreise hatten seit dem späten Mittelalter in der Regel für ihre in Not geratenen ärmeren Bürger zu sorgen. Dabei spielten Stiftungen und Unterstützungswerke teils kommunaler, teils aber auch kirchlicher Natur eine wichtige Rolle. Damit ist ein dritter Ursprung des deutschen Sozialstaates bezeichnet, der mit dem erheblichen Gewicht von evangelischer Diakonie und katholischer Caritas ebenfalls bis in die Gegenwart fortwirkt.

Vom Sozial-«Staat» aber würden wir kaum ohne die von Bismarck betriebene Sozialgesetzgebung des Deutschen Reiches in den 1880er Jahren sprechen. Damals entstanden die Vorläufer der heutigen Kranken-, Unfall- und Rentenversicherung, auch wenn ihre Reichweite und ihre Leistungen in den ersten Jahrzehnten noch sehr begrenzt blieben. Aber die Grundidee eines quasi-öffentlichen Versicherungsprinzips – einer Lösung zwischen privater Versicherung am Markt und unmittelbar staatlichen Leistungen also – hat sich bis heute erhalten, ebenso wie die gemischte Finanzierung aus Arbeitnehmer- und Arbeitgeberbeiträgen. Das erste Bismarcksche Bündel richtete sich auf Arbeiter, vor allem städtische Industriearbeiter, nicht unbedingt weil sie die größte Not litten, sondern weil es das bewusste Kalkül des ersten Reichskanzlers war, mit dem «Zuckerbrot» der Sozialpolitik (parallel zur «Peitsche» der Sozialistengesetze) die vermeintlich umstürzlerischen Bestrebungen der Sozialdemokratie einzudämmen und so die Arbeiter für den monarchischen Obrigkeitsstaat zu gewinnen.

Dieser geradezu antidemokratische Ursprung schmälert nicht die Leistungen der Sozialversicherung, in die zudem auch andere, weniger obrigkeitliche Traditionen einflossen wie diejenige der «Knappschaftskassen» im Bergbau mit ihrem seit jeher höheren Anteil der Selbstverwaltung. Aber im internationalen Vergleich begab sich Deutschland damit auf einen Pfad, der heute häufig als die «konservative» Variante des modernen Sozialstaates bezeichnet wird. Sie dominierte in Mitteleuropa, während angelsächsische Länder, nicht zuletzt die USA, eher ein liberales Marktmodell bevorzugten und Skandinavien mit dem egalitär-sozialdemokratischen Sozialstaat ein drittes Modell hervorgebracht hat. Dabei meint konservativ weniger eine politische Richtung als die «konservierenden» Mechanismen der Sozialpolitik. Danach ist es Aufgabe des Sozialstaates, Menschen in Krisensituationen und Notlagen, auch im Übergang in den Ruhestand, in ihrem bisherigen sozialen Status zu sichern. Für einen gutverdienenden Angestellten bedeutet das höhere Leistungen als für eine ungelernte Arbeiterin. Das ist weniger demokratisch aber nur dann, wenn man größtmögliche (soziale) Gleichheit als Ziel und Merkmal von Demokratie versteht. Der deutsche Sozialstaat hat überdies traditionell die Männer – vor allem als «männliche Familienernährer» – bevorzugt und Geschlechterunterschiede eher befestigt, während anderswo Frauen und Mütter eher den archimedischen Punkt des Sozialstaates bilden, etwa in Frankreich, aber auch in den USA, wo die Sicherung gegen Armut seit dem frühen 20. Jahrhundert primär alleinerziehende Mütter im Blick hat.

Noch in den Jahrzehnten um 1900 trieb also nicht primär die Demokratisierung den Sozialstaat voran. Der Ausbau sozialer Leistungen stand im Kontext einer allgemeinen Ausweitung der Staatstätigkeit, einer sprunghaft zunehmenden Tendenz zur Regulierung von Gesellschaft und Wirtschaft nach dem klassisch-liberalen, dem «manchester-liberalen» Zeitalter des Kapitalismus. Deshalb spricht man im

Deutschen auch öfters vom «Sozial- und Interventionsstaat». Denn wichtige Felder dieser Regulierung und Intervention lassen sich, mindestens in einem weiteren Sinne des Begriffes, der Expansion des Sozialstaates zurechnen: so das staatliche Engagement in der allgemeinen und höheren Bildung oder die seit 1900 dichter gewebten Vorschriften des Arbeitsschutzes und der Wettbewerbsregulierung. Ein anderer Katalysator des Sozialstaates war immer wieder der Krieg, angefangen vom amerikanischen Bürgerkrieg über den Ersten zum Zweiten Weltkrieg. Veteranen und Kriegsinvaliden, aber auch Hinterbliebene von Gefallenen, besonders deren Witwen, konnten einen hohen moralisch-politischen Anspruch auf staatliche Versorgung geltend machen, die dann nicht selten zum Modell allgemeiner sozialer Leistungen geworden ist.

In der Zwischenkriegszeit der 1920er und 1930er Jahre wuchs die Überlappung zwischen Sozialstaat und Demokratie. Die Weimarer Republik führte die Sozialpolitik des Kaiserreichs nicht nur fort und baute sie aus – etwa mit der Einführung der Arbeitslosenversicherung 1927. Sie trug auch wesentlich dazu bei, dem deutschen Sozialstaat eine neue, demokratisch-reformerische Identität zu geben. Nicht zufällig zerbrach ihre letzte parlamentarische Regierung, eine von dem SPD-Politiker Hermann Müller geführte Große Koalition, im März 1930 an einem Streit über die Arbeitslosenversicherung. Die Weltwirtschaftskrise hatte da gerade erst begonnen. Ihre sozialen Folgen in Massenarbeitslosigkeit, Armut, Hunger und Obdachlosigkeit wurden außerhalb Deutschlands als eine neue Bewährungsprobe der Demokratie verstanden. Der amerikanische Präsident Franklin D. Roosevelt sah in seiner Sozial- und Wirtschaftspolitik des «New Deal» seit 1933, zumal im Angesicht der europäischen Diktaturen, den Test auf die Leistungsfähigkeit der Demokratie: «to achieve an economic freedom for the average man which will give his political freedom reality», wie er am 6. September 1936 im Radio versprach.

Der unmittelbare Konkurrent waren die Nationalsozialisten, die im «Dritten Reich» sozialpolitische Leistungen für die «Volksgenossen» ausbauten. Sie sorgten teils sogar für mehr Gleichheit (zum Beispiel zwischen Arbeitern und Angestellten) und suchten in der «Volkswohlfahrt» oder der Organisation «Kraft durch Freude» neue Wege der Verbindung von Sozialpolitik und Massenkonsum, ähnlich wie die italienischen Faschisten im «Dopolavoro», dem Freizeitwerk für die Zeit «nach der Arbeit». Dem Rooseveltschen Maßstab der Freiheit konnte das kaum entsprechen, zumal als in Deutschland seit dem Ende der

1930er Jahre der Ausschluss von Juden und anderen «Gemeinschafts-fremden» aus der sozialpolitischen Volksgemeinschaft immer offen-sichtlicher und brutaler wurde. Soziale Leistungen und Loyalität der Bevölkerung während des Zweiten Weltkrieges beruhten zwar nicht entscheidend auf der unmittelbaren rassischen Umverteilung in Folge der Enteignung und Ausplünderung der europäischen Juden. Aber der Zusammenhang zwischen Fürsorge und Vernichtung war evident, und auch das prägte das Bewusstsein der Nachkriegszeit, dass ein Sozial-staat nicht auf Exklusion gegründet sein konnte.

So verliefen Wiederherstellung und Ausbau der Demokratie nach 1945 parallel und in enger Wechselwirkung mit einem historisch bei-spiellosen Ausbau des Sozialstaates im «goldenen Zeitalter» der Nach-kriegsprosperität. Aber der soziale Ausbau war nicht erst eine Folge, eine Art Wohlstandsdividende des wirtschaftlichen Wachstums, in der Bundesrepublik des «Wirtschaftswunders». Er begann oft als eine mo-ralisch-politische Vorleistung, weil in weiten Teilen Europas nach dem Ende des Zweiten Weltkriegs die Stunde für einen humanen, demokra-tischen Sozialismus gekommen schien. In Großbritannien setzte die Labour-Regierung von Premierminister Clement Attlee weitreichende Reformen, unter anderem mit einer Verstaatlichung des Gesundheits-wesens, durch. Frankreich und die skandinavischen Staaten folgten nach. In der Mitte der 1960er Jahre unternahmen sogar die Vereinigten Staaten mit umfangreichen Programmen der medizinischen und so-zialen Sicherung von Rentnern, Armen und Behinderten Schritte hin zu einer neuen «Great Society».

In der Bundesrepublik setzte die CDU-geführte Regierung Konrad Adenauers den deutschen Pfad des Sozialstaats fort, oft allerdings im Konsens mit der SPD. Als geradezu revolutionär erwies sich die Ren-tenreform von 1957, nicht nur was den Anstieg der bis dahin oft arm-seligen Leistungen betraf, sondern auch in psychologischer Hinsicht: Mit vielen weiteren, bis mindestens in die 70er Jahre reichenden Maß-nahmen trug sie nicht unwesentlich dazu bei, die Westdeutschen inner-lich an die Demokratie heranzuführen. Der Sozialstaat war also nicht nur Ergebnis der Demokratie, sondern auch umgekehrt: Seine Leistungen halfen die Zustimmung, die Loyalität der Bürgerinnen und Bürger zur Demokratie zu sichern. Die Kehrseite dieser Prägung konn-te aber sein, dass ein Abbau oder Umbau von Sozialleistungen das Ver-trauen in die demokratische Regierungsform erschüttert – ein Zusam-menhang, den man in anderen demokratischen Ländern so gar nicht verstehen würde. In dieser Hinsicht gingen die Bundesrepublik und die DDR seit 1945/49 ein Stück weit parallel, denn für das Selbstverständnis des zweiten deutschen Staates und die Legitimation des SED-Regimes spielten seine sozialen Leistungen eine tragende Rolle.

Man kann in NS-Diktatur, Bundesrepublik und DDR geradezu drei Varianten des deutschen Sozialstaatsmodells im 20. Jahrhundert sehen; jedenfalls setzte die DDR keineswegs nur sowjetische Rezepte um, sondern auch einen preußisch-deutschen Weg der sozialen Fürsorge aus obrigkeitlicher Gewährung fort; sie war, wie der Historiker Konrad Jarausch geurteilt hat, eine «Fürsorgediktatur». Darin spiegelt sich noch einmal die tiefe Ambivalenz des Verhältnisses von Sozialstaat und Demokratie. Die realsozialistische Rechtfertigung, den «bürgerlichen» Freiheitsrechten der kapitalistischen Demokratien stünden die eigenen, letztlich viel wichtigeren «sozialen Rechte» gegenüber, erweist sich vor diesem historischen Hintergrund als Zwilling einer konservativ-obrigkeitlichen Sichtweise auf soziale Sicherung, die Demokratie gar nicht erst nötig mache. Aber auch empirisch kann man unschwer erkennen, dass das Niveau der Sozialleistungen in den sozialistischen Staaten hinter den kapitalistisch-sozialstaatlichen Demokratien des Westens weit zurückblieb, in der DDR besonders eklatant bei den Renten und der Gesundheitsversorgung. So gesehen, war die Verschwisterung von Demokratie und Sozialstaat am Ende des 20. Jahrhunderts doch evident: Nirgendwo sind sozialstaatliche Leistungen mehr ausgebaut worden als in Demokratien.

Trotz dieser zunehmenden Überlappung fällt es schwer, im modernen Sozialstaat, mit Gerhard A. Ritter, geradezu eine «besondere Form der Demokratie» zu sehen. Denn die fundamental unterschiedliche Zielsetzung einer freien Selbstregierung einerseits, von materieller Sicherung und Geborgenheit andererseits lässt sich zumal vor dem Hintergrund der deutschen Geschichte nicht genügend betonen. Demokratie muss sich, wie Politikwissenschaftler sagen würden, dem Wettbewerb der Regime um die größte materielle Leistungsfähigkeit stellen, aber sie kann nicht zuerst an diesem «Output» gemessen werden. Im 20. Jahrhundert begegnet das Verhältnis von beiden in fast allen denkbaren Variationen: Ein schwacher Sozialstaat muss nicht auf eine schwache Demokratie hinweisen, und autoritäre Regime können eine relativ starke Sozialpolitik betreiben. Aber von Verstrebungen, die Sozialstaat und Demokratie fester miteinander verbunden haben, kann man sehr wohl sprechen. Dabei steht das Prinzip der Inklusion an vorderster Stelle: die staatsbürgerliche Gleichheit, in der eine *politische* Bürgergesellschaft sich nur in der *sozialen* Teilhabe aller Bürgerinnen und Bürger voll erfüllt, aber auch umgekehrt politische Freiheit nicht mit sozialer Versorgung abgegolten ist. Kurz gesagt ist das die Wechselbeziehung von Sicherheit und Freiheit. Freiheit braucht Sicherheit, aber Sicherheit macht noch nicht frei. Gerade jenseits der westlichen Wohlstandsdemokratien gehören Freiheit und Sicherheit auf eine elementare Weise zusammen – wenn es nicht um Urlaubsansprüche und Rentenhöhe geht, sondern um den Zugang zu medizinischer Versorgung überhaupt, zu Trinkwasser, zu ein paar Schuljahren Bildung für alle. Der Ökonom und Nobelpreisträger Amartya Sen hat diesen Zusammenhang in seiner Theorie von Armut, Entwicklung und Demokratie hervorgehoben, indem er von individuellen «Verwirklichungschancen» spricht. In globaler Perspektive gesehen, stehen das sozialstaatliche Versprechen und die sozialstaatliche Expansion der Demokratie längst eher in Asien und Afrika auf dem Prüfstand als im alten Westen.

11 Die Wellen der Demokratisierung im 20. Jahrhundert

Gleich welchen Begriff von Demokratie man zugrunde legt: Vor hundert, vor zweihundert Jahren gab es deutlich weniger demokratische Staaten als heute, war die Welt weniger demokratisch. Aber diese Expansion erfolgte nicht in gleichmäßigen und allmählichen Schritten. In bestimmten Phasen hat Demokratisierung sich beschleunigt und dabei häufig mehrere Länder oder ganze Weltregionen angesteckt; zu anderen Zeiten herrschte bestenfalls Stagnation.

Der amerikanische Politikwissenschaftler Samuel P. Huntington hat deshalb von «drei Wellen» gesprochen, die vor allem in der Geschichte des 20. Jahrhunderts die Demokratie schubartig vorangebracht haben. Eine erste Welle lässt er bereits im frühen 19. Jahrhundert beginnen und mit dem Ende des Ersten Weltkriegs kulminieren, als in Europa monarchische Reiche zusammenbrachen und neue Republiken aus ihrer Erbmasse hervorgingen – von Deutschland bis zur Türkei. Auch die zweite Welle folgte unmittelbar aus einem großen Krieg: Die Niederlage der «Achsenmächte» Deutschland, Italien und Japan im Zweiten Weltkrieg führte weite Teile Westeuropas in die Demokratie zurück, setzte ein westlich-demokratisches Zeichen in Ostasien und wirkte bis etwa 1960 in der Dekolonisation Afrikas und Asiens fort. Das Signal zur dritten

Welle schließlich gab, Huntington zufolge, die portugiesische «Nelken-revolution» von 1974. Ihr folgten weitere Länder Südeuropas, mehrere lateinamerikanische Staaten – und schließlich das kommunistische Ost- und Mitteleuropa in der Revolution für Demokratie und Unabhängig-keit von 1989/90. Für die deutsche Geschichte ist dieses Schema schon deshalb interessant, weil Deutschland Anteil an allen drei Wellen hatte: in den Wendejahren von 1918, 1945 und 1989.

Eine solche pointierte Theorie zieht auch Kritik auf sich. Trotz eines sehr weiten Blickes auf globale Entwicklungen ist Huntingtons Schema doch stark in der westlichen, besonders der europäischen Geschichte verankert. Demokratisierung in anderen Regionen erscheint eher wie ein Nebeneffekt, wie ein Echo der europäischen Fanfaren. Die dritte Welle, der Huntingtons eigenes Forschungsinteresse galt, fasst mindes-tens zwei sehr unterschiedliche Stränge zusammen, die auch zeitlich ein Stück auseinander liegen: die südeuropäische Demokratisierung der mittleren 70er Jahre und den Fall des Kommunismus anderthalb Jahr-zehnte später. Zwar werden mit zunehmendem Abstand vom «Kalten Krieg» mehr gemeineuropäische Merkmale dieser Epoche erkennbar: Proteste von «68» in West und Ost; oder die gemeinsame Suche nach einer «Zivilgesellschaft» in den 1980er Jahren. Aber das Ende der au-toritär-halbfaschistischen Regime in Portugal und Spanien bildet eher einen verspäteten Nachläufer von 1945, also der zweiten Welle. Man hat deshalb die postkommunistische Transformation auch schon als eine vierte Welle bezeichnet. Damit ist die Frage nach den Ursachen dieser Schübe aufgeworfen. Wenn die beiden ersten Wellen auf Kriege folgten, die zugleich den Charakter großer ideologisch-politischer Aus-einandersetzungen hatten, muss man dem Krieg als Geburtshelfer der Demokratie wohl ein größeres Eigengewicht geben. Huntington selber nannte wichtige Faktoren, welche die dritte Welle getrieben haben, da-runter das wirtschaftliche Wachstum der 1960er Jahre, die demokratie-fördernden Aktivitäten «externer Akteure» wie der Europäischen Ge-meinschaft, und ganz einfach einen «Schneeballeffekt». Eine historisch befriedigende Erklärung der Nelkenrevolution oder des Sturzes des Kommunismus in Polen kann das aber nicht sein.

Unbefriedigend ist auch die vage Erstreckung der ersten Welle von den 1820er Jahren über ein ganzes Jahrhundert bis nach dem Ersten Weltkrieg. Doch hat Huntington damit immerhin einen Anstoß gege-ben, über eine Erweiterung seines Schemas in die Zeit seit den Revolu-tionen des späten 18. Jahrhunderts nachzudenken. Mit einem schärferen Blick in die Geschichte könnte man weitere vier Wellen der Demokratisierung unterscheiden, die den dreien des 20. Jahrhunderts vorausgingen. Dabei sind in der Regel noch nicht Demokratien im modernen Sinne etabliert, sondern eher demokratische Grundlagen verbreitert, Partizipationschancen beschleunigt ausgeweitet worden. Die erste Welle wäre dann die der nordatlantischen Revolutionen zwischen 1770 und 1800, von den USA über Frankreich bis zurück nach Haiti. Eine zweite Welle könnte man in den 1820er und 1830er Jahren sehen; sie reichte von den Unabhängigkeitsrevolutionen in Lateinamerika unter Simon Bolivars Führung bis zu den europäischen Ereignissen um die Französische Julirevolution. Die Revolution von 1848 würde einen dritten Schub markieren, mit einer Art «Nachbrenner» in den 1860er Jahren, einer liberalen Ära in weiten Teilen Europas, und mit dem Sieg des Nordens im amerikanischen Bürgerkrieg. Schließlich lässt sich eine vierte Welle um die Wende zum 20. Jahrhundert erkennen. Sie erfasste in Regimewandel und Revolution zwischen 1905 und 1912 beinahe alle Kontinente: Russland, das Osmanische Reich, Portugal, Mexiko, China. Zugleich spülte sie eine neue Dynamik der Massenmobilisierung und direkten Partizipation in viele westliche Gesellschaften. Aber das überlappte sich bereits mit dem Streben nach rassischem Ausschluss und elitärer Führung, und die Revolutionswelle von 1905/12 mündete kaum in stabile Demokratien.

Tatsächlich ging es mit der Demokratie im 19. und 20. Jahrhundert nicht immer bergauf, schon gar nicht im 20. Jahrhundert. Aus dem Modell Huntingtons sind zwar meist nur die «positiven» Schübe herausgelesen worden, doch er selbst beobachtete eher eine Art Pendelbewegung: Auf die erste Welle sei eine erste «Gegenwelle» der 1920er bis frühen 1940er Jahre gefolgt, als viele der neuen europäischen Demokratien in autoritäre Regime und Diktaturen umschlugen und das «Dritte Reich» seit 1938/39 weitere Demokratien gewaltsam zerschlug oder im Krieg unterwarf. Eine zweite Gegenwelle habe die Zeit zwischen 1960 und 1975 dominiert. Viele der neuen, postkolonialen Staaten in Afrika, wie etwa das bevölkerungsreiche Nigeria, konnten ihre Demokratie nicht stabilisieren. Militärdiktaturen wie die von Augusto Pinochet in Chile seit 1973 prägten den lateinamerikanischen Subkontinent für etwa zwei Jahrzehnte. Huntington befürchtete sogar, auf die dritte Welle könne ein erneuter, größerer Rückschlag folgen. Diese Sorge hat sich als unbegründet erwiesen. Auch die Geschichte der «Ent-Demokratisierung» entspricht nicht einer simplen Mechanik oder einem Geschichtsgesetz des Pendelschwungs, wie es immer wieder von Historikern aufgestellt worden ist, von Oswald Spengler bis Arnold Toynbee, häufig der «Urerfahrung» von Aufstieg und Fall des antiken Römischen Reiches folgend. Aber die Frage nach den «reverse waves» und tiefen Krisen der Demokratie, die in Europa besonders die erste Hälfte des 20. Jahrhunderts prägten, verlangt gerade deshalb nach genauerem Hinsehen.

Schließlich folgt das Wellenmodell einem relativ engen Begriff von Demokratie und Demokratisierung. Es geht um die Regierungsform und ihren Wechsel zwischen einem freien Wahlregime und autoritär-diktatorischen Formen, um politischen Regimewechsel also. Huntington orientiert sich damit an einer «prozeduralen», also die politischen Verfahren beschreibenden und «realistischen» Definition der Demokratie, wie sie Joseph Schumpeter oder Robert A. Dahl formuliert haben. Vielleicht wäre es sonst schwer möglich, die Übergänge trennscharf in eine Zeitskala einzutragen. So fundamental wichtig (aber teils auch unscharf) die Unterscheidung zwischen freiem und unfreiem Regime bleibt, hat sich das besondere Interesse von Historikern in letzter Zeit eher auf die diffuseren, komplizierteren Prozesse der inneren Demokratisierung gerichtet, die im politischen Verhalten, auch im Alltagshandeln oder in Mentalitäten zum Ausdruck kommen. War die Bundesrepublik mit dem Inkrafttreten des Grundgesetzes im Mai 1949 fertig demokratisiert oder bedurfte das einer längeren Zeit des Übergangs, des «Lernens» der Demokratie bis in die 1960er Jahre? Auf diese Weise gelangt man zu einer anderen Rhythmik der Demokratisierung im 20. Jahrhundert. So markiert Huntingtons zweite Gegenwelle von 1960 bis 1975 zugleich eine Phase beschleunigter und innovativer innerer, soziokultureller Demokratisierung in den westlichen Gesellschaften. Aber die Denkfigur der Wellen bleibt attraktiv – und entspricht immer wieder, nicht selten auf überraschende Weise, der Erfahrung von erlebter Geschichte. Das galt 1989 wie 2011, als der «arabische Frühling» rasch als eine «vierte Welle» der Demokratisierung beschrieben, vielleicht auch hoffnungsvoll beschworen wurde.

VI Krisen

Demokratie ist immer in der Krise. Zeiten ihrer unbefragten Selbstverständlichkeit hat es kaum gegeben, zumal in Europa. Nach 1945 wurde sie zwar zu einer Art Standardmodell – aber doch nur im Westen des geteilten Kontinents. Als sich am Ende des 20. Jahrhunderts auch Osteuropa demokratische Freiheit eroberte, hatten neue Zweifel vom Westen Besitz ergriffen. In ihre tiefste Krise geriet die moderne Demokratie, als eigentlich alles für ihren endgültigen Siegeszug sprach: mit dem Durchbruch einer Massengesellschaft, die alte soziale Hierarchien einebnete; nach dem Ersten Weltkrieg, der jahrhundertealte Dynastien und Reiche wegfegte. Aber längst nicht nur in Deutschland galt die Demokratie als ein Auslaufmodell, das einer hochkomplexen und zugleich nivellierten Gesellschaft nicht mehr zu passen schien. Konnte sich der Wille des Volkes nicht außerhalb von Parlament und bürgerlichen Freiheiten besser verwirklichen? Am Ende dieser Krise stand die größte Katastrophe der europäischen Geschichte. Aber manche tiefen Zweifel an der Demokratie nagten auch danach, und nagen bis heute weiter.

1 Kein Triumph der Demokratie: Die Massengesellschaft um 1900

Am Ende des 19. Jahrhunderts schien die Demokratie auf einem unaufhaltsamen Vormarsch. Die Zeit der großen revolutionären Erhebung im Namen von Freiheit, Gleichheit und demokratischer Mitbestimmung des Volkes war zwar vorbei; in den politischen Ordnungen der europäischen und nordamerikanischen Nationen herrschte, äußerlich gesehen, bis zum Ersten Weltkrieg Stabilität. Umso dynamischer veränderten sich aber die wirtschaftlichen und sozialen Verhältnisse unter dem Einfluss von Hochindustrialisierung und rasanter Verstädterung. Um 1900 beobachteten die Zeitgenossen, euphorisch oder ängstlich, dass sich ein ganz neuer, moderner Aggregatzustand von Gesellschaft und Kultur herausbildete. In den pulsierenden, oft rasch wachsenden

Metropolen wie Berlin und Paris, London, New York und Chicago, Wien und Budapest etablierte sich ein Lebensstil, der weit in die zweite Hälfte des 20. Jahrhunderts vorauswies: Arbeiter und Angestellte hasteten morgens zum Regionalzug oder auch schon zur Untergrundbahn auf dem Weg zur Arbeit, deren Ort immer häufiger das Büro statt die Fabrik war. Unterwegs griff man eine Zeitung; auf dem Nachhauseweg konnte man sich im Warenhaus neue Verlockungen des Massenkonsums anschauen; am Wochenende ging es vielleicht ins Theater oder bald auch ins Kino. Unterhalb der Verfassungsordnungen war auch das politische Leben in Bewegung. Die Möglichkeiten zur Mitgliedschaft in Vereinen, Parteien, Gewerkschaften hatten sich vervielfältigt; Politik war zum Massenphänomen geworden, nicht mehr nur die Sphäre einer kleinen Elite. Und überall boten Reformbewegungen nicht nur Gelegenheit zum eigenen Engagement, sondern betrieben, wie die Frauen- oder die Arbeiterbewegung, die weitere Expansion von Teilhabe und Demokratie. Wie auch immer manche heftig umstrittenen Grundfragen ausgehen würden, in Europa etwa die nach den langfristigen Überlebenschancen der Monarchie oder nach der Stellung des Adels: Dass man im weitesten Sinne in ein demokratisches Zeitalter eingetreten war, ließ sich am Beginn des 20. Jahrhunderts kaum mehr bezweifeln.

Eine der zentralen Erfahrungen der Menschen vor hundert Jahren war der Eintritt in eine Massengesellschaft. Dimension und Dichte dieser Masse faszinierten und schockierten – ganz konkret und alltäglich, im Gedränge auf dem Bahnsteig oder bei einer der neuen Sportveranstaltungen, für die man sich als Zuschauer in eine Halle oder ein Stadion begab. Dahinter standen Veränderungen der Bevölkerung und der Kommunikation. Die Sterblichkeit war gesunken, die Lebenserwartung stieg deutlich an, die Kinderzahl war einstweilen noch hoch – in diesem «demographischen Übergang» machte die Einwohnerzahl der meisten europäischen Länder vor dem Ersten Weltkrieg einen großen Sprung. In Amerika landeten zudem Millionen neuer Einwanderer aus Süd- und Osteuropa; anders als die Deutschen oder Skandinavier ein halbes Jahrhundert zuvor, blieben sie meist in den großen Städten. Aber auch in Europa verschob sich die Bevölkerung in die großen Städte, wo sich manchmal mehrere Zehntausend Menschen auf einen Quadratkilometer drängten wie in den Berliner Mietskasernen, im Londoner East End oder auf der Lower East Side Manhattans.

Neue Kommunikations- und Verkehrsmittel vervielfältigten die Zahl der möglichen Begegnungen und sozialen Kontakte auch über größere

Distanzen, von der Eisenbahn bis zum Telefon. Der Einzug der Elektrizität in den Alltag um 1900 machte viele Formen der Massengesellschaft, die heute selbstverständlich sind, überhaupt erst möglich. Man konnte, für Sportveranstaltungen oder politische Versammlungen, große Räume beleuchten; man konnte Stimmen technisch so verstärken, dass sie ein nach Hunderten oder Tausenden zählendes Publikum erreichten. Entsprach nicht diese technisch-soziale Welt dem Zug zur Demokratie in der Politik? Schließlich hieß «Demokratie» damals, den antiken Bedeutungen des Begriffes folgend, für viele immer noch Herrschaft der Massen, der Vielen, im Gegensatz zur Elitenpolitik der Wenigen. Im Alltag der Großstädte und angesichts der neuen Technologien schien für Hierarchien jedenfalls der traditionellen Art – der ländlichen Gesellschaft, der Stände, des Adels – kein Platz mehr zu sein.

Aber die Erfahrungen der Massengesellschaft waren ambivalent, und längst nicht alle Konsequenzen, die daraus am Beginn des 20. Jahrhunderts gezogen wurden, führten in eine demokratische Richtung. Für junge Männer und Frauen, die aus spätfeudalen Abhängigkeitsverhältnissen auf dem Lande in die Städte kamen – aus Süditalien nach New York, von einem ostelbischen Gut nach Berlin –, wirkten die «Stadtluft» und das Eintauchen in die große Masse befreiend. Aber als Arbeiter in der Fabrik oder auf dem Schlachthof, als Dienstmädchen im bürgerlichen Haushalt verspürten sie auch die Härte neuer Hierarchien. Die meisten Zuwanderer, ob sie über wenige hundert Kilometer oder über einen Ozean gekommen waren, gingen in der Massengesellschaft nicht so verloren, wie viele, vor allem bürgerliche Kritiker das meinten: Sie schrieben Briefe an Verwandte oder bauten enge soziale Beziehungen, durch ethnische oder politische Gemeinsamkeit gestützt, im Stadtviertel auf. Doch das Gefühl eines Verlustes von Individualität, von Gleichförmigkeit und Anonymität, von der Masse als dem unsteten «Treibsand» der modernen Gesellschaft prägte um 1900 zunehmend die öffentliche Meinung und ließ die Massengesellschaft eher als Bedrohung denn als Verheißung erscheinen.

Masse begegnete jedoch nicht nur als diffus, heterogen und passiv, sondern geradezu im Gegenteil auch als eine formierte mit sehr aktiver politischer Stoßrichtung. Erneut stand dahinter besonders die Erfahrung des schnell gewachsenen Industrieproletariats und der hochorganisierten Arbeiterbewegung – zugleich die bürgerliche Angst vor deren revolutionärer Aktion. Denn als Teil einer solchen Masse, deren Kennzeichen im ersten Jahrzehnt des 20. Jahrhunderts, und erst recht nach dem Ersten Weltkrieg, immer mehr Bewaffnung und Uniformierung wurden, veränderten Menschen ihr übliches individuelles Verhalten; das Kollektiv gewann eine eigene Dynamik. Schon 1895 hatte der Franzose Gustave Le Bon diese besondere «Psychologie der Massen» beschrieben. Daran knüpfte sich in den folgenden Jahrzehnten eine unerschöpfliche sozialwissenschaftliche und politische Diskussion, auch in der sozialistischen Arbeiterbewegung selber, nicht zuletzt in deren «syndikalistischen», also von Gewerkschaft und Arbeitsplatz her denkenden Strömungen, die in romanischen Ländern wie Frankreich und Italien einflussreich waren. Damit schillerte die Sicht auf die Masse, das Volk oder, zusammengezogen, die «Volksmassen», erneut zwischen zwei Polen der antiken Theorie: Das Volk als Gesamtheit, als universale Kategorie – oder als die Mehrheit der unteren Schichten, als Pöbel und Proletariat. Der Begriff des Volkes oder der Volksmassen hat übrigens auch im Marxismus-Leninismus, im ganzen 20. Jahrhundert und bis in den «Realsozialismus» nach 1945 hinein, diese Ambivalenz bewahrt. Damit blieb, durchaus bewusst, offen, ob es sich um ein inklusives Konzept handelte oder ob ein Teil der Gesellschaft aus einem «Volk», das im Kern die sozialistische Arbeiterklasse war, herausdefiniert werden konnte. Um 1900 aber stand der Aspekt der Formierung, der gleichgerichteten Aktion im Vordergrund. Was man zunächst als eine demokratische Erweiterung breiterer, auch ärmerer Schichten verstehen kann – heute würde man im Jargon der Politikwissenschaft und der sozialen Bewegungen sagen: als ein «empowerment» –, verknüpfte sich zugleich mit der Idee eines Aufgehens individueller Freiheit im Rausch des Kollektivs und mit einer Neigung zur Aktion als Selbstzweck: Die Masse richtete sich, zum Befreiungsschlag formiert, gegen scheinbar verkrustete Institutionen, selbst wenn es sich um Institutionen der Demokratie handelte.

Aus dieser neuen Präsenz der Masse konnte man zwei auf den ersten Blick sehr unterschiedliche Konsequenzen ziehen – und beide spielten in den wirtschaftlich entwickelten, politisch dynamisierten Ländern Europas und Nordamerikas eine wichtige Rolle, vom ausgehenden 19. Jahrhundert über den Ersten Weltkrieg hinaus bis in die 1930er Jahre. Die erste Antwort auf die neue Gesellschaft, in ihrer vermeintlichen Anonymität und schillernden Vielfalt, lag in einer Sehnsucht nach Gemeinschaft. Wo Geburt und Herkunft die Zugehörigkeit zu einem engen Beziehungsgeflecht nicht mehr garantierten, sollten neue Formen des Zusammenschlusses Vertrauen und Verlässlichkeit spenden. Der Soziologe Ferdinand Tönnies hatte schon 1887 die enge, emotionale Sicherheit gebende «Gemeinschaft» der abstrakten, rationalen «Gesellschaft» gegenübergestellt. In den folgenden Jahrzehnten wurde die Suche nach Gemeinschaft zu einem grenzübergreifenden Projekt für alle, die der modernen Fragmentierung der Existenz entgegentreten wollten. Das konnte, wie bei dem amerikanischen Philosophen John Dewey in den 1920er Jahren, einem urdemokratischem Impuls folgen, wenn eine «Great Community» an die Stelle der verlorenen Dorfgemeinschaften der frühen Siedler trat. Das nahm in manchem die moderne Idee einer Zivilgesellschaft verantwortungsbewusster Bürger vorweg. Auch die sozialistische Arbeiterbewegung pflegte so etwas wie einen Kult der Gemeinschaft – in ihrer Jugendarbeit, in ihren Sportvereinen – als Nährboden der Demokratie. Aber in konservativen oder völkischen Kreisen klang beim Streben nach Gemeinschaft die Furcht vor gesellschaftlicher und kultureller Vielfalt mit, später dann auch der Wunsch nach Homogenität und nach Ausgrenzung derjenigen, die nicht zu dieser Gemeinschaft gezählt wurden.

Die zweite Antwort schlug gewissermaßen eine «vertikale» statt der «horizontalen» Lösung des Problems unstrukturierter Massengesellschaft vor. Die Massen schienen hilflos und ungeordnet; ihnen musste durch Führung eine Richtung gegeben werden. Der Gegensatz zwischen den ungebildeten, politisch nicht koordiniert handlungsfähigen Volksmassen und der Klugheit und Führungskunst von Eliten reicht wiederum bis in die antike politische Theorie zurück. Seit dem letzten Drittel des 19. Jahrhunderts stieg er vor dem Hintergrund der sozialen Veränderungen, und auch als eine Reaktion auf die Demokratisierung, zu ungeahnter neuer Prominenz auf. Hier das Volk, dort Eliten; hier Massen, dort Führung – diese Denkfigur begann die Kultur der Jahrhundertwende an allen möglichen Stellen zu durchtränken: in Europa und Amerika, in Wissenschaft und öffentlicher Meinung, auch: links und rechts. Seit dem späten 20. Jahrhundert haben wir uns vollkommen andere kulturelle Reaktionen auf Phänomene der Masse, des Chaos, des Durcheinander angewöhnt. Das Durcheinander bedarf demnach nicht der Führung, der zentralen Steuerung, sondern stiftet von selbst eine Art kreativer und fluider Ordnung. Ob es um Chaostheorien geht oder um Fraktale, um «Fuzzy Logic» oder die «emergente Ordnungsstiftung» der Systemtheorie – darin unterscheidet sich der gegenwärtige Umgang mit Vielfalt und Unordnung fundamental von der Sichtweise der Zeitgenossen vor hundert Jahren.

Damals schien Ordnungsstiftung durch straffe Gliederung, Hierarchie und Führung oftmals alternativlos. Friedrich Nietzsches vielzitierte Abneigung gegen den «Herdentrieb» der Massen, denen er große Kulturleistungen nicht zutraute, und sein geistesaristokratisch-elitäres Gebaren sind nur ein Beispiel dafür – freilich eines, das nach Nietzsches Tod häufig für antidemokratische Politik vereinnahmt wurde. Wiederum musste man aber kein Gegner der Demokratie sein, geschweige denn eine Diktatur anstreben, um eine Politik von Masse und Führung für sinnvoll, ja gerade unter modernen Bedingungen für unausweichlich zu halten. Max Weber, der sich vom Nationalisten des Wilhelminismus zum Anhänger der parlamentarischen Demokratie und Wegbereiter der Weimarer Republik wandelte, stellte die Frage nach der «Führerauslese» ganz nüchtern und kam sogar zu dem Ergebnis, dass die Demokratie diese Aufgabe besser löse als alle anderen Regierungssysteme. Und doch trat bei ihm – und das war nicht untypisch – neben die funktionale Nüchternheit auch ein Zug der heroischen Arroganz: Nur in elitärer Absetzung vom Gewöhnlichen, vom Durchschnitt konnten sich der im Massenzeitalter bedrohte Individualismus und die gefährdete Freiheit des Einzelnen vermeintlich noch behaupten. Die große Zeit des Liberalismus und Individualismus aber schien vorüber zu gehen; die Demokratie damit als ein Produkt des 19. Jahrhunderts am Wegrand der Geschichte liegen zu bleiben.

Dabei konnte sich die Demokratie selber diesem Trend zur Ausbildung von Eliten und straffen Führungsstrukturen nicht widersetzen. Selbst in den mächtigsten demokratischen Organisationen des frühen 20. Jahrhunderts, den großen europäischen Arbeiterparteien, war der ursprüngliche Egalitarismus der Brüderlichkeit professionellen Hierarchien gewichen. So beobachtete es um 1910 Robert Michels, ein Grenzgänger zwischen Deutschland und Italien, zwischen Sozialismus und Faschismus in seiner Analyse des modernen Parteiwesens, aus der er weitreichende Schlüsse für die Möglichkeit von Demokratie unter den Bedingungen moderner Gesellschaften zog. In den von ihm eingehend studierten Parteischulen der Sozialisten in Deutschland, Italien und England war tatsächlich ein neuer, professioneller Typus des Politikmanagers entstanden: etwa die Gewerkschafts- und Arbeitersekretäre der deutschen SPD und Freien Gewerkschaften. Und in den großen amerikanischen Städten – auch das war Michels bekannt – regierten damals die «Bosse» mit ihren «Parteimaschinen» in einer Art plebiszitär gestützter, autoritärer Korruption. Aus alldem entwickelte Michels sein noch heute bei Politikwissenschaftlern bekanntes «ehernes Gesetz der Oligarchie», nach der alle großen Massenorganisationen zur Ausbildung relativ abgeschlossener, eben «oligarchischer», Führungszirkel neigen. Dass die Massen direkt herrschten, sei schon technisch unmöglich, aber auch die repräsentative Demokratie könne den organisatorischen Notwendigkeiten nicht mehr gerecht werden. Demokratie und Organisation stünden sich unversöhnlich gegenüber, und in dieser Alternative sei es besser, auf das erste als auf das zweite zu verzichten.

Eine solche «Logik» kennzeichnete schon vor dem Ersten Weltkrieg, dann noch mehr in den 1920er Jahren das politische Denken: wesentlich mehr in Europa als in den USA; mehr in Kontinentaleuropa als in Großbritannien; mehr in Deutschland und Italien als in Frankreich. Vilfredo Pareto und Gaetano Mosca waren zwei italienische Wissenschaftler, die noch mehr als Weber und Michels von dem Thema der Eliten und der Führung geradezu besessen waren. Auch ihre Beiträge werden bis heute oft gelesen, wenn es um das Problem der Auswahl demokratischer Führung geht. Charakteristisch für das frühe 20. Jahrhundert waren aber die Unterstellung einer Zwangsläufigkeit der demokratischen Misere und die Konstruktion einer Scheinalternative, in der man sich zu entscheiden habe zwischen der Demokratie von einst und den modernen Imperativen politischer Steuerung in einer technisierten Massengesellschaft. Erneut waren das nicht irgendwelche Hirngespinste, sondern Produkte alltäglicher Erfahrung – und eines tiefgreifenden, nicht zuletzt ökonomischen Wandels. Der Kapitalismus war im späten 19. Jahrhundert in eine neue Phase getreten, die von Großunternehmen, von horizontaler und vertikaler Integration, von zunehmender «Organisierung» geprägt war, sowohl innerbetrieblich wie im Geflecht zwischen Markt und Staat. Der Ökonom und SPD-Politiker Rudolf Hilferding sprach von «Organisiertem Kapitalismus». In den Fabriken ging es um Effizienz und straffe Organisation nach wissenschaftlichen Prinzipien des Managements, der Psychologie und Physiologie; Frederick Taylors Buch über die «Principles of Scientific Management» von 1911 wirkte hier bahnbrechend. Wissenschaftliche Experten zogen in die Betriebe ein und bemühten sich um eine Rationalisierung der Produktion nach möglichst objektiven Kriterien.

Nicht zufällig überschnitt sich die Debatte des beginnenden 20. Jahrhunderts um Massen und Führung in der Politik mit einem großen Kapitalismusstreit, der weit über den Sozialismus hinaus in die «bürgerliche» Nationalökonomie und in die Öffentlichkeit reichte. Jenseits des Sozialismus strahlte auch die Überzeugung von der «Schicksalhaftigkeit» des modernen Kapitalismus aus: allzu verständlich angesichts der Alltagsmacht, die der Kapitalismus um 1900 gewonnen hatte, als er auch jenseits der Betriebe auf soziale Beziehungen, auf Kulturproduktion, auf Konsum immer mehr ausgriff. Aber es war ein ähnlich gefährliches Argument wie das von der Schicksalhaftigkeit der Organisation, denn erneut führte es in eine Scheinalternative: Man konnte den Kapitalismus nur leidend ertragen oder ihn zu überwinden suchen. Die Haltung des resignierten Fatalismus hat Max Weber in den Schlusssätzen seiner Untersuchung über die «Protestantische Ethik und den Geist des Kapitalismus» von 1904 in das berühmte Wort vom «stahlharten Gehäuse» gefasst, zu dem der einst befreiende Aufbruchgeist erstarrt sei.

Während die modernen Gesellschaften also einerseits gleichförmiger, nivellierter wurden, etablierten sich andererseits neue soziale Hierarchien. So wie man am Ende des 20. Jahrhunderts von der «globalen Klasse» zu sprechen begann – eine Jetset-Elite der Wirtschaft, Politik und Kultur, für die nationale Zugehörigkeit keine Rolle mehr spielt –, stieg hundert Jahre zuvor eine nationale Klasse auf, die nicht mehr in ihrer Heimatregion verankert war und einen exklusiven Führungsanspruch behauptete. Bis in die Kultur und Unterhaltung reichte dieser Gegentrend zur demokratischen Nivellierung, etwa in der schärferen Grenze zwischen bürgerlichem und proletarischem Publikum im Theater. In alldem erkannten viele am Anfang des 20. Jahrhunderts einen grundlegenden Wandel, der die anderen Bereiche der Gesellschaft nicht unberührt lassen konnte, auch nicht die Politik: Musste nicht auch die demokratische Beliebigkeit einer neuen Effizienz, Hierarchie und Organisation nach wissenschaftlichen Prinzipien weichen? So zog die neue Massengesellschaft den Trend zur Demokratisierung in zwei gegensätzliche Richtungen. Einerseits wirkte sie befreiend, gab Individuen neue Spielräume bis weit ins Privatleben hinein, eröffnete Beteiligungschancen. Andererseits nährte sie – nicht selten bei denen, die sich als besonders modern verstanden – die Überzeugung, die Demokratie als Regierungsform sei dieser neuen Gesellschaft nicht mehr angemessen.

2 Demokratie als Auslaufmodell:
Die Vorzüge der Diktatur

Nach dem Ersten Weltkrieg hatte sich die Landkarte Europas auf einen Schlag viel demokratischer gefärbt. Daran dachte auch der britische Jurist und liberale Politiker James Bryce, als er 1921 in seinem grundlegenden Buch über «Moderne Demokratien» auf die jüngere Geschichte zurückblickte und überlegte, ob «der nun weithin sichtbare Trend zur Demokratie ein natürlicher Trend ist, der einem allgemeinen Gesetz des sozialen Fortschritts folgt». Er formulierte das mit einer Überzeugung, die sowohl in einer angelsächsischen Demokratiegewissheit verankert war als auch im klassischen liberalen Fortschrittsdenken des 19. Jahrhunderts mit seinen Gesetzen des unverwüstlichen Aufstiegs zu einer besseren und freieren Welt. Schon damals aber galt beides nicht mehr uneingeschränkt. Zwar kamen auch in Großbritannien und den USA in der Zwischenkriegszeit neue Zweifel an der Demokratie auf, doch diese Zweifel griffen im kontinentalen Europa viel weiter und grundsätzlicher um sich und mündeten häufiger, über Skepsis hinaus, in Gegnerschaft gegen die Demokratie oder jedenfalls Gleichgültigkeit gegenüber ihrer möglichen Zerstörung. Zugleich hatte das liberale Fortschrittsdenken, das erst im späten 19. Jahrhundert durch den Aufstieg der Naturwissenschaften eine neue, scheinbar definitive Absicherung erhalten hatte (so dass der «späte» Friedrich Engels meinen konnte, aus dem Sozialismus selber eine Art Naturwissenschaft machen zu können), seinen Höhepunkt überschritten. Liberalismus und Fortschritt waren «out», dagegen entdeckte man jetzt häufig die Flüssigkeit und Unberechenbarkeit der historischen Entwicklung wieder. Die Geschichte strebte nicht unaufhaltsam einem höheren Ziel entgegen, das im liberalen Sinne zu Ausbau und Vervollkommnung der Demokratie führen würde, sondern vollzog sich eher in Zyklen des Aufstiegs und Niedergangs, in einem Hin- und Herwogen verschiedener Gesellschafts- und Regierungsformen, wie es im 18. Jahrhundert etwa der Italiener Giambattista Vico in seiner Geschichtsphilosophie entworfen hatte. Oswald Spengler und Arnold Toynbee schlossen daran in der ersten Hälfte des 20. Jahrhunderts nicht nur wissenschaftlich, sondern auch sehr publikumswirksam an.

Auf Vico berief sich zum Beispiel Robert Michels, als er 1928 «Grundsätzliches zur Demokratie» äußerte. Ein Ziel im entwicklungshistorischen Sinne sei sie keineswegs. «Man hat die Demokratie eine ‹Vollendung› nennen wollen. Das ist aber pure Ideologie.» Demokratische und aristokratische Perioden wechselten einander ab; ob die Geschichte letztendlich zur «Erkaltung der Erde» oder «zu Gottes ewigem Gericht» führe, wisse man nicht. «Aber das können wir schon sagen», war sich Michels dann doch sehr sicher: «genau wie die Aristokratie, so ist, historisch gesprochen, auch die Demokratie, als Staatsform wie als Massengesinnung, nicht eine Vollendung, sondern bloß ein Akzidens», nichts als ein historischer Zufall also. Diese Relativierung der Demokratie und des Liberalismus trat, trotz ihrer Kritik der naturwissenschaftlichen Geschichtsmechanik, selber mit wissenschaftlichem Anspruch auf. Sie machte das Fortschrittsdenken als Naivität lächerlich und glaubte, in der radikalen Historisierung einen methodisch sicheren Standort gefunden zu haben: Alles gehörte in seine Zeit, in besondere Umstände, in eine besondere Kultur. Der Liberalismus aber und die parlamentarisch-repräsentative Demokratie gehörten ins 19. Jahrhundert, in das bürgerliche Zeitalter, das mit dem 20. Jahrhundert immer mehr der Vergangenheit angehörte. So argumentierte etwa der völkisch-konservative Soziologe Hans Freyer um 1930.

Die Relativierung der Demokratie war, genau besehen, dreifach: Erstens konnte sie nicht mehr als die «beste», als irgendwie vor anderen ausgezeichnete Regierungsform gelten. Ihr *normativer* Vorrang war dahin, und Präferenzen dieser Art hatten überhaupt, so meinte man, in der Wissenschaft nichts zu suchen. Zweitens gab es keinen Fortschritt zur Demokratie, sondern nur demokratische Phasen in der Geschichte. *Teleologisch*, also zielgerichtet, ließ sich Demokratie nicht denken. Die Geschichte war kein Aufwärtspfeil, sondern eine Wellenbewegung; der Verlauf der Demokratie eine Parabel; der eigene Standort lag jenseits des Scheitelpunkts, im Moment des Niedergangs. Und drittens schienen auch die *empirischen* Grenzen der Demokratie zu verschwimmen. Wo hörte Demokratie auf und fing Aristokratie an, wenn das Volk sich doch «Führer» auswählte? Ließ sich die Grenze zwischen Demokratie und Diktatur überhaupt scharf ziehen? Unter den Voraussetzungen von Massengesellschaft, Technik und Hierarchie gab es vielmehr gleitende Übergänge, wenn die alten Kategorien der Politik überhaupt noch sinnvoll waren.

In welche Richtung ging die Entwicklung dann, und was war die Alternative? In einer weit verbreiteten Sichtweise löste sich nicht nur die Demokratie, sondern das ganze Raster der Regierungsformen in eine sach- und zweckorientierte Verwaltung auf. Parteienstreit und Ideologien, Liberalismus gegen Sozialismus, Demokratie gegen Monarchie – das war gestern; in der modernen Welt drängten sich bürokratische Verfahren in den Vordergrund. Wenn die Politik überhaupt «normative» Ziele verfolgte, wie etwa Wohlstand und ein gutes Leben, ließen sich diese Ziele am besten in sachlicher Administration erreichen. Erstaunlicherweise gehörten Linke, Rechte und sogar Liberale zu den Anhängern dieser Auffassung. Eine ihrer Wurzeln liegt im Frühsozialismus, besonders bei dem Franzosen Henri de Saint-Simon und seinen utopischen Vorstellungen einer zukünftigen freien Produzentengesellschaft. Ihm folgte die Idee vom Absterben des Staates im Marxismus; was im Kommunismus noch bleiben würde, waren die Verwaltung und Verteilung der erwirtschafteten Mittel, keine «Politik» im eigentlichen Sinne.

Auf der radikalen Rechten lockte am Anfang des 20. Jahrhunderts die Aussicht der Einschränkung von Parlaments- und Freiheitsrechten. Bürokratische Verwaltung, technische Imperative und autoritäre Führung fügten sich scheinbar zwanglos zu einem Muster. Und ein Liberaler wie Max Weber setzte sich in der Revolution von 1918/19 zwar vehement für den Übergang Deutschlands zur demokratischen Republik und sogar für ein starkes Parlament ein. Aber die eigentlichen Träger der Herrschaft waren für ihn «fachgeschulte Verwaltungsstäbe», ob es sich nun um eine Demokratie oder eine Monarchie im aufgeklärten Absolutismus handelte. Den Stern der Demokratie sah auch Weber sinken, denn angesichts des bürokratisch-kapitalistischen «Gehäuses der Hörigkeit» könne man über die alte bürgerliche Furcht vor zu viel Demokratie nur «lächeln». Wie konnte man «Reste von Individualität und Bewegungsfreiheit» wahren? «Wie wird Demokratie auch nur in diesem beschränkten Sinne *überhaupt möglich* sein?» Es war also eine Art Obsession mit der eigenen Gefangenschaft und Unfreiheit, die der Demokratie ein schlechtes Zeugnis ausstellte, noch bevor die Weimarer Republik überhaupt ins Leben gerufen war.

Die Vorstellung, Demokratie und ideologisch-politische Unterschiede lösten sich zunehmend in die Frage nach (guter) Verwaltung auf, wirkte seitdem immer wieder in der Politikwissenschaft und Öffentlichkeit nach. In den 1960er Jahren erlebte die Vorstellung von einer überpolitischen «Technokratie» eine neue Konjunktur, und «Konvergenztheorien» prophezeiten eine schleichende Annäherung der politischen Systeme von USA und Sowjetunion, der beiden ideologischen Kontrahenten des Kalten Krieges. Heute schwingt eine ähnliche Vorstellung manchmal in dem Konzept der «good governance» mit, eines «guten Regierens», für das die Einhaltung ethischer Mindeststandards oder die Erreichung bestimmter Versorgungsziele an erster Stelle stehen.

Jenseits verschiedener Mischformen und Grauzonen von vermeintlich unpolitischer Verwaltung in der Massengesellschaft aber stieg die Diktatur in den 1920er Jahren zum klaren und expliziten Gegenentwurf der liberalen Demokratie auf. Sie löste damit Gegenbegriffe ab, die seit dem späten 18. Jahrhundert politisches Denken und Handeln bestimmt hatten. Die Monarchie, ob absolut oder konstitutionell eingehegt, hatte sich mit dem Ersten Weltkrieg als Alternative praktisch erledigt. In Europa jedenfalls zeigte sie entweder als Staatsform ihre Vereinbarkeit mit der Demokratie, wie in Großbritannien, oder sie begann eigentümliche Verbindungen und Vermischungen mit einem neuen Typus von autoritärer Herrschaft, eben der Diktatur, einzugehen, wie im italienischen Faschismus oder in Jugoslawien. Wo von «Aristokratie» noch die Rede war, da weniger mit dem Blick auf den Adel – obwohl dessen soziale Stellung und politische Macht gerade in Deutschland durch die Revolution von 1918/19 keineswegs gebrochen war! –, sondern als Bezeichnung für herausgehobene, mehr oder weniger von der Bevölkerung entfernte Führungseliten, also im Grunde: die «politische Klasse». Erhebliche Teile des preußischen Adels schalteten ihre Loyalität zwischen 1918 und 1933 vom «König» auf den «Führer» um; eine Minderheit engagierte sich später, teils nach erheblichem Zögern, im Widerstand.

Die Aussicht auf eine Diktatur schien in den 1920er Jahren noch nicht so erschreckend wie heute. Erst aus der konkreten Erfahrung des Nationalsozialismus, von Verfolgung und Massenmord, teils auch aus der parallelen Erfahrung des Stalinismus in der Sowjetunion, entstand jenes Bild der modernen Diktatur als alles umgreifender und kontrollierender, «totaler» Herrschaft, die sich auf Willkür und Entfesselung von Gewalt stützt. Franz Neumanns «Behemoth», Carl Joachim Friedrichs Studien über Demokratie und totalitäre Diktatur, und dann vor allem Hannah Arendts «Elemente und Ursprünge totaler Herrschaft» haben dafür den Weg gewiesen – allesamt übrigens Werke von Deutschen, die in die USA emigriert waren, und alle in einer relativ kurzen Zeitspanne, im Wesentlichen in den 1940er Jahren, konzipiert und entstanden. In der Staatsrechtslehre und politischen Diskussion nach dem Ersten Weltkrieg jedoch bezeichnete die Diktatur, mit vielen Anklängen an die Geschichte der Römischen Republik, eine begrenzte Phase der Außerkraftsetzung republikanisch-demokratischer Regeln in einer Krise und zu ihrer Überwindung. So war der Begriff auch im 19. Jahrhundert zeitweise verwendet worden, oft mit den Anklängen einer Militärdiktatur (womit wiederum noch nicht ein «Junta»-Regime des 20. Jahrhunderts gemeint sein konnte).

Eine der ersten Schriften eines aufstrebenden, gerade 33-jährigen Professors namens Carl Schmitt widmete sich bereits 1921 der Diktatur. Schmitt sprach darin über die «kommissarische Diktatur» – das Regime des zeitweisen Ausnahmezustands zur Krisenbewältigung –, entwickelte aber auch, mit unverkennbarer Faszination, die Vorstellung von einer «souveränen Diktatur»: einer Alleinherrschaft, die auf dauerhafter Grundlage einer neuen, nicht mehr demokratisch verfassten Gesellschaft ruhte. Eine Rolle im Hintergrund spielte bei dem Geplänkel der extremen Rechten mit der Diktatur die von Lenin besonders hervorgehobene «Diktatur des Proletariats» in der marxistischen Theorie des revolutionären Übergangs zum Sozialismus und Kommunismus. Aber für Schmitt und andere Sympathisanten des Faschismus hatte der Diktaturbegriff andere Konturen; er war klarer, direkter, weniger metaphorisch.

So kann man die Attraktivität der Diktatur ein Stück weit erklären: in einer politisch-kulturellen Landschaft, in der eine klare Definition von Demokratie abhanden kam und eine auf den Volkswillen gegründete Diktatur der oligarchisch erstarrten parlamentarischen Demokratie als überlegen galt. Aber wer die Demokratie damals entschieden verteidigte wie der österreichische Staatslehrer Hans Kelsen – engagierter Gegenspieler Carl Schmitts und 1940 in die USA emigriert –, der ließ sich über die Grenze nicht täuschen und auch nicht über die vermeintliche Harmlosigkeit der diktatorischen Alternative. «Das Ideal der Demokratie verblasst», schrieb Kelsen 1932 im Blick nicht nur auf Mitteleuropa, «und an dem dunklen Horizont unserer Zeit steigt ein neues Gestirn auf, dem sich die Hoffnung der Massen um so gläubiger zuwendet, je blutiger sein Glanz über ihr leuchtet: die Diktatur.»

3 Nach dem Ersten Weltkrieg:
Der kurze Frühling der europäischen Demokratie

Das Ende des Ersten Weltkriegs führte in eine politische Neuordnung Europas, die nicht nur die Landkarte des Kontinents veränderte wie seit hundert Jahren nicht mehr, sondern vielen Ländern auch erstmals demokratische Institutionen und Freiheiten sowie die republikanische Staatsform brachte. Deutschland und die verbündeten «Mittelmächte» hatten zwar Russland besiegt und ihm Anfang 1918 den Frieden von Brest-Litowsk aufgezwungen, aber den überlegenen Ressourcen der westlichen «Entente» um Frankreich, Großbritannien und die USA bald nichts mehr entgegenzusetzen. Die Unzufriedenheit in Deutschland entlud sich in einer Revolution, die Ende Oktober 1918 mit einem Aufstand von Matrosen in Kiel begann und nur zehn Tage später in die Ausrufung der Republik in Berlin mündete. Die neue, demokratische Regierung unter Führung der SPD hatte sich bald mit den Bedingungen des Friedens auseinanderzusetzen, die in Paris ausgehandelt und in den fünf «Vorortverträgen» fixiert wurden, für Deutschland im Vertrag von Versailles im Juni 1919. Die territorialen Verluste und vor allem die hohen Reparationszahlungen, zu denen Deutschland sich verpflichten musste, haben die Krise und Auflösung der Weimarer Republik ein gutes Jahrzehnt später zwar nicht verursacht, der neuen Demokratie das Leben und die Stabilisierung aber auch nicht gerade leichter gemacht. Das wird von der Forschung inzwischen wieder mehr anerkannt als noch vor einigen Jahrzehnten.

Der deutsche Blick auf die Folgen von Versailles und das Reparationsproblem hat die europäische Dimension manchmal in den Hintergrund treten lassen, in der das Friedensarrangement mit der nationalen Selbstbestimmung zugleich demokratische Regime etablierte. Die europäischen Reiche mit ihrem universalen Anspruch und antidemokratischem Selbstverständnis wie das Deutsche Kaiserreich, die Habsburgermonarchie und das Zarenreich waren am Ende; Deutschland verlor auch seine überseeischen Kolonien. Im revolutionären Russland überwogen noch die anti-imperialen Impulse der Selbstbestimmung für die im Zarismus unterdrückten Völker, was dem Baltikum und Polen neue Bewegungsfreiheit verschaffte. Am südöstlichen Rand Europas zerfiel das Osmanische Reich, das sich mit der österreichisch-ungarischen Doppelmonarchie berührt hatte, und gab dadurch den Balkan für eine staatliche Neuordnung frei. Während die Länder West- und Nordeuropas, von der Iberischen Halbinsel bis nach Skandinavien, ihre territoriale Gestalt kaum veränderten, überlagerten sich in Mittel-, Ost- und Südosteuropa mehrere Aufgaben auf komplizierte Weise. Ganz neue Staaten sollten aus der Erbmasse der Reiche entstehen. Sie sollten dem vom amerikanischen Präsidenten Woodrow Wilson heftig verfochtenen Selbstbestimmungsrecht der Völker folgen – aber was hieß das angesichts der Mischungen und Überlagerungen verschiedener Völker und Sprachgruppen? So entstanden Nationalstaaten, in denen neben der namengebenden und Mehrheits-«Nation» zugleich Minderheiten lebten und um ihre Rechte fürchteten. Ungarn ist das wichtigste Beispiel dafür. Aber es entstanden auch multinationale Staaten wie die Tschechoslowakei und Jugoslawien, in denen die ethnischen, sprachlichen und religiösen Gruppen sich miteinander arrangieren mussten – und das auch noch, wenn möglich, in einer Demokratie.

Die Rede vom «Selbstbestimmungsrecht der Völker» war mehrdeutig, aber mindestens in der amerikanischen Perspektive meinte es niemals nur die äußere Unabhängigkeit bisher in Großreichen unterdrückter, jedenfalls nicht staatlich selbstständiger Minderheiten. Es schloss eine innere Selbstbestimmung ein, also eine demokratische Regierung oder, pointierter, das Prinzip der Volkssouveränität. Mit der bekannten Formel «to make the world safe for democracy» hatte Wilson 1917 den Kriegseintritt der USA gegen Deutschland begründet. Seitdem waren Kriegführung und Politik der Vereinigten Staaten, die damit aus einer langen und selbstgewählten Beschränkung auf die «westliche Hemisphäre» hinaustraten, nicht nur auf Befriedung aus, sondern folgten einer moralisch getönten Mission, in dem selbstzerstörerischen Kontinent auch innere Freiheiten dauerhaft zu verankern.

In den «Vierzehn Punkten», die Wilson am 8. Januar 1918 dem amerikanischen Kongress präsentierte, war dieses Programm bündig, und teilweise schon bis in Einzelregelungen für Länder wie Polen und Serbien, formuliert. Demokratie war hier kein expliziter Begriff, in dem Ruf nach Selbstbestimmung aber erkennbar eingeschlossen: Wenn den Völkern Österreich-Ungarns die «freieste Möglichkeit der unabhängigen Entwicklung» gegeben werden sollte, konnte damit aus amerikanischer Sicht eine neue Autokratie nicht gemeint sein. Man hat diese Ziele Wilsons oft als allzu idealistisch belächelt, gerade aus einer europäischen Stabilitätsperspektive, die immer noch in den Kategorien des Westfälischen Friedens von 1648 operierte: Balance und Nichteinmischung. Aber zum einen verfolgten die USA mit ihrer Politik der Freiheit und Demokratisierung sehr wohl strategische Interessen – der freie Handel stand in den Vierzehn Punkten weit vorne. Zum anderen legte diese Politik wichtige Grundlagen für die globale Moralpolitik von Menschenrechten, Selbstbestimmung und Demokratie, die seit den 1960er Jahren ihren Siegeszug angetreten hat; dann häufig eher von Nichtregierungsorganisationen als von Staaten befördert.

Deshalb sollte man die Absichten dieser Demokratisierungspolitik nicht geringschätzen, auch nicht ihre Wirkungen, obwohl die Vierzehn Punkte in den Friedensverträgen von 1919/20 nur indirekt angewendet wurden. Als Teil des Friedensschlusses entstand immerhin der Völkerbund mit seinem Sitz in Genf als Organ der internationalen Verständigung und Konfliktschlichtung, dem die USA ironischerweise aber nie angehörten (und Deutschland nur zwischen 1926 und 1933). Vor allem aber trafen die Absichten der Selbstbestimmung und Demokratisierung immer wieder auf turbulentes Terrain. In der Phase zwischen 1917 und 1920, häufig sogar bis 1923 herrschten an vielen Stellen Europas Revolution und Bürgerkrieg, mindestens aber ein extrem hohes Maß an innerer Gewalt: in Berlin ebenso wie in Norditalien, in Katalonien ebenso wie in Polen. Der Weltkrieg hatte eine Kultur der Gewalt und einen zur Gewalthaftigkeit neigenden Männlichkeitsmythos in die zivile Gesellschaft getragen, in der sich autoritäre Unternehmer und syndikalistische Arbeiter, Faschisten und Sozialisten, oder die Angehörigen verschiedener ethnischer Gruppen blutig bekämpften. Unter dieser Voraussetzung war es schon bemerkenswert, wie weit die Demokratisierung Nachkriegseuropas überhaupt vorankam. Doch erwiesen sich die meisten der neuen Demokratien nicht als stabil und wurden manchmal schon nach wenigen Jahren, spätestens in der Mitte der 1930er Jahre von autoritären und faschistischen Regimen der extremen Rechten abgelöst. Nur Nordwesteuropa – Frankreich, Großbritannien, Belgien und die Niederlande – und Skandinavien blieben der Demokratie treu.

Polen ist in vieler Hinsicht ein besonders charakteristisches Beispiel. Im späten 18. Jahrhundert hatte das Land seine Unabhängigkeit und territoriale Integrität verloren und war zum Spielball preußisch-deutscher und russischer Hegemonie geworden. Nach dem Ersten Weltkrieg entstand erstmals wieder ein unabhängiger polnischer Staat, der sich im Krieg mit Russland noch bis 1921 auch nach außen behaupten musste. Die alte Adelsrepublik mitzählend, rief die Verfassung von

1921 die zweite Republik aus, diesmal als eine parlamentarische Demokratie. Als nationale Führungs- und Integrationsfigur stand Józef Piłsudski im Mittelpunkt des neuen Staates. Ursprünglich ein Sozialist, der sich im Krieg als militärischer Führer ausgezeichnet hatte, gewannen auch bei ihm, wie bei vielen charismatischen Politikern seiner Generation, Nationalismus und autoritäre Neigung die Oberhand. In einer Situation dauerhafter Instabilität des neuen Systems putschte Piłsudski mit dem Militär 1926, beseitigte die Demokratie und kontrollierte das Land, in wechselnden Funktionen, bis zu seinem Tod 1935. Euphemistisch sprach man von einem Regime der «Genesung» von den Unruhen und vermeintlichen Krankheiten der demokratisch-parlamentarischen Zeit.

Die Geschichte der baltischen Staaten, von Estland, Lettland und Litauen, teilte mit der polnischen das lange doppelte Leiden unter deutscher und russischer Vormacht. Nehmen wir Estland: Russische Revolution und Ende des Weltkriegs boten die Chance zur Unabhängigkeit, die aber weder von Wilson noch aus Paris einfach verordnet oder garantiert werden konnte. Vielmehr musste das Land sich, nach einer Invasion der Roten Armee, diesen Status erst noch erkämpfen. Die Verfassung von 1920 machte Estland zur Republik und parlamentarischen Demokratie. Sie hielt zwar, formal gesehen, bis zur sowjetischen Besatzung 1940 als Folge des Hitler-Stalin-Paktes. Doch als während der Weltwirtschaftskrise eine Bewegung der radikalen Rechten aufstieg, wurde die Demokratie 1934 außer Kraft gesetzt.

Zu den Erfolgsgeschichten der Demokratie zählt zweifellos die Tschechoslowakei, eines der Zerfallsprodukte des Habsburgerreiches. Als gemeinsamer Staat der Tschechen und der Slowaken, dazu zahlreicher nationaler und sprachlicher Minderheiten – vor allem Deutscher im westlichen Sudetenland und Ukrainer im Osten – schien dieses Kunstgebilde nicht prädestiniert für eine demokratische Stabilisierung. Und es kostete große Kraft, die nicht mehr imperial gebändigte Pluralität zivil und parlamentarisch zu balancieren. Eine Verfassungsreform machte 1927/28 den Föderalismus durch die Einführung von Regionalparlamenten stärker. Vor allem aber wirkte Thomas Masaryk, seit der Verfassung von 1920 Präsident der Tschechoslowakei und bis 1935 in diesem Amt, als Integrationsfigur und Schmied von Koalitionskompromissen. Im Gegensatz zu vielen anderen mittel- und osteuropäischen Demokraten der ersten Generation blieb er von autoritären Versuchungen frei, und das Land verlor seine Demokratie und Integrität erst durch Hitlers aggressive Politik und die Zustimmung der Westmächte im Münchner Abkommen 1938.

Einen ganz anderen Weg nahm der andere Vielvölkerstaat, Jugoslawien, in dem das Königreich Serbien mit verschiedenen Nationalitäten des Habsburgerreiches zusammengefasst wurde. Als Faktor der Stabilität blieb die serbische Monarchie in dem neuen «Königreich der Serben, Kroaten und Slowenen» erhalten, aber die zentrifugalen Kräfte überwogen, besonders im Konflikt zwischen Serben und Kroaten. Parlamentarismus und demokratische Kultur blieben schwach. Der Sonderweg setzte sich im Januar 1929 fort, als König Alexander putschte, die Verfassung außer Kraft setzte und sich als Diktator installierte; dabei benannte er den Staat auch in «Jugoslawien» um. Nirgendwo sonst trafen im frühen 20. Jahrhundert der alte und der neue Antipode der Demokratie, die Monarchie und die Diktatur, so unmittelbar und geradezu in Personalunion aufeinander wie hier. Ganz untypisch war das aber nicht, und insofern bezeichnend für das Spannungsfeld von alter und neuer Autokratie, in das die Demokratie in der Zwischenkriegszeit geriet: In Spanien stützte König Alfons XIII. 1923 den Putsch Miguel Primo de Riveras, und der italienische Faschismus arrangierte sich seit 1922 mit König Viktor Emanuel und der formalen Hülle der Monarchie.

Benito Mussolini hatte eine Karriere als sozialistischer Journalist hinter sich, die ihn 1912 zum Herausgeber der Zeitung «Avanti» gemacht hatte, bevor er seit 1919 zum Führer der faschistischen Bewegung aufstieg und 1922 Premierminister Italiens wurde. Die entscheidende transformative Erfahrung war der Erste Weltkrieg, auch aus der «linken» Phase lassen sich Kontinuitäten ausmachen: Die syndikalistische Richtung des Sozialismus, für die der junge Mussolini stand, setzte auf unmittelbare Mobilisierung und hatte für die Partei, erst recht für den Parlamentarismus als ein Regime der Debatten und der Kompromisse wenig übrig; wichtiger war die direkte «Aktion», notfalls auch die Schwelle der Gewaltsamkeit überschreitend. Diese «voluntaristische» Grundhaltung nach der Devise: Handeln ist besser als Reden; die Welt muss verändert werden, und zwar am besten jetzt; wenn dabei gehobelt wird, fallen auch Späne. Diese Grundhaltung teilte die extreme, demokratiefeindliche Linke am Beginn des 20. Jahrhunderts, einschließlich Lenins und der russischen Bolschewisten, mit den verschiedenen Strömungen der radikalen Rechten. Dennoch darf man die Nähe nicht zu sehr betonen; vor der unterschwelligen Kontinuität stand eine politische Konversion. Als Mussolini schon 1914 zum Nationalismus überlief und den Kriegseintritt Italiens forderte, wurde er aus der Sozialistischen Partei ausgeschlossen, und die bewaffneten Kampfgruppen, mit denen seine Leute seit 1919 das nordöstliche Italien terrorisierten, gingen bevorzugt auf Einrichtungen der Arbeiterbewegung wie Gewerkschafts- und Genossenschaftshäuser los.

Die politische Situation Italiens nach dem Ersten Weltkrieg war labil. Italien war eine Monarchie geblieben, aber die Bildung parlamentarischer Regierungen erwies sich als schwierig. Wie in weiten Teilen Europas (mit der klaren Ausnahme des britischen Zweiparteiensystems, und zum Teil auch von Skandinavien, wo die Sozialdemokraten in der Zwischenkriegszeit zur führenden Partei aufstiegen) saßen viele kleine und mittelgroße Parteien in den Parlamenten, die sich mit der Zusammenarbeit jedoch schwer taten. Zum einen trennte sie ein viel größerer ideologischer Abstand als in der zweiten Hälfte des 20. Jahrhunderts, als sich ein breiterer liberal-demokratischer Konsens herausbildete. Zum anderen drückten die Parteien – ähnlich wie in Deutschland – nicht nur unterschiedliche Überzeugungen oder Interessen aus, sondern repräsentierten einen soziokulturellen Mikrokosmos, der mit Wertesystem und Lebenswelt der Konkurrenten unvereinbar war – jedenfalls glaubte man das: Liberale, Katholiken, Sozialisten, das waren nicht nur Parteien, sondern unversöhnliche und oft abgeschottete Segmente der Gesellschaft.

Jedenfalls hatte der liberale Premierminister Giovanni Giolitti nach den Parlamentswahlen im Mai 1921 über ein Jahr vergeblich versucht, eine Regierung zu bilden, sogar unter Einschluss der Faschisten. Diese konstituierten sich erst während dieser Zeit, im November, als eine politische Partei, als «Partito Nazionale Fascisto». Im folgenden Herbst inszenierte Mussolini einen «Marsch auf Rom» und drohte darin mit einem Staatsstreich seiner Partei; der König lenkte ein und ernannte ihn am 30. Oktober 1922 zum Premierminister. Doch die Etablierung einer Diktatur vollzog sich anders als später in Deutschland, weniger radikal und in Stufen über viele Jahre. Zwischen 1924 und 1925 sicherte Mussolini seiner Partei durch verschiedene Tricks und halbfreie Wahlen zunächst die Vormacht im Parlament; bis 1926 folgte das Verbot aller Parteien außer der Faschisten, und Mussolini nahm den Titel «Duce», der Führer, an. 1928 verschwand auch das Parlament, und der «Große Rat», eigentlich ein Organ der Partei, übernahm eine pseudo-repräsentative Rolle. Damit verquickten sich Staat und (Monopol-)Partei: ein typisches Merkmal von Diktaturen des 20. Jahrhunderts. Der Ausgleich mit dem Vatikan in den Lateranverträgen von 1929 und die Regulierung der Wirtschaft in einem System des Korporatismus rundeten die Stabilisierung der faschistischen Herrschaft ab.

Bis 1929 war auch die Gesellschaft unter Kontrolle des Regimes und hatte ihre Freiheiten verloren, obwohl der italienische Faschismus kein dem deutschen Nationalsozialismus vergleichbares Regiment der Unterdrückung und Verfolgung aufbaute. Aber dem eigenen, emphatischen Anspruch nach sollte der neue Staat sehr wohl allumfassend sein; neben ihm durften «keine menschlichen oder spirituellen Werte bestehen». So drückte es die von Giovanni Gentile verfasste, aber Mussolini zugeschriebene «Doktrin des Faschismus» 1932 offiziös in der «Encyclopedia Italiana» aus. So verstanden, sei der Faschismus «totalitär», und der faschistische Staat der Herrscher über das gesamte Leben des Volkes. Er richtete sich gegen den Liberalismus ebenso wie gegen den Sozialismus – überhaupt gegen jene Bewegungen, die das 19. Jahrhundert geprägt hatten, aber nun ein Auslaufmodell darstellten. Wenn das 19. Jahrhundert das Zeitalter von Sozialismus, Liberalismus und Demokratie war, hieß das – so fuhr der Lexikonartikel fort – noch lange nicht, dass auch das 20. Jahrhundert diesen Doktrinen folgen müsse. Auch hier also erschien die Demokratiefeindschaft im Gewand vermeintlich plausibler Historisierung. Das neue Jahrhundert gehöre nicht mehr dem Individuum, sondern dem Kollektiv und dem Staat.

Die politische Situation Europas nach dem Ersten Weltkrieg war also paradox. Einerseits schlug die Stunde der Demokratie – nicht so sehr im alltäglichen Denken und Handeln, auch nicht in den Theorien und bei den Wissenschaftlern, wohl aber in den Institutionen, im erstmaligen Übergang weiter Teile des zuvor monarchisch-autokratisch, bestenfalls konstitutionell regierten Kontinents. Es wäre falsch, diese Errungenschaft gering zu schätzen, sie zur uneinlösbaren Phantasie eines übertriebenen Idealismus zu erklären und sie damit von vornherein für gescheitert zu halten. Und trotz des Engagements der Amerikaner waren die neuen Demokratien ja zuallererst ein Produkt eines langen politischen Kampfes von fortschrittlichen Liberalen, Sozialdemokraten und demokratischen Nationalbewegungen, die ihren schließlichen Erfolg sehr wohl zu schätzen wussten und aufs Ganze gesehen auch, wie die demokratischen Parteien in der Weimarer Republik, klug mit ihm umgingen. Deshalb ist dem Urteil des amerikanischen Historikers Mark

Mazower, die Demokratie habe im Europa der Zwischenkriegszeit nur flach gewurzelt, nicht ohne weiteres zuzustimmen. Aber es ist richtig, dass diese Wurzeln kaum neue Nahrung fanden. Bleibt man in diesem Bild, ist die Pflanze der Demokratie dennoch nicht zuerst verkümmert, sondern ausgerissen worden.

4 Russland:
Von der Rätedemokratie zur Diktatur Stalins

Am östlichen Rand Europas beschritt Russland in der Zwischenkriegs-zeit einen eigenen Weg, der die Geschichte der Demokratie im 20. Jahr-hundert, aus welcher Perspektive auch immer man blickt, tiefgreifend beeinflusste: ob als Projekt der Realisierung wahrer Demokratie oder als Schreckbild ihrer Abschaffung in einer brutalen Diktatur; als Faszi-nation einer neuen, dem westlichen Kapitalismus überlegenen Moder-ne oder als Bindemittel eines liberalen Antikommunismus. Im rück-ständigen, autokratisch regierten Zarenreich stand zunächst eine Öffnung zum parlamentarischen Verfassungsstaat, zur halbwegs of-fenen, pluralen Gesellschaft auf der Tagesordnung. Insofern konnten die Revolution von 1905 und die Februarrevolution von 1917, inmit-ten der äußeren und inneren Krise des Ersten Weltkriegs, für niemanden überraschend kommen. Aber das liberal-parlamentarische System ver-mochte sich im Sommer 1917 nicht zu stabilisieren. Es stand unter dem Druck einer revolutionär gesinnten Arbeiterbewegung in den großen Städten – und einer ländlichen Gesellschaft, die mit den liberalen Ver-sprechen wenig anfangen konnte, auch wenn sie mehrheitlich nicht den sozialistischen Parteien, sondern der «Partei der Sozialrevolutionäre» folgte, die sich auf russisches Volkstum statt auf westliche Tradition berief. Die 1905 erstmals entstandenen Räte schufen ein institutionelles Gegengewicht zum Parlamentarismus, das Lenin als Führer der Bol-schewisten in brillanter Weise für das Weitertreiben der Revolution in eine sozialistische Phase ausnutzte.

Mit der Machtergreifung der Bolschewiki in der Oktoberrevolution stellte sich die Frage, was das für die Entwicklung der Demokratie be-deuten würde. Auch anderswo in Europa, nicht zuletzt in Deutschland, hatte sich seit der Jahrhundertwende ein radikal-revolutionärer Flügel des Sozialismus gebildet, der jedenfalls rhetorisch behauptete, das par-lamentarische System und die «bürgerliche» Demokratie nicht durch

Reform zähmen, freier und gerechter machen, sondern prinzipiell überwinden zu wollen. Die historische Probe aufs Exempel hatte es bisher nicht gegeben. Man mochte also geteilter Meinung darüber sein, ob die linken, revolutionären Sozialisten, wenn sie die Chance hätten, tatsächlich die Parlamente abschaffen und liberale Freiheitsrechte des «Klassenfeindes» beschränken würden; und ob sie dafür eine Zustimmung der Mehrheit für erforderlich hielten. Was die «Diktatur des Proletariats» oder eine «sozialistische Demokratie» in konkreter institutioneller Praxis heißen könnte, dazu hatten ihre Vordenker eher diffuse Konzepte entwickelt, die sich oft (wie schon Marx selber) auf die kurzlebige Pariser Kommune von 1871 beriefen. Um 1910 konnte man, wenn man nicht in panischer Sozialistenfurcht erstarrte, durchaus gelassen darauf vertrauen, dass auch die revolutionären Heißsporne im Zweifelsfall die Macht der Realitäten und der Tradition anerkennen und das parlamentarische System weiterentwickeln, den Kapitalismus staatlich regulieren und sozialegalitäre Reformen betreiben würden.

In der Politik Lenins, in der russischen Oktoberrevolution und in der frühen Geschichte der Sowjetunion bis in die 1930er Jahre aber wurden die theoretischen Forderungen des radikalen Marxismus auf bemerkenswerte Weise beim Wort genommen. Das heißt nicht, dass sich die Etablierung des sowjetischen Kommunismus alleine oder überwiegend aus den Schriften von Marx, Engels und Lenin erklären lässt. Aber zwischen den Ideen und Schriften Lenins und der politischen Realisierung des frühen bolschewistischen Systems klafft auch keine prinzipielle Kluft, kein Verrat an ursprünglichen Ideen einer besseren Welt, die im Verlaufe der Revolution und Machtsicherung preisgegeben worden wären. Im Weltbild des revolutionären Marxismus hatte sich seit der Jahrhundertwende, weit über eine scharfe Kritik des Kapitalismus hinaus, ein vehementer Hass auf die gesamte «bürgerliche» Welt, einschließlich der liberalen Demokratie und nicht zuletzt des Parlamentarismus, verfestigt, der von Lenin mit unbestreitbarer Intelligenz und Eloquenz auf die Spitze getrieben wurde. An seiner Schrift «Staat und Revolution», im Sommer 1917 zwischen der Rückkehr aus dem Schweizer Exil und dem Oktoberputsch entstanden, kann man diese Entwicklung und Lenins Auffassung von der Demokratie exemplarisch nachvollziehen.

Der Demokratiebegriff Lenins war ein doppelter. Auf der einen Seite behielt er seinen positiven Klang: als eine Erweiterung und endliche Erfüllung des Versprechens der bürgerlich-kapitalistischen Demokratie. Zum ersten Mal sollte es Demokratie auch für die Armen und Unterdrückten geben, wozu freilich «eine Reihe von Freiheitsbeschränkungen für die Unterdrücker, die Ausbeuter, die Kapitalisten» nötig seien, deren Widerstand «mit Gewalt» gebrochen werden müsse. Institutionell komme auch die «proletarische Demokratie», so meinte Lenin, nicht ohne Vertretungskörperschaften aus; als eine plebiszitäre Veranstaltung oder ein «grass roots»-Unternehmen stellte er sich den Sozialismus nicht vor. Parlamente jedoch hielt er für korrupte und verfaulte «Schwatzbuden». An ihre Stelle sollten «arbeitende Körperschaften» treten – das waren dann konkret: die Räte, die «Sowjets» –, in denen die Deputierten die Gesetze machen und sie zugleich ausführen und kontrollieren. Mit anderen Worten, eine Gewaltenteilung war nicht vorgesehen; das hielt Lenin ganz ausdrücklich fest. Wenige Monate später jagten seine Anhänger tatsächlich das gewählte Parlament, die Konstituierende Versammlung, auseinander und stützten sich, formal gesehen, allein auf die Räte.

Daneben stand eine andere Vorstellung von Demokratie, nach der diese überhaupt nicht zu irgendeiner Weiterentwicklung fähig war, sondern mit der bürgerlich-kapitalistischen Gesellschaft und als deren Produkt, als Teil ihres politischen Überbaus, verschwinden müsse. Damit knüpfte Lenin an die Überlegungen von Friedrich Engels zum «Absterben des Staates» im Kommunismus, an die uralte Sehnsucht nach der vollkommen herrschaftsfreien Gesellschaft an. Der Staat konnte nach marxistischer Auffassung nichts anderes sein als ein «Werkzeug zur Ausbeutung der unterdrückten Klasse», so bestätigte es Lenin in seiner Schrift von 1917. Wenn Engels also vom Absterben des Staates spreche, meine er in Wirklichkeit ein Absterben der Demokratie, die ja nichts anderes sei als die staatliche Hülle des bürgerlichen Kapitalismus. In der sozialistischen Übergangszeit werde es zwar noch Staat und Demokratie geben, sogar eine «vollkommene» Demokratie. Aber das eigentliche Ziel, das im Kommunismus erreicht würde, war die Abschaffung von Staat und Demokratie gleichermaßen. Daran war überhaupt nichts metaphorisch gemeint. Lenin gab eine bündige Definition: «Demokratie ist ein die Unterordnung der Minderheit unter die Mehrheit anerkennender Staat, d. h. eine Organisation zur systematischen Gewaltanwendung einer Klasse gegen die andere.» Und wo Gewalt schon angewendet wurde – war es da nicht legitim, mit Gewalt auch zu antworten? So war die Demokratie ganz ausdrücklich zur Beseitigung preisgegeben. Irgendeine Spur des Zögerns, der Ambivalenz, des Nachdenkens über die historischen Errungenschaften von Freiheit und Partizipation? Man sucht sie bei Lenin vergebens.

Deshalb führt die zeitweise beliebte Vorstellung, die guten Intentionen Lenins seien nach seinem Tod von Stalin, den er als Nachfolger nicht gewollt habe, aufgegeben und geradezu in ihr Gegenteil verkehrt worden, in die Irre. Zweifellos lässt sich die Euphorie für die Rätebewegung in der revolutionären Situation, ähnlich wie dann 1918/19 in Deutschland, ein gutes Stück weit nachvollziehen. In den Räten dominierten die Bolschewisten bis zur Oktoberrevolution ohnehin nicht; sie waren 1917 noch weit entfernt von jenen erstarrten Veranstaltungen einer Nomenklatura, deren Bild aus der Breschnew-Ära sich so tief eingeprägt hat. Wie das in Revolutionen typisch ist, mischten sich Spontaneität, basisdemokratische Impulse und chaotisches Experimentieren in einer noch regellosen Landschaft. Aber der Führungsanspruch der Bolschewiki setzte sich zunehmend durch, und in Lenins Konzeption des «demokratischen Zentralismus» war eine offene, von unten aufsteigende Meinungsbildung in Gremien ausdrücklich nicht vorgesehen.

Wenn man das rasche Verschwinden der Demokratie nach der Oktoberrevolution und die Etablierung einer extrem gewalthaften Diktatur erklären will, sind die konkreten Umstände und Erfahrungen der Zeit zwischen 1917 und dem Ende der 1930er Jahre jedoch noch wichtiger als die Kontinuität von Lenins Theorie in die bolschewistische Praxis. Der Kommunismus in der (1922 gegründeten) Sowjetunion entstand, so hat es die neuere Forschung gezeigt, in der eigenen Selbstbehauptung gegen wirkliche und eingebildete Feinde, in einer von ihm selbst stilisierten gewalthaften Auseinandersetzung, die immer mehr Gewalt hervorbrachte und sich über zwei Jahrzehnte zu einem Weltbild der Verfolgung und Selbstverteidigung verfestigte. Dieser Prozess begann nicht mit Stalin in der Mitte der 1920er Jahre, auch nicht mit den inneren Machtkämpfen in der Kommunistischen Partei zunächst gegen die Linksabweichler um Trotzki, dann gegen die Rechtsabweichler um Bucharin, mit ihrem letzten Höhepunkt in den Schauprozessen 1936–38. Er begann vielmehr in der Revolution 1917/18 und damit, das darf man nicht vergessen, noch im Ersten Weltkrieg. Der Bürgerkrieg bis 1921 setzte auch die Gewalthaftigkeit des Weltkriegs fort und trug sie an neue Fronten, bis hin zu massenhaften Pogromen und Exzessen von Terror und Vernichtung in der zivilen Gesellschaft, in der ländlichen Provinz. In den späten 1920er Jahren setzten neue Verfolgungswellen ein und das Lagersystem des Gulag entstand. Zugleich begann die Kollektivierung der Landwirtschaft, getrieben von einem übersteigerten ideologischen Hass auf die vermeintlich bürgerliche Klasse der Kulaken, der relativ wohlhabenden Vollbauern, und einer Versorgungskrise, in der das Regime Getreide für die wachsende städtische Bevölkerung zu sichern versuchte. In der Ukraine führte dieser Kampf am Anfang der 1930er Jahre in den Hungertod von Millionen Menschen, und in mancher Hinsicht wurde die Grenze zum Genozid überschritten.

Dahinter stand weder eine langgehegte Absicht der Vernichtung einer «Rasse» wie bei Hitler, noch eine immer ausgefeilter agierende industrielle Tötungsmaschinerie. Der massenhafte Tod wurde vielmehr als unvermeidliche Nebenwirkung auf dem Wege zur Erreichung eines höheren Ziels in Kauf genommen. Er wurde als eine Art Notwehr gegen Feinde legitimiert, die den Kommunismus bedrohten und zu sabotieren versuchten – als Notwehr gegen die stets drohende «Konterrevolution». So hat die jüngere Stalinismusforschung übereinstimmend ein Weltbild, eine in Mentalitäten und Handlungsmustern eingeschriebene Kultur des Stalinismus beschrieben. Geradezu obsessiv war dabei die Vorstellung, überall verberge sich der Feind und müsse bekämpft werden. Aus Wachsamkeit wurde Misstrauen, aus Misstrauen folgte Denunziation und Gewalt. Die gesamte Gesellschaft war seit der Revolution in einen permanenten Ausnahmezustand versetzt, in ständiger Mobilisierung. Deshalb lassen manche Forscher die Russische Revolution sogar bis in die 1930er Jahre reichen. Statt auf den natürlichen Verlauf der Geschichtsgesetze zu vertrauen wie im ursprünglichen Marxismus, pflegte der sowjetische Kommunismus einen Kult des Willens und der Aktion – also eine Variante jenes Voluntarismus, der die Gegnerschaft zur Demokratie im ersten Drittel des 20. Jahrhunderts allenthalben prägte. Man konnte ihn mit eisernem Willen und den eigenen Händen schaffen, den «neuen Sowjetmenschen» als Realisierung einer Utopie. Technik und Industrie, möglichst im großen Maßstab, waren die Verbündeten solchen Machbarkeitsglaubens. Erst in konkreten Situationen – vom Bürgerkrieg bis zur Kollektivierung, von ethnischen Konflikten bis zu den Schauprozessen – konstituierte sich dieses Weltbild, aber viele seiner Elemente waren seit der Jahrhundertwende vorgedacht worden.

In dieser Konstellation wuchs der Demokratie gewissermaßen unfreiwillig eine neue Eigenschaft zu. Sie war im späten 18. und frühen 19. Jahrhundert mit einem ordentlichen Maß von Selbstbewusstsein und Pathos gestartet, mit dem Bewusstsein der eigenen Überlegenheit und historischen Unwiderlegbarkeit, mochten die Gegner wie Monarchie, Adel und konservativ-kleinbürgerliches «Philistertum» im Moment auch noch so stark sein. Konfrontiert mit Gegnern, die dieses Selbstbewusstsein einer unwiderlegbaren historischen Mission nicht nur übernommen, sondern mit den Mitteln und Methoden des 20. Jahrhunderts noch einmal deutlich überboten hatten, konnte Demokratie als Verweigerung dieses Anspruches, als Regierungsform der Beschränkung und Bescheidenheit gedeutet werden. Das knüpfte an den Gedanken der Mäßigung von Extremen an, der sich seit der Antike mit der gemischten Verfassung verbunden hatte und von da auf die demokratische Gewaltenteilung übergegangen war. Aber es kam eine neue Pointe hinzu: Nicht nur war die Mäßigung ein stolzes Merkmal der Demokratie; die Demokratie wurde vielmehr als vergleichsweise schwache und zerbrechliche Ordnung erkannt, als ein Regime, das Perfektion niemals erreichen konnte. Im Vergleich mit den selbstbewussten neuen Ordnungen des Kommunismus und des Faschismus, die sich jeweils mit der Geschichte im Bunde wussten, war Demokratie bereits entzaubert. Gegen den Vorwurf der Langeweile konnte sie sich nur schwer wehren, hatte dem aber, in einer Welt der entfesselten Gewalt, den Vorzug einer wenigstens relativen Zivilität entgegenzustellen.

Einstweilen aber strahlte die Dynamik des kommunistischen Aufstiegs weit über die Sowjetunion hinaus und verlieh ihrem Modell Attraktivität auch bei englischen, französischen und amerikanischen Intellektuellen der Zwischenkriegszeit; zum Teil bis in die 50er und 60er Jahre hinein. Erst recht in der Weltwirtschaftskrise, während derer die Sowjetunion einen gewaltigen industriellen Sprung nach vorn machte, schien das Gegenmodell zum Kapitalismus gefunden, nicht nur bei jenen – und auch das waren nicht wenige –, für die der sowjetische Weg selbst bei erkannten Mängeln eine prinzipielle Solidarität verdiente, weil er es mit der Emanzipation der Arbeiterklasse endlich ernst meinte. Doch etliche kehrten, wie André Gide oder Arthur Koestler, desillusioniert von Reisen in die Sowjetunion zurück, und manchmal schlug die eigene Enttäuschung in umso schärfere Feindschaft um. So artikulierte sich kurz nach der großen Krise, welche die ohnehin umstrittene Demokratie in den Abwärtssog des Kapitalismus gezogen hatte, eine Gegenposition, eine andere westliche Reaktion auf den sowjetischen Kommunismus: Ein emphatischer Antikommunismus, teils liberal, teils konservativ getönt, wurde zum ideologischen Bindemittel der Nachkriegsdemokratie.

5 Unter dunkler Wolke:
Amerikanische Demokratie in der Zwischenkriegszeit

Zweifel an der Zukunft der Demokratie waren auch in den Vereinigten Staaten schon am Ende des 19. Jahrhunderts aufgekommen. In den folgenden drei bis vier Jahrzehnten, bis in die 1930er Jahre der Weltwirtschaftskrise und des «New Deal», ließen die Bedenken kaum jemals nach, ob die althergebrachte demokratische Verfassung in einer industriellen und bürokratischen Massengesellschaft weiter bestehen könne. Aber es waren mehr als nur intellektuelle Zweifel oder öffentliche Debatten, die resignativ das Ende einer Ära beklagten oder emphatisch eine Alternative proklamierten. Es war auch nicht bloß die europäische «Welle» der Antidemokratie, die über den Atlantik in die USA schwappte. Die Schwierigkeiten wuchsen vielmehr auf eigenem Boden. Soziale Bewegungen und politische Parteien, die an Gleichheits- und Freiheitsrechten rüttelten, erhielten Zulauf, und die Südstaaten erlebten eine manifeste Rückentwicklung von Demokratie. Auch in Amerika ist die Geschichte der Demokratie also nicht eine der unerschütterlichen Stabilität oder des unaufhaltsamen Aufstiegs, sondern schloss Krisen und Gegenwellen ein. Dennoch stand die demokratische Verfassung hier nicht ernsthaft in Gefahr, insgesamt zu kollabieren wie in weiten Teilen Europas.

Schon in den 1890er Jahren überlagerten sich zwei entgegengesetzte Dynamiken des Wandels. Einerseits begann eine neue Ära demokratischer Partizipation und Mobilisierung. Die Forderung nach dem Frauenstimmrecht verzeichnete im Westen erste Erfolge, und im weithin agrarischen Süden und Westen der USA feierten die «Populisten», gestützt auf eine Protestbewegung von Farmern, rasante Erfolge. Ihre Forderungen, die zeitweise sogar in eine politische Partei gleichen Namens mündeten, verknüpften Ängste vor der industriell-kapitalistischen Entwicklung, vor dem Druck der Märkte und den immer mächtiger werdenden kommerziellen Eliten, mit einem offensiven basisdemokratischen Geist. In der amerikanischen Demokratie sollten wieder, wie das vor hundert Jahren gewesen sei, die kleinen Produzenten das Sagen haben, in einer möglichst egalitären Gesellschaft mittelständischer, lokal verwurzelter Farmer und Handwerker. Auf der anderen Seite erlebte dasselbe Jahrzehnt den Durchbruch eines neuen Rassismus und außenpolitisch den Aufstieg des amerikanischen Imperialismus. Im Ergebnis des Spanisch-Amerikanischen Krieges von 1898 traten auch die USA in die Reihe der direkten Kolonialmächte in Asien ein, nachdem sie den Spaniern die Philippinen und Guam abgejagt hatten. In der Rede vom «White Man's Burden» kam die Verbindung von innerem und äußerem Rassismus zum Ausdruck – tatsächlich war dieser Ausdruck, von dem englischen Schriftsteller Rudyard Kipling 1899 geprägt, unmittelbar auf die USA gemünzt. Wie in Europa kam der Rassismus im Gewand pseudowissenschaftlicher Theorien daher, in einer Symbiose mit dem Aufstieg der Biologie zur Leitwissenschaft, und fand deshalb auch in den liberalen und fortschrittlichen Kreisen des amerikanischen Nordens, unter den Eliten der Ostküste, großen Anklang.

Seine folgenschwerste Wirkung aber entfaltete er in den Südstaaten, die sich noch lange nicht vom Bürgerkrieg erholt hatten, weder wirtschaftlich noch psychologisch. Die Aufhebung der Sklaverei, erst recht die bürgerliche und politische Gleichberechtigung der Afro-Amerikaner, hatten viele Weiße nur widerwillig oder sogar unter Androhung von Zwang akzeptiert. Nachdem das Besatzungsregime des Nordens 1877 zu Ende gegangen war, stellte sich bestenfalls eine prekäre Stabilität ein. In der Mitte der 1890er Jahre begann die weiße Mehrheitsgesellschaft, unter der politischen Führung der Demokratischen Partei, mit einem massiven «roll-back» gegen die Rechte der Schwarzen. Innerhalb relativ kurzer Zeit, zwischen 1895 und 1905, wurden die Afro-Amerikaner zu Bürgern zweiter Klasse gemacht, sofern man von Bürgern überhaupt noch sprechen konnte. Denn eine Fülle von Gesetzen und Vorschriften auf einzelstaatlicher und lokaler Ebene entzog ihnen de facto wieder das Wahlrecht, das ihnen 1870 im 15. Amendment zugesichert worden war. Die Barrieren kamen in der Gestalt eines Zensus oder einer Wahlsteuer oder von Rechtschreibtests, die zu erfüllen den Schwarzen wegen ihrer Armut und ihres mangelnden Zugangs zu Bildung schwer fiel. Aber im Zweifelsfall nützte das auch nichts, denn in den Büros der Wählerregistrierung herrschten Willkür und Manipulation.

Den Ausschluss ärmerer und schreibunkundiger weißer Männer verhinderten Regelungen wie die «Grandfather Clause», nach der weiterhin wählen durfte, wessen Großvater das schon getan hatte – da waren die Nachkommen der Sklaven natürlich ohne Chance. Die Demokratische Partei, die in dieser Zeit nahezu eine Monopolstellung im Süden genoss – die Republikaner waren ja die verhasste Partei Lincolns –, ließ nur noch Weiße zu ihren «Primaries», den parteiinternen Vorwahlen, zu; wegen der fehlenden Konkurrenz stand das Ergebnis der eigentlichen Wahlen dann auch schon fest. In Louisiana konnten 1896 noch 130 000 schwarze Bürger wählen, acht Jahre später waren es gerade noch 1300. In den Nordstaaten mochte man sich darüber mokieren, aber nach mehreren Jahrzehnten heftigen Konfliktes zwischen den 1850er Jahren und 1877, standen die Zeichen auf Versöhnung und Nichteinmischung. Der Entzug des Wahlrechts trat zudem im Gewande der «Progressiven Reform» auf, einer Bewegung, die am Anfang des 20. Jahrhunderts auch im Norden für mehr Effizienz und Rationalität in Wirtschaft und Politik eintrat. Mit dem Hinweis auf die zuvor angeblich chaotischen und korrupten Verhältnisse konnte man die Entrechtung der Schwarzen als Teil einer Kampagne für sauberes Regieren rechtfertigen.

Gleichzeitig errichteten die Weißen ein ausgefeiltes System der Rassentrennung, das in beinahe allen öffentlichen Räumen getrennte Einrichtungen für die Schwarzen vorsah. «Nur für Weiße» oder «Nur für Schwarze» hieß es in den öffentlichen Verkehrsmitteln, vor allem in Eisenbahnzügen, in Schulen und anderen Bildungseinrichtungen, vor Gericht, bei Sportveranstaltungen und überhaupt in allen Bereichen von Freizeit und Alltag. Denn auch hier gingen Reform und Rassismus eine Allianz ein: Die progressiven Reformer hatten sich die Verbesserung der öffentlichen Lebensqualität auf die Fahne geschrieben; überall entstanden am Anfang des 20. Jahrhunderts neue Parks in den Städten, Spielplätze für Kinder, Schwimmbäder. Je neuer diese Einrichtungen waren, desto sicherer waren sie rassisch segregiert, hat der Historiker Edward Ayers festgestellt. Das oberste Bundesgericht bestätigte die Verfassungsmäßigkeit dieser Rassentrennung schon 1896 in dem berühmt gewordenen Urteil *Plessy v. Ferguson*: Sie verletzte angeblich nicht den Gleichheitsgrundsatz – eine Auffassung, die das Gericht erst 1954, etwa zwei Generationen später, revidierte. Mindestens so lange, bis in die Mitte der 1960er Jahre, dauerte es auch, bis das Regime der Rassentrennung im amerikanischen Süden fiel – und die Afro-Amerikaner das Wahlrecht zurückgewannen. Viele von ihnen waren in der Zwischenzeit, im Zuge der «Great Migration», in nördliche Städte wie Chicago, Detroit und New York abgewandert, wo sie weiterhin auf Rassismus stießen, aber ungleich größere ökonomische und politische Chancen besaßen.

Diese Flucht war auch eine Reaktion auf das Umschlagen des Rassismus in Gewalt. Eine Schwelle wurde auch hier am Ende des 19. Jahrhunderts überschritten, zum Beispiel mit dem Angriff eines weißen Mobs auf die Afro-Amerikaner in der Hafenstadt Wilmington in North Carolina 1898. Zur Verteidigung ihrer «Ehre», einer massiv sexuell aufgeladenen Vorstellung – denn meist waren es schwarze Männer, die angeblich weißen Frauen nachstellten –, organisierten sich die Weißen in Bürgermilizen und paramilitärischen Verbänden, oft unter Führung der lokalen Honoratioren. Der rassistische Geheimbund des Ku Klux Klan, nach dem Bürgerkrieg entstanden, erlebte in den 1920er Jahren eine zweite Blüte. Die Zwischenkriegszeit bildete auch den Höhepunkt einer Welle brutaler Lynchmorde. In dieser Phase existierte Demokratie in den Südstaaten der USA, von Virginia bis Texas, nur noch als Fassade einer weißen Rassenherrschaft. Aber wie schon um die Jahrhundertwende spiegelten sich darin auch der zunehmende Rassismus der ganzen Nation und eine neue Fremdenfeindlichkeit. Nach dem Ersten Weltkrieg setzten sich Bemühungen um eine Begrenzung der Einwanderung, die vor allem gegen die «rassisch» für unterlegen erachteten Ost- und Südeuropäer, aber auch Asiaten gerichtet waren, politisch immer mehr durch. Das Einwanderungsgesetz von 1924 legte im Geiste dieses «Nativismus» die Hürden so hoch wie nie zuvor. Dabei wusste man sich im Einklang mit rassehygienischen Vorstellungen, die in Europa populär waren. Die eugenische Bewegung, die zur Verhinderung «erbkranken» Nachwuchses Maßnahmen wie die Zwangssterilisierung vorschlug, reichte von Deutschland über das liberal-sozialdemokratische Skandinavien bis in die USA.

In den 1920er und frühen 1930er Jahren hatte Amerika auch Anteil an anderen Momenten der europäischen Demokratiekritik. Allgemein nahm das Gefühl zu, die Demokratie habe ihre besten Zeiten möglicherweise hinter sich und sei historisch, nach einer langen Phase von Aufstieg und Expansion, in ein Stadium des Niedergangs eingetreten. Selbst ein so vehementer und grundoptimistischer Kämpfer für die Demokratie wie der Philosoph John Dewey bilanzierte diese Stimmung 1927 elegisch – er sah den Optimismus über die Entwicklung der Demokratie «unter einer Wolke». Der wirtschaftliche und technische Fortschritt begünstige vertikale Hierarchien statt horizontale Gleichheit, wie sie früher auf dem Lande und in den Kleinstädten geherrscht hätten. Die Prinzipien des «Big Business» hatten auch in die Politik Einzug gehalten, Parteien und Parlamente spielten nicht mehr ihre freie Rolle von einst, und als Ergebnis breiteten sich in der Bevölkerung Indifferenz und Apathie, sogar eine Verachtung für die Politik aus. Dewey selbst widersprach jeglichem Fatalismus; schon gar nicht bevorzugte er eine vermeintlich rationalere, autokratische Alternative. Mit einem erheblichen Schuss Romantik wollte er stattdessen auf die Suche nach einer neuen «Großen Gemeinschaft» gehen. Die Parallelen zur europäischen, zumal zur deutschen Suche nach der «Volksgemeinschaft» in den 1920er Jahren sind nicht zu übersehen, aber Deweys Vision blieb eine genuin demokratische; sie ähnelte, wenn überhaupt, eher der in der SPD damals weit verbreiteten Beschwörung der Volksgemeinschaft, nicht der nationalsozialistischen.

Andere aber bekannten sich zu den scheinbar notwendigen Konsequenzen des Übergangs in die technisch-industrielle Gesellschaft für die Demokratie, selbst wenn sie als liberale Reformer auftraten wie der Journalist Walter Lippmann. Er hatte 1913 zu den Begründern der einflussreichen progressiven Zeitschrift «The New Republic» gehört und im Ersten Weltkrieg Präsident Wilson beraten. In den 1920er Jahren machten seine Analysen eines Strukturwandels der Öffentlichkeit im technisch-industriellen Zeitalter Furore. Die Ur-Öffentlichkeit aktiver Bürger galt in einer nationalisierten Mediengesellschaft nicht mehr; an die Stelle der demokratischen Unmittelbarkeit war das Phantom der «öffentlichen Meinung» getreten. In seinem Buch «Public Opinion» plädierte Lippmann 1922 wie viele andere dafür, die Ideale der Demokratie herunterzuschrauben und der mageren Realität anzupassen. Politik würde nicht mehr von den Bürgerinnen und Bürgern gemacht, sondern von einer regierenden Klasse, von Eliten, Experten und Bürokraten. Solche Diagnosen standen denen eines Robert Michels in Europa nicht allzu fern, doch in eine Sympathie für eine autokratische Führerherrschaft mündete das in den USA nur selten.

Manche populistischen Bewegungen kamen um 1930 aber auch hier einem rechten Extremismus, vielleicht sogar einem Protofaschismus, sehr nahe. In Louisiana stieg Huey Long, zunächst Gouverneur seines Staates und dann Senator in Washington, als populistischer Demagoge mit manchmal diktatorischem Gehabe auf. Die Rhetorik war häufig, in der Tradition des Populismus einer Generation zuvor, antikapitalistisch, und die von Long 1930 gegründete Zeitung führte den «Fortschritt» im Namen. Aber der Stil erinnerte mehr, zumal in der segregierten Gesellschaft des Südens, an rechte Charismatiker Europas. Long liebäugelte mit einer Präsidentschaftskandidatur, als er 1935 einem Attentat zum Opfer fiel. Eine noch größere populistische Anziehungskraft auf die Massen entwickelte zur gleichen Zeit der katholische Priester

Charles Coughlin, der von Detroit aus das neue Medium des Radios für seine antikapitalistischen, zunehmend auch fremdenfeindlichen und antisemitischen Botschaften virtuos nutzte. Seit 1936 trat diese Tendenz in seinen Radiopredigten, auch im Versuch, eine paramilitärische «Christian Front» zu organisieren, immer deutlicher hervor; aus seiner Sympathie für Hitler und Mussolini machte er noch nach Beginn des Krieges kein Hehl.

Insgesamt aber blieb die Resonanz auf solche Aktivitäten in den USA begrenzt. Die skeptischen Stimmen gewannen nie die Übermacht im politischen Diskurs; in einen regelrechten antidemokratischen Defaitismus und Hass, wie er in Mittel- und Osteuropa weit verbreitet war, arteten sie kaum je aus. Die Aufforderung, in der Krise zu den demokratischen Ursprüngen des Landes zurückzukehren, stand immer wieder dagegen, seit Anfang der 1930er Jahre gewann sie sogar allmählich die Oberhand zurück. Darin steckte zweifellos viel romantische Idealisierung der Vergangenheit wie bei Dewey oder wie in den Schriften des Architekten Frank Lloyd Wright, der 1932 in der «Verschwindenden Stadt» seine Vision für die Überwindung der städtisch-bürokratisch korrumpierten Massengesellschaft entwarf. Das «natürliche Ideal» der Demokratie sei die «organische Einheit», nicht die technische Fragmentierung; als Individuen müssten die Menschen den Bewegungsspielraum zurückgewinnen, der im Zeitalter der Zentralisierung, Organisation und Hierarchie verloren wurde. Ein Verächter der Technik war er nicht – heute lächeln wir darüber, dass man in seiner aufgelockerten Stadt mit Ufo-artigen Privathubschraubern von der Wohnung zum Arbeitsplatz gelangen sollte. Seine privaten und öffentlichen Bauten aber hoben sich tatsächlich vom Monumentalismus der faschistischen Architektur ebenso ab wie vom antimodernen Historismus des Siedlungsbaus Paul Schmitthenners im «Dritten Reich». In Deutschland folgten die romantischen Impulse jedenfalls eher einer antidemokratischen Tendenz.

In der politischen Geschichte schließlich entschied sich die demokratische Gratwanderung der Zwischenkriegszeit klarer und folgenreicher als irgendwo sonst. Auf dem Höhepunkt der Weltwirtschaftskrise, inmitten von Massenarbeitslosigkeit und sozialer Not, übernahm Franklin D. Roosevelt Anfang März 1933, nur fünf Wochen nach der Ernennung Adolf Hitlers zum deutschen Reichskanzler, die Geschäfte im Weißen Haus. Seine Politik des «New Deal» wollte nicht nur Menschen wieder in Arbeit bringen oder Familien soziale Sicherheit geben

– das mochte auch einer Diktatur, wenngleich mit rassischer und militaristischer Verkrümmung, gelingen. Roosevelt wollte vielmehr zeigen, dass in einer tiefen Krise des Kapitalismus und des demokratischen Vertrauens die Mittel der Demokratie noch nicht am Ende waren – und dass sie sich dabei nicht klein machen, nicht rhetorisch verstecken musste. Denn er hörte nicht auf, von der Demokratie zu sprechen und für sie zu werben.

6 Carl Schmitt:
Demokratie jenseits des Liberalismus?

Wenn man die Kritik der Demokratie im frühen 20. Jahrhundert in nur zwei Personen bündeln müsste, dann wären das Lenin – und Carl Schmitt. Lenin zerlegte die liberale Demokratie mit eiskalter Schärfe in seinen Schriften und war darüber hinaus ein Mann der Tat, ein glänzender Redner und Organisator. Insofern reicht Carl Schmitt nicht entfernt an ihn und seine in der russischen Oktoberrevolution gründende Wirkung heran: ein äußerlich unauffälliger Akademiker, ein akribischer Wissenschaftler und gründlich gebildeter Gelehrter; ein Professor eben, der nur durch das Wort handelte, und noch nicht einmal durch das öffentlich gesprochene, sondern durch seine Schriften. Darin allerdings war Schmitt wiederum Lenin überlegen. Er formulierte in schneidender Klarheit, er argumentierte brillant und mit einer Suggestivität, die Widerspruch nicht leicht machte.

Mit diesen Eigenschaften hat der 1888 geborene Jurist im Übergang aus dem Kaiserreich in die Weimarer Republik schnell Karriere an Universitäten gemacht – und auch politischen Einfluss gewonnen. Besonders in der frühen Phase des «Dritten Reiches» rechtfertigte das NSDAP-Mitglied Carl Schmitt den totalitären Führerstaat und das brutale Vorgehen Hitlers auch gegen innere Gegner, wie in der sogenannten «Röhm-Krise» Ende Juni 1934. In der Bundesrepublik konnte er, anders als viele andere Parteigänger des Nationalsozialismus, nicht mehr auf seinen Lehrstuhl zurückkehren. Er zog sich in seiner Sauerländer Heimat in eine halbprivate Existenz zurück, in der er alte und neue Bewunderer seines Intellekts und seiner Anschauungen zu «Gesprächen in der Sicherheit des Schweigens» empfing. Seine Wirkung als einer der wichtigsten politischen Theoretiker des 20. Jahrhunderts hält bis heute an, und seit mehreren Jahrzehnten findet der ganz unzweifelhaft der rechten Demokratiekritik zuzurechnende Schmitt auch Interesse bei der Linken. Wie ist das möglich bei jemand, der Willkür und Verfolgung Hitlers in der perversen Formel «Der Führer schützt das Recht» legitimierte?

Für die Demokratie interessierte sich Carl Schmitt erst in zweiter Linie. Seine erste Aufmerksamkeit – man kann auch sagen: seine Faszination – richtete sich auf Politik überhaupt als einen Kampf um Macht, in dem es um die Durchsetzung von Souveränität über ein Territorium und über Menschen ging. Die Menschen waren für Schmitt nicht von Natur aus gut, auf Kooperation, Vernunft und damit vielleicht auch auf Demokratie aus, sondern böse, jedenfalls egoistisch und unberechenbar, so dass staatliche Souveränität sie zähmen musste. Darin und in der Auffassung von Politik als Arena eines unerbittlichen Kampfes folgte er Thomas Hobbes und seinem «Leviathan», also dem Staat, der den Kampf «aller gegen alle» – historisch gesehen: den Kampf der religiösen Bürgerkriegsparteien im 17. Jahrhundert – bändigte. In seiner wohl berühmtesten Schrift über den «Begriff des Politischen», einer 1927 zuerst erschienenen knappen Abhandlung, definierte Schmitt Politik durch die Unterscheidung von Freund und Feind. Ob in der Innen- oder Außenpolitik – das war es für ihn, was Politik von anderen Sphären wie Wirtschaft, Bildung, Künsten oder Religion trennte. Damit meinte Schmitt nicht private Freunde oder Feinde, sondern sein Feind war der öffentliche Feind, das gegnerische Lager im Staatensystem oder in den politischen Konflikten, in den Machtkämpfen einer Gesellschaft. In der Politik ging es, mit anderen Worten, nicht um die gemeinsame Verständigung über Sachfragen, nicht um Konsens und Kompromiss, sondern um die Bekämpfung des Feindes, der seinerseits nach Kontrolle und Souveränität strebte.

Über Demokratie war damit noch nicht viel gesagt. Aber in einem solchen Grundverständnis von Politik schimmerte doch unverkennbar, wie das Anknüpfen an Hobbes schon zeigt, eine Präferenz für starke politische Autoritäten durch. Und gerade die Tatsache, dass man nicht über Demokratie sprechen musste, wenn es um Politik ging – sondern über den Staat, über Souveränität, auch: über das «Volk» –, war bezeichnend, wenn auch alles andere als neu. Denn mit Demokratie als einer Leerstelle setzte Carl Schmitt eine Tradition der politischen Theorie und politischen Soziologie in Deutschland fort, die ebenfalls ohne diese Kategorie auskam und stattdessen das Verhältnis von «Staat» und «Gesellschaft» beschrieb, oder die Bedingungen der Rechtfertigung und Sicherung von Herrschaft. Diese Linie zieht sich von Hegel über Marx bis zu Max Weber – und eben Carl Schmitt. Erst nach 1945 wurde politische Theorie in Deutschland zur Demokratietheorie, auch im weiteren Sinne einer politischen «Anthropologie», die ihre Auffassung vom politischen Menschen in der Demokratie gründete.

Schmitts Definition war zweifellos schon in ihrer Zeit attraktiv, weil sie ein realistisches Abbild der modernen Politik zu geben schien, erst recht unter den demokratischen Bedingungen der Weimarer Republik. Denn den Konflikt zu betonen und unterschiedliche, ja gegensätzliche Interessen anzuerkennen, die nicht ohne weiteres miteinander kompatibel sind, kann geradezu zum Kern einer demokratischen Gesinnung gehören, während die Vorstellung eines Ausgleichs der Interessen auf ein übergeordnetes Gemeinwohl hin zumal in Deutschland oft einen Hang zum Obrigkeitlichen hatte. Aber in diese Richtung baute Carl Schmitt sein Schema von Freunden und Feinden nicht aus. Der Kampf gegen den Feind fand für ihn nicht in parlamentarischen Redeschlachten statt, sondern in ganz anderen Schlachten, in realer Gewalt. Überzeugt von der Prämisse, man müsse eine Sache immer von ihrem extremsten Fall her denken, sah er im Krieg, ob als äußerer Staatenkrieg oder innerer Bürgerkrieg, den klarsten, den paradigmatischen Fall des politischen Kampfes. Das war durchaus typisch für seine Generation, die Generation des Ersten Weltkriegs mit ihrer überwältigenden Erfahrung der massenhaften Tötung und scheinbar zur Normalität werdenden Gewalt. Aber die Entstehung einer neuen politischen Ästhetik der Gewalt reichte bis in die Zeit der Jahrhundertwende zurück, wie in den bei Linken und Rechten gleichermaßen einflussreichen «Réflexions sur la violence» des französischen Grenzgängers Georges Sorel von 1908, und verschwand erst nach 1945, von Grenzgängern der Gewaltromantik abgesehen, aus dem Hauptstrom der politischen Kultur Europas.

Unverkennbar prägte das Erleben der Weimarer Republik auch die Sicht Carl Schmitts auf Parlamentarismus und Demokratie, die er – wiederum sehr pointiert und einflussreich – 1923 in einer Schrift über die «geistesgeschichtliche Lage des heutigen Parlamentarismus» entfaltete und in einem markanten Vorwort 1926 noch einmal zuspitzte. Der Titel klang hochtrabend und sorgenvoll; tatsächlich ging es jedoch um nichts weniger als eine Totenrede auf den Parlamentarismus. Ganz in der schon bekannten Form einer «Historisierung» des 19. Jahrhunderts wies Schmitt ihn nämlich, gemeinsam mit dem Liberalismus, dessen Ausdruck parlamentarische Politik sei, einer zu Ende gehenden Epoche der Geschichte zu. Das Zeitalter des Individuums gehe zu Ende, das Zeitalter der Masse ziehe herauf und damit auch einer «Massendemokratie», die ganz andere Verfahren benötige als im 19. Jahrhundert. In diesem historischen Übergang zeige sich also, dass Liberalismus und Demokratie gar nicht wesensgemäß zusammengehörten. Wir haben uns nur, meinte Schmitt, von ihrem parallelen Aufstieg seit der Französischen Revolution täuschen lassen. Zur liberalen Demokratie gehörte das Parlament mit seinen Prinzipien der Öffentlichkeit und der Diskussion. In der heutigen politischen Realität aber sei eine solche, parlamentarisch diskutierende Demokratie nicht mehr glaubwürdig und nicht mehr funktionsfähig. Die moderne Massendemokratie hat «die argumentierende öffentliche Diskussion zu einer leeren Formalität gemacht».

Damit folgte Schmitt einer breiteren Strömung der Parlamentarismuskritik, die im ersten Drittel des 20. Jahrhunderts, besonders seit dem Ersten Weltkrieg, eine kontinentaleuropäische Konstante bildete. Auch Max Webers intensives Bohren in der Rolle des Parlaments fügte sich in dieses größere Bild einer Kritik von Parlament und repräsentativer Demokratie ein, in dem es immer wieder um dieselben zwei Punkte ging: Erstens würde im Parlament zu viel geredet und zu wenig gearbeitet. Das konnte man, wie Weber, eher als eine Aufforderung zur Stärkung des Parlaments verstehen, nachdem es im Kaiserreich so scharf von der monarchisch-bürokratischen Exekutive getrennt war. Man konnte aber auch, wie die radikale Linke mit Lenin, einen frontalen Angriff auf die «Schwatzbude» daraus machen. Bei allen Unterschieden wies ein entschiedener Verteidiger der repräsentativen Demokratie wie Hans Kelsen aber doch zurecht auf die Ähnlichkeiten in dem Bestreben hin, aus den Parlamenten «Verwaltungskörper» zu machen. Denn die Denunziation als Schwatzbude teilte in der Weimarer Republik wiederum die radikale Rechte. Carl Schmitts Kritik war jedoch subtiler und seine Zielvorstellung eine andere. Zweitens nämlich komme der Wille des Volkes im Parlament nicht angemessen zum Ausdruck; an die Stelle der Repräsentation müsse deshalb die direkte Herrschaft des Volkes treten, wofür der Aufstieg der Massengesellschaft gerade die historischen Voraussetzungen schaffe.

Ablehnung der bürgerlichen Übergangsformen des 19. Jahrhunderts; in der Abwägung zwischen Parlament und Demokratie die Präferenz für letztere; und Demokratie verstanden als direkte Artikulation des Volkswillens: Was war daran so schlimm? Carl Schmitt trieb einen Keil zwischen Liberalismus (einschließlich Repräsentativverfassung) und Demokratie, der bei aller Eloquenz jeder historischen und systematischen Grundlage entbehrte – und die Demokratie zu einer Hülle werden ließ, die man im nächsten Schritt bequem der Diktatur überstreifen konnte. Seine These vom parallelen, aber nicht symbiotischen Aufstieg von Liberalismus und Demokratie klingt zunächst plausibel, ist aber schlichtweg falsch. Sicher, Parlamentarismus bedeutete noch nicht Demokratie – aber gerade in England, wo diese Differenz angesichts einer langen Parlamentsgeschichte besonders klar hervortritt, ist die Demokratie durch das Parlament und im Parlament schrittweise entstanden: durch parlamentarische Reformgesetze und in der Ausweitung und schließlich Gleichmachung von Repräsentation zwischen 1832 und 1928. Für die USA oder Frankreich ist Schmitts These nichts weniger als grotesk. Dazu genügt ein Hinweis auf die Souveränitätserklärung des Dritten Standes als Vertretung der Nation und die daraus folgenden Prinzipien von Freiheit, Gleichheit, Brüderlichkeit; dafür genügt der Blick auf die Verbindung von Egalitarismus und Repräsentation in der Amerikanischen Revolution oder in der Demokratisierung von Wahlrecht und Gesellschaft im 19. Jahrhundert. In Deutschland belehrt die Geschichte der Revolution von 1848/49 Schmitt eigentlich eines Besseren. Aber die Trennung ist nicht bloß empirisch falsch. Denn mit dem vermeintlich überlebten Parlamentarismus ließ Carl Schmitt nicht nur das Parlament in der Versenkung verschwinden, sondern – unausgesprochen – auch den weiten Bereich der liberalen Grund- und Freiheitsrechte, die ebenfalls in mehr als nur zufälliger Verbindung zur Demokratie stehen.

Übrig blieb eine «Demokratie», die sich nicht auf Freiheit und Gleichheit, sondern allein auf eine Pseudo-Gleichheit stützte. Demokratie habe ihren Kern im Gleichheitsgedanken, so meinte Schmitt, und dieser führe unweigerlich auf «Homogenität». Er führte die Unterscheidung von Freund und Feind gewissermaßen in die demokratische Gleichheit ein, indem er sie als Unterscheidung von «Gleichem» und «Nicht-Gleichem» wieder unterwanderte. Demokratie meint deshalb nicht nur die Gleichförmigkeit derer, die zu ihr gehören – sondern auch «die Ausscheidung oder Vernichtung des Heterogenen». Man kann diesen Gedankenschritt heute nur verstehen, wenn man sich zwei überlappende Erfahrungen des frühen 20. Jahrhunderts erneut vor Augen führt: den ungemein starken Eindruck einer nivellierten Gleichförmigkeit der Massen, vom großstädtischen Alltag bis an die Front des

Ersten Weltkriegs – und die gleichzeitige Obsession mit dem Gegner, dem Fremden, dem Anderen, die Kolonialismus und Rassismus genährt hatten. Die «Vernichtung des Heterogenen» war keineswegs eine Metapher, sondern so tödlich, ja genozidal gemeint, wie wir sie heute unweigerlich lesen. Schmitt erläuterte sie nämlich ganz kühl mit dem Hinweis auf ethnische Grenzziehungen und Vertreibungen zu seiner Zeit. Wenn nur der «Wille des Volkes» sich artikuliere, homogen durchgeformt und befreit von Fremdem, von Opposition, von abweichender Meinung, dann könne man von Demokratie sprechen. Bolschewismus und italienischer Faschismus, deren Aufstieg Schmitt beobachtete, seien deshalb «wie jede Diktatur zwar antiliberal, aber nicht notwendig antidemokratisch. In der Geschichte der Demokratie gibt es manche Diktaturen, Cäsarismen und andere Beispiele auffälliger, für die liberalen Traditionen des letzten Jahrhunderts ungewöhnlicher Methoden, den Willen des Volkes zu bilden und eine Homogenität zu schaffen.» Wie könne man darauf kommen, so höhnte Schmitt geradezu, der Wille des Volkes bilde sich am besten in Wahlen ab? Durch Zuruf, durch Akklamation, durch «unwidersprochenes Dasein» geschehe dies heute viel besser und zeitgemäßer – also durch jene Verfahren einer Diktatur, die dann auch die Nationalsozialisten anwandten.

Als Kronzeuge für diese Auffassung von Demokratie diente Jean-Jacques Rousseau mit seiner Theorie vom Gesellschaftsvertrag und gesellschaftlichen Gesamtwillen, der «volonté générale». Das war wiederum nicht besonders originell – in der Parlamentarismuskritik des frühen 20. Jahrhunderts war Rousseau, den man eher einer «linken», sozialegalitären Strömung zurechnen kann, gerade bei der Rechten sehr beliebt. Auch Robert Michels hatte sich auf ihn berufen, um ein absolutes «Gemeinwohl» zu stilisieren, das in den «oligarchischen Tendenzen» zu Führung und Hierarchie neu definiert werden müsse. Schmitt meinte aus Rousseaus «Contrat Social» herauszulesen, dass es im demokratischen Staat keine Parteien und Sonderinteressen geben dürfe, und dass der «Gesamtwillen» des Volkes unmittelbaren Ausdruck finden müsse, in einer Identität zwischen Regierenden und Regierten. Darin lag zwar eine arge Vereinfachung, aber tatsächlich war Rousseaus Vorstellung von Demokratie in vieler Hinsicht noch vorrevolutionär; sie hing an dem klassisch-athenischen Konzept von unmittelbarer Volksherrschaft, wie es seit Jahrhunderten gepflegt worden war, und kannte insofern weder eine pluralistische Gesellschaft noch ein modernes Parlament. Aber wie auch immer man Rousseau versteht, an dem sich bis heute in der Geschichte und Theorie der Demokratie die Geister scheiden – *nach* Carl Schmitt, das heißt im Bewusstsein seiner Denkfehler, kann man eine direkte Verwirklichung «des» Volkswillens nur fordern, wenn man sich zugleich an den Abgrund der Homogenität erinnert. *Nach* Carl Schmitt kann man die repräsentative Demokratie nicht mehr kritisieren, indem man sie als ein vermeintliches historisches Relikt identifiziert, das mit dem eigentlichen Kern von Demokratie nichts zu tun habe.

Dennoch ist das Erbe von Carl Schmitt lebendig. Staatsbürgerliche Gleichheit mit Gleichförmigkeit, mit Homogenität zu verwechseln bleibt die rousseauistische Versuchung, der auch die realsozialistischen Regime Europas nach 1945 gefolgt sind. Und westlichen Gesellschaften fällt es bis heute nicht leicht, neue Formen der Heterogenität, der Verschiedenheit – in Herkunft, Rasse, Religion – anzuerkennen statt sie in Anpassung «gleich machen» zu wollen. Dass die Prinzipien von Diskussion und Öffentlichkeit nicht historisch am Ende sind, wie viele in den 1920er Jahren glaubten, wissen wir längst. In den meisten Theorien von Demokratie spielt die öffentliche Debatte, die Diskussion der Bürgerinnen und Bürger, der Redestreit (und nicht der gewaltsame Kampf) eine wichtige Rolle, wenn nicht sogar die zentrale wie in Jürgen Habermas' Entwurf einer Demokratie aus «Deliberation», aus dem gemeinsamen Wägen von Argumenten mit dem Ziel eines vernünftigen staatsbürgerlichen Konsenses. Immerhin hat Carl Schmitt auf Gefährdungen der Öffentlichkeit und des Diskussionsprinzips hingewiesen, die bis heute nicht verschwunden sind, auch wenn man seine Konsequenz nicht zieht, dann lieber gleich darauf zu verzichten. Und seine Auffassung von der Politik als Kampf ist heute in Teilen der Linken wieder anschlussfähig, für die Demokratie nicht im vernünftigen Konsens und Kompromiss aufgehen kann: Moderne Demokratie droht in Konformität mit dem Bestehenden zu erstarren, wenn sie nicht den Streit, die fundamentale Differenz zum konstitutiven Prinzip macht. Politik ist asymmetrisch, und die «Hegemonie» der Mächtigen lässt fairen Konsens nicht ohne weiteres zu. So sagt es zum Beispiel die belgische Politologin Chantal Mouffe, die damit als Marxistin mit Carl Schmitt gegen Habermas in Stellung geht. Aber das ist kein Streit mehr zwischen liberaler Demokratie und Diktatur wie in den 1920er und 1930er Jahren, sondern ein Streit in der liberalen Demokratie geworden.

7 Demokratie ohne Demokraten?
Die Weimarer Republik

Die Ursachen für das Scheitern der Weimarer Republik beschäftigen die Forschung bis heute, auch wenn die Frage nicht mehr so unmittelbar politisch bedrängend ist wie in der frühen Zeit der Bundesrepublik, als man sich der Stabilität des zweiten Versuchs noch nicht sicher war und schließlich feststellte: «Bonn ist nicht Weimar». Die Antworten sind komplizierter geworden, denn an einzelnen, vermeintlich schicksalhaften Faktoren hat es nicht gelegen: nicht an den moralischen und materiellen Belastungen des Versailler Vertrages nach dem Ersten Weltkrieg und nicht an prinzipiellen Defekten der Weimarer Reichsverfassung; an der Weltwirtschaftskrise ebenso wenig, für sich genommen, wie an der Spaltung der Arbeiterbewegung.

Nicht zuletzt ist man davon abgekommen, die Geschichte der ersten deutschen Demokratie – auch wenn sie nur vierzehn Jahre dauerte, so lang wie später die Kanzlerschaft Konrad Adenauers – vornehmlich auf ihr Ende und Scheitern hin zu beschreiben. Denn zum einen steckten in dieser Geschichte zahlreiche Impulse für die sozial- und kulturgeschichtliche Entwicklung Deutschlands, die über das «Dritte Reich» hinweg in die Modernisierung der zweiten Jahrhunderthälfte wirkten: Kulturen der Reform und der «neuen Sachlichkeit», Anfänge von Konsumgesellschaft und kommerzialisierter Massenkultur. Zum anderen war es auch um die Demokratie nicht durchweg schlecht bestellt. Angesichts eines schwierigen Beginns und auch weiterhin, besonders bis 1923, rauer äußerer Umstände erreichte sie vielmehr ein beachtliches Maß an Stabilität und Erfolg. Die Weimarer Republik war nicht von vornherein dem Untergang geweiht. Aber Anfang 1933 endete sie definitiv, ob man dafür den Tag der Ernennung Hitlers zum Reichskanzler, also den 30. Januar, wählt, oder die Zerstörung der Demokratie und den Übergang in die Diktatur erst im Ermächtigungsgesetz vom 23. März 1933 vollzogen sieht. Deshalb bleibt die Frage nach den Schwächen der Weimarer Republik und nach den Ursachen ihres Scheiterns zentral, in der Geschichtswissenschaft ebenso wie in einer breiteren öffentlichen Debatte.

Zu den dauerhaften Belastungen gehörte gewiss schon die Gründungskonstellation aus der Überlagerung von Kriegsende und Revolution. Auch wenn ältere Sichtweisen auf die «Schmach» von Versailles und die Bedingungen dieses Diktatfriedens längst in den Hintergrund getreten sind, bleiben der kollektivpsychologische Schock der Niederlage und das Trauma der verlorenen Weltmachtstellung, einschließlich des Verlustes der überseeischen Kolonien, mächtige Prägefaktoren für Unzufriedenheit und Revisionsbestrebungen, die sich die Nationalsozialisten geschickt zunutze machten. Die Gründung des neuen Staates in einer, wie es vielen schien, nur halb vollzogenen Revolution nährte Unzufriedenheit auf der Rechten wie auf der Linken. Die einen mochten die Republik nicht akzeptieren, erschauderten bei der Vorstellung von Sozialdemokraten in höchsten Regierungsämtern oder sogar, mit Friedrich Ebert als erstem Reichspräsidenten, an der Staatsspitze. Die anderen trauerten einer aus ihrer Sicht verpassten Chance nach, die Revolution weiterzutreiben, über den frühen Kompromiss mit den alten Eliten und die Stabilisierung in der parlamentarischen Republik hinaus. Die kurze Revolution von 1918/19 hat aber weder eine in der Rätebewegung unmittelbar vor der Tür stehende kommunistische Revolution gerade noch abgewehrt, noch besaßen die Arbeiter- und Soldatenräte das Potential zu einer ernsthaften institutionellen Alternative zur repräsentativ-parlamentarischen Republik. Schließlich war es dieses Ziel, für das die überwiegende Mehrheit der Sozialdemokratie viele Jahrzehnte gekämpft hatte, auch wenn die Realität für viele ernüchternd aussah.

Die von der Weimarer Nationalversammlung seit Januar 1919 erarbeitete Verfassung hat viel Kritik auf sich gezogen. Für manche war sie geradezu zu demokratisch, zum Beispiel mit dem neuen Verhältniswahlrecht, das kleinen Parteien zugutekam, oder mit den plebiszitären Elementen wie der direkten Volkswahl des Reichspräsidenten und Volksabstimmungen. Für andere enthielt sie zu viele autoritäre Elemente, die potentiell einer Diktatur den Weg bereiten konnten: wiederum in der Machtfülle des Reichspräsidenten und der im Art. 48 der Verfassung geschaffenen Möglichkeit des Regierens mit «Notverordnungen», wovon schon vor 1930 häufig Gebrauch gemacht wurde. Und oft war es die vermeintliche Inkonsistenz im Arrangement der Gewalten, die als eine fatale Schwäche zählte, besonders im Verhältnis von Reichstag und Reichspräsident. Aber diese Konstellation war von dem amerikanischen Modell nicht so weit entfernt (in dem es allerdings keine parlamentarische Regierung gibt) und ist noch näher verwandt mit der Fünften Republik Frankreichs, die dem Land seit 1958 zu einer vorher vermissten demokratischen Stabilität verhalf. Nimmt man die

Bedeutung der Grundrechte hinzu und die relativ weit gehenden «materialen» Bestimmungen der Weimarer Reichsverfassung, die Deutschland auf dem Weg zu einem demokratischen Sozial- und Interventionsstaat weit voranbrachten, lässt sich eine Schwäche der Demokratie sicherlich nicht zuerst in ihrem institutionellen Gerüst finden.

So liegt der Umkehrschluss nahe, dem demokratischen Haus hätten die Bewohner gefehlt, die es erst mit Leben erfüllen müssen. Gab es in der Weimarer Republik zu wenige Demokraten? «Antidemokratisches Denken in der Weimarer Republik» nannte der Münchner Politologe Kurt Sontheimer 1962 ein Buch, das in der frühen Bundesrepublik schnell zu einem Klassiker der politischen Bildung aufstieg. Darin analysierte er die Vielfalt, ja Omnipräsenz eines politischen Denkens in den 1920er und frühen 1930er Jahren, das einem völkischen Nationalismus huldigte, wenn nicht gar einem rassischen Antisemitismus; das jenseits der Demokratie auf die Erlösung durch einen starken «Führer» wartete, wenn es denn schon kein Zurück zu den verlorenen Fürstenthronen gab; und dem ein fundamentales Verständnis für eine konfliktreiche und pluralistische Gesellschaft fehlte – stattdessen sehnte man sich nach der homogen-konformistischen «Volksgemeinschaft». Die weite Verbreitung solcher antidemokratischen Denkmuster besonders in der bürgerlichen, nationalkonservativen, überwiegend protestantischen Öffentlichkeit machte es in der Tat nahezu unmöglich, einen mehrheitsfähigen demokratischen Konsensraum zu definieren, wie er in den westlichen Demokratien zur selben Zeit existierte und später in der Bundesrepublik relativ schnell, noch in den 1950er Jahren, etabliert werden konnte.

Das heißt aber nicht, dass es demokratische Überzeugungen in der Weimarer Republik nicht gegeben hätte. Dem antidemokratischen stand ein demokratisches Denken, eine demokratische Öffentlichkeit gegenüber, die ihrerseits nicht 1918 vom Himmel fiel, sondern in demokratischen Traditionen des Kaiserreichs – in der Arbeiterbewegung, in der demokratischen Minderheit des Bürgertums, teils auch im Katholizismus – wurzelte. Führende Wissenschaftler wie der Berliner Staatsrechtler Hugo Preuß hatten die Verfassung vorgedacht und mitgeschrieben; andere wie Hermann Heller und Hans Kelsen prägten eine eigene Weimarer Demokratietheorie; etliche ihrer Kollegen blieben freilich auch skeptisch wie der einflussreiche Gerhard Leibholz, der erst in der frühen Bundesrepublik manche antiliberalen Vorbehalte über Bord warf. In der breiteren Öffentlichkeit wirkten, neben der sozialdemokratischen Parteipresse, führende Tageszeitungen wie die «Frankfurter Zeitung» und die «Vossische Zeitung» in Berlin als vehemente Verfechter der Demokratie auch in das gebildete Bürgertum hinein. Publizisten wie Kurt Tucholsky, Carl von Ossietzky oder Leopold Schwarzschild fochten mit glänzendem Stil eine scharfe Klinge in Blättern wie der «Weltbühne» und dem «Tage-Buch», in denen neben politischer Überzeugung auch die kulturelle Weltgeltung des Berlins der 1920er Jahre zum Ausdruck kam.

Freilich lassen sich auch in diesem demokratischen Denken verschiedene Schwächen ausmachen. Am linken Flügel der radikal-demokratischen Publizistik herrschte, wie in Ossietzkys «Weltbühne», manchmal ein Anspruch der Absolutheit, der die demokratischen Alltagsgeschäfte nicht gelten lassen wollte. Und häufig fehlte bei den Anhängern der Demokratie in der Weimarer Republik die Vorstellung, man müsse sie auch in der politischen Praxis vehement gegen ihre Gegner verteidigen, so wie es die Bundesrepublik später mit ihrem Verständnis von der «wehrhaften Demokratie» definierte. Mit dem Republikschutzgesetz von 1922 verfügte Deutschland zwar durchaus über ein nicht nur symbolisch wichtiges, sondern oft auch effektiv angewandtes Instrument der demokratischen Selbstverteidigung; auch Verbote antidemokratischer Parteien sind nicht erst eine Erfindung der Bundesrepublik. Aber oft fehlte es an einem breiteren Konsens und der Nachhaltigkeit in der Strafverfolgungspraxis. Zudem prägte eine Haltung des Relativismus wichtige Teile der Staatsrechtslehre. In einer Schrift mit dem Titel «Verteidigung der Demokratie» definierte Hans Kelsen sie noch 1932 geradezu als «diejenige Staatsform, die sich am wenigsten gegen ihre Gegner wehrt». Wenn das Volk die Demokratie nicht mehr wolle, dürfe die Demokratie sich nicht darüber hinwegsetzen; sie dürfe «nicht zur Diktatur greifen, um die Demokratie zu retten».

Erst recht ergibt sich wieder ein ungünstigeres Bild, wenn man neben Verfassung und Publizistik auf die Verankerung demokratisch-republikanischer Gesinnung in der politischen Kultur, in den sozialen Milieus blickt, wenn man also nach den Weltanschauungen und Praktiken im Alltag der sozialen Klassen und politischen Lager fragt. Das Bürgertum, nicht zuletzt das kulturell tonangebende protestantische Bildungsbürgertum, blieb insgesamt eine Bastion des antirepublikanischen Konservativismus und sehnte sich nach der Hohenzollernmonarchie zurück, für die auch ein Reichspräsident Paul von Hindenburg seit 1925 nur einen vorläufigen Ersatz bot. Allenfalls bekannte man sich, wie der

Historiker Friedrich Meinecke in seiner berühmten Formel von 1919, zum «Vernunftrepublikaner», blieb aber «Herzensmonarchist». Erst recht galt das für die Oberschichten und Funktionseliten der Republik, die in kaum gebrochener Kontinuität die Schaltstellen informeller oder auch formeller Macht: nicht zuletzt in Justiz und Bürokratie, besetzten. Der Staat Preußen, wie im Kaiserreich der dominierende Teilstaat der Republik, entwickelte sich zwar zu einer beeindruckenden Bastion der Demokratie, geführt von Ministerpräsidenten wie dem Sozialdemokraten Otto Braun. Die ostelbischen Junker aber blieben eines der mächtigsten antidemokratischen Machtzentren, mit einem Einfluss, der von der ländlichen Gesellschaft bis in die Berliner Staatsspitzen reichte.

Auf der ganz entgegengesetzten Seite spielte die kommunistische Arbeiterbewegung eine mindestens sehr unglückliche Rolle. Unter der Führung Ernst Thälmanns arrangierte sich die KPD in den 1920er Jahren keineswegs mit der parlamentarischen Demokratie, sondern schlug einen zunehmend unversöhnlichen Kurs ein, folgte dem stalinistischen Vorbild der Sowjetunion und bekämpfte auch die SPD mit ideologischer Härte als politischen Feind. An der Basis schlug dieser Kurs zwar nicht ohne weiteres durch – hier wirkten eher Kontinuitäten des abgeschotteten Arbeitermilieus der wilhelminischen Zeit nach. Aber auch dieser Traditionalismus hemmte die demokratische Entwicklung, wenn man die Weimarer Republik so bekämpfen und revolutionär überwinden wollte, als sei sie der kaiserzeitliche Obrigkeitsstaat. Die KPD und ihr Milieu hatten zudem Anteil an einer Prägung der politischen Kultur, die lagerübergreifend den zivilen Konsens und die Bereitschaft zum friedlichen Konflikt aushöhlte: an einer Fixierung auf Gewalt, auf die Zuspitzung der politischen Auseinandersetzung im Straßenkampf, häufig genährt von einem Kult der soldatischen Männlichkeit, der als Erbschaft des Ersten Weltkriegs nun auch von der jüngeren Generation übernommen wurde. Der erheblich größere Teil dieser paramilitärischen Gewaltkultur war freilich auf der extremen Rechten angesiedelt und sammelte sich seit dem Ende der 1920er Jahre zunehmend in der NSDAP und ihren uniformierten Gewalttrupps, besonders der SA.

In einer Demokratie misst sich die politische Einstellung zuerst und unmittelbar in Wahlen. Seit der ersten demokratischen Wahl, der zur Nationalversammlung am 19. Januar 1919 (bei der auch die Frauen erstmals reichsweit Stimmrecht hatten), bröckelte die vorbehaltlose Unterstützung der Republik rasch ab. Die drei Parteien der sogenannten «Weimarer Koalition», also SPD, Zentrum (mit bayerischer Schwester BVP) und linksliberale DDP, erreichten im Umbruch der Revolution zusammen 76,2 Prozent der Stimmen. Schon bei der ersten Reichstagswahl von 1920 zeigte sich eine zentrifugale Entwicklung nach links und rechts; 1924 lagen die Weimarer Parteien noch bei 42,8 Prozent, und der Einfluss der rechtsliberalen DVP sowie der nationalkonservativen, eindeutig republikfeindlichen DNVP auf die Koalitionsbildungen nahm zu. Seitdem schrumpfte das demokratische Lager nur noch wenig, während der Aufstieg der NSDAP vor allem zu Lasten der bürgerlich-konservativen Parteien ging. Die linksliberale DDP verschwand schließlich fast völlig, und bei der Reichstagswahl am 31. Juli 1932 lag die NSDAP mit ihren 37,4 Prozent der Stimmen nur noch um einen Punkt hinter der gesamten «Weimarer Koalition». Für antidemokratische Parteien – NSDAP, DNVP und KPD – dagegen hatten sich fast 58 Prozent aller Wählerinnen und Wähler entschieden.

In den Novemberwahlen von 1932 verlor die NSDAP bereits wieder Stimmen; auch mit ihrem Partner DNVP gemeinsam erreichte sie in freien Wahlen nie eine Mehrheit der Stimmen und Sitze im Reich – wohl aber sehr oft in Ländern und Kommunen. Zudem hatte die parlamentarische Demokratie zu diesem Zeitpunkt bereits ihr normales Funktionieren eingestellt: Im März 1930 löste der Zentrumspolitiker Heinrich Brüning den Sozialdemokraten Hermann Müller als Reichskanzler ab; im Juli ließ Brüning den Reichstag auflösen – das markierte den Übergang zu den auf Notverordnungen gestützten Präsidialkabinetten. Nach außen erschienen sie vielen als Reaktion auf die dramatische Wirtschaftskrise und die rasch steigende Massenarbeitslosigkeit, die besondere Maßnahmen und Kompetenzen erforderte. Tatsächlich überschnitten sich Wirtschaftskrise und Staatskrise, und die Große Depression hat den Untergang der Weimarer Republik sicher befördert und beschleunigt, aber ebenso wenig verursacht wie ein gutes Jahrzehnt zuvor der Versailler Vertrag. Schon Brüning betrieb, gemeinsam mit Hindenburg und anderen reaktionären Eliten, den «zielgerichteten Prozess der Entparlamentarisierung» (Andreas Wirsching). Das heißt nicht, dass das Schicksal der Weimarer Republik im Sommer 1930 schon besiegelt war; gewiss nicht mit einer Diktatur Hitlers als Endpunkt. Aber als Retter der Demokratie in schwerer Krisenbedrängnis können Hindenburg und Brüning, und nach diesem Franz von Papen und Kurt Schleicher als letzte Reichskanzler vor Adolf Hitler, nicht gelten; sie haben die Demokratie vielmehr mit Absicht ausmanövriert.

Deshalb kann man besser sagen, die Weimarer Republik sei an der Stärke ihrer Gegner als an der Schwäche der Demokraten gescheitert. Das bringt zugleich klar zum Ausdruck, dass es sich nicht um eine diffuse «Auflösung» oder einen «Untergang» der Demokratie handelt, der die Träger der Verantwortung dafür im Dunkeln lässt, sondern um eine aktiv betriebene Zerstörung. Diese Verantwortung aber müssen sich viele teilen, nicht zuletzt die Bürgerinnen und Bürger, die ganz normalen Deutschen, die in ihrer Mehrheit den Wert der Demokratie nicht erkannten. Hätten sie nicht massenhaft und schließlich mehrheitlich antidemokratische Parteien gewählt, allen voran die NSDAP, wäre die Weimarer Republik nicht gescheitert.

8 Volksstaat und Volksgemeinschaft: Das «Dritte Reich»

Die nationalsozialistische Herrschaft in Deutschland seit 1933, im Zweiten Weltkrieg auch über weite Teile Europas, der millionenfache Massenmord an Juden und anderen Ausgegrenzten der völkischen Utopie: Damit stehen die zwölf Jahre des «Dritten Reiches» für einen Tiefpunkt, der zugleich den extremsten Gegensatz zur Demokratie bildet. Die NS-Diktatur ist aber weder als Schicksal noch als historischer Unfall über Deutschland gekommen. In europäischer Perspektive setzte Hitlers Machtübernahme eine lange Reihe von Regimewechseln fort, die schon seit einem guten Jahrzehnt, in Italien 1922 beginnend, demokratische Verfassungen ausgehöhlt und autoritäre Regime an ihre Stelle gesetzt hatten. In Deutschland wurde sie von einer breiten Zustimmung getragen und von vielen als eine angemessene Antwort auf die langgehegten Zweifel an der Zukunftsfähigkeit der Demokratie gesehen.

Ohne die Loyalität und Mitarbeit von Teilen der Bevölkerung ist eine Diktatur nicht vorstellbar, schon gar nicht eine moderne des 20. Jahrhunderts. Denn sie kann weder hinter die politische Massenmobilisierung noch hinter die technisch ermöglichte Präsenz eines Massenpublikums zurückfallen; die Nationalsozialisten haben sich beides sogar auf besondere und manchmal innovative Weise zunutze gemacht. Die historische Forschung hat in der letzten Zeit die enge Beziehung zwischen «Volk» und «Diktatur» viel mehr als früher betont. Das NS-Regime stützte sich stärker auf das Volk, als man lange geglaubt hatte (oder wahrhaben wollte). Es bot den Volksgenossen materielle Leistungen, die scheinbar fortschrittlich waren oder sogar eine egalitäre Gesellschaft beförderten. Es beruhte dafür aber auch auf dem aktiven Mithandeln, nicht nur der passiven Zustimmung sehr vieler Deutscher.

Kein Zweifel bestand schon für die Zeitgenossen daran, dass die NSDAP der Demokratie im Allgemeinen, dem von ihr verhassten Weimarer «System» im Besonderen entschieden feindlich gegenüberstand. Die Nazis beriefen sich auch selber nicht auf eine, wie auch immer von ihnen umdefinierte, «wahre» Demokratie jenseits der liberal-parlamentarischen. Das unterscheidet ihre politische Ideologie und ihr Selbstverständnis klar von den linken Grenzüberschreitungen im Sozialismus, die wie Lenin ein ambivalentes Verhältnis zum Begriff der Demokratie behielten oder sich sogar, wie in Ostmitteleuropa nach 1945, die Realisierung einer «Volksdemokratie» auf die Fahne schrieben. Im Einklang mit großen Teilen des bürgerlichen Konservatismus, Monarchismus und Radikalnationalismus seit dem Beginn des 20. Jahrhunderts und die deutschen «Ideen von 1914» weiterführend, verabscheuten die Nationalsozialisten die «westliche» Demokratie und die gesamte demokratisch-liberale Tradition, die sich damals wie heute mit der Chiffre «1789» verbindet, als dem deutschen Volke nicht wesensgemäß. Im völkischen Schrifttum mochte man, als historische Reminiszenz, angebliche germanische Traditionen der direkten Willensbildung gegen den westlichen Parlamentarismus setzen, aber das spielte keine praktische Rolle. Für Hitler und seine Verbündeten war klar: Es ging um ein neues politisches Ordnungsmodell weit jenseits der Demokratie, um eine «Führerherrschaft» mit plebiszitärer Abstützung, auf die in der scheinbar ausweglosen Krise der Weimarer Republik seit 1930 immer mehr Deutsche (und Wähler der NSDAP) ihre Hoffnung richteten. So gab es nach der «Machtergreifung», wie Sebastian Haffner schrieb, sogar «ein sehr verbreitetes Gefühl der Erlösung und Befreiung von der Demokratie».

Den Eindruck einer solchen «Befreiung» hatten Millionen Deutsche nicht, die immer noch zur Weimarer Demokratie hielten und vor einer brutalen Diktatur Hitlers warnten; erst recht nicht die Zehntausende, die schon in den ersten Wochen nach Hitlers Ernennung zum Reichskanzler verfolgt, verhaftet, in die schnell errichteten Konzentrationslager der SA gesteckt, gefoltert wurden: zunächst vor allem politische Gegner des Nationalsozialismus auf der Linken, aus der Arbeiterbewegung. Die völlige Zerstörung der Demokratie vollzog sich in wenigen Monaten bis zum Sommer 1933, mit einigen Nachläufern bis ins folgende Jahr, als Hitler Ende Juni das ihm gefährliche Machtzentrum um Ernst Röhm liquidierte und nach dem Tod Hindenburgs im August zugleich Staatsoberhaupt, Regierungschef und militärischer Oberbefehlshaber wurde – als «Führer und Reichskanzler». So kann man an der nationalsozialistischen Revolution geradezu exemplarisch studieren, aus welchen einzelnen Bausteinen sich Demokratie zusammensetzt und was erforderlich ist, um sie zu beseitigen.

Nicht zuerst die formelle Beseitigung der Verfassung – es genügte, sie durch eine Reihe von Sonderverordnungen auszuhebeln und sich immer mehr faktisch über sie hinwegzusetzen; für ungültig haben die Nazis die Weimarer Reichsverfassung von 1919 nie erklärt. Nach ihren eindrucksvollen Wahlerfolgen seit 1930 ließen sie und ihre deutschnationalen Bündnispartner sogar am 5. März 1933 noch einmal den Reichstag neu wählen, ohne in diesen halbfreien Wahlen eine absolute Mehrheit erreichen zu können. Danach war das Ende des Parlamentarismus aber schnell besiegelt, vor allem durch das «Ermächtigungsgesetz», das der Reichstag gegen die Stimmen der verbliebenen SPD-Abgeordneten, angeführt von Otto Wels, am 23. März verabschiedete. Dieser Freibrief für eine diktatorische Exekutive bedeutete das Ende der Gewaltenteilung. Das Ende einer unabhängigen Justiz kündigte Hitler in seiner Begründungsrede für das Ermächtigungsgesetz gleich mit an: Das Rechtswesen müsse in erster Linie der Erhaltung der Volksgemeinschaft dienen. Dem sollten die Richter durch eine «Elastizität der Urteilsfindung zum Wohle der Gesellschaft entsprechen. Nicht das Individuum kann Gegenstand der gesetzlichen Sorge sein, sondern das Volk.»

Eine einschneidende Zäsur stellte aber bereits die «Verordnung zum Schutz von Volk und Staat» dar, mit der die neuen Machthaber den Reichstagsbrand zum willkommenen Anlass für die Aussetzung von Grundrechten nahmen. Die Freiheit der Person, Meinungs-, Presse- und Versammlungsfreiheit, die Unverletzlichkeit der Wohnung, der Schutz vor willkürlicher Verhaftung – all das galt seit dem 28. Februar 1933 im Deutschen Reich «bis auf weiteres» nicht mehr. Mit Sondervollmachten konnte die Reichsregierung seitdem auch auf die Länder und Gemeinden durchgreifen, im Vorgriff auf die «Gleichschaltung» der Länder, die in den folgenden Monaten abgeschlossen wurde. Die Verfolgung der Arbeiterparteien SPD und KPD und ihrer Abgeordneten erhielt eine pseudolegale Grundlage; zwischen Anfang Mai und Anfang Juli hörten sie unter dem Druck der Verfolgung ebenso auf zu existieren wie die bürgerlichen Parteien, die sich zum Teil in die «Selbst-auflösung» retteten. Am 2. Mai, nach einem pompös inszenierten und nationalsozialistisch umgedeuteten «Tag der Arbeit», zerschlug das Re-gime in einer ebenso gezielten wie gewaltsamen Aktion die Freien Ge-werkschaften, an deren Stelle wenig später die «Deutsche Arbeitsfront» trat. Mit dem «Gesetz gegen die Neubildung von Parteien» am 14. Juli 1933 war der politisch-gesellschaftliche Pluralismus vollständig besei-tigt und die NSDAP einzige politische Partei in Deutschland.

Die «Gleichschaltung», die in vielen Bereichen Züge einer entgegen-kommenden Selbstgleichschaltung trug, appellierte an die Einheit des «Volkes», oft auch an die Überwindung der sozialen Gegensätze seiner «Stände und Klassen», verabschiedete sich aber von der Freiheit des Individuums ebenso wie von politischer Vielfalt und demokratischen «checks and balances». Das ist bis heute eine wichtige Erinnerung da-ran, dass «Volkssouveränität» – auch wenn es sie im «Dritten Reich» nicht ansatzweise gab – zur Sicherung der Demokratie nicht ausreicht, sondern die Gewährung individueller Grundrechte und die (horizonta-le und vertikale) Gewaltenteilung fundamental bedeutend sind. Der Faszination einer «einfachen», nicht so kompliziert gebauten Demo-kratie, bei der die Herrscher sich direkt auf das einheitliche Volk beru-fen, kann man seitdem nicht mehr so leicht erliegen.

Wie man das so entstandene, in den folgenden Jahren weiter ausge-baute Herrschaftssystem am besten charakterisieren könne, ist seit lan-gem Gegenstand von Kontroversen. Schon 1941 hat der Politikwis-senschaftler Ernst Fraenkel aus seinem amerikanischen Exil einen «Doppelstaat» beschrieben, ein Begriff, der seitdem auch auf andere Diktaturen immer wieder angewendet worden ist. Einerseits fällt der legale Anstrich ins Auge, den sich das «Dritte Reich» gab. Viele beste-hende Gesetze galten weiterhin, und neue Gesetze, mindestens teilweise auf formal «korrektem» Wege beschlossen, legitimierten die Diktatur, wenig später auch die rassische Verfolgung wie in den «Nürnberger Gesetzen» von 1935. Ein «Gesetzesstaat» freilich ist kein «Rechts-staat», denn diesen macht nicht das Gelten irgendeines (gesetzten, «po-sitiven») Rechtes aus, sondern ein klar definiertes Ensemble individu-eller Grundrechte.

Andererseits trat die Willkür neben diesen noch halb-berechenbaren Gesetzesstaat: Anordnungen von Behörden oder des «Führers» außer-halb der Gesetze; oder schlichtweg die Macht der gewaltsamen Aktion. Neben den «Normenstaat», so sagte Fraenkel, trat der «Maßnahmenstaat». Dabei konnte man sich freilich nie sicher sein, in welchem Rahmen sich das Handeln des Regimes bewegen würde, und die Gewalt bildete seit den allerersten Wochen der Etablierung der Diktatur ein unverzichtbares Instrument der Machtsicherung und des Vollzugs der Ziele des Nationalsozialismus: Gegner waren zu «vernichten», ob es sich um Sozialdemokraten oder alle Juden Europas handelte. Auch der radikale Antisemitismus der NS-Diktatur trat bereits wenige Wochen nach dem 30. Januar unverkennbar hervor: Im «Normenstaat» mit dem «Gesetz zur Wiederherstellung des Berufsbeamtentums» vom 7. April 1933, das jüdische Professoren, Richter und andere Staatsbeamte aus ihrer Stellung verdrängte; im «Maßnahmenstaat» mit dem Boykott jüdischer Geschäfte sechs Tage zuvor.

Viele andere Spannungsverhältnisse charakterisierten das Herrschaftssystem des «Dritten Reiches». Die Grenzen zwischen Monopolpartei und Staatsorganen verschwammen; die NSDAP oder ihre Gliederungen maßten sich staatliche Befugnisse an. (Auch diese Doppelung wird manchmal als «Doppelstaat» bezeichnet.) Kompetenzen blieben oftmals ungeklärt, so dass Partei- und Staatsorgane auch in Konkurrenz zueinander traten. Überhaupt etablierten die Nationalsozialisten auf dem Boden der «Gleichschaltung» ein Geflecht von Behörden und Zuständigkeiten, die oftmals darum wetteiferten, wer von ihnen den Willen des Führers am eifrigsten vollziehen könne. Man müsse «dem Führer entgegenarbeiten», so hat der Historiker Ian Kershaw diese Mentalität der Erfüllungsbereitschaft, die auch in der Realisierung des Holocaust eine wichtige Rolle spielte, gekennzeichnet. Sie beruhte darauf, dass der Diktator Hitler sich zwar für sehr viele Details interessierte, dann aber konkrete Anweisungen wieder im Dunkeln ließ.

Statt in einer klaren Befehlskette von oben nach unten funktionierte die Diktatur also zugleich als eine «Polykratie», ein Herrschaftssystem vieler und konkurrierender Instanzen. Das war Hitler wohl auch bewusst, und er kalkulierte damit; an seiner überragenden Stellung im «Dritten Reich» kann gar kein Zweifel sein. Nach der Ausschaltung Röhms und der SA am 30. Juni 1934 gehörte ihm die unbedingte Loyalität auch potentieller Konkurrenten im engsten Führungskreis bis zum Schluss. In Partei und Bewegung, aber auch gegenüber weiten Teilen der Bevölkerung konnte sich Hitler auf seine besondere Aura, auf sein Talent als Redner, auf seine Fähigkeiten der Massenbegeisterung verlassen. In Volksabstimmungen und anderen plebiszitären Ritualen – auf den Reichsparteitagen, in Rundfunkansprachen – brachte Hitler diese

Ausstrahlung zur Geltung und sicherte seiner Herrschaft damit Zustimmung. Max Webers Begriff der «charismatischen Herrschaft» wird deshalb öfters auf Hitler und seine Stellung im NS-Regime angewendet.

Der Appell von Hitler, Goebbels und anderen Nationalsozialisten an das Volk sprach auffällig oft von der «Volksgemeinschaft», die es jenseits herkömmlicher sozialer Unterschiede zu schaffen galt und in die sich der Einzelne im Interesse der Gesamtheit einzugliedern hätte. Lange Zeit hat man das eher für eine Propagandaformel gehalten, die wenig Resonanz gefunden habe. Aber die Volksgemeinschaft war ein, vielleicht sogar das zentrale Konzept der Nazis, dem wichtige Teile ihrer praktischen Politik entsprachen, besonders in der Sozial- und Wirtschaftspolitik, und das zugleich in breiten Kreisen der Bevölkerung attraktiv war: im allgemeinen Sinne, weil man sozialer Konflikte und Klassenkämpfe überdrüssig war, aber auch ganz konkret, wenn es um soziale Leistungen der Volksgemeinschaft ging oder um ihre Freizeitangebote, wie sie die «Kraft durch Freude»-Organisation bereithielt. Sie funktionierte zudem nicht nur «von oben nach unten», in Propaganda und Leistungsgewährung, sondern wurde in der deutschen Gesellschaft oft bereitwillig aufgegriffen. Sie konstituierte sich geradezu an der Basis, wenn Bürgerinnen und Bürger in einer Kleinstadt ihre jüdischen Mitbürger ausgrenzten und der alltäglichen Gewalt auslieferten. Volksgemeinschaft war dann «Selbstermächtigung», die mit demokratischem «grass roots»-Handeln nichts mehr zu tun hatte.

Die nationalsozialistische Volksgemeinschaft ersetzte vielmehr die demokratische Gemeinschaft der Staatsbürgerinnen und Staatsbürger und definierte zugleich das Volk der Demokratie um, in mehrfacher Hinsicht: Ausgangspunkt waren nicht Individuen, die sich gemeinsam als Volk verstanden und politisch handelten, sondern dieses Volk begann als ein Kollektiv und forderte die Unterordnung des Individuums, wie es etwa die pseudo-demokratische Rechtsformel «Gemeinnutz geht vor Eigennutz» ausdrückte; oder noch klarer: «Du bist nichts, dein Volk ist alles!» Zweitens war das Volk der Nationalsozialisten keine politische Einheit, schon gar nicht die Quelle einer demokratischen Ordnung; es sollte eine ethnische, vielleicht auch eine Willensgemeinschaft sein, deren politischer Wert sich auf die Akklamation des Führers beschränkte. Nicht zuletzt umfasste dieses Volk, drittens, nicht die gesamte Bevölkerung. Es verlor seine universalistische Bedeutung und zog eine scharfe Grenze der Zugehörigkeit nach außen. Mit anderen

Worten: In diesem Volk und seiner Gemeinschaft hoben die Nazis die staatsbürgerliche Gleichheit auf und ersetzten sie durch das scharfe Gefälle zwischen «arischen» und politisch loyalen Volksgenossen auf der einen Seite, «Gemeinschaftsfremden» und «Fremdrassigen» auf der anderen Seite, die nicht zum «deutschen Volk» gehören konnten und damit zuerst ihre bürgerlichen Rechte, später sogar ihr physisches Existenzrecht verloren.

Für die Loyalität der Volksgemeinschaft sorgte die schnelle Überwindung von Weltwirtschaftskrise und Massenarbeitslosigkeit durch Beschäftigungsprogramme und nicht zuletzt die Wiederaufrüstung. Dazu kamen Sozialleistungen und überhaupt eine Ausgestaltung der Arbeits- und Freizeitwelt, die manche herkömmlichen Unterschiede in der bis dahin scharf segmentierten und hierarchisierten deutschen Gesellschaft abmilderte. Arbeiter mussten sich gegenüber Büroangestellten nicht mehr so zurückgesetzt fühlen und hatten an einer neuen materiellen Kultur der Konsum- und Freizeitgesellschaft teil. In den 1960er Jahren sprach man geradezu von einer «sozialen Revolution», die der Nationalsozialismus mit dieser Egalisierung vollbracht habe. Man sah darin – wie Ralf Dahrendorf 1965 in seinem berühmten Buch über «Gesellschaft und Demokratie in Deutschland» – eine Voraussetzung für die westdeutsche Demokratie, die nicht mehr mit den Hierarchien und sozialen «Verwerfungen» des Kaiserreichs und der Weimarer Republik belastet war.

Daran bleibt vieles richtig, was die Langzeitwirkungen einer gesellschaftlichen Demokratisierung betrifft, doch sind die Grenzen der Egalisierung im «Dritten Reich» eher wieder schärfer ins Bewusstsein getreten. Zum einen handelte es sich um eine Schein-Egalität, weil man ihre politische Formung, und damit ihre Unfreiheit, nicht außer Acht lassen darf. Zum anderen kannte sie nicht nur die rassische Grenze, die immer mehr eine Grenze von Leben und Tod wurde, sondern erkaufte Teile ihrer Gleichheit und ihrer Leistungen für die Dazugehörigen mit den Verlusten der Ausgeschlossenen. Das war ganz wörtlich und unmittelbar zu verstehen, wenn deutsche Volksgenossen während des Zweiten Weltkrieges Möbel, Kleidung oder Schmuck enteigneter, deportierter und ermordeter Juden günstig erwerben konnten. Auf dem Mechanismus sozialer «Gefälligkeiten» beruhte das «Dritte Reich» auch in seiner Anfangsphase zwar nicht entscheidend, und der Holocaust folgte einer anderen Logik als der eines Raubmordes. Aber die Vernichtung der Juden war doch ein Verbrechen, das auch «zum Wohle des Volkes» (Götz Aly) eingesetzt wurde. Erneut hält die NS-Zeit, so weit entfernt sie von Demokratie war, eine historische Erfahrung für heute bereit: Die Qualität von Demokratie kann sich niemals zuerst an den Leistungen messen, an einem materiellen «output», den ein Regime für ein wie auch immer definiertes Volk bereithält.

Im Zweiten Weltkrieg wirkte das nationalsozialistische Deutschland noch in ganz anderer Hinsicht als Zerstörer von Demokratie. Im Streben nach einer deutschen und «arischen» Vorherrschaft über ganz Europa und darüber hinaus fielen ihm andere Demokratien zum Opfer, angefangen mit der Zerschlagung der Tschechoslowakei noch vor Kriegsbeginn 1938/39. Im Westen waren das die Niederlande, Belgien und Frankreich, in Nordeuropa Dänemark und Norwegen, im Osten Polen und die baltischen Staaten, auch wenn einige von diesen selber schon den Weg der Demokratie in Richtung Autoritarismus verlassen hatten. Ohnehin führte Hitler seinen großen Krieg zwar dezidiert gegen die westliche Demokratie, aber mehr noch, besessen von Antisemitismus, Antislawismus und Antikommunismus, gegen die Sowjetunion und für den zukünftigen «Lebensraum» des deutschen Volkes im Osten. 1943 gelangte dieses Reich auf den Höhepunkt seiner Ausdehnung und die lange Krise der Demokratie damit auf ihren Tiefpunkt.

9 Nach 1945: auch eine Krisengeschichte

Man kann sich die Geschichte der Demokratie überhaupt als die Geschichte einer «Krise» vorstellen. Gerade in der deutschen Geschichte gab es allenfalls kurze Phasen, in denen das Gefühl einer überzeitlichen Stabilität, eines «Angekommen-Seins» in einer demokratischen Normalität vorherrschte. Für die «alte» Bundesrepublik waren das am ehesten die 1980er Jahre, als man sich an die Teilung gewöhnt hatte, das autoritäre und Nazi-Erbe in der politischen Kultur definitiv abgearbeitet und die inneren Konflikte und Anfechtungen der späten 60er und der 70er Jahren ausgestanden waren. Aber dann riefen Menschen jenseits der Mauer «Wir sind das Volk!», die Mauer fiel, und die Geschichte ging weiter. Nur für einen kurzen Moment schien das wiedervereinigte Deutschland «angekommen» – in dem Ziel einer nationalstaatlichen Demokratie, stabil und lebhaft zugleich. Doch schon bald brachen neue Konflikte auf, als Folge einer unvollendeten Einheit ebenso wie als neue Fragen an die innere Lebensfähigkeit der Demokratie und das Vertrauen der Bürgerinnen und Bürger in sie. In anderen Ländern bestimmen Zacken und Umbrüche das Bild von der eigenen Demokratiegeschichte zwar deutlich weniger: die politische Kultur Großbritanniens blickt meist auf einen sanften, glatt asphaltierten Anstieg zurück; in den USA wird öffentlich sogar häufig das Bild der weiten Ebene kultiviert, zeitlos und stabil, in der die Gegenwart fast so wie 1776 ist. Aber in Wirklichkeit sind Krisen, Erschütterungen, Rückschläge auch dort nicht ausgeblieben und reichen bis in die Gegenwart weiter.

Dennoch kommt der «Großen Krise» des frühen 20. Jahrhunderts eine besondere, eine historisch singuläre Bedeutung zu. Keine Krise der Demokratie vorher oder nachher war tiefer, weitgreifender oder folgenreicher. Das wird erst dann besonders deutlich, wenn man auf die Zeit zwischen Jahrhundertwende und frühen 1940er Jahren aus der Perspektive einer Demokratiegeschichte blickt, wie Historiker das seit einiger Zeit verstärkt tun, statt von dem Aufstieg der Gegenkräfte der liberalen Demokratie in dieser Zeit, dem Kommunismus und Faschismus, auszugehen. Denn es ging um mehr als um eine äußere Gefährdung «der» Demokratie, die oft als totalitäre Herausforderung der Zwischenkriegszeit beschrieben worden ist. Am Anfang stand vielmehr eine innere Verunsicherung darüber, was Demokratie in veränderter Zeit heißen könnte; die Frage, ob sie nur eine Übergangserscheinung sei oder etwas Dauerhaftes, und ob sie in der technischen, ökonomischen und sozialen Konstellation des neuen Jahrhunderts zu Ende gehe – oder ihre Zukunft erst recht noch vor sich habe. Die Ursprünge dieser inneren Sinnkrise der Demokratie reichen vor die ideologische Formierung des leninistischen Kommunismus wie des Faschismus und Nationalsozialismus zurück, erst recht vor deren Etablierung als politische Regimes.

Diese Krise traf nicht nur deshalb so schwer, weil vielen Zeitgenossen der Übergang in die technisierte und organisierte Massengesellschaft so schwer fiel – in jene Ordnung, die Historiker jetzt oft «Klassische Moderne» oder «Hochmoderne» nennen. Sie traf die moderne Demokratie zugleich in einer Phase, in der sie nicht mehr bloß oppositionelle Bewegung war, als Regierungsform und institutionelle Praxis aber, jedenfalls in weiten Teilen Europas, noch nicht lange und sicher genug etabliert. Schon im 19. Jahrhundert hatte es Phasen gegeben, in denen demokratischer Optimismus in Ernüchterung umschlug, oder in denen die alten Gegenkräfte, in Europa die spätabsolutistische Monarchie und der Adel, wieder obenauf waren. Vom Wiener Kongress 1814/15 bis in die 1820er Jahre reichte eine solche Phase der «Restauration», in der die Demokratie als die Krankheit einiger Wirrköpfe zu bändigen versucht wurde. Eine ähnliche Stimmung herrschte in der Zeit der «Reaktion» nach der Revolution von 1848, also im Europa der 1850er Jahre. In Anlehnung an Krisentheorien der Wirtschaftsgeschichte könnte man darin die letzte Krise «alten Typs» sehen. Die Krise, die um 1900 begann, war von einem ganz anderen Zuschnitt. Sie war kein Kampf einer jungen Bewegung gegen die Tradition mehr, und doch nur – wie wir längst wissen – so etwas wie eine Pubertätskrise der Demokratie.

Es dauerte bis in die 1970er Jahre, bis sich in der westlichen Welt wieder ein annähernd vergleichbares Unbehagen in der Demokratie artikulierte. Nicht zufällig ging in dieser Zeit die große Prosperitätsphase der Nachkriegszeit, das «Goldene Zeitalter» von Aufschwung und materieller Expansion zu Ende. Das Vertrauen in die Zukunft schwand; wirtschaftliches Wachstum und technische Entwicklung stießen nicht nur auf Grenzen, sondern schufen neue Probleme für Umwelt, Ressourcen und Lebensqualität. Die in dem berühmten Bericht des «Club of Rome» 1972 aufgezeigten «Grenzen des Wachstums» berührten sich mit der Frage, ob Demokratien angesichts komplexerer Anforderungen die politischen Aufgaben der Zukunft noch lösen könnten. Waren sie nicht überfrachtet mit Anforderungen und Erwartungen der Bürgerinnen und Bürger, die durch Prosperität und die Expansion des Sozialstaats immer weiter wuchsen? Und verloren dieselben Bürger nicht gleichzeitig das Interesse an der Demokratie und engagierten sich weniger, jedenfalls auf den dafür gewohnten Plätzen, besonders in politischen Parteien? Politikwissenschaftler und Publizisten sprachen von einer Krise der «Regierbarkeit» und stellten manchmal pointiert fest, moderne Demokratien seien «unregierbar» geworden.

Die Motivlage hinter solchen Diagnosen ähnelte derjenigen des frühen 20. Jahrhunderts durchaus. Denn wieder ging es um eine technische und ökonomische Modernisierung, mit der die Leistungen der Demokratie angeblich nicht mithalten konnten. Die Rede von der bürokratischen Überforderung entsprach dem früheren Hinweis auf Organisation und Hierarchie; technokratische Ideale von Gesellschaft und Politik erlebten seit der Mitte der 1960er Jahre eine zweite Blüte. Die Stunde von Eliten schien für manche wieder gekommen, auch wenn damit in der Regel nur eine Akzentverschiebung innerhalb der demokratischen Praxis gemeint war, keine Alternative eines neuen Führertums. Eine ernsthafte institutionelle Alternative zur Demokratie, wie sie in den 1920er Jahren die Diktatur dargestellt hatte, gab es nach 1945 nicht mehr – das prägt ihre Krisen und Anfechtungen bis heute und mildert sie gegenüber der Herausforderung des frühen 20. Jahrhunderts erheblich ab. Auch war die Reichweite der Debatte viel enger begrenzt; weithin diskutierten Wissenschaftler, Intellektuelle, Experten und einige Politiker über die vermeintliche Unregierbarkeit unter sich. Dennoch kann man die Konstellation der mittleren 70er Jahre als die «kleine Krise» der Demokratie im 20. Jahrhundert bezeichnen.

Sie war auf jeden Fall grenzüberschreitend und verknüpfte Erfahrungen in Westeuropa, den USA und sogar in Japan, wie ein 1975 erschienener Bericht der «Trilateral Commission», eines von David Rockefeller gegründeten Think Tanks der westlichen Nachkriegsdemokratie, feststellte. Er begann mit einem Hinweis auf Oswald Spenglers «Untergang des Abendlandes», schlug also selber, etwas kokett, die Brücke in die größere Krise der Zwischenkriegszeit. Wieder mache sich Pessimismus über die Zukunft der Demokratie breit, und tatsächlich sei sie durch neue Entwicklungen gefährdet, ihre Steuerungsfähigkeit zu erhalten. Es drohe das Szenario einer «anomischen», also ihre innere Ordnung verlierenden, man könnte auch sagen: einer diffusen und chaotischen Demokratie. Überwiegend waren es eher konservative Wissenschaftler, die diese skeptische Diagnose stellten, auch und gerade in der westdeutschen Debatte. Karl Kaiser aus München und Erwin Scheuch aus Köln beteiligten sich an dem Bericht der «Trilateral Commission»; Wilhelm Hennis legte in Freiburg die Stirn in Sorgenfalten ob der zukünftigen Regierbarkeit der Bundesrepublik. Auch darin lag eine Kontinuität zu der früheren, großen Krise, wenngleich diese Konservativen inzwischen entschieden auf dem Boden der liberalen Demokratie standen. Aber es war doch bezeichnend, dass nicht nur eine Überforderung demokratischer Institutionen bei ihnen Ängste auslöste, sondern auch soziale und kulturelle Veränderungen wie ein Wertewandel der jüngeren Generation, in dem man weniger die Chance zu neuer Partizipation als die Gefahr eines Rückzugs in das private Idyll der Selbstverwirklichung sah.

Ein optimistischer Liberaler wie Ralf Dahrendorf wandte sich denn auch gegen die Unterstellung einer Krise der Regierbarkeit und der Demokratie überhaupt. Er warnte vor einer Verklärung einer Vergangenheit, in der Probleme angeblich noch ohne weiteres lösungsfähig waren.

Er weigerte sich, politische Steuerung in der Demokratie «von oben nach unten» zu denken, als Aufgabe von Regierungen und Bürokratien, statt als einen offenen Markt des Engagements von Bürgerinnen und Bürgern. Dahrendorf wagte sogar die Prognose, dass aktuelle soziale Trends die Demokratie weniger gefährdeten als vielmehr «den Diktaturen dieser Welt das Leben erheblich schwerer machen». Damit prophezeite er, im Mai 1975, fast schon die später von Samuel P. Huntington so genannte «dritte Welle» der Demokratisierung im 20. Jahrhundert, die in Südeuropa gerade begonnen hatte, aber in Osteuropa noch vollkommen utopisch erschien. In der deutschen Debatte attackierten Linke wie Jürgen Habermas und Claus Offe den Unregierbarkeitsdiskurs scharf als den Versuch eines neokonservativen *rollback* gegen die inzwischen erreichte Liberalisierung der Bundesrepublik, als Sehnsucht nach einer «halbierten» Moderne, die sich mit technischer und kapitalistischer Effizienz begnügen, demokratische Partizipation aber möglichst im Zaum halten wolle.

Offe begann seine Kritik am Krisengerede freilich mit einem Hinweis auf manche Parallelen zwischen konservativen und sozialistischen Wahrnehmungen: Die «Neue Linke» in den westlichen Ländern war ihren Antipoden sogar seit der zweiten Hälfte der 60er Jahre vorausgegangen, als sie ihre erheblichen und grundsätzlichen Zweifel an der liberalen Demokratie formulierte und um 1970 auch wirkungsvoll in die Öffentlichkeit trug: In der Phase des «Spätkapitalismus», der sich immer mehr in seine eigenen Widersprüche verwickle, sei sie mit diesem dem Untergang geweiht, denn es handle sich bei ihr – und darin lag unverkennbar eine Parallele zum Krisendiskurs des frühen 20. Jahrhunderts – um ein historisches Übergangsprodukt der liberal-individualistischen Gesellschaft. So gesehen, muss man die «kleine Krise» der 70er Jahre doch etwas größer fassen: Sie schließt den linken und den rechten Pessimismus zwischen 1965 und 1975 ein, die linke wie rechte Überzeugung von der Endlichkeit der Demokratie in einer historischen Sackgasse, die man so oder so – sei es durch ein neues Elitenregime oder durch eine sozialistische Revolution – überwinden müsse. Von irgendeiner größeren Durchschlagskraft blieben beide Positionen weit entfernt. Denn beide unterschätzten oder übersahen nicht nur die Chancen globaler Demokratisierung, auf die Dahrendorf hingewiesen hatte, sondern vor allem das Potential einer inneren Entwicklung der Demokratie in der Mitte der westlichen Gesellschaften. Dabei hatte eine neue partizipatorische Revolution vor aller Augen längst begonnen, und in Studenten- und neuer Frauenbewegung war die «Neue Linke» sogar ein Teil von ihr.

Ob das beginnende 21. Jahrhundert einmal als eine weitere Krise der Demokratie beschrieben wird, ist noch offen. Die antiwestliche Herausforderung des islamischen Fundamentalismus wird öfters als eine Art «dritter Totalitarismus» gesehen und damit ganz ausdrücklich den Bedrohungen im frühen und mittleren 20. Jahrhundert zur Seite gestellt. Und wie die damalige Krise als eine innere Verunsicherung begann, so spielten auch im letzten Jahrzehnt die «hausgemachten» Schwierigkeiten eine weitaus größere Rolle als jede äußere Kampfansage: Vertrauensverlust und politisches Desinteresse, die schwindende Glaubwürdigkeit von Politikern und Parlamenten – und nicht zuletzt erneut die Wahrnehmung einer wiederum beschleunigten technisch-ökonomischen Moderne im Zeitalter von Globalisierung, Finanzkapitalismus und digitaler Revolution, bei der die Demokratie, so meinen manche, nur den Kürzeren ziehen könne. Die historische Erfahrung lehrt aber, über die gesamte Krisengeschichte der Demokratie hinweg, dass man mit solchen Diagnosen vorsichtig sein sollte. Denn einerseits hat die Demokratie bisher immer noch Überlebensfähigkeit bewiesen, zwischen Hartnäckigkeit und Innovationsfähigkeit. Zum anderen lernt man aus der Krisengeschichte: Auf demokratische Defizite hinzuweisen, wenn nötig vehement, oder sie einzuklagen, wenn nötig revolutionär, ist eine Sache. Eine andere, ein gefährliches Spiel mit dem Feuer aber ist die offenbar nicht totzukriegende Überzeugung von der geschichtlichen Endlichkeit der Demokratie, deren Niedergang gerade jetzt bevorstehe. Das war die fatale Überzeugung des frühen 20. Jahrhunderts: sich selber in einem historischen Moment gerade jenseits des Scheitelpunkts einer Parabel zu befinden, von dem aus nur noch eine fallende Kurve denkbar ist. In manchen Diagnosen einer «Post-Demokratie» lebt genau dieses Missverständnis bis heute fort.

VII Lernprozesse

Demokratie muss immer gelernt werden. Auf die große Krise folgte Ernüchterung. Die Zeit der emphatischen Erwartungen war vorbei – hier und jetzt, in der Gegenwart, sollte demokratische Verfassung leidlich gut funktionieren, vor allem im Wettbewerb um Stimmen, in den Parlamenten, im elementaren Grundrechtsschutz. Zugleich aber bildete sich ein neues Pathos der Demokratie: in der Abgrenzung der westlichen Freiheit gegenüber dem sowjetischen Kommunismus, der Hoffnungen auf eine Demokratisierung ganz Europas nach dem Zweiten Weltkrieg erstickt hatte. Die Rollen schienen klar verteilt: hier der amerikanische Lehrmeister, dort die westeuropäischen Schüler, zumal die Bundesrepublik. Aber mit der Übernahme demokratischer Institutionen war es nicht getan. Und das langsame Lernen aus der Vergangenheit wurde von neuen Ansprüchen auf Freiheit und Partizipation überholt, die sich mit der Bescheidenheit repräsentativer Demokratie nicht zufrieden geben wollten. Auch der Lehrer wurde wieder zum Schüler, als Protestbewegungen in Nordamerika und Westeuropa die Grenzen der Demokratie erneut verschoben.

1 Neue Bescheidenheit: Der realistische Demokratiebegriff der 1940er Jahre

Am Anfang der 1940er Jahre sah es für die Zukunft der Demokratie düster aus. Hitlers Armeen, deutsche Besatzungsbehörden und ihre Verbündeten beherrschten den größten Teil Kontinentaleuropas. Im Osten leistete nur die Sowjetunion entschiedenen Widerstand, doch das stalinistische Regime war selber weit von demokratischen Verhältnissen entfernt. Im Westen gelang den Deutschen, trotz massiver Luftangriffe auf britische Städte wie London und Coventry, nicht der Sprung über den Ärmelkanal. So blieben Großbritannien und die USA als die beiden demokratischen Vorposten, die zugleich (anders als etwa die Schweiz) über genügend machtpolitische und militärische Ressourcen verfügten, um dem Anspruch auf deutsche Hegemonie in einem rassischen Weltreich überhaupt entgegentreten zu können. Doch auch ihr Selbstbewusstsein war erschüttert, nicht nur durch äußere Verwundungen wie den japanischen Angriff auf Pearl Harbor am 7. Dezember 1941, der die Verletzlichkeit Amerikas traumatisch hatte spüren lassen, sondern auch durch innere Verunsicherung. Konnten die demokratischen Gesellschaften eine überlegene Antwort auf die immer noch spürbaren Nachwirkungen der Weltwirtschaftskrise finden? Und vor allem, konnten sie widerstehen, wenn der soziale und technische Wandel nach starken Führern und Eliten, nach dem Vorrang der Masse vor dem Individuum, nach straffer Hierarchie und Organisation statt demokratischer Unberechenbarkeit zu verlangen schien? Ob die «Vorposten» nicht eher die historisch letzten Rückzugsgebiete eines zu Ende gehenden politischen Experiments sein würden, war im Winter 1942/43 noch nicht entschieden.

Dabei spielten die demokratisch gewählten Führer Englands und der USA eine entscheidende Rolle: der konservative britische Premierminister Winston Churchill, der im Mai 1940 den mit dem Stigma des gescheiterten «Appeasement» behafteten Neville Chamberlain abgelöst hatte, und der amerikanische Präsident Franklin D. Roosevelt, der im November desselben Jahres für eine nie dagewesene dritte Amtszeit bestätigt wurde. Trotz ihrer unterschiedlichen politischen Lager – Roosevelt war, in europäischen Kategorien, ein keynesianischer Sozialdemokrat – einte sie die tiefe Überzeugung von der Überlegenheit der repräsentativen Demokratie gegenüber der jüngeren Herausforderung der Diktaturen und die Fähigkeit, dafür immer wieder werbend aufzutreten. Eine Zeit für heroische Überlegenheitsgefühle war der Zweite Weltkrieg jedoch nicht; dafür war die Ernüchterung der vorangegangenen Jahrzehnte zu groß und die Lage zu prekär. Wie konnte die Demokratie in dieser Konstellation überhaupt wieder die Initiative zurückgewinnen, nachdem sie machtpolitisch, aber eben auch intellektuell dermaßen in die Defensive geraten war?

Tatsächlich wurde die historische Situation um 1940/42 zu einem entscheidenden Wendepunkt, der aus der großen Krise der Demokratie seit dem Jahrhundertbeginn und zumal seit den 1920er Jahren allmählich hinausführte. Aber angesichts der schmerzhaften Erfahrungen und realen Bedrohungen konnte man an den alten Optimismus, an das progressiv-optimistische Sendungsbewusstsein, an die vermeintliche geschichtsphilosophische Mission der Demokratie nicht mehr ohne weiteres anknüpfen. Wer noch (oder wieder) Demokratie wollte, musste kleinere Brötchen backen. Das ist der historische Ort eines abgespeckten, bescheidener gewordenen Begriffes von Demokratie, den schon die Zeitgenossen als «realistisch» bezeichnet haben. Das Grundmotiv dafür lässt sich einfach formulieren. Wenn ringsum in der Welt Freiheit und Menschenrechte von Diktatoren mit Füßen getreten wurden, ging es beim Projekt Demokratie nicht um eine Ergänzung hier, eine Erweiterung dort, sondern um die Sicherung seiner Fundamente: Herrschaft auf Zeit und Auswahl eines verantwortlichen politischen Führungspersonals. Oder auch: Achtung der elementaren Freiheitsrechte, der Würde, ja des physischen Überlebens von Menschen.

Die bis heute berühmteste und einflussreichste Version einer solchen realistischen Demokratietheorie stammt von einem europäischen Emigranten in die USA: dem österreichischen Ökonomen Joseph A. Schumpeter, der 1919/20 kurzzeitig als Finanzminister der neuen Republik Österreich gedient hatte. Nach einigen Jahren als Vorstand einer privaten Bank übernahm er 1925 einen Lehrstuhl in Bonn, von wo er 1932 in die USA emigrierte, indem er einem Ruf an die Harvard University folgte und dort bis zu seinem Tod 1950 lehrte. Die Weltwirtschaftskrise und die Zerstörung der europäischen Demokratien hatten Schumpeter tief beeindruckt; er glaubte nicht mehr an die Überlebensfähigkeit des Kapitalismus, sondern sah den Übergang in einen Sozialismus, in eine weitgehend kollektivierte Wirtschaftsordnung voraus, ohne damit zum Marxisten zu werden. In vielem entsprach das einer pragmatischen sozialdemokratischen Linie der Zwischenkriegszeit, aber Schumpeter ließ sich nicht in eine Schublade stecken und war an anderer Stelle zugleich bürgerlich und konservativ.

1942 erschien die erste Auflage seines Buches «Kapitalismus, Sozialismus und Demokratie», das bald Klassikerstatus erlangte. Darin rechnete Schumpeter mit der «klassischen Lehre von der Demokratie» ab, wie er sie im 18. Jahrhundert verankert und seitdem aufsteigen sah. Sie habe sich, so kritisierte Schumpeter, auf eine Vorstellung von Gemeinwohl und Gemeinwillen gestützt, die der Realität individueller Interessenartikulation nicht entspreche. Aus der Vielfalt der Argumente und Autoren des 18. Jahrhunderts wählte Schumpeter einen engen Ausschnitt, um seinen Gegenentwurf umso deutlicher davon abgrenzen zu können. Seine Kritik an einem einheitlichen, verbindlichen Gemeinwillen zielte auf die Lehre von Jean-Jacques Rousseau, die in den 20er und 30er Jahren immer wieder (wie bei Carl Schmitt) zur Rechtfertigung einer antiliberalen Pseudo-Demokratie gedient hatte. Deshalb wusste

Schumpeter: Es war nicht nur empirisch unrealistisch, sich in einer Welt heterogener und inkonsistenter Interessen von Einzelnen auf einen vermeintlich «objektiv» festzustellenden Gesamtwillen des Volkes zu berufen. Es war auch höchst gefährlich. Zugleich bestritt Schumpeter die Rationalitätsvermutung der «utilitaristischen» Tradition, die den Wert eines politischen Regimes an ihrem Nutzen für einen möglichst großen Teil der Bevölkerung messen wollte: dem «größten Glück der größten Zahl», wie es Jeremy Bentham um 1800 genannt hatte. Schumpeters Menschenbild war skeptischer; wir würden heute wohl sagen: postaufklärerisch. Die Menschen handelten für ihn aus Impulsen und mit Zielen, die nicht immer rational waren und in einer besten Lösung konvergierten.

Darin war sich Schumpeter mit einem anderen österreichischen Emigranten einig: mit dem knapp zwanzig Jahre jüngeren Karl Raimund Popper, der 1937 von Wien nach Neuseeland gegangen war und nach dem Krieg, seit 1946, in London lehrte. Weg mit den großen Utopien und Geschichtsphilosophien von der Aufklärung über den Marxismus bis zu den völkisch-nationalen Visionen, so lautete die Forderung Poppers in seinen Schriften über das «Elend des Historizismus» und über die «Offene Gesellschaft und ihre Feinde». Wer die Demokratie zu einer Ideologie des Fortschritts oder gar zu einem Geschichtsgesetz stilisiert, der wird für diesen Zweck bald auch undemokratische Mittel heiligen. Von den ideologischen Lehren und umfassenden Zukunftsverheißungen müsse man im Angesicht der unfreien Gesellschaften und brutalen Diktaturen, die sich darauf im 20. Jahrhundert immer wieder gründeten, Abschied nehmen. An ihre Stelle sollte eine Politik der Bescheidenheit treten. Demokratie konnte gar nichts anderes sein als ein ständiges Herumwursteln; sie war nie das große Ganze und immer nur Stückwerk: «piecemeal engineering», wie Karl Popper es nannte. In den 1970er Jahren berief sich ein deutscher pragmatischer Sozialdemokrat, Helmut Schmidt, als Bundeskanzler immer wieder darauf.

Für Schumpeter war die ideologische Stilisierung der Demokratie – er nannte sie geradezu einen Religionsersatz, einen Pseudo-Protestantismus – der Hauptgrund für das Fortwirken der klassischen Lehre, denn ihre Argumente sah er längst widerlegt. Umso knapper setzte er sein «realistisches Konzept» dagegen, indem er definierte: «Die demokratische Methode ist diejenige Ordnung der Institutionen zur Erreichung politischer Entscheidungen, bei welcher Einzelne die Entscheidungsbefugnis vermittels eines Konkurrenzkampfes um die Stimmen des Volkes erwerben». Bewusst vermied er, jedenfalls in der Definition, das Substantiv «Demokratie» und sprach stattdessen von einer «Methode». Darum also ging es im Kern: um eine Ordnung der Entscheidungsfindung, um ein Verfahren zur Bestimmung von politischer Führung auf Zeit. Man spricht deshalb auch von einer «prozeduralen» Definition von Demokratie, die sich für irgendwelche höheren Werte oder für die vermeintlich überlegenen Leistungen von Demokratie (für ihren «output») gar nicht interessiert. Vielleicht konnten Diktaturen ja tatsächlich ökonomisch dauerhaft erfolgreicher sein, oder ihren Bürgern mehr soziale Sicherheit bieten – das deutsche wie auch das sowjetische Beispiel legten das um 1940 noch für viele Zeitgenossen nahe. In diesem Wettbewerb konnte die Demokratie jedenfalls nicht automatisch den Vorrang beanspruchen.

Sie war vielmehr selber ein Wettbewerb: ein Kampf um die Stimmen und den Regierungsauftrag des Volkes bzw. seiner Mehrheit. Hier sprach unverkennbar der Ökonom, der Marktwirtschaftler Schumpeter. Zugleich reduzierte sich die Idee des Volkes, seit den Revolutionen des späten 18. Jahrhunderts mit so viel Emphase und Pathos ausgestattet, damit auf einen bescheidenen Kern: auf das Recht, Einzelnen oder demokratischen Eliten bis zur nächsten Runde, bis zur nächsten Wahl die politische Entscheidungsbefugnis zu übertragen. Gegen den Kult des homogenen Volkes setzte Schumpeter die Interessen von Gruppen. Und im Kern ging es um eine institutionelle Ordnung, in deren Zentrum der repräsentative Parlamentarismus stand und die aus ihm hervorgehende Exekutive, nicht die Bürgerinnen und Bürger. Demokratie sollte nicht den Anspruch erheben, allgemeine Lebensform in allen Verästelungen des Alltags zu sein – ein Konzept, wie es John Dewey auch während des Zweiten Weltkriegs als «kreative Demokratie» propagierte. Ihr Platz war die klassische staatliche Politik, mehr nicht.

Damit war der Erwartungshorizont an demokratische Herrschaft ganz erheblich eingeschrumpft, denn die neue Definition kam nicht mit dem heroischen Gestus der Überlegenheit daher, sondern präsentierte gleichsam ihre offene Flanke. Wenige Jahre nach Schumpeter lieferte Winston Churchill – nach dem Labour-Wahlsieg von 1945 nur noch Oppositionsführer – eine mindestens ebenso berühmte, wenn auch theoretisch nicht so gehaltvolle Definition in eng verwandtem Geiste. Viele Regierungsformen, so teilte er dem Unterhaus am 11. November 1947 mit, seien im Laufe der Zeit ausprobiert worden, und niemand behaupte, dass die Demokratie perfekt sei. «Indeed, it has been said that democracy is the worst form of government except all those other forms that have been tried from time to time.» Die Demokratie als die schlechteste Regierungsform, mit Ausnahme aller anderen: Darin kam ein neuer, ironischer Umgang mit ihr zum Ausdruck, der das revolutionäre Pathos der Verheißung einer besseren Zukunft abgestreift hatte, sich zugleich aber die Überlegenheit der Demokratie gegenüber allem, was sonst gerade im Angebot war, nicht ausreden ließ. Schließlich war es auch Churchill gewesen, der den Begriff des «Eisernen Vorhangs» geprägt hatte, und der Kalte Krieg war mit der Truman-Doktrin vom 12. März 1947 gerade in seine erste «heiße» Phase getreten.

Neben der Schumpeter-Churchill-Linie stand jedoch zur selben Zeit eine andere Variante des Versuchs, die Zukunftsfähigkeit der Demokratie in der Reduzierung auf einen Kernbestand ihrer Ansprüche wiederzugewinnen. Es war Churchills engster Verbündeter Roosevelt selber, der diesen Akzent anders setzte. In seiner «State of the Union»-Adresse vom 6. Januar 1941, also der jährlichen Grundsatzrede amerikanischer Präsidenten, definierte der gerade zum dritten Mal Gewählte «Vier Freiheiten», die er der «so genannten neuen Ordnung der Tyrannei, welche die Diktatoren mit dem Abwerfen von Bomben schaffen wollen», entgegensetzte und die «überall auf der Welt» gelten sollten. Die freie Meinungsäußerung und die Religionsfreiheit verdichteten das Programm der individuellen Grundrechte. Dazu kamen zwei Freiheiten «von» etwas: die Freiheit von Mangel und die Freiheit von Angst. Damit gab sich Roosevelt einerseits bescheidener als Schumpeter. Denn er formulierte das, was man allgemeine Voraussetzungen eines guten Lebens nennen könnte, ohne über eine politische Ordnung der freien Selbstregierung überhaupt etwas auszusagen. Und kam es darauf in der Situation von Krieg und Diktatur, von Mangel und Hunger, von elementarer Angst und physischer Gewalt nicht zuerst an? Andererseits gingen die «Vier Freiheiten» über Schumpeters dürre Verfahrensvorschrift weit hinaus. Denn sie sprachen von den Leistungen der Demokratie, von ihrem «output» für die Bürgerinnen und Bürger, auch dem materiellen – kein Wunder, dass der Maler Norman Rockwell die «Freiheit von Mangel» im März 1943 als üppiges Truthahn-Festmahl auf die Leinwand brachte und der kriegführenden Nation vor Augen führte.

Erst einmal Menschenwürde und elementare Rechte wiederherstellen – dann können wir vielleicht über anderes, auch über die Gestalt einer politischen Demokratie sprechen: Diese Variante des «bescheidenen» Demokratiediskurses spielte in den 1940er Jahren in unterschiedlichen Zusammenhängen immer wieder eine zentrale Rolle. Von Roosevelts «Vier Freiheiten» führt eine Linie zur Allgemeinen Erklärung der Menschenrechte der Vereinten Nationen im Jahr 1948. Aber auch in Deutschland orientierten sich Ideen der Opposition und des Neuaufbaus, von den letzten Jahren des NS-Regimes bis in die Gründung der Bundesrepublik und der DDR, an diesem Leitbild. Immer wieder wurde die NS-Diktatur zuallererst als eine Negation der Menschenwürde beschrieben; es galt, Grundregeln eines humanen und zivilen Zusammenlebens wieder zur Geltung zu verhelfen – diese Aufgabe war der eines Neuaufbaus der Institutionen vorgeordnet. So forderte der «Kreisauer Kreis», die Widerstandsgruppe um Helmuth James von Moltke, Peter Yorck von Wartenburg, Julius Leber und andere, in ihren «Grundsätzen zur Neuordnung» vom August 1943 zuerst, «das zertretene Recht» wiederaufzurichten, Glaubens- und Gewissensfreiheit zu gewährleisten und die «unverletzliche Würde der menschlichen Person» anzuerkennen. Für die daran anschließende Skizze des politischen Aufbaus eines neuen Deutschlands bevorzugte man den Begriff der «Selbstverwaltung», weil mit der vermeintlich westlichen «Demokratie» immer noch viele fremdelten. Aber auch in der sozialistischen Tradition stand das Bekenntnis zu elementarer «Humanität» an vorderster Stelle. Im Grundgesetz der Bundesrepublik schlägt sich dieses Denkmuster der 1940er Jahre bis heute in dem vorangestellten Grundrechtsteil mit der allerersten Bestimmung der unantastbaren Würde des Menschen (Art. 1, Abs. 1, Satz 1) nieder.

Beiden Varianten der «neuen Bescheidenheit» der Demokratie eignete ein pragmatischer Grundzug. Sie spiegelten auf unterschiedliche Weise denselben Impuls, die utopisch übersteigerten Verheißungen aus den ersten Jahrzehnten des 20. Jahrhunderts hinter sich zu lassen. Die neuere historische Forschung hat eindringlich gezeigt, wie die Radikalisierung von Utopien während dieser Zeit immer wieder in einen mörderischen Machbarkeitswahn führte. Zwar war die Radikalisierung des Anti-Demokratischen noch nicht per se ein Argument gegen ein umfassendes, weit ausgreifendes Verständnis von Demokratie. In vieler Hinsicht galt es, zumal in Deutschland nach 1945, Demokratie gegenüber der Weimarer Erfahrung zu erweitern und sich nicht mit einer bescheidenen Schrumpfform zufrieden zu geben; etwa die politische Demokratie durch eine Demokratisierung der Wirtschaft zu ergänzen. Aber das Moment des Utopiebruches behielt doch eine eigene und übergeordnete Bedeutung. Es signalisierte eine geschichtsphilosophische Entlastung der Demokratie und damit auch den Abschied von einem größeren Weltbild des Pathos, in dessen Rahmen die Demokratie sich nicht effektiv hatte verteidigen können.

Die Schumpeter-Variante eines realistischen Demokratiebegriffs zog dabei keineswegs den Kürzeren. Sie hatte den Vorzug, auf reduzierte Weise einen schwer verzichtbaren Kern institutioneller Ordnung klar zu benennen. Denn auf Menschenwürde und Humanität, erst recht auf materielle Leistungen von Demokratie konnte man sich in den 1940er Jahren, außerhalb der rechten, faschistischen Diktaturen einschließlich des Nationalsozialismus, leicht berufen. Das taten auch die neuen sozialistischen Diktaturen unter der Führung der Sowjetunion, die sich bis zum Ende des Jahrzehnts in Mittel- und Osteuropa konsolidierten, das Schumpeter-Kriterium wettbewerblicher freier Wahlen jedoch sehr bald außer Kraft setzten. Zweifellos wirkten in dessen elitenzentriertem Verständnis von Demokratie antidemokratische Vorbehalte des Jahrhundertbeginns fort und überhaupt das Bild einer klar geordneten, hierarchischen Gesellschaft, jedenfalls gemessen an jener Infragestellung von Autorität und an der politisch-sozialen Buntheit, die schon in den 1960er Jahren vehement an die Tür der Schumpeter-Demokratie zu klopfen begann. Auf der anderen Seite markierte Schumpeters Beharren auf Wahlen, Repräsentation und Parlament vor dem Hintergrund des vehementen Antiparlamentarismus der Zwischenkriegszeit eine wichtige Richtungsänderung.

Zur politischen Wirklichkeit der 1950er Jahre jedenfalls passte seine realistische Definition sehr gut, zumal für die junge Bundesrepublik. Sie wurde zuallererst als eine repräsentativ-parlamentarische Ordnung begründet, in der die unmittelbare Partizipation des Volkes allenfalls eine Nebenrolle spielen sollte: sei es aus begründeten Ängsten vor einer Wiederholung Weimars, sei es im Kontext eines konservativen Zeitgeistes und eines fortwirkenden Selbstverständnisses politischer Führungsschichten, wie es der erste Bundeskanzler Konrad Adenauer geradezu idealtypisch verkörperte. Aber man muss sich hüten, darin einen (west-)deutschen Sonderweg zu sehen. Bis in die Mitte der 1960er Jahre reichte international eine Phase der Demokratie, die geradezu den historischen Höhepunkt der liberalen Repräsentativverfassung markierte: Sie schien in den westlichen, nordatlantischen Staaten nunmehr endgültig angekommen und gesichert; ihre wesentlichen Forderungen, wie sie seit dem 18. Jahrhundert formuliert worden waren, galten als erfüllt. Die «Verführung der Massen» (José Ortega y Gasset) hatte eine Skepsis gegenüber direkten und plebiszitären Verfahren genährt, die nur ganz langsam durch neue Erfahrungen überwunden werden konnte. Nicht zufällig ergänzte in dieser Zeit eine starke Exekutive die Parlamentsdemokratie, in der westdeutschen Variante der «Kanzlerdemokratie» und noch deutlicher im Übergang Frankreichs zur Verfassung der Fünften Republik von 1958, die ganz auf den charismatischen Präsidenten und Kriegshelden Charles de Gaulle zugeschnitten war. Zehn Jahre später, im Mai 1968, wäre diese Republik fast im Protest der Pariser Arbeiter und Studenten gestürzt: Das markierte den Übergang in eine wiederum neue, von Protesten und zivilgesellschaftlicher Partizipation gefärbte Ära der Demokratie.

Der reduzierte Pragmatismus der Kriegs- und Nachkriegszeit aber wirkte auch nach Schumpeter in einflussreichen Theorien und Begriffsbildungen fort. Der amerikanische Politikwissenschaftler Robert A. Dahl bildete gar ein neues Wort, das die moderne Demokratie in ihrer unideologischen Wirklichkeit einfangen sollte. Er nannte sie seit Mitte der 50er Jahre «Polyarchie», also Vielherrschaft. Darin steckte noch einmal sehr klar die Botschaft der angelsächsischen «Empiriker» an die kontinentaleuropäischen, vor allem französischen und deutschen «Ideologen» der Demokratie: Es geht nicht um die Herrschaft des (einheitlichen) Volkes, schon gar nicht um eine Identität von Regierenden und Regierten – die konnten auch Diktaturen für sich in Anspruch nehmen. Vielmehr sollten, auf der Grundlage des allgemeinen und gleichen Wahlrechts, Vertreterinnen und Vertreter die Macht übertragen bekommen, politische Entscheidungen zu treffen. So konnten «viele» an der Herrschaft beteiligt sein, als Wähler oder als Gewählte, aber die Erwartung, das Volk führe in der Demokratie gleichsam seine eigenen Geschäfte, würde erst gar nicht aufkommen. Grundrechte wie die freie Meinungsäußerung schloss Dahl in seine Bestimmung der Polyarchie ausdrücklich ein, aber im Kern ging es ihm um eine realitätsnahe Beschreibung der repräsentativen, parlamentarischen Demokratie in größeren Nationalstaaten. Aus heutiger Sicht ist sein Begriff deshalb nicht ganz glücklich, denn man würde mit einer Polyarchie inzwischen eher die Vielfalt alter und neuer demokratischer Institutionen und Handlungsmuster verbinden, zum Beispiel das Nebeneinander von Parlament und Zivilgesellschaft.

Tatsächlich überwiegt heute meist die Kritik an den reduzierten Definitionen von Demokratie aus der Mitte des 20. Jahrhunderts. Man kann aber nicht einfach die Messlatte späterer Entwicklungen an sie anlegen und muss sie stattdessen in ihrer historischen Situation würdigen. Sie leisteten einen wichtigen Beitrag dazu, die Demokratie nach einer langen und tiefen Krise wieder überzeugungsfähig zu machen. Die neue Bescheidenheit der 1940er und 50er Jahre entlastete von utopischen Erwartungen und von ideologisiertem Missbrauch und stellte, im Kontext der Auseinandersetzung mit totalitären Diktaturen, seit 1945 vor allem im «Kalten Krieg», klare Kriterien zur Verfügung: Wie steht es um Menschenwürde, Meinungsfreiheit, freie Wahlen, Parteienpluralismus? Dass sie dabei auch eine selbstbewusste Seite zeigte, ja die Überlegenheit einer solchen Demokratie behauptete, wird man diesem Konzept angesichts der historischen Situation und der real existierenden politischen Alternativen zwischen Berlin, Rom und Moskau kaum zum Vorwurf machen können.

Vielmehr wirken zwei zentrale Motive aus dieser Zeit in die heutigen Debatten über Demokratie fort. Zum einen ist das der Gedanke der Verantwortlichkeit – im englischen Jargon: der «accountability» – von Repräsentanten gegenüber den Wählern. Denn im Sinne von Joseph Schumpeter und Robert Dahl vollziehen Parlamentarier nicht den Willen des Volkes – aber sie sind den Bürgerinnen und Bürgern verantwortlich, also im Sinne des englischen Begriffes rechenschaftspflichtig («accountable», nicht nur «responsible»). Zum anderen, und noch grundlegender, ist das der Gedanke von der Bescheidenheit der Demokratie, wie sie in Churchills ironischer Definition anklang. Demokratie tritt nicht triumphal auf, sondern weiß um ihre eigenen Schwächen, um ihre Zerbrechlichkeit; sie ist nicht wehrlos gegenüber Angriffen, aber offen für die überlegene Alternative und für ihre eigene Fortentwicklung. So hat der Historiker und Politologe John Keane kürzlich die Stärke der Demokratie gerade in ihrer Schwachheit, in ihrer Demut und Bescheidenheit gefunden.

2 Demokratieimport:
Westdeutsche und Amerikaner seit 1945

Am 8. Mai 1945, acht Tage nach dem Tod Hitlers im Bunker der Berliner Reichskanzlei, kapitulierte das Deutsche Reich bedingungslos gegenüber den westlichen Alliierten und der Sowjetunion. In Europa war der Zweite Weltkrieg zu Ende und damit auch die Herrschaft des Nationalsozialismus, der von Deutschland aus immer größere Teile Europas unterworfen, unterdrückt und ausgebeutet hatte. Die Vernichtungsmaschinerie des Holocaust war in den Todeslagern wie Auschwitz schon Monate zuvor, mit dem Vormarsch der sowjetischen Truppen, zum Stillstand gekommen, aber im Reichsgebiet ging das mörderische Handeln bis zum letzten Moment in Todesmärschen und Deportationen weiter. In Buchenwald, Dachau und anderen befreiten Konzentrationslagern stießen die alliierten Soldaten auf Leichenberge und halb verhungerte Häftlinge, von denen viele tausend die nächsten Wochen nicht überlebten. Zugleich waren Millionen Deutsche auf der Flucht aus den östlichen Gebieten des zugrunde gehenden Reiches in den Westen. Drei Monate später endete, nach den amerikanischen Atombomben auf Hiroshima und Nagasaki, der Zweite Weltkrieg auch in Ostasien und im Pazifik. Das Jahr 1945 wurde zur tiefsten Zäsur nicht nur in der deutschen Geschichte, sondern in der Weltgeschichte des 20. Jahrhunderts.

Wie eine neue politische Ordnung in Deutschland, Italien und Japan, aber auch in den von Deutschland annektierten oder unterworfenen Gebieten Mittel- und Osteuropas aussehen sollte, war damit noch nicht entschieden. In den ersten Monaten nach Kriegsende standen für viele Menschen die unmittelbaren existentiellen Nöte im Vordergrund: Ernährung, Wohnung, die Zusammenführung der Familie. Aber die Erwartung richtete sich zugleich, wenn auch häufig noch in diffuser Weise, auf ein Leben in Sicherheit und Würde, in Freiheit und politischer Selbstbestimmung – und damit auf die Demokratie, die es wiederherzustellen, aber auch neu zu begründen galt. Denn eine bloße Wiederherstellung der Verhältnisse der Zwischenkriegszeit, eine Rückkehr in die 1920er Jahre, konnte man sich nach dieser Zäsur kaum irgendwo vorstellen. Für Deutschland versperrten die Alliierten diesen Weg zudem ganz bewusst. Der Weimarer Republik eine zweite Chance zu geben, in der der Nationalsozialismus groß geworden war, stand niemals zur Debatte. Es ging schließlich darum, die Wurzeln der NS-Bewegung und ihrer zwölfjährigen Gewaltherrschaft auszurotten, wie die alliierten Verlautbarungen immer wieder betonten, auf amerikanischer und britischer genauso wie auf französischer und sowjetischer Seite.

Insofern war das Ziel der im Frühjahr 1945 in den vier Zonen errichteten Besatzungsherrschaft nicht zuerst die Errichtung von Demokratie, sondern die Unterwerfung eines Feindstaates und die Zerstörung alles dessen, worauf sich das nationalsozialistische Regime gestützt hatte: voran die NSDAP, genauso aber auch die militärischen Infrastrukturen und die wirtschaftlichen Ressourcen, welche die Kriegführung des Deutschen Reiches ermöglicht hatten. Für ihre Leiden und Kosten wollten sich die Sieger entschädigen, durch Reparationen und Demontagen. Nie wieder sollte Deutschland in der Lage sein, den Frieden Europas und der Welt zu stören. Zeitweise dachten auch die Amerikaner daran – wie in dem Plan Henry Morgenthaus, Finanzminister unter Roosevelt bis Juli 1945 –, den gefährlichen Riesen in der Mitte Europas durch konsequente Deindustrialisierung dauerhaft an einer neuen wirtschaftlichen Führungsrolle zu hindern. Diese Position setzte sich nicht durch und trat zunehmend in den Hintergrund, spiegelte sich aber noch in der berühmten «Direktive JCS 1067» vom April 1945, der Anweisung an die amerikanischen Besatzungstruppen, wie mit dem besiegten Deutschland umzugehen sei. Hungersnöte und Seuchen sollten mit alliierter Hilfe vermieden werden, aber der Lebensstandard der Deutschen sollte nicht über das Niveau ihrer Nachbarn steigen.

Die wichtigsten Ziele besonders der amerikanischen Besatzungspolitik bündelten sich in den sogenannten «vier D's»: «denazification», «demilitarization», «decentralization» (teilweise auch als «decartelization» der Wirtschaft gefasst) und «democratization». Dieses Begriffsbündel lässt die Prioritäten der Alliierten, aber auch den besonderen Stellenwert der Demokratisierung plastisch erkennen. Denn fast ausnahmslos handelte es sich um «negative» Begriffe (gekennzeichnet durch das Präfix «De»), welche auf die Bekämpfung und Befreiung von etwas abzielten: von Nazismus und Militarismus, von Kartellierung, Konzentration und politischer Indienstnahme der Wirtschaft, besonders der Großindustrie, von zentralisierten und autoritären Führungsstrukturen in der Politik. Nur das letzte «D» bezeichnete keine Negation, sondern eine positive, eine konstruktive Aufgabe. Die Demokratisierung Deutschlands stand damit nicht im Mittelpunkt der alliierten Ziele, war aber doch auf besondere Weise hervorgehoben – und von Anfang an Bestandteil der alliierten Strategien und ihrer moralischen Emphase.

Tatsächlich ließen sich Entnazifizierung und Demilitarisierung kaum auch nur denken ohne das Ziel der Demokratie als anderer Seite der Medaille. Schon in der Direktive JCS 1067 war, wenngleich noch vorsichtig und in einem unbestimmten Zeithorizont, von den «Vorbereitungen zu einem späteren Wiederaufbau des deutschen politischen Lebens auf demokratischer Grundlage» die Rede – unter demselben Punkt, der die Ausschaltung von Nazismus und Militarismus, die Verhaftung der Kriegsverbrecher und die industrielle Abrüstung forderte.

Ein Echo dieser Formulierungen fand sich ein gutes Vierteljahr später in den Beschlüssen der Potsdamer Konferenz der vier Siegermächte vom 2. August 1945: Nach der Vernichtung aller nationalsozialistischen und militaristischen Strukturen sei «die Umgestaltung des deutschen politischen Lebens auf demokratischer Grundlage (…) vorzubereiten». In Erziehung und Bildung müsse eine «erfolgreiche Entwicklung der demokratischen Ideen möglich gemacht» werden. Zugleich begann das Potsdamer Protokoll bereits zu präzisieren, was denn, konkret und institutionell, mit Demokratie gemeint sein sollte: lokale Selbstverwaltung nach demokratischen Grundsätzen; demokratisch gewählte Vertreter von der Gemeinde- bis zur Landesverwaltung und die Zulassung demokratischer Parteien; eine freie Justiz auf der Grundlage der Gleichheit aller Bürger vor dem Gesetz. Schon in Potsdam war das kein Versprechen für eine fernere Zukunft, sondern sollte sogar ausdrücklich so schnell ins Werk gesetzt werden, wie es die Umstände erlaubten.

Man kann also Folgendes festhalten: Die erste Mission der Alliierten war es nicht, den besiegten Deutschen die Demokratie zu schenken, sondern den Nationalsozialismus und seine Voraussetzungen mit Stumpf und Stiel auszurotten. Gerade weil das NS-Regime die Deutschen aus alliierter Sicht nicht als eine Art Fremdherrschaft überrumpelt hatte (wie sie es damals und noch lange danach selber gerne sahen), sondern in allen Fasern der Menschen und ihres Denkens steckte, gewann Demokratie aber augenblicklich eine entscheidende Bedeutung – als ein Gegengift sozusagen. Die amerikanische Vorstellung von der «re-education», von der Umerziehung der Deutschen zur Demokratie, ist hier das entscheidende Bindeglied. Sie war nicht nur allgemeine Metapher, sondern meinte ein konkretes Programm des «Lernens» von Demokratie und ziviler Gesinnung an den Schulen und Universitäten, durch die Presse und im öffentlichen Leben, nicht zuletzt durch das Engagement in Parteien, Gewerkschaften oder der Kommunalverwaltung. Dahinter stand kein «Masterplan»; die konkreten Schritte waren immer tastend und experimentierend. Lösungen fanden sich häufig in Konflikten: zwischen amerikanischen Stellen, zwischen den Alliierten, zunehmend auch mit den durch eben diese Politik wieder ermächtigten und zu Selbstbewusstsein ermunterten Deutschen. Dahinter stand aber durchaus ein Menschenbild (und eine Vorstellung von Demokratie), die an John Deweys demokratische Pädagogik erinnert: Demokratie ist demnach nicht eine abgeleitete Struktur, etwa der kapitalistischen Besitz- und Produktionsverhältnisse, sondern flüssig und gestaltbar; sie ist zugleich mehr als ihre Institutionen – sie erfasst den Menschen ganz und muss es tun, um nicht bloß äußerlich zu bleiben und damit wiederum verwundbar zu sein. Zugleich war der Demokratiebegriff für die Alliierten vorerst elastisch genug, um sich auf ihn zu verständigen. So, wie er in den Potsdamer Protokollen Anfang August 1945 gefasst war, konnte auch Stalin ihm ohne weiteres zustimmen, denn eine bestimmte Staats- oder Regierungsform wie die repräsentativ-parlamentarische Demokratie war darin noch nicht enthalten.

Mit manchen Schritten gingen die Sowjets für ihre Besatzungszone sogar bewusst voran: Schon am 10. Juni hatten sie die Gründung demokratischer politischer Parteien wieder zugelassen, und innerhalb von vier Wochen hatten sich nicht nur KPD und SPD wiedergegründet, sondern auch die CDU und die LPD, eine bürgerlich-liberale Partei, neu konstituiert. Im August zogen die Amerikaner nach, dann die Briten und – typisch am zögerlichsten – bis Jahresende 1945 auch die Franzosen. Das Jahr 1946 stand bereits im Zeichen von ersten Wahlen zu Volksvertretungen. Das begann mit Kommunalwahlen, dem Konzept der Dezentralisierung und des Aufbaus von unten folgend, doch schnell folgten Kreistage und Länderparlamente bzw. Verfassunggebende Versammlungen für die Länder in der amerikanischen Zone. Im Mai 1947 war diese Phase bereits weitgehend abgeschlossen: In allen drei westlichen Besatzungszonen arbeiteten also, gerade zwei Jahre nach der Kapitulation, demokratisch gewählte Parlamente von den Gemeinden bis hinauf in die Länder. Von einer langwierigen Übergangsphase oder einem umständlichen Zögern, gar einer Verzögerungstaktik kann also keine Rede sein. Im Gegenteil, die Schnelligkeit der Einrichtung demokratischer Strukturen in den Händen der Deutschen ist höchst bemerkenswert, auch im Vergleich mit anderen Erfahrungen der Demokratisierung nach Diktatur und Krieg bis in die Gegenwart.

Die Bildung der amerikanisch-britischen «Bizone» hatte schon im September 1946 einen wichtigen Schritt zu wirtschaftlicher Zusammenarbeit und zur politischen Integration der Westzonen markiert, während die Franzosen noch zögerten und der notdürftige Konsens zwischen Amerikanern und Briten auf der einen, den Sowjets auf der anderen Seite immer mehr bröckelte. Am 6. September 1946 machte der amerikanische Außenminister James F. Byrnes bei einem Deutschlandbesuch – in einer viel beachteten Rede in Stuttgart – die Akzentverschiebung deutlich. Es ging nicht mehr um die Unterwerfung eines Feindes, sondern um den «erfolgreichen Wiederaufbau Deutschlands».

Die Deutschen sollten auch auf der nationalen Ebene ihre Angelegenheiten selber in die Hand nehmen, in der Form einer demokratischen Regierung. Denn die amerikanische Regierung glaube nicht, so stellte Byrnes ausdrücklich fest, «dass große Heere ausländischer Soldaten oder ausländischer Bürokraten, wie gut ihre Ansichten und Disziplin auch sein mögen, auf die Dauer die zuverlässigsten Beschützer der Demokratie eines anderen Landes sind». Wenige Wochen später, am 1. Oktober 1946, endete der Nürnberger Prozess gegen die Hauptkriegsverbrecher vor dem Internationalen Militärgerichtshof. Auch die Entnazifizierung durch Fragebögen und vor den sogenannten «Spruchkammern» überschritt bald, im Laufe des Jahres 1947, ihren Höhepunkt. Die rigide Verfolgung nationalsozialistischen Engagements und Geistes mutierte zur «Mitläuferfabrik» (Lutz Niethammer): Man bekam bescheinigt, allenfalls in der niedrigsten von vier Kategorien belastet zu sein, wenn man nicht durch einen «Persilschein» ganz von möglicher Schuld weißgewaschen war und als «Entlasteter» gelten konnte. So konnten Demokratisierung und Schuldverdrängung, auch vor dem Hintergrund des sich immer deutlicher abzeichnenden globalen Systemkonflikts im «Kalten Krieg», ineinandergreifen.

Dieser Zusammenhang zeigt bereits: Die Deutschen waren nicht nur Objekt von Demokratisierung, sondern – je später desto mehr – selber gestaltende Akteure. Der westdeutsche Übergang zur Demokratie nach zwölf Jahren NS-Diktatur wäre nicht so schnell und erfolgreich verlaufen, wenn ihn nicht eigene politisch-kulturelle Traditionen unterstützt und vorangetrieben hätten, wenn sich nicht viele Hunderttausende Deutsche noch in den Besatzungsjahren demokratisch engagiert hätten. Eine dieser Traditionslinien schien noch während des Krieges in den Neuordnungskonzepten des Widerstands auf. Der konservative Widerstand freilich blieb mehrheitlich deutschnational und damit demokratieskeptisch geprägt, und selbst in den Diskussionen des «Kreisauer Kreises» um Helmuth James von Moltke um Peter Yorck von Wartenburg, dem auch Sozialdemokraten und Gewerkschafter wie Julius Leber und Carlo Mierendorff angehörten, war eine Zurückhaltung gegenüber der westlichen Demokratie spürbar, so unzweifelhaft das Bekenntnis zu Freiheit, Recht und Menschenwürde ausfiel. So sollten nach dem Kreisauer Papier vom 9. August 1943 die Landtage und der Reichstag nicht direkt vom Volk gewählt werden, sondern von der jeweils nächstniedrigeren Vertretung. Die Landtage sollten also von den Kommunalparlamenten gewählt werden, das nationale Parlament von den Landtagen. Darin mischten sich vordemokratische Vorstellungen von Repräsentation aus dem frühen 19. Jahrhundert mit der traumatischen Erfahrung der Weimarer Republik, in der Hitler und die NSDAP durch plebiszitären Massenzuspruch, und nicht zuletzt durch Wahlerfolge, an die Macht gekommen waren. Dazu kam ein altertümlicher Patriarchalismus, der einen klaren Rückschritt hinter die Weimarer Republik bedeutet hätte: Den Landtagen und dem Reichstag sollten nämlich nur Männer (ab 27 Jahre) angehören können. Nimmt man auf der anderen Seite die moskautreue Linie des kommunistischen Widerstandes bzw. der Emigration hinzu, wird man es – bei aller moralischen und auch politischen Wertschätzung des Widerstandes – eher einen Glücksfall nennen können, dass diese Traditionen durch die Schärfe der Zäsur von 1945 und den «Filter» der (westlichen) Alliierten kaum mehr zum Zuge kamen. Jedenfalls liegt darin ein wichtiger Grund dafür, dass «Bonn» nicht «Weimar» wurde.

Dennoch waren es vor allem Weimarer Politiker, die in der Besatzungszeit, der Gründungs- und der Frühphase der Bundesrepublik ihr demokratisches Profil bestimmten. Bei vielen von ihnen reichte die politische Karriere, mindestens aber die politische Sozialisation sogar bis in die Zeit des Kaiserreichs zurück. Dafür steht Theodor Heuss (geb. 1884), der erste Bundespräsident, und erst recht Konrad Adenauer (geb. 1876), geschickter Organisator der West-CDU, Vorsitzender des Parlamentarischen Rates und Bundeskanzler von 1949 bis 1963. Abgesehen von den besonderen Talenten Einzelner sprachen mehrere Gründe für eine gewichtige Rolle der Älteren: Sie brachten Netzwerke und taktische Erfahrungen mit; sie waren als Generation weniger in den Sog des Nationalsozialismus geraten als die Jüngeren, besonders die Jahrgänge zwischen 1900 und 1910, aus denen sich die jungen Eiferer und Ideologen des «Dritten Reiches» rekrutierten – die «Generation des Unbedingten» (Michael Wildt). Schließlich waren nicht so viele von ihnen, weil sie 1939 schon relativ alt waren, im Krieg gefallen.

Aber im Übrigen war ihre politische Herkunft ebenso unterschiedlich wie ihr Lebensweg während der NS-Diktatur. Manche hatten den größten Teil dieser Zeit in Gefängnissen und Konzentrationslagern verbracht wie Kurt Schumacher, unbestrittene Autorität der Nachkriegs-SPD im Westen bis zu seinem Tod 1952. Andere kehrten aus dem Exil im Ausland zurück wie Ernst Reuter, der von 1935 bis 1946 in der Türkei Zuflucht gefunden hatte. Wieder andere wie Adenauer hatten sich nach der Verdrängung aus ihren Ämtern relativ unbehelligt ins Privatleben zurückziehen können. Ganz Junge, die politisch noch unbeschriebene Blätter waren, taten sich in den späten 1940er Jahren noch kaum hervor und konnten es auch nicht. Denn die Männer, die den Krieg überlebt hatten, mussten nach der Rückkehr aus der Gefangenschaft oft erst ihre Ausbildung, ihr Studium nachholen. Franz Josef Strauß (geb. 1915), der spätere CSU-Vorsitzende, wurde immerhin schon 1946 Landrat des Kreises Schongau. Die ganz Jungen engagierten sich zunächst eher publizistisch, im geschriebenen Appell an eine keimende demokratische Öffentlichkeit wie Rudolf Augstein (geb. 1923), der mit gerade mal 23 Jahren Herausgeber und Chefredakteur des Nachrichtenmagazins «Der Spiegel» wurde. Überhaupt entwickelte sich die Presse schon seit 1946 zu einem wichtigen Vorfeld der Demokratie – unter Lizenz, Kontrolle und Anleitung der westlichen Alliierten, doch mit markanten deutschen Federn. In kulturpolitischen Monatsschriften wie den «Frankfurter Heften» Eugen Kogons und Walter Dirks' wurde für ein gebildetes Publikum um die Erklärung des Nationalsozialismus und den richtigen Weg in eine demokratische Zukunft gestritten.

Die Neigung ging, wie auch in der von Dirks und Kogon verfochtenen Synthese von Arbeiterbewegung und Christentum, häufig zu einem moralisch aufgeladenen, unorthodoxen Sozialismus, zumal in den frühen Konzepten für die wirtschaftliche Neuordnung und bis in den linken Flügel der CDU hinein, der Anfang 1947 im «Ahlener Programm» den Kapitalismus verwarf. Eine markante Alternative zur repräsentativen Demokratie bildete sich, was die politischen Institutionen angeht, aber nicht heraus – im Unterschied zur Rätebewegung nach dem Ersten Weltkrieg; und das war nicht nur der Steuerung der amerikanischen Besatzungspolitik oder dem beginnenden «Kalten Krieg» zu verdanken. Die Erfahrungen der Sozialdemokratie zwischen Erstem Weltkrieg und NS-Diktatur spielten eine ganz entscheidende Rolle und ebenso, dass die zeitweise Euphorie gründlich zerstoben war, mit der nicht nur Kommunisten bis in die 1930er Jahre die Sowjetunion betrachtet hatten. Die in CDU und CSU organisierte, zum ersten Mal überkonfessionelle christliche Demokratie setzte die demokratischen und sozialen Traditionen des Weimarer Zentrums fort und band gleichzeitig große Teile des bisher überwiegend demokratiefeindlichen bürgerlichen Protestantismus ein.

Brachten die Amerikaner also die Demokratie nach Westdeutschland? Die Antwort muss kompliziert ausfallen. Blickt man auf die Anteile der vier Alliierten, kommt den Amerikanern mit Recht jenes Hauptverdienst zu, das ihnen populär zugeschrieben wird. Wenn man der Sowjetunion überhaupt irgendein Interesse an einer Demokratisierung zubilligen will, die mehr als ein Codewort für Sowjetisierung war, verlor sie das spätestens 1947 – nicht nur für ihre Besatzungszone, sondern für ganz Mittel- und Osteuropa – aus dem Auge. Frankreich spielte als besetztes und verwundetes Land eine Sonderrolle und wollte sich – gut nachvollziehbar – überwiegend vor den Deutschen schützen. Der britische Einfluss war erheblich, gerade in Nord- und Westdeutschland, bis in Details wie die Kommunalverfassung der Länder auf dem Boden der britischen Zone hinein. Dem Gedanken einer demokratischen «Mission» folgten die Briten aber längst nicht so emphatisch wie die Amerikaner. Auch wegen ihrer wirtschaftlichen und militärischen Überlegenheit nahmen die USA eine Führungsrolle ein. Ein anderer Teil ihrer Stärke beruhte auf der Zuschreibung durch die Deutschen: Nach dem Scheitern des Nationalsozialismus galt der «American way of life» schnell als das große kulturelle Versprechen der Zukunft, auch wenn die meisten dabei nicht zuerst an politische Freiheit und Demokratie dachten.

Auf der anderen Seite zeigt das Beispiel der entstehenden Bundesrepublik zwischen 1945 und 1949, dass ein schlichter Demokratieexport in eine postdiktatorische Gesellschaft kaum gelingen kann, wenn der Anstoß von außen nicht auf einen vorbereiteten Boden, auf eine zumindest proto-demokratische Kultur trifft. So wird man die Entstehung der westdeutschen Demokratie nach 1945 in vieler Hinsicht als ein komplexes Wechselspiel bezeichnen können. Demokratisierung vollzog sich als «transnationale Praxis» (Arnd Bauerkämper) – nicht nur für die ersten vier Jahre bis zur formellen Gründung der Bundesrepublik, sondern mehr noch für die beiden Jahrzehnte danach, die eigentliche formative Phase des neuen Gemeinwesens. In ihnen etablierte sich ein transatlantisches Netzwerk, an dem Organisationen und Verbände, auch zum Beispiel die Gewerkschaften, ebenso ihren Anteil hatten wie einzelne Personen mit ihren individuellen Erfahrungen. Die amerikanischen Soldaten und Besatzungsoffiziere brachten Bilder aus Deutschland in die USA, und öfters auch deutsche Partnerinnen. Deutsche, die während der NS-Zeit in die USA geflohen waren, kehrten zurück und versuchten der Bundesrepublik, als Angehörige beider Kulturen zugleich, westliche Demokratie und Lebensführung zu vermitteln.

Der Politikwissenschaftler Ernst Fraenkel ist dafür ein besonders gutes Beispiel. Der Jude und Sozialdemokrat konnte 1938 gerade noch Nazi-Deutschland verlassen, kehrte nach einem Zwischenspiel als US-Berater in Korea im Jahre 1951 nach Deutschland zurück und lehrte an der Freien Universität in Berlin seine pluralistische Theorie der Demokratie. Eine deutlich jüngere Generation holte sich seit den frühen 1950er Jahren ihre Bilder von demokratischer Kultur und westlicher Lebensart selber in den USA, zu einem kleineren Teil auch in Großbritannien, ab. Als Austauschstudenten, als Doktoranden, als Fulbright-Stipendiaten machte sich vor allem die Generation, die man heute oft als die «45er» bezeichnet – die Geburtsjahrgänge etwa zwischen 1927 und 1935 – auf den Weg in den Westen: der Soziologe Ralf Dahrendorf (geb. 1929), der Politologe Karl Dietrich Bracher (geb. 1922), der Historiker Hans-Ulrich Wehler (geb. 1931) – sie und viele andere verstanden diesen Weg als ein Lernen von Demokratie, das sie stellvertretend für eine Nation vollzogen, die sich mit der Demokratie schwer getan hatte und vielleicht immer noch tat.

3 Konsequenzen: Demokratie im Grundgesetz

Spricht man von der deutschen Demokratie, ist der Gedanke an das Grundgesetz nicht fern. Mit dem am 23. Mai 1949 verkündeten Grundgesetz hat die Bundesrepublik eine «starke» Verfassung erhalten – das zeigte sich auch vierzig Jahre später, als die Argumente für eine neue Verfassung des wiedervereinigten Deutschlands sich nicht durchsetzen konnten. Dabei war das Grundgesetz, wie schon diese Bezeichnung deutlich machen sollte, ursprünglich als ein Provisorium gedacht, das einer damals nicht möglichen gesamtdeutschen Verfassung nicht vorgreifen, sie jedenfalls nicht erschweren sollte. Das Grundgesetz hat eine überragende Bedeutung für das Selbstverständnis der politischen Ordnung in Deutschland gewonnen, es steht im Mittelpunkt der politischen Kultur und des alltäglichen Deutungshorizontes der Demokratie, und das bei weitem nicht nur für die politische Klasse, sondern in einer breiteren Öffentlichkeit und nicht zuletzt für die einzelnen Bürgerinnen und Bürger. Das ist im internationalen Vergleich durchaus ungewöhnlich, jedenfalls im oberen Bereich einer Bandbreite. Vielleicht ist nur die Verfassungskultur der USA noch intensiver gewebt als die deutsche nach dem Zweiten Weltkrieg. Die Gründe dafür sind mehrfach historisch gestaffelt.

Bei der Gründung der Bundesrepublik konnte man den Erfolg des Grundgesetzes noch nicht ermessen, nicht nur was sein äußeres Funktionieren und seine zeitliche Dauerhaftigkeit angeht, sondern auch seine Bedeutung als archimedischer Punkt der demokratischen Dynamik in Konflikt und Kritik. Zugleich wurzelt seine Stärke, den Provisoriumsbedenken zum Trotz, in der historischen Situation seiner Entstehung: Das Grundgesetz wurde zur Verfassung nach der totalitären Diktatur des Nationalsozialismus, nach verlorenem Eroberungskrieg und Völkermord. Es sollte die Verfassung des «Nie wieder» sein, und damit der verächtlich gemachten und zerstörten Verfassung der Weimarer Republik ein ganz anderes Beispiel entgegenhalten. Noch einmal sollten Menschenwürde und freiheitliche politische Ordnung nicht leichtfertig aufs Spiel gesetzt werden. Damit war, den Schöpfern des Grundgesetzes auch durchaus bewusst, der Keim für die zivilreligiöse Überhöhung, für die «Heiligkeit» des Grundgesetzes gesetzt. Und drittens steht diese Verfassung in der Kontinuität ihrer Vorläufer und damit in einer Tradition, in der Verfassungen schon seit dem frühen 19. Jahrhundert, gemessen an vielen anderen Ländern, zum Fixpunkt von Debatten, Erwartungen und Umbrüchen wurden: von den frühkonstitutionellen Verfassungen in Süddeutschland über die gescheiterte Verfassung der Revolution von 1848/49 bis hin zur revolutionär-republikanischen Weimarer Verfassung von 1919.

Ein britisches Modell, ganz ohne geschriebene Verfassung, hätte dieser langen Tradition jedenfalls nicht entsprochen und war in der tiefen Krise nach dem Zusammenbruch des «Dritten Reiches» ohnehin nicht möglich. In mancher Hinsicht ähnelte die Situation in Deutschland zwischen 1945 und 1949 sogar einer Revolution: Eine politische Ordnung musste bewusst geschaffen und in einen symbolisch verdichteten Text gegossen werden. Schon im Laufe des Jahres 1947 hatte sich, besonders mit dem Scheitern der Londoner Außenministerkonferenz im Dezember, immer deutlicher herausgestellt, dass eine Verständigung der westlichen Alliierten mit der Sowjetunion über eine einheitliche politische Zukunft Deutschlands nicht mehr möglich war. Die entscheidenden Weichenstellungen erfolgten in der ersten Jahreshälfte 1948. Die Sowjets beendeten ihre Mitarbeit im Alliierten Kontrollrat; die westlichen Alliierten beschlossen, wiederum in London, eine föderative Staatsordnung auch für Westdeutschland alleine zu schaffen. Die wirtschaftliche Integration der Westzonen beschleunigte sich, bis hin zur Währungsreform im Juni 1948. Die Situation in Berlin spitzte sich zu, am 24. Juni begann die Blockade West-Berlins durch die Sowjetunion. Wiederum nur wenige Tage später, am 1. Juli 1948, nahmen die westdeutschen Ministerpräsidenten von den drei alliierten Gouverneuren die «Frankfurter Dokumente» entgegen, die den Auftrag zur Verfassungsgebung und Staatsgründung enthielten. Das war der Startschuss für die Arbeit am Grundgesetz.

Aber wie sollte die Verfassung ausgearbeitet werden? Es gab keine staatliche Kontinuität (anders als 1918/19), und es sollte keine Verfassunggebende Versammlung, aus allgemeinen Wahlen gebildet, geben. So entstand das Grundgesetz nicht repräsentativ oder plebiszitär, sondern: erstens durch die Länder, zweitens durch Experten, drittens in Abstimmung – und teils bitterem Konflikt! – mit den Alliierten. Die Experten, Juristen oder staatsrechtlich beschlagene Politiker, kamen im August 1948 auf der Insel Herrenchiemsee zum Zuge, wo sie im Auftrag der elf westlichen Ministerpräsidenten einen ersten Entwurf des Grundgesetzes erarbeiteten und dabei, oft noch recht akademisch, Probleme benannten und Alternativen diskutierten. (Elf übrigens war nicht die spätere Zahl der Länder einschließlich West-Berlins. Das Saarland, unter französischer Verwaltung, war nicht dabei. Dafür existierten im späteren Baden-Württemberg noch drei Länder. Vertreter West-Berlins nahmen bis zum Schluss nur mit beratender Stimme teil.) Dieser Entwurf diente dem Parlamentarischen Rat als Grundlage, der sich am 1. September 1948 konstituierte – mit dem Sitz in der Pädagogischen Akademie am Rheinufer in Bonn, dem späteren Bundeshaus. So neigte sich zugleich die Waage in der Hauptstadtfrage ganz allmählich zugunsten der eher provinziellen Residenz- und Universitätsstadt, obwohl damals Frankfurt am Main noch eindeutiger Favorit war.

Dem Parlamentarischen Rat gehörten 65 Vertreter an, von den elf Landtagen nach der Stärke der in ihnen vertretenen Parteien gewählt. So handelte es sich doch, wenngleich indirekt legitimiert, um eine Art Konstituante im Kleinen. Das waren die bis heute so oft apostrophierten «Väter und Mütter des Grundgesetzes», denn vier Frauen gehörten dem Rat an. CDU/CSU und SPD schickten jeweils 27 Vertreter – so deutete sich bereits ein Grundmuster zweier etwa gleich starker Volksparteien an, das lange Zeit die Geschichte der Bundesrepublik bestimmte. Konrad Adenauer fungierte als Vorsitzender des Parlamentarischen Rates; sein sozialdemokratischer Gegenspieler Carlo

Schmid, ein brillanter Verfassungsrechtler, war Vorsitzender des wichtigen Hauptausschusses.

Die Parität zwang zum Kompromiss, und in der Tat hielten sich die ganz großen Streitfragen in Grenzen. Die SPD dachte insgesamt etwas mehr in Kontinuität zur Weimarer Republik, zuerst auch in der Frage eines stärkeren Präsidenten als Staatsoberhaupt, und zudem mehr zentralistisch; die Unionsparteien betonten den Föderalismus, je weiter südlich ihre Herkunft, desto mehr. Bei der Diskussion einer zweiten Kammer setzte sich das Bundesratsprinzip (mit seiner langen Vorgeschichte) gegenüber dem amerikanischen Senatsprinzip durch. Die schwerste Geburtskrise des Grundgesetzes kam im März und April 1949, als die drei Alliierten, besonders General Lucius D. Clay für die Amerikaner, Bedenken gegenüber dem fast fertigen Entwurf anmeldeten. Am 12. Mai schließlich genehmigten die Militärgouverneure das Grundgesetz, unter den Vorbehalten des am selben Tag verkündeten Besatzungsstatuts. Das war die Erinnerung daran, dass dem neuen Staat die volle Souveränität fehlte – die Bundesrepublik stand noch sechs Jahre, bis zu den Pariser Verträgen vom 5. Mai 1955, unter der Aufsicht der Alliierten, und bis zur Wiedervereinigung unter ihren «Vorbehaltsrechten». Aber ein «größtmögliches Maß an Selbstregierung» billigten sie dem neuen Weststaat zu, im Wissen darum, dass Demokratie wesentlich auf der äußeren Selbstbestimmung eines Volkes beruht.

Der föderalen Legitimation des Parlamentarischen Rates entsprechend, stimmten die Landtage um den 20. Mai dem Grundgesetz zu; nur der bayerische nicht, für dessen Mehrheit es nicht föderal genug war. Am 23. Mai 1949 schließlich wurde das Grundgesetz in der abschließenden Sitzung des Rates verkündet. Das Räderwerk der neuen Demokratie begann zu laufen. Am 14. August 1949 fand die erste Bundestagswahl statt; am 12. September wählte die Bundesversammlung Theodor Heuss (FDP) gegen Kurt Schumacher zum ersten Bundespräsidenten; drei Tage später gelangte Konrad Adenauer an sein politisches Ziel, als der Bundestag ihn mit der knappsten Mehrheit von nur einer Stimme, erneut gegen Schumacher, zum Bundeskanzler wählte.

Wie aber sind die Prinzipien der Demokratie im Grundgesetz ausgedrückt? Eine Besonderheit dieser Verfassung ist es, dass sie nicht mit den «technischen» Regelungen zu den Verfassungsorganen beginnt, sondern mit dem Teil über die Grundrechte: Sie sind das Wichtigste, angefangen mit der Würde des Menschen, ihrer Unantastbarkeit und der staatlichen Verpflichtung zu ihrem Schutz. Darin spiegelt sich indirekt die Erfahrung der nationalsozialistischen Diktatur, von der übrigens explizit an keiner Stelle des Grundgesetzes die Rede ist, auch nicht in der Präambel. Es wäre jedenfalls vorstellbar gewesen, diese neue Ordnung in der Situation von 1949 unter ausdrücklichem Bezug auf die frühere Zerstörung der Demokratie, auf Diktatur und Völkermord, ins Werk zu setzen. Die Präambel der südafrikanischen Verfassung von 1996 setzt sich unmittelbar zur damals gerade überwundenen Apartheid-Vergangenheit in Beziehung: «We, the people of South Africa, Recognise the injustices of our past». Man kann darüber spekulieren, ob eine Reflexion auf Nationalsozialismus und Holocaust den Weg in eine deutsche Verfassung gefunden hätte, wäre sie seit den 1980er Jahren neu geschrieben worden, wenn man an die seitdem so zentral gewordene Holocaust-Erinnerung als Teil des demokratischen Selbstverständnisses der Bundesrepublik denkt. 1949 ging man zu dieser Vergangenheit in die Distanz der Abstraktion. Dass etwas Ungewöhnliches geschehen war, konnte man nur dem Hinweis auf die «Übergangszeit» entnehmen, für die das Grundgesetz eine neue Ordnung schaffen sollte.

Der erste Artikel der Verfassung hebt sich von den folgenden, die einzelne Grund- und Freiheitsrechte benennen, gleich in mehrfacher Hinsicht ab. Er bettet die Bundesrepublik in ein internationales oder sogar überstaatliches Regime von Menschenrechten ein, wie es im Jahr zuvor die Vereinten Nationen geschaffen hatten. Und er definiert die Grundrechte als «unmittelbar geltendes Recht», das die Verfassungsorgane bindet. Der Grundrechtsteil hat also mehr als nur den Charakter einer Deklaration, eines Bekenntnisses. Deshalb werden die Bürgerinnen und Bürger am Ende des Grundrechtsteils (Art. 19, Abs. 4) ausdrücklich auf den Rechtsweg verwiesen, wenn sie sich durch Verfassungsorgane in ihren Rechten verletzt fühlen. Wer meint, ihm würden Grundrechte nicht voll gewährt, kann dagegen vor Gericht ziehen. Die allgemeine Menschenwürde aber erlangt durch diesen Aufbau den Status eines übergeordneten Rechts. Sie ist mehr als ein Grundrecht wie die anderen, die dann folgen: Freiheit der Person, Gleichheit vor dem Gesetz und Gleichberechtigung von Mann und Frau, Meinungs-, Presse-, Versammlungsfreiheit, Postgeheimnis, Freizügigkeit und anderes mehr.

Erst Artikel 20 definiert die Natur des neuen Gemeinwesens: «Die Bundesrepublik Deutschland ist ein demokratischer und sozialer Bundesstaat.» In ihm geht alle Staatsgewalt vom Volke aus und wird von diesem «in Wahlen und Abstimmungen durch besondere Organe der

Gesetzgebung, der vollziehenden Gewalt und der Rechtsprechung ausgeübt». In konzentrierter Form sind hier das republikanische Prinzip (keine Monarchie!), das demokratische und auch das Sozialstaatsprinzip festgehalten, die Gewaltenteilung – und natürlich der Föderalismus des «Bundesstaates», nachdem die elf Gründungsländer schon in der Präambel einzeln genannt wurden. Eine bemerkenswerte Konsequenz aus den Weimarer Erfahrungen zog der Artikel 21, der den politischen Parteien ausdrücklich, gegen die tief verwurzelte Abneigung gegen das «Parteiengezänk», eine Mitwirkung bei der politischen Willensbildung des Volkes zusprach und sie damit indirekt in den Rang von Verfassungsorganen erhob. Die markantesten Unterschiede zur Reichsverfassung von 1919 aber finden sich im Verständnis von Präsident, Parlament und Regierungschef und ihrem Verhältnis zueinander. Der Bundespräsident des Grundgesetzes ist ein Staatsoberhaupt ohne Macht; an die Stelle der Volkswahl ist die Wahl durch ein eigenes Gremium, die Bundesversammlung, getreten; von dem berüchtigten Notverordnungsrecht nach Art. 48 der Weimarer Verfassung ist keine Spur geblieben.

Den Bundestag als die Volkskammer des Parlaments hat das Grundgesetz gestärkt, aber zugleich im Sinne der britischen Westminster-Demokratie auf Regierungsbildung und damit auf die klare Trennung von Regierungsfraktion und Opposition hin zugeschnitten. Damit sind Reste des alten «konstitutionellen» Denkens verschwunden, nach dem das Parlament als Ganzes einer Regierung gegenüberstand, die mehr vom Staatsoberhaupt (dem Monarchen oder eben, wie in Weimar, einem starken Präsidenten) abhängig war als von den Mehrheitsfraktionen. Daraus folgt, erst recht, eine Stärkung der Regierung, zumal des Kanzlers, der mit der oft zitierten «Richtlinienkompetenz» (Art. 65) die Grundlinien der Politik vorgibt und verantwortet. Aber erst die selbstbewusste, manchmal autoritäre Amtsführung Adenauers hat dieser Norm auch Leben eingehaucht; wäre die Bundesrepublik mit schwachen und kurzlebigen Kanzlern gestartet, hätte sich die «Verfassungswirklichkeit» seitdem sicher anders entwickelt. Ihren konzentriertesten Ausdruck findet die Stärkung von Parlament und Regierungschef im «konstruktiven Misstrauensvotum» des Parlaments nach Art. 67 GG: Dem Bundeskanzler kann das Misstrauen des Parlaments nur ausgesprochen werden (eine Regierung also nur «gestürzt» werden), indem der Bundestag mit Mehrheit einen Nachfolger wählt. So sollte es am 27. April 1972 geschehen, als Rainer Barzel (CDU) jedoch zwei Stimmen fehlten und Willy Brandt Kanzler der sozialliberalen Koalition blieb; so geschah es tatsächlich am 1. Oktober 1982, als Helmut Kohl mit dem Seitenwechsel der FDP Helmut Schmidt als Bundeskanzler ablöste. Nimmt man alles zusammen, legt das Grundgesetz ein klares Bekenntnis zur repräsentativen Demokratie ab und distanziert sich damit von plebiszitären und direkten Formen. Darin spiegeln sich die Erfahrungen und Ängste angesichts der vermeintlichen Schwächen der Weimarer Demokratie, auch eine Angst vor der Verführbarkeit und Unberechenbarkeit des Volkes, dessen Meinungsbildung am besten durch den Filter gewählter Vertreter zum Ausdruck komme. Aber auch jenseits der spezifisch deutschen Traditionen ist das Grundgesetz ein charakteristischer Ausdruck jenes «realistischen» Demokratieverständnisses, das die Zeit der Jahrhundertmitte, auf die große Krise der Demokratie folgend, dominierte.

Fragt man, wie die Demokratie im Grundgesetz «verankert» ist, muss von einem besonders starken Sicherungsanker noch die Rede sein: dem Prinzip der «wehrhaften» oder auch «streitbaren» Demokratie. Anders als die Weimarer Republik verhält sich die Bundesrepublik zu Demokratie und freiheitlicher Ordnung nicht neutral und gewissermaßen überparteilich. Das Mehrheitsprinzip und die Volkssouveränität können nicht so ausgelegt werden, dass sich mit ihnen Grundrechte und Demokratie abschaffen ließen, selbst wenn sich dafür eine Mehrheit des Volkes findet. Die Verfassung lässt sich ändern; dem Kanzler oder dem Präsidenten könnten mehr oder weniger Rechte zugebilligt werden. Aber ein Kernbestand der «freiheitlichen demokratischen Grundordnung» kann niemals zur Disposition stehen; dazu gehören Grundrechte, Rechtsstaatlichkeit, Gewaltenteilung, Unabhängigkeit der Gerichte, Pluralismus und Opposition. Das Grundgesetz selber verwendet den Begriff der freiheitlich-demokratischen Grundordnung nur am Rande (z. B. in Art. 21, Abs. 2 zur Verfassungswidrigkeit von Parteien), doch er hat in der Geschichte der Bundesrepublik zeitweise eine erhebliche Rolle gespielt.

Zunächst diente er als emphatischer Begriff der Verteidigung der Verfassung, so wie ihn das Bundesverfassungsgericht 1952 konkretisierte und wie er in den Verbotsverfahren gegen die rechtsradikale SRP 1952 und gegen die KPD 1956 zur Anwendung gebracht wurde. In den späten 60er und den 70er Jahren griff ihn dann die politische Linke ironisch auf, die darin ein Instrument zur Ausgrenzung abweichender Meinungen sah, so wie es der Liedermacher Franz Josef Degenhardt in seiner «Befragung eines Kriegsdienstverweigerers» 1972 formulierte: «Also Sie berufen sich hier pausenlos aufs Grundgesetz, sagen Sie mal, sind Sie eigentlich Kommunist? – Hier darf jeeeder machen was er will, im Rahmen der freiheitlich-demokratischen Grundordnung, versteht sich.» Auf der anderen Seite beriefen sich linke Protestbewegungen in den 1970er und 80er Jahren gerne und extensiv auf das Widerstandsrecht, das erst 1968 im Zuge der Notstandsgesetzgebung als Art. 20, Abs. 4 in das Grundgesetz aufgenommen worden war. Dabei wurde der Spieß umgedreht; die wirklichen Verfassungsfeinde, die nach der Beseitigung der «FDGO» strebten, saßen in dieser kritischen Perspektive an den Schalthebeln der Macht, bereiteten verbotene Angriffskriege oder die atomare Verseuchung des Volkes vor – gegen sie konnte das «Recht auf Widerstand» beansprucht werden.

Dieses diskursive Spiel mit der Verfassung reicht bereits weit in die Wirkungsgeschichte des Grundgesetzes hinein und ist eines von vielen möglichen Beispielen für seine Bedeutung weit über die rechtlich-institutionelle Ordnung des politischen Zusammenlebens hinaus. Eine wichtige Brücke zwischen Institutionen und Verfassungskultur bildet das 1951 eingerichtete Bundesverfassungsgericht, das als «Hüter der Verfassung» (Carl Schmitt) durchaus in ihr Zentrum gerückt ist. Nicht zufällig bietet sich auch hier der Vergleich mit dem US-amerikanischen Supreme Court am ehesten an, der gleichfalls – nur wesentlich länger, seit mehr als zwei Jahrhunderten – die Funktionen der Normenkontrolle, der individuellen Appellationsinstanz und des kulturellen Symbols für Wahrung und Expansion der Demokratie erfüllt. Denn das Bundesverfassungsgericht überprüft nicht nur, ob neue Gesetze den übergeordneten Normen des Grundgesetzes entsprechen – sei es in der föderalen Finanzverfassung oder in ethischen Streitfragen wie dem Abtreibungsrecht. Es dient auch als Instanz der bürgerlichen Beschwerde über verletzte Rechte und hat insofern die Rolle übernommen, die früher das Parlament besaß, an das sich die Bürger mit ihrem Petitionsrecht wandten. Vor Gericht als Individuum anerkannt zu werden: das ist überhaupt ein Grundzug neuen Demokratieverständnisses geworden.

Für die Dynamik der Demokratie ist es besonders aufschlussreich, dass die Verfassungsgerichte – erneut in der Bundesrepublik ganz ähnlich wie in den USA – gleichermaßen im «konservativen» wie im «progressiven» Sinne in Anspruch genommen werden können: Sie sollen Grenzen der Verfassung gegen die Veränderungen des Zeitgeistes festhalten, aber auch die Verfassung zeitgemäß neu und expansiver interpretieren. Das Bundesverfassungsgericht ist so zum Symbol der Demokratie und zur Projektionsfläche von Erwartungen geworden, die andere Verfassungsorgane nicht mehr erfüllen können. Dabei ist seine interpretierende Rolle deutlich kleiner als die des Washingtoner Supreme Court, denn das Grundgesetz kann viel leichter verändert werden als die amerikanische Verfassung. Tatsächlich erkennt man das Ur-Grundgesetz von 1949 in einer heutigen Ausgabe nur noch mit Mühe und mit beträchtlichen historischen Vorkenntnissen. Umso bemerkenswerter ist es, dass der deutschen Verfassung als Ganzes die kulturelle Achtung einer heiligen, unverletzlichen Institution entgegengebracht wird. Der von Dolf Sternberger und Jürgen Habermas ins Feld geführte «Verfassungspatriotismus» ist dafür ein wichtiges Beispiel, obwohl er vielleicht besser «Demokratiepatriotismus» heißen könnte. Darin aber zeigt sich wieder die charakteristische Überlagerung von Grundgesetz und Demokratie, die sich seit 1949 in der Bundesrepublik entwickelt hat; fast ist beides synonym geworden.

Dennoch ist die deutsche Demokratie seit 1949 nicht alleine im Grundgesetz verankert; in mehrfacher Hinsicht nicht: Historisch und praktisch gingen ihr die Länderverfassungen voraus, in denen wiederum ein wichtiger Teil der demokratischen «Basiskultur», die kommunale Selbstverwaltung, geregelt ist. Freilich hat keine der Länderverfassungen auch nur annähernd jene kulturelle Ausstrahlung entfaltet wie das Grundgesetz; sie sind weithin unbekannt geblieben, und auch politisch Gebildete kennen meist nur einige elementare Bestimmungen über Landtag und Regierung. Mit dem Grundgesetz entstand eine funktionierende und in vieler Hinsicht außerordentlich lebhafte Demokratie. Es ist deshalb ungerecht und irreführend, von einer «formalen» Begründung der westdeutschen Demokratie im Jahre 1949 zu sprechen, als habe es sich um eine bloße Hülle ohne demokratische Praxis gehandelt. Aber tatsächlich war die demokratische Umerziehung, die «reeducation» der postnationalsozialistischen Gesellschaft, damit noch lange nicht beendet, und auch die Wähler demokratischer Parteien waren noch nicht alle zu überzeugten Demokraten geworden. So wichtig demokratische Institutionen, rechtsstaatliche Verfahren und verbürgte Grundrechte sind, beruht die freiheitliche Ordnung doch, das Diktum Ernst-Wolfgang Böckenfördes variierend, auf Voraussetzungen, die das Grundgesetz nicht garantieren kann – und diese Voraussetzungen wuchsen erst allmählich in den ersten zwei bis drei Jahrzehnten der Bonner Republik.

Schließlich gilt auch für jüngste und zukünftige Veränderungen der Demokratie, dass sie im Grundgesetz nur unvollkommen gespiegelt sind. Von den neuen Handlungsformen der partizipativen Demokratie, wie sie sich in den letzten drei Jahrzehnten herausgebildet haben, spricht die Verfassung nicht. 1949 hat man Parteien in das Grundgesetz hineingeschrieben; inzwischen könnte dort von Bürgerinitiativen oder NGOs die Rede sein. Auch die Europäisierung der Demokratie vermag das Grundgesetz bisher nicht wiederzugeben; erst recht nicht ihre staatliche Entgrenzung und Globalisierung. Es bleibt an den Rahmen der nationalstaatlichen Demokratie gebunden.

4 Nicht nur die Bundesrepublik: Neue Demokratien in Japan, Indien und Israel

Noch mehr als der Erste Weltkrieg sprengte der Zweite den Rahmen eines Europäischen Krieges und wurde zu einer globalen Auseinandersetzung, die in eine Neuordnung außereuropäischer Regionen mündete. Teils lag das an dem vermessenen Anspruch auf Weltherrschaft, den das nationalsozialistische Deutschland erhob und mit Verbündeten wie Japan durchzusetzen versuchte. Teils wirkten das Kriegsende und die Befreiung von Diktaturen als ein Hebel, der den Kolonialismus und Imperialismus auch der Westmächte, zum Beispiel des britischen Empire, ins Wanken brachte und Unabhängigkeitsbewegungen ermunterte. Und ähnlich wie nach dem «Großen Krieg» von 1914/18 floss viel Euphorie in ein neues globales System der Unabhängigkeit, Sicherheit und Freiheit der Völker – auf den Völkerbund folgten die Vereinten Nationen. So erreichte die zweite der großen «Wellen» der Demokratisierung auch andere Kontinente, besonders Asien, während weite Teile Afrikas bis in die 1960er Jahre auf den Startschuss für Dekolonisation, Unabhängigkeit und demokratische Experimente warten mussten. Japan, Indien und Israel sind drei besonders wichtige Beispiele für die Entstehung neuer Demokratien nach dem Zweiten Weltkrieg. Sie unterscheiden sich in Vorgeschichte, Verlauf und Ergebnissen beträchtlich, und doch sind Gemeinsamkeiten erkennbar. In keinem der drei Länder – die im Übrigen allesamt, Defiziten und Konflikten zum Trotz, bis heute stabile Demokratien geblieben sind – kam die neue institutionelle Ordnung einfach als ein Import von außen; überall hatten soziale Bewegungen und kulturelle Traditionen schon in der ersten Hälfte des 20. Jahrhunderts einer erfolgreichen Demokratisierung vorgearbeitet.

Japan hatte seit der Mitte des 19. Jahrhunderts, vor allem in der «Meiji-Restauration» seit 1868, vorsichtig – und nicht ganz freiwillig – seine Isolation beendet und sich der westlichen Moderne geöffnet. Die politische Entwicklung des fernöstlichen Inselreiches ist seitdem immer wieder mit derjenigen Deutschlands verglichen worden, an dessen Rechts- und Verfassungsentwicklung sich Japan zeitweise eng orientierte, besonders im Vorfeld der Verfassung von 1889, die das Land, in europäischen Begriffen gesprochen, zu einer konstitutionellen Monarchie machte: mit kaiserlicher Souveränität, rechtsstaatlichen Ansätzen und einer Mitherrschaft des Parlaments, das 1890 zum ersten Mal gewählt wurde, auf der Basis eines Männerwahlrechts mit Zensus. Im frühen 20. Jahrhundert verbreiterten sich die sozialen Grundlagen der Mitregierung des Volkes in der so genannten «Taisho-Demokratie». Die Zensusschranke wurde gesenkt; breitere Bevölkerungsschichten beteiligten sich am politischen Leben; Frauen erhielten allerdings auch nach dem Ersten Weltkrieg noch nicht das Stimmrecht. Zu Beginn der 1930er Jahre jedoch führte der Weg, erneut ähnlich wie in Deutschland, dezidiert weg von einer weiteren Demokratisierung. Zwar etablierte sich kein faschistisches Regime im europäischen Sinne, auch keine faschistische Partei vom Typ der NSDAP, aber eine autoritär-militaristische Herrschaft mit repressiven Zügen im Innern und aggressivem Expansionismus nach außen. Das bekamen, schon weit vor dem Luftschlag auf Pearl Harbor am 7. Dezember 1941, vor allem China und Korea in der Form einer brutalen Besatzungspolitik zu spüren.

Die amerikanischen Atombombenabwürfe auf Hiroshima und Nagasaki Anfang August 1945 zwangen Japan zur Kapitulation, und auf eine den Deutschen wiederum nicht unähnliche Weise fügte sich die Bevölkerung in die Niederlage und begrüßte weithin den von General Douglas MacArthur dirigierten demokratischen Neuanfang. Wie in Europa reichte der Anspruch der Amerikaner über die politischen Eliten und die offizielle Verfassung weit hinaus und zielte auf eine Veränderung von Mentalitäten, auf eine Demokratisierung der Gesellschaft, auf Erziehung zur Demokratie in Bildungssystem, Presse und Öffentlichkeit. Neue Parteien entstanden, und bei den Wahlen am 10. April 1946 durften erstmals auch Frauen mitstimmen. Noch im selben Jahr trat eine neue Verfassung in Kraft, welche die Tradition der kaiserlichen Monarchie nicht antastete; allerdings gab sich der Tenno mit einer mehr symbolischen Rolle zufrieden und akzeptierte den Übergang zur Volkssouveränität. Anders als in Deutschland fand die Besatzungszeit mit einem Friedensvertrag 1952 ihren formellen Abschluss; seitdem waren Japan und die USA durch einen Bündnisvertrag militärisch und politisch besonders eng verbunden. Die politische Landschaft blieb ein Jahrzehnt lang unübersichtlich und instabil, bis sich Ende 1955 die «Liberal-Demokratische Partei» (LDP) aus Vorgängerparteien bildete und bis in die 1990er Jahre, von großen Mehrheiten gestützt, den Premierminister und die Regierung stellte. Der sozialistischen Opposition blieb der Zugang zur Macht in diesem «Eineinhalbparteiensystem» versperrt. Insofern folgte Japan einem Muster der frühen Bundesrepublik wesentlich länger und ausgeprägter. Den Vorzügen der Stabilisierung stand, je länger desto mehr, der Nachteil politischer Konformität und eines uneingelösten Pluralismus gegenüber. Jenseits der frühen institutionellen Sicherung blieb Demokratisierung ein langwieriger kultureller Lernprozess, der sich mit der Bewältigung einer autoritären, gewalthaften, ja mörderischen Vergangenheit eng verknüpfte.

Die Entstehung der indischen Demokratie ist eine ganz andere Geschichte, in der die britische Kolonialherrschaft den Ausgangspunkt bildet. 1858 war der indische Subkontinent unter die direkte Herrschaft Londons gekommen, die die informellen Strukturen des ökonomischen Imperialismus der «East India Company» ablöste. In der ersten Hälfte des 20. Jahrhunderts, besonders nach dem Ersten Weltkrieg, formierte sich eine Unabhängigkeitsbewegung gegen die Briten. Ihr wichtigster Führer und geistiger Inspirator war Mohandas Gandhi, ein in London ausgebildeter Jurist, der sich zwei Jahrzehnte lang in Südafrika für die Rechte der indischen Minderheit eingesetzt hatte. Dabei entwickelte er Strategien des gewaltfreien Widerstands und des zivilen Ungehorsams, mit denen er – im Verein mit seiner persönlichen Bescheidenheit – über die gebildeten Eliten hinaus weit in die einfache Bevölkerung hinein mobilisieren konnte. Seit seiner Rückkehr nach Indien im Jahr 1915 häufig als «Mahatma» (das heißt: «die große Seele») Gandhi verehrt, warb er auch dort für diese Strategien und wandte sie in der Bewegung der «Nichtzusammenarbeit» gegen die britischen Kolonialherren an. Angesichts bitterer Armut ging es dabei häufig um eine Verbesserung der wirtschaftlichen Verhältnisse zugunsten der einfachen Bevölkerung, etwa in dem berühmten «Salzmarsch» von 1930, der sich gegen das koloniale Salzmonopol richtete. Als Führer des Nationalkongresses stand Gandhi zugleich formell der organisierten Bewegung für die Unabhängigkeit vor. Die Briten ließen sich im Laufe der Zeit Zugeständnisse abringen oder gewährten sie in paternalistischer Großmütigkeit, etwa in der neuen Kolonialverfassung von 1935 mit ihrem Akzent auf föderalen Strukturen und provinzialer Autonomie. In diesen Institutionen konnte, der kolonialen Vormundschaft zum Trotz, parlamentarische und demokratische Kultur schon vor der Unabhängigkeit geübt werden.

Am 15.·August 1947 entließen die Briten Indien in die Unabhängigkeit, zunächst noch als ein «Dominion» innerhalb des Commonwealth. Zu dieser Zeit hatten sich die inneren Konflikte zwischen der Hindu-Mehrheit und der muslimischen Minderheit bereits so zugespitzt, dass die Muslime unter der Führung Muhammad Jinnahs einen eigenen Staat anstrebten und ihn, unter dem Namen Pakistan, auch erhielten. Gandhi, der sich vergeblich gegen diese Trennung gestellt hatte, fiel am 30. Januar 1948 dem Attentat eines hinduistischen Nationalisten zum Opfer. Zwei Jahre später, am 26. Januar 1950, trat eine neue Verfassung in Kraft, die Indien zu einer demokratischen Republik machte. Die ersten Wahlen ergaben einen überwältigenden Sieg der Kongresspartei unter ihrem Führer Jawaharlal Nehru, der von 1947 bis 1964 als Premierminister amtierte. Die Kongresspartei behielt noch Jahrzehnte länger ihre dominierende Stellung – ähnlich wie die LDP in Japan und wie der südafrikanische ANC (African National Congress) Nelson Mandelas nach der Abschaffung der Apartheid und der Demokratisierung von 1994.

Das markierte ein Dilemma der postkolonialen Situation: Man hatte, in einem möglichst breiten Bündnis, den Unterdrückern Widerstand geleistet und tat sich nach dem Erfolg nicht leicht, in einen Pluralismus verschiedener Parteien überzugehen; die polnische «Solidarność» kannte nach 1989 dasselbe Problem. Die Demokratie hat das jedoch in keinem Fall substantiell beschädigt, eine (diktatorische) Einparteienherrschaft ist davon also scharf zu unterscheiden. Indien stabilisierte sich als die (nach der Bevölkerung) größte Demokratie der Welt: trotz der gewaltsamen Konflikte zwischen Hindus und Muslimen in der Übergangszeit; trotz der dramatischen Armut, die manchen «Modernisierungstheorien» der Nachkriegszeit zufolge ein Hindernis der politischen Entwicklung darstellte: Denn gehörten nicht Demokratie und kapitalistischer Wohlstand untrennbar zusammen?

Das Beispiel Indiens unterstreicht, dass Demokratie auch in nichtwestlichen Kulturen erfolgreich adaptiert werden kann – westliche Arroganz gegenüber der angeblichen Unfähigkeit anderer Kulturen zur freien Selbstregierung war damit ebenso fehl am Platze wie die antiwestliche Gegenthese, der Westen solle und dürfe «sein» politisches Modell anderswo nicht verordnen und aufpfropfen. Um einen von den Briten verordneten Abklatsch ihrer eigenen Westminster-Demokratie handelte es sich zudem nicht. Demokratie war ja gerade ein Ergebnis des antikolonialen Unabhängigkeitskampfes, und in der heterogenen sozialen, ethnischen, sprachlichen und religiösen Vielfalt des riesigen Landes musste sie auch eigene Formen finden. John Keane hat vor kurzem die indische Demokratie geradezu als den globalen Pionier postklassischer Demokratie des späteren 20. Jahrhunderts präsentiert, die über Wahlen, Parlamente und Parteien hinausgeht und auch für die Ärmsten der Armen praktische Bedeutung erlangt. Damit stellt er die übliche Vorstellung von der Pionierrolle Nordamerikas und Westeuropas zwar wiederum zu einseitig auf den Kopf. Doch ein bloßer Nachzügler oder Nachahmer demokratischer Dynamik des Westens ist Indien gewiss nicht.

Auf eine wiederum völlig unterschiedliche Konstellation stößt man in der Geschichte Israels. Äußerlich teilt sie mit der indischen den postkolonialen Schritt in die Unabhängigkeit eines zuvor unter europäischer Oberhoheit stehenden Gebietes, denn Großbritannien war nach dem Ersten Weltkrieg im Auftrag des Völkerbundes «Mandatsmacht» über Palästina geworden. Aber die Sieger dieses Konfliktes waren nicht die dort lebenden Araber, sondern die jüdischen Siedler, die ungefähr seit der Jahrhundertwende in das heilige Land ihrer antiken Vorväter kamen. Sie folgten dem Ruf des Zionismus, einer seit einem Kongress in Basel 1897 auch formal organisierten Bewegung, die sich die Schaffung eines jüdischen Staates in Palästina auf die Fahnen geschrieben hatte. Darin steckte eine Reaktion auf europäischen und amerikanischen Antisemitismus, der den Juden trotz vieler Emanzipationsschritte nach wie vor entgegenschlug – und seit etwa 1900 in neuer, rassisch-pseudobiologisch begründeter Variante erst recht. Zugleich war der Zionismus selber eine Spielart des Nationalismus und vollzog insofern für die Juden nach, was andere Völker vormachten; aus der religiösen Einheit sollte eine nationale Einheit werden. Frühe Signalwirkung dafür hatte die britische Balfour-Deklaration von 1917, die (noch recht unverbindlich) Unterstützung für einen jüdischen Staat signalisierte.

Der Zionismus war also nicht in erster Linie eine demokratische Bewegung. Wie «Der Judenstaat» politisch verfasst sein sollte, den ein Vordenker wie Theodor Herzl in seinem gleichnamigen Buch von 1896 skizzierte, spielte zunächst keine zentrale Rolle. Unter den Siedlern, die in den 1920er und 1930er Jahren nach Palästina strebten, befanden sich Konservative, Liberale und Sozialisten, die sich besonders in den utopischen Agrarkommunen der «Kibbuzim» engagierten. So wurden die Grundlagen der späteren Demokratie weniger in der Theorie gelegt oder von liberalen Mittel- und Westeuropäern im Gepäck mitgebracht, obwohl diese europäischen Maßstäbe gewiss eine Rolle spielten. Vor allem wuchs die vorstaatliche Demokratie in der Zwischenkriegsgesellschaft des «Jischuw», wie man die jüdische Siedlergemeinschaft in Palästina vor 1948 nennt. Das ländlich-sozialistische Kibbuzleben gehörte ebenso dazu wie die Formierung einer bürgerlichen Gesellschaft im schnell wachsenden, ultramodernen Tel Aviv. Politische Parteien differenzierten sich aus; der Zionismus pluralisierte sich. Frühformen der politischen Selbstverwaltung und Repräsentation entstanden noch vor dem britischen Mandat; in den 1920er Jahren übernahmen diese Institutionen, vor allem die «Jewish Agency» seit 1929, immer mehr Funktionen: für Einwanderung und Landverteilung, für Erziehung und Gesundheitswesen. Gleichzeitig spitzte sich der Konflikt mit den Arabern zu, die sich mehrfach zum Widerstand gegen die jüdischen Siedler und ihre geplante Staatsgründung erhoben.

Nach dem Zweiten Weltkrieg entwickelten die Vereinten Nationen deshalb Teilungspläne für einen jüdischen und einen arabischen Staat in Palästina, auf deren Grundlage David Ben-Gurion, Gründer der Arbeiterpartei Mapai und langjähriger Vorsitzender der «Jewish Agency», am 14. Mai 1948 die Unabhängigkeit des Staates Israel erklärte, den er als Premierminister sogleich in den ersten arabisch-israelischen Krieg führte. Dass Israel eine demokratische Republik sein würde, war im Grunde unstrittig, auch wenn eine geschriebene Verfassung – ungewöhnlich für eine solche historische Situation der emphatischen Unabhängigkeit – nicht zustande kam. Die am 25. Januar 1949 gewählte Verfassunggebende Versammlung ließ die Arbeit daran versanden und ging in das reguläre Parlament, Knesset genannt, über. Die Knesset wählte auch Chaim Weizmann, den langjährigen Präsidenten der Zionistischen Weltorganisation, zum ersten Staatspräsidenten. Erst im Verlaufe der nächsten Jahrzehnte trat eine Reihe einzelner «Grundgesetze» in Kraft, die zusammen eine Quasi-Verfassung bilden. Für die Praxis der israelischen Demokratie spielte das aber kaum eine Rolle. Das entscheidende Dilemma bleibt vielmehr bis heute der Konflikt mit den Palästinensern um die Teilung des Landes und die Zweistaatlichkeit, um die Anerkennung Israels und das friedliche Zusammenleben. Auch das Verhältnis von säkularer Staatlichkeit und jüdischer Identität steht dabei zur Debatte.

Japan, Indien, Israel: Lassen sich diese drei Beispiele überhaupt gemeinsam diskutieren? Einerseits wird darin eher die Vielgestaltigkeit der Wege zur Demokratie im 20. Jahrhundert deutlich. Andererseits teilen diese Länder die besondere welthistorische Situation von 1945, in der sich nicht nur für Deutschland, Italien oder andere, von der NS-Herrschaft befreite europäische Länder ein neues Fenster der Demokratisierung öffnete. In keinem Fall handelte es sich freilich um einen einfachen oder sorglosen Schritt. Überall stand der Übergang in die Demokratie im Schatten der Gewalt: von eigener Schuld und eigenem Trauma wie in Japan, von ethnisch-kulturellen Konflikten, Kriegen und Bürgerkriegen wie im Nahen Osten oder in Südasien. In solchen prekären Situationen konnte sich Demokratie nicht dauerhaft durchsetzen, indem man von außen – durch Kolonial- oder Siegermächte – einen Schalter umlegte, sondern nur auf der Basis einer über Jahrzehnte gewachsenen Kultur der Partizipation, des Kampfes für Freiheit und Unabhängigkeit und der zivilen Selbstverwaltung. Westliche und einheimische Einflüsse spielten auf komplizierte Weise zusammen und manchmal auch gegeneinander, wo demokratische Unabhängigkeit sich gegen die europäische Vormundschaft richtete und doch von der Umdeutung und Aneignung europäischer Traditionen profitieren konnte. Demokratie nach 1945 musste auch nicht automatisch in ein Bekenntnis zum liberalen Kapitalismus amerikanischer Prägung führen, wie die sozialistischen Strömungen Israels und zumal Indiens beweisen, das zu einem Führer der Blockfreienbewegung wurde und sich zeitweise eng an die Sowjetunion anlehnte. Die «Dritte Welle» schwappte also nicht einfach, von Nordamerika ausgehend, über den Atlantik und Pazifik.

5 Mittel- und Osteuropa: Kommunismus gegen Demokratie

Oft verengt sich eine Geschichte der Demokratie nach 1945 auf die Welt westlich des «Eisernen Vorhangs», auf Westeuropa und die USA. Aber auch die mittel- und osteuropäischen Länder, die nach dem Zweiten Weltkrieg in den Einflussbereich der stalinistischen Sowjetunion gelangten und bis 1989 kommunistische Einparteiendiktaturen blieben, haben ihren wichtigen Platz in den Krisen und Konflikten der Demokratie des 20. Jahrhunderts. Zum einen beanspruchten die realsozialistischen Regime selber für sich, demokratisch zu sein, und darin sogar den liberalen Demokratien des Westens überlegen. Worauf beruhte dieser Anspruch; kam er aus ehrlicher Überzeugung oder war er bloß taktischer Vorwand? Zweitens löste der Stalinismus 1944/45 nicht unmittelbar, mit dem Rückzug der deutschen Truppen und dem schließlichen Zusammenbruch des Nationalsozialismus, die deutsche Besatzungsherrschaft ab. Bis 1948 – länger aber definitiv nicht – war die politische Situation wenigstens in einem Teil Europas östlich der Elbe umkämpft und umstritten, so dass man diese Übergangszeit als Phase einer Verdrängung keimender Demokratie bezeichnen kann; auch als eine neuerliche, sehr folgenreiche Krise der Demokratie im 20. Jahrhundert. Und schließlich traten, von den frühen 50er Jahren bis in die späten 80er Jahre, im kommunistischen Europa immer wieder Menschen für Veränderungen und Reformen, für Unabhängigkeit und Freiheit ein. In den Protesten und Aufständen von Ost-Berlin über Warschau und Budapest bis nach Prag und Danzig artikulierten sie ihre demokratischen Erwartungen, mit denen sie nicht nur Anschluss an den Westen finden, sondern auch neue Horizonte der Demokratie erschließen wollten.

Zunächst nahmen jedoch die kommunistischen und prosowjetischen Kräfte für sich in Anspruch, im Neubeginn ihrer Länder nach Hitlers Herrschaft für Demokratie zu stehen. Gerade in der Übergangszeit bis 1949 machten sie von diesem Begriff großzügigen und emphatischen Gebrauch; danach blieben Formeln wie die von den «antifaschistisch-demokratischen Kräften» häufig als erstarrtes, rituelles Vokabular erhalten. Diese Prominenz hatte die Sprache der Demokratie weder bei Marx und Engels noch erst recht bei Lenin gehabt; die Sowjetunion und ihre Gliedstaaten wie die «Russische Sozialistische Föderative Sowjetrepublik» verzichteten dementsprechend auf diese Selbstbezeichnung in den Staatsnamen. Was war 1945 in der DDR oder in Polen anders? Eine Erklärung liegt in der marxistisch-leninistischen Theorie selber. Die Bezeichnung der neuen sozialistischen Staaten westlich der Sowjetunion als «Volksrepubliken» oder «Volksdemokratien» signalisierte, dass in ihnen die Entwicklung des Sozialismus noch nicht so weit fortgeschritten war wie im Land der «Großen Sozialistischen Oktoberrevolution». Eine proletarische Revolution hatte nicht stattgefunden;

bürgerliche Kräfte spielten weiterhin eine Rolle; die «Diktatur des Proletariats» war noch nicht errichtet.

Zudem hatte sich die kommunistische Strategie im Zeichen der
rechtsextremen Herausforderung der 1930er Jahre verändert. Die
«Kommunistische Internationale» (Komintern), die Vereinigung der
kommunistischen Parteien unter Führung der KPdSU, betrachtete Sozialdemokraten und aus ihrer Sicht «fortschrittliche» Liberale jetzt als
notwendige Bündnispartner, um dem größeren Feind widerstehen zu
können. In Frankreich führte Léon Blum ein solches Bündnis, eine
«Volksfront» 1936 an die Regierung; auch die spanische Volksfront
gewann die Parlamentswahlen im Februar 1936 – Anlass für den Putsch
der rechten «Nationalen Front», der in den Bürgerkrieg und schließlich
die Franco-Diktatur mündete. Der Begriff der «Volksfront» trat danach wieder in den Hintergrund, lebte aber zum Beispiel in der «Nationalen Front» der DDR fort, dem Bündnis der Parteien und Massenorganisationen, das die Einheitslisten für die sozialistischen Wahlen
aufstellte. Insbesondere im Sprachgebrauch der deutschen Kommunisten und der DDR gewann das Adjektiv «demokratisch» eine heraus-
ragende Bedeutung, um das Bündnis der vermeintlich progressiven
Kräfte, unter Einschluss der Bürgerlichen, zu markieren und von jenem
Teil der bürgerlichen Kräfte abzugrenzen, die in der Sicht des Kommunismus Träger und Unterstützer des Faschismus waren. Die «Deutsche
Demokratische Republik» nahm das im Herbst 1949 sogar in ihren
Staatsnamen auf; das war freilich eher eine Ausnahme, der sonst nur
sozialistische Staaten außerhalb Europas folgten: die «Demokratischen
Volksrepubliken» Koreas (Nordkorea) oder des Jemen (Südjemen). In
der Wortverbindung «antifaschistisch-demokratisch» kam diese Interpretation der jüngsten Vergangenheit durch die KPD bzw. seit 1946 die
SED besonders konzentriert zum Ausdruck. Die Öffnung gegenüber
den linksorientierten bürgerlichen Kräften war Ausdruck der Erfahrung des Nationalsozialismus und der Erwartung einer neuen, postfa-
schistischen Konstellation nachbürgerlicher Demokratie, die man für
die Anfangszeit der späten 1940er Jahre durchaus ernst nehmen muss.

Andererseits war sie von Anfang an ein taktisches Mittel der Macht-
eroberung und des kommunistischen Führungsanspruches. In diesem
Sinne gab Walter Ulbricht schon 1945, als er mit seiner Gruppe aus
dem Moskauer Exil zurückkehrte, die Parole vor: «Es muss demokratisch aussehen, aber wir müssen alles in der Hand haben.» Sehr schnell
wurden «antifaschistisch» und «demokratisch» zu weichzeichnenden

Synonymen für «kommunistisch» oder meinten jedenfalls, sich dem festgeschriebenen Führungsanspruch der kommunistischen Partei zu beugen. Auf diese Weise übrigens erhielt der Begriff «antifaschistisch» ein Stigma, von dem er sich bis heute nicht wieder erholt hat. Im Zeichen des Kalten Krieges diente die triumphale Selbstbezeichnung als demokratisch auch der Abgrenzung gegen die «bürgerliche» Demokratie des Westens, die in den 50er Jahren ebenfalls mit pathetischerem Gestus als zuvor auftrat. Manche Sprachregelung wurde konsequent durchzuhalten versucht, etwa die von Ost-Berlin als dem «demokratischen Sektor» der Stadt bzw. später die vom «demokratischen Berlin», auch als die letzten Reste ihrer Glaubwürdigkeit längst erschüttert waren.

Die Mischung von Öffnung und stalinistischer Orthodoxie prägte auch die Übergangszeit in die realsozialistischen Diktaturen bis 1948. Nirgendwo waren die Kommunisten stark genug, um alleine nach der Macht zu greifen, geschweige denn eine Mehrheit in freien Wahlen erwarten zu können. Am breitesten war ihre Anhängerschaft – durchaus der marxistischen Theorie entsprechend – in der Tschechoslowakei, vor allem im tschechischen Staatsteil, der wirtschaftlich und industriell weit entwickelt war. Die kommunistische Bewegung war 1945 tief traumatisiert und hocheuphorisch zugleich – nur in dieser scheinbar paradoxen Mentalität lässt sich ihr Verhalten plausibel rekonstruieren. Die Spaltung der Arbeiterbewegung und die Herrschaft der faschistischen Regime wirkten als doppeltes Trauma. Deshalb war zumal in der älteren Generation das Verlangen nach einer «Wiedervereinigung» mit den Sozialdemokraten in einer sozialistischen Einheitspartei ernst und echt, auch wenn sich das Machtkalkül eines Primats der kommunistischen Kräfte, im Effekt auch Überrumpelung, Zwang und Gewalt wie in der Bildung der SED im April 1946, davon nicht trennen lassen. Zugleich sahen die Kommunisten, ihrem Weltbild und ihrer Ideologie entsprechend, nunmehr ihre eigene historische Stunde gekommen. Der Faschismus war besiegt, die bürgerlichen Kräfte hatten sich schon in den 1920er und 1930er Jahren als schwach erwiesen; jetzt sollte sich, mit Hilfe der Sowjetunion, die welthistorische Mission des Fortschritts zum Sozialismus erfüllen. Dass Osteuropa zum größten Teil nicht nur durch die deutsche Besatzung verwüstet, sondern auch wirtschaftlich rückständiges Agrarland war, gekennzeichnet durch Armut und extreme Ungleichheiten, konnte die Attraktivität des Sozialismus durchaus steigern. Vielerorts standen Landreformen ganz oben auf der Agenda der Koalitionsregierungen, an denen die Kommunisten seit 1945 beteiligt waren.

So kann man den Übergang Osteuropas in die kommunistische Herrschaft auf ähnliche Weise erklären wie den Erfolg der Bolschewisten in Russland seit 1917: mit der Schwäche von liberalen und demokratischen Traditionen, welche die Fortsetzung eines traditionellen Autoritarismus durch eine sozialistische Entwicklungsdiktatur geradezu nahelegten. Für den mitteleuropäischen Teil des entstehenden Sowjetimperiums gilt das jedoch nicht: für die DDR, für die Tschechoslowakei, auch für Polen und für Ungarn – und nicht zufällig brachte diese westliche Peripherie immer wieder Proteste und Aufstände gegen die kommunistischen Diktaturen hervor. Vielmehr drängten die Kommunisten die demokratischen Ansätze, wie schwach und unsicher sie in der unmittelbaren Nachkriegssituation auch sein mochten, dort in einer entscheidenden Phase gezielt und mit Mitteln des Betruges und der Gewalt ab, um ihre Vorherrschaft zu installieren und, mit Hilfe der Sowjetunion, stalinistische Regime zu etablieren. Diese Phase lässt sich auf das Jahr 1947 und den Anfang des Jahres 1948 datieren. Nicht nur in der Sowjetischen Besatzungszone Deutschlands, der späteren DDR, verdichtete sich während dieser Zeit der Herrschaftsanspruch der SED und gingen Freiheiten in der Presse, an Schulen und Universitäten rapide verloren, wurden Gegner des Sozialismus verfolgt und verhaftet.

Auch in Polen, Ungarn und der Tschechoslowakei übernahmen die Kommunisten 1947/48 das Ruder. Auf die ersten freien Wahlen von 1945/46 folgten manipulierte Wahlen im folgenden Jahr wie in Polen im Januar und in Ungarn im August 1947; Politiker bürgerlicher oder agrarischer Parteien wurden eingeschüchtert und zur Flucht genötigt wie der Führer der polnischen Bauernpartei, Stanisław Mikołajczyk. Auf Moskauer Druck mussten die mitteleuropäischen Länder die von den Amerikanern (auch nicht ganz uneigennützig) angebotene Marshallplanhilfe ablehnen. In der Tschechoslowakei verhinderten die Kommunisten um Klement Gottwald, ihren besonders stramm stalinistischen Führer, «drohende» freie Wahlen durch einen offenen Putsch im Februar 1948. Staatspräsident Edvard Beneš trat zurück, nachdem er sich geweigert hatte, die rasch ausgearbeitete kommunistische Verfassung zu unterzeichnen; der Weg für Gottwald als neuen Präsidenten und ein rein kommunistisches, auf Moskau hörendes Regime war frei. Der Westen war schockiert, aber hilflos; die Fronten im «Kalten Krieg» verhärteten sich, erst recht mit der sowjetischen Blockade West-Berlins

seit dem 24.Juni 1948. Vor der Jahresmitte 1948 war definitiv entschieden, dass die Demokratie in Mittel- und Osteuropa auf absehbare
Zeit keine Chance haben würde. Gewiss waren die Rahmenbedin-
gungen denkbar ungünstig – aber es handelte sich zugleich um einen
bewussten Zerstörungsakt.

In den folgenden vier Jahrzehnten spielten demokratische Forderungen in den Protesten und Reformbewegungen eine zentrale Rolle,
die seit dem Juni-Aufstand 1953 in Ost-Berlin und anderen Städten der
DDR immer wieder den Ostblock erschütterten. Die Beschwerden der
Bauarbeiter von der Stalinallee, von Studenten in Prag und Warschau
oder Werftarbeitern in Danzig entzündeten sich meist an ganz konkreten Missständen und zielten auf eine Verbesserung der Arbeits- und
Lebensbedingungen. Es ging um Arbeitsnormen und Löhne in Ost-Berlin, um die bessere Versorgung mit Grundnahrungsmitteln wie Fleisch
für die polnischen Arbeiter oder um die Stromversorgung in Prager
Studentenwohnheimen 1967. Nirgendwo begannen die Proteste mit
großflächigen Forderungen nach der Einführung einer repräsentativen
Mehrparteiendemokratie oder nach Meinungs-, Presse-, Versamm-
lungs- und Vereinigungsfreiheit, und die konkreten Probleme waren
nicht bloß ein taktischer Vorwand für einen vom Westen abgeschauten
Masterplan – mochten die kommunistischen Führungen solche Ängste
vor der feindlich inspirierten «Konterrevolution» auch geradezu para-
noid beschäftigen. Aber sehr bald trieb die Dynamik des Protests weiter
zu Forderungen nach politischer Freiheit. Manchmal geschah das im
selben Atemzug, wie in der ironisch-verschmitzten Forderung der im
Dunkeln sitzenden Prager Studenten nach «Mehr Licht!», manchmal
innerhalb von Stunden, wie die Forderung nach freien Wahlen am
17.Juni 1953 in Ost-Berlin.

In anderen Fällen tastete man sich über mehrere Wochen an das zuvor Undenkbare, jedenfalls Unaussprechliche wie Pressefreiheit und
Mehrparteiensystem heran. Das galt vor allem dort, wo der Anstoß zur
Veränderung maßgeblich von Teilen der kommunistischen Führungseliten selber ausging, also im ungarischen Aufstand von 1956 und im
Prager Frühling der Tschechoslowakei 1968. Beide begannen als Bewegungen für eine Reform des Sozialismus und weiteten sich im Laufe
einiger Wochen zu regelrechten Revolutionen aus, die in beiden Fällen
von sowjetischen Panzern niedergeschlagen wurden. Der ungarische
Reform-Ministerpräsident Imre Nagy und Alexander Dubček, Erster
Sekretär der KPČ, verstanden sich gewiss als Anwälte eines «Sozialis-

mus mit menschlichem Antlitz», wie ihn Dubček proklamierte, mit Ausstrahlung bis in die westeuropäische Linke hinein, die zur gleichen Zeit nach einem «Dritten Weg» zwischen liberal-kapitalistischer Demokratie und sowjetischem Kommunismus suchte. Wären ihre Experimente geglückt, hätten Ungarn oder die Tschechoslowakei vermutlich in ihrer Wirtschafts- und Sozialordnung an manchen sozialistischen Strukturen festgehalten. Die politische Organisation ihrer Länder jedoch wäre schon damals unzweifelhaft dem westlichen Modell der pluralistischen Demokratie auf der Grundlage individueller Grund- und Freiheitsrechte gefolgt.

Dubček und der «Prager Frühling» waren hier gewiss etwas zögerlicher; die ungarische Revolution gelangte ohne Umschweife an diesen Punkt, spätestens als Imre Nagy am 30. Oktober 1956 den Übergang zu einem Mehrparteiensystem ankündigte und ein «freies, demokratisches und unabhängiges Ungarn» versprach. Nur fünf Tage später floh Nagy vor den sowjetischen Interventionstruppen und der kommunistischen «Konterrevolution» – hier trifft der Begriff wirklich einmal! – seines Nachfolgers Janos Kadar in die jugoslawische Botschaft; im Juni 1958 wurden er und einige Mitstreiter zum Tode verurteilt und gehängt. Hunderttausende Ungarn flohen in den Westen, wo bei linken Intellektuellen in England und Frankreich, in der Bundesrepublik und Italien Illusionen über die Natur und Reformfähigkeit des sowjetischen Kommunismus zerstoben wie erneut nach der Niederschlagung des Prager Experiments im August 1968. Den westlichen Regierungen dagegen war ihre eigene Hilflosigkeit peinlich – vielleicht ist das ein Grund dafür, dass die Aufstände im kommunistischen Mitteleuropa im gesamteuropäischen Gedächtnis der Demokratie nicht den Platz einnehmen, der ihnen eigentlich zukäme.

Dabei versuchten diese Bewegungen nicht einfach, den Westen einzuholen. Sie zielten nicht nur auf die «nachholende Revolution», wie sie Jürgen Habermas später mit Blick auf 1989 nannte, sondern entwickelten eigenständige und neuartige Muster der Demokratie, die später auch für den Westen beispielgebend wurden, oder doch zumindest mit westlichen Veränderungen parallel liefen. Die osteuropäischen Proteste der späten 1960er Jahre waren insofern Teil der globalen Studenten- und Kulturrevolte von «1968». Ihnen gelang sogar, wonach die westeuropäischen, besonders die Pariser Studenten vergeblich strebten: das Bündnis zwischen industrieller Arbeiterschaft und Akademikern. In Polen wirkte diese Verbindung besonders nachhaltig, als Intellektuelle wie

Adam Michnik und Jacek Kuroń in der erneuten Streikbewegung von 1976 das «Komitee zur Verteidigung der Arbeiter» (KOR) gründeten, von dem aus eine Linie in die Danziger Streiks von 1980 und die Formierung der Gewerkschaft «Solidarność» führte. Die polnischen Ereignisse seit 1980 sind überhaupt ein gutes Beispiel dafür, wie sich klassische Forderungen und neue Konzepte von Demokratie verknüpften: Einer der größten Triumphe Lech Wałęsas und der Danziger Arbeiter der Lenin-Werft war es, als ihre Gewerkschaft am 10. November 1980 offiziell registriert, damit also das Grundrecht auf Assoziationsfreiheit indirekt anerkannt wurde. Gleichzeitig entwickelten die Intellektuellen in ihrem Umfeld die Idee einer demokratischen «Zivilgesellschaft» gegen den autoritären und bevormundenden Staat, die über den ursprünglichen Horizont der repräsentativen Demokratie hinausdrängte und auch im Westen ihre Nachahmer und Mitstreiter fand.

6 Die Freiheit des Westens: Demokratie als Kampfideologie im Kalten Krieg?

Nach dem Ende des Zweiten Weltkriegs spitzte sich der Konflikt zwischen den bisherigen Alliierten des Kampfes gegen Nazi-Deutschland und die Achsenmächte schnell und scharf zu. Besonders die Vereinigten Staaten, als nun endgültig unbestrittene Vormacht des liberal-kapitalistischen Westens, und die immer noch von Josef Stalin geführte kommunistische Sowjetunion rangen um ihre militärischen und politischen Einflusszonen in Europa, bald auch darüber hinaus, besonders in Ostasien. Hinter dem Macht- und Interessenkampf stand ein Konflikt von Gesellschaftssystemen und Zukunftsentwürfen, der auf beiden Seiten zunehmend eine ideologisierte Form annahm. Der Begriff des «Kalten Krieges» hat sich für diese Auseinandersetzung zwischen 1945/47 und 1989/91 nicht nur umgangssprachlich eingebürgert, sondern auch in der Wissenschaft durchgesetzt. In ihm schwingt zum einen die beständige Drohung des Übergangs in einen «heißen» Krieg mit, der als Angst vor dem nuklearen Dritten Weltkrieg wie ein Damoklesschwert über den Nachkriegsjahrzehnten hing. Zum anderen verweist er auf den umfassenden Charakter eines Konflikts, der Außenpolitik und internationale Beziehungen ebenso prägte wie den Wettlauf um Wohlstand und soziale Sicherheit und das kulturelle Leben in Wissenschaften und Künsten. Zur globalen Auseinandersetzung um die Behauptung der westlichen Freiheit gegen den Kommunismus stilisiert, veränderte der Kalte Krieg auch Vorstellungen und Realitäten von Demokratie.

In der Forschung stand die Frage nach den Ursachen des Systemkonflikts, nach der Verantwortung und Schuld für den «Ausbruch» des Kalten Krieges lange Zeit im Vordergrund. Eine «orthodoxe» Interpretation schob der Sowjetunion, ihrem totalitären Regime und seinen Expansionsgelüsten den schwarzen Peter zu. Selbstkritische amerikanische «Revisionisten» arbeiteten seit den 1960er Jahren heraus, dass die USA unter ihrem Nachkriegspräsidenten Harry S. Truman (1945–1953) weltpolitisch und militärisch in die Offensive gingen und eine durch den Krieg geschwächte, mehr defensiv auf Sicherheit vor neuen Überfällen bedachte Sowjetunion vor sich hertrieben. «Post-Revisionisten» wie John Lewis Gaddis, der wohl einflussreichste Historiker des Kalten Krieges, entwickelten bald darauf eine vermittelnde Position. Die Öffnung der sowjetischen Archive nach 1991 hat insgesamt gezeigt, dass Stalin seit der Schlussphase des Zweiten Weltkriegs durchaus strategisch und offensiv kommunistische Einflusssphären in Europa auszubauen versuchte. Als unsicheren Schwächling, der auf die amerikanische Übermacht nur reagieren konnte, kann man die Sowjetunion in der zweiten Hälfte der 1940er Jahre (und erst recht danach) gewiss nicht beschreiben. Vor allem jedoch ist die Schuldfrage überhaupt in den Hintergrund getreten. Man kann für den Kalten Krieg nicht so nach Ursachen und «Kriegsschuld» fragen, wie man sich das in der Debatte um die Weltkriege, besonders den Ersten Weltkrieg, angewöhnt hatte. Dass nach dem Zusammenbruch des Nationalsozialismus und in der darauffolgenden Neuordnung Europas zwei mächtige Ordnungen mit ganz entgegengesetzten Wirtschafts-, Gesellschafts- und Wertsystemen in schärfsten Konflikt gerieten, ist kaum anders vorstellbar. Viel interessanter sind Fragen nach den Wirkungen der militärisch-politischen Auseinandersetzung auf die westlichen und östlichen Gesellschaften, zum Beispiel nach der Transformation der Demokratie in der formativen Nachkriegsphase der späten 40er bis mittleren 60er Jahre.

Seit der deutschen Kapitulation Anfang Mai 1945 war nicht nur das Misstrauen zwischen Amerikanern und Engländern einerseits, den Sowjets andererseits offen zutage getreten; unterschiedliche Interessen trafen immer öfter aufeinander, in der Deutschland- und Berlinpolitik ebenso wie beim Neuaufbau in Polen und auf dem Balkan bis hinunter nach Griechenland und in die Türkei. Am 5. März 1946 hielt der britische Premierminister Winston Churchill seine berühmte Rede vom

«Eisernen Vorhang», der sich in Europa gesenkt habe. Ein Jahr später, am 12. März 1947, nannte Truman – Demokrat wie sein Vorgänger Roosevelt, doch aus anderem Holz geschnitzt – es eine Grundlinie amerikanischer Politik, «freie Völker zu unterstützen, die sich gegen den Versuch der Unterwerfung durch bewaffnete Minderheiten oder äußeren Druck zur Wehr setzen». Das war auf Griechenland und die Türkei gemünzt, wo sich – wie in Mittel- und Osteuropa – kommunistische Minderheiten mit sowjetischer Unterstützung die Macht zu sichern versuchten, wurde aber bald als allgemeines Prinzip verstanden. Diese «Truman-Doktrin» gilt oft als Beginn des Kalten Krieges. Etwa gleichzeitig hatte George F. Kennan das «Containment», also die Eindämmung eines expansiven Machtanspruches der Sowjetunion gefordert, und im Juli 1947 umriss der amerikanische Außenminister George Marshall die Grundzüge eines wirtschaftlichen Unterstützungsplans mit der Absicht, europäische Länder im Wiederaufbau an die USA statt an die UdSSR zu binden. Insoweit lag die Initiative tatsächlich bei den Amerikanern, die jedoch ihrerseits auf die zunehmend manipulative und gewaltsame Etablierung kommunistischer Diktaturen reagierten und 1949 zusätzlich durch den Sieg der Kommunisten Maos im chinesischen Bürgerkrieg und die Ausrufung der Volksrepublik verunsichert waren. Schon im Jahr darauf verlagerte sich der äußere Schwerpunkt des Konflikts nach Ostasien – der Koreakrieg (1950–53) war der erste der «Stellvertreterkriege», während Europa trotz militärischer Hochrüstung und politischer Hochspannung ein neuer Krieg erspart blieb.

Im Schmelztiegel des frühen Kalten Krieges bildete sich um 1950 ein neues Konzept des demokratischen und freiheitlichen Westens heraus, der als eine militärisch-politische ebenso wie geistig-kulturelle Einheit der Bedrohung des kommunistischen Ostens gegenüberstand. Geographische Begriffe erhielten einen veränderten Klang – so auch der «Nordatlantik», der mit der Gründung der NATO im April 1949 als Interessen- und Gesinnungsraum der freiheitlichen Demokratie seinen einflussreichen institutionellen Rahmen erhielt. Viele Wurzeln dieser Umbildung von Identitäten reichen in das frühe 20. Jahrhundert zurück, zumal in das Epochenjahr 1917: Die USA mischten sich mit dem Kriegseintritt in die europäischen Verhältnisse ein, die russische Oktoberrevolution brachte die Alternative zur liberalen Demokratie hervor, die sich auch 1945 noch als höchst lebensfähig erwies. Die «Atlantikcharta» Roosevelts und Churchills hatte im August 1941 dem späteren Gedanken der NATO vorgearbeitet. In der Präambel des Gründungsvertrages vom 4. April 1949 erklärten sich deren Mitglieder entschlossen, «Freiheit, gemeinsame Herkunft und Kultur ihrer Völker zu schützen, gestützt auf die Prinzipien der Demokratie, der individuellen Freiheit und des Rechtsstaates». Dieser Satz enthielt bereits das Ensemble von Konzepten, auf das sich der Westen im Kalten Krieg gut vier Jahrzehnte lang berief, einschließlich der Berufung auf eine in der Geschichte begründete gemeinsame Werteordnung. Darin steckte, angesichts von Feindschaften und Kriegen innerhalb Europas ebenso wie amerikanisch-europäischer Klüfte, ein gutes Stück «Erfindung von Tradition» (Eric Hobsbawm), die sich aber als ungemein wirkungsvoll erwies. Die NATO war im Kern eine Militärallianz; Demokratie und freiheitliche Lebensordnung wurden unter den Schutz einer gemeinsamen bewaffneten Verteidigung gestellt. Die Demokratie bekam Zähne – darin lag freilich auch eine durchaus neuartige Militarisierung der Demokratie, die in Kultur und Alltag der westlichen Länder bis zum Ende der 1980er Jahre weit ausstrahlte.

So etablierte sich bald ein charakteristisches Wortfeld für diese Demokratie in Bedrohung und kämpferischer Selbstbehauptung; die wichtigsten Vokabeln in dieser neuen Leitsemantik waren der «Westen» und die «Freiheit». An eine Gemeinsamkeit des Westens mussten sich beide Seiten erst einmal heranarbeiten. In amerikanischer Sicht stand der Begriff, jenseits der eigenen kontinentalen Ausdehnung bis zum Pazifik, spätestens seit der Monroe-Doktrin von 1823 für die «westliche Hemisphäre» als Doppelkontinent Nord- und Südamerika, in der die Europäer nichts verloren hatten. Diese Bedeutung ist im US-amerikanischen Sprachgebrauch auch während des Kalten Krieges, der den Westen um das «freie», nicht kommunistische Europa erweiterte, nie ganz verloren gegangen. Umgekehrt mussten auch die Europäer lernen, mit den USA und Kanada Teil eines «Westens» zu sein, nicht zuletzt die Deutschen in der Bundesrepublik. Denn in der politischen Geographie hatte Deutschland zuvor nie zu «Westeuropa» gezählt. In dieser Situation des Umdenkens erwies sich die Berufung auf das «Abendland» als eine hilfreiche Brücke. In den 50er Jahren sprachen zumal konservative Intellektuelle, in der Reflexion auf eine Zukunft nach dem Nationalsozialismus, gerne vom Abendland und seinen gemeinsamen Werten. Denn unbefangen vom «Westen» zu reden fiel in dieser Tradition nicht leicht – hatte man doch vor allem seit dem späten 19. Jahrhundert, und besonders im Ersten Weltkrieg, deutsche Kultur gegen die verachtete Zivilisation des Westens gesetzt, die «Ideen von

1914» gegen die «Ideen von 1789»; die Abgrenzung vom Westen meinte also auch eine Abgrenzung gegen die Demokratie. In der Idee vom Abendland konnten diese bildungsbürgerlichen Denkmuster behutsam fortgeführt und allmählich in die Versöhnung mit der Demokratie, also in den neuen Begriff vom Westen unter Führung der USA, transformiert werden. In der primären Abgrenzung gegen den Osten wirkte der ältere Antibolschewismus, der ja auch ein erstrangiges ideologisches Motiv des Nationalsozialismus (und von Hitler selber) gewesen war, mühelos fort; von anderen Traditionen der Arroganz gegenüber Asien und dem Orient zu schweigen.

Als zentrales Merkmal des Westens galt seine Freiheit. Dieser zweite, dem «Westen» korrespondierende Leitbegriff stand gegen die Unfreiheit und Sklaverei des Kommunismus und aller totalitären Regime; er griff weiter aus als der Begriff der Demokratie selber, der enger auf eine politische Ordnung der Selbstregierung bezogen war. In der ideologischen Konfrontation wurde Freiheit schnell zu so etwas wie einem Codewort für das Bekenntnis zum Westen, dem der «Frieden» als Leitbegriff der kommunistischen Staaten und ihrer Unterstützer gegenüberstand. Die Berufung auf die Freiheit eignete sich zudem bestens für moralische Emphase und politisches Pathos. In diesem Horizont trat die westliche Demokratie etwa seit 1950 mit einem neuartigen Selbstbewusstsein auf, mit einer kämpferischen und bisweilen aggressiven Haltung. Das unterschied sich deutlich von den «bescheidenen» und skeptisch-relativierenden Definitionen der Demokratie, die nur kurz zuvor entwickelt worden waren und teilweise noch überlappend im Umlauf blieben. Substantiell waren die Unterschiede nicht groß, denn die «emphatische Demokratie» des Kalten Krieges zielte ganz genauso auf ein breites Fundament von Menschen- und Freiheitsrechten und auf eine politische Ordnung der repräsentativen Demokratie mit hohem Anteil der Elitenkontrolle. Aber der Gestus war ein ganz anderer: Demokratie war jetzt keine Verlegenheitslösung mehr, sondern konsistente und selbstgewisse, ja oft triumphalistische Ideologie der westlichen Moderne.

Die aggressive Komponente richtete sich zumal während der 1950er Jahre, der eigentlichen Hochzeit des kulturellen Kalten Krieges, vor allem nach innen, auf die vermeintlichen Feinde der Freiheit und des Westens im eigenen Land. Insofern war ein scharfer, teilweise bis zur Paranoia gesteigerter Antikommunismus integraler Bestandteil der Demokratie des Kalten Krieges. In den USA speiste er sich aus älteren

Traditionen, nahm Elemente des Nativismus und des weißen Rassismus, auch des Antisemitismus auf und führte die Kommunistenfurcht der ersten «Red Scare» nach dem Ersten Weltkrieg auf einen neuen Höhepunkt. Überall meinte man die Infiltration von Kommunisten, wenn nicht gar sowjetischen Spionen aufdecken und verhindern zu müssen: in Politik und Verwaltung, an den Universitäten und in der Wissenschaft, unter Schriftstellern und Kulturschaffenden. Schon 1938 hatte das Repräsentantenhaus erstmals einen Ausschuss zur Untersuchung «unamerikanischer Aktivitäten» eingesetzt, der 1947 Kommunisten in Hollywood zu enttarnen versuchte, Schauspieler und Regisseure denunzierte und de facto mit Berufsverbot belegte oder sie dazu nötigte, wie Charlie Chaplin das Land zu verlassen. 1950 begann Joseph McCarthy, ein demokratischer Senator aus Minnesota, seinen nahzu von Wahnvorstellungen getriebenen Kampf gegen Kommunisten im State Department, dem Außenministerium. Als «McCarthyism» ist sein Name zum Symbol für eine in alle Fasern der Gesellschaft reichende Mentalität und Praxis der Verdächtigung von abweichender Meinung geworden. Universitäten überprüften ihre Professoren oder weigerten sich, vermeintliche Kommunisten einzustellen. Die Freiheit, in deren Namen das alles geschehen sollte, nahm dabei beträchtlichen Schaden; erst Ende der 1950er Jahre schlug das Klima wieder in eine liberalere Richtung um, als die Bürgerrechtsbewegung der Schwarzen um Martin Luther King und andere Aufmerksamkeit und Sympathisanten fand. Innerhalb Europas spielte der Antikommunismus wohl in der Bundesrepublik, aus leicht nachvollziehbaren Gründen, die größte Rolle. Das Verbot der moskautreuen KPD im Jahre 1956 bildete dabei letztlich eher einen Nebenaspekt; einflussreicher war ein diffuseres Unbehagen gegenüber Linken und Sozialisten, das in dem CDU-Wahlplakat von 1953 einen weithin bekannten Ausdruck fand: «Alle Wege des Marxismus führen nach Moskau!»

Es wäre jedoch verkürzt, die demokratische Ideologie des Kalten Krieges auf diese Formen von politischem Kampf und Demagogie zu verkürzen. Vielmehr stößt man bei genauerem Hinsehen auf ein komplexes Geflecht von Personen, Institutionen und politischen Programmen sehr unterschiedlicher, oftmals auch «linker» Provenienz – und auf ernsthaftes, intellektuell tiefgründiges Suchen nach den Bedingungen von individueller Freiheit und sozialer Wohlfahrt. Aus Nazi-Deutschland emigrierte jüdische Sozialwissenschaftler und Philosophen wie Herbert Marcuse, später ein Held der transatlantischen Studentenbewegung, arbeiteten schon vor 1945 bereitwillig mit amerikanischen Regierungsstellen, besonders mit dem «Office of Strategic Services» (OSS) zusammen, dem geheimdienstlichen Vorläufer der CIA. Sie waren als Experten für den Feind gefragt, der zuerst Deutschland hieß und dann immer mehr Sowjetrussland; hier kam zusätzlich ihre Kompetenz als Kenner des Marxismus und Kommunismus ins Spiel, von dem die Amerikaner zu verstehen hofften, wie sein Weltbild «tickte». Der dritte Pol in einem weiten Netzwerk der Forschung und Aufklärung im Kalten Krieg waren große private Stiftungen wie die Rockefeller Foundation, welche die Sowjetforschung finanzierten und dabei zugleich der Entfaltung linksliberaler, ja neomarxistischer Ideen erstaunlich viel Freiraum boten.

Den europäischen Emigranten traten amerikanische Intellektuelle zur Seite wie Irving Howe, Nathan Glazer oder Irving Kristol. Mit ihren Artikeln in liberalen Magazinen wie der «Partisan Review» oder der «New Republic» formulierten sie eine Gegenposition gegen den Kommunismus, bezogen sich dabei aber auf liberale Traditionen wie den New Deal. Das schloss das Bekenntnis zu einem aktiven Staat – im Sinne einer keynesianischen Wirtschaftspolitik und wohlfahrtsstaatlichen Engagements – durchaus mit ein. Wieder andere Intellektuelle waren in den 1930er oder frühen 40er Jahren selber überzeugte Kommunisten gewesen, bis hin zur Unterstützung der stalinistischen Sowjetunion, und präsentierten sich um 1950 als Bekehrte zur liberalen Demokratie und gegen jeden Totalitarismus. Ihr «Gott» war gescheitert, wie Arthur Koestler, Ignazio Silone, André Gide und andere 1949 in einer gemeinsamen Publikation bekenntnishaft darlegten. Und schließlich gab es in diesem transatlantischen Demokratiediskurs des Kalten Krieges auch jene, die seit jeher eine klassisch-liberale Position einnahmen und den «Versuchungen der Unfreiheit» (Ralf Dahrendorf), gleich ob von der extremen Rechten oder der extremen Linken, über die Jahrzehnte hinweg widerstanden. Der französische Soziologe Raymond Aron hieb 1955 mit seinem «Opium der Intellektuellen» in dieselbe Kerbe wie die Konvertiten um Koestler; noch 1965, als diese Schlacht längst geschlagen schien und neue Bewegungen die Debatten prägten, stellte er in einem Buch «Demokratie und Totalitarismus» programmatisch einander gegenüber.

Als ein besonders effektives Instrument westlicher Demokratie- und Freiheitskonzepte im Kalten Krieg erwies sich der «Kongress für kulturelle Freiheit». Sein Spiritus Rector war der amerikanische Publizist

Melvin J. Lasky, der 1944 mit den US-Truppen nach Europa gekommen war und 1948 die Zeitschrift «Der Monat» gegründet hatte. Ende Juni organisierte Lasky in Berlin den «Kongress für kulturelle Freiheit», ein Stelldichein überwiegend linksliberaler, aber dezidiert antistalinistischer Schriftsteller, Wissenschaftler und Politiker. Ernst Reuter eröffnete als Oberbürgermeister den Kongress im Steglitzer Kino «Titania-Palast». Mit viel moralischer Emphase war dabei immer wieder von einer Kampf- und Entscheidungssituation für die Freiheit die Rede – aber für viele Redner, unter ihnen Ernst Reuter als Verfolgter des NS-Regimes, war das nicht hohle Phrase, sondern Teil der Lebensgeschichte. Als Organisation und Netzwerk wirkte der «Kongress für kulturelle Freiheit» weiter, bis 1967 seine finanzielle Unterstützung durch die CIA öffentlich wurde; der «Monat» erholte sich davon nicht mehr. Dennoch haben Lasky und seine Mitstreiter über fast zwei Jahrzehnte einen wichtigen Beitrag zur Verwestlichung und Demokratisierung der politischen Kultur der Bundesrepublik geleistet.

Den programmatischen Kern solcher Projekte für Freiheit und Demokratie im Kalten Krieg hat man in letzter Zeit häufig als «Konsensliberalismus» oder «Konsenskapitalismus» bezeichnet. Damit ist ein grundlegender Konsens über eine liberale Ordnung gemeint, in dem amerikanische und europäische Traditionen zusammenkamen, in dem sich aber zugleich ein breites Spektrum politischer Identitäten, von der westeuropäischen Sozialdemokratie über die amerikanischen Demokraten bis zu klassischen Liberalen und Liberal-Konservativen, wiederfinden konnte. Die Abgrenzung gegen alle totalitären Regime, die Idee des Fortschritts, ein gemäßigter Etatismus – keineswegs die neoliberale Staatsverachtung späterer Jahrzehnte! – und ein kosmopolitischer Internationalismus gehörten zu diesem Konsens dazu. Andererseits handelte es sich nicht um ein geschlossenes Weltbild, sondern um ein immer wieder ausfransendes Spektrum; eine «geschlossene ideologische Alternative» gegen den Kommunismus bildete der Konsensliberalismus kaum. Auch die Bedeutung des Kongresses für kulturelle Freiheit als eine «steuernde Ideologieagentur» sollte man nicht überschätzen. Bei aller Verflechtung mit den politischen Eliten, sogar den Geheimdiensten, handelte es sich doch letztlich eher um eine Bühne für Intellektuelle.

Für Millionen von Menschen in den demokratischen Staaten des neuen «Westens», gerade auch in der Bundesrepublik, meinten Freiheit und Demokratie im Kalten Krieg etwas anderes und viel praktischeres:

Der Eiserne Vorhang, der zugespitzte Systemgegensatz waren der Hintergrund und der Schutzschirm, vor dem sich ein neues Leben in existentieller und zunehmend auch sozialer Sicherheit entwickeln konnte. Sie schufen die Voraussetzung für wirtschaftliche Expansion, sozialstaatlich verbürgte Lebenssicherung und individuellen Wohlstand im Massenkonsum. Wenn das Freiheit und Demokratie genannt wurde, warum sollte man es dann verschmähen?

7 Jenseits des Grundgesetzes: Das lange Lernen der Demokratie

Als das Grundgesetz verkündet, der erste Bundestag gewählt, die Bundesregierung konstituiert war, nahm die zweite deutsche Demokratie im Herbst 1949 ihren Normalbetrieb auf. Manchen Beobachtern erschien in dieser Gründungszeit zweifelhaft, ob auch nur der institutionelle Kern demokratischen Regierens von Dauer sein könne, von den inneren Überzeugungen eines Volkes, das zeitweise in großer Mehrheit Hitler zugejubelt hatte, zu schweigen. Der Politikwissenschaftler Franz L. Neumann, selber als Jude und Sozialdemokrat verfolgt und 1933 aus Deutschland geflohen, beobachtete für seine neue Heimat, die USA, die schwierige Neuorientierung der Westdeutschen. Er befürchtete 1948 eine «Scheindemokratie», denn die demokratischen Institutionen müssten entweder zu «Agenten der Besatzungsmacht» werden, als die sie das Vertrauen der Bevölkerung nicht gewinnen konnten, oder «gegen die Militärregierung opponieren» und von dieser aufgelöst werden. An eine innere Abwendung vom Vertrauen in Diktatur und autoritäre Führung glaubte er also nicht, noch nicht einmal an die Lebensfähigkeit der von den Besatzungsmächten halb oktroyierten Institutionen.

Was die institutionelle Stabilität angeht, setzten schon die 1950er Jahre Neumann ins Unrecht; in den 70er Jahren war die «Hyper-Stabilität» der Bundesrepublik zu einer gängigen Münze geworden. Noch vor der zweiten Bundestagswahl stellte der Schweizer Politologe Fritz René Allemann im Januar 1953 fest, die Demokratie habe «keinen ernstzunehmenden Gegner: zumindest auf der parlamentarischen Ebene, im Bund wie in den Ländern, gibt es weder eine kampf- und schlagkräftige kommunistische noch eine entsprechende neofaschistische Bewegung». In dieser Diagnose klang, wie damals so oft, der Vergleich der Bonner mit der Weimarer Republik unausgesprochen mit. Als Allemann 1956 seine Beobachtungen über die rasche (und für viele: überraschende) Stabilisierung der Bundesrepublik unter dem Titel «Bonn ist nicht Weimar» als Buch herausbrachte, erlangte dieser griffige Titel bald Kultstatus. Tatsächlich blieben dem jungen Staat äußere Herausforderungen durch offen antidemokratische Bewegungen größeren Ausmaßes zunächst erspart; das Parteiensystem begann sich in der Mitte der 50er Jahre von der Weimarer Vielfalt, die sich noch in der Bundestagswahl von 1949 deutlich gespiegelt hatte, zu jenem «Zweieinhalbparteiensystem» zu entwickeln, das bis zum Aufstieg der Grünen in den 1980er Jahren so prägend blieb: Union und SPD als dominierende demokratische Volksparteien, dazwischen die liberale FDP als bürgerliches «Zünglein an der Waage». Die CDU saugte erfolgreich die bürgerlichen und nationalkonservativen Parteien älteren Typs wie die «Deutsche Partei» oder den «Block der Heimatvertriebenen und Entrechteten» auf.

Man kann gut nachvollziehen, dass für die Zeitgenossen diese Perspektive einer schnellen Konsolidierung der Demokratie im Vordergrund stand. Sie vernachlässigte allerdings, wie auch der Vergleich mit Weimar, die Besonderheiten einer politischen Kultur und Gesellschaft *nach* dem Nationalsozialismus. In einer Konstellation der besiegten Diktatur, die viele Deutsche keineswegs als Unterdrückung und Fremdherrschaft empfunden hatten, des verlorenen Krieges, der Besetzung und Teilung des Landes war radikaler und manifester Widerstand gegen die neue politische Ordnung wohl gar nicht so sehr zu erwarten. Aber autoritäre und antidemokratische Gesinnung, vielleicht sogar Sympathie für Hitler und den Nationalsozialismus, lebten an vielen Stellen fort, auch wenn nicht jeder das auszusprechen wagte. Schon in der Gründungsphase der Bundesrepublik schlug die Stimmung in eine «Schlussstrich-Mentalität» um, nach der es nun «endlich» ein Ende haben müsse mit dem Hinweis auf deutsche Schuld und deutsche Verbrechen und man zur Normalität übergehen solle, unter Einschluss der früheren Nationalsozialisten, die die Entnazifizierung und die erste Welle der Strafverfolgung überstanden oder sich ihr entzogen hatten.

Das diffuse Gefühl der Normalisierung fand schnell Ausdruck in einer «Vergangenheitspolitik» des Bundestages, zum Beispiel in dem Gesetz über die sogenannten «131er» vom 10. April 1951. Unter Berufung auf den Art. 131 GG sollten Beamte, die nach dem 8. Mai 1945 wegen der Unterstützung des NS-Regimes und seiner Verbrechen ihre Stellung verloren hatten, wieder in den Staatsdienst zurückkehren, sofern sie nicht als «Hauptschuldige» oder «Belastete» eingestuft waren. Ob damit auch ein individueller Lernprozess, erst recht ein Anerkenntnis eigener Schuld verbunden war, blieb oft zweifelhaft, auch wenn viele aus den zurückkehrenden Eliten sich jetzt in den Dienst der Demokratie stellten. Der bekannteste, bis heute geradezu symbolträchtige Fall ist der Aufstieg des Juristen Hans Globke zum Chef des Bundeskanzleramts und engen Berater Konrad Adenauers seit 1953. Globke war im Reichsinnenministerium seit 1934 an der Ausarbeitung und Kommentierung der «Nürnberger Gesetze» von 1935 und an anderen Maßnahmen der nationalsozialistischen Rassepolitik und der Vorbereitung des Holocaust beteiligt; an seiner radikal antisemitischen und demokratiefeindlichen Haltung zumindest bis 1945 konnte kein Zweifel bestehen.

Solche offene Kontinuität und «Verwandlung» von Eliten belastete die junge Bonner Demokratie, war aber auch damals umstritten und wurde in der Öffentlichkeit teils scharf kritisiert. Andere passten sich eher im Stillen an die neuen Verhältnisse an und versuchten aus dem Hintergrund Fäden zu ziehen wie Werner Best, ein hochintelligenter Jurist, der zu den radikalen Ideologen der Rasse- und Großraumpolitik im «Dritten Reich» gehörte und als hoher Polizeichef und SS-Führer im Umfeld Himmlers und Heydrichs zugleich wichtigen praktischen Anteil an der Judenverfolgung hatte. Nach mehreren Jahren in dänischer Haft kam er 1951 in die Bundesrepublik und wirkte als Anwalt und FDP-Mitglied hinter den Kulissen zugunsten der Amnestie von NS-Tätern. Besonders die nordrhein-westfälische FDP diente in den frühen 50er Jahren als ein Sammelbecken für Alt-Nazis. Ein stabiles demokratisches Parteiensystem schloss also antidemokratische Gesinnung und Bestrebungen nicht aus. Die in den unmittelbaren Nachkriegsjahren intensive Debatte über Schuld und Verbrechen – auch, aber nicht nur unter dem Druck der Besatzer – verwandelte sich in ein langes Schweigen. Seit dem Ende der 60er Jahre kritisierte eine jüngere Generation diese Vergangenheitsbewältigung der Verdrängung. Dagegen vertrat der Philosoph Hermann Lübbe 1983 die These, das «Beschweigen» der NS-Vergangenheit habe die Bundesrepublik und ihre noch unsichere Demokratie sogar stabilisiert, weil sie zerreißende Konflikte vermieden und langsame Integration ermöglicht habe. Diese positive Wirkung wird von vielen Historikern heute durchaus anerkannt, aber sie war teuer erkauft – nicht nur mit einer schwer zu rechtfertigenden moralischen Kompromittierung, sondern auch mit handfesten Kontinuitäten des Nationalsozialismus. Dabei ging es Lübbe vor allem um die öffentlichen Debatten und das öffentliche Schweigen. Erst seit dem Ende der 1980er Jahre wurde das private Schweigen gebrochen, das in den meisten Familien über mehr als eine Generation hinweg geherrscht hatte. Kinder und Enkel stellten die lange Zeit «versäumten Fragen», was der Vater oder Großvater denn in Polen, der Ukraine oder Russland eigentlich getan oder gesehen hatte.

Die junge Bundesrepublik war unzweifelhaft eine Demokratie von Anfang an, aber sie war auch ein Staat und eine Gesellschaft nach dem Nationalsozialismus, nach Diktatur und Holocaust. Für viele wirkte der Schock des Zusammenbruchs heilsam, und die 1933 brutal unterdrückten demokratischen und zivilgesellschaftlichen Traditionen vibrierten in den 50er Jahren wieder vor Aktivität. Eine nur auf dem Papier oder in politischen Institutionen existierende, nicht mit Leben und Gesinnung gefüllte Proto-Demokratie war die Bundesrepublik deshalb auch in ihren ersten ein oder zwei Jahrzehnten nicht. Aber autoritäre und vordemokratische Traditionen, auch unmittelbare nationalsozialistische Kontinuitäten wirkten in dieser Zeit beinahe überall fort. Es war leicht, wieder wählen zu gehen, aber in vielen Bereichen des Lebens und sogar in der Art und Weise, Politik zu betreiben, mussten die Westdeutschen Demokratie erst (wieder) lernen und taten das – teils im Stillen, teils auch konfliktreich – bis in die frühen 1970er Jahre.

Dieser Verbreiterung der Demokratie von den politischen Institutionen in die politische Kultur, ja bis in die Verästelungen des Alltags hinein: im Bildungssystem, in den Familien – hat die neuere Forschung viel Aufmerksamkeit gewidmet. Im Habitus Konrad Adenauers und seinem selbstbewussten Patriarchalismus drückte sich ein älterer, fast noch kaiserzeitlicher Politikstil aus, der in den 1960er Jahren zunehmend irritierte. Man kann darin aber auch den Weg sehen, auf dem die autoritätsfixierten Deutschen mit der demokratischen Regierungsform versöhnt wurden. Das Vertrauen auf den Staat und darauf, dass die Obrigkeit es schon richten werde, ohne dass sich wache Bürger jederzeit einschalten müssten, blieb eine weit verbreitete Grundhaltung. Im «Dritten Reich» hatte sich die deutsche Gesellschaft auf die Vision der Volksgemeinschaft, auf autoritäre Führung und nackte Gewalt gestützt – Spuren davon blieben mindestens zwei Jahrzehnte nach 1945 sichtbar, zum Beispiel in autoritär-paternalistischer Erziehung oder im Umgang mit Leben außerhalb der vermeintlichen Normalität: in der Heimerziehung «schwer erziehbarer» Kinder und Jugendlicher, in Sichtweisen auf Sexualität und Familie, bald auch im Kontakt mit den

«Gastarbeitern», die das Wirtschaftswunderland seit dem Anwerbeabkommen mit Italien 1955 als billige Arbeitskräfte holte.

Daneben standen Vorbehalte gegenüber der Demokratie und ihren Verfahren, zum Beispiel der offenen Konfliktregulierung in Streit und Diskurs, die sich mit dem historischen Sonderbewusstsein vor allem des deutschen Bildungsbürgertums und seiner Distanz gegenüber dem Westen verknüpften. Neben der Faszination für den Westen und unbefangener Lernbereitschaft standen tiefe Ressentiments, in denen die USA, wie erneut Franz Neumann 1948 diagnostizierte, «das Land der Technik und der billigen Vergnügungen» waren, «dessen Zivilisation sich in Badezimmern und Fords ausdrückt, während Deutschland das Land der Kultur ist, Goethes und Beethovens. Demokratie ist von vielen Deutschen, insbesondere von der intellektuellen Elite, als Luxus interpretiert worden, den sich nur reiche Länder leisten könnten, oder als eine Form offener plutokratischer Herrschaft.» Gerade diese gebildeten Eliten aber verwandelten sich in den 50er und 60er Jahren. Als Ältere lösten sie sich von der bildungsbürgerlichen Sonderideologie oder passten diese doch der neuen demokratischen Ordnung an; als Jüngere traten sie diesen Traditionen selbstbewusst und manchmal frech, provokativ entgegen, analysierten die demokratischen Defizite ihres Landes und skizzierten ein neues, positives und dynamisches Verhältnis der Deutschen zur Demokratie. Als Wissenschaftler transformierten sie ihre Fächer an den Universitäten in Bastionen der Demokratiewissenschaft; als Journalisten fochten sie vehement für eine kritische Öffentlichkeit, die sich von der Regierung nicht beeindrucken ließ.

Einen langen Weg hatte die ältere Generation der Konservativen zurückzulegen, denn einen überzeugten demokratischen Konservatismus hatte es in Deutschland, erst recht in Preußen, eigentlich nie gegeben. Seit dem Vormärz hatte man die Monarchie und den starken Staat gegen liberal-parlamentarische Positionsgewinne verteidigt; in Weimar war man allenfalls bei den Rechtsliberalen, der DVP, «vernunftrepublikanisch»; die DNVP bekämpfte die erste deutsche Demokratie und sehnte sich zunehmend nach dem autoritären und «völkischen» Führerstaat. Konservative Intellektuelle hatten sich als Vordenker solcher Ordnungsmodelle profiliert und mussten sich nach 1945 neu orientieren, zumal eine Rückkehr zur Monarchie als Staatsform für Westdeutschland nie in Frage kam – anders übrigens als in Japan und in Italien, das 1946 darüber eine Volksabstimmung abhielt. So akzeptierten die Konservativen seit den frühen 1950er Jahren, zuerst manchmal zögernd und widerwillig, die westliche parlamentarische Demokratie. Praktisch-politisch integrierten sie sich größtenteils in die CDU, deren Wurzel im katholischen Zentrum – wie im Falle Adenauers – einen demokratischen Anker schlug. Intellektuelle gingen auf größeren Abstand zur Politik, indem sie wie Carl Schmitt die «Sicherheit des Schweigens» (Dirk van Laak) bevorzugten oder wie Hans Freyer in eine diffusere, vordergründig unpolitische Kulturkritik, eine «Theorie des gegenwärtigen Zeitalters», flüchteten.

Mit der Demokratie konnte man sich umso leichter abfinden, als man mit ihr auf der Seite der Sieger stand und mit dem liberalen Individualismus gegen den «Kollektivismus» und die «Vermassung» der Gesellschaft, die man den Kommunismus betreiben sah, zu Felde ziehen konnte. Genauso wichtig wie die programmatische Verschiebung war eine Änderung der Haltung: In den 1920er und 30er Jahren waren gerade die damals Jüngeren übereifrige Propagandisten der «Tat», der «Aktion», wie es in der Sprache der Zeit hieß. Die vermeintlichen demokratischen Missstände zwangen zum Handeln, möglichst sofort und um beinahe jeden Preis. An die Stelle dieses radikalen Voluntarismus trat eine skeptischere und gelassenere Grundhaltung; konservative Intellektuelle sahen sich als Beobachter der Zeit von distanzierter Warte. In den 60er und 70er Jahren rückten Jüngere nach, denen die Kämpfe der Zwischenkriegszeit fremd waren; sie standen wie der Philosoph Hermann Lübbe (geb. 1928) auf dem Boden des demokratischen Nachkriegskonsenses, hatten öfters sogar mit der SPD sympathisiert und fanden in der Studentenbewegung und der «Neuen Linken» einen Gegner, gegen den sie nunmehr die liberal-parlamentarische Demokratie verteidigen konnten.

Seit den späten 50er Jahren begann überhaupt eine jüngere Generation, einen westlichen Begriff von Demokratie und offener Gesellschaft auch offensiv, und ganz bewusst gegen die antidemokratischen Traditionen des eigenen Landes, zu verfechten. Der junge Soziologe Ralf Dahrendorf trieb seine Landsleute immer wieder dazu an, den Konflikt als Grundprinzip einer freien Gesellschaft endlich zu akzeptieren, statt weiterhin der Neigung zu Konsens, Konformität und obrigkeitlicher Definition des «Gemeinwohls» von oben herab zu frönen. Sein 1965 veröffentlichtes Buch über «Gesellschaft und Demokratie in Deutschland» war eine Abrechnung mit den antidemokratischen, illiberalen Traditionen, von denen sich die Bundesrepublik in ihrer Hinwendung zum Westen lossagen müsse. Dafür bestanden alle Chancen, denn Dahrendorf vertrat die provokante These, ausgerechnet der Nationalsozialismus habe eine «soziale Revolution» bewirkt. Zugunsten von Volksgemeinschaft und totalitärer Kontrolle hätten die Nazis Bastionen der alten Gesellschaft zerrieben, ihre antidemokratischen «Verwerfungen» aufgelöst. Sein Kollege M. Rainer Lepsius (geb. 1928) hieb in die gleiche Kerbe: Vom 19. Jahrhundert bis in die NS-Zeit sei Deutschland in scharf geschiedene soziale «Milieus» – etwa der Katholiken, der Arbeiterbewegung, des protestantischen Bürgertums – zerfallen, heute würden wir von Parallelgesellschaften sprechen. Eine demokratische Gesellschaft aber muss durchlässig sein und alle Bürgerinnen und Bürger einschließen. Lepsius wies auch darauf hin, dass die Bundesrepublik mit dem westlichen Teil des Deutschen Reiches die bessere Hälfte seiner gesellschaftlichen Erbmasse erhalten habe: reicher an bürgerlich-demokratischen Traditionen, sozial ausgeglichener, befreit von der Dominanz und oft antidemokratischen Gesinnung des preußischen Adels.

Zumal Dahrendorf ging es aber nur in zweiter Linie um die «harte» Seite des Wandels sozialer Strukturen. Seine Hauptabsicht zielte mit der gesamten Generation der «45er» auf politische Pädagogik: Die Nachkriegsdeutschen sollten aufhören, mit der Demokratie zu hadern und lieber als Demokraten Konflikte um wichtige Zukunftsfragen wie Bildung und europäische Einigung führen. Damit war ein Liberaler wie Dahrendorf von der linken Tradition der «Frankfurter Schule» nicht so weit entfernt, die zunächst über Rückkehrer aus dem amerikanischen Exil wie Max Horkheimer und Theodor W. Adorno in die bundesrepublikanische Öffentlichkeit ausstrahlte, und dann über Jüngere wie Jürgen Habermas, für den das Nachdenken über eine demokratische Gesellschaft zu einer Lebensaufgabe wurde. Obwohl in der Mitte der 1960er Jahre neue, scharfe Konflikte aufbrachen, hatte sich doch bis dahin ein intellektuell-politischer Grundkonsens über die Demokratie etabliert, der von westlichen Neomarxisten bis zu geläuterten Konservativen reichte – und der in der deutschen Geschichte zuvor noch nie existiert hatte.

Als öffentliche Intellektuelle wirkten solche Sozialwissenschaftler, vermittelt durch Beiträge in Zeitungen und Zeitschriften, im Radio oder durch Vorträge, auch unmittelbar auf ein breiteres Publikum ein. Aber auch die wissenschaftlichen Fächer wandelten ihr Selbstverständnis. Die Geschichtswissenschaft tat sich noch in den 1960er Jahren schwer, aus ihren konservativen, staatsnahen, manchmal auch demokratieskeptischen Traditionen herauszufinden; jungen und expandierenden Disziplinen wie der Soziologie und der Politikwissenschaft fiel das leichter. Zumal die Politikwissenschaft etablierte sich, mancherorts wie in West-Berlin mit kräftiger Unterstützung der Amerikaner und deutscher Rückkehrer aus der Emigration wie Ernst Fraenkel, zu einer «Demokratiewissenschaft». Sie sollte sich, angelsächsischen Vorbildern folgend, von den verschwurbelten idealistischen Traditionen trennen und empirische Forschung betreiben, dabei aber auf einen normativen Kern, auf die Verankerung in einem liberalen Verständnis von Rechtsstaat, Freiheit und Pluralismus nicht verzichten. Ähnlich lauteten die Parolen bei den Soziologen: Man müsse sich der «Wirklichkeit» annähern – das zielte auf den Abschied von Utopien und politischen Heilsversprechen. Demokratie hieß pragmatische Bewältigung der Realität, wie es der neue, «realistische» Demokratiebegriff vorgegeben hatte.

Ein zentraler Schauplatz des Lernens von Demokratie war schließlich die Presse – sie stellte nicht nur Foren des Austauschs und Konflikts zur Verfügung, sondern etablierte sich selber als ein demokratischer Akteur. Aus der alliierten Lizenzpresse der Besatzungszeit ging eine vielfältige Landschaft von Zeitungen und Zeitschriften hervor, anfangs durchaus mit historischen Kontinuitäten: Die Parteipresse der SPD spielte dabei ebenso eine wichtige Rolle, wie in der bürgerlichen Presse Journalisten mit nationalsozialistischer Vergangenheit oder extrem rechten Positionen zunächst einflussreich weiterwirken konnten, etwa Hans Zehrer bei der «Welt» oder Richard Tüngel bei der Hamburger «Zeit». Erst nach der Trennung von Tüngel 1955 konnte sich die «Zeit» unter der charismatischen Führung von Marion Gräfin Dönhoff zu dem demokratischen und liberalen Paradeorgan entwickeln, das wie kein zweites für den politischen Gesinnungswandel der deutschen Bildungsschichten im 20. Jahrhundert steht. Eine solche Rolle nahm – mit noch breiterer Wirkung in die Gesellschaft und zugleich gefürchtet von der Politik – auch das Nachrichtenmagazin «Der Spiegel» in Anspruch, das sein Gründer und Herausgeber Rudolf Augstein selbstbewusst als «Sturmgeschütz der Demokratie» bezeichnete. Die «Spiegel-Affäre» wurde im Herbst 1962 zu einer formidablen Staatskrise der Bundesrepublik: Mit dem bundeswehrkritischen Artikel «Bedingt abwehrbereit» hatte der «Spiegel» sich angeblich des Landesverrats schuldig gemacht; Augstein und der Autor Conrad Ahlers wurden verhaftet, die Redaktionsräume durchsucht. Am Ende musste Franz Josef Strauß als Verteidigungsminister zurücktreten; und Adenauers Stern sank weiter, nachdem das Bundesverfassungsgericht den Kanzler schon im Vorjahr in die

Schranken gewiesen hatte, als er das «Zweite Deutsche Fernsehen» all-zu regierungsnah etablieren wollte. Die Spiegel-Affäre mobilisierte wie nie zuvor eine kritische Öffentlichkeit, von Gewerkschaften bis zu Intellektuellen und Studenten, stärkte die Pressefreiheit und erschütterte die zähen Restbestände eines obrigkeitlich-autoritären Verhältnisses von Politik und Gesellschaft. Demokratie hieß seitdem nicht nur, alle Verantwortung auf Zeit einer politischen Elite zu übertragen, sondern gründete maßgeblich auf jederzeit wachen und aktiven Bürgerinnen und Bürgern. Insofern markierte die Spiegel-Affäre eine Überwindung deutscher Defizite nach der NS-Diktatur und wies zugleich in eine neue Phase der mehr partizipativen Demokratie voraus.

Bis in die 1970er Jahre wurde der demokratische Neuanfang der Bundesrepublik überwiegend in der Alternative von «Restauration oder Neubeginn» interpretiert. Die Linke klagte über die vermeintlich verpasste Chance eines sozialistischen «Dritten Wegs» und warf der Bundesrepublik eine kapitalistische Restauration vor, die (auf der Grundlage der marxistischen Faschismusdeutung) eine unmittelbare Kontinuität zum NS-Regime implizierte. Dagegen stand die optimistische These einer «Stunde Null» im Jahre 1945, in der ein erfolgreicher Neubeginn auf reinem Tisch gemacht worden sei. Beide Deutungen spielen heute keine Rolle mehr. Die Restaurationsthese ist zu offensichtlich ideologisch verzerrt; sie verfehlt die Zäsur von 1945/49 und die bei allen Defiziten, Konflikten und mühsamen Lernprozessen erfolgreiche Etablierung der Demokratie. Die These vom Neubeginn wiederum übersieht die Kontinuitäten des Nationalsozialismus, dessen Strukturen, Denkweisen, Mentalitäten in fast allen Bereichen der Gesellschaft präsent blieben. Die personellen Kontinuitäten waren dabei am Ende wohl weniger wichtig als die bis heute in immer neuen Facetten beschriebene Tatsache, dass das «Dritte Reich» die Deutschen viel tiefer geprägt hatte, als sie 1945 und noch viele Jahrzehnte danach wahrhaben wollten.

Heute erscheinen die 50er und 60er Jahre nicht als eine Phase der Stagnation, sondern der dynamischen Modernisierung unter konservativem Vorzeichen. Seit den späten 50er Jahren traten dabei Impulse der Liberalisierung immer mehr in den Vordergrund; versteckte Kontinuitäten aus der NS-Zeit kamen in die offene Kritik; neues politisches Interesse erwachte; ein markanter Generationswandel deutete sich an. Mit dem raschen wirtschaftlichen Erfolg stellte sich verloren geglaubte Bürgerlichkeit wieder her, aber diese Wieder-Verbürgerlichung der

Bundesrepublik geht nicht in «Restauration» auf, weil sie zugleich die Keime für das neue Bürgertum legte, das seit den 1970er Jahren neue soziale Bewegungen, zivilgesellschaftliche Institutionen und partizipative Demokratie vorantrieb. Unvermeidlich steht der Blick auf Defizite der demokratischen politischen Kultur in den frühen Jahrzehnten der Bundesrepublik unter dem Vorzeichen nationalsozialistischer Kontinuität, der Verarbeitung und Verdrängung von Diktatur und Holocaust, und damit einer umfassenden «Re-Zivilisierung» (Konrad H. Jarausch) der Deutschen, über die schnelle Akzeptanz der parlamentarischen Demokratie als Regierungsform hinaus. Oft genug ist diese Perspektive berechtigt. Aber auch in den westlichen «Musterländern» wurde Demokratie in den 50er Jahren anders verstanden und praktiziert als in den 70er Jahren oder heute: Die politischen Eliten waren weiter vom Volk entfernt, der Alltag hierarchischer, Familien- und Geschlechterrollen männlich-patriarchalisch dominiert. Deshalb ist es gar nicht so leicht zu sagen, was an der Weiterentwicklung der westdeutschen Demokratie und ihren Lernprozessen das Wettmachen von Schuld und Rückstand war, und was schon Weiterentwicklung im Hauptstrom der demokratischen Dynamik des späten 20. Jahrhunderts. In den 70er Jahren konnte man die Bundesrepublik gewiss als eine «geglückte Demokratie» (Edgar Wolfrum) bezeichnen, zumal der Weimarer Maßstab sich nie ganz ausblenden ließ. Aber er trat in den Hintergrund, während das Lernen weiterging.

8 Notstand der Demokratie?
Die Ängste der 1960er Jahre

Am Anfang der 1960er Jahre hatte die Bundesrepublik zu einer demokratischen Normalität gefunden wie andere Nachkriegsdemokratien auch. Ende 1963 überholte sie schon die Lebensdauer der Weimarer Republik, als Ludwig Erhard den Gründungskanzler Adenauer nach vierzehnjähriger Amtszeit ablöste. Gleichzeitig regten sich, wie in der Spiegel-Affäre, neue und kritische Impulse, die längst als wichtige Schritte zu einer inneren Demokratisierung Westdeutschlands verstanden werden. Wie war es dann möglich, dass nur wenige Jahre später, vor allem zwischen 1965 und 1968, tiefe Zweifel über die Funktions- und Überlebensfähigkeit der zweiten deutschen Demokratie aufkamen, vorgetragen von besorgten Intellektuellen ebenso wie von jungen Menschen auf der Straße? Dabei ging es nicht um eine Kritik an Einzelheiten oder Personen, sondern um die ganz fundamentale Angst vor dem erneuten Abrutschen in die Diktatur, vor einem zweiten «1933», das kurz bevorstehe oder sich auf schleichendem Wege gar schon vollzogen habe. Es erscheint paradox, dass die objektiv unsicheren Gründerzeiten überwiegend von Optimismus getragen waren – und sich während der Normalität tiefer Pessimismus ausbreitete, in Teilen der Eliten ebenso wie in breiteren Kreisen der Bevölkerung. Aber «normal» war die Bundesrepublik eben noch lange nicht. Aus heutiger Sicht, mit dem Abstand fast eines halben Jahrhunderts, gehört die Krise von 1965/68 zur Gründungszeit dazu, zumal in ihren vielfältigen Bezügen auf die Zeit des Nationalsozialismus. Zugleich war sie die westdeutsche Variante einer internationalen Bewegung, mit der die Demokratie überall im Westen die unmittelbare Nachkriegsphase hinter sich ließ.

Auf der internationalen Bühne begann nach den Höhepunkten des Kalten Krieges in der zweiten Berlinkrise um den Mauerbau 1961 und der Kuba-Krise von 1962 eine Phase der Entspannungspolitik, der die Bundesrepublik jedoch zunächst sehr skeptisch gegenüberstand. Gleichzeitig spitzte sich der «Stellvertreterkrieg» der Supermächte in Vietnam zu; die USA stiegen seit 1964/65 unter Präsident Lyndon B. Johnson in einen umfassenden und brutal geführten Krieg ein. Dagegen regten sich im eigenen Land Proteste, die sich mit den Anfängen der Studentenbewegung überlappten, und vor allem mit der von Martin Luther King charismatisch geführten Bürgerrechtsbewegung. Das ermunterte zu Protesten auch in Deutschland, zumal in West-Berlin, wo die Präsenz der Amerikaner und die Systemkonkurrenz von liberaler Demokratie und sowjetischem Kommunismus alltäglich besonders spürbar war. Aber die deutschen Verhältnisse wirkten im Vergleich eher erstarrt und wenig dynamisch. Ludwig Erhard, schon damals als Vater des «Wirtschaftswunders» verehrt, erwies sich als ein schwacher und glückloser Bundeskanzler. Im Dezember 1966 löste eine Große Koalition aus Unionsparteien und SPD die bürgerliche Koalition ab. Die FDP ging mit ihren 50 Abgeordneten in die Opposition, die sie nun alleine bildete, während die SPD, angetrieben von Herbert Wehner, 36 Jahre nach dem Ende der letzten Großen Koalition der Weimarer Republik, endlich wieder nationale Regierungsverantwortung tragen konnte und mit ihrem Hoffnungsträger Willy Brandt den Außenminister und Vizekanzler stellte.

In der Forschung wird der ersten Großen Koalition heute überwiegend ein günstiges Zeugnis ausgestellt, aber die zeitgenössische Öffentlichkeit sah das weithin anders. Der scheinbar unendliche Konjunkturboom brach in der kleinen Rezession von 1966/67 erstmals ab; die Arbeitslosigkeit stieg; die Bundesregierung reagierte mit dem «Stabilitäts- und Wachstumsgesetz». Die Wahl Kurt Georg Kiesingers, des langjährigen Ministerpräsidenten von Baden-Württemberg, zum Bundeskanzler irritierte viele Jüngere, weil Kiesinger seit 1932 der NSDAP angehört und im «Dritten Reich» eine beachtliche Karriere im Auswärtigen Amt gemacht hatte. Sie bestätigte scheinbar Befürchtungen, die Westdeutschen hätten sich nur oberflächlich von der NS-Diktatur gelöst, die durch die Hintertür der Demokratie wieder salonfähig werde. Das galt erst recht für den fulminanten Aufstieg der NPD, einer 1964 gegründeten rechtsradikalen Partei, in der sich unmittelbare – auch personelle – Kontinuität zur NSDAP mit den Anfängen des Neonazismus verband. Während der Großen Koalition profitierte die NPD von dem Eindruck vieler Bürger, die beiden großen Volksparteien unterschieden sich eigentlich nicht mehr richtig voneinander. In Kommunal- und Länderwahlen eilte die NPD 1967 von Erfolg zu Erfolg, übersprang immer wieder die Fünfprozenthürde und erreichte im April 1968, bei den Landtagswahlen in Baden-Württemberg, sogar knapp zehn Prozent der Stimmen. Allgemein wurde auch ihr Einzug in den Bundestag bei den Wahlen am 28. September 1969 erwartet (und befürchtet), den sie jedoch mit 4,3 Prozent der Zweitstimmen verfehlte.

Das neue Unbehagen an der Demokratie ging jedoch der Großen Koalition und den Erfolgen der NPD voraus. Die Kritik kam keineswegs nur von der radikalen Linken, sondern auch aus der bürgerlichen Mitte – ihr wichtigster Stichwortgeber war Karl Jaspers, ein seit 1948 in Basel lehrender Philosoph, der sich seit längerem in die öffentlichen Debatten einmischte. Im Frühjahr 1965 hatte er das bereits in einem «Spiegel»-Gespräch mit Rudolf Augstein getan, als der Bundestag die Verjährung von NS-Verbrechen diskutierte, denn Mord verjährte nach dem Strafgesetzbuch nach zwanzig Jahren. Für Jaspers waren im «Dritten Reich» nicht nur Verbrechen begangen worden, sondern der Nazistaat sei überhaupt ein «Verbrecherstaat» gewesen; eine Auffassung, die sich erst viel später allgemein durchsetzte. Ein Jahr später erschien das Gesicht von Jaspers, mit sorgenvoller Miene, sogar auf dem Titelbild des «Spiegel» vom 18. April 1966: «Wohin treibt die Bundesrepublik?» Der Philosoph sah die deutsche Demokratie auf einer schiefen

Ebene, die nach und nach in eine Diktatur führen müsse; von eigensüchtigen Politikern vernachlässigt, treibe sie chaotisch diesem Schicksal entgegen. «Welcher Wandel vollzieht sich in der Struktur der Bundesrepublik? Es scheint: von der Demokratie zur Parteienoligarchie, von der Parteienoligarchie zur Diktatur.»

Sein zentraler Vorwurf war also, dass die Staatsgewalt in Wirklichkeit nicht mehr vom Volke ausginge, sondern Parteigremien die Machtpositionen vorab unter sich ausmachten, etwa bei der Aufstellung der Landeslisten. Zum Teil sah Jaspers darin bereits einen Gründungsdefekt des Grundgesetzes, das «die Wirksamkeit des Volkes auf ein Minimum eingeschränkt» habe, nämlich auf die Bundestagswahlen alle vier Jahre. Damit erfasste er den antiplebiszitären Impuls der Verfassungsgebung von 1949 einerseits richtig, saß andererseits aber einem bis heute weit verbreiteten Missverständnis auf, denn eine solche Beschränkung nimmt das Grundgesetz ja keineswegs vor; vielmehr ermuntert es zur politischen Mitarbeit an vielen Stellen, unter anderem in den Parteien. Die Parteien jedoch hätten sich nach außen abgeschottet oder operierten, statt zu informieren, nur noch «nach Prinzipien der Reklametechnik». Dass ihre Gründung frei sei, stimme «nur formal», denn gegen das Übergewicht der etablierten Parteien hätten Neugründungen kaum eine Chance.

Zweifellos legte Jaspers den Finger in viele Wunden der parlamentarischen und Parteiendemokratie, und das in einer kritischen Phase der politischen Entwicklung in der Bundesrepublik. Vor der Übermacht organisierter Interessen der Parteien oder auch der Interessenverbände gegenüber dem einzelnen Bürger hatte auch der Tübinger Politikwissenschaftler Theodor Eschenburg mindestens ein Jahrzehnt lang gewarnt, häufig in vielgelesenen Artikeln der «Zeit». Aus der Parteienvielfalt der frühen 1950er Jahre war tatsächlich bloß das Zweieinhalbparteiensystem aus Union, SPD und FDP übriggeblieben, dem in den 60er und 70er Jahren oft Ewigkeitscharakter prophezeit wurde. Das erwies sich schon mit dem Auftritt der NPD als falsch; erst recht und dauerhaft mit dem Aufstieg der Grünen Partei seit 1980 und später der Integration der PDS/Linkspartei in das gesamtdeutsche Parteienspektrum. Gegen einen allzu großen Konsens der Parteien wollten viele in der Mitte der 1960er Jahre dem britischen Prinzip der Westminster-Demokratie folgen und damit zugleich das Parlament aufwerten: mit der Ablösung des (modifizierten) Verhältniswahlrechts durch das Mehrheitswahlrecht nämlich, das sich die Große Koalition eine Zeitlang auf die

Fahnen schrieb; zugunsten des Überlebens der FDP wurde dieser Plan schließlich fallen gelassen. Antidemokratisch war er aber nicht.

Jaspers' Kritik an der «Oligarchie» der Parteien folgte unverkennbar älteren, zumal in Deutschland weit verbreiteten Denkmustern der Parteienfeindlichkeit. Jüngere wie Ralf Dahrendorf wiesen polemisch darauf hin, dass diese Tradition, wie sie etwa Robert Michels in der Zwischenkriegszeit vertrat, sogar ein ungeklärtes Verhältnis zum Faschismus habe. Dabei konstatierte Dahrendorf im Januar 1968 selber: «Es steht nicht gut um die deutsche Demokratie»; er forderte zukunftsweisende politische Entwürfe ebenso wie moderne demokratische Führer, die er im politischen Personal seiner Zeit kaum zu erkennen vermochte. Vor allem aber: Der ganze Streit war für ihn ein notwendiger Bestandteil der modernen Demokratie, die sich immer wieder mit dem Missverhältnis zwischen Anspruch und Realität auseinanderzusetzen habe, weil sie nie perfekt sein konnte und sich beständig weiterentwickelte wie die Gesellschaft, die sie trug. Von einem drohenden Übergang in die Diktatur musste diese Normalität von Streit und auch von Defiziten aber unbedingt unterschieden werden. Denn sonst missverstand man die parlamentarische und Parteiendemokratie – wie Jaspers –, oder man stand in der Gefahr, den «liberalen» Demokratiebegriff durch einen «fundamentalen» zu ersetzen – das warf Dahrendorf im Dezember 1967 im «Merkur» der immer lauter aufbegehrenden Studentenbewegung vor.

Die drängendste Sorge vor einem Rückfall der Bundesrepublik in die offene oder verdeckte Diktatur aber artikulierte sich zur selben Zeit im Protest gegen die Notstandsgesetze. Wie sollte der Staat mit einem zivilen oder militärischen Notstand umgehen, mit dem «Verteidigungsfall» (den man sich damals als großen Panzerkrieg gegen die Ostblockarmeen auf deutschem Boden vorstellte) oder mit einer größeren Naturkatastrophe? Wer sollte Entscheidungen treffen, wenn der Bundestag nicht zusammentreten konnte, und vor allem: welche Grundrechte durften in einem solchen Fall eingeschränkt werden, um die Katastrophe effizient zu bewältigen? Das zu regeln ist auch in Demokratien üblich, und meistens läuft es auf eine vorübergehende Stärkung der Exekutive hinaus. Für die Bundesrepublik galten in einem Notstand zunächst die alliierten Vorbehaltsrechte, doch waren die Deutschen beauftragt, Vorsorge in einer eigenen Gesetzgebung zu treffen. Seit 1958 diskutierten Parlament und Experten in immer neuen Anläufen ein entsprechendes Bündel von Notstandsgesetzen, für das jedoch im Bundestag die Zweidrittelmehrheit einer Verfassungsänderung erforderlich war. So bot die Große Koalition dazu die Gelegenheit; und obwohl es auf dem linken Flügel der SPD bis zum Schluss Unbehagen und Widerstand gab, trat die sogenannte Notstandsverfassung am 28. Juni 1968, vier Wochen nach der Zustimmung des Bundestages, in Kraft.

Die Kritiker sahen in den Notstandsgesetzen jedoch einen gefährlichen und grundsätzlichen Angriff auf die parlamentarische Demokratie. Sie warfen den Befürwortern, besonders den Innenpolitikern der Unionsparteien, vor, sich damit auf bequeme Weise der eigentlich ungeliebten demokratischen Regierungsform wieder entledigen und ihren autoritären Neigungen nachgeben zu können. Mindestens würden die Notstandsgesetze eine Brücke bieten, über die unbequeme Grundrechte von Bürgern wie die Meinungs- und Pressefreiheit eingeschränkt oder gar der Weg in die Diktatur beschritten werden könne. Viele zogen die Parallele zum 23. März 1933, zum «Ermächtigungsgesetz», mit dem die Nazis de facto das Parlament abgeschafft hatten. Aber die Parallelen zum «Dritten Reich» waren in der kritischen Öffentlichkeit überhaupt allgegenwärtig, bis hin zur Bezeichnung als «NS-Gesetze». Zweifellos hatten vor allem Politiker der CDU und CSU nicht nur das kritische Protestpotential unterschätzt, sondern sich über viele Jahre auch ungeschickt und unsensibel gegenüber Fragen der Grundrechtswahrung verhalten. Niemand plante die Diktatur, aber die Neigung zu eher exekutiv-autoritären Lösungen der Notstandsfrage entsprach fraglos der Grundhaltung mancher Konservativer, wie auch die Sensibilität gegenüber dem individuellen Grundrechtsschutz erst im Gefolge der Notstandsdebatte deutlich wuchs. Mit dem Eintritt der SPD in die Regierung erfolgte eine Kurskorrektur in eine liberalere Richtung. Bereits geheim an verschiedene Behörden verbreitete Regelungen für den Notstand, die «Schubladengesetze», landeten im Papierkorb. Als politische Kompensation, und zugleich als Schutz vor einem möglichen Missbrauch der Notstandskompetenzen, wurden 1968 das Widerstandsrecht (Art. 20, Abs. 4) und das individuelle Recht der Verfassungsbeschwerde (Art. 93, Abs. 1, Nr. 4 a) ins Grundgesetz aufgenommen.

Die Protestbewegung hatte sich jedoch längst vorher formiert und trat mit dem Kongress «Demokratie vor dem Notstand» in der Universität Bonn am 30. Mai 1965 markant in Erscheinung. Der Protest vereinte Hochschullehrer und Studenten, linke und liberale Juristen, Intellektuelle und Gewerkschaften in der Sorge um die Sicherung von

Freiheiten, zum Teil auch im Kampf um ein prinzipiell erweitertes Verständnis von Demokratie, wie es die Studentenbewegung und die «Neue Linke» vertrat, etwa im Sinne einer Demokratisierung der Hochschulen oder der Betriebe. Das Bündnis sah sich selbst als «außerparlamentarische Opposition» – abgekürzt: APO –, eine Bezeichnung, die später überwiegend für die revoltierenden Studenten benutzt wurde. Man konnte diesen Begriff unterschiedlich interpretieren: als eine Ersatz-Opposition angesichts des Konsenses der parlamentarischen Parteien, erst recht in der Großen Koalition; aber auch als eine prinzipielle Kritik an der parlamentarischen Demokratie, die durch eine Opposition von außen und von unten mindestens ergänzt, vielleicht sogar in Frage gestellt werden sollte. Tatsächlich trennten sich in der Schlussphase des Protests gegen die Notstandsgesetze die Wege der Gewerkschaften und der zunehmend radikalisierten Studenten auch an dieser Grundfrage. Aber eine Zeitlang war das schon in der Spiegel-Affäre erprobte Bündnis breit und effektiv.

Dem Bonner Treffen folgte am 30. Oktober 1966 ein zweiter Kongress in Frankfurt am Main mit anschließender Demonstration auf dem Römerberg, diesmal unter dem Titel «Notstand der Demokratie». Der Aufruf erinnerte daran, dass das Grundgesetz «ein Bollwerk gegen jede Form der Diktatur» sein wollte, was jetzt offenbar nicht mehr gelten sollte. Schon mit den Schubladengesetzen sei die Verfassung gebrochen worden – jetzt drohe «Gefahr, dass die rechtsstaatliche und freiheitlich-demokratische Grundordnung unseres Staatswesens zum zweitenmal in diesem Jahrhundert aufgehoben wird». Redner des Kongresses sprachen von «uns, die wir die Demokratie erhalten wollen», als werde ringsum ihre Abschaffung vollzogen. Die Schlusserklärung des «Kuratoriums Notstand der Demokratie» forderte die «Rückkehr zu verfassungsmäßigen Zuständen» und erinnerte die Abgeordneten des Bundestages «an das Ermächtigungsgesetz vom März 1933, das den Untergang der ersten deutschen Republik endgültig besiegelt hat». Eindeutig war jedenfalls: Nicht ein emphatischer Optimismus der Demokratieerweiterung in der Zukunft einer expandierenden Bundesrepublik bestimmte das Weltbild dieses Protests, sondern eine tiefe Verdüsterung, geprägt durch den Blick in die Vergangenheit und die Furcht vor einer Wiederholung der deutschen Geschichte.

Diese Demokratieangst war zutiefst ernst und aufrichtig. Das muss man anerkennen, auch wenn heute kein Zweifel daran besteht, dass sie mögliche reale Gefahren grandios übertrieb (und im Extremfall paranoide Formen annahm). So zeigt der «Notstand der Demokratie» in der Bundesrepublik der mittleren und späten 60er Jahre gleich mehreres: Erstens unterstreicht er die Wirkmächtigkeit der nationalsozialistischen Diktatur in der Geschichte der zweiten Demokratie. Jüngere Generationen begannen nun, das Trauma des «Dritten Reiches», später auch des Holocausts, für sich zu adoptieren, gerade weil sie den Älteren vorwarfen, nicht genug durch diese Erfahrung erschüttert worden zu sein. Zweitens war die Überlebensangst der Demokratie Vorbote eines tiefen kulturellen Umschwungs, der Protest- und Demokratiebewegungen vor allem seit den 70er Jahren nicht mehr unter dem Zeichen des siegesgewissen «Mit uns zieht die neue Zeit» antreten ließ, sondern aus tiefer Angst und kollektivpsychischer Verstörung. Bald ging es nicht mehr «nur» um das Überleben der Freiheit, sondern um das existenzielle Überleben der Menschheit angesichts von Umweltzerstörung und drohender atomarer Vernichtung. Drittens konnten die Proteste als Indiz einer kritischen Öffentlichkeit gelten, die sich auch außerhalb von Parlament, Parteien oder etablierten Meinungsmedien artikulierte und damit nicht nur in einen erweiterten Diskurs über Demokratie eintrat, sondern auch das Spektrum der Formen erweiterte, in denen sich dieser Streit vollzog. In Inhalt und Formen wurden die Grenzen der Demokratie erprobt, verschoben und manchmal auch überschritten.

9 «Mehr Demokratie wagen»: Der Streit um die Herrschaftsform als Lebensstil

Weithin waren die 1960er und die frühen 1970er Jahre nicht eine Ära der Furcht, sondern eine Phase des nahezu grenzenlosen Optimismus, des Glaubens an den Fortschritt und die Machbarkeit bisher für utopisch gehaltener Dinge. Für die ganze Welt hatte der junge US-Präsident John F. Kennedy das zum Ausdruck gebracht, als er kurz nach seinem Amtsantritt, im Mai 1961, die Landung von Amerikanern auf dem Mond innerhalb von zehn Jahren versprach – am 20. Juni 1969 war es mit der von Neil Armstrong geführten «Apollo 11»-Mission so weit. Derselbe Optimismus und die Überzeugung, sich in den Stromschnellen der Weltgeschichte zu bewegen, befeuerte auch Studenten und Intellektuelle in Westeuropa und den USA, die vom unmittelbaren Bevorstehen und der Machbarkeit einer sozialistischen Revolution in ihren Ländern überzeugt waren. So geriet auch die Demokratie in den

Sog der Veränderung. Nach dem Ende der unmittelbaren Nachkriegszeit, in der Sicherheit einer neuen Prosperität, sollte Demokratie grundlegend erweitert werden. Sie sollte über den engeren Bereich der politisch-staatlichen Ordnung hinausreichen und nicht als ein fester Zustand, sondern eher als ein Prozess verstanden werden, der sich immer wieder selbst antrieb und nie an sein Ende kam.

Gestützt auf die Fortschritte von Wissenschaft und Technik im «Atomzeitalter», traute sich die Politik in dieser Zeit mehr zu als bisher. Gegen die liberale Vorstellung einer selbstgesteuerten Gesellschaft und Wirtschaft, in die der Staat so wenig wie möglich eingreifen solle, setzten sich Strategien der staatlichen Intervention und Steuerung durch, deren einflussreichste Variante die Wirtschaftspolitik des «Keynesianismus» war; in der Variante der «Globalsteuerung» kam sie Ende der 60er Jahre endgültig auch in der Bundesrepublik an. Gegen die pragmatische Vorstellung von demokratischer Politik als «muddling through», als einem Lavieren durch die gerade akuten Probleme, stand nun auch im Westen zunehmend die Idee einer langfristigen Planung gesellschaftlicher Entwicklung. Die Anhänger von «Konvergenztheorien» glaubten damals ohnehin, die Unterschiede zwischen West und Ost, zwischen demokratischem Kapitalismus und realem Sozialismus würden sich zunehmend abschleifen auf dem Weg in die Gemeinsamkeit einer bürokratisch-technischen Zivilisation. «Technokratie» war ein populäres Schlagwort: Statt dem Volk würde die Technik die eigentliche Herrscherin sein. Das konnte man in «linker» Perspektive als saint-simonistische Verheißung einer postkapitalistischen und nachstaatlichen Gesellschaft der Freiheit verstehen oder – in der konservativen Variante – als Hinweis auf die Übermacht der äußeren Verhältnisse, der sich überzogene Freiheitsansprüche des Menschen, erst recht linke Revolutionsgelüste, zu fügen hatten.

Zwischen der revolutionären Verheißung und der schicksalhaften Erstarrung floss jedoch ein reformerischer Hauptstrom, den in der westlichen Politik besonders die sozialdemokratischen Parteien und Regierungen repräsentierten. Die westdeutsche SPD ließ sich dabei von angelsächsischen Vorbildern, von den demokratischen Präsidenten Kennedy und Johnson und dem britischen Labour-Premier Harold Wilson inspirieren, zunehmend auch von den skandinavischen Sozialdemokraten. Willy Brandt, Regierender Bürgermeister von Berlin 1957–1966, war 1964 ihr neuer Vorsitzender geworden. Der charismatische «deutsche Kennedy», als der er seit seiner ersten Kanzlerkandidatur

1961 manchmal bezeichnet wurde, beflügelte seine Partei und eine breitere Öffentlichkeit mit Zuversicht und Aufbruchsgeist. «Genosse Trend» sorgte derweil, als reduzierte Version des Hegelschen Weltgeistes, für stetig bessere Wahlergebnisse. Auf dem SPD-Parteitag im November 1964 sprach sich Brandt, unter Berufung auf Johnson und Wilson, für eine aktive Gestaltungsrolle der Politik aus, gegen ein «zaghaftes Sich-Treibenlassen». Für die nun anbrechende «neue Zeit» – ein Begriff aus der SPD-Welt des späten 19. Jahrhunderts, der wieder Aktualität gewann – sei ein «aktives und präventives Vorausdenken» nötig. «Unser Volk muss von seiner Regierung verlangen, dass sie der demokratischen Dynamik unserer Zeit nicht ausweicht, sondern sich auf sie einstellt.» In Skandinavien, das Brandt aus der Zeit seiner norwegischen Emigration gut kannte, stoße man bereits in neue Dimensionen der sozialen Sicherung und der Freiheit vor: «die nächste, für uns noch die übernächste Stufe der Demokratisierung». Mit Brandt sahen viele Reformer in den westlichen Ländern die Zukunft der Demokratie als Teil eines «social engineering», einer politischen Steuerung der Gesellschaft mit wissenschaftlichen Mitteln zu immer mehr Wohlstand, Sicherheit und Freiheit. Nachdem die SPD sich mit dem «Godesberger Programm» von 1959 endgültig von der marxistischen Klassenpartei in die linke Volkspartei der parlamentarischen Demokratie verwandelt hatte, konnte sie so zwei Fliegen mit einer Klappe schlagen: sich zum Westen bekennen und trotzdem von den bürgerlich-konservativen Parteien unterscheiden.

Die Wahl des bisherigen Justizministers Gustav Heinemann (SPD) zum neuen Bundespräsidenten am 5. März 1969 mit den Stimmen der FDP ließ eine neue, reformerische Mehrheit erkennen, die nach der Bundestagswahl vom 28. September desselben Jahres die «sozialliberale Koalition» unter Brandts Führung bildete. Auch Heinemann, wenngleich in Herkunft und Naturell von Brandt sehr verschieden, sah den Übergang in eine neue Phase der Demokratie voraus. Dabei ging es nicht um ein neues Set von Institutionen, das an die Stelle der Parlamente und der Grundregeln der repräsentativen Demokratie treten sollte; insoweit wandten sich die Reformer dezidiert gegen die revolutionär-utopistischen Studenten. Es ging um den Übergang aus der «Fremdbestimmung des Menschen in eine verantwortliche Eigenbestimmung», also um die Fortsetzung des Projektes der Aufklärung oder, mit einem Modewort jener Zeit, um «Emanzipation». Autorität und Tradition müssten sich in allen Bereichen die Frage nach ihrer Rechtfertigung gefallen lassen. Davon allerdings war auch der demokratische Staat mit seinen Verfassungsorganen nicht ausgenommen. Mehr Freiheit in konkreten und persönlichen Chancen für alle war das Ziel. «Nicht weniger, sondern mehr Demokratie – das ist die Forderung, das ist das große Ziel, dem wir uns alle und zumal die Jugend zu verschreiben haben.»

Die zentrale Stellung der Freiheit war kein Zufall; man findet sie ebenso dezidiert bei Willy Brandt. Der Freiheitsbegriff erschloss am Ende der 1960er Jahre neue Dimensionen jenseits jener emphatisch-existenziellen Freiheit gegen die totalitäre Unterdrückung, die der Konsensliberalismus des Kalten Krieges in den Mittelpunkt gestellt hatte. Sie meinte Handlungsspielräume der individuellen Entfaltung – der «Selbstverwirklichung», sagte man bald gerne – auch außerhalb der engeren politischen Zone der freien Selbstregierung oder der klassischen Grund- und Freiheitsrechte der Revolutionen des späten 18. Jahrhunderts. Als Willy Brandt jedoch in seiner programmatischen Regierungserklärung am 28. Oktober 1969, Heinemann folgend, ankündigte: «Wir wollen mehr Demokratie wagen», dachte er zunächst einmal an einen transparenten Stil der Politik, an eine neue Durchsichtigkeit des Regierens gegenüber dem Volk. Dem «kritischen Bedürfnis nach Information» sollte Genüge getan werden; durch «Anhörungen im Bundestag, durch ständige Fühlungnahme mit den repräsentativen Gruppen unseres Volkes und durch eine umfassende Unterrichtung über die Regierungspolitik» sollte es allen Bürgern möglich sein, «an der Reform von Staat und Gesellschaft mitzuwirken». In dem Akzent auf der Mitwirkung durch Information schwang sogar ein eher staatsnahes Verständnis von Demokratie mit, die sich auf diese Weise von oben nach unten vollzog.

Das meinte Brandt zwar so eng nicht, doch der Stil planend-zentralisierter Steuerung war der frühen sozialliberalen Koalition durchaus nicht fremd; in Horst Ehmkes straff geführtem Kanzleramt als Schaltstelle rationaler Regierungsplanung drückte sich das klar aus. Den ganz anderen Stil einer emotional motivierten, «von unten nach oben» denkenden Demokratie, der sich nur wenige Jahre später in den ersten Protesten von Bürgerinitiativen gegen Atomkraftwerke regte, nahm Brandt jedenfalls noch nicht vorweg. Grundgedanke war eher die Einbindung der Proteste in die klassischen Institutionen, mehr Partizipation durch die Senkung des Wahlalters auf 18 Jahre und mehr Mitbestimmung «in den verschiedenen Bereichen der Gesellschaft». Vor allem aber wandte der neue Kanzler sich ganz entschieden gegen die Demokratieängste der 60er Jahre; es gelang ihm, fundamentale Kritik und Pessimismus in einen konstruktiven Optimismus zu wenden. «In den letzten Jahren haben manche in diesem Land befürchtet, die zweite deutsche Demokratie werde den Weg der ersten gehen. Ich habe dies nie geglaubt. Ich glaube dies heute weniger denn je. Nein: Wir stehen nicht am Ende unserer Demokratie, wir fangen erst richtig an.»

Damit verschob sich die Bedeutung von «Demokratie» ganz entscheidend, und zwar in zweierlei Hinsicht. Demokratie war, erstens, nicht mehr nur ein Zustand, ein festes Ensemble von Regeln und Institutionen, das man hatte oder nicht. Sie war etwas Dynamisches und nie Fertiges, sie war ein Prozess; «Demokratisierung» wurde deshalb zu einem Leitbegriff der späten 60er und der 70er Jahre. In der Politikwissenschaft meint Demokratisierung (englisch: *democratization*) vor allem den Übergang von diktatorischen oder autoritären in liberaldemokratische Regime, mit der sich die «Transformationsforschung» beschäftigt. Das meinten die Reformer von damals nicht; es ging vielmehr darum, schon existierende Demokratien um neue Formen der Beteiligung von Bürgerinnen und Bürgern zu erweitern; es ging um die «Demokratisierung der Demokratie» (Claus Offe). Damit war eine Geringschätzung der klassischen Demokratie – von Parlament und Parteienpluralismus, von Rechtsstaat und bürgerlichen Freiheitsrechten – in aller Regel nicht verbunden. Aber Parlament und Parteien reichten nicht mehr aus; und Rechtsstaat und Freiheit sollten sich in mehr direkter Bürgerbeteiligung realisieren.

Demokratie ließ sich damit nicht mehr auf den Raum der politischen Ordnung beschränken. Sie sollte auf «alle Lebensbereiche», wie es damals oft hieß, ausgeweitet werden. Diese Idee war nicht ganz neu; zumal für die Wirtschaft, für die Verfassung der Betriebe knüpfte sie an die «Wirtschaftsdemokratie» des frühen 20. Jahrhunderts an. Sie unterschied sich aber deutlich von Joseph Schumpeters Minimaldefinition der Demokratie als Mechanismus der freien Rekrutierung politischer Führung auf Zeit. Jenseits der sozialistischen Tradition klang eher John Deweys «democracy as a way of life» an, und darauf ebenso wie auf eine (vermeintlich) durch und durch demokratisierte amerikanische Gesellschaft beriefen sich Fürsprecher dieses Konzepts in der Bundesrepublik wie der Pädagoge Hartmut von Hentig. Als Altphilologe nahm Hentig auch das klassische Athen als Muster in Anspruch, wo die Demokratie gleichfalls eine umfassende bürgerliche Lebensform und nicht nur eine Ordnung politischer Prozeduren und Ämter gewesen sei.

So nahmen sich die Westdeutschen ihre Lebensbereiche und institutionellen Ordnungen vor und versuchten sie mit den neuen Maßstäben in Einklang zu bringen. Ein neues Betriebsverfassungsgesetz (1972) und das Mitbestimmungsgesetz (1976) erweiterten die schon 1951/52 in der Montanindustrie eingeführten Einflussmöglichkeiten der Arbeitnehmer auf andere größere Unternehmen. Kirchen, Verbände, schlechthin alle Säulen der gesellschaftlichen Selbstorganisation hatten in der Bundesrepublik der 70er Jahre ihre eigene Demokratisierungsdebatte und erlebten den Abbau von Hierarchie und den Ausbau von Wahlen und Vertretungsorganen. Bis in den privaten Raum wirkte der Impuls zu einer sinngemäßen Übertragung des Staatsbürgerprinzips und der repräsentativen Demokratie. Psychologen wie der Amerikaner Thomas Gordon plädierten für nicht-hierarchische Entscheidungsfindung und partizipative Methoden auch in der Familie. Statt des autoritären Vaters sollte jetzt der Familienrat unter Einschluss der minderjährigen Kinder entscheiden. Gordons Ratgeber «Familienkonferenz» erschien 1972 in deutscher Übersetzung; fünf Jahre später waren in zehnter Auflage 200 000 Exemplare gedruckt.

Unumstritten aber blieb diese Dynamisierung und Erweiterung nicht. Die großen Schlachten wurden im Gefolge der Studentenbewegung schon am Ende der 1960er Jahre um die Demokratisierung der Universität geschlagen. Die sehr traditionell und hierarchisch strukturierte deutsche Ordinarienuniversität bot dafür eine besonders große Angriffsfläche, erst recht wenn sich «unter den Talaren der Muff von 1000 Jahren» versteckte, also NS-belastete Hochschullehrer weiter amtierten und über ihre Vergangenheit schwiegen. Viele jüngere Professoren sympathisierten im Prinzip mit den Zielen der Studenten und des akademischen Mittelbaus, wurden aber durch den rasch zunehmenden Radikalismus und die illiberale Gesinnung einer kleinen Minderheit zu Kritikern. Ältere wie Theodor W. Adorno in Frankfurt und Ernst Fraenkel in West-Berlin, die als Juden und Linke vor der Nazi-Verfolgung hatten fliehen müssen und dennoch in die Bundesrepublik zurückgekehrt waren, fühlten sich durch das Auftreten der protestierenden Studenten an die frühen 1930er Jahre erinnert. Zuerst gab es eine Phase der radikalen Experimente, in der manche wie der Hamburger SDS in seinem Entwurf für ein Hochschulgesetz von 1968 den Unterschied zwischen Lehrenden und Lernenden abschaffen wollten: Erst wenn dieser Gegensatz nicht mehr bestehe, sei der «Demokratisierungsprozess realisiert». Danach, in den 1970er Jahren, führte die Demokratisierung der Hochschulen in die von den verschiedenen «Statusgruppen» beschickte «Gruppenuniversität», die in dieser Ausprägung international einzigartig ist. Auch das kann man als eine Überkompensation des traumatischen Demokratieverlusts von 1933 interpretieren.

Liberal-konservative Politikwissenschaftler wie der Freiburger Wilhelm Hennis mokierten sich früh über den «Generalanspruch» auf Demokratisierung als einen Modetrend, der sich grundsätzlich überhaupt nicht einlösen lasse. Mitbestimmung, mehr Mitsprache, Auflösung von Hierarchien in Schulen und Universitäten, Unternehmen und Krankenhäusern – all das sei gar kein Problem und oft sogar sehr wünschenswert. Es habe nur mit Demokratie nichts zu tun, denn diese sei ein fundamental politisches Prinzip, das sich auf andere Lebensordnungen und Institutionen gar nicht übertragen lasse. Wie Hentig berief sich auch Hennis dabei auf den klassischen Politikbegriff, auf die Bestimmung des Menschen als «politisches Wesen» bei Aristoteles, und auf die ungleiche Natur des Menschen. Außerhalb der Politik ergaben die demokratischen Prinzipien der Freiheit und der Gleichheit, erst recht der Repräsentation, deshalb gar keinen Sinn. Damit markierte er von der anderen Seite eine Extremposition der Verteidigung klassischer Demokratie, die der Realität seit den 1970er Jahren ebenso wenig standhielt wie der radikale Anspruch auf Egalität und Enthierarchisierung.

Auf lange Sicht behielt Hennis durchaus Recht – die Ordnung der politischen Freiheit ist der besonders ausgezeichnete Ort der Demokratie, mit dem andere Lebensbereiche nicht ohne weiteres gleichgestellt werden können, und den sie erst recht nicht ersetzen oder aufwiegen können. Aber die Erweiterung der Grenzen klassischer Demokratie war nicht mehr aufzuhalten oder rückgängig zu machen. Wahlen zu universitären Gremien ließen sich aus einem dynamisierten Konzept von Demokratie ebenso wenig herausdefinieren wie der Abbau familiären Patriarchalismus oder die selbstbewusste Inanspruchnahme öffentlichen Raumes durch Demonstrationen oder Bauplatzbesetzungen. Willy Brandt hatte nicht zufällig aufgefordert, mehr Demokratie zu «wagen», denn die Erweiterung der Demokratie konnte auf Grenzen stoßen oder mit Risiken behaftet sein: Grenzen der Freiheit anderer, Grenzen der Mehrheitsregel, Grenzen der selbstermächtigten Gewalt.

Die Hochphase der demokratischen Euphorie ging ohnehin schnell wieder zu Ende. Teilweise war das der erfolgreichen Integration des Protests in den demokratisch-parlamentarischen «Normalbetrieb» zu verdanken, der dadurch gleichzeitig frische Impulse erhielt – ein Modell, das sich seitdem öfters wiederholte. Vor allem aber veränderten sich die äußeren Umstände dramatisch. Die erste Ölkrise beendete 1973 nicht nur den langen Nachkriegsboom des Westens, sondern verband sich, in der Bundesrepublik wohl schärfer als anderswo, mit einem kulturellen Umschwung in die Zukunftsskepsis, weg von den großen Planungsutopien und der Mentalität der Machbarkeit, in ihrer revolutionären ebenso wie in ihrer technokratischen Variante. Wie ein letztes Aufflackern der zu Ende gegangenen Zeit wirkte der «Ökonomisch-politische Orientierungsrahmen für die Jahre 1975 bis 1985», den die SPD nach hitziger Diskussion auf dem Mannheimer Parteitag im November 1975 verabschiedete – und der bald danach in Vergessenheit geriet. Schon anderthalb Jahre früher hatte der Pragmatiker Helmut Schmidt von Willy Brandt das Kanzleramt übernommen. Schmidt verstand sich als Konsolidierer und Krisenbewältiger; für sein Verständnis demokratischer Politik berief er sich gerne auf Max Webers «Bohren dicker Bretter» und auf Karl R. Poppers «piecemeal engineering»: kleine, situative Schritte statt großer, planmäßiger Transformation.

Insofern erlebte der Pragmatismus der Nachkriegszeit eine Renaissance und prallte auf erneuerte Demokratieängste der Linken, die in der entschlossenen Antwort des Staates auf die Anschläge der RAF-Terroristen, mit dem Höhepunkt im «Deutschen Herbst» 1977, Grundrechte gefährdet und die Bürger vom Staat mehr bedroht als geschützt sahen. Wie schon bei den Notstandsgesetzen war die Realität weit von den schlimmsten Befürchtungen einer Aushebelung des Grundgesetzes entfernt. Aber die Kritiker legten den Finger mit Recht in eine Wunde, die viel später, nach den Anschlägen vom 11. September 2001 in den USA, erst recht schmerzte: Das Verhältnis von Sicherheit und Freiheit wurde zu einem Grunddilemma der Demokratie seit dem späten 20. Jahrhundert.

10 Amerika und Europa: Protestbewegungen und partizipatorische Demokratie seit den 1960er Jahren

Mit der internationalen Studentenbewegung von 1968 fing es an, bald kam die neue Frauenbewegung dazu, in den 70er Jahren auch Bürgerinitiativen und ein ganzes Bündel «neuer sozialer Bewegungen», wie die Forscher sie bald nannten, um sie von den «alten» Protest- und Reformbewegungen wie der Arbeiterbewegung zu unterscheiden. Besonders in der Bundesrepublik, aber auch in einigen anderen westlichen Ländern verdichteten sich daraus um 1980 ökologische oder «grüne» Parteien, die sich eine «basisdemokratische» Erneuerung der Demokratie auf die Fahne schrieben. Die Partei, erst recht ihre parlamentarische Vertretung, galt aber nicht mehr als Hauptarena der politischen Aktivität von Bürgerinnen und Bürgern. Neue, eher informelle Handlungsformen wie Demonstration, Sit-In oder Boykott setzten sich durch, häufig grundiert von einer Haltung der bewussten Provokation gegenüber staatlicher Autorität. Seit den 1980er Jahren ist die «partizipatorische» Demokratie aus dem Gesamtbild der modernen Demokratie nicht mehr wegzudenken. Sie hat die klassischen und repräsentativen Formen nirgendwo abgelöst, aber beträchtlich erweitert und die Praxis von Demokratie nachhaltig in Bewegung gebracht.

Diese knappe Skizze entspricht einem inzwischen weithin akzeptierten Bild. Die Anfänge von Protestbewegung und partizipatorischer Demokratie lagen jedoch nicht in der Studentenbewegung der mittleren und späten 60er Jahre, sondern reichen bis in die 40er und frühen 50er Jahre, also in die unmittelbare Nachkriegszeit, zurück. Der gewaltlose Widerstand Mahatma Gandhis in der indischen Unabhängigkeitsbewegung inspirierte antikolonialen und antirassistischen Protest überall auf der Welt. In den USA schwoll die Bürgerrechtsbewegung der Afro-Amerikaner gegen Rassentrennung und Entrechtung in den Südstaaten seit 1954 mächtig an. Sie bestimmte ein Jahrzehnt lang, in bitteren und nicht immer gewaltfreien Konflikten, die innenpolitischen Auseinandersetzungen und wurde zugleich zum Brutkasten demokratischer Innovationen, die von Amerika aus einen globalen Siegeszug antraten. Um die Jahrhundertwende hatten die im Bürgerkrieg unterlegenen Südstaaten das Rad des Fortschritts zurückgedreht und den ehemaligen Sklaven und ihren Nachkommen den Status als gleiche, freie und politisch berechtigte Bürger wieder entzogen. In den folgenden Jahrzehnten waren Millionen Afro-Amerikaner auf der Suche nach Freiheit und sozialen Aufstiegschancen in die Städte des Nordens gezogen, nach New York, Detroit oder Chicago. Sie entkamen damit nicht jeder Diskriminierung, aber doch der rigiden Rassentrennung, welche die weiße Mehrheit im Süden in fast allen Bereichen des Alltags durchgesetzt hatte.

Die wichtigste Interessenorganisation der Schwarzen, die 1909 gegründete «National Association for the Advancement of Colored People» (NAACP), setzte auf den Sieg von Klagen gegen die Ungerechtigkeit vor Gerichten. Am 17. Mai 1954 konnte sie jubeln, als der Supreme Court seine Entscheidung im Fall *Brown v. Board of Education of Topeka, Kansas* fällte. Es ging um die Zulassung schwarzer Schüler an die besser ausgestatteten weißen Schulen und überhaupt um eine Überwindung der Rassentrennung im Bildungssystem. In den Anfangsjahren der amerikanischen Apartheid hatte das oberste Bundesgericht dieses System mit seiner Grundsatzentscheidung von 1896 gutgeheißen, nach der diese Trennung das Gleichheitsprinzip nicht verletzte. Jetzt stellten die Richter in einer bald berühmt werdenden Formulierung fest, die Rassentrennung sei prinzipiell ungleich, «inherently unequal», schon weil sie in den Betroffenen ein Gefühl der eigenen Minderwertigkeit erzeuge. Das sei umso weniger akzeptabel, als Erziehung und Bildung die Fundamente demokratischer Staatsbürgerschaft legten. Mit einer demokratischen Gesellschaft und «good citizenship» vertrügen sich nach Hautfarbe getrennte Schulen nicht. Damit war ein Grundmotiv der bürgerrechtlichen Demokratie vorgegeben: Freiheit und Demokratie konnten ohne den Einschluss aller in eine gleiche Bürgergemeinschaft nicht existieren – das Prinzip der «Inklusion».

Das Aufsehen erregende Urteil von 1954 führte keineswegs zu einer schnellen Aufhebung der Rassentrennung an Schulen und Universitäten. Noch im Herbst 1962 konnte James Meredith nur gegen den Widerstand der Universität von Mississippi dort sein Studium aufnehmen, geschützt von bewaffneter Bundespolizei. Unterdessen hatte der Widerstand andere Schauplätze und Formen gefunden. Am 1. Dezember 1955 weigerte sich Rosa Parks in Montgomery, der Hauptstadt Alabamas, ihren Sitzplatz in der «weißen» Sektion eines Busses aufzugeben, und wurde verhaftet. Darauf organisierte die schwarze Gemeinschaft der Stadt einen Boykott der städtischen Buslinien, nahm ein Jahr lang weite Fußmärsche zu Arbeit und Einkauf auf sich oder organisierte Fahrgemeinschaften. Bei diesem Protest trat der junge Baptisten-pastor Martin Luther King, damals gerade 26 Jahre alt, als Organisator und charismatischer Mutmacher hervor und erlangte seit 1957 als erster Präsident der «Southern Christian Leadership Conference» (SCLC), einer der wichtigsten Bürgerrechtsorganisationen der folgenden zehn Jahre, nationale Prominenz. Eine wieder andere Form des gewaltfreien Widerstands erlebte am 1. Februar 1960 ihren Durchbruch, obwohl sie schon früher gelegentlich erprobt worden war: der «Sit-In». Vier schwarze Studenten setzten sich auf die Barhocker an einer Essenstheke im «Woolworth» von Greensboro (North Carolina) und wollten bedient werden – es war aber die Theke «nur für Weiße». Sie weigerten sich, ihre Plätze zu verlassen, kamen in den nächsten Tagen wieder; bald fanden sich Nachahmer in anderen Geschäften und Restaurants und in anderen Städten des amerikanischen Südens.

Die verschiedenen Formen des gewaltlosen Protests stießen bei der konservativen Mehrheit der Weißen nicht nur auf Unverständnis, sondern auch auf massiven und gewalthaften Widerstand. Die Gewalt ging oft von dem rassistischen Geheimbund des «Ku Klux Klan» aus, konnte sich aber lange Zeit auch auf ein informelles Einverständnis der weißen Eliten in einer Stadt oder Landgemeinde stützen. Das erfuhren die «Freedom Riders»: junge weiße und schwarze Bürgerrechtler aus dem Norden, die die Rassentrennung in den Überlandbussen von «Greyhound» und «Trailways» auf den Prüfstand stellen wollten, denn im Verkehr über Staatsgrenzen hinweg galt das schon liberalere Bundesrecht. Immer wieder wurden ihre Busse attackiert, die Insassen brutal zusammengeschlagen und obendrein verhaftet. In Anniston (Alabama) warf ein weißer Mob am 14. Mai 1961 einen Brandsatz auf den Bus und versuchte die Insassen am Entkommen aus den Flammen zu hindern. Weiße Aktivisten aus dem Norden engagierten sich auch bei der Wählerregistrierung, denn der Entzug des Wahlrechts der Afro-Amerikaner war neben der Rassentrennung die flagranteste Verletzung der Demokratie in den Südstaaten. Erneut trafen sie auf erbitterten Widerstand; Weiße und Schwarze fielen heimtückischen Lynchmorden zum Opfer.

Eine nationale Massenbewegung, die sich nicht mehr auf den Süden begrenzen ließ, wurde die Bürgerrechtsbewegung spätestens mit dem «Marsch auf Washington» am 28. August 1963. Bei dieser Demonstration von Hunderttausenden «für Arbeit und Freiheit» hielt Martin Luther King seine berühmte Rede mit dem Leitmotiv des Traums von

Freiheit und Gleichheit: «I have a dream». Damit lag der Akzent noch einmal sehr klar auf der Inklusion der Afro-Amerikaner in die große demokratische Gemeinschaft Amerikas, auf dem gleichen Zugang zu den Rechten und Chancen, den die Weißen längst selbstverständlich besaßen. Der politische Druck auf die Bundesregierung erhöhte sich – mit dem Ergebnis zweier grundlegender Gesetze der Jahre 1964 und 1965, die den Schwarzen die vollen Bürgerrechte und insbesondere das politische Wahlrecht garantierten. Formal war die schwer verletzte Demokratie der USA damit wieder hergestellt, aber um die Durchsetzung der Bundesgesetze wurde noch lange gestritten, von anhaltender Diskriminierung und Rassismus im Alltag ganz zu schweigen. Der Widerstand der Weißen hatte einen Teil der Bewegung, zumal Jüngere und Afro-Amerikaner im Norden, desillusioniert und radikalisiert: Konnte Integration ein sinnvolles Ziel sein, und sollte man unter allen Umständen auf Gewalt verzichten, wenn einem Gewalt entgegenschlug?

Die Unzufriedenheit brach in Rassenunruhen aus, die 1965 Los Angeles und 1967 Detroit erschütterten. Neue Führer wie Stokely Carmichael und Malcolm X sprachen von «Black Power», manchmal sogar von einer Überlegenheit der schwarzen Rasse; als kulturelle Orientierungsmarke diente nicht mehr das weiße, christliche Mainstream-Amerika wie für den im April 1968 ermordeten Martin Luther King, sondern Afrika und der Islam. Zwar gewann auf lange Sicht das Inklusionsziel wieder die Oberhand, aber die bedingungslose Gleichheit als Prinzip der Demokratie war um 1970 erschüttert – etwa zur gleichen Zeit, als sich die neue Frauenbewegung von der Leitvorstellung einer Angleichung an die Männer verabschiedete. Eine demokratische Gesellschaft konnte sich gerade in der Anerkennung von Differenz erweisen. Das meinte nicht nur individuelle Verschiedenheit (wie in der klassischen liberalen Theorie), sondern die Identität von Gruppen nach kultureller Tradition und Selbstverständnis. Ob der friedliche Zusammenhalt dennoch einer Verpflichtung auf übergeordnete, gemeinsame Werte bedarf oder allein durch die Anerkennung von Verfahrensregeln und Institutionen sichergestellt werden kann, darüber wird bis heute gestritten.

An der Radikalisierung des Protestes in den USA hatten Studenten einen wichtigen Anteil, innerhalb der Bürgerrechtsbewegung und darüber hinaus. Das «Student Nonviolent Coordinating Committee» (SNCC), 1960 gegründet, begann in der Sit-In-Bewegung, protestierte seit der Mitte der 60er Jahre auch gegen den Vietnamkrieg und ersetzte

1969 das «Nonviolent» im eigenen Namen durch «National», denn über die Gewaltfreiheit war man sich nicht mehr einig. Im Allgemeinen blieben die amerikanischen Studenten aber politisch gemäßigter als ihre westdeutschen, italienischen oder französischen Kommilitonen. Marxismus, Sozialismus und Revolutionssehnsucht spielten eine wesentlich geringere Rolle auch dort, wo eine Wurzel ihrer Organisationen in der Arbeiterbewegung lag. Der deutsche SDS war der «Sozialistische deutsche Studentenbund», der amerikanische SDS waren die «Students for a Democratic Society». So nannten sie sich seit 1960, als sie den aus der sozialistischen Tradition stammenden Namen «Student League for Industrial Democracy» bewusst ablegten. Im Juni 1962 beschlossen sie das nach dem Versammlungsort in Michigan benannte «Port Huron Statement», das ihr Präsident Tom Hayden maßgeblich formuliert hatte. Von irgendwelchen Ideologien ist dieser Aufruf vollkommen frei; man liest vielmehr einen emphatischen Aufruf zu einer Erneuerung der Demokratie, die «apathisch», «manipuliert», «im Verfall» sei, statt noch dem Lincolnschen Maßstab des «of, by, for the people» zu entsprechen.

Dahinter steckte wie auch sonst im Studentenprotest der 60er Jahre ein generationelles Motiv, die Unzufriedenheit des Aufwachsens in einem Amerika der Paradoxe, geprägt von Wohlstand und Ungleichheit, von Kaltem Krieg nach außen und Kampf um Bürgerrechte im Innern. Die Perspektive der Zukunft richtete sich jedoch nicht auf einen revolutionären Umsturz des «Systems», weder des Kapitalismus noch der parlamentarischen Demokratie. Im Zentrum der Änderungen müsse vielmehr die individuelle Selbstentfaltung der Menschen stehen. Hayden beschwor einen Individualismus in der Gemeinschaft, der an John Dewey erinnerte und nur von Ferne neomarxistische Theorien der «Entfremdung» anklingen ließ. Individuen sollten weder der Tradition folgen noch ihr Verhalten durch Konformität nach außen bestimmen lassen, sondern sich auf ihren inneren Kompass besinnen. Das war die Kernbotschaft des auch im Europa der 50er und 60er Jahre vielgelesenen Buches des amerikanischen Soziologen David Riesman über die «Einsame Masse». Als «self-direction» nahmen die Studenten des SDS das auf. Aber sie blieben nicht bei der Forderung nach individueller Selbstbestimmung stehen, sondern leiteten daraus einen neuen Typus der Demokratie ab. Die Menschen müssten unmittelbaren Anteil an den Entscheidungen nehmen, die ihre konkrete Lebensführung und Lebensqualität bestimmen. Hayden nannte das 1962 «partizipatorische

Demokratie». In ihr sollten individuelle Kreativität und Expressivität auf neue Weise zum Ausdruck kommen, aber auch neue Formen der Aushandlung politischer Entscheidungen gefunden werden, die freilich noch vage blieben. Den Impuls zur Dezentralisierung und zur Einbeziehung von Interessengruppen und unmittelbar Betroffenen konnte man aber schon heraushören.

Mitte der 60er Jahre schwappten die Studentenproteste auch nach Europa, mit einem frühen Zentrum seit 1964/65 an der Freien Universität Berlin, aber ihren Höhepunkt erreichten sie überall erst 1967 und 1968. Besonders schnell spitzten sich die Ereignisse in Frankreich zu, wo die Bewegung Ende 1967 an der Vorort-Universität Nanterre ihren Anfang nahm, dann aber innerhalb weniger Monate im Mai 1968 in einen gewaltsamen Aufstand mit heftigen Straßenkämpfen im Zentrum von Paris, rund um die Sorbonne, führte. Nirgendwo sonst erschütterten die Proteste das politische System der westlichen Demokratien so tief wie in Frankreich. Die gerade erst zehn Jahre alte Fünfte Republik geriet ins Wanken; Präsident Charles de Gaulle verließ am 29. Mai das Land, gewann dann aber bald die Kontrolle zurück; die Wahlen am 23. Juni stärkten die Konservativen und erteilten der Revolution eine Absage. Selbst in Frankreich, wo die Studenten (wie teilweise auch in Italien) zeitweise Teile der Industriearbeiterschaft, etwa Automobilarbeiter bei Renault, auf ihre Seite ziehen und ein antikapitalistisches Protestbündnis schmieden konnten, unterstützte eine große Mehrheit der Bevölkerung die Bewegung nicht.

Das lag auch daran, dass die Zielvorstellungen der linken Studenten unklar blieben. Bei aller Versiertheit in den Theorien von Marx oder Trotzki fehlte eine institutionelle Alternative zur liberal-parlamentarischen Demokratie. Die grandiose revolutionäre Rhetorik überdeckte das zum Teil; gleichzeitig war sie ein Indiz für die expressive Emphase der Bewegung, die im Mai 1968 wichtiger war als die klassische politische Revolution. Es ging um die Chance zur Selbstentfaltung, um Kreativität und Provokation – nicht zufällig lautete eine vielgehörte Parole: «Die Phantasie an die Macht!» Auch ein charismatischer Studentenführer wie Daniel Cohn-Bendit, zugleich eines der wichtigsten Bindeglieder zwischen dem französischen und dem westdeutschen Protest, zeigte sich zurückhaltend, als der große marxistische Alt-Intellektuelle Jean-Paul Sartre ihn auf dem Höhepunkt der Bewegung geradezu drängte, die im klassischen Marxismus und Leninismus vorgesehene Revolution zu betreiben. Cohn-Bendit wollte nicht zu einer elitären

«Vorhut» gehören; an die Stelle von Strategie setzte er Spontaneität. Zunächst sei es wichtig, dass die Menschen sich authentisch ausdrücken könnten. «Geben Sie uns Zeit», bat er den ungeduldigen, altlinken Philosophen.

In West-Berlin und der Bundesrepublik gab die Erschießung des Studenten Benno Ohnesorg durch einen Polizeibeamten am 2. Juni 1967 das Signal für eine breitere Mobilisierung, auch für eine Radikalisierung des Protests. Ohnesorg hatte an einer Demonstration gegen den Besuch des Schahs von Persien, und damit gegen die Hofierung seines autoritären Regimes durch die westlichen Demokratien, teilgenommen. Dahinter stand zugleich der heftige Protest gegen die USA, in der viele Jüngere nicht mehr die «Schutzmacht» der westlichen Freiheit sahen, sondern den Unterdrücker von Freiheitsbewegungen in der «Dritten Welt», zumal in Vietnam. Die Solidarisierung mit dem antikolonialen Befreiungskampf in Afrika, Asien und Lateinamerika war ein zentrales Motiv des deutschen Protests; man fühlte mit den «Verdammten dieser Erde», wie sie Frantz Fanon in seinem gleichnamigen Buch von 1961 beschrieben hatte, das zu einem Kultbuch der Studentenbewegung und des frühen Menschenrechtsdiskurses wurde. Darin steckte der Keim eines erweiterten Verständnisses von Demokratie, das sich in den folgenden Jahrzehnten kontinuierlich entfaltete: die Idee nämlich, nicht für die eigenen Interessen die Stimme zu erheben (wie es die sozialen Bewegungen der klassischen Moderne getan hatten), sondern für Dritte, die dazu möglicherweise selber nicht in der Lage waren. So drückten die Studenten das 1967 noch nicht aus, aber: Man war Anwalt für andere; man engagierte sich, wie es heute im englischen Jargon heißt, in der «advocacy».

Gleichzeitig stilisierte die Studentenbewegung den antikolonialen Befreiungskampf zu einem Vorbild für die eigene Situation in den «imperialen Metropolen». Den Kapitalismus und die bürgerliche Herrschaft, die anderswo Menschen unterdrückten, müsse man auch zu Hause abschütteln; die Führer revolutionärer Bewegungen in der Dritten Welt wurden deshalb als politische Vorbilder verehrt. Darin kam ein gutes Stück revolutionärer Romantik zum Ausdruck, aber auch ideologische Verblendung, die einen Teil der Studierenden zur Verehrung von Diktatoren wie Mao Zedong führte. Mao, Ho Chi Minh und vor allem Ernesto «Che» Guevara waren Projektionsflächen der eigenen Sehnsüchte, einem als erstarrt und repressiv empfundenen «System» durch die große Befreiungstat entkommen zu können. Mehr als in Frankreich, erst recht in den USA, war das Weltbild der westdeutschen Linken in der Studentenbewegung eines der Düsterkeit und persönlichen Ausweglosigkeit. Rudi Dutschke, der eloquente und mitreißende Führer der Berliner Studenten, sprach zwar häufig in verquollenen marxistischen Phrasen vom Kampf gegen Staatsgewalt und Imperialismus. Man müsse «die repräsentative ‹Demokratie›» – Demokratie in Anführungszeichen, denn sie sei es ja nicht wirklich – «zwingen, offen ihren Klassencharakter, ihren Herrschaftscharakter zu zeigen». Dahinter stand der Traum von einem «neuen Menschen», der in der Revolution – wie schon in China 1949 und Kuba 1959 – entstehen bzw. in einem «Erziehungsprozess» geformt werden müsse. Im Rückblick war diese Sehnsucht nach der Formung des neuen Menschen kein Durchbruch in eine neue Zeit, sondern einer der letzten Ausläufer eines Projektes der klassischen Moderne seit dem späten 19. Jahrhundert. Wie ihre Vorgänger – bürgerliche Reformbewegungen, linke Revolutionsvisionen und rechte Ordnungsphantasien – oszillierte sie zwischen radikaler Befreiung des Individuums und totalitärem Anspruch auf Führung und Formung.

Das Spektrum politischer Vorstellungen innerhalb von Studentenbewegung und «Neuer Linker» war breit. Zu ihm gehörten auch Mahner gegen den populistischen Radikalismus und gegen die Verachtung von parlamentarischen Regeln und liberalen Grundrechten. Der Philosoph und Soziologe Jürgen Habermas, 1964 auf den Lehrstuhl Max Horkheimers in Frankfurt berufen, sympathisierte mit den Studenten, war Teil und Ikone des Protests – und scheute sich gleichwohl nicht, den Illiberalismus scharf anzuprangern, der sich hinter scheinbar harmlosen Strategien der «Provokation» oder der «demonstrativen Gewalt» verbarg. Auf einem Kongress in Hannover am 9. Juni 1967, eine Woche nach dem Tod Ohnesorgs, warf er Dutschke und seinen Mitstreitern gar «linken Faschismus» vor. Diesen Begriff hielt Habermas selber später für unglücklich, aber sein prinzipieller Punkt blieb davon unberührt: «Ich möchte daran erinnern, dass es im Codex liberaler Rechte sehr wohl solche gibt, die auch für uns völlig unveräußerlich sind.» Genau daran schieden sich die Geister prinzipiell: Ging es um eine Einlösung der Versprechen liberaler und parlamentarischer Demokratie, auch um eine Erweiterung demokratischer Formen auf ihrer Grundlage? Oder begegnete man der «bürgerlichen» Demokratie mit einem prinzipiellen Misstrauen, sah also nicht nur Schwächen in ihr, sondern hielt sie für eine systemische Fehlkonstruktion, für eine Fassade, für ein manipulatives Design, mit dem sich in Wahrheit nur ein Regime der Unterdrückung tarnte?

Es bleibt schwer zu erklären, warum die zweite Position gerade in der Bundesrepublik, die erst seit gut zwei Jahrzehnten dabei war, die Demokratie neu zu lernen, zeitweise so große Anziehungskraft entfaltete – besonders unter den Gebildeten in der jüngeren Generation. Vermutlich spielte gerade die relative Neuheit der Demokratie eine Rolle, verbunden mit den Ängsten vor einem erneuten Abgleiten in Autoritarismus und Diktatur, das sich für viele Kritiker schon vollzogen hatte. Und in anderen Ländern Westeuropas gab es, eher in der Tradition der klassischen Arbeiterbewegung, starke kommunistische Parteien, die mindestens bis in die 1970er Jahre sogar Schwierigkeiten hatten, sich von der positiven Faszination des sowjetischen Modells zu lösen. Sympathien für die Sowjetunion oder die DDR konnte man zum Beispiel dem DDR-Flüchtling Dutschke gewiss nicht vorwerfen. Aber auf einen grünen Zweig konnte die liberale Demokratie auch nicht kommen, wenn man sie in marxistischer Obsession nur als Sekundärprodukt eines Kapitalismus sehen konnte, den es zu überwinden galt. So war der Titel einer der meistgelesenen Schriften der deutschen Studentenbewegung bewusst doppeldeutig: Johannes Agnolis «Transformation der Demokratie» beschrieb die Pervertierung der bürgerlichen Demokratie, an der in Wirklichkeit nichts mehr demokratisch sei, und gab zugleich eine Parole für ihre Überwindung aus.

Eine ähnliche Haltung nahm Herbert Marcuse ein, Vordenker und Idol der internationalen Studentenbewegung und als Emigrant der NS-Zeit einer ihrer wichtigsten transatlantischen Mittler. In seinem Essay über «Repressive Toleranz» analysierte Marcuse das bürgerliche System mit der ganzen Selbstgewissheit des Hegelianers, Gut und Böse, Fortschritt und Rückschritt in der Weltgeschichte genau unterscheiden zu können. Aber wie Cohn-Bendit und wie Tom Hayden ging es ihm weniger um eine politische Systemanalyse. Vielmehr beklagte er den Verlust individueller Autonomie in der entfremdeten und repressiven Gesellschaft des kapitalistischen Westens; das Produkt war der «eindimensionale Mensch», der aus dem Gefängnis der realen Zustände ausbrechen müsse. Psychische Beschädigung des Menschen und kapitalistisches System – damit lag die Verbindung von Ökonomie und Psychoanalyse, von Marx und Sigmund Freud nahe, die Marcuse und viele andere damals anzog. Aber die Diagnose mündete damit nicht in weltflüchtiges Streben nach individueller Selbstverwirklichung, sondern behielt ihren politischen Stachel: Die bürgerliche Demokratie war falsch und repressiv; sie war zugleich eine Demokratie des materiellen Überflusses und eine «totalitäre Demokratie», weil sie die Menschen manipuliere und in einen Käfig der Unterdrückung sperre. Die bis heute besonders umstrittene Schlussfolgerung Marcuses hieß: Die vermeintlich liberale Toleranz ist in Wahrheit «repressiv», an ihre Stelle sollte eine «befreiende Toleranz» treten, die auf die Toleranz gegenüber den vermeintlichen Unterdrückern verzichten konnte. Die Unterdrückung zu überwinden könne undemokratische Mittel erfordern, auch die Anwendung von Gewalt.

Blickt man auf die politischen Zielvorstellungen, ist die Bilanz der Studentenbewegung also ernüchternd. Gewiss erinnerte sie an Defizite der liberalen Demokratie, im Grundsätzlichen ebenso wie in der Praxis, aber eine politische Strategie der Demokratisierung, die sich mit dem Anspruch etwa der amerikanischen Bürgerrechtsbewegung vergleichen ließ, gab es in Westeuropa nicht. Dennoch leisteten die Protestbewegungen seit den 1960er Jahren auch hier wichtige Beiträge zur Dynamisierung der Demokratie. Sie erprobten Handlungsformen der direkten Partizipation – die freilich nicht erfunden, sondern aus den USA, aus Südafrika oder Indien übernommen waren –, die sich auf lange Sicht als Ergänzungen der repräsentativen Demokratie etablierten. Wichtiger noch, sie weiteten den Anspruch auf Demokratisierung auf die innersten Bereiche der Gesellschaft aus, und zwar in einem anderen und langfristig viel folgenreicheren Sinne als die Fürsprecher einer «Demokratisierung aller Lebensbereiche». Diese zielten auf Institutionen, sozusagen auf die Repräsentativverfassung der Universitäten, der Kirchen, der Unternehmen. Den Studenten und der weiteren Bewegung der «Counterculture» ging es um eine Befreiung des Individuums zu Autonomie und Authentizität. Deshalb begann diese Revolution in den privaten Verhältnissen. «Das Private ist politisch», lautete ein Slogan der neuen Frauenbewegung. Es ging um ein neues Maß an Selbstbestimmung – symbolisch verdichtet im Streit um das Recht auf straffreie Abtreibung – und Expressivität.

Der Soziologe Talcott Parsons hat frühzeitig geradezu von einer «expressiven Revolution» gesprochen, die die westlichen Gesellschaften mit dem letzten Drittel des 20. Jahrhunderts erfasst habe. Die antiautoritäre Erziehung etwa brachte pointiert zum Ausdruck, dass jeder Mensch von Geburt an in möglichst radikaler Freiheit über sich verfügen dürfe. Jenseits des politischen Revolutionismus, der schnell wieder versickerte (oder für eine kleine Minderheit in den Terrorismus führte), stand die Suche nach Individualisierung und nach einer möglichst «horizontalen», von Hierarchien und Autoritäten befreiten Gesellschaft. Dieser Impuls ließ sich nicht wieder rückgängig machen, auch wenn manche Experimente und Grenzüberschreitungen scheiterten. Er war auch nicht bloß einigen Aktiven in der Studenten-, Frauen- oder Alternativbewegung zuzurechnen, sondern wurzelte zugleich in jener Entwicklung im «mainstream» der westlichen Gesellschaften, die diese Bewegungen gerade bekämpften: in der ökonomischen Prosperität des Nachkriegskapitalismus, in Massenkonsum und Massenmedien, in der Sicherheit einer Sozialpolitik, die linke Kritiker manipulativ nannten.

In der partizipativen Politik der 1970er Jahre wirkten viele dieser Impulse fort: in Bürgerinitiativen, in Umwelt-, Menschenrechts- und Friedensgruppen, in außerparlamentarischer Politik zwischen lokalem Protest und Großdemonstrationen. Zwar sponnen einige, zunehmend isolierte Inseln wie die maoistischen oder trotzkistischen Kleinparteien-«Sekten» die ideologische Überfrachtung des «roten Jahrzehnts» noch bis etwa 1977 fort, und die Debatte um die Legitimität von Gewalt und gewaltsamen «Widerstand» in der parlamentarischen Demokratie flaute sogar erst in den 80er Jahren ab, nachdem der gewalthafte soziale Protest auch in der Praxis noch einmal heftig eskaliert war: in den Schlachten, die sich radikalisierte und frustrierte junge Menschen mit der Polizei um den Bau von Atomkraftwerken, wie in Brokdorf 1976, oder um infrastrukturelle Großprojekte wie die «Startbahn West» des Frankfurter Flughafens lieferten. Insgesamt aber übersetzte sich das Streben nach Expressivität, Freiheitsspielräumen und individuellen Lebenschancen in mehr sachbezogene und pragmatische Formen des Engagements. Die großen Themen fehlten nicht; zumal der Protest gegen den Bau von Kernkraftwerken fokussierte die Bewegung, und mancher Vorbehalt gegenüber Kapitalismus und autoritärem Staat lebte darin fort. Am Anfang jedoch standen lokal verwurzelte Ängste wie in Wyhl bei Freiburg, wo sich 1975 Bauern und Akademiker bei der Besetzung des Bauplatzes für das geplante Atomkraftwerk begegneten und verstehen lernten. Nicht die Überwindung des Systems stand auf der Tagesordnung, sondern die Verhinderung einer als existenziell empfundenen Bedrohung – und auch die Bewahrung einer gewohnten Lebenswelt. Denn in der Umwelt- und Anti-AKW-Bewegung gab es auch konservative Motive, die sich mit einer neuen, kultur- und wachstumskritisch gewordenen Linken amalgamierten.

Die ökonomische Dauerkrise seit 1973/74 beschleunigte weltweit einen kulturellen Umbruch, in dem die technokratischen Phantasien der Hochmoderne ebenso an ihr Ende kamen wie der revolutionäre Utopismus. Die im berühmten Bericht für den «Club of Rome» schon 1972 beschworenen «Grenzen des Wachstums» signalisierten den Übergang zu einem neuen Denkstil, dem Paradigma der Ökologie. Es ging dabei nicht nur um saubere Luft im Ruhrgebiet oder den Schutz bedrohter Pflanzen in Bayern, sondern um ein ganz neues Verhältnis zu den natürlichen Lebensgrundlagen, zur «Umwelt», die nicht mehr bloß instrumentell für das materielle Wohlergehen der Menschen dienen sollte. Man engagierte sich nicht primär für eigene Interessen, zumal materielle Interessen wie höhere Löhne oder kürzere Arbeitszeit, sondern nahm für sich in Anspruch, Sachwalter übergeordneter Ziele zu sein, und Schutzanwalt einer belebten wie unbelebten Natur, die nicht für sich sprechen konnte und in der Demokratie bisher keine Stimme hatte. Insofern trieb die Umweltbewegung seit den 70er Jahren das Modell einer «treuhänderischen Demokratie» entscheidend voran: also des Engagements für etwas Anvertrautes, für das man zeitweise die Verantwortung übernahm, auch im Namen nachfolgender Generationen. «Wir haben die Erde von unseren Kindern nur geborgt», plakatierte die gerade sich formierende Partei der «Grünen» zu den Europawahlen 1979. Einflussreiche intellektuelle Grundierung lieferte im selben Jahr Hans Jonas mit seinem «Prinzip Verantwortung» – auch er übrigens ein jüdischer Emigrant, der 1933 nach London und weiter nach Palästina gegangen war.

Im folgenden Jahr verabschiedeten die westdeutschen Grünen ihr erstes bundesweites Parteiprogramm, in dessen Präambel das Motiv einer demokratischen Erneuerung eine zentrale Rolle spielte. Die Partei verstand sich als Partner einer «neuen demokratischen Bewegung», deren Spektrum von Bürgerinitiativen zur Frauenbewegung, von Naturschutzgruppen bis zur Friedensbewegung reichte. Diese Bewegung habe sich gegen die «Zerstörung der Lebens- und Arbeitsgrundlagen» erhoben – das war das neue, ökologische Motiv – und gegen den «Abbau demokratischer Rechte» – darin wirkten eher die Ängste der 60er Jahre, der gewerkschaftliche und der marxistische Diskurs fort. An vier Grundsätzen wollte sich die Partei orientieren: «ökologisch, sozial, basisdemokratisch und gewaltfrei». Basisdemokratie sollte «dezentrale, direkte Demokratie» verstärkt verwirklichen. Dabei war an klassische Elemente der plebiszitären Demokratie gedacht wie Volksabstimmungen, aber auch an eine Art Subsidiaritätsprinzip der politischen Entscheidungsfindung: Die «Basis» sollte Vorrang haben, Orts- und Kreisebene möglichst Autonomie gegenüber den höheren Einheiten des Landes und des Bundes genießen. Aus älteren Konzepten der radikalen Demokratie war auch der Gedanke vertraut, Amts- und Mandatszeiten zeitlich strikt zu begrenzen und die Gewählten einer scharfen Kontrolle und Rechenschaftspflicht, einschließlich ihrer «jederzeitigen Ablösbarkeit», zu unterwerfen. Parlamentarismus war nicht die ganze Demokratie, aber die Grünen ließen keinen Zweifel an ihrer Achtung der repräsentativen Wahldemokratie und der liberalen Grund- und Freiheitsrechte. Sie beanspruchten emphatisch, eine Partei «neuen Typs» zu sein, die sich von den «etablierten Parteien» fundamental unterschied, ordneten sich damit aber zwangsläufig in den Wettstreit der demokratischen Parteien ein.

Der Erfolg zunächst der westdeutschen Grünen, dann seit 1993 von «Bündnis 90/Die Grünen» war zugleich ein Beleg für die Innovationsfähigkeit eines zeitweise erstarrt erscheinenden Parteiensystems. Wenngleich der politische Erfolg der deutschen Grünen, mit dem Höhepunkt der Regierungsbeteiligung in der «Rot-Grünen Koalition» im Bund von 1998 bis 2005, im internationalen Vergleich singulär ist, strahlte diese deutsche «Erfindung» doch breit auf andere Länder aus. So sind die vier Grundprinzipien des Parteiprogramms von 1980 allgemein als die «four pillars», die vier Säulen grüner Parteien und Bewegungen bekannt. In einem weiteren Sinne markiert ohnehin nicht primär der Aufstieg der grünen Partei die tiefe Zäsur westlicher Demokratien in den 1970er Jahren, sondern die Etablierung neuer politischer Stile und Handlungsmuster, die als «Demokratie von unten» neben die repräsentative Demokratie traten. Die sie tragenden Parteien, auch andere Formen der festgefügten Organisationsdemokratie wie Gewerkschaften, Verbände, Vereine verloren Bedeutung und oft auch Mitglieder; Engagement und Partizipation verlagerten sich an andere Stellen. Darin liegt die Bedeutung der modernen sozialen Bewegungen für die Demokratie.

VIII Erweiterungen

Demokratie ist erfinderisch. Seit den 1970er Jahren haben nicht nur viele Länder demokratische Freiheiten neu gewonnen, in einer «dritten Welle» der globalen Erweiterung im 20. Jahrhundert, die auch Ostmitteleuropa und die damalige DDR erfasste. Vor allem hat sich das innere Getriebe demokratischer Politik und Gesellschaft nachhaltig verändert. Aus der klassischen Demokratie der Parteien, Wahlen und Parlamente im nationalen Staat ist eine vielgestaltige «postklassische» Demokratie geworden. Sie überschreitet die alten politischen Grenzen und wird europäisch; oft lässt sie sogar jegliche territoriale Begrenzung hinter sich. Bürgerinnen und Bürger erheben die Stimme nicht nur am Wahltag, sondern holen die Demokratie in die Zivilgesellschaft. Sie sprechen nicht nur für sich, im liberalen Eigeninteresse, sondern machen sich zu Anwälten für Schwache und Sprachlose. Sie diskutieren und nutzen digitale Technologien, um sich auf neuen demokratischen Plattformen zu vernetzen. Liberale Freiheitsrechte, Wahlen und Parlament sind damit nicht überflüssig geworden. Aber solche Erweiterung ist längst mehr als ein Experimentierfeld. Sie hat sich in die Geschichte der Demokratie eingeschrieben.

1 Zivilgesellschaft in Ost und West

Die zweite Hälfte des 20. Jahrhunderts gilt weithin als Zeit der Ankunft in der Demokratie. Das westliche Modell der liberal-parlamentarischen Regierung mit Marktwirtschaft und Sozialstaat etablierte sich – trotz und zugleich wegen des sowjetisch-kommunistischen Gegenentwurfs – weithin als ein normatives Ideal, vor allem für die europäischen Gesellschaften. Wer den Anschluss daran nicht schon unmittelbar nach dem Zweiten Weltkrieg geschafft hatte wie die Bundesrepublik, dem gelang das mit Verzögerung in den 1970er Jahren wie Griechenland, Portugal und Spanien, oder am Ende der 80er Jahre, als in Mittel- und Osteuropa die realsozialistischen Diktaturen zusammenbrachen. In

Deutschland war diese Sichtweise, aus verständlichen Gründen, besonders verbreitet. Nach dem Scheitern der Weimarer Republik und dem tiefen «Zivilisationsbruch» (Dan Diner) von Nationalsozialismus und Holocaust schien in der westlichen Demokratie ein sicherer Hafen gefunden. Gewiss, mit der Verkündung des Grundgesetzes war die Demokratie noch nicht erwachsen; es dauerte gut zwei Jahrzehnte, bis die inneren Überzeugungen mit den Institutionen vollends Schritt hielten. Nach weiteren zwanzig Jahren gelang es mit Friedlicher Revolution und Wiedervereinigung auch den Ostdeutschen, an dieser Demokratie teilzuhaben. Vor dem Hintergrund der deutschen Geschichte war Demokratie gefährdet und musste gegen innere und äußere Feinde verteidigt werden.

Dieses Bild ist nicht falsch, aber mit dem wachsenden Abstand von 1945, und inzwischen auch schon von 1989, vermag es die Dynamik der Demokratie im späteren 20. Jahrhundert nicht mehr einzufangen. Denn es unterstellt, die moderne westliche Demokratie sei ein festes, nahezu unwandelbares Set von Regeln und Ordnungen – freie Wahlen, Parlament, Gewaltenteilung usw. –, die es zu erfüllen und danach als einen Schatz zu hüten gelte. Seit dem letzten Drittel des 20. Jahrhunderts geht die Entwicklung der Demokratie aber immer weniger in einer solchen «Erfüllungsgeschichte» auf, in Deutschland wie fast überall auf der Welt. Was man unter Demokratie versteht, wandelt sich weiterhin – und beschleunigt seit den 1980er Jahren, also etwa in der Spanne der letzten drei Jahrzehnte. Mit dem Wechsel von Regimen, von Verfassungsordnungen hat das wenig zu tun, deshalb lässt sich eine scharfe Zäsur nicht benennen. Und deshalb ist es bis heute schwierig, in diesen Veränderungen mehr als nur kleinere Irritationen eines ansonsten unerschütterlichen Standardmodells zu sehen. Aus vielen unterschiedlichen Quellen speist sich seit etwa 1980 eine tiefe Transformation der Nachkriegsdemokratie: Das Selbstverständnis des Staates hat sich ebenso gewandelt wie der Blick der Bürgerinnen und Bürger auf die demokratische Staatsordnung; verändert haben sich Organisationsmuster und Handlungsformen ebenso wie institutionelle Spielregeln – zum Beispiel die Rolle der Gerichte – und Mentalitäten. Politik vollzieht sich nicht mehr nur in Nationalstaaten und ihren Untereinheiten, sondern europäisch oder global; das Internet revolutioniert die Kommunikation mindestens so, wie zuletzt der Buchdruck im 16. Jahrhundert.

Darum fällt es schwerer als früher, als 1848 oder 1918 oder 1945, die neue, noch offene Gestalt der Demokratie auf einen prägnanten

Begriff zu bringen, und erst recht, ihr mögliches Ziel ins Auge zu fassen. Das verunsichert viele Menschen, übrigens auch die Wissenschaftler und Experten, unter denen über die Zukunft der Demokratie alles andere als Einigkeit herrscht. Nicht wenige halten unerschütterlich an der optimistischen Erfüllungsgeschichte fest, nach der sich «die» Demokratie, als westliches Standardmodell, in immer neuen Regionen der Welt schließlich durchsetzt. Sie können auf die große europäische Wende von 1989 verweisen, aber auch auf die Demokratisierung Lateinamerikas in den letzten zwei Jahrzehnten, und jüngst auf die Demokratiebewegung und den Sturz von Diktaturen im «arabischen Frühling» von 2011. Andere zeichnen ein eher düsteres Bild, wonach die Demokratie gerade in den westlichen Ländern ihren historischen Höhepunkt überschritten habe und unter dem Druck von Neoliberalismus und globalem Kapitalismus innerlich zerbrösele, bis nur eine äußere Fassade übrig sei. Beide Perspektiven drohen die vielgestaltige Transformation zu übersehen, die den Begriff der Demokratie verändert und ihre konkrete Praxis unter Druck gesetzt und gefährdet, aber auch um zahlreiche neue Facetten erweitert hat. Viel spricht dafür, dass unsere Nachfahren nicht auf den Anfang vom Ende der Demokratie zurückblicken, wenn sie sich mit den Jahrzehnten um 2000 beschäftigen, sondern auf eine turbulente Zeit der Neuerfindung, aber auch des Abschieds von der Eindeutigkeit des repräsentativ-elektoralen Modells der Nachkriegszeit.

Die Suche nach der großen Überschrift für diesen Wandel wird weitergehen. Der Begriff der «Zivilgesellschaft» könnte dabei einen zentralen Platz einnehmen. In den 1980er Jahren tauchte er in vielen Ländern, in Osteuropa ebenso wie in Westeuropa, auf und zielte auf eine vom Staat, häufig auch vom kapitalistischen Markt unabhängige Sphäre der gesellschaftlichen Selbstorganisation mit politischem Gestaltungsanspruch. Gegenüber den als immer übermächtiger empfundenen großen Systemen der bürokratisch-professionellen Politik und des dynamisierten Kapitalismus erinnerte die Zivilgesellschaft an die Selbstregulierung eines freien bürgerlichen Lebens als einer Alternative, oder mindestens einer Ergänzung, zu den wachsenden subjektiven Erfahrungen der Fremdbestimmung. Es geht dabei nicht um den Rückzug in eine bequeme Nische; alle Entwürfe der Zivilgesellschaft teilen vielmehr den Impuls der politischen Partizipation. Zivilgesellschaft, aktives Engagement und Demokratie gehören immer eng zusammen. Das ist ein wichtiger Unterschied zu einer lange in Deutschland einfluss-

reichen Tradition, «Staat» und «Gesellschaft» einander gegenüberzu-
stellen und dabei die Gesellschaft als eine unpolitische Sphäre zu denken. Nicht selten ist Zivilgesellschaft geradezu identisch mit der
Vorstellung von einer partizipatorischen Demokratie, welche die Bürgerinnen und Bürger unmittelbar, kontinuierlich und jenseits politischer
Wahlen aktiv werden lässt.

Wie die Befürworter einer Zivilgesellschaft zumal in Deutschland
schon früh klarstellten, war der Begriff keineswegs neu; vielmehr griff
er eine sehr alte Tradition auf und prägte sie für die Verhältnisse des
späten 20. Jahrhunderts neu. Bis in die Antike führt die lateinische «so-
cietas civilis» zurück, doch war damit in der politisch-sozialen Theorie
der Frühen Neuzeit gerade der politische Raum der menschlichen Vergemeinschaftung angesprochen, nicht ein autonomes Gegenüber zur
Politik bzw. zur Staatsordnung. Der alten griechischen Unterscheidung
folgend, ging es also um den Bereich der «Polis» im Unterschied zum
«Oikos», dem Bereich des Haushaltens, Wirtschaftens und familiären
Zusammenlebens. Um 1800 wandelte sich die Bedeutung grundlegend,
und besonders angesichts eines starken monarchisch-bürokratischen
Staates in Deutschland meinte die «bürgerliche Gesellschaft» nun den
staatsfreien Raum der liberalen Vergesellschaftung, nicht zuletzt auch
der gewerblich-kapitalistischen Ökonomie. In diesem Sinne sprach
Georg Wilhelm Friedrich Hegel 1821 in seiner Rechtsphilosophie von
dem «System der Bedürfnisse», und für den Linkshegelianer Karl Marx
stand die bürgerliche Gesellschaft für den kapitalistischen Produktions-
und Klassenzusammenhang. Die Mehrdeutigkeit des deutschen Wortes
«Bürger»: zwischen Staatsbürger und Wirtschaftsbürger, zwischen uni-
versellem, freien politischen Akteur und dem Angehörigen einer höheren sozialen Klasse, trug schließlich auch dazu bei, den englischen
Begriff «Civil Society» nicht als bürgerliche Gesellschaft, sondern als
Zivilgesellschaft zu übersetzen. Daneben hat sich aber auch die «Bürgergesellschaft» begrifflich etabliert; dabei liegt der Akzent etwas mehr
auf dem Ideal des für das Gemeinwohl tätigen Einzelnen, während die
«Zivilgesellschaft» eher einen abstrakteren Bereich der nichtstaatlichen
Selbstorganisation beschreibt. In ihr klingen auch utopische Dimensionen an: die Vision einer freien und friedlichen Gesellschaft und mehr
horizontaler als hierarchischer Verfahren in der Politik.

Diese Projektion in die Zukunft gewann in Mittel- und Osteuropa
während der 1980er Jahre eine ganz konkrete Gestalt, als Intellektuelle
und Dissidenten mit der Zivilgesellschaft ihr Gegenmodell zu Entmün-

digung und Unfreiheit im autoritär-bürokratischen Realsozialismus entwarfen. Vor allem polnische Oppositionelle im Umfeld der «Solidarność», führend unter ihnen etwa Bronisław Geremek und Adam Michnik, beklagten die Abhängigkeit einer vom kommunistisch-autoritären Staat geführten und durchorganisierten Gesellschaft. Zivilgesellschaft bedeute, so sagte Adam Michnik im Februar 1988 in einem Interview, dass die Gesellschaft sich selber entlang ihrer Konflikte, Partikularinteressen und unterschiedlichen Standpunkte organisieren und artikulieren könne. Damit war ein sehr prinzipieller Punkt gemeint, der einen liberalen Pluralismus einklagte: Der Staat darf die Verschiedenheit von Interessen und Überzeugungen nicht mit einem vermeintlich übergeordneten Gemeinwohl ersticken; Konflikte müssen von den Bürgerinnen und Bürgern frei ausgetragen werden können. Es ging aber zugleich um neuartige Probleme, die zu bearbeiten auch im Westen erst unter Druck «von unten» möglich war; dabei verwies Michnik auf ökologische Probleme, auf die verheerende Umweltverschmutzung in Polen. Und drittens bedeutete Zivilgesellschaft, die Dinge beim Namen nennen, in der Öffentlichkeit frei und wahrhaftig sprechen zu können. Das war angesichts von Zensur und Diktatur eine höchst konkrete Forderung, nahm aber zugleich die allgemeinere Suche nach Authentizität und Expressivität auf, die den Protest westlicher Demokratien seit den 1960er Jahren grundierte.

Die polnische Debatte über die Zivilgesellschaft war mit dem Erfolg der unabhängigen Gewerkschaft Solidarność eng verknüpft, einem höchst konkreten Muster der freien Selbstorganisation gegenüber dem autoritären Staat. Auch das Verbot der Solidarność in General Jaruzelskis Kriegsrechtsregime konnte diesen Bodengewinn nicht mehr rückgängig machen. In der mit dem «Runden Tisch» von 1988 beginnenden Transformation zur Demokratie brachen jedoch Fragen an das Selbstverständnis der Opposition und der zivilgesellschaftlichen Vision auf. Wenn damit eine Vielfalt von Positionen und Gruppierungen in offenen Konflikten gemeint war, konnte eine einheitliche Organisation wie die Solidarność dann unter demokratischen Vorzeichen diesem Bild noch entsprechen? Tatsächlich begannen die Vertreter der Solidarność politisch unterschiedliche Wege zu gehen; die Einheit der Opposition führte in einen Parteienpluralismus. Lech Wałęsa, der charismatische Gründer und Führer der Gewerkschaft, tat sich schwer, von dem Bild einer antistaatlichen, oder überstaatlichen, Zivilgesellschaft abzurücken. So kandidierte Wałęsa als parteiloser Kandidat für das Präsidentenamt, statt sich in das Konfliktgetümmel von Parteien und Parlament zu stürzen, und stilisierte sich damit als Vertreter eines moralischen Gemeinwohls, einer «ethical civil society». Andere wie der Historiker Bronisław Geremek vollzogen nüchterner den Übergang von der zivilgesellschaftlichen Opposition in Parteipolitik, Parlament und Regierungsämter; als Außenminister von 1997 bis 2000 führte Geremek sein Land in die NATO.

Viel schwieriger ist es, dem westlichen Interesse an der Zivilgesellschaft auf die Spur zu kommen. Es erreichte in den 1990er Jahren einen ersten Höhepunkt, nährte sich aber aus unterschiedlichen kulturellen und politischen Wurzeln. Manche Wissenschaftlicher und Intellektuellen wie Andrew Arato, Timothy Garton Ash und Ralf Dahrendorf griffen die polnischen Impulse frühzeitig auf und machten sie in den USA und in Westeuropa bekannt. Die zivilgesellschaftliche Revolution von 1989 inspirierte auch die etablierten Demokratien und führte in kritische Selbstbefragung, wie es denn mit mutigem und wachem Bürgergeist im eigenen Lande bestellt sei. Ließ man sich nicht ebenfalls zu vieles vom Staat vorschreiben und regulieren? Diese Frage berührte sich mit den Impulsen der Protestbewegungen aus den 60er und 70er Jahren, die gegen den starken Staat, gegen die sozialtechnologische Steuerung der Gesellschaft angetreten waren und Demokratie «von unten» neu begründen wollten. An die Stelle des Marxismus der «Neuen Linken» traten um 1980 undogmatische Denkrichtungen wie der «Kommunitarismus» in der Sozialphilosophie. Führende Vertreter wie Michael Walzer, Charles Taylor oder Amitai Etzioni kritisierten die Zentralität des Individuums im Liberalismus und betonten stattdessen den moralischen Zusammenhalt von Bürgern als Grundlage von Gerechtigkeit und Demokratie.

So liefen viele Fäden zusammen, in denen man aus heutiger Sicht eine Reaktion auf die Staatsexpansion der Hochmoderne sehen kann, die Konservative, Liberale und Linke im mittleren Drittel des 20. Jahrhunderts durchaus geeint hatte. Seit dem Ende der 1970er Jahre forderten globale wirtschaftliche Entwicklungen und die Doktrin des Neoliberalismus, von den USA und England ausgehend, das bisherige Verhältnis von Staat und Individuum heraus. Auch das keynesianische Sozialstaatsregime stieß in wachsenden Staatsschulden und mangelnder Effektivität an Grenzen. Darin konnte man eine Überforderung des Staates sehen, der Verantwortlichkeit an die Gesellschaft, an die einzelnen Bürgerinnen und Bürger zurückgeben sollte. Eine Konsequenz daraus war der Radikalindividualismus der britischen Premierministerin Margaret Thatcher, für die eine «Gesellschaft» überhaupt nicht existierte. Das kommunitäre oder zivilgesellschaftliche Argument war dem aber genau entgegengesetzt: Gerade der expansive Staat hatte es den Individuen ermöglicht, sich aus der Nahverantwortung zurückzuziehen – sei es der sozialen Verpflichtung, sei es der Initiative, politische Probleme «vor Ort» in gemeinsame Hände zu nehmen. Und noch komplizierter: Der Neoliberalismus – sofern man dieses Schlagwort einmal akzeptiert – predigte keineswegs einfach den schwachen Staat und die radikalliberale Selbstversorgung der Einzelnen. Er beanspruchte vielmehr zugleich, zum Beispiel mit einer neuen Kultur der Leistung und der Integration von Außenseitern, einen regulierenden und kontrollierenden Zugriff auf die Bürger. Der französische Philosoph Michel Foucault beschrieb das schon am Ende der 1970er Jahre, hellsichtig und überscharf zugleich, als die «neoliberale Gouvernementalität». Insofern war der Appell an die Zivilgesellschaft auch der Versuch, diesem staatlichen Zugriff die soziale Selbstorganisation und Staatsfreiheit an der Basis entgegenzustellen.

Zugleich handelte es sich aber um eine erste Reaktion auf den radikalisierten Individualismus, den die kulturelle Revolution seit den 1960er Jahren im Westen forciert hatte. Gingen im Vorrang individueller Selbstverwirklichung, so fragten jetzt viele, nicht Zusammenhalt und moralische Verpflichtung für andere verloren, und damit auch wichtige Voraussetzungen einer lebendigen Demokratie? Der amerikanische Politikwissenschaftler Robert Putnam brachte diese Entwicklung und ihre Gefahren auf das einprägsame Bild des «Bowling Alone»: Wo das Kegeln mit Familie und Freunden bisher Gemeinschaft gestiftet habe, drohe sich das bürgerliche Leben nun in Vereinzelung aufzulösen; «soziales Kapital» ging verloren, das eine Grundlage für politisches Handeln im Stadtviertel oder in der Gemeinde war. Schon zwei Jahrzehnte früher hatte Putnam die Grundlagen bürgerlichen Engagements in Italien untersucht und dabei große Unterschiede zwischen Nord und Süd gefunden: Im Norden des Landes engagierten sich die Bürgerinnen und Bürger nicht nur viel mehr in Vereinen und Verbänden; auch die institutionelle Praxis der Demokratie war dadurch transparenter, bürgerfreundlicher und effektiver. In Süditalien dagegen fehlte eine Zivilgesellschaft weithin, in der Menschen sich horizontal, als gleiche Bürger, miteinander zur Verfolgung von Interessen vernetzten, denn hier bestanden vertikale Abhängigkeitsverhältnisse fort, Clanstrukturen und Klientelverhältnisse, die auch der Demokratie schadeten. Die Ursachen für diese Kluft reichten für Putnam bis in das Bürgerbewusstsein der norditalienischen Stadtrepubliken des Spätmittelalters zurück. An diesem Argument war vieles zu schematisch; und seit 1980 formierte sich im Süden Italiens in Vereinen, Initiativen, kulturpolitischen Gruppen und vielem mehr eine zivilgesellschaftliche Bewegung, die der des Nordens mindestens ebenbürtig war. Aber das unterstreicht eher die enge Wechselwirkung von bürgerlichem Aktivismus und Demokratie, die um die Jahrtausendwende kaum noch bestritten wurde. Aus dem Aschenputtel des Protests war innerhalb einer Generation eine zentrale Stütze der Demokratie geworden.

Dabei ist eine starke Zivilgesellschaft kein Allheilmittel für die Leiden der klassischen Demokratie. In ihrer Entwicklung der letzten Jahrzehnte sind vielmehr verschiedene Spannungslinien erkennbar. Das Verhältnis von Protest und Bürgerengagement zu repräsentativer Demokratie und Mehrheitsprinzip ist kompliziert. Artikulieren Bürgerinitiativen, Basisgruppen oder «Betroffene», die sich zu einer Demonstration zusammenfinden, ihre legitimen Interessen gegenüber dem Parlament, das dann entscheidet? Oder können sie Entscheidungen jenseits des Parlaments erzwingen, die das Mehrheitsprinzip unterlaufen und einer kleinen, aber aktiven und lautstarken Minderheit zu unverhältnismäßigem Einfluss verhelfen? Diese Frage stellt sich umso schärfer, als die neuen Beteiligungschancen der Zivilgesellschaft sozial ungleich verteilt sind. Überall in den entwickelten Gesellschaften des Westens, in Deutschland ebenso wie in Italien oder den USA, sind es überwiegend Angehörige der gut gebildeten Mittelschichten, die sich engagieren oder organisieren, sei es für eigene Interessen im Wohnviertel oder in der Schule, sei es als Konsumenten, sei es für globale humanitäre Anliegen. Gewerkschaften und andere Interessenverbände sozial Schwacher aus der alten Industriegesellschaft haben dagegen an Stärke und Einfluss verloren.

Auch tritt die «Zivilgesellschaft» in ihren vielfältigen Formen dem demokratischen «Staat» mit einem wachsenden und nicht selten prinzipiellen Misstrauen gegenüber. Vor dem Hintergrund der deutschen Geschichte fühlt man sich am Anfang des 21. Jahrhunderts manchmal an die Konfrontation von Staat und gesellschaftlicher Opposition in den 1830er und 1840er Jahren, in der Zeit des Vormärz, erinnert – allerdings war der Staat von damals keine Demokratie, sondern ein monarchisch-bürokratischer Obrigkeitsstaat. Wenn heute «Wutbürger» auf die Straße gehen, empfinden sie den Staat der parlamentarischen Demokratie oft nicht viel anders als diese vormärzlichen Vorfahren – man kann geradezu von einer «Verobrigkeitlichung» des demokratischen Verfassungsstaates in der subjektiven Wahrnehmung der Bürgerinnen und Bürger sprechen. Auf der anderen Seite führt hinter das in den letzten drei Jahrzehnten gewonnene Bewusstsein kein Weg zurück, dass Demokratie mehr sein muss als die von Joseph Schumpeter beschriebene Bestellung einer Regierung auf Zeit durch ein wettbewerbliches Wahlverfahren, erst recht nicht mehr hinter die Praxis von Demokratie, die sich auf diese Weise verändert hat. Nur im Umfeld einer aktiven Zivilgesellschaft kann Demokratie dauerhaft bestehen – Alexis de Tocqueville würde seine Beobachtungen im Amerika des frühen 19. Jahrhunderts heute erst recht bestätigt sehen. Im Blick auf Regionen und Länder wie Russland, die sich mit der Demokratie seit dem 19. Jahrhundert bis in die Gegenwart schwer getan haben, steht ein Defizit zivilgesellschaftlicher Strukturen in der Ursachenliste von Historikern und Politologen weit oben.

Schließlich tritt die Zivilgesellschaft auch in Spannung zu der herkömmlichen, nationalstaatlichen Organisationsform von Demokratie. Diese Spannung artikuliert sich auf der lokalen Ebene, wo Bürgerinnen und Bürger ihre Sorgen bei einem fernen Staat oder seinen bürokratischen Auslegern, mögen sie auch letztlich durch Wahlen legitimiert sein, nicht mehr gut aufgehoben finden. Wo kommunale und föderale Traditionen eine eigenständige Demokratie an der Basis sichern, sind diese Spannungen gemildert. Deshalb sind in den letzten drei Jahrzehnten, nicht zufällig parallel zum Aufstieg der Zivilgesellschaft, Bestrebungen nach regionaler Autonomie und Selbstverwaltung, nach der Parlamentarisierung von Regionen unterhalb des Nationalstaates, immer wieder erfolgreich gewesen, in Italien und Spanien ebenso wie in Großbritannien, wo Schottland seit 1998 wieder über ein eigenes Parlament verfügt, das es 1707 in der Union mit England verloren hatte. Erst recht tritt die Spannung zur nationalstaatlichen Demokratie auf der globalen Ebene hervor. Die Weltgesellschaft verfügt nicht über Institutionen der repräsentativen Demokratie, wohl aber über ein dichtes Netz von Nichtregierungsorganisationen, in denen Bürgerinnen und Bürger über Grenzen hinweg Überzeugungen bekunden und Interessen verfolgen können – eine globale Zivilgesellschaft. «Greenpeace» und «Human Rights Watch» sind wichtige Beispiele dafür. In einer «deterritorialisierten» Welt, also einer Welt jenseits der klassischen Staatsgrenzenordnung, hat die Zivilgesellschaft mithin sogar eine Führungsrolle für die Erweiterung und Transformation von Demokratie übernommen.

2 «Wir sind das Volk»: Bürgerbewegung, Demokratie und Revolution 1989

Die Umbrüche von 1989/90 belegen eindrucksvoll die These, Demokratisierung habe sich im 20. Jahrhundert oft beschleunigt und schubartig, in großen «Wellen» (Samuel Huntington) durchgesetzt. Proteste steigerten sich innerhalb weniger Wochen und Monate zur Revolution und mündeten in den Zusammenbruch der realsozialistischen Diktaturen. Im nordwestlichen Teil des bisherigen sowjetischen Einflussbereichs etablierten sich schnell und erstaunlich stabil liberal-parlamentarische Demokratien: in den drei baltischen Republiken, in Polen, Ungarn und der Tschechoslowakei, deren Teile 1993 friedlich getrennte Wege gingen. Auch die DDR folgte diesem ostmitteleuropäischen Muster, doch konnte ihre teilstaatliche Existenz keinen Bestand haben; sie schloss sich nach einer kurzen Übergangszeit der westdeutschen Demokratie an. Auf dem Balkan jedoch, in Rumänien und Bulgarien sowie in den übrigen Nachfolgestaaten der Sowjetunion einschließlich Russlands führte der Umbruch für längere Zeit in Unsicherheit, halbautoritäre Regime oder sogar in kriegerische Konflikte.

So fächert sich das sehr griffige Bild von der demokratischen Welle von 1989 bei näherem Hinsehen auf, in räumlicher und auch in zeitlicher Hinsicht. Denn trotz der extremen Ereignisverdichtung im zweiten Halbjahr 1989 gab es eine Vorgeschichte, die mindestens ein Jahrzehnt weit zurückreichte, auch wenn man die gescheiterten Reformversuche und Aufstände von 1953, 1956 und 1968 nicht unmittelbar dazu rechnet. Die Entspannungspolitik im Kalten Krieg hatte 1975 mit der Schlussakte der «Konferenz über Sicherheit und Zusammenarbeit in Europa» (KSZE) in Helsinki auch Staaten des Ostblocks auf die Achtung von Grundfreiheiten und Menschenrechten verpflichtet. Auf diesen «Korb 3» von Helsinki begannen sich bald Dissidenten und Bürgerrechtler zu berufen, zum Beispiel in der tschechischen Gruppe «Charta 77» um Václav Havel. Die tschechischen und polnischen Intellektuellen verliehen der demokratischen Bewegung in Osteuropa ein besonderes Gepräge, ebenso wie der Arbeiterprotest in Polen und die

Gründung der «Solidarność» 1980. In beidem klangen klassische ebenso wie neue Motive der Demokratie an: klassische, weil es um elementare Freiheitsrechte und politischen Pluralismus ging, also um das, was
Jürgen Habermas später für die DDR als «nachholende» Revolution
bezeichnete; neue Motive, weil man sich dabei nicht einfach auf den
Standpunkt von 1945 stellte, sondern Demokratie weiterzudenken versuchte. Dazu griffen die Oppositionellen Impulse aus den westlichen
Protestbewegungen auf, denen sie zugleich eigene Anregungen zurück-
gaben, etwa mit ihren Vorstellungen von Zivilgesellschaft.

Die Bürgerbewegung in der DDR, der sozialistischen Halbnation mit
ihrer engen Bezogenheit auf die Bundesrepublik, war erst recht Teil
dieser demokratischen Verflechtungsgeschichte. Und das Streben nach
der klassischen westlichen Nachkriegsdemokratie geriet in ihr zeitweise sogar in ein besonders markantes Spannungsverhältnis zur Sehnsucht nach neuen Formen einer demokratischen Gesellschaft. Seit der
Mitte der 1980er Jahre, ermuntert durch Gorbatschows Politik von
Offenheit und Umbau, von Glasnost und Perestroika, formierte sich
die Opposition in der DDR als Bewegung für Menschenrechte und Demokratie. Sie sammelte sich vor allem in größeren Städten wie Berlin,
Leipzig oder Jena, und besonders im Milieu der evangelischen Kirche,
unter dem Schutz ihrer Räume und ihrer relativen Unabhängigkeit von
Staat und Partei. Jugendliche und junge Erwachsene drückten ihre Unzufriedenheit mit den Verhältnissen in der DDR aus, doch schrieben sie
nicht die Einführung des westdeutschen Grundgesetzes in ihre Forderungen. Vielmehr sympathisierten sie mit jenen, die in der Bundesrepublik zu den Kritikern ihrer eigenen Gesellschaft gehörten und sich für
Veränderung engagierten: mit den Bewegungen für Umwelt, Frieden
und globale Menschenrechte, die Anfang der 1980er Jahre im Nach-
rüstungsstreit großen Auftrieb erhalten hatten und politisch oft in der
Partei der Grünen eine neue Heimat fanden.

Seit 1980 fand die Friedensbewegung in der DDR mit «Schwerter zu
Pflugscharen» ein wirksames Motto und Symbol. Die Reaktorkatastrophe im ukrainischen Tschernobyl im April 1986 setzte Umweltfragen
in West und Ost mit neuem Nachdruck auf die Tagesordnung; zu einem
Zentrum der ostdeutschen Aktivitäten wurde die im September gegründete Umweltbibliothek an der Berliner Zionskirche. Die von ihr he-
rausgebrachten «Umweltblätter» oder die «radix-blätter» verbreiteten
Informationen, knüpften Netzwerke und bildeten damit eine Gegenöf-
fentlichkeit zur Welt der SED. Frieden, Gerechtigkeit und Menschen-

rechte waren die Schlüsselbegriffe der Bürgerbewegung in der zweiten Hälfte der 80er Jahre. Das zielte auf eine grundlegende Veränderung der DDR, aber noch nicht auf ihre Sprengung. Dafür gibt es mindestens drei Gründe: Das kapitalistische Wirtschaftssystem der Bundesrepublik schien vielen nicht erstrebenswert; die Frage einer ganz anderen politischen Verfassung stellte sich einstweilen gar nicht; und mit den Zielen Frieden, Gerechtigkeit und Menschenrechte konnte man den eigenen Staat in die Pflicht nehmen, der sich dazu ja ebenfalls, wenngleich in marxistisch-leninistischer Sichtweise, bekannte.

Im Frühherbst 1989 öffnete sich rasch ein Fenster zu einer offeneren Formulierung von Zielen, und nicht zuletzt auch zum offenen organisatorischen Zusammenschluss. Die Opposition trat aus den Wohnzimmern, Kirchen und versteckten (gleichwohl von der Staatssicherheit oft infiltrierten) Netzwerken heraus. Am 9. September 1989 rief das «Neue Forum» mit seiner Gründung die Bürgerinnen und Bürger der DDR zu einer «Umgestaltung unserer Gesellschaft» auf, die sich an dem «Wunsch nach Gerechtigkeit, Demokratie, Frieden sowie Schutz und Bewahrung der Natur» orientieren sollte. Demokratie verstand das Neue Forum nicht so sehr als das Ziel einer institutionellen Ordnung, sondern als einen Prozess der Verständigung. Die Unterzeichner um Bärbel Bohley, Katja Havemann und Jens Reich sprachen von einem «demokratischen Dialog» und beklagten die gestörte Kommunikation zwischen Staat und Gesellschaft. Ganz offen bekannten sie sich zur Unsicherheit im Blick auf die westlichen Verhältnisse: bessere Versorgung mit Waren – aber kein ungehemmtes Wachstum; freie Individuen und Raum für wirtschaftliche Initiative – aber keine «Ellenbogengesellschaft». Die Sozialdemokratische Partei der DDR (SDP) ging wenige Tage später deutlich weiter. Schon ihre Gründung implizierte ein Mehrparteiensystem und die Forderung nach freien Wahlen, wo das Neue Forum nur eine übergreifende Plattform der Diskussion sein wollte. Institutionelle Grundlagen einer Demokratie wie Rechtsstaat, Gewaltenteilung, Parlamentarismus oder auch freie Gewerkschaften waren von Anfang an klar benannt. Und die gesamte Programmatik der jungen Partei stand unter der Überschrift einer «grundlegenden Demokratisierung unseres Landes».

Die Forderung nach Demokratie in der Bürgerbewegung der DDR erweist sich also als vielschichtig, aber man muss sie nicht lange suchen – der Begriff war zentral und fand oft sogar Eingang in die Namensgebung. Der «Demokratische Aufbruch» (DA) entstammte demselben links-alternativen, intellektuellen und kirchlichen Milieu wie das Neue Forum und eine Vielzahl anderer Gruppen, verabschiedete sich aber Ende 1989 schon deutlich von dem prozesshaften Demokratiebegriff und dem Bekenntnis zu einer Reform des Sozialismus; stattdessen konstituierte der DA sich als Partei und bekannte sich frühzeitig zur deutschen Einheit; für die Volkskammerwahlen am 18. März 1990 schloss er sich der CDU-geführten «Allianz für Deutschland» an. Die Bewegung «Demokratie Jetzt» ähnelte in ihrem Selbstverständnis eher dem Neuen Forum, von der Ausgangsdiagnose eines «inneren Unfriedens» in der DDR bis zur Betonung einer solidarischen und ökologischen Gesellschaft, die sich von der Realität der Bundesrepublik unterscheiden sollte. Das programmatische Leitwort war aber auch hier die Demokratie, nicht nur im unmissverständlichen eigenen Namen.

Man hat oft darauf hingewiesen, die Bürgerbewegung der DDR im Herbst 1989 habe eine Reform des Sozialismus in der DDR eher angestrebt als eine Übernahme der westdeutschen Verfassungs- und Gesellschaftsordnung. Das ist aber mindestens missverständlich. Alle Gruppen «teilten die grundsätzliche Gegnerschaft zum SED-Regime und die Forderung nach einem fundamentalen Systemwandel». Sie kritisierten die Bundesrepublik also eher so, wie es auch die westdeutschen Protestbewegungen taten: mit radikaldemokratischer Emphase, sicher auch einem Stück Antikapitalismus, und mit dem historisch gewachsenen Bewusstsein einer eigenen DDR-Identität, jedenfalls bis Anfang 1990. Schon ihre frühen Äußerungen lassen keinen Zweifel daran, dass es für sie keine Alternative zu den Säulen der westlichen Demokratie gab: mit individueller Freiheit und Grundrechten, aber auch mit politischem Pluralismus, freien Wahlen, Parlament; und gewiss ohne die «führende Rolle» der SED und ihre Verquickung mit dem Staat.

Und vor allen programmatischen Zielen formierte sich vom Herbst 1989 bis ins Frühjahr 1990 Demokratie als Prozess – als ein vielgestaltiger revolutionärer Prozess. Die zivilgesellschaftliche Selbstorganisation von Bürgerinnen und Bürgern, über die engen und klandestinen Oppositionszirkel hinaus, war ein wichtiger Teil davon, auch wenn sie nicht die Massen, geschweige denn die Mehrheit der Bevölkerung erfasste: anders als im Polen der Solidarność, aber nicht untypisch im historischen Vergleich. Trotz mancher Vorbehalte mündete sie schnell in die Formierung politischer Parteien als Ausdruck des Wunsches nach Teilhabe an der Regierung. Manche Initiativen starteten sofort als politische Partei, wie die SDP, andere versuchten bis weit in das Jahr 1990 hinein, gesellschaftliche Opposition gegenüber dem Staat zu bleiben, und damit «Bewegung» statt «Partei». Darin spiegelte sich, erneut in west-östlicher Überlagerung, die jahrzehntelange Traumatisierung durch den sozialistischen Obrigkeitsstaat ebenso wie die Verschiebung der klassisch-repräsentativen zur partizipatorischen Demokratie im Westen seit den 70er Jahren. Aber man findet diese Spannung auch schon in Revolutionen des 18. und 19. Jahrhunderts.

Daneben trat die Massenmobilisierung der Leipziger «Montagsdemonstrationen», die zwischen September und November 1989 ihre Teilnehmerzahlen beinahe wöchentlich verdoppelten. Hier ertönte seit dem 9. Oktober der Ruf «Wir sind das Volk!», der den Anspruch auf Volkssouveränität und Selbstregierung als Kern der Demokratie höchst wirkungsvoll auf den Punkt brachte. Nach dem Mauerfall, genau einen Monat später, hieß es erstmals und dann immer öfter: «Wir sind *ein* Volk»: Die nationale Einheit rückte mehr in den Vordergrund, der Anschluss an die Demokratie der Bundesrepublik. Gleichzeitig jedoch schritt die innere Demokratisierung der DDR voran und suchte nach institutionellen Formen. Am 7. Dezember trat der Zentrale Runde Tisch erstmals in Berlin zusammen, an dem sich Vertreter der Bürgerbewegung und des alten Staates gegenübersaßen. Das war eine Versammlung des Übergangs, die auf die ersten und einzigen freien Wahlen zur Volkskammer, dem Parlament der DDR, hinarbeitete und sich kurz vor der Wahl vom 18. März 1990 auflöste. Auch die Dauermobilisierung in Großdemonstrationen ließ sich nicht aufrechterhalten. Demokratie als Prozess führte so in der DDR, ganz unabhängig von der Frage der Wiedervereinigung, innerhalb eines halben Jahres in ein freies parlamentarisches System und folgte damit einem langen Muster demokratischer Revolutionen.

Seit dem Frühjahr 1990 zeichnete sich das rasche Ende der DDR immer deutlicher ab, für die eine dauerhafte Rechtfertigung als zweite Demokratie neben der Bundesrepublik nicht zu finden war. So fand die friedliche Revolution in der DDR am 3. Oktober 1990 einen Abschluss, der sich von den übrigen postkommunistischen Ländern unterschied. Für einen Teil der Bürgerbewegung bedeutete das einen schmerzlichen Abschied von ihrer Vorstellung eines eigenen Weges. Aber man muss vorsichtig sein, in der Wiedervereinigung eine Gegenrevolution – klassisch gesprochen: den «Thermidor» der Bürgerrevolution – zu sehen. Denn Enttäuschungen auf dem Weg von der demokratischen Bewegung in den demokratischen Staat blieben auch anderswo, zum Beispiel in Polen, für die zivilgesellschaftlichen Akteure nicht aus; von dem jahrzehntelangen Hadern der (west-)deutschen Grünen mit dieser Frage ganz zu schweigen. Auch unterschieden sich die Verfassungsvorstellungen des überwiegenden Teils der Bürgerbewegung nur in Nuancen von der Ordnung des Grundgesetzes. Am Grundgesetz orientierte sich auch der Entwurf einer DDR-Verfassung, den eine Arbeitsgruppe des Runden Tisches Anfang April 1990 noch vorlegte. Von einer «kurzen Demokratie» zu sprechen, als hätten die Ostdeutschen die Demokratie im Herbst 1990 wieder verloren, ist deshalb erst recht irreführend.

Insgesamt lässt sich der Übergang von 1989/90, in der DDR wie im übrigen Ostmitteleuropa, am besten als demokratische Freiheitsrevolution verstehen. Dabei stand die politische Freiheit an erster Stelle, der «Traum von Freiheit und Demokratie», den Bronisław Geremek im Rückblick als «Kern von Solidarność» bezeichnet hat. «Die Polen wussten was sie wollten, nicht nur was sie ablehnten» – das galt für die Ostdeutschen vielleicht nicht in gleicher Entschiedenheit, aber im Grunde ebenfalls. Es ging um die Abwesenheit von politischer Unterdrückung und Bevormundung, um freie Meinungsäußerung und das Recht freier Organisation in der Zivilgesellschaft und in Parteien, um Freiheit als Volkssouveränität. Aber auch andere, eher alltägliche, lebensweltliche und private Freiheiten spielten ihre wichtige Rolle, zumal in der DDR: die Freizügigkeit und Reisefreiheit mit dem Symbol der Überwindung der Mauer, sogar die Konsumfreiheit, der oft bespöttelte Wunsch nach Anteil an den materiellen Lebenschancen des Westens. Dass diese Demokratie kein Endzustand wunschlosen politischen Glücks sein würde, mussten auch im Westen viele erst noch lernen.

3 Jenseits des Nationalstaats: Demokratie in Europa – europäische Demokratie?

Die europäische Integration ist einer der mächtigsten Prozesse in der globalen Geschichte seit dem Zweiten Weltkrieg, doch zugleich sind Ziel und Richtung dieses Prozesses unsicher geblieben, bis in die tiefe Krise von Staatsschulden und gemeinsamer Währung im Jahre 2011 hinein. Gerade in Deutschland gingen viele davon aus, die europäische Einigung werde – langsam, aber doch unaufhaltsam – in einen gemeinsamen Bundesstaat führen, in «Vereinigte Staaten von Europa». In den 1970er und 80er Jahren entsprach das der ohnehin beschädigten nationalen Identität der staatlich geteilten Deutschen ebenso wie der Fixierung auf das Vorbild der USA in der Bundesrepublik. Die Erwartung speiste sich aber auch aus der deutschen Tradition des Föderalismus und der historischen Erfahrung der Reichseinigung im 19. Jahrhundert: Musste man nicht die Nationsbildung, im staatsrechtlichen Akt von 1871 ebenso wie im inneren Zusammenwachsen souveräner Staaten und selbstbewusster «Stämme», nur eine Ebene höher europäisch wiederholen? Diese Vision dachte eine politische Verfassung des europäischen Bundesstaates mit, die irgendwo zwischen Grundgesetz und amerikanischer Verfassung angesiedelt sein würde: eine föderal verfasste parlamentarische Demokratie mit gemeinsamer Staatsbürgerschaft und kultureller Identität, in der die bisherigen Nationen die Rolle von Gliedstaaten spielen.

In den folgenden zwei Jahrzehnten, zwischen dem Vertrag von Maastricht von 1992 und dem Vertragsschluss von Lissabon 2007, ist Europa auf dem Weg zu einer politischen Union ein beträchtliches Stück vorangekommen, aber ein europäischer Bundesstaat ist auf absehbare Zeit unwahrscheinlich geworden. Der Fall des Eisernen Vorhangs hat das ursprünglich westeuropäische Projekt zwar gesamteuropäisch erweitert, aber mit inzwischen 27 Mitgliedstaaten auch heterogener gemacht. Nationale Vorbehalte sind gewachsen. Und die Vorstellung, die nationale Demokratie durch eine europäische zu überwinden, die dennoch den nationalstaatlichen Bauplan mehr oder weniger kopiert, hat an Glaubwürdigkeit verloren, da die klassische repräsentative Demokratie auch sonst nicht mehr als alleiniger Königsweg des politischen Fortschritts gilt. So waren die Vereinigten Staaten von Europa vermutlich nur das Leitbild einer Übergangszeit.

Denn auch am Anfang der europäischen Integration nach dem Zweiten Weltkrieg standen andere Ziele. Ein drittes Mal sollten die europäischen Nationen sich nicht in Krieg und Gewalt zerfleischen, und dafür galt es nicht zuletzt, den Unruheherd eines mächtigen Deutschland einzubinden. Dieses Motiv trieb besonders die Franzosen und daneben die Beneluxländer an: die zweimaligen Opfer deutscher Überfälle im 20. Jahrhundert. Für die Westdeutschen bot die europäische Karte die Option auf eine Rückkehr als geachtetes Mitglied der Staatengemeinschaft, und die Chance einer Anbindung an den «Westen», ohne sich allzu einseitig dem übermächtigen Amerika auszuliefern. In der unmittelbaren Nachkriegszeit stand Europa nicht zuletzt für die moralische Einsicht in das Versagen des Nationalstaates und die Pervertierung des

Nationalismus. Am Anfang stand die Friedenssicherung; damit gewiss auch die Zurückweisung von Diktatur, aber nicht die Blaupause für eine europäische Demokratie. Es ging um die Verbindung von Demokratien, die sich zu einem gemeinsamen Wertefundament bekannten, in einem «Europa der Vaterländer», wie es der französische Staatspräsident Charles de Gaulle 1962 nannte. Schon ein gutes Jahrzehnt früher definierten Robert Schuman als Außenminister Frankreichs und der deutsche Bundeskanzler Konrad Adenauer die wirtschaftliche Zusammenarbeit und Verflechtung als praktisches Handlungsfeld der Friedenssicherung. Der erste Schritt war die «Montanunion», offiziell die Europäische Gemeinschaft für Kohle und Stahl (EGKS), von 1952. In den Römischen Verträgen vom 25. März 1957 errichteten dieselben sechs Staaten – neben Frankreich und der Bundesrepublik noch Italien und die Beneluxländer – die Europäische Wirtschaftsgemeinschaft (EWG). Daneben trat die Kooperation in Wissenschaft und Forschung, die vom EURATOM-Vertrag weiter in die Weltraumforschung der 60er und 70er Jahre führte.

Den mit den Römischen Verträgen ebenfalls geschaffenen politischen Organen wurde zunächst wenig Beachtung geschenkt, obwohl sie bereits die Keimzelle der späteren EU-Verfassung und einer klassischen Gewaltenteilung enthielten: eine interministerielle Exekutive, einen Gerichtshof und das Europäische Parlament, das aus der «Gemeinsamen Versammlung» der Montanunion von 1952 hervorging, aber weiterhin von den nationalen Parlamenten beschickt wurde. Als das Straßburger Parlament im Juni 1979 zum ersten Mal in den damals neun Mitgliedstaaten direkt gewählt wurde – 1973 waren Großbritannien, Irland und Dänemark beigetreten –, änderte das an der geringen Machtausstattung der europäischen Volksvertretung wenig. Die symbolische Bedeutung dieses Übergangs war jedoch erheblich. Eine volle demokratische Verfassung der Europäischen Gemeinschaft konnte erst jetzt als konkreter politischer Erwartungshorizont entstehen, gerade weil der Abstand zum klassischen Parlamentarismus krass ins Auge fiel: vor allem im Fehlen des Budgetrechts und einer dem Parlament verantwortlichen Exekutive. Aber erst am Ende der 1980er Jahre, beschleunigt durch den Fall des Kommunismus und die deutsche Wiedervereinigung, gewann die politische Integration eine neue Qualität. Mit dem Vertrag von Maastricht entstand 1992 die «Europäische Union», zunächst als ein Dach über den verschiedenen «Säulen» der Zusammenarbeit, deren wichtigste die Europäischen Gemeinschaften waren. In den nächsten zehn Jahren begannen die Bürgerinnen und Bürger das Zusammenwachsen wie nie zuvor auch im Alltag zu spüren: Im «Schengen-Raum» entfielen 1995 die Grenzkontrollen; parallel dazu entstand in mehreren Schritten die Europäische Wirtschafts- und Währungsunion, die mit der Einführung des «Euro» als gemeinsamer Währung 2002 ihren vorläufigen Höhepunkt fand.

Grenzenloses Reisen ohne Geldumtausch förderte ein Gefühl der europäischen Zusammengehörigkeit, aber die primäre Motivation dahinter blieb die Sicherung des Friedens und der Prosperität, nicht die Förderung von Demokratie. Debatten über die Reform der politischen Organe der EU kreisten häufig eher um das Problem effektiver Entscheidungsfindung, zumal angesichts der Osterweiterung um sieben Staaten vom Baltikum über Polen bis Ungarn im Jahre 2004. Dennoch trat die Frage nach der europäischen Demokratie seit den späten 90er Jahren vermehrt ins Bewusstsein. Die politischen Eliten sahen darin den nächsten großen Schritt der Integration, während eine kritische Öffentlichkeit das «Demokratiedefizit» der Europäischen Union bemängelte, das angesichts wachsender Kompetenzen und sichtbarer Alltagsmacht von «Brüssel» umso mehr ins Auge fiel. Damit überschnitt sich, zumal nach dem 11. September 2001, eine Debatte über die kulturelle Identität Europas in der Spannung zu Amerika einerseits, dem arabisch-islamisch geprägten Raum andererseits. Der gemeinsame Fluchtpunkt war die im Oktober 2004 in Rom unterzeichnete Europäische Verfassung, genauer: der «Vertrag über eine Verfassung für Europa». Schon in dieser Bezeichnung kam die Unmöglichkeit zum Ausdruck, die Europäische Union als ein souveränes Völkerrechtssubjekt mit einer demokratischen Verfassung auszustatten und sie auf den Boden der Souveränität eines europäischen Volkes zu stellen. Trotz dieser Grenzen scheiterte die Einführung des Vertrages, kurz nachdem das deutsche Parlament seine Zustimmung gegeben hatte, im Frühsommer 2005 an der Ablehnung in den Referenden Frankreichs und der Niederlande. An seiner Stelle trat am 1. Dezember 2009 der Vertrag von Lissabon als neue Rechtsgrundlage der Europäischen Union in Kraft.

Wie schon seine Vorläufer seit Maastricht 1992 stärkte der Lissabon-Vertrag die «Verfassungsorgane» der Union im Sinne der klassischen Demokratietheorie: in der Stärkung des Parlaments gegenüber Kommission und Ministerrat; zugleich mit dem Versuch der Stärkung einer europäischen Exekutive in dem Amt eines Präsidenten des Europäischen Rates und eines «Hohen Vertreters» der EU für die Außen-

und Sicherheitspolitik. Aber von einer nationalstaatlichen Demokratie bleibt das institutionelle Gefüge der Europäischen Union auch nach dem Vertrag von Lissabon weit entfernt. Das Prinzip der Gewaltenteilung verschwimmt besonders in der Europäischen Kommission, die mit ihren 27 Kommissaren unter der Leitung des Kommissionspräsidenten (seit 2004 José Manuel Barroso) als klassische Exekutive agiert, also die Aufgaben einer europäischen Regierung wahrnimmt, darin aber mit den Staats- und Regierungschefs (im «Europäischen Rat») und den jeweiligen Fachministern (im «Rat der Europäischen Union», meist «Ministerrat» genannt) konkurriert. Der Ministerrat und die Kommission wiederum haben auch legislative Kompetenzen, und die Kommissare als Quasi-Fachminister werden weiterhin von den nationalen Regierungen benannt und im Parlament nur bestätigt. Statt klar geschnittener Verfassungsorgane mit einem Parlament als Dreh- und Angelpunkt – direkt gewählt vom Volk, seinerseits die Regierung bildend – begegnen wir also einem verwickelten Gebilde, das an Samuel Pufendorfs Charakterisierung des Heiligen Römischen Reiches als eines «ungeordneten und monsterartigen Körpers» erinnert.

Man kann darin auch weiterhin ein bedenkliches Defizit an Demokratie sehen. Doch die Bewertungsmaßstäbe haben sich verschoben, und die Realität europäischer Demokratie hat sich in den letzten zwanzig Jahren auch jenseits des klassischen Institutionengefüges entwickelt – teils gegenläufig zur nationalstaatlichen Demokratie, teils aber auch im Einklang mit deren Veränderungen. Zunächst einmal handelt es sich nicht um ein Problem der EU allein. Demokratisierung jenseits des Nationalstaats verläuft auch anderswo auf der Welt kaum in jenen Bahnen einer quasi-nationalstaatlichen Verfassung, die man bis ins späte 20. Jahrhundert weithin erwartete – einschließlich der globalen Ordnung selber, etwa in den Vereinten Nationen. So lässt sich europäische Demokratie durchaus ohne ein souveränes europäisches Volk und ohne parlamentarische Regierung denken und existiert als solche auch schon in vielen Dimensionen. Seit dem Vertrag von Maastricht gibt es neben der Staatsbürgerschaft der Einzelstaaten eine (daraus abgeleitete) Unionsbürgerschaft, die den EU-Bürgern unter anderem Freizügigkeit und das kommunale Wahlrecht an ihrem Wohnort, auch außerhalb ihres Heimatstaates, garantiert.

Im Einklang mit nationalen Entwicklungen spielt der individuelle Rechtsschutz eine immer wichtigere Rolle – die EU ist zu einer maßgeblichen Agentur des Grund- und Menschenrechtsschutzes geworden.

Damit ist auch die Bedeutung der europäischen Gerichte für die subjektiven Rechtsansprüche der Bürgerinnen und Bürger gewachsen. Jenseits der Europäischen Union ist der Europäische Gerichtshof für Menschenrechte, eine Institution des 1949 gegründeten Europarats (mit seinen heute 47 Mitgliedsländern), zur zentralen Instanz dieser «justiziellen Demokratie» geworden, seit 1998 das Recht auf Individualbeschwerde eingeführt wurde. Jede Bürgerin und jeder Bürger kann sich unmittelbar und individuell an das Straßburger Gericht wenden, wenn er oder sie sich in Rechten verletzt sieht, die die Europäische Menschenrechtskonvention garantiert. Und schließlich funktioniert gerade die komplizierte Verschachtelung der europäischen Institutionen, auch wenn ihre je einzelne demokratische Legitimation teilweise nur indirekt und vom Bürger weit entfernt ist, als ein System von «checks and balances», das autoritärer Konzentration und Exekution von Macht immer wieder effektiv entgegenwirkt.

So wird man sich die weitere Entwicklung europäischer Demokratie eher als eine Fortsetzung solcher postklassischen Tendenzen vorstellen müssen, ohne dass damit die Möglichkeit klassischer Demokratisierung ganz ausgeschlossen ist. Sie könnte aus einer tiefen Krise hervorgehen, die mit einem Souveränitätsverzicht der Mitgliedstaaten und einer Parlamentarisierung europäischen Regierens gelöst würde – aber das bleibt eher unwahrscheinlich. Viel länger als vor ein oder zwei Generationen geglaubt, dauert die Herausbildung einer politischen Identität Europas; Ralf Dahrendorf hat noch vor zehn Jahren gemeint, er sehe für die Entstehung eines europäischen Patriotismus keine Anzeichen. Kurz darauf hat Jürgen Habermas, ein anderer prominenter Pro-Europäer, in den transnationalen Protesten der Friedensbewegung gegen den amerikanischen Irak-Krieg Anfang 2003 die Geburtsstunde einer «europäischen Öffentlichkeit» gesehen – und das mit der Publikation ebendieser Diagnose, gemeinsam mit anderen Intellektuellen, in führenden europäischen Zeitungen zu bekräftigen versucht. Zweifellos sind die Grenzen der politischen und kulturellen Debatten durchlässiger geworden, aber die nationale Rahmung lässt sich, auch angesichts der Sprachenvielfalt, immer noch schwer überwinden. Auch wird eine Entgrenzung nationaler Öffentlichkeiten, etwa in der transnationalen Zivilgesellschaft oder im Internet, schwerlich an den Grenzen der Europäischen Union haltmachen.

So wird man im Rückblick auf die letzten sechzig Jahre, und sogar bis heute, den vielleicht wichtigsten Beitrag der Europäischen Integration zur Demokratie nicht in ihrer eigenen demokratischen Verfasstheit, sondern in ihrer Sicherung und Förderung eines Europas der demokratischen Nationalstaaten sehen können. Das führt auf die Gründungsmotive zurück: die Bewahrung des Friedens auf dem von Krieg und Völkermord dreißig Jahre lang zerrütteten Kontinent in einer Gemeinschaft des Vertrauens zwischen Demokratien. Zunächst ging es um die Einbindung Deutschlands nach der Herrschaft des Nationalsozialismus, seit den 1970er Jahren um die Stabilisierung der neuen südeuropäischen Demokratien Griechenlands, Portugals und Spaniens. Zu Europa zu gehören war auch aus wirtschaftlichen Gründen attraktiv – und warum nicht? –, dazu jedoch mussten Kriterien der Demokratie, der Rechtsstaatlichkeit, des Grundrechtsschutzes erfüllt werden. Nach den Umbrüchen von 1989/90 setzte sich diese Entwicklung mit dem Beitritt der postkommunistischen Staaten Osteuropas fort und ist auf dem Balkan, in den Nachfolgestaaten Jugoslawiens, noch nicht abgeschlossen. Nirgendwo hat die Europäische Union eine Diktatur gestürzt und eine Demokratie errichtet, aber immer wieder als Magnet und Stabilisierungsanker der Demokratie gewirkt. So könnte es in einem nächsten Schritt auch mit der Türkei sein.

4 Die Macht der Verbraucher und der Aufstieg des Konsumbürgers

Politische Überzeugungen kann man nicht nur an der Wahlurne äußern, sondern auch mit einer Kaufentscheidung im Supermarkt zum Ausdruck bringen. Politischer Druck geht nicht nur von einer Petition oder einer Demonstration aus, sondern auch vom Boykott bestimmter Waren oder Händler. Konsumenten sind der kapitalistischen Marktgesellschaft und ihrer Verführung durch die Werbung nicht hilflos ausgeliefert, sondern üben selber Macht aus, indem sie für bestimmte Produkte Geld ausgeben und sich anderen verweigern – zum Beispiel einem Kleidungsstück, das von Kindern hergestellt wurde oder einer Gartenbank, deren Holz nicht aus nachhaltiger Forstwirtschaft stammt. Sie können sich darüber hinaus politisch organisieren, etwa einer Organisation anschließen, die Interessen von Bahnkunden vertritt, oder einer Elterninitiative, die den Speiseplan der Schulmensa verbessern will. Seit etwa zwei Jahrzehnten ist das Bild des manipulierten und entmündigten Verbrauchers blasser geworden, in der Öffentlichkeit ebenso wie in der Wissenschaft. Im Gegenzug haben Konflikte um den Konsum einen zentralen Platz in den politischen Auseinandersetzungen westlicher Gesellschaften erobert. In England und besonders in Amerika spricht man inzwischen vom «citizen consumer», während sich im deutschen Sprachgebrauch der «Konsumbürger» noch nicht etabliert hat. Darin spiegeln sich historische und kulturelle Unterschiede, und nicht zuletzt ökonomische Realitäten: Der Anteil des privaten Konsums am Bruttoinlandsprodukt der USA liegt mit 70 Prozent etwa zehn Punkte höher als in Deutschland, das auch im europäischen Vergleich mehr eine Produktionsökonomie geblieben ist. Dennoch haben sich das Selbstbewusstsein der Konsumenten und ihre politische Artikulation seit den 1980er Jahren auch hier erheblich verstärkt.

Ein neues Phänomen ist das freilich nicht, denn schon seit vielen Jahrhunderten stehen Politik und privater Konsum in einer engen Beziehung. Öffentliches Handeln und Bürgeridentität einerseits, der Erwerb von Gütern oder die Sicherung der alltäglichen Versorgung andererseits überschnitten sich in intellektuellen Debatten ebenso wie in handfesten Konflikten und gewaltsamen Unruhen. In der ständischen Gesellschaft der Frühen Neuzeit regulierten sogenannte «Aufwandsordnungen», wie luxuriös man sich kleiden und darstellen durfte, ohne die Grenzen des eigenen Standes, und damit des Ranges in der Gesellschaft, symbolisch zu verletzen. Die politische Theorie konstruierte, im Rückgriff auf antike Ideale, ein Spannungsverhältnis des tugendhaften, für das Gemeinwohl engagierten Bürgers zu Gewerbe, Handel und Luxus, die den Bürger in seiner selbstlosen Verfolgung des gemeinen Besten ablenkten und korrumpierten. Auch in religiösen Weltbildern spielte der Konsumverzicht oft eine wichtige Rolle. Berühmt ist die calvinistische Askese, die Max Weber vor gut hundert Jahren als geistige Keimzelle des modernen Kapitalismus beschrieben hat. Viel unmittelbarer trafen Politik und Konsum in städtischen Unruhen des 18. und 19. Jahrhunderts aufeinander, wenn Männer und Frauen angesichts steigender Lebensmittelpreise und hungernder Familien Vorratslager stürmten oder einen Bäckerladen ausplünderten. Jenseits der unmittelbaren Not wollten sie damit zeigen, dass es in der Gesellschaft nicht gerecht zuging; dass Getreide und Brot zu einem fairen Preis gehandelt werden müssten. Auch die ethische Aufladung, die heute eines der wichtigsten Merkmale von Konsumpolitik ist, reicht also weit in die Geschichte zurück, ebenso wie das besondere Engagement von Frauen in dieser Arena, in der sich private Sorge und öffentliches Handeln eng berühren.

Ihren eigentlichen Anfang nahm die moderne Konsumpolitik in den westlichen Ländern aber erst um 1900, also auf dem Boden der klassischen Industriegesellschaft und der explodierenden Großstädte. Die soziale Frage der Arbeiterschaft überlappte sich mit neuen Formen der politischen Organisation in Gewerkschaften und Interessenverbänden. Die Produktionsverhältnisse in den Fabriken – Kinderarbeit, Zehn- oder Zwölfstundentage, ungesunde und gefährliche Arbeitsplätze – forderten zu Protest und Reformen heraus, bei denen auch Konsumenten als Akteure und als «stakeholders», das heißt: als Betroffene und Interessenten, in Erscheinung traten. In Deutschland besetzte die Arbeiterbewegung, vor allem die SPD und die Freien Gewerkschaften mit ihren Millionen Mitgliedern und ihrer straffen Organisation, schon in der Zeit des Kaiserreichs und dann auch in der Weimarer Republik das Feld der Konsumpolitik. Konsumgenossenschaften sollten mit ihren eigenen Läden die preisgünstige Versorgung der großstädtischen Arbeiterschaft mit Nahrungsmitteln und anderen Gütern des täglichen Bedarfs decken; sie standen aber auch für politische Ziele wie Freiheit und Selbstbestimmung.

In den USA dagegen spielten Interessengruppen der bürgerlichen Sozialreform eine wichtigere Rolle, und einer längeren Tradition entsprechend engagierten sich Frauen an vorderster Front einer Konsumpolitik für die ärmeren Schichten. Florence Kelley aus Philadelphia leitete mehr als drei Jahrzehnte die 1899 gegründete «National Consumers League» (die bis heute als Konsumentenverband aktiv ist). Ganz ähnlich wie in heutigen Debatten über Kinderarbeit in Asien oder Ölgewinnung in Nigeria war Verbraucherpolitik mit Produktions- und Arbeitsplatzbedingungen eng verknüpft. Florence Kelley kämpfte gegen Kinderarbeit und «Sweatshops», indem sie die Konsumenten gegen so hergestellte Produkte zu mobilisieren versuchte. Die National Consumers League verlieh dafür ein weißes Qualitätssiegel, das den Käufern die medizinisch und moralisch einwandfreie Herstellung etwa von Textilien garantierte. Wachsender öffentlicher Druck ließ im frühen 20. Jahrhundert auch den Staat zum Akteur der Konsumpolitik werden. Upton Sinclair stellte in seinem Roman «The Jungle» 1906 die menschenverachtenden und unhygienischen Verhältnisse in den Schlachthöfen Chicagos schonungslos dar und beförderte damit schärfere staatliche Kontrollen auf der Grundlage moderner Lebensmittelgesetze. Und im «New Deal» der 1930er Jahre entwarfen Berater von Präsident Roosevelt wie der Soziologe Robert Lynd den selbstbewussten Konsumenten als notwendiges Gegengewicht zu den Interessen der produzierenden Wirtschaft. Sie maßen dem Konsumbürger eine entscheidende Rolle nicht nur für die Überwindung der Wirtschaftskrise, sondern geradezu als Garant einer lebensfähigen Demokratie zu.

Trotz der tiefen Krise: Diese Aufwertung des Konsumenten reflektierte schon den Durchbruch des neuen Typs einer Massenkonsumgesellschaft im Amerika der 1920er Jahre. In Westeuropa kam dieser Schub, nicht zuletzt durch die Amerikaner vermittelt, in der Nachkriegszeit der 50er und 60er Jahre an. Ludwig Erhard, Inkarnation des westdeutschen Wirtschaftswunders, forderte «Wohlstand für alle»; mit ihm verstanden viele den Konsum geradezu als demokratisches Grundrecht und als konkret erlebbare Freiheitschance. In der Motorisierung mit Zweirädern, dann mit PKWs verband sich Konsum mit Individualisierung. Markt- und Meinungsforschung interessierten sich für den Konsumenten und sezierten seine Präferenzen mit sozialwissenschaftlichen Methoden, zum Beispiel in der Nürnberger «Gesellschaft für Konsumforschung» (GfK), die inzwischen zum globalen Giganten ihrer Branche aufgestiegen ist. Das war ambivalent: Einerseits wurden die Verbraucher zu Objekten immer ausgeklügelterer Marketingstrategien, andererseits galten sie als mächtige Akteure, auf deren Stimme die Hersteller und Händler hören mussten. Im Jahre 1964 etablierte die Bundesregierung die «Stiftung Warentest», die mit ihren Testberichten und deren durchschlagender Wirkung geradezu zum Synonym für Konsumentenmacht in Deutschland geworden ist.

Obwohl soziale Unterschiede im Boom der Nachkriegsjahrzehnte keineswegs verschwanden, faszinierte die Erfahrung eines egalisierenden Konsums, wie sie der Popkünstler Andy Warhol pointiert, und gar nicht sehr ironisch, formulierte: «Du siehst fern und trinkst Coca-Cola, und du weißt, dass der Präsident Coke trinkt, dass Liz Taylor Coke trinkt, und stell dir vor, auch du trinkst Coke. Eine Coke ist eine Coke und kein Geld der Welt kann dir eine bessere Coke kaufen als die, die auch der Penner an der Ecke trinkt.» In einer Sozialpolitik jenseits der unmittelbarsten Existenzsicherung etablierte sich ein «Warenkorb», dessen Inhalt nicht nur den Hunger stillen, sondern den Ärmeren ein Mindestmaß an Teilhabe und Integration sichern sollte. In der jüngsten Diskussion um Demokratie und Gerechtigkeit ist dieser Nexus von Konsumchancen und Inklusion sogar noch mehr als früher betont worden.

Dagegen stand in der Nachkriegszeit jedoch immer eine sehr kritische Position, die im Massenkonsum genau das Gegenteil von Freiheit und Partizipation sah. In ihrer «Dialektik der Aufklärung» prangerten Max Horkheimer und Theodor W. Adorno die manipulative Wirkung des Massenkonsums im fortgeschrittenen Kapitalismus an; andere Vertreter der Kritischen Theorie wie Herbert Marcuse sahen das ähnlich: Der Konsum stelle die Menschen ruhig, zerstöre ihre Individualität im Konformismus der Massenprodukte und Massenmedien und mache sie unpolitisch. Demokratie konnte sich demnach in der Rolle des Konsumenten nicht vollziehen; sie musste vielmehr im Widerstand gegen den Massenkonsum gesucht werden. Auch wenn diese Sichtweise am Ende der 1970er Jahre ihren Höhepunkt überschritten hatte, prägt sie die politische Konsumentenbewegung bis heute nachhaltig: nämlich in ihrer konsumkritischen, antihedonistischen und «postmateriellen» Orientierung.

Um 1960 entdeckten die neuen sozialen Bewegungen den Konsum als Handlungsfeld des gewaltfreien Protests, besonders in der amerikanischen Bürgerrechtsbewegung. Dabei stand nicht der Boykott an erster Stelle, sondern geradezu das Gegenteil: das Begehren, als Konsument gleich behandelt und damit symbolisch in die demokratische Gemeinschaft aufgehoben zu werden. Schwarze Studenten wollten an der Essenstheke bedient werden ohne Ansehen der Hautfarbe. Dass der Konsumboykott ein Instrument des brutalen Ausschlusses aus der Gemeinschaft sein kann, hatten in Deutschland die Nazis vorgeführt, beginnend mit der organisierten Boykottaktion gegen jüdische Geschäfte am 1. April 1933. Neuere Formen des Boykotts bestimmter Händler oder Unternehmen oder von Waren einer bestimmten Herkunft zielten am Ende des 20. Jahrhunderts zwar sehr wohl auf eine symbolische Stigmatisierung, aber nicht auf die Ausgrenzung von Bürgerinnen und Bürgern. Das Ziel war vielmehr – wie in den Boykotten gegen südafrikanische Produkte während des Apartheid-Regimes – gerade die Überwindung von rassischer Ausgrenzung und undemokratischen Verhältnissen in anderen Teilen der Welt. Überhaupt rückten globale Gerechtigkeitsfragen seit den 70er Jahren ins Zentrum der Konsumpolitik, auch wenn diese, wie in den Anfängen des «fairen Handels» mit Kaffee aus dem sandinistischen Nicaragua, zunächst noch nicht den Weg aus relativ engen linken, kirchlichen und Jugendmilieus in den Hauptstrom der Mittelschichten fand.

Seit gut zwei Jahrzehnten sind die Konsumbürgerin und der Konsumbürger auch in Deutschland nicht mehr aus der Demokratie wegzudenken. Wahrscheinlich markiert die Reaktorkatastrophe von

Tschernobyl im April 1986 den Wendepunkt von einem Minderheiten-
thema zur allgemeinen Aufmerksamkeit und «Betroffenheit». Denn
Themen der globalen Gerechtigkeit spielen zwar weiterhin eine wichtige Rolle, aber die eigene Gesundheit und die Lebensmittelsicherheit
für die eigene Familie stehen seitdem im Mittelpunkt. Die Politisierung
des Konsumverhaltens hat nicht zufällig im späten 20. Jahrhundert eine
Konjunktur erfahren: In ihr konzentrieren sich Spannungsfelder der
Moderne und ihres kulturellen Selbstverständnisses. Die Wirkungs-
macht und Attraktivität der Massenkonsumgesellschaft steht gegen die
Einsicht in die Grenzen der Nachhaltigkeit ungehemmten Verbrauchs
und gegen Utopien von einer postmaterialistischen Gesellschaft, in der
– mit Erich Fromms Klassiker gesprochen – das «Sein» wichtiger ist als
das «Haben». Konsumfragen eignen sich, in einer langen Tradition der
«moralischen Ökonomie», besonders gut für eine Ethisierung der Politik; sie bringen die besondere moralische Vehemenz zum Klingen, die
zum politischen Stil der neuen sozialen Bewegungen gehört, in der Bundesrepublik vielleicht noch mehr als anderswo.

So haben sich die Grünen zunehmend als eine «Konsumentenpartei»
etabliert und 2001 – nach dem BSE-Skandal – dafür gesorgt, dass das
bisherige Landwirtschaftsministerium, oft als Lobbybehörde der Agrar-
produzenten kritisiert, unter Renate Künast primär zum Ministerium
für Verbraucherschutz wurde. Es versteht sich seither als Anwalt von
Konsumenteninteressen nicht mehr nur in Ernährungsfragen, sondern
z. B. auch im Datenschutz. Konsumpolitik steht außerdem in einer
Übergangszone von Privatheit und Öffentlichkeit, die am Ende des
20. Jahrhunderts die klassische Trennung der beiden Sphären zunehmend abgelöst hat, und damit im Schnittpunkt wichtiger Aushand-
lungsprozesse zwischen Individuum und Gesellschaft. Sie repräsentiert
aber nicht nur neue Themen- und Handlungsfelder der Politik; sie ist
nicht nur «policy», sondern «politics». Denn Konsumbürger engagieren sich bevorzugt in den neuen Formen der Demokratie jenseits von
Wahlen und Parlamenten: in Protesten und Initiativen, in Interessengruppen und Nichtregierungsorganisationen wie «foodwatch» oder
«Greenpeace»; von der eigenen Nachbarschaft bis zur globalen Ebene.
Die Konsumbürgerin wird die Staatsbürgerin nicht ablösen; das wäre
ein Missverständnis des Begriffs. In der partizipatorischen Demokratie
sind Konsumbürger jedoch mehr als nur irgendwelche Akteure.

5 Vernünftiger Konsens, machtvolle Konflikte: Der Streit um die «deliberative Demokratie»

Eine lebhafte Debatte im Parlament, das Ringen einer Kommission um die beste Lösung für ein politisches Problem, der friedliche Austausch von Argumenten und das Bemühen, den Anderen dabei zu überzeugen: In solchen Situationen drückt sich ein weit verbreitetes, alltagsweltliches Bild von Demokratie aus. Demokratie kann nicht nur in Institutionen bestehen, denen die Bürger für eine bestimmte Zeit ein Mandat zur Machtausübung verleihen, wie es das Konkurrenz- und Elitenmodell Joseph Schumpeters in der Mitte des 20. Jahrhunderts vorgesehen hatte. Aber ohne Institutionen geht es auch nicht. Denn einen ursprünglichen politischen Willen des «Volkes» gibt es nicht, und wo man sich auf ihn berufen hat, diente das eher der Rechtfertigung von Diktaturen. Individuen müssen, als private Personen, in ihren Grund- und Freiheitsrechten geschützt werden. Aber sie sind immer auch politische Bürgerinnen und Bürger, die in einer öffentlichen Arena handeln und diskutieren. Lässt sich Demokratie dann nicht am besten als ein Prozess verstehen, in dem alle Beteiligten mit gleichen Chancen vernünftig über Fragen des Gemeinwohls argumentieren, mit dem Ziel möglichst breiter Übereinstimmung statt rascher Entscheidung durch Mehrheitsbildung, die eine Minderheit zum Verlierer macht? Das ist der Grundgedanke der «deliberativen» Demokratie.

Bei dieser, wie man den Begriff übersetzen könnte, vernünftig argumentierenden, debattierenden, überlegenden Demokratie handelt es sich nicht um einen konkreten Typus politischer Herrschaft, nicht um eine neue Variante demokratischer Praxis neben der repräsentativen oder der direkten Demokratie. Vielmehr geht es um ein eher abstraktes Konzept, mit dem Philosophen und Sozialwissenschaftler die Demokratie dem Grunde nach definieren wollen, nicht zuletzt im normativen Sinne des Wünschbaren: Gut und überzeugend wäre eine Demokratie dann, wenn sie sich dem deliberativen Ideal möglichst weitgehend annähert. In der politischen Theorie und Philosophie Europas und Amerikas ist die deliberative Demokratie während der letzten zwei bis drei Jahrzehnte zu dem vielleicht einflussreichsten Entwurf einer zeitgemäßen, einer postklassischen Demokratie aufgestiegen. Zeitgemäß deshalb, weil das Konzept trotz seines fundamentalen und zeitlosen Anspruchs, den man genauso an das antike Athen anlegen könnte, gesellschaftliche Veränderungen und demokratische Erweiterungen seit dem späten 20. Jahrhundert abbildet. Zu seinen Vertretern gehören berühmte amerikanische Sozialphilosophen wie John Rawls und Seyla Benhabib und ganz besonders – von Deutschland aus mit internationaler Wirkung – Jürgen Habermas.

Der 1929 geborene Philosoph und Soziologe hat in seinem 1992 erschienenen Buch «Faktizität und Geltung» eine Theorie der Demokratie und des Rechtsstaats ausgearbeitet, die seither viel diskutiert worden ist. Aber schon in viel früheren Arbeiten hat Habermas über die Bedingungen und Formen politischer Teilhabe nachgedacht. So hob er bereits 1962 die Bedeutung einer freien, weder von politischer Macht noch von kapitalistischen Marktinteressen gesteuerten Öffentlichkeit hervor. Was die Aufklärung im 18. Jahrhundert ermöglicht hatte, geriet später unter den Druck von Bürokratie, Kapitalismus und Massenmedien. Seitdem trieb ihn die Frage um, wie Menschen sich in modernen Gesellschaften frei verständigen, wie sie ungezwungen miteinander kommunizieren können. In seinem Hauptwerk von 1981, der «Theorie des kommunikativen Handelns», fand er eine doppelte Antwort. Auf einer grundlegenden Ebene sah er die Vernunft, nach der das Projekt der Moderne seit der Aufklärung strebte, in der Praxis des Kommunizierens, des Miteinander-Sprechens, realisiert. Wo Menschen sich sprechend aufeinander einlassen, müssen sie sich «guter Gründe» bedienen, die das Gegenüber überzeugen (statt überreden oder bezwingen) können. Dafür müssen sie den eigenen Standpunkt verlassen, sich auf den Anderen und vor allem auf solche Argumente einlassen, die allgemeine Zustimmung finden können. Damit ist nicht einfach Mehrheitsfähigkeit gemeint: Am Ende des kommunikativen Prozesses steht die Einigung auf diejenige Position, die im Säurebad der Argumente als die für alle vernünftige übriggeblieben ist. Solche freie Verständigung jedoch konnte in den mächtigen, anonymen Systemen der Moderne keinen Platz finden: weder in dem von Macht geprägten bürokratischen Staat, noch in der vom Geld gesteuerten kapitalistischen Ökonomie. Auf einer sozialen Ebene realisierten sich freie Verständigungsverhältnisse, Staat und Wirtschaft vorgelagert, in einer freien Lebenswelt: im privaten Leben, aber auch in der Öffentlichkeit, und in der «Zivilgesellschaft» – dieses Konzept griff auch Habermas seit dem Anfang der 1990er Jahre zunehmend auf.

Damit schlug er zugleich eine Brücke zwischen der freien und vernünftigen Verständigung einerseits – dem «Diskurs» – und der demokratischen politischen Ordnung des Staates auf der anderen Seite. Das

Miteinanderreden eroberte die Sphäre der Politik; Demokratie konnte als ein Prozess der Kommunikation gedacht werden, in dem sich Bürgerinnen und Bürger begegnen, Argumente austauschen und sich nach Abwägung aller Gründe auf die von allen für richtig gehaltene Lösung einigen. So verortet Habermas die deliberative Demokratie in der Mitte zwischen einem «liberalen» und einem «republikanischen» Modell. Aus letzterem, wie es etwa in der Sozialphilosophie der Kommunitaristen gepflegt wird, übernimmt er die Vorstellung einer politischen Selbstorganisation der Gesellschaft: Menschen sind von Natur aus politisch, gerade auch im Sinne einer Verpflichtung auf die gemeinsamen Interessen; ihnen wohnt eine solidarische Grundhaltung inne. Aber mit dem Liberalismus warnt Habermas zugleich vor überfrachteten Erwartungen an den tugendhaften Bürger und besteht auf dem Eigengewicht von Institutionen, und damit eines demokratischen Staates, der seine Bürgerinnen und Bürger auch in der Privatsphäre schützt, statt sie nur für ein ethisch-politisches Gemeinwohl in Anspruch zu nehmen. Zwischen den liberalen Institutionen einerseits, der republikanischen Volkssouveränität andererseits steht die kommunikative Vernunft, die sich in den deliberativen Verfahren der Demokratie entfaltet. Damit kommt Habermas auch zu einer salomonischen Entscheidung im Streit um den Vorrang privater und öffentlicher Sphäre: Private (also liberale) und politische (also republikanische) Autonomie sind gleichermaßen fundamental und aufeinander bezogen. Als negativen Beleg führt er totalitäre Regime des 20. Jahrhunderts an, die nicht nur die politische Freiheit der Partizipation zerstörten, sondern auch in die Privatsphäre eindrangen und zugleich die Zivilgesellschaft lahmlegten.

In den Worten von Jürgen Habermas klingt das alles sehr abstrakt, so dass dahinter fast nur für Experten auch die konkrete Praxis von Demokratie, mit ihren Veränderungen in jüngster Zeit, aufscheint. «Die administrativ verfügbare Macht verändert ihren Aggregatzustand», schreibt Habermas etwa, «solange sie mit einer demokratischen Meinungs- und Willensbildung rückgekoppelt bleibt, welche die Ausübung politischer Macht nicht nur nachträglich kontrolliert, sondern in gewisser Weise auch programmiert.» Oder er spricht von der politischen Öffentlichkeit als einer «Kommunikationsstruktur, die über ihre zivilgesellschaftliche Basis in der Lebenswelt verwurzelt ist». Das soll heißen: Der anonyme, bürokratische Staat öffnet sich in eine echte Demokratie, wenn die Bürgerinnen und Bürger nicht nur alle vier Jahre wählen gehen, sondern auch zwischendurch ihre Forderungen an Parlament und Regierung herantragen, so dass die staatlichen Organe die Wünsche der Bürger beständig in sich aufnehmen können. Hinter der Theorie wird also eine Wunschvorstellung, aber auch eine praktische Veränderung von Demokratie deutlich, die sich in den letzten Jahren vollzogen hat. Die Übertragung von Macht an Repräsentanten genügt nicht mehr; Abgeordnete und Regierung werden nicht erst am Wahltag, am Ende der Legislaturperiode, zur Rechenschaft gezogen, sondern müssen sich gegenüber den Bürgerinnen und Bürgern permanent rechtfertigen; und nicht nur summarisch, sondern für einzelne Positionen und Entscheidungen. Es besteht Verantwortlichkeit: «accountability». Zugleich organisieren sich die Bürger zwischen den Wahltagen in Initiativen, klagen vor Gericht gegen politische Entscheidungen, demonstrieren gemeinsam auf der Straße und setzen die Institutionen damit unter Druck. Solche für die postklassische Demokratie charakteristischen Prozesse bildet Habermas' Konzept einer deliberativen Demokratie also ab, ohne dass es die Bedeutung von Rechtsstaat und Parlament, von Regierung und verbindlichen Entscheidungen damit geringschätzt.

Der deutliche Akzent auf Kommunikation, Verständigung und Diskurs spiegelt noch andere, ebenso fundamentale Veränderungen in der Praxis von Demokratie, die für die Bundesrepublik bis in die Nachkriegszeit der 50er und 60er Jahre zurückreichen. Angeleitet von amerikanischen Vorbildern, lernten die Westdeutschen damals zu diskutieren und Meinungsunterschiede auszutragen; sie lernten zu widersprechen und überwanden damit die antrainierten autoritären Mechanismen von Befehl und Gehorsam. Werner Höfers «Internationaler Frühschoppen», am Sonntag mittags im ARD-Fernsehen, stieg schon in der Mitte der 50er Jahre zu einer Ikone der neuen Diskussionskultur auf. In den 60er und 70er Jahren dehnte sich, von den Jugend- und Protestbewegungen ausgehend, die Lust am Diskutieren in die privaten und lebensweltlichen Verhältnisse aus – und wirkte von hier aus wieder in den Kommunikationsstil von Öffentlichkeit und Politik zurück. An die Stelle einer vornehmlich vertikalen und zentralisierten Kommunikation trat die horizontale Vernetzung einer Gesellschaft im ständigen Gespräch miteinander – ob in der Familie, wo der Vater nicht mehr in knappen Worten bestimmte, oder unter Freunden, die alles bereden mussten, oder in der Politik, wo Debatten in der neuen Partei der «Grünen» kaum ein Ende finden konnten. Von einer «dezentrierten Gesellschaft» spricht Habermas, die dem diskursiven Verständnis von Demokratie entspreche. Und gerade in jüngster Zeit drückt sich der Wunsch nach einer breiten gesellschaftlichen Konsensfindung, jenseits eines parlamentarischen Mehrheitsbeschlusses, immer öfter in Mediations- oder Schlichtungsverfahren aus wie 2011 im Konflikt um das Verkehrs- und Städtebauprojekt «Stuttgart 21».

Dennoch ist das Konzept der deliberativen Demokratie nicht unwidersprochen geblieben. Man kann es, wie gerade skizziert, als Anpassung der Theorie an eine veränderte demokratische Realität verstehen – und trotzdem fragen, ob es den praktischen Vollzug von Politik einfängt oder nicht vielmehr von sehr idealisierten Annahmen ausgeht. Begegnen sich die Bürgerinnen und Bürger so frei und zwanglos, wie es Habermas gerne sehen möchte; sind nicht die Chancen des Zugangs und der Teilhabe, trotz formal gleicher Voraussetzungen, sehr unterschiedlich verteilt: nach Bildung, Herkunft, sozialer Schichtzugehörigkeit? Verläuft der Diskurs – gerade in der Politik – tatsächlich so, dass egoistische Eigeninteressen hinter der allgemeinen Vernunft zurückstehen müssen und im Laufe der rationalen Diskussion ausgesiebt werden, bis ein Ergebnis der allgemeinen Zustimmungsfähigkeit feststeht? Ist es, selbst wenn es möglich wäre, überhaupt wünschenswert, sich auf einen Konsens hin zu verständigen und die Pluralität unterschiedlicher Standpunkte dabei hinter sich zu lassen? Gerade die Deutschen, so ist in der Nachkriegszeit oft argumentiert worden, hätten sich seit dem 19. Jahrhundert oft allzu schnell eine allgemeine Übereinstimmung im Konsens herbeigewünscht und das konflikthafte Aufeinandertreffen von Überzeugungen und Interessen vermieden, ja sogar als Element einer westlich-demokratischen Kultur verschmäht. Freiheit komme im Konflikt zum Ausdruck, nicht im Konsens, und Demokratie lebe von Konflikten in einer pluralistischen Gesellschaft, hielt deshalb Ralf Dahrendorf, liberaler intellektueller Gegenspieler von Jürgen Habermas, seinen Landsleuten seit den 1960er Jahren immer wieder vor.

Aus ganz anderer Perspektive hat die belgische Politikwissenschaftlerin Chantal Mouffe in den letzten zehn Jahren die deliberative Demokratie scharf kritisiert. Sie blickt nicht, wie Dahrendorf, aus der liberalen Mitte auf den (moderaten) Linken Habermas, sondern wirft diesem in neomarxistischer Tradition die Vernachlässigung der realen Machtverhältnisse vor, in denen sich herrschaftsfreier Diskurs nicht entfalten könne. Für ihr konflikt- und kampforientiertes Verständnis von Politik nimmt sie sogar Carl Schmitt zum Vorbild, den deutschen Vordenker von Liberalismus- und Demokratiekritik auf der radikalen Rechten. Politik sei immer Kampf, auch in der Demokratie, und dürfe nicht mit angewandter Ethik verwechselt werden. Denn es geht nicht um die gemeinsame Findung richtiger und vernünftiger Positionen, sondern um die Verteilung von Macht in asymmetrischen Situationen. Auch die liberale Vorstellung eines pluralistischen Interessenkonflikts auf gleichsam neutralem Terrain sei realitätsblind. In jeder Gesellschaft gebe es eine Vormachtstellung herrschender Kräfte, eine «Hegemonie», wie es im Anschluss an den italienischen Marxisten Antonio Gramsci heißt. Die davon an den Rand gedrängten schwachen, unterdrückten, ausgegrenzten Kräfte können sich nicht in einen rationalen Diskurs begeben; sie müssen aufbegehren, um die Verhältnisse der Hegemonie zu verändern. Man kann Mouffe wiederum dafür kritisieren, dass sie von der starren, letztlich Marxschen Vorstellung antagonistischer Verhältnisse nicht loskommt, von einer Entgegensetzung von Herrschenden und Beherrschten, die den komplizierten Verhältnissen westlicher Gesellschaften schon lange nicht mehr entspricht. Gleichwohl erinnert sie daran: «Eine gut funktionierende Demokratie erfordert den lebhaften Zusammenstoß politischer Positionen.»

Man kann aber auch Gemeinsamkeiten zwischen Habermas und Mouffe, zwischen der deliberativen Demokratie und dem «agonistischen Pluralismus» entdecken. Beide folgen einem prozeduralen Verständnis von Demokratie: Das Verfahren gewinnt an Bedeutung gegenüber den Institutionen, sei es als Prozess der vernünftigen Konsensfindung oder des machtgeprägten Konfliktes. Beide greifen Veränderungen in Gesellschaft und Politik während der letzten Jahrzehnte auf, in denen die Demokratie enthierarchisiert wurde und das elektoral-repräsentative Modell seine unangefochtene Vormachtstellung verlor. In beiden Konzepten vollzieht sich Demokratie vorrangig partizipatorisch, in einer aktivbürgerschaftlichen und zivilgesellschaftlichen Arena der freien Meinungsäußerung, der lebhaften Debatte und der Rechenschaftspflicht demokratischer Herrschaftsträger auf Zeit.

6 Stachel oder Alternative?
Die Rückkehr der direkten Demokratie

Die Sehnsucht nach der möglichst unmittelbaren Herrschaft des Volkes begleitet die Geschichte der modernen Demokratie seit über zweihundert Jahren. Im klassischen Athen war es der Normalfall, dass die Bürger ihre Angelegenheiten durch persönliche Anwesenheit in der Volksversammlung entschieden. Zwar fürchteten viele schon damals die Unberechenbarkeit der direkten Demokratie, aber ihre Alternative war nicht eine andere Organisationsform für die Volksherrschaft; die Skeptiker wollten vielmehr die Demokratie durch monarchische oder aristokratische Herrschaft ersetzen oder zumindest einhegen. Das Spannungsverhältnis der direkten zur repräsentativen Demokratie entstand deshalb erst am Ende des 18. Jahrhunderts, zwischen später Aufklärung und den Revolutionen in Amerika und Frankreich, als es um die demokratische Verfassung flächenstaatlicher Republiken ging und sich dabei das Modell der parlamentarischen Repräsentation des Volkes durchsetzte. Damit schien eine endgültige Entscheidung gefallen, aber die direkte Demokratie wirkte seitdem immer wieder als Stachel im Fleisch der repräsentativen, und seit den 1970er Jahren ist daraus ein mächtiger historischer Trend geworden.

Was «direkte Demokratie» heißt, lässt sich dabei gar nicht so leicht sagen. Der Begriff überlappt sich mit verwandten wie der «plebiszitären» Demokratie und hat seinen Bedeutungshorizont mehrfach verändert. Im 18. Jahrhundert bedurfte es überhaupt keines Adjektivs, denn Demokratie meinte ausschließlich die unmittelbare Entscheidungsgewalt der versammelten Bürger in den wichtigen politischen Sachfragen; Repräsentation war also keine Demokratie. In manchen radikalen Positionen schwingt dieses Erbe bis heute mit. Überwiegend sind die Ansprüche aber bescheidener – oder realistischer – geworden, denn heute versteht man unter direkter Demokratie meist nicht eine voll ausgebildete Verfassungsordnung, sondern eher eine Teildimension moderner Demokratie. Es wird «mehr direkte Demokratie» gefordert, aber nicht die Ersetzung des repräsentativen Systems durch sie. Alle Bürgerinnen und Bürger physisch zu versammeln und entscheiden zu lassen ist jenseits lokaler Horizonte unmöglich, deshalb zielt der Begriff auf die Entscheidung durch Volksabstimmungen, auch auf die unmittelbare Wahl von Amtsträgern der Exekutive oder der Verwaltung durch das Volk: die Wahl des Staatspräsidenten in Frankreich oder die Wahl einer lokalen Schulbehörde in den USA.

Für solche Wahlen und für Abstimmungen des ganzen Volkes über Sachfragen spricht man aber auch von plebiszitärer Demokratie. Eine genaue Abgrenzung ist schwierig; jedenfalls sind Volksabstimmungen, also Plebiszite, gerade heute das zentrale Instrument der direkten Demokratie. Aber man nennt sie seltener so, und das aus historischem Grund. Denn in der «plebiszitären» Herrschaft schwingt etwas von autoritärem Regierungsstil und von einer konformistischen Gesellschaft mit, wie sie das frühere 20. Jahrhundert kennzeichneten, etwa im Deutschland der Weimarer Republik. Dann ist die Befragung des Volkes im Plebiszit ein Mittel der Herrschenden, seien sie nun demokratisch legitimiert oder nicht, sich der Zustimmung des Volkes zu vergewissern, oder noch schärfer: sich eine Bestätigung, eine Akklamation abzuholen. Plebiszitäre Demokratie, das transportiert also die Erinnerung an die vermeintliche Identität von Regierenden und Regierten, eine «identitäre» Demokratie, für die bis heute Jean-Jacques Rousseau der wichtigste Kronzeuge ist. Im Jahre 1882 definierte der Franzose Ernest Renan die Nation als ein «tägliches Plebiszit». Die Nation als Bekenntnis aller zu einer Gemeinschaft: Damit stellte er sich zwar gerade gegen eine biologische oder «rassische» Definition, aber unserem Verständnis einer pluralistischen und heterogenen Gesellschaft entspricht das nicht.

Manche Wissenschaftler, ebenso wie politische Befürworter direkter Demokratie, unterscheiden zwischen einer Kontrolle «von oben» im Sinne einer Mobilisierung des möglichst homogenen Volkes einerseits und der Initiative «von unten», zum Beispiel aus gesellschaftlichem Protest, andererseits. Im ersten Fall wäre dieselbe Volksabstimmung plebiszitär, im zweiten Fall Ausdruck direkter Demokratie. Doch lässt sich diese Unterscheidung kaum aufrechterhalten, jedenfalls nicht in Demokratien, wo die Organe der repräsentativen Verfassung und Gewaltenteilung – das Parlament, die Regierung, auch die Gerichte – in die gesellschaftliche Aushandlung von Volksabstimmungen oft unmittelbar einbezogen sind. Zugleich meint direkte Demokratie seit den 1970er Jahren mehr und anderes als die alte Volksversammlung und die neuere Volksabstimmung. Sie ist zu einem Oberbegriff für Verfahren der direkten Bürgerbeteiligung geworden, für die Öffnung der repräsentativen zur partizipatorischen Demokratie, und kann damit auch eine Bürgerinitiative oder Demonstranten auf der Straße umfassen.

Im Rückblick auf die letzten zweihundert Jahre sieht man eine Wellenbewegung, in der Phasen von Konjunktur und Flaute direkter Demokratie sich abwechselten. In den lebhaften Debatten des 18. Jahrhunderts schien das Modell obenauf, trat mit dem Siegeszug der repräsentativen Demokratie aber während beinahe des gesamten 19. Jahrhunderts in den Hintergrund. In der Schweiz regte sich seit den 1860er Jahren ein neuer Anfang, der um 1900 als Vorbild angeführt wurde, als in vielen Ländern ein lebhaftes Interesse an der direkten Demokratie erwachte, besonders in Amerika. Während dort Verfahren wie Volksinitiative und Volksabstimmung in die Verfassungen der westlichen Staaten aufgenommen wurden, experimentierte Europa in der sozialistischen Tradition mit ganz anderen Formen direkter Beteiligung, nämlich der Rätedemokratie. Die antidemokratische, illiberale Verführbarkeit des Volkes in den totalitären Diktaturen drängte die direkte Demokratie nach 1945 beinahe ganz an den Rand. Seit den 1970er Jahren jedoch steigt das Interesse an ihr wieder: Parlamentarisch-repräsentative Verfahren einschließlich der Interessenorganisation in Parteien zeigten Ermüdungserscheinungen; soziale Bewegungen drängten, durchaus mit Erfolg, auf die Einführung oder Verstärkung direkt-demokratischer Elemente. Dieser Aufschwung hält auch im frühen 21. Jahrhundert noch an; er ist seit etwa 1990 sogar noch dynamischer geworden, zum Teil als Folge der ostmitteleuropäischen Demokratisierung.

Die bis heute wohl wichtigste und folgenreichste Bewegung für direkte Demokratie, wenn man von der Schweiz absieht, veränderte am Anfang des 20. Jahrhunderts das politische System der USA. Sie war Teil der «progressiven» Reformen, einer vielschichtigen, vor allem von den gebildeten Mittelklassen in den Städten getragenen Strömung, die man als Reaktion auf den Siegeszug des industriellen Kapitalismus und seiner Organisationsformen verstehen kann. Die «Progressives» versuchten einerseits, wirtschaftliche Prinzipien wie Effizienz und Rationalität auch in die Politik zu tragen, der sie Intransparenz und Korruption vorwarfen. Die Macht der abgeschotteten, sich gegenseitig Vorteile zuschusternden «Parteimaschinen» in den Metropolen und bei der Kandidatenaufstellung für Parlamente sollte gebrochen, korrupte Politiker sollten zu Fall gebracht werden können. Deshalb nahm die Einführung der «Recall Election», der Abwahl eines Politikers durch Volksinitiative, auf der progressiven Agenda einen wichtigen Platz ein und führt bis heute gelegentlich auch zur Abwahl eines Gouverneurs. (Davon unterscheidet sich das «Impeachment» zweifach: als parlamentarisches Verfahren und als Verfolgung von Gesetzesverstößen.) Dieses Instrument einer «negativen» Demokratie erinnert durchaus an den athenischen Ostrakismos.

Andererseits nahmen die progressiven Reformer, unter ihnen übrigens viele Frauen, sozialreformerische und partizipatorische Impulse auf. Es sollte nicht nur effektiver, sondern auch gerechter und demokratischer zugehen. Damit knüpften sie an die Populisten, ihre Vorgänger im späten 19. Jahrhundert, an, die sich vor allem im Süden und

Westen der USA für die Unabhängigkeit kleiner Farmer von den großen Handels- und Produktionskartellen eingesetzt hatten – und für die direkte Mitwirkung des Volkes angesichts zunehmender Zentralisierung und Bürokratisierung. In den noch relativ neu besiedelten westlichen Bundesstaaten saß die Abneigung gegen das Establishment der Ostküste besonders tief, und gleichzeitig war ihr politisches System noch flexibel. Deshalb hatten die direkt-demokratischen Reformen des frühen 20. Jahrhunderts hier am meisten Erfolg, und bis heute ist Kalifornien die Hochburg der direkten Demokratie in den USA. Neben die Abwahl von Politikern traten Volksbegehren und Volksabstimmung: «Initiative, Referendum, Recall» werden seitdem oft in einem Atemzug genannt. Auf Bundesebene machte ein Verfassungszusatz 1913 die Direktwahl der Senatoren in Washington möglich, die bis dahin von den einzelstaatlichen Parlamenten entsandt worden waren. Und der gesamte politische Prozess begann sich mit der etwa gleichzeitigen Einführung der «Vorwahlen» im Präsidentschaftswahlkampf zur Basis hin zu öffnen. Zunächst führten allerdings nur wenige Staaten, wiederum vor allem im Westen, diese «Primaries» ein, und ihre Ergebnisse hatten lange nur empfehlenden, nicht bindenden Charakter.

Direkte Demokratie kann also nicht nur auf die staatliche Ordnung angewendet werden, sondern auch auf innerparteiliche Willensbildungsprozesse. Hier richtet sie sich ebenfalls gegen den repräsentativen «Stufenbau» der Delegation – vom Ortsverband bis zum Bundesvorstand –, der den Willen der Parteibasis bei wichtigen Personalentscheidungen kaum mehr erkennbar werden lässt. In Deutschland haben die «Grünen» seit den 1980er Jahren Gegenmodelle entwickelt, die auch die etablierten Parteien zunehmend herausgefordert haben, zumal angesichts von Mitgliederschwund und Überalterung. Die SPD brachte 2011 eine Parteireform auf den Weg, nach der die Mitglieder größeren Einfluss auf die Bestimmung des Kanzlerkandidaten haben sollten. Vor einer Beteiligung von Nichtmitgliedern nach amerikanischem Vorbild schreckte die Partei, vor allem ihre mittlere Ebene, jedoch zurück. In den USA selber dagegen spielten Öffnung und Ausbau der innerparteilichen Vorwahlen zur Präsidentschaft eine zentrale Rolle in der neuen direktdemokratischen Konjunktur seit den 70er Jahren. Erst in diesem Jahrzehnt nämlich etablierten sich – zuerst bei den Demokraten, die Republikaner zogen nach – die heute so vertrauten Mechanismen der «Primaries» und der «Caucuses», also der Parteiversammlungen, in allen Staaten, erlangten Verbindlichkeit für die formelle Entscheidung der Parteitage im Sommer vor der Wahl und erzeugten damit ein neues mediales Interesse, aber auch neue Formen der politischen Mobilisierung an der Basis.

Etwa zur selben Zeit bewies eine Entscheidung in Kalifornien die Macht der Bürger in der direkten Demokratie – und steht bis heute zugleich für ihre Ambivalenzen: In der Abstimmung über die sogenannte «Proposition 13» stimmte eine große Mehrheit der Kalifornier für einen Verfassungszusatz, der die Höhe der Grundsteuer absenkte und begrenzte. Das löste nicht nur eine förmliche Welle des Bürgerprotests gegen vermeintlich zu hohe Steuern aus, sondern brachte Budgets ins Ungleichgewicht und beschränkte die Handlungsfähigkeit des Staates. Wichtiger noch, Abstimmungsinitiativen wie diese begrenzten im Effekt nicht so sehr die Macht der Eliten zugunsten des Volkes, sondern wurden zum Vehikel gut organisierter Sonderinteressen, die über materielle Ressourcen zur Durchführung einer solchen Kampagne verfügten, etwa um Unterschriftensammler zur Erreichung des nötigen Quorums zu bezahlen.

In Europa kam die Diskussion über eine Erweiterung direkter Demokratie erst in den 1990er Jahren richtig in Fahrt. Mehrere Ursachen lassen sich benennen: Die Sorge um die Verführbarkeit des Volkes, aus der die Nachkriegsdemokratie strikt repräsentativ gestaltet worden war – besonders in Deutschland –, ließ im Laufe der Zeit nach. Populistische Anfälligkeit zeigte sich sogar eher in der Wahldemokratie, mit dem Aufstieg des «Front National» in Frankreich oder der österreichischen FPÖ unter der Führung Jörg Haiders. Die demokratische Revolution im bisher kommunistischen Teil Europas unterstrich die unmittelbare Souveränität des Volkes; zivilgesellschaftliche Mobilisierung sollte in die neue staatliche Organisation überführt werden. Jedoch legten nur einige der neuen Demokratien, wie Lettland und Litauen, größeren Wert auf direkt-demokratische Elemente in ihren Verfassungen; das klare Bekenntnis zur repräsentativen Demokratie war die Regel. Auch die fortschreitende europäische Einigung bot Anlass für Volksabstimmungen, da sie Grundsatzfragen nach der Souveränität aufwarf, die nach Überzeugung vieler Länder nicht nur im Parlament entschieden werden konnten. In jüngster Zeit hielten sogar die Briten, zum ersten Mal überhaupt, ein vollgültiges Referendum ab, denn die Abstimmung über die Mitgliedschaft in der EG im Juni 1975 hatte nur eine schon getroffene Entscheidung bestätigt. Am 5. Mai 2011 entschied sich, bei einer Beteiligung von gut 40 Prozent, eine Zweidrittelmehrheit für die Beibehaltung des bisherigen Mehrheitswahlrechts zum Unterhaus, also für das Prinzip «first past the post», bei dem eine relative Mehrheit ausreicht, um einen Parlamentssitz zu gewinnen. Mithilfe der direkten Demokratie stärkten die Wählerinnen und Wähler auf diese Weise die repräsentativ-wettbewerbliche Demokratie und ihren Mehrheitsmechanismus.

Auch das zeigt: Die unbestreitbaren Tendenzen zur direkten Demokratie der beiden letzten Jahrzehnte blieben insgesamt begrenzt. Deutschland ist dafür durchaus typisch. Im Bund blieben Versuche, Volksbegehren und Volksentscheid mittels einer Grundgesetzänderung einzuführen, erfolglos. Direkte Demokratie ist hier weiterhin auf die beiden Sonderfälle beschränkt, welche schon 1949 vorgesehen waren: die Neugliederung des Bundesgebietes – darüber stimmten die Badener und Württemberger im Dezember 1951 ab, die Berliner und Brandenburger 1996 – und die Entscheidung für eine ganz neue Verfassung, die Art. 146 GG vorsieht. In den Ländern jedoch sind die Instrumente direkter Demokratie ausgebaut worden und seit 1998 in allen sechzehn Verfassungen verankert. In einem dreistufigen Verfahren können Bürgerinnen und Bürger zunächst den Antrag auf ein Volksbegehren betreiben, ihm folgt das Volksbegehren, mit dem das Parlament aufgefordert wird, sich dieses Begehren zu eigen zu machen. Lehnt das Parlament ab, besteht die Möglichkeit zu einer allgemeinen Abstimmung im Volksentscheid, der dann verbindlichen Charakter hat. (Man spricht dann von einem «dezisiven», also entscheidenden, und nicht bloß «konsultativen», also beratenden, Plebiszit.) Ähnlich ist die direkte Demokratie auf der kommunalen Ebene gestaltet, mit dem Bürgerbegehren und dem Bürgerentscheid.

Nicht nur der Rahmen der direkten Demokratie hat sich damit etwas erweitert; es wird auch häufiger von ihr Gebrauch gemacht – insgesamt aber doch in moderatem Umfang. Eine direkt-demokratische Revolution hat in den letzten Jahrzehnten nirgendwo stattgefunden und ist auch nicht zu erwarten, selbst wenn vieles für ihre anhaltende Konjunktur in den öffentlichen Debatten spricht. Neben viel Begeisterung steht auch Skepsis, etwa wenn Referenden von populistischen Parteien instrumentalisiert werden – oder schlichtweg eine Mehrheitsmeinung unverstellt zum Ausdruck bringen, die in der repräsentativen Demokratie vermutlich «ausgefiltert» worden wäre. So hat die Schweizer Volksabstimmung über das Minarett-Verbot im November 2009 auf der ganzen Welt für Aufsehen gesorgt, und für nicht wenige die Vorzüge parlamentarischer Entscheidungsverfahren verdeutlicht. Der wichtigere Grund dafür, dass die direkte Demokratie – im engeren Sinne von Initiative und Referendum verstanden – nicht noch mehr in den Vordergrund gerückt ist, liegt jedoch im Wandel der Demokratie selber. Volksabstimmungen sind nicht mehr die einzige Alternative, oder Ergänzung, zur parlamentarischen Repräsentation. «Direkte» Aktivität von Bürgerinnen und Bürgern artikuliert sich in vielen anderen Formen. In diesem erweiterten Sinne nähert sich die Bedeutung von «direkter Demokratie» inzwischen dem an, was auch Bürgerbeteiligung oder partizipatorische Demokratie genannt wird.

7 Digitale Demokratie: Freiheit im Internet

Am Ende des 20. Jahrhunderts hat eine Kommunikationsrevolution begonnen. Was seit den 1980er Jahren mit den ersten Arbeitsplatzcomputern und Mobiltelefonen begann und sich im folgenden Jahrzehnt mit dem Durchbruch von Email und World Wide Web durchsetzte, ist noch nicht zu Ende. Mit der mobilen Verfügbarkeit des Internets und mit seiner interaktiven Erweiterung, also dem «Web 2.0», hat sich diese Revolution am Beginn des 21. Jahrhunderts sogar noch einmal beschleunigt. Alle Erfahrung spricht dafür, dass die Innovationsdynamik – wie immer beim Übergang zu neuen Technologien – irgendwann abflacht und in eine Plateauphase übergeht. Aber schon jetzt ist aus historischer Sicht kein Zweifel, dass diese Revolution der Kommunikation in Bedeutung und Wirkungen höchstens mit der «Gutenberg-Revolution» vor einem halben Jahrtausend vergleichbar ist, also mit der Erfindung und raschen Durchsetzung des Buchdrucks mit beweglichen Lettern. Das war immerhin ein Schlüsselereignis beim Übergang vom Mittelalter in die Neuzeit. Informationen und Bildung konnten sich rascher verbreiten und erreichten weite Teile der Bevölkerung. Druckerzeugnisse mobilisierten Protest und politische Öffentlichkeiten; massenhaft gedruckte und pointiert formulierte Flugblätter waren die Blogs und Twitter-Nachrichten des 16. bis 18. Jahrhunderts. Nicht zum ersten Mal also verändern Kommunikationsmittel die Strukturen der Öffentlichkeit und die Formen der politischen Partizipation.

Im Falle der digitalen Revolution sind die Wirkungen jedoch sehr vielschichtig. Die elektronischen Technologien erlauben Staat und Bürgern, auf neue Weise miteinander in Kontakt zu treten, häufig offener und unkomplizierter. Sie begünstigen zudem in einem viel weiteren Sinne die Transparenz von Kommunikation, sie hebeln herkömmliche Hierarchien aus und setzen das Wissen von allen an die Stelle eines kontrollierten Expertenwissens. Drittens schaffen sie neuartige Kanäle der politischen Mobilisierung, für die Teilnahme an der Demokratie ebenso wie für den Kampf um Freiheit und Partizipation in Situationen der Unterdrückung. Die Bedeutung der Internetrevolution als soziale Umwälzung und kulturprägende Kraft der Gegenwart zeigt sich schließlich daran, dass sie neue politische Kräfte und Programme hervorbringt wie die Partei der «Piraten». Das sind schon vier verschiedene Dimensionen einer «digitalen Demokratie». In diesem Begriff schwingt die Annahme mit, die neuen elektronischen Medien würden insgesamt der Demokratie nützen, sie fördern und erweitern – jedenfalls nicht in scharfen Gegensatz zu ihr geraten. Das muss man aber näher überprüfen, denn die digitale Revolution verändert Gesellschaft, Politik und Öffentlichkeit im breitesten Sinne und in ganz unterschiedlichen Kontexten. Der Freiheitsbegriff der Internetwelt kann zu älteren Freiheitsrechten und persönlichen Schutzansprüchen in Spannung geraten. Auch autoritäre Regime machen sich die neuen Technologien zunutze. Terrorgruppen eröffnet das Internet ganz neue Möglichkeiten der Vernetzung, Planung und Propaganda.

Wenn die elektronische Kommunikation staatliches Handeln zugänglicher und Verwaltungsbehörden für die Bürgerinnen und Bürger offener macht, spricht man häufig von «e-Government». Hinter diesem Oberbegriff kann sich eine Vielzahl von Aspekten verbergen. Im Mittelpunkt steht zunächst die Bereitstellung staatlicher Leistungen, eine bürgerfreundliche Verwaltung. Ein «Gang» ins Internet erspart den Weg ins Rathaus oder auf verschiedene Ämter. Auf dem Bildschirm stehen mühelos Informationen zur Verfügung, die zu beschaffen früher nur mit erheblichem Aufwand möglich gewesen wäre. Das ist nicht nur bequemer, sondern setzt den Bürger in eine andere, selbstbewusstere Rolle, in der er nicht mehr der hilflose Bittsteller im Behördendschungel sein soll. Gerade in Deutschland schwingt bei der Reform der Verwaltung nach Prinzipien des e-Government noch die Tradition einer allmächtigen (und vordemokratischen) Bürokratie mit, der man sich möglichst unterwürfig zu nähern habe. Stattdessen soll die Verwaltung den berechtigten Ansprüchen der Bürgerschaft dienen. Dabei ist das Internet freilich nur ein Hilfsmittel unter anderen, um die Zugänglichkeit öffentlicher Dienstleistungen zu verbessern. Es geht aber auch um die Transparenz staatlicher Organe, die sich in der erhöhten Sichtbarkeit zugleich neuer Kontrolle ausgesetzt sehen. So ist es leicht geworden, sich auf der Website des eigenen Abgeordneten über dessen Biographie, über ehrenamtliche Tätigkeiten und Nebenverdienste zu informieren. Transparenz und Kontrolle können jedoch auf die Bürger zurückschlagen, wenn der Staat Informationen elektronisch sammelt und an beliebigen Stellen verfügbar machen kann. Deshalb stehen Datenschutz und Demokratie in einem engen Verhältnis, das im Grundrecht auf «informationelle Selbstbestimmung» festgehalten ist, wie es das Bundesverfassungsgericht schon 1983 im sogenannten Volkszählungsurteil formuliert hat.

Zum e-Government rechnet man auch elektronische Verfahren in den demokratischen Prozessen selber. Die Stimmabgabe an einem Wahlcomputer, statt auf dem Stimmzettel aus Papier, hat ebenfalls das Bundesverfassungsgericht 2009 gestoppt, weil die Geräte die einfache und öffentliche Überprüfbarkeit nicht gewährleisteten. Auch in anderen Ländern sind die Bedenken in letzter Zeit eher gewachsen, selbst in den USA, wo solche Geräte, einschließlich mechanischer Vorläufer zum Stanzen von Wahlscheinen, schon länger gebräuchlich sind. In dieser Arena ist mit einem Durchbruch digitaler Demokratie nicht so schnell zu rechnen – und selbst wenn, würde es sich eher um eine äußere, technische Umstellung handeln, die am Kern der politischen Wahl nichts verändert.

Ungleich folgenreicher ist deshalb die tiefe Prägung des vorpolitischen Raumes von Kommunikation und Öffentlichkeit durch das Internet. Seine technischen Möglichkeiten haben soziale Mechanismen und kulturelle Spielregeln neu definiert – und dabei zwar nicht die Demokratie neu erfunden, aber Hierarchien aufgebrochen und Teilnahmechancen vermehrt. Das Internet kennt kein Zentrum, und es benötigt keinen «Kopf». Es gibt keine starre Ordnung vor, sondern stiftet Ordnung im Prozess der Vernetzung von Gleichrangigen. Damit ist es zum Katalysator gesellschaftlicher Veränderungen geworden, die schon Jahrzehnte vorher in Gang gekommen waren: einer Infragestellung von Autoritäten, einer Kritik an hierarchischer Ordnung und elitärer Führung. Das Internet zeigt also eine auffällige Nähe zu Grundmotiven des Protests und der Neuen Sozialen Bewegungen, welche die westlichen Demokratien seit den 1960er Jahren dynamisiert haben, etwa zum «Graswurzel»-Prinzip und zur Abkehr des politischen Aktivismus von formal organisierten Großverbänden. Es beschleunigt den Umbau von einer «vertikalen» in eine «horizontale» Gesellschaft und senkt die Schwelle der Partizipation. «Speakers' Corner» ist jetzt nicht mehr nur am Londoner Hyde Park, sondern für jeden und überall, sofern ein PC oder ein Mobiltelefon zur Verfügung steht.

In diesem Sinne hat auch die Online-Enzyklopädie «Wikipedia» die Vorstellungen von der Organisation und Kontrolle des Wissens revolutioniert. Nicht mehr Experten mit hoher Reputation in der Wissenschaft etablieren einen Kanon des Wissens, aus dem sich die Nutzer wohl oder übel bedienen müssen. In gewissen Regeln kann vielmehr jeder seinen Beitrag zur Wissensproduktion leisten; die Grenzen zwischen Produzenten und Nutzern verschwimmen. Als Kontrollinstanz fungiert nicht mehr eine übergeordnete Autorität, sondern die «Schwarmintelligenz» einer vernetzten Gemeinschaft. Solche «Ent-Expertisierung» strahlt auch auf die Politik aus: zum einen, weil die Vision einer Expertenherrschaft der besonders Klugen und Kompetenten immer wieder als Gegenentwurf zur Herrschaft des Volkes gedient hat; zum anderen, weil in politischen Konflikten ähnlich operiert wird, wenn Bürgerinnen und Bürger den Versicherungen von Experten nicht mehr trauen und die Überprüfung umstrittener Sachverhalte selber in die Hand nehmen. Davon ist auch die professionelle Öffentlichkeit des Journalismus zunehmend betroffen, wenn Nachrichten von Bloggern und Twitterern produziert werden; oder wenn der klassische Kommentar, oft mit der Autorität des Chefredakteurs oder Ressortleiters versehen, durch eine Vielzahl von Blogs im Internet abgelöst wird. Folgt man Jürgen Habermas, hat die Ablösung einer egalitären Bürgeröffentlichkeit der Aufklärung durch die kommerzialisierte und organisierte Medienöffentlichkeit des 19. und 20. Jahrhunderts der Demokratie geschadet. Das Internet mit seinen Bürgerjournalisten macht die Grenze zwischen Produzenten und Konsumenten von öffentlicher Meinung wieder durchlässiger.

Als ein effektives Werkzeug der Demokratie erscheint das Internet mithin, wenn man auf seine Möglichkeiten der politischen Mobilisierung blickt. Neben dem allgemein erleichterten Zugang zu politischer Aktivität und Meinungsäußerung lassen sich zwei Konstellationen unterscheiden. Zum einen ermöglichen die digitalen Technologien es den Bürgerinnen und Bürgern in etablierten Demokratien, sich auf neue Weise im Wahlkampf zu engagieren – und den Politikern, ihre Anhänger und Unterstützer wirksam zu mobilisieren. Die Kampagne von Barack Obama zunächst in den amerikanischen Vorwahlen der Demokraten, dann im eigentlichen Präsidentschaftswahlkampf im Jahre 2008 hat dafür auch international neue Maßstäbe gesetzt. Obama präsentierte sich nicht nur, veränderten Mediengewohnheiten folgend, im Internet oder verschickte Emails, sondern nutzte das interaktive Potential des «Web 2.0» für die Einbeziehung seiner Anhänger, vor allem mit Hilfe des Twitter-Dienstes und der Website «mybarackobama.com». Das funktionierte in einer Gesellschaft, in der politische Parteigängerschaft ohnehin kaum durch formelle Parteimitgliedschaft ausgedrückt wird, sondern durch freiwilliges und informelles Engagement, besonders gut. In Europa, auch im deutschen Bundestagswahlkampf von 2009, ließ sich die Gewinnstrategie des amerikanischen Präsidenten deshalb nicht ohne weiteres kopieren.

In der anderen Konstellation dient die Nutzung des Internets dem, was man die subversive Kommunikation in autoritären Regimen nennen könnte – einschließlich der Mobilisierung in Protest und Revolution. Die grenzenlose und immaterielle Informationsfreiheit des Internet ist Diktaturen ohnehin ein Dorn im Auge; die klassischen Mechanismen der staatlichen Kontrolle von Medien durch Zensur von Zeitungen oder ein gehorsames Staatsfernsehen greifen nicht ohne weiteres. Aber man kann, wie in China, das Internet für die eigenen Bürger teilweise sperren oder es sogar ganz lahmzulegen versuchen, wie es das ägyptische Regime im Frühjahr 2011 versuchte. In der Zuspitzung von Konflikten, in Protest und Widerstand, hat sich der Nachrichtendienst Twitter als besonders effektives Instrument zur Vernetzung einer organisationsschwachen Opposition erwiesen. Die Proteste im Iran nach den Präsidentschaftswahlen vom 12. Juni 2009 profitierten davon zum ersten Mal; anderthalb Jahre später twitterten auch die Demonstranten des arabischen Frühlings, in Ägypten und anderswo, um ihre Proteste zu koordinieren und die Öffentlichkeit, nicht zuletzt im Ausland, zu informieren. Ob diese Kommunikation so wichtig war, dass man von «Twitter-Revolutionen» sprechen kann, mag man bezweifeln. Aber unstreitig förderten Internet und mobile Kurznachrichten die oppositionellen Kräfte und schwächten die autoritären Regime.

Und schließlich zeigt die digitale Revolution ihre politische Prägekraft, indem sie eine eigene Partei hervorgebracht hat: die «Piraten», deren Selbstverständnis und Programmatik im Anspruch auf ein «freies» Internet wurzelt – frei von staatlich-administrativer Regulierung ebenso wie von Eigentumsansprüchen auf Wissen im Urheberrecht und in Patenten. Zuerst in Schweden 2006 gegründet, folgten bald Piratenparteien in Deutschland und den meisten anderen westeuropäischen Ländern sowie Kanada. Die Wahlen zum Europäischen Parlament 2009 brachten einen Schub und zwei schwedische Mandate in Straßburg; in der Berliner Abgeordnetenhauswahl im September 2011 eroberten die Piraten 8,9 Prozent der Stimmen. Global haben sich die Piraten 2010 als «Pirate Parties International» zusammengeschlossen. Ob die Piraten sich dauerhaft etablieren, lässt sich derzeit ebenso wenig sagen wie man 1982 den Erfolg der «Grünen» hätte voraussagen können. Aber der Vergleich liegt nahe, weil auch vor drei Jahrzehnten ein fundamentaler soziokultureller Umbruch – der ökologische Paradigmawechsel der Industriegesellschaften – in Organisierung und Parteibildung mündete.

Nach alldem sollte man die demokratische Kraft des Internets dennoch nüchtern betrachten, einschließlich ihrer Grenzen und Gegenkräfte. Der Umbau von Expertenstrukturen zu Laiennetzen kann in der Wissenschaft oder im Journalismus zu Qualitätsverlusten und Legitimationsproblemen führen. In der Politik stellt sich, analog dazu, die Frage nach der Repräsentativität von Web-Partizipation, und auch nach der Dauerhaftigkeit ihres Engagements. Neben viel spontaner Teilhabe braucht Demokratie als Regierungsform auch stabile Institutionen, die durch gesatzte Verfahren legitimiert sind. Dafür bietet die digitale Welt bisher keine Alternative. Sie ist eine Technologie und stellt Werkzeuge zur Verfügung. Vor ihrer Stilisierung zu einer Art Gegenwelt der autonomen Selbstverwirklichung, wie sie in internetaffinen Milieus mit dem (insofern: ganz traditionellen) romantischen Überschwang von Protestbewegungen betrieben wird, sollte man sich hüten. Das Internet eröffnet neue Freiheitsspielräume und wirft alte Freiheitsfragen neu auf. Aber es setzt weder die bisherigen Freiheitsrechte außer Kraft noch die Grundregeln im Umgang mit der Freiheit aus zweihundert Jahren Demokratiegeschichte.

Mit dem Streben nach politischer Transparenz und einer bürgernahen Kontrolle der Regierungen klinkt sich die Internetpolitik in einen mächtigen Trend der jüngeren Demokratiegeschichte ein: Demokratie als ständige Beobachtung der demokratischen Obrigkeit durch das Volk, dem es längst nicht mehr genügt zu wählen. Julian Assange hat sich selber und seine Plattform WikiLeaks in diesem Sinne als Kämpfer für Demokratie stilisiert. Dass jedoch auch demokratische Regierungen und politisches Handeln überhaupt auf Vertrauen und funktionale Vertraulichkeit angewiesen sind, geriet dabei zeitweise ebenso aus dem

Blick, wie der demokratische Zweck ungesetzliche Mittel des Zugangs zu Informationen zu heiligen schien. Eine ganz andere Gefahr bringt das Schlagwort von der «Digital Divide» zum Ausdruck: Der Zugang zum Internet kann (bisher) nicht von allen Teilen der Bevölkerung gleichermaßen genutzt werden, so dass die digitale Spaltung eine soziale Spaltung der Gesellschaft nicht nur abbildet, sondern möglicherweise vertieft. Wie es auch für andere Aspekte der postklassischen und partizipatorischen Demokratie gilt, verstärkt das Internet die Schlagseite zu einer Demokratie der Mittelklassen und der Gebildeten.

Die politische Vernetzung im «virtuellen» Raum bietet große Chancen jenseits der nationalstaatlichen und lokal-regionalen Demokratie. Aber Demokratie bleibt wohl auch eine «Präsenzveranstaltung», die immer wieder der Kommunikation unter physisch Anwesenden bedarf. Das gilt für das Parlament in besonderer Weise, jedoch kaum weniger für Handlungsformen der partizipatorischen Demokratie, die im letzten halben Jahrhundert so wichtig geworden sind, vom Sit-In bis zur Verhandlung am Runden Tisch. Gerade wenn man die revolutionäre Qualität der digitalen Revolution anerkennt, sollte man nicht vergessen: Seit der Erfindung der modernen Demokratie um 1800 haben sich Kommunikation und Verkehr mehrfach dramatisch verändert, von den wirtschaftlichen und sozialen Umbrüchen zwischen spätfeudaler Agrargesellschaft, Hochindustrialisierung und postmoderner Dienstleistungsgesellschaft ganz zu schweigen. Die Arbeitsweise eines Parlaments ist davon seit dem frühen 19. Jahrhundert bis heute erstaunlich wenig erschüttert worden; auch nicht die Grundbedeutung von Meinungs- und Versammlungsfreiheit. Ohnehin lassen sich die Wirkungen der jüngsten Kommunikationsrevolution höchstens in Umrissen erkennen. Aber es scheint sicher, dass eine Dynamisierung der Demokratie dazugehört. Das Internet eröffnet ein weiteres Fenster in die vielfältige Welt der nachklassischen Demokratie.

8 Anwälte und Kläger: Eine Demokratie der Verantwortlichkeit

Im Protest gegen ein neues Autobahnteilstück schließen sich Bürgerinnen und Bürger zusammen und reichen eine Klage beim Verwaltungsgericht ein. Nicht nur Anwohner der geplanten Trasse, nicht nur unmittelbar Betroffene machen mit; vielen geht es um den Schutz der

Natur im Allgemeinen oder für die nachfolgenden Generationen. Andere spenden für eine Menschenrechtsorganisation, die auf politischen Kanälen und in der Öffentlichkeit Druck auf Regierungen ausübt – nicht nur auf autoritäre Regime, sondern auch auf demokratische Staatsführungen. Ein Bürger fühlt sich in seinen Rechten verletzt und wendet sich an die zuständige Ombudsfrau, die Vertrauen genießt und in das Rad des Verwaltungshandelns eingreifen kann. Ein demokratisch gewähltes Parlament hat einen Beschluss gefasst – sei es über eine Schulreform oder über einen Bebauungsplan –, doch es regt sich Protest. Ein Runder Tisch tritt zusammen und erarbeitet einen Kompromiss, dem das Parlament zustimmt.

Solche politischen Konflikte und Verfahren gehören inzwischen zum Alltag der Demokratie. Manchmal verfügen sie, wenn man genauer hinsieht, über eine lange historische Tradition, doch überwiegend sind es ziemlich neuartige Mechanismen, die erst in den letzten zwei bis drei Jahrzehnten entstanden sind. Jedenfalls haben sie erst seit dem Ende des 20. Jahrhunderts eine zentrale Stellung im demokratischen Prozess erobert und sich, jenseits vieler einzelner Elemente, zu einem Ensemble neuer Demokratie verdichtet. Was verbindet die genannten Beispiele überhaupt? Ihr Ausgangspunkt ist immer die Aktivität von Bürgerinnen und Bürgern jenseits des Handlungsfeldes der repräsentativen Parteiendemokratie: Es geht nicht um Parteimitgliedschaft oder Stimmabgabe, auch nicht um die Übernahme eines Amtes oder Mandates in Partei oder Staat. Vielmehr ist der Staat häufig der Adressat des bürgerschaftlichen Handelns; man möchte ihm Offenheit, Bürgernähe oder die Achtung von Menschenrechten abringen. Mit dem zivilgesellschaftlichen Engagement, häufig auch mit einer gewissen Staatsskepsis, setzen solche Formen der Politik die partizipatorische Demokratie fort, die sich in den Protestbewegungen der 1950er bis 1970er Jahre etabliert hatte, von der Bürgerrechtsbewegung in den USA über die Neue Frauenbewegung bis in die Umwelt- und Friedensbewegungen. Aber ziviler Ungehorsam, Sit-In und Straßendemonstration sind nicht mehr die wichtigsten Handlungsmuster, und statt für die eigene Besserstellung und Emanzipation kämpft man häufig für die Rechte von Dritten, deren Sprachlosigkeit diese neue Politik eine Stimme verleiht.

Diese Veränderung der Demokratie ist so neu, dass ihr sogar eine Bezeichnung fehlt – jedenfalls außerhalb der Wissenschaften, als einprägsamer Begriff der öffentlichen Debatte. Im Englischen spricht man jetzt öfters von einer «monitory democracy» oder einer «advocacy democracy». Das könnte man als Demokratie der Kontrolle und anwalt-schaftliche (oder advokatorische) Demokratie übersetzen: Demokratie ist, wenn Bürgerinnen und Bürger ihren Staat kontrollieren und trans-parent machen; Demokratie ist, wenn Bürgerinnen und Bürger sich für ihre eigenen Rechte, aber mehr noch für die Schwächerer oder der All-gemeinheit einsetzen. Damit werden repräsentative Demokratie und klassische Gewaltenteilung, wie sie für Deutschland im Grundgesetz verankert sind, ebenso wenig ausgehebelt wie durch andere Weiterent-wicklungen, zum Beispiel die Stärkung direkter Demokratie. Aber von einer bloßen Ergänzung kann man inzwischen nicht mehr sprechen, weil diese Neuerungen tief in die Wirkungsweisen der klassischen De-mokratie eingreifen und dabei sind, sie nachhaltig zu verändern.

Nicht zufällig ist die globale Politik jenseits der Nationalstaaten be-sonders früh ein Ansatzpunkt für diese Veränderungen gewesen. So stützte sich das Engagement der Vereinten Nationen in der Entwick-lungspolitik von Anfang an auf nichtstaatliche, zivilgesellschaftlich ge-tragene Vereinigungen, denen Artikel 71 der UN-Charta Beraterstatus für den Wirtschafts- und Sozialrat der Vereinten Nationen gab. Hier findet sich auch der Ausdruck «Nichtregierungsorganisationen», der nach dem englischen Begriff meist als «NGO» abgekürzt wird. Teils eng mit der Entwicklungshilfe verknüpft, bildet die Menschenrechtspo-litik seit den 1970er Jahren eine zweite wichtige Arena für die NGOs. Sie konnten zum einen unabhängiger agieren als nationale Regierungen und – zumal in der Zeit der Blockkonfrontation bis 1990 – leichter das Vertrauen der Zielländer erwerben. Zum anderen warf das globale Nord-Süd-Gefälle Gerechtigkeitsfragen jenseits der klassischen «sozia-len Frage» der Industrieländer auf und motivierte die gebildeten Mit-telschichten des Westens, sich für Wohlstand und Rechte der Ärmeren einzusetzen, sich also als deren Sprecher und Anwalt zu verstehen. Das Grundmuster solcher anwaltschaftlichen Politik in der Zivilgesellschaft entstand schon im 19. Jahrhundert, als bürgerliche Sozialreformer sich gegen das Elend der Arbeiterklasse engagierten oder Angehörige der weißen Mittelklasse als Abolitionisten gegen die Sklaverei kämpften, durchaus auch in transnationalen Zusammenhängen. Am Ende des 20. Jahrhunderts kehrte es zurück und breitete sich aus wie nie zuvor.

Ein wichtiger Grund dafür sind gewachsener Wohlstand und soziale Sicherheit des Westens, die den Blick freier für die Nöte anderer mach-ten und eine Orientierung auf «postmaterielle» Werte förderten. So traten vermehrt umweltpolitische Fragen neben Entwicklungspolitik und Menschenrechte, und das anwaltschaftliche Prinzip erweiterte sich: Jetzt engagierte man sich nicht nur für andere Menschen, sondern sprach im Namen der vom Menschen gefährdeten natürlichen Umwelt, die erst recht über keine eigene Stimme verfügte. Zugleich verlängerte sich die Fürsprache in die Zukunft, im Sinne eines Eintretens für die Lebenschancen der – ebenfalls noch nicht sprachfähigen – nächsten Generationen. Zuletzt gewannen um die Jahrtausendwende Themen des Verbraucherschutzes, besonders der Lebensmittelsicherheit, ein großes Gewicht. In der Konstellation dieser drei Felder: Menschenrechte, Umwelt, Verbraucherschutz, tritt das Spektrum anwaltschaftlicher Politik geradezu idealtypisch hervor: als eigenes Engagement für schwächere Dritte, für die Natur als Lebensgrundlage späterer Generationen, aber auch für die Sicherheit und moralische Integrität der eigenen Lebensführung.

Dieses Muster unterscheidet sich, bei vielen Überlappungen im Einzelnen, von der Interessenpolitik in der klassischen Demokratie und Industriegesellschaft: Dort war die Produktionssphäre, der industrielle Arbeitsplatz der Ausgangspunkt für die Verfolgung eigener Interessen, zumeist in gut organisierten Massenverbänden wie Parteien und Gewerkschaften. Aber auch gegenüber den sozialen Bewegungen der 1960er und 70er Jahre hat sich die kulturelle Orientierung nochmals verschoben. Stand damals die eigene Autonomie im Vordergrund, das Streben nach freier Entfaltung der eigenen Persönlichkeit, nach individueller «Selbstverwirklichung», spielen seitdem die Chancen anderer, oder einer Allgemeinheit, eine größere Rolle. Das spiegelt sich auch in einem veränderten Organisationstypus. NGOs, zivilgesellschaftliche Gruppen und anwaltschaftliche Akteure können sich in ganz unterschiedlichen Rechtsformen zusammenschließen. In Deutschland sind es häufig Vereine, oder Stiftungen, oder gemeinnützige GmbHs; unter Einschluss der Kirchen reicht das Spektrum bis zu Körperschaften des öffentlichen Rechts. Kaum jedoch handelt es sich um parteiähnliche Formationen, und nur selten um hierarchisch organisierte Massenmitgliedsverbände. Sogar innerhalb des NGO-Spektrums hat sich in den letzten zwei Jahrzehnten das Gewicht von Mitgliederorganisationen zu solchen Verbänden verschoben, die auf loseren Strukturen der Zugehörigkeit und Unterstützung beruhen und sich eher durch Spenden und Mäzene als durch Mitgliedsbeiträge finanzieren. So hat «amnesty international», die wichtigste Menschenrechtsorganisation des älteren Typs, Bedeutung gegenüber «Human Rights Watch» verloren, das den neuen

Typus repräsentiert. In jedem Fall arbeiten NGOs nicht gewinnorientiert, «not for profit». In Amerika ist deshalb die Aussage, man arbeite für eine Nonprofit, fast gleichbedeutend mit dem Hinweis auf die Tätigkeit im zivilgesellschaftlichen Bereich.

Man könnte, unabhängig von der Rechtsform, auch von zivilgesellschaftlichen «Verbänden» sprechen, wenn dieser Begriff nicht in der deutschen Tradition so eng mit dem Korporatismus der Interessenvertretung in der industriellen Gesellschaft verknüpft wäre: wirtschaftliche Interessenverbände hier, Gewerkschaften dort. Die neuen Organisationen sind dagegen im «Dritten Sektor» angesiedelt, sind also nicht nur «nichtstaatlich», sondern stehen auch außerhalb des Marktes und der kapitalistischen Interessenverfolgung. Wo die Grenze zwischen Eigen- oder Partikularinteressen einerseits, den Interessen Dritter oder der Allgemeinheit verläuft, ist indes häufig schwer zu sagen. Ist der ADAC eine Autofahrerlobby, während der VCD – der 1986 gegründete Verkehrsclub Deutschland – höhere Ziele eines ökologischen Gemeinwohls verfolgt? Auch die neuen Gruppierungen verfolgen Interessen und sind «stakeholder» im Kampf um Positionen und Prägekraft in der Gesellschaft; nicht selten umgeben sie sich erfolgreich mit einer höheren moralischen Legitimation ihres Tuns, die man kritisch befragen muss.

Dennoch: Man kann im Übergang zur anwaltschaftlichen Demokratie einen fundamentalen Bruch mit dem liberalen Modell pluralistischer Demokratie sehen, wie es im späten 18. Jahrhundert formuliert und nach dem Zweiten Weltkrieg noch einmal erneuert wurde. Danach existiert ein «Gemeinwohl» nicht, und politische Entscheidungen bilden sich im Wettbewerb verschiedener Interessen heraus. Damit waren zunächst individuelle Eigeninteressen gemeint, die der eine als Landwirt, der nächste als Fischer und ein dritter als Händler verfolgte; später auch kollektive Interessen in der industriellen Klassengesellschaft der Unternehmer und Arbeiter. Dieser Typus von Gesellschaft hat sich zwar nicht ganz aufgelöst, ist aber von einer Gesellschaft der Bürger und Konsumenten überlagert worden. Nicht materielle Interessen führen Menschen dabei in politisches Engagement, sondern ihre Betroffenheit als Verbraucher im ökonomischen Sinne und – im übertragenen Sinne – als Abnehmer staatlicher Entscheidungen, die in ihr Leben eingreifen. Neben die Verteidigung des eigenen Lebens ist das Engagement für andere getreten. Soweit Bürgerinnen und Bürger sich zum Anwalt für Dritte machen, könnte man deshalb auch von einer Stellvertreterdemokratie oder einer treuhänderischen Demokratie sprechen. Häufig sind Einzelinteressen verpönt, weil sie dem Wohl einer größeren Gruppe oder der Allgemeinheit im Weg zu stehen scheinen.

Jenseits von Markt und Staat: Damit verbindet sich zum einen Kritik gegenüber der kapitalistischen Wirtschaft, vor allem großen Konzernen und multinationalen Unternehmen. In der Regel ist das jedoch kein sozialistischer Antikapitalismus, sondern eine Skepsis aus der Sorge um individuelle Autonomie und soziale Gerechtigkeit. Zum anderen, und vielleicht noch mehr, richtet sich der Blick dieser neuen Demokratie kritisch gegen den Staat, gegen Parlament, Regierung und Verwaltung. Denn diese werden nur bedingt als «eigene», nämlich durch Wahl und Partizipation der Bürger erst zustande gekommene Institutionen begriffen. Jedenfalls müssten sie der ständigen Kontrolle der Bürgergesellschaft unterworfen, beobachtet und durchleuchtet werden. Das Motiv der zivilgesellschaftlichen Kontrolle der repräsentativen Demokratie ist in den beiden letzten Jahrzehnten so wichtig geworden, dass man von einer «monitory democracy» spricht. Der Politologe und Historiker John Keane wählt dies sogar als Oberbegriff für eine dritte Phase in der langen Geschichte der Demokratie, die auf die Versammlungsdemokratie der Antike und die repräsentative Demokratie des 18. bis mittleren 20. Jahrhunderts gefolgt sei.

Die Beobachtung und Kontrolle des Staates durch das Volk hat zwei Aspekte. Erstens geht es um die Transparenz des staatlichen Handelns. Das kann sich auf die Bekämpfung von Korruption (auch in Unternehmen) konzentrieren wie bei der 1993 auf Initiative von Peter Eigen gegründeten «Transparency International» oder dem noch jüngeren Verein «LobbyControl». Ein wichtiges Ziel ist aber auch der Zugang der Bürger zu Informationen, die in Staatsbehörden über sie vorliegen. Der «Freedom of Information Act» der USA war 1967 ein Vorreiter gesetzlicher Regelungen; in manchen europäischen Staaten hat die Informationsfreiheit Verfassungsrang erhalten; Deutschland dagegen war mit dem «Informationsfreiheitsgesetz» von 2006 ein Nachzügler. Ein zweiter Aspekt wird meistens mit dem englischen Begriff «accountability» bezeichnet. Damit ist die Verantwortlichkeit des Staates, seiner Organe und Verwaltungsbehörden gegenüber den Bürgern gemeint. Die Erwartungen an die Rechenschaftspflicht sind gegenüber dem klassischen Demokratiemodell beträchtlich gewachsen, in dem sich die drei Gewalten – Legislative, Exekutive und Judikative – im Sinne der «checks and balances» gegenseitig kontrollierten und die Verwaltung als verlängerter Arm der Regierung begriffen wurde, die ihrerseits dem Parlament verantwortlich war.

Transparenz, Kontrolle und Bürgerverantwortlichkeit: Vor diesem Hintergrund hat der in Schweden schon am Anfang des 19. Jahrhunderts erfundene «Ombudsmann» überall in Europa und teils auch darüber hinaus Karriere gemacht. In Deutschland übernahm der 1956 geschaffene Wehrbeauftragte des Bundestages vergleichbare Funktionen für die Soldaten der Bundeswehr, die in ihm einen direkten Ansprechpartner des Vertrauens außerhalb des «Dienstwegs» der Verwaltung bzw. der militärischen Hierarchien finden sollten. Erst drei bis vier Jahrzehnte später setzte sich die Einsicht durch, dass die Bürgerinnen und Bürger auch in ihren Interessen gegenüber der zivilen Verwaltung, den allgemeinen Staatsbehörden, den Schutz einer unabhängigen Ombudsperson brauchen könnten. Inzwischen wird sie meistens als «Bürgerbeauftragter» bezeichnet und ist als solcher in einigen Länderverfassungen, zum Beispiel in Mecklenburg-Vorpommern und Thüringen, verankert. Auch in der EU gibt es seit 1995 das Amt eines Europäischen Bürgerbeauftragten, an den sich alle Unionsbürger mit Beschwerden über die Arbeit der europäischen Institutionen wenden können.

Zum mit Abstand wichtigsten Instrument der neuen bürgerlichen Interessenwahrung gegenüber dem demokratischen Staat aber sind die Gerichte geworden. Insofern treten Bürgerinnen und Bürger nicht nur im übertragenen Sinne «anwaltlich» auf, indem sie anderen Menschen oder übergeordneten Zielen ihre Stimme leihen, sondern auch – und im wörtlichen Sinne – als Kläger. In der preußisch-deutschen Geschichte hat die Verwaltungsgerichtsbarkeit eine lange Tradition; schon im späten 19. Jahrhundert hat sie einen häufig sehr zuverlässigen Schutz der Bürger vor der Willkür der Bürokratie gebildet. Damals, zur Zeit des Kaiserreichs, dienten die Verwaltungsgerichte als eine Art Demokratieersatz im vordemokratischen Staat. Im letzten Drittel des 20. Jahrhunderts hat sich das Streben nach gerichtlicher Interessenwahrung von dieser besonderen Tradition weithin abgelöst und in Europa wie in Nordamerika zu einer viel diskutierten Judikalisierung des demokratischen Prozesses geführt. Wie in vielen anderen Dimensionen der postklassischen Demokratie hat die internationale, besonders die europäische Politik als Treiber und institutioneller Vorreiter gewirkt, etwa mit dem Europäischen Gerichtshof für Menschenrechte. Auf der nationalen Ebene sind die Verfassungsgerichte große Gewinner dieser Entwicklung: der Supreme Court in den USA und erst recht das deutsche Bundesverfassungsgericht, dessen Prestige im Konzert der demokratischen Institutionen das des Parlaments und der Regierung längst in den Schatten stellt. Das Bundesverfassungsgericht kann sich dem Ansturm individueller Beschwerden kaum noch erwehren.

Zugleich ist neben das in seinen Rechten verletzte (bzw. sich verletzt fühlende) Individuum die Zivilgesellschaft als Klägerin im Namen des Gemeinwohls getreten. Auch in der justiziellen Demokratie spiegelt sich mithin die Verschiebung vom Individualinteresse zum Gemeinwohlappell. Im angelsächsischen Rechtssystem ist das Institut des «class action suit», also einer Gruppenklage im Namen einer Vielzahl von einem Schaden Betroffener, seit langem bekannt. Dabei geht es meist um zivilrechtliche Streitfragen, also nicht um die «subjektiven öffentlichen Rechte» der Bürger gegenüber dem Staat. Genau diesem Zweck dient in Deutschland seit kurzem die «Verbandsklage», besonders im Umweltrecht. Nach dem Umwelt-Rechtsbehelfsgesetz von 2006 kann eine «Vereinigung» – ein dafür zugelassener Verband, eine NGO – vor Gericht ziehen, «ohne eine Verletzung in eigenen Rechten geltend machen zu müssen». In diesem Mechanismus laufen also wichtige Fäden der neuen «anwaltschaftlichen Demokratie» zusammen: die Umwelt als Gegenstand des Gemeinwohls, als kollektives Gut – das Engagement für Ziele jenseits der individuellen, persönlichen Betroffenheit, also das Treuhänderprinzip – die Organisierung dieses Engagements in zivilgesellschaftlichen Verbänden oder NGOs.

Von einer historischen Ablösung der repräsentativen durch die kontrollierende und anwaltschaftliche Demokratie wird man trotzdem nicht sprechen können. Ein eigener Regimetyp, eine eigenständige Verfassungsordnung hat sich nicht etabliert, selbst wenn man in Rechnung stellt, dass eine solche Ordnung vielfältiger und «chaotischer» aussehen könnte als das relativ klar zugeschnittene klassische Ensemble demokratischer Institutionen. Aus dessen Perspektive kann man auch von einer Herausforderung sprechen, von alten Fragen, die unter den Bedingungen des späten 20. Jahrhunderts neu aufgeworfen wurden: Welche Berechtigung haben individuelle Interessen; und ist das Gemeinwohl mehr als eine moralisch überhöhte Fiktion? In vielen aktuellen Konflikten ist nicht leicht auszumachen, wer das «Gemeinwohl» – oder jedenfalls: die höherwertigen kollektiven Güter – vertritt. Man kann an den Streit um einen Flughafenausbau denken: Vertritt die anwaltliche Bürgerdemokratie des Protests das allgemeine Interesse an Lärmschutz und Naturerhaltung gegen wirtschaftliche und elitäre Sonderinteressen? Oder sperren sich wenige Betroffene im egoistischen Kalkül und nach dem «St. Florians-Prinzip» gegen ein allgemeines Interesse oder den Mehrheitsbeschluss eines Parlaments?

In jedem Fall ist die repräsentative Demokratie nicht mehr die, die sie bis in die 1970er Jahre gewesen ist. Parlament und Regierung mögen nicht viel anders arbeiten als früher und weiter ihre Entscheidungen treffen. Oft aber steht solche Entscheidung unter dem Vorbehalt einer zweiten demokratischen Prüfung, unter dem Erfordernis einer verdoppelten Legitimation: Gesellschaftlich akzeptabel wird sie erst dann, wenn zusätzlich ein Mediationsverfahren einen Konsens erarbeitet oder ein Gericht ein Urteil spricht oder auch eine Volksabstimmung abgehalten wird. Ob die neuen Mechanismen den Willen einer Mehrheit ausdrücken, oder ob die partizipatorische, anwaltschaftliche und justizielle Demokratie eher dem Kriterium des Bürgerschutzes als dem der Repräsentativität genügt, ist eine offene Frage; am Bedeutungsverlust der klassischen Demokratie ändert das aber nichts. Die strahlende Heldin der Freiheit steht nun häufig als hässliche Gestalt der Obrigkeit da. Kein Grund zur Klage, kein Grund zur Schadenfreude – nur ein Indiz für die unablässige Dynamik der Demokratie.

9 Von der klassischen zur multiplen Demokratie

Manche Etappen in der Geschichte der Demokratie lassen sich klar benennen, wenn nicht sogar präzise auf einer Zeitleiste eintragen. So ist es häufig – nicht immer – beim Wandel von Regimeformen und Verfassungen, beim Übergang aus der Monarchie in eine Republik, von einer Diktatur in ein freies parlamentarisches System. Auch die zunehmende Einbeziehung der erwachsenen Bevölkerung in volle politische Rechte gehört dazu: die Abschaffung eines Wahlzensus oder die Einführung des Frauenstimmrechts. Die Veränderungen der letzten Jahrzehnte, etwa seit dem letzten Viertel des 20. Jahrhunderts, gehören nicht dazu – jedenfalls nicht die inneren Veränderungen solcher Staaten, die bereits zu den «etablierten» Demokratien gehörten. Haben die Amerikaner, die Briten, die Westdeutschen, um das berühmte Wort von Willy Brandt wieder aufzugreifen, seitdem «mehr» Demokratie gewonnen? Oder sind sie eher «anders» demokratisch geworden? Jedenfalls ist Demokratisierung seit den 1970er Jahren nicht einer breiten Trasse in den Fortschritt gefolgt, sondern hat viele verschiedene, auseinanderlaufende und sich überkreuzende Wege eingeschlagen. Und ihre Ziele sind unsicher geworden, während man sie damals noch ziemlich klar zu kennen glaubte.

Trotz dieser Vielfalt und Unübersichtlichkeit – die verschiedenen Dimensionen des jüngeren demokratischen Wandels überlappen sich vielfach und beeinflussen sich wechselseitig. Die Entdeckung einer «Zivilgesellschaft» hat den scheinbar saturierten westlichen Demokratien Impulse aus dem spätkommunistischen Osteuropa vermittelt – und umgekehrt die westliche Protest- und Bürgerdemokratie dort als subversive Kraft etabliert. Die europäische Einigung hinkt mit ihren Institutionen dem Muster einer nationalstaatlichen Demokratie hinterher, wirkt aber gleichzeitig als mächtige Triebkraft im Ausbau von Grundrechten, für bürgerliche Freiheitsrechte gegenüber dem Staat und für die justizielle Demokratie. Die neue Rolle des Konsumbürgers ist nicht auf die ökonomische Sphäre des privaten Verbrauchs begrenzt, sondern hat die gesamte Existenz des politischen Bürgers neu eingefärbt, der seine politischen Ansprüche viel mehr als früher aus der persönlichen Lebenswelt und privaten Lebensführung definiert. Und die deliberative Demokratie, um ein letztes Beispiel zu nennen, ist nicht nur ein theoretisches Konzept. Vielmehr finden sich wichtige Spuren ihrer Praxis in neuen Formen der außerparlamentarischen Aushandlung und Konsensbildung, an «Runden Tischen», in Schlichtungs- oder Mediationsverfahren.

Über einen Kamm scheren lassen sich die verschiedenen Trends jedoch nicht ohne weiteres. Sie laufen öfters parallel oder konkurrieren miteinander. Engagierte Bürgerinnen und Bürger kämpfen für mehr direkte Demokratie in Volksinitiativen und Abstimmungen; viele andere halten das nicht für die Arena, in der sich demokratische Zukunft überwiegend entscheidet. Internet-Aktivismus und «face-to-face»-Politik können sich gegenseitig befeuern, aber auch in Konkurrenz zueinander treten; von der Ambivalenz des Internets als Freiheitstechnologie zu schweigen. Und bildet die deliberative Demokratie eine politische Praxis ab, in der sich Konflikte zwischen Bürgern und Staat oft zuspitzen und eher agonal als im Diskurs ausgetragen werden? Solche Spannungen kennzeichnen aber nicht nur die Facetten der neuen Demokratie, sondern auch deren Verhältnis zu den Regeln und Institutionen des repräsentativen Systems und der verfassungsmäßigen Demokratie. Die neuen Trends haben sich zu einem erheblichen Teil informell herausgebildet, sie spiegeln soziale und kulturelle Veränderungen und neue politische Praxisformen, ohne in der Verfassung verankert zu sein. Möglicherweise lässt sich das nachholen, und man könnte sich ein Grundgesetz vorstellen, das zivilgesellschaftlichen Aktivismus, NGOs oder neue Institutionen der außerparlamentarischen und außergerichtlichen Konfliktregulierung ausdrücklich in seine Artikel aufnimmt. Wahrscheinlicher ist jedoch, dass Verfassungsdemokratie und außerkonstitutionelle Demokratie nebeneinander bestehen bleiben, so wie das auch für die Europäische Union gilt.

Die klassische Demokratie der individuellen Freiheitsrechte, der Gewaltenteilung und des parlamentarischen Regierungssystems ist ohnehin durch die neuen Entwicklungen nicht abgelöst, noch nicht einmal an den Rand gedrängt worden. Wo es noch keine Demokratie gibt: in Diktaturen, in autoritären Regimen, steht ihre Etablierung ganz oben auf der Wunschliste. Eine überlegene Form der Sicherung von Grundrechten, Rechtsstaatlichkeit und legitimer Regierung auf Zeit ist noch nicht gefunden. Die demokratischen Revolutionen im kommunistischen Ostmitteleuropa haben das 1989/90 bestätigt, auch in der DDR. Angesichts postmoderner Auflösung von Hierarchien und Zentren, angesichts der kulturellen Prägekraft digitaler Netzwerkarchitekturen mag es umstritten sein, noch von einem Zentrum oder Fundament der Demokratie zu sprechen. Aber anders wird man der fortwirkenden Bedeutung des demokratischen Verfassungsstaates, wie er sich spätestens in der Mitte des 20. Jahrhunderts in Westeuropa und Nordamerika etabliert hatte, kaum gerecht. Ein freies Wahlregime und Grundrechte stehen im Mittelpunkt der «eingebetteten Demokratie», die ohne die sie umgebende Zivilgesellschaft ärmer wäre – umgekehrt macht die Zivilgesellschaft aber noch keinen demokratischen Staat. Auch sollte man nicht vergessen, dass schon die klassische Demokratie – in der Theorie wie in sehr lebhafter Praxis – in ein zivilgesellschaftliches Leben eingebettet war und sich aus ihm speiste: mit Vereinen und Verbänden, Parteien und wohltätigen Organisationen, die bereits in der Mitte des 19. Jahrhunderts florierten.

Freilich haben sich Bedeutung und Selbstverständnis dieser «politischen Gesellschaft» in den letzten Jahrzehnten gewandelt. Für die klassische Theorie der liberalen, pluralistischen Demokratie standen Vereine, Parteien, Verbände zwischen dem Individuum und dem Staat. Als «intermediäre Institutionen» bildeten sie – so sah man es zumal in der Nachkriegszeit, gegen die totalitäre Erfahrung – eine Sicherung gegen die unmittelbare Vereinnahmung der Individuen durch einen alles umgreifenden Staat. Heute dagegen wird die Zivilgesellschaft weniger als ein Zwischenbereich verstanden, gleich weit entfernt vom Einzelnen und vom Staat, sondern eher als eine Veranstaltung vergemeinschafteter Individuen gegenüber dem Staat, als Kontrollinstanz und Stachel in dessen Fleisch. Diese Konstellation zieht sich wie ein roter Faden durch viele Aspekte der «neuen» Demokratie. Der demokratische Staat ist demnach weniger ein unmittelbarer Ausdruck der pluralistischen Gesellschaft, sondern ihr Gegenüber; in zugespitzter Sichtweise und Kritik auch: eine schon nicht mehr demokratische Herrschaftsordnung, die durch den gesellschaftlichen Protest «radikaler Demokratie» ständig herausgefordert werden muss, um Freiheitsspielräume noch zu wahren. In der neueren linken Theorie spricht man sogar von «insurgent democracy», von einer rebellischen oder aufständischen Demokratie, mit der sich Bürgerinnen und Bürger gegen einen Staat wehren, der selber durch den neoliberalen Kapitalismus seines demokratischen Gehalts beraubt sei.

Jedoch bleibt es dabei: Die «große Erzählung» der jüngsten Demokratiegeschichte ist noch nicht gefunden. Die Politikwissenschaft bietet eine Vielzahl von Begriffen und Konzepten für die neuen Entwicklungen an, von denen sich aber noch keiner recht durchgesetzt hat. In einer breiteren Öffentlichkeit herrscht Unsicherheit, und weil die Begriffe fehlen, die Neues und Innovatives weithin sichtbar markieren könnten, blickt man auf das Bekannte, das Etablierte – und diagnostiziert dann mehr Verluste als Gewinne: den Rückgang der Wahlbeteiligung oder die Erosion der Volksparteien. Auch die Historiker haben die Geschichte der Demokratie noch nicht plausibel in die jüngste Gegenwart geführt, und gerade in Deutschland hat man – aus verständlichen Gründen – zu lange der Vorstellung von einem Aufholprozess angehangen, mit der die diktaturgeschädigten Deutschen in «der» Demokratie ankommen müssten.

Am weitesten verbreitet ist wohl der Begriff der «partizipatorischen Demokratie», der auf die vielfältigen Formen des unmittelbaren Bürgerengagements und der politischen Teilhabe an der Basis abhebt, jenseits der klassischen Rolle des Wahlbürgers. Damit ist die Zivilgesellschaft eng verknüpft; ohne einen Begriff von der vorstaatlichen politischen Bürgergesellschaft jedenfalls wird eine Beschreibung der postklassischen Demokratie nicht auskommen. Dabei kreist die neue Demokratie sehr wohl um politische Rechte, um politische Bürgerschaft, um politische Herrschaft. Damit hat sich eine Repolitisierung der Demokratie und des demokratischen Erwartungshorizontes vollzogen. Denn um 1970 ging man eher davon aus, dass nach der erreichten politischen Demokratie dasselbe formale Prinzip nun in andere Lebensbereiche – die Wirtschaft, die Bildung, die Religion, die Familie usw. – getragen werden müsse. Heute geht es weniger um die «Demokratisierung aller Lebensbereiche», sondern um die «Demokratisierung der Demokratie» (Claus Offe). Der amerikanische Politikwissenschaftler Benjamin Barber hat, im Blick auf die neuen Formen der partizipatorischen Politik, schon 1984 von einer «starken Demokratie» gesprochen. Insofern nicht ein Aggregatzustand der Demokratie von einem anderen abgelöst worden ist, sondern Vielfalt und Überlagerungen von klassischer und neuer Demokratie die Wende zum 21. Jahrhundert bestimmen, könnte man auch von einer «multiplen Demokratie» sprechen.

Wenn sich die Geschichte der Demokratie, wie in der Einleitung dieses Buches vorgeschlagen, immer zugleich dreifach verstehen lässt: als Erfüllung von Erwartungen, als Suche nach neuen Möglichkeiten und als Krise in politischer Realität und Selbstreflexion, dann steht die bisher letzte Phase am ehesten unter der Überschrift einer Suchbewegung, eines Experimentierens mit unsicherem Ausgang. Die großen Erwartungen sind noch nicht überall auf der Welt, aber innerhalb der westlichen Länder erfüllt; diese Überschrift passt besser im 19. und früheren 20. Jahrhundert. Die große Krise des frühen und mittleren 20. Jahrhunderts ist überwunden; und wenn manche Intellektuelle heute wieder, wie damals, den Stern der Demokratie sinken sehen, spiegelt sich das, anders als damals, trotz manchen Missbehagens und lebhafter Kritik nicht in den Einstellungen einer breiten Bevölkerung der demokratischen Länder. Die Suche aber geht weiter.

IX Spannungslinien

Demokratie ist nie eindeutig, und immer umstritten. Ihre Ideale treffen auf eine komplizierte Wirklichkeit; statt strahlendem Glanz sieht man dann dunkle Schatten. Demokratische Verfassung hat es auch nie vermocht, sich andere mächtige Realitäten der modernen Welt zu unterwerfen oder sie in ihrem Namen zu zähmen: Sie hat vom Kapitalismus profitiert und steht zugleich im scharfen Konflikt mit ihm; sie hat soziale Ungleichheit abgemildert, aber nicht beseitigt; sie hat eine friedliche Welt nicht geschaffen und ist sogar selber fähig zur Gewalt. Umstritten ist nicht zuletzt der globale Anspruch von Demokratie. Bleibt sie ein westliches Produkt auf dem Boden der europäisch-nordamerikanischen Zivilisation, oder ist sie ein universelles Prinzip, das sich auch andere Regionen, Kulturen, Religionen aneignen können? Während um die äußeren Grenzen demokratischer Systeme gestritten wird, sind die westlichen Gesellschaften am Beginn des 21. Jahrhunderts selber zerrissen zwischen dem neuen Elan zivilgesellschaftlicher Demokratie und düsteren Prognosen über ein Ende des demokratischen Zeitalters. Aus welchen Gründen sollten wir überhaupt an der Demokratie festhalten? So bleibt ihre Zukunft offen.

1 Miteinander und Gegeneinander: Markt und Kapitalismus

Im späten 20. Jahrhundert ist der Kapitalismus in eine neue Phase seiner langen Geschichte eingetreten. In der Globalisierung erobert er alle Regionen der Erde und setzt sich über kulturelle Schranken und nationalstaatliche Grenzen hinweg. Investitions- und Konsumgüter zirkulieren zwischen den Kontinenten, aber das Zentrum des Kapitalismus scheint nicht mehr in der produzierenden Wirtschaft zu liegen, sondern in einer rasant expandierten Finanzökonomie, im Handel mit Kapital und Schulden – und mit deren Derivaten, also sekundären Finanzprodukten, die den Kapitalismus immer mehr in ein Börsenspiel der Spe-

kulation und der Bereicherung Weniger auf Kosten der Mehrheit verwandeln. Staaten und andere politische Akteure stoßen an die Grenzen
ihrer Steuerungsfähigkeit, wenn sie sich nicht schon längst freiwillig
zurückgezogen haben. Denn seit dem Ende der 1970er Jahre ist die
Epoche des Keynesianismus in der westlichen Welt ausgelaufen und hat
einer neoliberalen Orientierung Platz gemacht. An die Stelle national-
staatlicher Regulierung und Intervention ist die Freiheit von Märkten
getreten; insgesamt hat sich ein mehr individualistisches Menschenbild
durchgesetzt. Soziale Ungleichheit nimmt in den westlichen Gesellschaften zu. Zu Beginn des 21. Jahrhunderts und spätestens mit der
Finanz- und Wirtschaftskrise von 2008 hat sich der Eindruck verstärkt,
dass der neue Kapitalismus der Demokratie schadet, indem er Freiheit,
Gleichheit und individuelle Autonomie bedroht. Demokratische Politik
vermag den Kapitalismus nicht mehr zu bändigen, sondern wird von
ihm an die Wand gedrückt.

So bezeichnet das Verhältnis zum Kapitalismus gegenwärtig eine der
schärfsten Spannungslinien für die Entwicklung von Demokratie. Bei
genauerem Hinsehen ist die Lage jedoch kompliziert. Zunehmender
Ungleichheit in Nordamerika und Westeuropa steht marktgetriebenes
Wohlstandswachstum in Teilen der ehemaligen «Dritten Welt» gegenüber, etwa in Brasilien, Indien oder China, wo Hunderte Millionen
Menschen in die Mittelklassen aufgestiegen sind. Auch innerhalb Europas hat sich das Wohlstandsgefälle vermindert, zwischen Nord und Süd
und erst recht zwischen West und Ost nach dem Übergang der kommunistischen Länder zu Demokratie – und Marktwirtschaft. Von «neoliberaler» Deregulierung auf vielen Märkten haben die Bürgerinnen
und Bürger als Konsumenten oft profitiert. Politische Akteure wie die
Europäische Kommission sind mächtige Treiber von freiem Marktzu-
gang und Konsumentenschutz zugleich. Dem Abbau «klassischer» Regulierung und staatlichen Engagements in der Wirtschaft stehen neue
Formen der Intervention und Regulierung gegenüber, zum Teil unter
ökologischem Vorzeichen wie beim Emissionshandel. Und in doppelter
Weise ist Demokratie im Zeichen des neoliberalen und globalen Kapitalismus während der letzten drei Jahrzehnte nicht verkümmert, sondern expandiert: zum einen mit der Ausbreitung demokratischer Regierungsformen auf Kosten autoritärer Regime und Diktaturen, zum
anderen mit einer inneren Dynamik, mit dem Aufstieg von Zivilgesellschaft und partizipatorischer Demokratie. Gibt es vielleicht sogar einen
inneren Zusammenhang zwischen der gleichzeitigen Konjunktur von

Kapitalismus und Demokratie seit 1980? Oder ist die Demokratie der neuen Bürgerproteste, gerade im Gegenteil, die Reaktion auf den Sog einer Marktlogik, gegen den sich die Autonomie einer demokratischen Gesellschaft zu behaupten versucht?

Diese Frage ist nicht neu, sondern lässt sich als Grundproblem des Verhältnisses von Demokratie und Kapitalismus viele Jahrhunderte zurückverfolgen. Seit dem Aufstieg der politischen Theorie des Liberalismus und den Anfängen einer kommerziell-kapitalistischen Marktgesellschaft, also besonders seit der Mitte des 17. Jahrhunderts, gibt es die antagonistische Symbiose von beiden, und zwar nicht nur in der Ideenwelt von Wirtschaftstheorie und politischer Philosophie, sondern ganz manifest in sozialen Konflikten, Protestbewegungen und Politik. Aus der ungefähren Gleichzeitigkeit lässt sich zunächst auf einen engen inneren Zusammenhang schließen. Liberale Demokratie und kapitalistische Marktgesellschaft folgen demnach denselben Prinzipien und wenden sie auf die Politik ebenso wie auf die Wirtschaft an. Die positive Variante dieser These ist ein Fundament des klassischen liberalen Denkens seit dem 17. Jahrhundert überhaupt und verbindet sich häufig mit dem Namen des englischen Philosophen John Locke. Der (männliche) Mensch ist für Locke von Natur aus frei und unabhängig. Zu dieser Freiheit gehört das private Eigentum, worunter man sich zu Lockes Zeiten, als Kolonialismus und Fernhandel blühten, durchaus schon beträchtliche Reichtümer vorstellen konnte. Aber das Leitbild war eher der kleine Selbstständige, der Bauer mit seinem Grundbesitz, der Kleinhändler oder Handwerker. Um Freiheit und Eigentum zu sichern, errichteten die Menschen den Staat.

Marktwirtschaft und Liberalismus: Beide wenden sich gegen die feudale und ständische Gesellschaft, gegen die korporatistische Einbindung der Menschen in allen Lebensbereichen und setzen dagegen das Individuum mit seiner Freiheit des Handelns in allen Sphären des Lebens. Individuelle Autonomie richtet sich gegen Regulierung und Gängelung, damit ein Stück weit auch gegen den Staat. Dieser Impuls ist in den angelsächsischen Gesellschaften bis heute spürbar, mehr als in Kontinentaleuropa und Skandinavien. Das Leben soll sich nicht in vorgegebenen Bindungen vollziehen, nicht von außen bestimmt sein, sondern von den inneren Wünschen, Überzeugungen und Interessen. Von «Leben, Freiheit und dem Streben nach Glück» sprach 1776 die amerikanische Unabhängigkeitserklärung. Eigene Interessen verfolgen zu können, das ist ein wichtiges Bindeglied zwischen der klassischen Konzeption der Marktgesellschaft und derjenigen einer pluralistischen, wettbewerblichen Demokratie. Damit verwandt ist das Leistungsprinzip als Gedanke einer «meritokratischen» Gesellschaft der eigenen Verdienste statt der angeborenen Vorteile und Positionen. Konflikte sollen in beiden Systemen nicht durch gewaltsamen Konflikt, sondern durch Kooperation, Verhandlung und Vertrag gelöst werden. Sogar eine fundamentale Egalität gehört dazu: Auf dem Marktplatz, dem ökonomischen und politischen, sind alle Teilnehmer gleich; der Preis einer Ware entscheidet sich nicht nach Ansehen der Person. Insofern ist der «Marktplatz» nicht zufällig eine zentrale Metapher sowohl des Kapitalismus als auch der unmittelbaren Demokratie bis heute.

Natürlich ist das ein erheblich idealisiertes Bild, von der die Realität des Kapitalismus oft ebenso weit entfernt war wie die der Demokratie. Auf der anderen Seite lässt sich die so beschriebene Wahlverwandtschaft von beiden in konkreten historischen Konstellationen immer wieder aufzeigen, vom Kampf gegen den Feudalismus, für wirtschaftliche und politische Freiheit in der Französischen Revolution über den klassischen Liberalismus des 19. Jahrhunderts bis in die jüngste Geschichte Polens, Ungarns oder Tschechiens. Auch eine sehr kritische Sicht auf den Kapitalismus muss sich der schwer widerlegbaren These stellen: Pluralistische Demokratie in freier Gesellschaft hat es bisher überhaupt nur in überwiegend marktkapitalistisch verfassten Ländern gegeben, und nie in Ländern ohne eine fundamental marktwirtschaftliche Ordnung. Noch schärfer zugespitzt: Es gibt offensichtlich keine moderne Demokratie ohne kapitalistische Marktwirtschaft. Das Gegenteil dagegen kommt häufig vor: Kapitalismus ohne Demokratie, in politisch autoritärer oder diktatorischer Verfassung – das Spektrum reicht von Deutschland während des Nationalsozialismus bis in das gegenwärtige China.

Auch die Gegenrechnung lässt sich historisch aufmachen, und wiederum im doppelten Rückgriff auf Mentalitäten und Diskurse einerseits, soziale und politische Realkonflikte andererseits. In Konkurrenz zum Liberalismus, wenn auch niemals scharf von ihm abgegrenzt, fremdelte der «klassische Republikanismus» im 17. und 18. Jahrhundert mit der aufstrebenden Welt des Kommerzes und sah den guten, den freien politischen Bürger als Gegenentwurf zum liberalen «homo oeconomicus». Marktförmige Sozialbeziehungen und individuelles Gewinnstreben gefährdeten demnach das Gemeinwohl, und übertriebener Wohlstand, gar Luxus drohte den Blick des Bürgers vom Wohl des

Staates abzulenken, ihn im Innern zu korrumpieren und unfrei zu machen. Nach dem Durchbruch der Industrialisierung spielte diese Sichtweise kaum mehr eine Rolle, aber sie tauchte am Ende des 20. Jahrhunderts in republikanischen Varianten der «Zivilgesellschaft» und im Kommunitarismus der Sozialphilosophie wieder auf. Stattdessen übernahm der Sozialismus um 1830 die intellektuelle, vor allem aber die praktisch-politische Führung im Versuch, Demokratie gegen den Kapitalismus zu etablieren: in seiner Überwindung oder doch zumindest in Regulierung und Zähmung. Die sozialdemokratische Arbeiterbewegung zielte auf Freiheit und Demokratie, oft auch im «bürgerlichen» Sinne: auf die Ausdehnung des Wahlrechts und die Inklusion des Proletariats in die Staatsbürgergesellschaft, auf eine parlamentarische Regierung.

Auf dieser Linie kann man eine Geschichte der Demokratie erzählen, in der die beginnende Revolutionierung von Wirtschaft und Gesellschaft Gegenkräfte mobilisierte. Gegen wachsende Ungleichheit stand das Verlangen nach Gleichheit; gegen den Freiheitsverlust in der kapitalistischen Lohnsklaverei das Streben nach Emanzipation und Selbstbestimmung, gegen die Machtkonzentration von Bürgertum und Adel die Forderung nach politischer Herrschaft des Volkes. Erfolge stellten sich mit dem Wegfall des Zensuswahlrechts ein, schließlich mit der Beteiligung von Arbeiterparteien an der Regierung. Auch andere Strömungen wirkten mit: die populistisch-demokratische Bewegung in den USA, christliche Parteien wie das deutsche Zentrum und nach 1945 CDU und CSU, überhaupt die katholische Soziallehre; auch sozial gesinnte Konservative. Im Ausbau des Sozial- und Interventionsstaates in den mittleren Jahrzehnten des 20. Jahrhunderts, auch in Mitbestimmungsrechten der Arbeitnehmer wurde der Kapitalismus demokratisch gebändigt, bis er sich – so wäre jedenfalls eine skeptische Lesart dieser Geschichte – am Ende der 1970er Jahre wieder von den demokratischen «Fesseln» zu befreien begann.

Lange Zeit war auch eine mittlere Strömung sehr einflussreich: angesiedelt zwischen der liberalen Beinahe-Identität von Demokratie und Kapitalismus einerseits, der demokratischen Zähmung von Markt und Ungleichheit andererseits. Im 19. Jahrhundert nämlich identifizierten sich große Teile der Gesellschaft – Handwerker und kleinere Händler, kleine und mittlere Bauern – durchaus mit den neuen marktförmigen und kommerziellen Strukturen und sahen darin die Chance für eine freiere politische Ordnung. Aber sie fürchteten die Konzentration von

Reichtum und Macht in einer kleinen Spitzengruppe von Unternehmern, von Industriellen, Großhändlern und Großgrundbesitzern als Gefährdung ihrer eigenen Stellung am Markt und als Bedrohung für eine politisch freie Gesellschaft. In Deutschland folgte der frühe Liberalismus einem solchen Ideal der «klassenlosen Bürgergesellschaft» mittlerer, selbstständiger Existenzen. Adel und Feudalismus waren genauso verpönt wie die zu neuem Reichtum gekommenen «Geldsäcke» in Handel und Industrie, aber auch vom mittellosen Pöbel grenzte man sich ab. In der frühen Arbeiterbewegung lebte das Leitbild einer produzierend-demokratischen Gesellschaft noch bis etwa in die 1870er Jahre fort.

In den USA dagegen, wo der Sozialismus, erst recht in seiner marxistischen Spielart, weniger Wurzeln schlug als in Europa, wirkten die radikaldemokratischen Impulse dieses «Kleinproduzenten-Kapitalismus» bis weit in das 20. Jahrhundert hinein. Aus dem Handwerker- und Farmerprotest der Revolutionszeit kommend, setzten sie sich in der frühen Arbeiterbewegung fort, bewahrten aber zugleich ihre agrarischen Wurzeln. Der Populismus des ausgehenden 19. Jahrhunderts war ein Aufschrei gegen die Verwandlung einer einfachen Marktgesellschaft in den organisierten, hierarchischen Kapitalismus des Industriezeitalters. Um 1900 verstanden viele eine Welt nicht mehr, in der unabhängige Produzenten von großen Händlern und Spekulanten an die Wand gedrückt wurden, die in kontinentalen, teils auch schon globalen Netzwerken operierten. Solche Erfahrungen aus der «ersten Welle» der Globalisierung wiederholten sich ein Jahrhundert später, und in der heutigen Gegenüberstellung von (produktiver) «Realwirtschaft» und (unproduktiver, bloß spekulativer) «Finanzwirtschaft», die demokratische Staaten zum Wanken bringt, lebt die Sehnsucht nach einem demokratiekompatiblen Kapitalismus fort.

Und dann gab es diejenigen, die sowohl mit dem Kapitalismus als auch mit der Demokratie wenig anzufangen wussten. In ihrer Perspektive standen beide nicht in Spannung zueinander, sondern waren unauflöslich verflochten – insofern handelt es sich dabei um eine ins Negative «umgestülpte» Variante der liberalen Sichtweise. Auf der Linken war die als bloß «bürgerlich» denunzierte parlamentarische Demokratie für Karl Marx und Friedrich Engels ein Beiprodukt der kapitalistischen Produktionsverhältnisse und der Herrschaft der Bourgeoisie, das mit dem Kapitalismus untergehen müsse. Wer das nicht wahrhaben wollte, galt ihnen schon um 1850 als kleinbürgerlich verblendet. Um 1900 kostete es die reformerischen Kräfte der deutschen Sozialdemokratie um Eduard Bernstein erhebliche Anstrengung, die Akzeptanz der Demokratie nicht nur als pragmatisches Zwischenstadium auf dem Weg zu einem ganz anderen sozialistischen Staat zu verstehen; die Abspaltung des Kommunismus im Gefolge von Erstem Weltkrieg und bolschewistischer Oktoberrevolution war die unausweichliche Folge. Zur selben Zeit gelangte aber auch eine radikal-rechte Ablehnung von Demokratie und Kapitalismus, zumal in Deutschland, auf einen Höhepunkt. So erklärte die Reichstagsfraktion der konservativ-antirepublikanischen DNVP im Oktober 1924, man trete ein für ein Deutschland «frei von parlamentarischem Klüngel und demokratischer Kapitalherrschaft». Erst recht in der NSDAP verknüpfte sich dieses Feindbild mit dem Antisemitismus. Doch während aus der Bekämpfung der Demokratie und dem Judenhass tödlicher Ernst wurde, reichte der rhetorische Antikapitalismus der radikalen Rechten in der Praxis – auch außerhalb Deutschlands – nie sehr weit.

So bleibt als Fazit: Marktkapitalismus und liberale Demokratie sind nicht zufällig zur gleichen Zeit aufgestiegen, aber der eine hat die andere nicht automatisch – als politisches Nebenprodukt – mit hervorgebracht. Ohne die wirtschaftliche Freiheit von Eigentum und Märkten ist Demokratie bisher nicht dauerhaft etabliert worden, aber auch nicht ohne kapitalismusskeptische Proteste, und nicht ohne staatliche Regulierung der Wirtschaft.

2 Zwischen Ungleichheit und Gerechtigkeit

Freiheit, Gleichheit, Brüderlichkeit: Ist diese Parole der Französischen Revolution nicht immer noch eine gute Faustformel, ein bündiges Prüfkriterium für Demokratie? Aber soziale Ungleichheit ist in den letzten zweihundert Jahren nicht verschwunden; sie hat zuletzt sogar wieder zugenommen. Auch in den wohlhabendsten, am meisten entwickelten westlichen Ländern sind die Unterschiede zwischen Arm und Reich seit den 1980er Jahren wieder gewachsen, nachdem sich in den Nachkriegsjahrzehnten die Schere ein Stück weit geschlossen hatte. In den 1950er und 1960er Jahren erwartete der Soziologe Helmut Schelsky die Ankunft der Bundesrepublik in einer «nivellierten Mittelstandsgesellschaft». Darin wären gewiss nicht alle gleich, aber krasse Unterschiede abgeschliffen und die Mehrheit in einem relativ einheitlichen

Lebens- und Wohlstandsniveau vereint. Die Vereinigten Staaten, damals das große westdeutsche Vorbild, glaubten sich lange Zeit in solchem Zustand schon angekommen, und in der Zeit der Systemkonkurrenz mit dem sowjetischen Kommunismus spielte der Hinweis auf westliche Gleichheit im Wohlstand eine wichtige Rolle auch für die Rechtfertigung der Demokratie.

Dieses Bild war schon vor 1989 brüchig geworden. Denn das Ende der alten, fordistischen Industriegesellschaft produzierte eine neue Unterschicht der Arbeitslosen, prekär Beschäftigten und Dienstleistungsarmen, während am oberen Ende der sozialen Leiter die Einkommen, und noch mehr die Vermögen, überproportional wuchsen. Etwas später, und durch sozialstaatliche Maßnahmen mehr abgefedert, zeigte sich derselbe Trend in Westeuropa, auch in Deutschland – hier überlagert und verstärkt durch den Zusammenbruch der DDR-Wirtschaft und die sozialen Effekte der Wiedervereinigung. Erst recht sind die globalen Unterschiede zwischen Reich und Arm nicht verschwunden, sondern zum Teil auch in der Globalisierung gewachsen; vor allem in Afrika und in Teilen Asiens kommen Hunderte von Millionen Menschen nicht aus bitterster, existentieller Armut heraus, während die entwickelte Welt der OECD-Staaten wohlhabender geworden ist. Solche Ungleichheit fordert auch die Demokratie heraus: Verwandelt sich Reichtum in politische Macht, so dass statt dem Volk in Wirklichkeit die Besitzenden mit ihrem Geld herrschen, in einer Plutokratie? Ausschluss aus sozialen Chancen führt oft in politische Frustration und Apathie; die Wahlbeteiligung und auch andere Formen des Engagements sind in der ärmeren Bevölkerung überproportional zurückgegangen. Das Gefühl von Benachteiligung und Ungerechtigkeit übersetzt sich zudem in politische Proteste, also in einen demokratischen Aktivismus, der zugleich die demokratischen Regierungen zur Verantwortung zieht.

Aber ist soziale Gleichheit – oder doch: die Minderung sozialer Ungleichheit – überhaupt ein Ziel der Demokratie, oder ihre Voraussetzung? Im Zentrum der Demokratie steht die Freiheit: als individuelle Freiheit und als Freiheit der Selbstregierung. Doch der Anspruch auf Gleichheit ist fest mit dieser Freiheit verwoben. In der athenischen Demokratie konnten die Bürger ihre politischen Angelegenheiten nur unter Anerkennung ihrer Gleichheit, der «Isonomie», selber und gemeinsam regeln. Bis heute beruht Demokratie auf der «gleichen Freiheit»: Für alle Bürgerinnen und Bürger müssen die gleichen Freiheitsrechte gelten, die gleichen Chancen zur Teilhabe an der Politik. Soziale Gleichheit von Status, Einkommen oder Vermögen ist damit nicht gemeint. Aber die «gleiche Freiheit» ist auch mehr als die nur formale Zuerkennung von Rechten. Letzteres hätte den Ansprüchen des 19. und frühen 20. Jahrhunderts genügt. Seitdem jedoch sind die Erwartungen an die Demokratie gestiegen. Die formale Zuerkennung von Rechten – etwa des Wahlrechts – bleibt ein zentrales Kriterium, mindestens solange, wie solche Rechte irgendwo auf der Welt fehlen. Aber die Frage danach, unter welchen Bedingungen die Freiheit praktisch ausgeübt werden kann, lässt sich aus der demokratischen Debatte seit dem letzten Drittel des 20. Jahrhunderts nicht ausklammern.

Dass Demokratie unter Bedingungen sozialer Ungleichheit bestehen kann, ist nicht umstritten; es geht eher um das Maß von Unterschieden zwischen Reich und Arm, das eine Gesellschaft aushalten kann, ohne Verfahren und Selbstverständnis ihrer freien und gleichen Politik zu beschädigen. Empirisch gesehen, gibt es in demokratischen Ländern ein breites Spektrum von relativ gleichen bis zu sehr ungleichen Sozialordnungen. Sozialwissenschaftler drücken das mit quantitativen Indikatoren und Darstellungen aus, zum Beispiel mit dem «Gini-Koeffizienten» und der «Lorenz-Kurve». Dabei bestätigt sich, was auch der intuitiven Erfahrung entspricht: In den USA ist soziale Ungleichheit schärfer ausgeprägt als in Europa, und die skandinavischen Länder wie Schweden sind besonders egalitär. Auch die wachsende Ungleichheit der letzten Jahrzehnte lässt sich daraus erkennen. Viel krasser sind die sozialen Unterschiede aber in weniger entwickelten Ländern Asiens und in Lateinamerika. In Indien hat das die Stabilität der demokratischen Verfassung über mehr als ein halbes Jahrhundert nicht erschüttern können. In Lateinamerika ist der Abstand zwischen einer großen Mehrheit sehr armer Bevölkerung und einer kleinen Minderheit sehr Reicher traditionell groß, und erst langsam entsteht eine Mittelklasse, die diese Kluft überbrückt. Überhaupt wird Ungleichheit wohl weniger scharf empfunden, wenn eine kontinuierliche Stufenleiter sozialer Positionen Aufstieg und Anschluss ermöglicht. Ist der Graben unüberbrückbar, droht Frustration und der Rückzug aus der Demokratie.

Dennoch: Das Streben nach sozialer Gleichheit gehört untrennbar zur Geschichte – und Gegenwart – der Demokratie. Der Entwurf eines Lebens in brüderlicher (oder schwesterlicher) Gemeinschaft, im weitgehenden Verzicht auf den Besitz von weltlichen Gütern, also in Gleichheit des Verzichts oder der Askese findet sich in vielen Weltreligionen, besonders im Christentum. Von hier aus hat sich eine religiös-utopische

Färbung in viele neuzeitliche Egalitarismen übersetzt, nicht zuletzt in den Kommunismus. Ihre Geschichte beginnt mit der Reformation und mit den radikalen Strömungen in den Revolutionen seit dem 17. Jahrhundert. In der Englischen Revolution versuchten Minderheiten der Puritaner, die «Levellers» (also: die «Gleichmacher») und die «Diggers», solche religiös inspirierten Visionen politisch und lebenspraktisch umzusetzen. In der Dynamik der Französischen Revolution rückte das Gleichheitsideal mit den Sansculotten und Jakobinern nach vorn und erreichte in der «Verschwörung der Gleichen» Babeufs 1796 einen letzten Höhepunkt. Im 19. Jahrhundert flackerte es immer wieder in radikalem Protest von Handwerkern und Bauern auf. Vor allem aber übernahmen die verschiedenen Strömungen des Sozialismus das Leitmotiv sozialer Gleichheit als Voraussetzung einer wahrhaft demokratischen Gesellschaft.

Seitdem zieht sich eine tiefe Ambivalenz durch die Geschichte des radikalen Egalitarismus: Ohne ihn wären demokratische Fortschritte oft begrenzter geblieben oder in elitär-liberaler Genügsamkeit erstarrt. Aber zugleich geriet die Gleichheit in einen prinzipiellen Konflikt mit Freiheit und Individualismus. Am Anfang des 20. Jahrhunderts verknüpfte sich die utopische Gleichheitssehnsucht mit den neuen Möglichkeiten des «social engineering» und der staatlichen Formung ganzer Gesellschaften, notfalls auch mit Mitteln der Gewalt, die der höhere Zweck der Gleichheit heiligen sollte. Dabei blieb auch das Ideal selber auf der Strecke – diese Erfahrung des Totalitarismus brachte der britische Schriftsteller und Sozialist George Orwell in seiner Parabel von der «Animal Farm» auf den Punkt: Alle sind gleich, aber einige sind gleicher als die anderen. Die brutalen Gleichheitsexperimente der Chinesischen Kulturrevolution und im Kambodscha der Roten Khmer seit 1975 standen da noch bevor. Deshalb zieht sich auch ein Faden der Gleichheitsskepsis durch die Geschichte der Demokratie. Er beginnt in der antiken Furcht vor der in Chaos und Pöbelherrschaft endenden «reinen» Herrschaft des Volkes. Auf solche Denkmuster griff noch Montesquieu zurück, als er in seinem «Geist der Gesetze» warnte: «Das Prinzip der Demokratie entartet nicht allein, wenn der Geist der Gleichheit abhanden kommt, sondern auch wenn der Geist übertriebener Gleichheit einreißt.» Nach 1945 grenzte sich, zumal in der Bundesrepublik, ein liberaler Realismus von den nationalsozialistisch und kommunistisch pervertierten Gleichheitsutopien ab. In seiner einflussreichen Tübinger Antrittsvorlesung von 1961 begründete Ralf Dahrendorf soziologisch, warum es eine Gesellschaft völlig Gleicher niemals geben könne, und warnte vor falschen Versprechungen, «hinter denen gewöhnlich der Terror und die Unfreiheit lauern».

Das konfrontative Moment – mit den gegenseitigen Vorwürfen der bürgerlichen Scheinfreiheit hier, des totalitären Gleichheitsterrors dort – ist seit den 1970er Jahren zunehmend aus den Debatten gewichen. Der radikal-utopische Egalitarismus hatte sich am Ende der «Hochmoderne», die alles Denkbare für machbar hielt, historisch erledigt. Im «sozialdemokratischen Zeitalter» (Dahrendorf) regierte eine pragmatische Politik der Armutsbekämpfung und moderaten Umverteilung die westlichen Länder. Und in der zuständigen Wissenschaft, der Sozialphilosophie, begann das Konzept der Gerechtigkeit seinen Aufstieg. Das war zuerst das Verdienst des Amerikaners John Rawls, der in seiner «Theorie der Gerechtigkeit» von 1971 Grundprinzipien einer «fairen» Gesellschaft formulierte. Seitdem hat sich ein breiter Konsens durchgesetzt, dass eine gute Gesellschaft nicht vollkommen gleich sein, dass es aber fair in ihr zugehen müsse, im Sinne von Offenheit und Chancen. In der Tradition des liberalen Denkens nahm Rawls einen (fiktiven) Naturzustand an, in dem die Menschen über die künftige soziale Ordnung zu entscheiden hätten, ohne zu wissen, welchen Platz sie selber darin einnehmen würden. Das nannte er den «Schleier des Nichtwissens». Etwas vereinfacht, kann sich damit jeder selber fragen: Für welches Maß an Spreizung der Einkommen wäre ich, wenn ich nicht wüsste, ob ich als Chefarzt oder als Niedriglöhner arbeiten müsste? Sozialökonomische Ungleichheit hält Rawls dann für gerechtfertigt, wenn sie auch den Schwächsten in der Gesellschaft Vorteile bringt.

Seitdem ist das Nachdenken über eine gerechte Gesellschaft zu einem wichtigen Anker einer Philosophie der Demokratie geworden. Die immer neuen Varianten von Gerechtigkeitstheorien sind jedoch nicht nur ein akademisches Spiel, sondern überschneiden sich mit sozialen und politischen Konfliktlinien und strahlen auch auf die praktische Gestaltung von Politik immer wieder aus. Statt nur auf Einkommen und Vermögen blickt man auf kulturelle Unterschiede: der Herkunft, der Religion, der Ethnizität. Das zwingt zum Umdenken, denn solche Differenzen sollen in einer «multikulturellen» Gesellschaft gerade nicht eingeebnet werden; statt Umverteilung bzw. Anpassung ist «Anerkennung» der anderen Identität dann das Prinzip der Gerechtigkeit und zugleich einer demokratischen Zivilität. Wenn etwas gerecht verteilt sein soll, dann sind es zuerst die «Verwirklichungschancen»: Alle Menschen sollen die Chance haben, ihre Fähigkeiten, ihre Potentiale zu entwickeln, und dazu muss die Politik Voraussetzungen schaffen – wobei die Umverteilung, auch zwischen reichen und armen Ländern auf der Erde, ein Mittel unter anderen sein kann. Der amerikanisch-indische Ökonom und Nobelpreisträger Amartya Sen schlägt auf diese Weise eine Brücke zwischen abstrakter Sozialphilosophie und praktischer Entwicklungspolitik in globaler Perspektive. Geschlechterfragen und Geschlechterpolitik sind ein weiteres wichtiges Feld, in dem sich Gerechtigkeit und Demokratietheorie neuerdings treffen.

Aber auch klassische Fragen von Armut, Reichtum und sozialer Ungleichheit sind in die Mitte demokratischer Gesellschaften zurückgekehrt. Millioneneinkommen und Milliardenvermögen von Unternehmern, Managern und Investmentbankern müssen sich nicht ohne weiteres in politische Macht übersetzen, die demokratische Legitimität aushebelt, aber die kritische Frage danach ist berechtigt. Und wenn soziale Zustände als extrem ungerecht verstanden werden, ist davon – unabhängig vom politischen Einfluss der Reichen – auch das Vertrauen in ein politisches System betroffen, das Ungerechtigkeit zulässt. Neben einer möglichen Herrschaft des Geldes, einer Plutokratie, existiert aber auch die umgekehrte Gefahr des Rückzugs der Oberschichten aus Alltagswelt und Politik, ihrer Abgrenzung zu einer engagierten Zivilgesellschaft. Von diesem Herausfallen aus der demokratischen Lebenswelt sind aber die unteren Schichten, die Ärmeren und Benachteiligten, viel mehr betroffen. Ihnen fehlt oft nicht nur der Zugang zum Arbeitsmarkt, sondern auch zu Bildungschancen, zu Netzwerken sozialen Kapitals, und eben auch zum demokratischen Engagement, wenn sie nicht ohnehin das Vertrauen in die Politik verloren haben. Niemand hat ihnen das Wahlrecht entzogen, und doch sind sie nicht mehr in die Bürgergesellschaft eingeschlossen und werden zu den «Überflüssigen» der Gegenwart. Erneut richtet sich der Fokus also nicht so sehr auf die prinzipielle Behebung von Ungleichheit, sondern auf – wie es jetzt oft heißt – «Inklusion» und «Teilhabe», an materiellen Chancen ebenso wie an Kultur und Politik.

In ihrer klassischen Phase vom späten 19. Jahrhundert bis in die 1970er Jahre ist die Demokratie maßgeblich von sozialen Unterschichten vorangetrieben und mitgestaltet worden, in Gestalt der gut organisierten sozialdemokratischen Arbeiterbewegung. Die neue Demokratie ist die einer mehr individualistischen, nicht mehr kollektiv organisierten Gesellschaft. Davon profitieren diejenigen sozialen Schichten, die den Individualismus und die neuen Netzwerkstrukturen zur Grundlage ihres Lebens und ihres beruflichen Erfolges machen konnten: die Mittelklassen. Schon in der griechischen Antike hat man in einer starken gesellschaftlichen Mitte die beste Garantie für politische Stabilität gesehen. Diejenigen, die weder reich noch arm waren, galten auch damals schon als vorzügliche Träger einer demokratischen Regierungsform. Seit dem letzten Drittel des 20. Jahrhunderts ist dieses Ideal in vielen westlichen Gesellschaften so sehr zur Realität geworden, dass man vor den Grenzen einer Mittelschichtdemokratie schon wieder warnen muss.

So hat sich die Spannungslinie der Ungleichheit verschoben, ohne verschwunden zu sein. An die Stelle des sozialegalitären Ideals ist das Problem von Teilhabe und Autonomie getreten: Es geht um die faire Einbeziehung in die (materiellen, kulturellen und politischen) Chancen, und um die Fähigkeit von Individuen, ihr eigenes Leben steuern zu können statt von außen oder von anderen gesteuert zu werden. Ein englisches Modewort dafür, das dennoch den Kern der Sache ganz gut trifft, ist «empowerment». Denn das Gefühl, selber etwas zu sagen zu haben, hat viel mit Demokratie zu tun. Es ist Voraussetzung für die Glaubwürdigkeit der politischen Institutionen, von Parlament und Regierung, in der klassischen Demokratie. Es befähigt zum eigenen Handeln, zu politischem Protest und Engagement in der neuen, zivilgesellschaftlichen Demokratie. Und es strahlt auf die gesamte Lebenswelt aus, auf alle Alltagsbereiche, in denen Demokratie als Lebensform gestaltet werden kann.

3 Demokratische Gewalt, demokratischer Frieden

Wenn demokratische Regierung als Fortschritt gegenüber früheren, autoritären oder despotischen Regierungsformen verstanden wird, ist eine andere Zukunftserwartung davon nicht weit entfernt: die eines friedlichen Zusammenlebens in Abwesenheit von Krieg und von innerer Gewalt. «Frieden und Freiheit» klingen häufig zusammen, als politische Parole ebenso wie im Namen zahlreicher Organisationen und Verbände. Wie das Fortschrittsdenken ist auch die Verbindung von Demokratie und Gewaltlosigkeit in der Aufklärung verankert. Thomas Paine blickte 1776 verächtlich auf Europa herab, das «zu dicht mit Monarchien übersät ist um lange friedlich zu bleiben», und gab deshalb für Amerika Republiken den Vorzug. In Deutschland dachte Immanuel Kant 1795, also nach der Französischen Revolution, über die Möglichkeit eines «ewigen Friedens» nach. Er forderte, das Völkerrecht auf einen «Föderalismus freier Staaten» zu gründen und damit die friedliche innere Verfassung auch auf die zwischenstaatlichen Beziehungen zu übertragen. Im Innern galt erst recht: Ein Volk, das sich selber eine oberste gesetzgebende, regierende und richtende Gewalt gibt, um Streitigkeiten friedlich auszugleichen, das muss Konflikte nicht im Bürgerkrieg oder anderen Formen gesellschaftlicher Gewalt austragen. Der Optimismus Kants und anderer Aufklärer war nicht selbstverständlich, denn lange Zeit galt die Annahme, gerade Demokratien seien besonders anfällig für innere Unruhen und Bürgerkriege – so argumentierte, der antiken Tradition folgend, noch Rousseau in seinem «Contrat Social» von 1762. Spätestens im 20. Jahrhundert bröckelte der aufklärerische Optimismus aber wieder. Die Herrschaft des Volkes musste nicht unbedingt in friedliche Selbstbescheidung führen. So attestierte Robert Michels im Jahre 1928 der Demokratie «sogar einen besonders stark ausgeprägten Zug zum Expansionismus».

Jedenfalls konnte die Begeisterung für die Freiheit auch in ein Pathos des Sterbens, des Sich-Opferns, des eigenen Todes führen. Dieses Gefühl überwältigte nicht selten die Revolutionäre des späten 18. Jahrhunderts. Berühmt ist der Ausspruch von Patrick Henry im Parlament von Virginia, als es um die Unabhängigkeit von England ging: «Gebt mir Freiheit, oder gebt mir den Tod!» Auch auf den Straßen von Paris lautete die Alternative 1793: «Freiheit, Gleichheit, Brüderlichkeit – oder der Tod». Der amerikanische Bundesstaat New Hampshire wählte in diesem Geiste «Live free or die» als offizielles Motto, das sich auf allen Autokennzeichen findet. Weniger bekannt ist, dass auch das Staatsmotto Griechenlands «Freiheit oder Tod» lautet und damit eine Parole des Unabhängigkeitskampfes gegen die Türken in den 1820er Jahren aufgreift. Gemeint war damit nicht nur die Unerträglichkeit des unfreien Lebens, dem sogar der Tod vorzuziehen sei, sondern auch die Bereitschaft zur eigenen Bewaffnung, zum Kampf für Freiheit und Demokratie. Als die Vereinigten Staaten 1940 die Rüstungsproduktion hochfuhren und sich auf den Eintritt in den Zweiten Weltkrieg vorbereiteten, forderte Präsident Roosevelt sein Volk am Radio auf, «das große Waffenlager der Demokratie» zu werden. In der Zeit des Kalten Krieges lautete eine ironische Umkehrung, man wolle «lieber rot als tot» sein.

Sind Demokratien also besonders friedlich oder besonders gewaltbereit im Namen der Freiheit? Man muss dabei immer zwischen einer normativen und einer empirischen Ebene trennen: Wie sollten Demokratien nach Möglichkeit sein, wie entwerfen sie sich selber? Und wie sieht es damit in der Wirklichkeit aus? Außerdem muss man zwischen verschiedenen Formen der Gewalt unterscheiden, zum Beispiel zwischen dem klassischen (Staaten-)Krieg, dem Völkermord als staatlich autorisierter Tötung ethnischer Minderheiten, und der inneren Gewalt oder Friedfertigkeit in demokratischen Gesellschaften.

Im Rückgriff auf Kant hat sich die Politikwissenschaft in den letzten Jahrzehnten immer wieder mit der Frage beschäftigt, ob demokratische Staaten tatsächlich seltener Krieg führen als Monarchien, Diktaturen oder autoritäre Regime. Dass demokratische Staaten keinem Radikalpazifismus huldigen und schon deshalb Krieg führen, weil sie von Diktaturen angegriffen werden oder anderen Demokratien militärischen Beistand leisten wollen, ist offensichtlich – das ist die Konstellation des Zweiten Weltkriegs, in der Roosevelt sprach. Großbritannien begab sich noch 1982 in einen klassischen Krieg gegen das damals von einer Militärjunta regierte Argentinien um die südatlantischen Falklandinseln. Typischer war nach 1945 das militärische Engagement von Demokratien wie Frankreich, Portugal oder den Niederlanden, die zugleich Kolonialmächte in Afrika und Asien geblieben waren, gegen Unabhängigkeitsbewegungen. Der französische Krieg in Indochina und der Algerienkrieg sind wichtige Beispiele für «demokratische Kriege» dieses Typs. Während des Kalten Krieges war der Übergang zu den «Stellvertreterkriegen» fließend, in denen sich die Supermächte nicht direkt begegneten, sondern auf drittem Terrain um Einflussbereiche kämpften. In Korea oder Vietnam wurden diese Kriege vom Westen, besonders von den USA, zugleich als Selbstbehauptungskampf der «freien Welt» gegen den Kommunismus geführt. Nach 1990, und besonders nach den Anschlägen vom 11. September 2001, konnte das auch ein «Krieg gegen den Terror» sein. Das Repertoire demokratischer Kriege, an denen sich auch Deutschland beteiligte, erweiterte sich um humanitäre oder stabilisierende Interventionen gegen Terror und Völkermord, wie im ehemaligen Jugoslawien oder in Afghanistan. Die Grenzen zwischen Staatenkrieg und internationalisiertem Bürgerkrieg, zwischen der Bekämpfung von Terror und dem Schutz von Zivilbevölkerung sind dabei fließend geworden – und die europäischen Demokratien gewaltbereiter.

Ebenso faszinierend wie umstritten ist in dieser Debatte die pointierte These, zwei oder mehr Demokratien hätten überhaupt noch nie gegeneinander Krieg geführt. Dann müsste eine vollständig demokratisierte Welt der Zukunft auch eine vollkommen friedliche, jedenfalls kriegsfreie Welt sein. Das wäre ein starkes, zusätzliches Argument für eine universelle Verbreitung der Demokratie. Tatsächlich lassen sich nur schwer Gegenbeispiele nennen; meistens handelt es sich dann um Grenzfälle wie den Kargil-Krieg von 1999, eine kriegerische Episode im Kaschmir-Konflikt zwischen Indien und Pakistan – aber war Pakistan damals noch eine Demokratie oder schon eine Militärdiktatur? Viel hängt also von der Definition des Begriffes ab. Auch werden ganz unterschiedliche Gründe für die Friedfertigkeit von Demokratien im Umgang miteinander angeführt. Sie reichen von einer politischen Kultur des Kompromisses und Diskurses, die auch nach außen angewendet und dem Krieg vorgezogen wird, über die Verantwortlichkeit gegenüber den Wählern, die einen Krieg nicht honorieren würden, bis zu ökonomischen Merkmalen wie dem Marktprinzip und der engen Verflechtung im Handel, die größere Vorteile als eine kriegerische Auseinandersetzung um Ressourcen bietet.

Eine Art Naturgesetz kann man aus der Theorie des demokratischen Friedens nicht gewinnen. Historisch stößt ihre Überprüfung an Grenzen, weil es erst seit einem Jahrhundert überhaupt eine nennenswerte Zahl von Demokratien gibt. Die Zeit der Weltkriege, des «Zweiten Dreißigjährigen Krieges» von 1914 bis 1945 bildet eine Sonderkonstellation; die scharfe Konfrontation von westlicher Demokratie und totalitärer Diktatur in dieser Phase ist Vergangenheit. Zudem muss man die Perspektive umkehren und fragen, ob alle Nichtdemokratien expansiv und kriegerisch sind – das ist nämlich nicht der Fall, und das wichtigste Beispiel der letzten Jahrzehnte ist die Volksrepublik China. Aber auch ohne den Anspruch allgemeiner Gültigkeit ist das Europa der Nachkriegszeit, erst recht seit 1989, ein Beleg für den engen Zusammenhang von Demokratie, Völkerverständigung und Friedenswahrung. Ein Krieg zwischen Deutschland und Frankreich, oder zwischen anderen Mitgliedstaaten der Europäischen Union, ist so gut wie ausgeschlossen. Man kann darüber streiten, ob das eher – wie «Realisten» sagen würden – mit effektiven Bündnissystemen zu tun hat, oder – im Sinne der «Idealisten» – auch mit dem Wesen der Demokratie.

Nach Zweitem Weltkrieg und Holocaust hat der Schock der Gewalt den Westdeutschen den Übergang in die Demokratie erleichtert. Umgekehrt sind die historischen Ursprünge von Demokratien nicht selten mit Kriegen, jedenfalls mit bewaffneten Konflikten verknüpft: schon deshalb, weil Revolution und Krieg immer wieder Geschwister waren – die Amerikanische, die Französische und auch die Russische Revolution sind die prominentesten Beispiele. Aus ihrer kämpferischen Selbstbehauptung gegen das Ancien Régime eignet deshalb jungen Demokratien manchmal ein aggressiver, vielleicht sogar bellizistischer Zug. Das hat besonders die Geschichte der USA tief geprägt, in der zugleich eine europäische Siedlergesellschaft auf die früheren Bewohner des Kontinents, die Indianervölker, traf. Nachdem die meisten der nordamerikanischen Indianer vor jedem physischen Kontakt mit den Siedlern deren Krankheitskeimen zum Opfer gefallen waren, wurden die Übrigen mit allen denkbaren Mitteln, auch der Gewalt, nach Westen abgedrängt. Nicht zufällig fällt die brutalste Vertreibungskampagne, aus indianischer Sicht als «Pfad der Tränen» bekannt, in die Regierungszeit des Präsidenten Andrew Jackson Anfang der 1830er Jahre, in der zugleich die weiße Männerdemokratie dynamisch prosperierte. Völker wie die Cherokee, an der südlichen Atlantikküste beheimatet, mussten in Reservate weit im Westen, im heutigen Staat Oklahoma, umsiedeln; viele überlebten die brutalen Zwangsmärsche nicht. Nach dem Bürgerkrieg verlagerte sich der ungleiche Konflikt in den Nordwesten und fand am 29. Dezember 1890 einen blutigen Abschluss, als die US-Armee im Massaker von «Wounded Knee» mindestens 150 Sioux-Indianer – Männer, Frauen und Kinder – niedermachte.

Die Verdrängung und nahezu vollständige Ausrottung der nordamerikanischen Indianer, lange Zeit in Wild-West-Romantik verbrämt, erscheint heute immer deutlicher als ein Völkermord, auch wenn dieser Genozid auf Raten und über Jahrhunderte sich vom Holocaust scharf unterscheidet. Ähnliches gilt für die Verfolgung und Verdrängung der Aborigines in der australischen Siedlergesellschaft. Sind also auch Demokratien zu extremer und massenhafter Tötungsgewalt, zu Völkermord in der Lage? Der amerikanische Soziologe Michael Mann hat sogar die These vertreten, Demokratie und Genozid seien besonders eng verbunden; die Bereitschaft zur ethnischen Säuberung markiert für ihn die «dunkle Seite der Demokratie». Siedlerdemokratien wie die amerikanische gingen oft mörderischer gegen die indigene Bevölkerung vor, als es vorherige Kolonialregime getan hätten. Und nicht zufällig hätten sich ethnische Säuberungen, also genozidale Mordaktionen, erst im Zeitalter der Demokratie weit verbreitet. Denn das Prinzip des

Volkes, des «demos», war anfällig für die Umdeutung in die Vision eines ethnisch-rassisch homogenen «ethnos», aus dem die fremden, die nicht zugehörigen Teile eliminiert werden mussten.

Man kann Michael Mann jedoch entgegenhalten, dass brutale Siedler- und Kolonialherrengewalt kaum von der Regierungsform abhängig war. Dafür ist die Niederschlagung des Herero-Aufstands in Südwestafrika durch die deutsche Kolonialmacht 1906 ein neuerdings viel diskutiertes Beispiel: ein Genozid durch Vertreibung in die wasserlose Kalahari-Wüste. Auch dass der Begriff des «Volkes» antidemokratisch, exklusiv und genozidal umgedeutet werden konnte, wissen die Deutschen aus ihrer eigenen Geschichte gut. Insofern kann man ethnische Säuberung und Völkermord wohl als die dunkle Seite des Volkes verstehen – aber gerade nicht der Demokratie. Denn im 20. Jahrhundert waren es immer wieder, und praktisch ausnahmslos, Diktaturen, die den Begriff des Volkes, von rechts ebenso wie von links, in Konformität, Ausgrenzung und Vernichtung umlenkten. Dafür musste der Begriff aber seines demokratischen und freiheitlichen Gehalts entleert werden. So war der staatliche Massenmord fast immer mit einem radikalen Freiheitsverlust auch für die Nicht-Feinde verbunden. Dafür steht die nationalsozialistische Diktatur ebenso wie der sowjetische Stalinismus. Demokratien sind nicht immun gegen ethnische Verfolgung und Gewalt. Aber zumal nach 1945 erwies sich demokratische Regierung als eines der wirksamsten Schutzmittel gegen den Völkermord, und nicht als dessen heimliche Verbündete.

Jenseits von Krieg und Genozid schließlich stellt sich die Frage nach Gewalt und innerer Friedfertigkeit in demokratischen Gesellschaften überhaupt. Wie ist es um ihre «Zivilität» bestellt? Denn im Deutschen wie in vielen anderen Sprachen bezieht sich «zivil» (wie in der Zivilgesellschaft) nicht nur auf das Engagement des Bürgers, sondern meint auch gesittete und friedliche Umgangsformen, und nicht zuletzt das Gegenteil alles Militärischen: der Zivilist ist kein Soldat. Tatsächlich ist Demokratie auch in genau diesem Sinne eine «zivile» Regierung: eine, in der das Militär nicht das Sagen hat, ein Gegensatz also zur Militärdiktatur als einer der am weitesten verbreiteten autoritären Regimeformen des 20. Jahrhunderts. Die Zurückdrängung des Militärs in die Kasernen ist für die Europäische Union ein wichtiger Indikator des Demokratiefortschritts, etwa im Blick auf die Türkei. Das Selbstverständnis, wenn auch längst nicht immer die Wirklichkeit, von Demokratie ist es, Konflikte friedlich und kompromissorientiert zu lösen. Dafür kann man sich auf das wettbewerblich-pluralistische Prinzip berufen oder, neuerdings häufiger, auf das diskursiv-deliberative. Historisch hat man zu zeigen versucht, dass die Gewalthaftigkeit innerer sozialer Konflikte vom 18. bis zum 20. Jahrhundert abgenommen hat. Streikende Arbeiter etwa werden nicht mehr niedergeknüppelt oder gar beschossen, und umgekehrt verhalten sich Protestierer friedlicher im Vertrauen auf demokratische Anerkennung ihrer Aktionen.

Dem steht jedoch eine zweite Wirklichkeit gegenüber, die ebenfalls ganz tief in der bürgerlichen Freiheit wurzelt. Während der klassische liberale Bürger eher der Händler ist, der mit Uniform und Waffe nichts anzufangen weiß, hat der Bürger in der republikanischen Tradition sein Gewehr bei der Hand, um seine individuelle Freiheit, aber vor allem die politische Freiheit des Staates zu verteidigen; nicht als Wehrpflichtiger, Söldner oder Berufssoldat, sondern als Bürgersoldat, als Angehöriger einer Miliz. Die direkte Demokratie der Schweiz sah sich lange Zeit als die Versammlung der wehrfähigen Bürger – was auch die Zulassung von Frauen erschwerte. Das im zweiten Verfassungszusatz der USA verankerte Recht auf Waffenbesitz begründet sich dort ausdrücklich (und heute oft vergessen) mit der Notwendigkeit, in einer Miliz die «Sicherheit eines freien Staates» zu verteidigen. Als Demokratie sind die USA auch in einen Bürgerkrieg gezogen; in Großbritannien hat im letzten Drittel des 20. Jahrhunderts der Nordirlandkonflikt eine demokratische Gesellschaft mit Gewalt überzogen. Aus europäischer Perspektive ist die gesamte Kultur der Vereinigten Staaten durch verschiedenste Formen der inneren Gewaltsamkeit bestimmt. Historisch gehörten dazu die alltägliche Gewalt an der Siedlungsgrenze, in Räumen noch nicht etablierter staatlicher Autorität, aber auch die Lynchmorde vor allem an schwarzen Mitbürgern in den Südstaaten bis in die 1960er Jahre. Die Todesstrafe exekutiert bis heute radikale staatliche Gewaltsamkeit und wird von der Mehrheit der Bevölkerung akzeptiert. Ob solche Kultur innerer Gewalt sogar demokratisch eingefärbt ist, ist schwer zu sagen. Jedenfalls wurde sie zum Teil, wie die Lynchjustiz, gemeinschaftlich getragen; und auch dem Pathos der Freiheit begegnet man immer wieder. In der Wirklichkeit schließen sich Demokratie und Gewalt jedenfalls nicht aus.

Aber das ist die Spannunglinie: Das Ideal der Demokratie grenzt sich im neueren Verständnis noch prinzipieller von der Gewalt ab als früher und verbindet sich oft unauflöslich mit dem Ideal einer friedvollen Gesellschaft. Beim Verhältnis von Demokratie und Frieden geht es nicht mehr nur um friedliche Zustände zwischen Staaten, um die Abwesenheit von Krieg zwischen Demokratien. Der Friedensnobelpreis wird immer öfter nicht an Staatsmänner vergeben, die Kriege beendet oder Abrüstung vorangetrieben haben, sondern als ein Preis der globalen Demokratieförderung an zivilgesellschaftliche Akteure verliehen wie zuletzt im Oktober 2011. Demokratie ruht in Menschenrechten, und sie beginnt fundamental in der Achtung der physischen Unverletztheit jedes einzelnen Menschen, im Schutz seiner körperlichen Integrität vor Gewalt. Gewalt als die Zufügung von Schmerzen, von körperlichen und seelischen Verletzungen bis hin zum Tod ist – so hat John Keane geschrieben – der größte Feind der Demokratie.

4 Der Staat als Helfer und Hindernis

«That government is best which governs least»: Dieses Plädoyer für eine Regierung, die möglichst wenig regiert, würde heute wohl am ehesten als neoliberales Plädoyer für einen schwachen Staat verstanden (und kritisiert) werden. Andere denken dabei an amerikanische Aufklärer und Revolutionäre des späten 18. Jahrhunderts wie Thomas Jefferson oder Thomas Paine. Das Diktum findet sich jedoch zu Beginn eines Essays von Henry David Thoreau aus dem Jahre 1849. Thoreau träumte von einem naturnahen Individualismus und romantischer Solidarität unter den Menschen; sein eigenes einfaches Leben führte er in einer Hütte im Wald in der Nähe von Boston. Der Essay handelt vom zivilen Ungehorsam und hat gewaltfreien Widerstand von Gandhi bis Martin Luther King beeinflusst.

Gefährdet also ein starker Staat die Demokratie, oder ist er ihre unverzichtbare Stütze, vor allem die Stütze der Schwächeren? Diese Frage eröffnet ein kompliziertes Spannungsfeld historischer Wirklichkeiten ebenso wie von Deutungen, Ängsten und Hoffnungen. Dabei lassen sich klare ideologische Lager bis heute kaum abgrenzen, denn neben einer linken Linie der Staatskritik steht eine des linken Staatsvertrauens und Etatismus; neben der konservativen Wertschätzung der ordnungsstiftenden und überparteilichen Obrigkeit eine Linie der Staatsskepsis, die spätestens mit Edmund Burkes Reaktion auf die Französische Revolution beginnt. Lange Zeit überwog aber doch die Distanz, wenn nicht gar Gegnerschaft zwischen Demokratie und dem modernen Staat. Republikanische Bestrebungen in der Frühen Neuzeit, von der Schweiz über die Niederlande bis nach Nordamerika, waren immer auch der Versuch, sich der Staatsbildung und Staatsverdichtung zu entziehen; zuerst im Namen lokaler Autonomie oder ständischer Freiheiten; seit dem mittleren 18. Jahrhundert dann auch im Namen individueller Freiheit und Partizipation. In den USA prägt diese liberal-individualistische Staats- bzw. Regierungsskepsis die politische Kultur bis heute ganz entscheidend, und im Prinzip – nicht in einer radikalisierten Variante – auch überparteilich.

Im kontinentalen Europa verfestigte sich dagegen ein Bündnis von Monarchie und starkem Staat. Deshalb etablierte sich die kräftigste Strömung der Staatsskepsis auf der Linken, zumal in der marxistischen Sicht einer unauflöslichen Verbindung zwischen Kapitalismus und bürgerlichem Staat. Aber dahinter stand nicht nur die Politische Ökonomie, wie sie in Theorien des «Staatsmonopolistischen Kapitalismus» (Stamokap) bis in das späte 20. Jahrhundert einflussreich blieb. Gleichwertig war der romantisch-libertäre Impuls einer vollständigen Emanzipation des Individuums als Ausgang aus jeder Form von Herrschaftsverhältnis überhaupt. Diese Linie führt von Frühsozialisten wie Saint-Simon und dem jungen Marx über den Anarchismus des späten 19. Jahrhunderts bis zu den sozialen Experimenten von «Aussteigern» und Kommunen, von denen Thoreau gar nicht weit entfernt war. Über die zukünftige kommunistische Gesellschaft äußerten sich Marx und Engels höchstens in Andeutungen, aber ihre Prognose vom «Absterben des Staates» spornte viele an, die den (vordemokratischen) Staat auch in ihrem eigenen Leben als große Maschine der Kontrolle und Unterdrückung erfuhren. Eine politische Ordnung der Zukunft, die nur den Bedürfnissen der Menschen diente und nicht ihre Freiheit einschränkte, würde demnach nur noch als Verwaltung von Sachen, nicht mehr als Herrschaft über Personen existieren.

Andere jedoch standen, auch auf der politischen Linken, dem Staat freundlicher gegenüber, in Deutschland zum Beispiel Ferdinand Lassalle. Überhaupt entwickelte die deutsche Sozialdemokratie trotz ihres lange dominierenden Marxismus zugleich einen etatistischen Grundzug, der in ihrer Rolle als Staatspartei in der Weimarer Republik kulminierte. Jetzt ging es an den Ausbau der Staatsaufgaben, an die Erweiterung des Sozial- und Interventionsstaates als Kernaufgabe einer sozialen Demokratie, vom Wohnungsbau bis zur Gesundheitsfürsorge. Zugleich war das schon Teil eines viel größeren Pendelschwungs zum aktiven und expandierenden Staat, der in den westlichen Ländern die mittleren

Jahrzehnte des 20. Jahrhunderts prägte: von der Weltwirtschaftskrise der 30er Jahre und den politischen Reaktionen auf sie bis in die Krise der 70er Jahre. In dieser Ära des Keynesianismus näherten sich der nationale Staat und die staatlich verfasste Demokratie so eng an wie kaum je zuvor oder danach, mit einem Höhepunkt in der nordamerikanisch-westeuropäischen Nachkriegszeit zwischen 1945 und 1975. Das «goldene Zeitalter» (Hobsbawm) der westlichen Prosperität war auch eines der demokratischen Staatlichkeit und der verstaatlichten Demokratie. Diese liberal-sozialdemokratische Synthese gab wiederum Konservativen zu denken und ließ sie, gerade in Deutschland, ein Stück von ihrer traditionellen Hochschätzung des (Ordnungs-)Staates abrücken. Der Staatsrechtler Ernst Forsthoff, ein Schüler Carl Schmitts, sah den Ehrfurcht gebietenden Leviathan zur «Milchkuh» schrumpfen, welche die Bürger bis zu deren Unmündigkeit nährte und versorgte.

Darin setzte sich zugleich eine lange Tradition fort: die Schwierigkeit der deutschen Staatstheorie nämlich, ein positives und unverkrampftes Verhältnis zur Demokratie zu finden, mehr noch: sie überhaupt in ihren Entwürfen eines Staates zu berücksichtigen. Der Philosoph Georg Wilhelm Friedrich Hegel trennte zwischen einem Staat, der durch die Bürokratie als «allgemeinen Stand» das Gemeinwohl verwaltete, und einer eher unpolitischen bürgerlichen Gesellschaft als «System der Bedürfnisse». Das wirkte seit dem frühen 19. Jahrhundert lange nach, besonders im konservativen Denken, bis in die ersten Jahrzehnte der Bundesrepublik. Auf der Linken blieb die Demokratie geradezu eine Leerstelle in der Theorie von Marx und Engels – mit ähnlicher Wirkungsdauer, indem noch der Neomarxismus und die «Neue Linke» der 1960er und 70er Jahre die liberale Demokratie zuerst als Staat des Kapitalismus definierten. Selbst in der politischen Theorie und Herrschaftssoziologie Max Webers, also der liberalen Mitte, taucht die demokratische Staatlichkeit nur am Rande auf, als eine im Grunde prekäre Variante «rationaler» und «bürokratischer» Herrschaft einerseits, von charismatischer Herrschaft, «Führerauslese» und demagogischer Massenpolitik andererseits. Erst nach 1945 verwandelte sich, unter anglo-amerikanischem Einfluss, die wuchtige und demokratiescheue Staatstheorie in eine flexible und pragmatische «Regierungslehre», die zentral von demokratischen Institutionen handelte. Dazu passten das abgespeckte Staatsbewusstsein der Bundesrepublik und ihre verschachtelte föderale Verfassungsstruktur, die den amerikanischen Politikwissenschaftler Peter J. Katzenstein von einem «halb-souveränen Staat» sprechen ließ. Und das war nicht unfreundlich gemeint: Staatliche Souveränität überdehnte sich nicht mehr auf Kosten der Demokratie.

Dabei lassen sich durchaus zentrale Bausteine der Staatlichkeit benennen, die aus der monarchisch-bürokratischen Staatsbildung der europäischen Frühen Neuzeit in die Demokratie übertragen wurden und bis heute Teile ihres Fundaments bilden. Dazu zählt grundlegend das von Max Weber beschriebene «Monopol legitimer physischer Gewaltsamkeit»; überhaupt die Ausschaltung oder Bündelung konkurrierender Herrschaftsansprüche. Auf einheitlichem Staatsgebiet sollten alle Einwohner gleichermaßen «Untertanen» sein: Historisch war das ein wichtiger Weg (wenn auch vielleicht nicht der einzig mögliche) in die inklusive Staatsbürgerschaft und die gleiche Freiheit aller. Trotz des absolutistischen Anspruchs, der Monarch solle souverän und ohne Bindung an Gesetze entscheiden können, setzten sich überpersönliche Regelhaftigkeit und Verfahrensnormen zunehmend durch und wiesen in die demokratische «Legitimation durch Verfahren» (Niklas Luhmann) voraus. Der Rechtsstaat ging, gerade in Deutschland, der Demokratie historisch voraus – zum Beispiel mit dem preußischen Allgemeinen Landrecht von 1794 – und steht zugleich im Zentrum jüngster Demokratietheorie bei Jürgen Habermas. Schließlich etablierte sich der frühmoderne Staat nicht zuletzt in der fiskalischen Erfassung seiner Untertanen, also als Steuerstaat. Was damals für die meisten Untertanen ein schlechtes Geschäft war, das überwiegend der Finanzierung von Militär, Bürokratie und Hof zugutekam, wandelte sich seit dem frühen 20. Jahrhundert in ein Instrument der sozialpolitischen Intervention und Umverteilung, und damit in eine doppelte Stütze der Demokratie: als Garant von Inklusion und sozialen Bürgerrechten, aber auch als Beschaffer demokratischer Legitimation durch den «output» materieller Leistungen.

Im letzten Viertel des 20. Jahrhunderts jedoch hat ein tiefgreifender Wandel von Staatlichkeit begonnen, dessen Konsequenzen für die Demokratie noch nicht ganz überschaubar sind. Der Staat thront nicht mehr monolithisch über der Gesellschaft, selbst wenn diese ihn demokratisch überhaupt erst herstellt. Die Zeit des «präzeptorialen Staates» (Helmut Willke) geht zu Ende. Der klassische Nationalstaat wird seitdem zu einem unter vielen politischen Akteuren und muss seine Rolle neben einer transnationalisierten Politik auf globaler Ebene einerseits, der lokalen Politik aus der Zivilgesellschaft andererseits neu bestimmen. Diese Veränderung verläuft am Beginn des 21. Jahrhunderts langsamer als eine Zeitlang erwartet, und sie führt wohl nicht in den Untergang des Staates, wohl aber zu seiner «Zerfaserung». Auf der Innenseite der westlichen Demokratien hat der Staat nach dem «goldenen Zeitalter» viel von seiner Selbstverständlichkeit eingebüßt. Um 1970 galt er noch, wie in der Vision Willy Brandts, als Bundesgenosse von Fortschritt und Demokratisierung. Seit den 90er Jahren sieht die Dynamik der sozialen Bewegungen und der globalen Zivilgesellschaft im Staat der repräsentativen Demokratie oftmals eher den Gegner einer abgekapselten Obrigkeit. Zugespitzt lautet die Forderung dann wieder, wie schon im 18. und 19. Jahrhundert, «Demokratie gegen den Staat» zu gewinnen.

Auf der Außenseite und in globaler Perspektive hat seit den 90er Jahren der englische Begriff «governance» Karriere gemacht und bündelt neue Spannungen zwischen Demokratie und Staatlichkeit jenseits des entwickelten Westens. Noch prominenter ist die normative Variante: «good governance», meistens übersetzt als gute Regierungsführung. Sein Ursprung liegt in der globalen Entwicklungspolitik, bei Institutionen wie der Weltbank, den Vereinten Nationen und der OECD, die damit ein Kriterium für die Angemessenheit materieller Hilfsleistungen, nicht zuletzt von Krediten, an politisch instabile Staaten zum Beispiel in Afrika gewinnen wollten. «Governance» hat sich als ein nützliches Konzept für die politische Steuerung, die «Regierung» von Gesellschaften im weitesten Sinne etabliert, denn es setzt den europäischen Staat der Moderne nicht so sehr als Normalfall voraus, sondern sieht ihn als eine hochgradig spezifische, historisch kontingente Sonderform. So lassen sich auch vorstaatliche Politikmuster Europas wie das Wanderkönigtum des frühen und hohen Mittelalters als Formen von Governance begreifen, ebenso wie die nichtstaatliche Steuerung in der Clangesellschaft Afghanistans. «Gut» wird solches Regieren dann, wenn es das Wohl der eigenen Bevölkerung im Auge hat und die bereitstehenden Ressourcen effizient einsetzt; wenn Transparenz und Verantwortlichkeit an die Stelle von Korruption treten; wenn die Bürgerinnen und Bürger Gelegenheit zur Mitsprache und Einflussnahme haben.

Hinter dieser Beschreibung scheinen gleich mehrere Konflikte auf, und die Frage nach den Konsequenzen für Demokratie. Soll das Konzept angesichts schwacher oder ganz gescheiterter staatlicher Strukturen solchen «failing states» wenigstens ein Minimum an Staatlichkeit sichern, oder dient es – wie Kritiker argwöhnen – eher der Zurückdrängung von Staat und öffentlicher Verantwortung im Zeichen neoliberaler Privatisierung und Vermarktlichung? Tatsächlich kann «gute Regierungsführung» ganz unterschiedlich akzentuiert werden: mit dem

Fokus auf den Markt, auf den Staat oder auch auf die Aktivierung der Zivilgesellschaft. Man kann in dem Konzept die Gefahr einer «ermäßigten» Demokratie sehen: Soll ein Staat nicht mehr möglichst demokratisch verfasst sein, mit Meinungs- und Pressefreiheit, Rechtsstaat, freien Wahlen und parlamentarischer Regierung? Wenn Effizienz, Gemeinwohlorientierung und ein gewisses Maß an Berechenbarkeit und Transparenz ausreichen, können sich auch autoritäre Regime leicht dieses Gütesiegel verdienen. Oder verbreitert diese Perspektive gerade das Verständnis von Demokratie, weil es sie jenseits von Institutionen in Menschenrechten und Zivilgesellschaft fundiert? Dahinter scheint eine andere, noch größere Frage auf: die nach dem universellen Charakter, nach der globalen Überlegenheit der westlichen Demokratie.

5 Verwischte Grenzen?
Transformationsländer und defekte Demokratien

Seit dem späten 20. Jahrhundert haben demokratische Regierungsformen in vielen Regionen der Welt Boden gewonnen. Voraussetzungen und Formen der Demokratisierung unterscheiden sich dabei jedoch beträchtlich. In Ostmitteleuropa führte eine ziemlich scharfe, revolutionäre Entwicklung zum Zusammenbruch der kommunistischen Diktaturen und der raschen Etablierung liberaler Demokratien nach westeuropäischem Muster. Weiter östlich und südöstlich, in einem Gürtel von Russland bis Rumänien und Serbien, stockte der Übergang, oder es gab sogar Rückschläge wie in Russland nach der Ablösung Boris Jelzins durch Wladimir Putin. In Lateinamerika stürzten rechtsautoritäre Regime und Militärherrschaften, aber die Länder des Halbkontinents verfügten nicht nur über eine republikanische Tradition seit dem frühen 19. Jahrhundert, sondern konnten auch an frühere Phasen der Demokratie im 20. Jahrhundert wieder anschließen – Chile nach der Pinochet-Diktatur oder Argentinien seit den 80er Jahren sind Beispiele dafür. In Afrika dagegen standen demokratische Fortschritte lange unter dem Vorzeichen der Dekolonisierung, aber auch – und bis in die Gegenwart – des schwierigen Aufbaus stabiler und effektiver staatlicher Strukturen und des Kampfes gegen bittere Armut. In Ost- und Südostasien wiederum trat die koloniale Vergangenheit schneller in den Hintergrund; Staaten drohten hier nicht zu scheitern, sondern eher in Autoritarismus und sozialer Konformität zu erstarren, und das vor dem Hintergrund boomender Ökonomien. Diesem Muster entsprachen die vier asiatischen «Tiger» im späten 20. Jahrhundert: Südkorea, Taiwan, Hongkong und Singapur.

Aus der westeuropäisch-nordatlantischen Perspektive der klassischen Demokratien ist all diesen Wegen jedoch gemeinsam, dass sie nicht einen raschen und eindeutigen Übergang von der Diktatur in die vollgültige Demokratie vollzogen. Viele Länder begaben sich stattdessen in einen längeren Prozess des Übergangs, häufig mit Rückschlägen und ungewissem Ausgang. In der Politikwissenschaft hat man diese komplizierten Übergangsprozesse, in denen demokratische und nichtdemokratische Elemente nebeneinander stehen, als Transformationen bezeichnet. Die «Transformationsforschung» fragt international vergleichend nach den Bedingungen und Hemmnissen der Demokratisierung, nach der Sicherung demokratischer Verfahren und Institutionen (wie freier Wahlen oder unabhängiger Gerichte) ebenso wie nach dem weiteren Rahmen einer demokratischen Kultur, zum Beispiel einer lebhaften Zivilgesellschaft. Wie kann man Staaten benennen, die keine Diktaturen mehr sind, aber den westlichen Standards von Demokratie noch nicht entsprechen? Dafür hat sich, einem Vorschlag von Wolfgang Merkel folgend, der Begriff der «defekten Demokratie» etabliert. Man könnte auch von einer Demokratie mit Defiziten sprechen. Nicht alle Kriterien der Demokratie sind erfüllt, aber diese Kriterien bilden doch den Maßstab der Bewertung. Sonst würde man vielleicht von einer «liberalen Autokratie» sprechen, was man bei etlichen Übergangsregimen tatsächlich ebenso gut tun könnte.

In der «defekten Demokratie» schwingt also etwas vom normativen Ideal der Demokratie mit und von der Vorstellung einer Dynamik in diese Richtung. Die Wirklichkeit sieht oft anders aus. Transformation zur Demokratie kann auch die Richtung wechseln, oder die Verhältnisse einer «defekten Demokratie» erweisen sich nicht als Übergang, sondern als relativ stabiler Dauerzustand eines Landes. Dabei liegen die Defekte oder Defizite im Vergleich zur liberalen Demokratie an verschiedenen Stellen. Manchmal fehlt der Kern einer «elektoralen» Demokratie, nämlich ein freies und gleiches Wahlsystem, das alle Bürgerinnen und Bürger in die politische Willensbildung einschließt. Das war im 19. Jahrhundert der klassische Defekt Europas mit seinem Zensuswahlrecht und dem Ausschluss der Frauen; heute spielt es eine geringere Rolle. Man spricht dann von einer «exklusiven» Demokratie. Häufiger sind Wahlrecht und Parlament fest etabliert, oft gibt es auch eine vom Parlament abhängige Exekutive oder sogar einen vom Volk direkt gewählten Präsidenten. Aber es mangelt an der Kontrolle dieser beiden Gewalten durch unabhängige Gerichte als dritte Gewalt, und darüber hinaus an der Durchsetzung bürgerlicher Grund- und Freiheitsrechte. Die Rechtsstaatsdimension ist also beschädigt, was sich häufig in einer unfreien oder verkümmerten Zivilgesellschaft ausdrückt. Dieser Typus der «illiberalen Demokratie» tritt während der letzten zwei bis drei Jahrzehnte am häufigsten auf. Seltener sind wiederum «delegative» Demokratien, in denen eine starke Regierung oder ein charismatischer Präsident das Parlament und überhaupt die Gewaltenteilung an den Rand drängt. Darunter leidet oft auch der Rechtsstaat – insofern sind Mischformen möglich oder die Kumulation mehrerer Defekte. Ein vierter Typus ist die «Enklavendemokratie», bei der die Reichweite der – an sich möglicherweise einwandfreien – demokratischen Institutionen beschränkt ist, weil das Militär, Großgrundbesitzer, multinationale Konzerne oder andere «Vetospieler» größere Machtreservate de facto für sich beanspruchen und den effektiven Wirkungskreis der Demokratie damit, wie in einer Enklave, geradezu einmauern. Dieses Muster war lange Zeit besonders typisch für Lateinamerika, wo die liberale Demokratie der USA solche Regime häufig mindestens informell stützte. «Liberale» und «defekte» Demokratien können also auf komplizierte Weise miteinander verflochten sein.

Wenn eine vollständige Demokratie durch wesentlich mehr definiert ist als durch freie Wahlen und Parlament, dann erinnert der Blick auf die defekten Varianten zugleich an die komplexen Elemente und Voraussetzungen von Demokratie überhaupt. Dafür ist der Ausdruck «eingebettete Demokratie» vorgeschlagen worden. Er bezieht sich aber nicht nur auf eine äußere Rahmung demokratisch-staatlicher Institutionen, etwa durch Akteure der Zivilgesellschaft wie Interessenverbände oder Bürgerinitiativen, oder durch eine politische Kultur der Demokratie im Sinne breit verankerter demokratischer Überzeugungen oder Verhaltensformen der Egalität und Toleranz. Das alles kann man sich als äußere Schichten einer Zwiebel vorstellen. In ihrem Innern liegen die institutionellen Komponenten, fünf «Teilregime» der Demokratie: Ganz im Kern das Wahlregime, darum herum die politischen Freiheiten (Partizipationsrechte) und die bürgerlichen Freiheitsrechte, sowie die Sicherung der horizontalen Gewaltenkontrolle und schließlich die Effektivität der demokratischen Regierungsgewalt, damit Demokratie nicht nur eine Spielwiese ohne Wirksamkeit in der Gesellschaft bleibt. Sicher könnte man sich auch andere Einteilungen vorstellen. Entscheidend ist: Das Konzept der eingebetteten Demokratie, wie es Wolfgang Merkel und Hans-Jürgen Puhle entwickelt haben, geht über die enge, «realistische» Definition eines kompetitiven Wahlregimes bei Joseph Schumpeter bewusst hinaus und spiegelt insofern die Erweiterung des Demokratieverständnisses in der zweiten Hälfte des 20. Jahrhunderts. Ein Stück weit bleibt es aber auch Schumpeter treu, weil es die institutionellen Komponenten und die politische Demokratie im Zentrum belässt. Dahinter steckt unausgesprochen die These: Nur aus zivilgesellschaftlicher Aktivität kann Demokratie nicht bestehen; und an ihren materiellen Leistungen, an ihrem «Output» in Form von Wohlstand oder innerer Sicherheit kann ihr Erfolg nicht in erster Linie gemessen werden.

So haben sich viele Transformationsländer seit etwa 1990 wirtschaftlich äußerst dynamisch entwickelt und gleichzeitig politische Instabilität überwunden, ohne dass sie damit in der Demokratie angekommen wären. Das gerade aus europäischer Sicht wichtigste Beispiel dafür ist Russland nach dem Fall des Kommunismus und der Auflösung der Sowjetunion. Noch in der Krise von 1989/91 wurde deutlich – etwa im Augustputsch 1991 gegen Gorbatschow –, dass Russland weit entfernt war, den Weg Polens oder Ungarns zu gehen. Unter Boris Jelzin, von 1991 bis 1999 erster demokratisch gewählter Präsident des Landes, schien wenigstens die Richtung von innerer Liberalisierung, Festigung demokratischer Institutionen und kultureller Öffnung gegenüber dem Westen unbestreitbar. Sein Nachfolger Wladimir Putin führte Russland als Präsident (2000–2008) und danach als Ministerpräsident zwar in formaldemokratische Stabilität, doch in Wirklichkeit unverkennbar auf einen autoritären Kurs zurück, der sich auch ausdrücklich vom westlichen Verständnis von Demokratie abgrenzte. Wissenschaftler haben sein System als eine «gelenkte Demokratie» beschrieben. Die Effektivität der demokratischen Institutionen ist durch die Führungsstellung von Putin selber ebenso begrenzt wie durch mächtige «Oligarchen» und mafiöse Strukturen; Bürgerrechte stehen immer wieder zur Disposition; Kritiker wie die Journalistin Anna Politkowskaja bezahlen mit ihrem Leben. Zwar hebt sich Putins Russland immer noch vorteilhaft von dem Regime Alexander Lukaschenkos in Weißrussland ab, das als letzte Diktatur Europas gelten kann. Aber ein «Transformationsland» im eigentlichen Sinne war Russland bis 2011 nicht mehr.

In der vergleichenden Forschung jedoch hat sich der Begriff durchgesetzt und leistet für einen Überblick über die globale Situation der Demokratie auch nützliche Dienste. Für den «Bertelsmann Transformation Index» etwa klassifiziert eine Forschergruppe seit 2003 alle zwei bis drei Jahre über hundert Länder der Erde im Blick auf ihren demokratischen Fortschritt, aber auch ihre staatliche Konsolidierung und ihre ökonomischen, besonders marktwirtschaftlichen Erfolge. Die etablierten Demokratien des Westens, von Nordamerika über Westeuropa bis nach Japan und Australien, bleiben dabei außen vor; die postkommunistischen Demokratien Mitteleuropas dagegen sind einbezogen. Im Jahre 2010 waren demnach unter 128 untersuchten Staaten 23 Demokratien ohne wesentliche Defizite und 53 defekte Demokratien, davon galten 16 als «stark defekt», auch Russland. Weitere 52 Länder waren Autokratien, unter ihnen auch die «failing states», in denen Staatlichkeit überhaupt gescheitert war oder auf schwachen Beinen stand. Dazu zählten 2010 Afghanistan und afrikanische Staaten wie die Demokratische Republik Kongo (früher Zaire).

Ein eindeutiger Trend ließ sich in diesem Jahr nicht beschreiben; das Verhältnis von Demokratien zu Autokratien war stabil geblieben. Positiv fielen die Fortschritte der Demokratisierung in großen und bevölkerungsreichen Ländern wie Brasilien und Indonesien auf; vielleicht wird sich beim nächsten Mal auch die «Arabellion» von 2011 niederschlagen. Aus demokratietheoretischer Sicht ist es jedoch heikel, dass der Bertelsmann-Index die Leistungsfähigkeit von Staaten sehr hoch bewertet. So profitiert die Volksrepublik China von ihrer boomenden Wirtschaft und von ihren gefestigten staatlichen Strukturen, die schlechte Demokratiewerte ein Stück weit kompensieren. Auch scheint eine Skala problematisch, in der längst konsolidierte Demokratien wie Polen, Tschechien und Estland sich kaum prinzipiell, sondern eher graduell und in Indexwerten von China oder gar von Nordkorea (auf dem drittletzten Platz) unterscheiden. Warum werden dann nicht auch demokratische Defizite und Fortschritte in Belgien – ein «failing state» in Europa –, in Deutschland oder den USA bewertet? Darin drückt sich eine unterschwellige Arroganz der westlich-konsolidierten Demokratien aus, aber auch eine grundlegende Schwäche der allzu breiten Kategorien von «Transformation» und «defekter Demokratie».

Dennoch – gegenüber den Verhältnissen im 20. Jahrhundert hat sich tatsächlich etwas verändert. Die scharfe Entgegensetzung von liberalen Demokratien und totalitären Diktaturen, mit dem Höhepunkt in der Zeit des «Dritten Reiches» und des Stalinismus, hat sich abgeschliffen. Es gibt kaum noch Regime, die sich wie damals ausdrücklich als Gegenentwurf zur liberalen Demokratie verstehen. Halbfreie Präsidentschaftswahlen fanden im Juni 2009 sogar im Iran statt. Und der negative Kontrast zur Demokratie ist nicht mehr allein der übermächtige Staat, der Leviathan des Totalitarismus, sondern ganz im Gegenteil der Zerfall von Staatlichkeit überhaupt, und damit das Fehlen effektiver Strukturen elementarer Sorge für die Ernährung und Gesundheit der eigenen Bevölkerung. Vielerlei Übergangs- und Mischformen der politischen Ordnung haben sich etabliert. Die Unterscheidung liberaler Demokratien von anderen Regimen, seien sie defekt-demokratisch oder halb-autoritär, ist damit aber weder sinnlos noch unmöglich. Der Protest gegen autoritäre Herrschaft, für freie Wahlen, für Bürgerrechte oder Meinungsfreiheit ist auch noch am Anfang des 21. Jahrhunderts ein praktischer Prüfstein dafür.

6 Kampf der Kulturen?
Islam und Demokratie

Der Fall des Kommunismus und die schnelle Demokratisierung Ostmitteleuropas schienen die liberale Demokratie des Westens für einen Moment zu ihrem endgültigen Triumph geführt zu haben. Sogar vom «Ende der Geschichte» (Francis Fukuyama) war am Anfang der 1990er Jahre die Rede, weil sich der politisch-ideologische Grundkonflikt des 20. Jahrhunderts weithin erledigt hatte und eine stabile Vorherrschaft der einzig verbliebenen Supermacht, eine weltweite Pax Americana, die Zukunft bestimmen würde. Doch wenig später machte das Schlagwort vom «Kampf der Kulturen» Furore, mit dem der amerikanische Politologe Samuel P. Huntington tiefe Gesellschafts- und Wertekonflikte zwischen globalen Regionen beschrieb. Er sah die westlich-europäische Zivilisation damit mindestens so ernst herausgefordert wie durch den sowjetischen Kommunismus, der selber dem Denken und den sozialen Verwerfungen Europas entsprungen war.

Mit seiner These von den immer neuen «Wellen» der Demokratisierung im 20. Jahrhundert gehörte Huntington eigentlich zu den Optimisten einer weltweiten Ausbreitung freier Regierungssysteme. Was jetzt seine tiefe Skepsis nährte, prägte die öffentlichen Debatten und die Weltpolitik am Beginn des 21. Jahrhunderts wie kaum etwas sonst: die Entwicklung des Islam, vor allem im arabischen Raum, zu einer politischen Kraft in entschiedener Gegnerschaft zu den USA, ihren Verbündeten und zur liberalen, kommerziellen und säkularen Lebensform der westlichen Gesellschaften überhaupt. So jedenfalls wurde es weithin wahrgenommen: Im «Clash of Civilizations» musste sich der Westen einem mit allen, auch gewaltsamen und terroristischen Mitteln geführten Kampf gegen sein politisches und kulturelles Ordnungsmodell stellen, einem «Jihad» des islamischen Fundamentalismus.

Die von Al-Qaida organisierten Terroranschläge vom 11. September 2001 waren das Fanal dieser Bedrohung und führten die USA in zwei Kriege im Mittleren Osten, um in Afghanistan das Regime der radikal-islamistischen Taliban zu stürzen und im Irak die vollkommen anders geartete Diktatur Saddam Husseins zu beseitigen. Zwar betonte der amerikanische Präsident George W. Bush immer wieder, dass der Gegner im «Krieg gegen den Terror» nicht der Islam sei, schon gar nicht die Muslime. Doch in der Wahrnehmung des Westens ebenso wie der islamischen Welt setzte sich oft der Eindruck eines ideologischen Kampfes zwischen «dem» Westen und «dem» Islam fest. Offenbar war die Geschichte des 20. Jahrhunderts doch noch nicht zu Ende. Denn manchen erschien der fundamentalistische politische Islam geradezu als eine dritte Variante des Totalitarismus, gegen den sich die liberale Demokratie so behaupten müsse wie zuvor gegen das nationalsozialistische Deutschland und die stalinistische Sowjetunion.

Blickt man auf das Maß an Gewalt, auf die Vehemenz der politischen Auseinandersetzung und nicht zuletzt auf die tiefe kulturelle Verunsicherung des Westens, hatte sich Huntingtons Prognose im ersten Jahrzehnt des 21. Jahrhunderts, das auch als Jahrzehnt Osama bin Ladens bezeichnet worden ist, durchaus erfüllt. Aber lässt sich daraus ein prinzipieller Gegensatz zwischen der westlichen Kultur einerseits, der islamischen andererseits ableiten? Führen Religion und Kultur des Islam unvermeidlich in klerikale Theokratien wie im Iran, oder in andere Formen autoritärer Herrschaft, während sie mit demokratischen Regierungsformen unvereinbar sind? Seit dem Frühjahr 2011 erhoben sich Millionen Menschen, die meisten von ihnen Muslime, in zahlreichen arabischen Staaten gegen Diktatoren, Könige und autoritäre Potentaten, von denen nicht wenige – wie der ägyptische Präsident Husni Mubarak – lange Zeit das Vertrauen des Westens genossen hatten. In Libyen unterstützte die NATO den Volksaufstand gegen Muammar al-Gaddafi auch mit militärischen Mitteln. Ob und in welchen Ländern der «arabische Frühling» in eine dauerhafte Demokratisierung münden wird, und wie solche Demokratie in Verfassung und konkreter Praxis aussehen wird, ist noch unklar. Zu den wichtigsten oppositionellen Kräften gehören auch solche des politischen Islam wie die ägyptische Muslimbruderschaft. Jedenfalls aus der Sicht des Westens zeigt das ein Dilemma der Demokratisierung im Mittleren Osten an.

Dass die arabische Region tatsächlich ein demokratisches Defizit aufweist, kann nicht bestritten werden. Und weil in anderen Teilen der Welt, von Ostmitteleuropa bis Lateinamerika und teils auch in Südostasien, seit 1989 autoritäre Regime gestürzt sind, ist der Abstand seitdem sogar eher größer geworden, jedenfalls vor der «Arabellion» von 2011. Die Ursachen für diesen Rückstand der arabisch-islamischen Welt sind allerdings vielfältig und liegen nur zum Teil im Islam. Von der Vielfalt der ethnischen, religiösen und politisch-historischen Prägungen einmal abgesehen, reichen die Wurzeln der autoritären Verfassung in vielen arabischen Staaten weit vor den Aufstieg des politischen Islam und vor die Radikalisierung fundamentalistischer Strömungen gegen den Westen zurück. Der antiwestliche Affekt führt in die Zeit der europäischen Kolonialherrschaft, mit ihrem Höhepunkt vom klassischen Imperialismus des späten 19. Jahrhunderts bis in die Nachkriegszeit der 1950er Jahre, zurück. Zumal in der Zeit des Kalten Krieges verknüpften sich antikolonialer Nationalismus, teils auch in einer panarabischen Variante, und Sozialismus als antiwestliche Emanzipationsideologie wie im Ägypten Nassers, aber auch in Gaddafis Libyen und in Saddams Irak. Der Nahostkonflikt um Israel und Palästina, in dem der Westen (trotz aller Vermittlungsdiplomatie und Hilfsleistungen für die Palästinenser) eindeutig auf der Seite der jüdischen Staatsgründung und der israelischen Demokratie stand, hat die arabischen Staaten immer wieder dem Westen entfremdet.

Herrschaftsstrukturen und traditionelle soziale Strukturen blieben oft ähnlich eng verwoben wie in Europa vor dem 19. Jahrhundert, obwohl es einen regelrechten Feudalismus im arabischen Raum nicht gab. Aber eine Gesellschaft, in der Patriarchalismus und Familienclans eine zentrale Stellung einnehmen, ist einem rationalen Staatsaufbau und einer liberalen Individualisierung nach westlichem Muster nicht unmittelbar zugänglich – auch hier ist der Islam nur ein Faktor unter vielen. Die mit dem Erdöl verbundene wirtschaftliche Prosperität hat die politische Entwicklung eher gehemmt als gefördert. Öl und autoritäre Herrschaft sind eine Symbiose eingegangen, am deutlichsten auf der arabischen Halbinsel, in Saudi-Arabien und den Vereinigten Arabischen Emiraten. Ein wichtiger Grund dafür ist die staatliche bzw. familiendynastische Kontrolle über diese Ressource und Quelle des Reichtums für relativ Wenige. In seiner Abhängigkeit vom Öl hat der Westen zudem über Jahrzehnte traditionalistische und autoritäre Regime in der Region gestützt; das Interesse an Stabilität und Profit stand vor dem an Freiheit. Die Islamische Revolution im Iran brachte 1979 die autoritäre, aber westorientierte Monarchie des Schahs zu Fall. Die vielfältigen Strömungen dieser Revolution lassen sich nicht auf die radikale und konservative Linie reduzieren, die sich vom Ayatollah Khomeini bis zum heutigen Präsidenten Ahmadinedschad durchsetzte; auch erhebliche Teile der liberalen und gebildeten Mittelklassen, Basarhändler und Akademiker, standen hinter dem Sturz der Pahlewi-Dynastie. Seitdem stand die Westorientierung islamischer Staaten immer wieder in einem Spannungsverhältnis zur Demokratisierung, mindestens zur populären Mobilisierung. Oder anders herum: Demokratisierung und politischer Islam schlossen sich nicht von vornherein aus, wie nicht zuletzt das Beispiel der Türkei unter der Führung Recep Erdoğans und seiner moderat-islamischen AKP zeigt.

Aber es gibt auch Spannungen zwischen dem Islam als Religion und der Demokratie als freier Regierungs- und Lebensform. Genauer muss man von bestimmten Ausprägungen und Richtungen im Islam sprechen, um seiner historischen Wandlungsfähigkeit und inneren Vielfalt – auch angesichts des Fehlens organisierter (Mitglieds-)Kirchen – gerecht zu werden. Im politischen Islam oder Islamismus, der in der arabischen Welt seit der Iranischen Revolution Zulauf gewonnen hat, wird der Anspruch des Islam als einer öffentlichen Religion, auch Welt und Lebensführung der Gläubigen zu bestimmen, auf die politische Herrschaft ausgedehnt. Damit ist der Islam «Religion und Staat»; die Staatsordnung muss eine islamische sein und sich damit an einer möglichst wortgetreuen Auslegung des Koran und der Sunna, der prophetischen Worte Mohammeds, orientieren. In diesem Konzept sind einer Säkularisierung nach westlichem bzw. christlichem Muster sehr enge Grenzen gesetzt. Weil der Islam eine Gesetzes- und Rechtsreligion ist, steht die Scharia im Zentrum von Staatsvorstellungen des Islamismus. Insofern könnte man den islamischen Staat geradezu als Rechtsstaat bezeichnen, wenn Rechtsstaat in der westlichen Tradition nicht mehr und anderes hieße als ein Staat, in dem eine Rechtsordnung den berechenbaren Rahmen staatlicher Herrschaft und der Stellung des Einzelnen zu ihr definiert.

So ist der westliche Rechtsstaat eng mit der Idee der Grund- und Menschenrechte verknüpft, deren individualistische Ausprägung einem traditionell aufgefassten Islam ohnehin fremd ist. (Das galt und gilt aber, in unterschiedlichen Graden, immer wieder überall auf der Welt – im konfuzianisch geprägten Ostasien ebenso wie in europäischen Denkströmungen, nicht zuletzt im Marxismus-Leninismus.) Eine Gleichberechtigung der Frau ist im konservativen politischen Islam nicht vorstellbar, erst recht nicht ihre faktische und alltägliche «Gleichstellung». Man kann dazu immer zwei Positionen einnehmen: Nach einer prinzipiellen muss jede Verletzung individueller Grundrechte angeklagt werden, erst recht wenn sie mit manifester Unterdrückung und physischer Gewalt einhergeht. In einer historischen Perspektive würde man auf die relative Neuheit von «Gleichberechtigung» und «Gleichstellung» auch im Westen hinweisen und auf die Entwicklungsfähigkeit anderer Gesellschaften vertrauen. Die Frage der Religionsfreiheit wirft ein ähnliches Dilemma auf, denn der politische Islam kennt kein Recht (der Muslime) zum Religionswechsel und tut sich auch mit der Trennung zwischen religiöser Gemeinschaft und Staatsbürgerschaft schwer. Können also alle Bürger des Staates das demokratische Volk bilden, oder nur die Muslime?

Ein Stück näher an westlichen Begriffen von Demokratie liegen möglicherweise islamische Vorstellungen von Verfassung und Partizipation. Auch die islamische Republik Iran hat sich eine Verfassung gegeben – und praktiziert regelmäßige, halbfreie Wahlen, so dass man aus der Perspektive der Transformationsforschung beinahe von einer sehr stark defekten Demokratie sprechen könnte. Beschlüsse nach gemeinsamer Beratung zu fassen entspricht einer langen und ausgeprägten Tradition des Nahen und Mittleren Ostens und auch des politischen Islam. Man sollte daraus keinen Vorsprung in der welthistorischen Erfindung der Demokratie ableiten, aber in der Gegenwart ist die Brücke von der «Schura» in eine Praxis des Parlamentarismus durchaus tragfähig, auch wenn sich das Prinzip eines echten Parteienpluralismus damit nicht unmittelbar verbindet. Insofern würden islamische Demokratien der Zukunft vermutlich eher dem westlichen Typus der Konsensdemokratie (oder «Konkordanzdemokratie») entsprechen, in der nicht die Zuspitzung von Konflikten und die Entscheidung nach dem Mehrheitsprinzip im Vordergrund stehen – das «Westminster-Modell» –, sondern das Zusammenwirken aller Beteiligten (z. B. der Parlamentsfraktionen) an einer gemeinsam akzeptierten Entscheidung. Insgesamt, so stellt die Islamwissenschaftlerin Gudrun Krämer fest, sind die politischen Konzepte und Regierungsvorstellungen des politischen Islam durchaus anschlussfähig an die internationalen Regeln der «guten Regierungs-führung», der «good governance», etwa im Hinblick auf Rechtsbin-dung, Kontrolle und Rechenschaftspflicht. «Good governance» ist nicht gleichbedeutend mit Demokratie, kann aber eine Stufe auf dem Weg dorthin bilden.

Der politische Islam im arabischen Raum oder der schiitische Got-tesstaat im Iran sollten außerdem nicht den Blick für die politische Exis-tenz von Muslimen anderswo auf der Welt verstellen. In nicht-ara-bischen Staaten von der Türkei bis nach Indonesien und Malaysia ist die Demokratisierung in den letzten zwei Jahrzehnten vorangekom-men, und moderat-islamische Parteien waren maßgebliche Triebkräfte dieser Entwicklung. Man hat deshalb von einer islamischen Demokra-tie gesprochen und sie mit der europäischen Christdemokratie und ih-rer Rolle im 20. Jahrhundert verglichen. Ein solcher Vergleich ist schwierig, erinnert aber daran, dass auch in der europäischen Geschich-te das Christentum für die Demokratie «domestiziert» werden musste. In großen westeuropäischen Ländern wie Deutschland, Frankreich und Großbritannien machen Muslime inzwischen drei bis fünf Prozent der Bevölkerung aus. Zumal in Deutschland sind viele als Zuwanderer und deren Kinder (noch) keine Staatsbürger, und darin liegt eher die He-rausforderung als in einer – befürchteten, aber nicht begründeten – Distanz der Muslime zur demokratischen Verfassung. Wo muslimische Zuwanderer zu Staat und Demokratie auf Distanz gehen, liegt das we-niger an ihrer Religion als an ihrer sozialen Marginalität.

Seit 1979, erst recht seit 2001 haben sich «Westen» und «Islam» wechselseitig in einen Kampf der Kulturen verbissen. Dabei haben Ängste und Abgrenzungen auf beiden Seiten zugenommen, während gleichzeitig Lernprozesse und Veränderungen in Gang gekommen sind: sowohl in den westlichen Gesellschaften, was die Akzeptanz des Islam und das Wissen über ihn betrifft, als auch in islamischen Ländern, die sich langsam der Demokratie geöffnet haben – oder auch spontan und sehr vehement, wie in den arabischen Aufständen von 2011. Überhaupt spricht viel dafür, dass Elemente der zivilgesellschaftlichen Demokratie, einschließlich des Internets, in den islamischen Ländern rasch an Boden gewinnen – Formen der Demokratie also, die auch der Westen in den letzten Jahrzehnten erst mühsam lernen musste. So bietet die globale Entgrenzung der Demokratie auch Muslimen die Chance, sie nicht mehr als etwas Westliches und Fremdes auffassen zu müssen.

Ist Demokratie eine Erfindung des Westens, die dessen Gesellschaft und Kultur in eine angemessene politische Form bringt, aber in anderen Kulturen, in anderen Regionen der Welt ein Fremdkörper bleibt? Oder ist Demokratie ein Ausdruck universeller Werte, vielleicht sogar selber ein fundamentaler Wert von zeitloser und kulturübergreifender Allgemeingültigkeit, so dass man zugleich ihren globalen Siegeszug erwarten kann, bis hin zum Fernziel einer demokratischen Weltordnung oder sogar gemeinsamen Weltregierung? Diese Frage hat seit dem späten 20. Jahrhundert nicht nur die Wissenschaft umgetrieben – Theoretiker der Demokratie ebenso wie empirische Forscher –, sondern auch vehemente politische Kontroversen entzündet. Nach der gewaltsamen Niederschlagung der chinesischen Proteste auf dem Tiananmen-Platz im Juni 1989 ist die Erwartung zumindest abgebremst, die rasante technisch-wirtschaftliche Entwicklung der Volksrepublik würde politische Freiheit, Bürgerrechte und Pluralismus begünstigen oder sogar unvermeidlich machen. Prosperität und kulturelle Modernität sind auch mit anderen politischen Ordnungen vereinbar, die ohnehin – wie auch die chinesische Führung selber immer wieder hervorhebt – den Traditionen und kulturellen Werten des Landes besser entsprechen als die «westliche» Demokratie. Noch schärfere Konflikte sind über die Ziele der westlichen Länder, der USA und ihrer Verbündeten, im Mittleren Osten entbrannt, vor allem im Irak und in Afghanistan. Selbst wenn man den Sturz von Diktatoren wie Saddam Hussein oder von terroristischen Regimen wie dem der Taliban für legitim hält, muss man vom Aufbau einer liberal-parlamentarischen Demokratie noch nicht überzeugt sein. Vielleicht lässt sich Demokratie dorthin nicht «exportieren», weil sie in einer ganz anderen Kultur keine Wurzeln schlagen kann, so dass man nur, bescheidener, für politische Stabilität und die Bändigung von Gewalt eintreten kann.

In einer historischen Betrachtung ist schwer bestreitbar, dass moderne Demokratie im Westen entstanden ist und sich von dort aus in anderen Regionen der Welt ausbreitet, besonders seit der Mitte des 20. Jahrhunderts. Doch das bedeutet nicht, dass Freiheit und Demokratie von jeher, jedenfalls seit der klassischen Antike, gleichsam zur genetischen Ausstattung der westlichen Kultur gehörten. Vielmehr sind sie auch hier in langwierigen Konflikten erst mühsam erkämpft worden, überwiegend erst vor gut hundert Jahren, teilweise noch später. Fast alle kulturellen Eigenarten anderer Regionen, die in letzter Zeit häufig als Indiz ihrer demokratischen Inkompatibilität angeführt werden, haben auch in Europa eine lange Geschichte und sind erst in jüngerer Zeit überwunden oder demokratisch gebändigt worden: autoritäre Traditionen der politischen Herrschaft, eher kollektivistische als individualistische Muster des sozialen Denkens, und sozialökonomische Strukturen, die auf persönlicher Abhängigkeit, familiärer Bindung und Klientelverhältnissen beruhten. Ein gutes Beispiel dafür ist Deutschland, in dem autoritäre Politik und konformistische Gesellschaft der Demokratisierung nicht nur bis in die Mitte des 20. Jahrhunderts (und in der DDR bis 1989) entgegenstanden, sondern auch vielfach als besondere kulturelle Eigenart stilisiert worden sind. Mit ihr unterscheide sich, so hieß es lange, Deutschland prinzipiell vom Westen und seinem demokratischen Individualismus; die Demokratie passe nicht zur deutschen Geschichte und Kultur. Kulturen sind vielfältig und wandelbar; und nicht jeder kulturelle Wandel ist als Zerstörung des Überlieferten zu beklagen.

Gerade die weltweite Ausbreitung der Demokratie seit 1945 – einschließlich der Demokratisierung Europas! – hat jedoch zu neuem Nachdenken über die normative Seite der Frage geführt: Wenn sich Demokratie global verbreitet, ist das dann gut so, und sollte dieser Prozess möglichst weitergehen und aktiv befördert werden? Mit welchem Recht erheben westliche Politiker und Intellektuelle ihr Modell der Organisation von Politik und Gesellschaft zum Normalfall, gegenüber dem eine Abweichung sich als ein Defizit zu rechtfertigen hat? Dabei haben die politischen Lager in den letzten drei Jahrzehnten ihre Positionen getauscht. Bis dahin vertrat, in einer Tradition aus dem 19. Jahrhundert, die Linke einen universalistischen Standpunkt. Gegen die konservativ-autoritären Regime der Nationalstaaten und ihre Monarchien sollten Fortschritt, Freiheit, Demokratie grenzenlos sein – im programmatischen «Internationalismus» der Arbeiterbewegung fand das einen prägnanten Ausdruck. Liberale oder Konservative dagegen dachten kaum in den Kategorien einer universellen Geltung von Rechten und Verfassungen. Rassismus und Kolonialismus hatten erst recht den Abstand der fremden zur eigenen Kultur betont und die kolonialen Subjekte für politisch unmündig, für unfähig zu Freiheit und Selbstregierung gehalten. Seit der «kulturalistischen Wende» in den Geistes- und Sozialwissenschaften jedoch findet sich die universalismusskeptische

Position fast nur noch auf der (radikalen) Linken und ist insgesamt in der Minderheit. Die moderate Linke dagegen – einschließlich so prominenter Denker wie Jürgen Habermas, Richard Rorty und Amartya Sen – verteidigt gemeinsam mit Liberalen die Allgemeingültigkeit demokratischer Prinzipien auch jenseits des Westens. Dieser Streit wird ohnehin ganz überwiegend in der politischen Theorie und Philosophie ausgetragen. In der empirisch orientierten Politikwissenschaft und Ökonomie findet man kaum einen Zweifler der globalen Ausbreitung der Demokratie und der Berechtigung dieses Ziels. Einen feierlichen Triumph des Westens über unterlegene Kulturen sehen die Universalisten, egal ob Philosophen oder Empiriker, darin aber nicht mehr.

Jürgen Habermas folgt einer Tradition der Aufklärung, wenn er auch in seiner Begründung der Demokratie von einer Allgemeingültigkeit der Vernunft ausgeht, die letztlich der menschlichen Natur innewohne. In diese Vernunft sind alle gleichermaßen einbezogen, im Sinne einer egalitären Inklusion. Prinzipielle Differenzen zwischen verschiedenen Kulturen – oder den Eigenarten von Völkern, wie man früher gesagt hätte – werden nicht anerkannt; jedenfalls hätten sie sich dem gleichen Anspruch an Vernunft und Freiheit zu stellen. So würde etwa der Ausschluss von Frauen aus der politischen Gleichheit und Teilhabe aus kulturellen Differenzen historisch erklärbar, aber nicht normativ zu rechtfertigen sein. Demokratie ist nicht irgendeine politische Verfassung neben anderen, sondern der politische Ausdruck des Anspruchs aller Menschen auf Freiheit und Autonomie, in der privaten ebenso wie in der öffentlichen Sphäre. Auch die Menschenrechte müssten deshalb universell gültig sein. Für eine Kritikerin wie Chantal Mouffe dagegen fallen Universalisten wie Habermas auf eine «kosmopolitische Illusion» herein. Sie wirft ihm vor, reale Konflikte zwischen dem Westen und anderen Kulturen mit unpolitischer Harmonie zu überdecken, und damit Gesellschaften außerhalb des Westens einem Anspruch auf Demokratie auszusetzen, der sie in eine untergeordnete und abhängige Position bringt. In dieser Sichtweise verbirgt sich hinter dem Anspruch auf globale Geltung der Demokratie eine Fortsetzung des kolonialen und imperialistischen Projekts des Westens. Dahinter steht freilich auch die tiefe Skepsis der marxistischen Tradition, ob die liberale Demokratie überhaupt – also auch innerhalb der westlichen Gesellschaften – angemessener Ausdruck von Freiheit und Gleichheit ist.

Der indische Ökonom und Philosoph Amartya Sen hat die Demokratie auf weniger fundamentale Weise als einen universellen Wert begründet: eher aus der historischen Erfahrung und ihren konkret beobachtbaren Vorzügen. Den innerwestlichen Theoriestreit lässt er hinter sich, indem er nicht fragt, was der Westen anderen Gesellschaften bringen müsse, sondern die Blickrichtung umkehrt: Worauf haben Menschen überall auf der Welt einen Anspruch? Demokratie ist für ihn die Normalform politischer Verfassung im 20. Jahrhundert, die auch den weniger entwickelten und ärmeren Nationen nicht verwehrt werden könne. Die Frage ist dann nicht, ob bestimmte Kulturen oder Weltregionen «fit for democracy» sind, sondern wie sie «fit through democracy» werden können. Demokratie ist für ihn die freie Verfassung, mit der Menschen ihr Leben verbessern können. So hat Sen in einer berühmten Studie den Nachweis geführt, dass es noch niemals eine größere Hungersnot in einem demokratischen Land mit Pressefreiheit gegeben habe – ein Argument, das an die These vom «demokratischen Frieden» erinnert. Zugleich holt Sen die westliche Position vom Sockel ihrer vermeintlich überzeitlichen Geltung, indem er ihre relative Neuheit betont. Die scharfe Dichotomie zwischen Westen und Nicht-Westen schmilzt so dahin: Demokratie ist die globale Regierungsform des 20. Jahrhunderts, die allenfalls in einigen westlichen Ländern ein paar Jahrzehnte früher angekommen ist als in Asien oder Afrika.

Wenn die Etablierung demokratischer Regime also sogar im ureigenen Interesse nichtwestlicher Länder liegt, müsste man sich auch politisch dafür einsetzen, diesen Prozess zu fördern. Welche Rolle dabei die konsolidierten Demokratien des Westens spielen können und spielen sollen, ist wiederum umstritten. Der umgangssprachlich häufig benutzte Begriff des «Demokratieexports» legt die falsche Vorstellung nahe, demokratische Verfassung und Kultur könne im Westen gebrauchsfertig eingepackt und auf die Reise in andere Teile der Welt geschickt werden. Als Beispiel dafür wird immer wieder der Aufbau der westdeutschen und japanischen Demokratie nach 1945 unter amerikanischer Führung und nach amerikanischem Muster angeführt. Das ist einerseits nicht ganz falsch – und gerade der Fall der Bundesrepublik zeigt, dass dies sogar mit einer Wertschätzung für den «Importeur» verbunden sein kann, die seine reale Rolle übertrifft. Auch in der amerikanischen Politik und Öffentlichkeit prägt diese Erfahrung der Nachkriegszeit bis heute die Sicht auf Demokratisierung im Nahen und Mittleren Osten mit. Andererseits sind die Amerikaner im besiegten Deutschland Anstoßgeber und Katalysator gewesen, der demokratisches Potential in der nachdiktatorischen Gesellschaft identifiziert und mobilisiert hat. Statt vom Export sollte man deshalb besser von Demokratieförderung sprechen (englisch: «democracy promotion»). Innerhalb Europas haben Spanien, Portugal und Griechenland in den 1970er Jahren von solcher Förderung, auch aus der Bundesrepublik, bei der Überwindung ihrer Diktaturen und der Stabilisierung der Demokratie profitiert. Auch heute noch ist es eine zentrale Aufgabe der politischen Stiftungen – etwa der Friedrich-Ebert-Stiftung, der Konrad-Adenauer-Stiftung und der Heinrich-Böll-Stifung –, durch ihre Arbeit im Ausland demokratische Potentiale weltweit zu ermutigen und zu stärken. Demokratieexport trifft diesen Sachverhalt auch deshalb nicht, weil es sich nicht um einen Transfer auf Regierungsebene, sondern eher um das Zusammenwirken zivilgesellschaftlicher Akteure handelt.

Deshalb lässt sich die Übernahme demokratischer Institutionen und Praktiken außerhalb des europäisch-amerikanischen Westens besser als ein komplizierter Übersetzungsprozess charakterisieren, in dessen Verlauf fremde Konzepte oft sehr selektiv aufgegriffen und an die lokale Kultur angepasst werden. Übersetzung ist dabei auch wörtlich zu verstehen, denn in nichtwestliche Sprachen (und kognitive Ordnungssysteme) lässt sich das griechisch-lateinisch-angelsächsische Vokabular gar nicht ohne weiteres übertragen; von den vielschichtigen Assoziationen, die für geübte Westler bei einem Begriff wie «Partei» oder «Wahl» oder «Meinungsfreiheit» mitschwingen, ganz zu schweigen. So wurde im westafrikanischen Senegal, mit seiner frankophonen Kolonial- und Elitentradition, in den 1990er Jahren aus der (französischen) «démocratie» die «demokaraasi» der indigenen Wolof-Sprache. In ihr klangen eigene Bedeutungsschichten politischer Praxis mit, die Werte und Lebenswelt einer nicht so sehr individualistischen, sondern solidarisch-kollektivistischen Gesellschaft reflektierten. Was aus westlicher Sicht eine Verletzung demokratischer Grundprinzipien wäre: nämlich das klientelistische «Einsammeln» von Stimmen durch sozial Höherstehende, fügte sich in die Praxis dieser «demokaraasi» nahtlos ein.

Aber wo verläuft die Grenze zwischen der kulturellen Übersetzung und Anpassung westlicher Konzepte einerseits, der Verletzung demokratischer Grundprinzipien andererseits? Auch wenn, zum Beispiel, das Frauenwahlrecht in Europa selber eine sehr junge Errungenschaft ist, könnte man im Ausschluss von Frauen heute kaum eine kulturelle Anpassung von Demokratie sehen, sondern nur ein demokratisches Defizit, so wie Frauen seit dem 19. Jahrhundert in Europa und Nordamerika ihre Teilhabe gegen die patriarchalischen Traditionen des Westens eingeklagt haben. In einer kommunikativ globalisierten (und sprachlich anglisierten) Welt wie der des Internets sollte man die «Übersetzungsschwierigkeiten» auch nicht überschätzen. Wo Menschen gegen Unterdrückung und Verfolgung, für freie Wahlen und Pressefreiheit auf die Straße gehen, hat das überall auf der Welt dieselbe Bedeutung. Ob sich deshalb im Zuge einer globalen Ausbreitung von Demokratie nicht ein und dasselbe westliche Grundmuster durchsetzt, sondern eher ein buntes Spektrum verschiedener, regional und kulturell definierter «Demokratismen», kann man deshalb bezweifeln. Der israelische Soziologe Shmuel Eisenstadt hat für die Globalisierung das Bild einer «vielfältigen Moderne», von «multiple modernities», gegen das einer stromlinienförmigen Verwestlichung oder Amerikanisierung gestellt. Ostasiatische Kultur und Gesellschaft bleiben, trotz Internets und globalen Konsumverhaltens, von Europa und von Nordamerika unterschiedlich; im arabischen Raum wird sich eine wiederum andere, auch muslimisch geprägte Moderne durchsetzen. So könnte man auch eine Vielfalt der Demokratie erwarten: eine «multiple Demokratie» nicht nur als Mehrdimensionalität der postklassischen westlichen Ordnungen, sondern auch in der globalen Differenzierung. Man kann eher diese Unterschiede betonen oder eher die Gemeinsamkeiten in zentralen Werten, Institutionen und Verfahren – das wird umstritten bleiben. Auch innerhalb Europas unterscheiden sich die britische und die Schweizer Demokratie erheblich.

Wenn die ganze Welt demokratisch wird, müsste sie dann nicht auch im Ganzen, als ein Weltbürgerstaat, demokratisch verfasst sein und regiert werden? Eine solche Vision führt auf Immanuel Kants «Föderalismus freier Staaten» zurück und hat in der ersten Hälfte des 20. Jahrhunderts, also in der Zeit von Krise und Herausforderung der Demokratie durch totalitäre Diktaturen, ihre moderne Fassung erhalten. Im Völkerbund nach dem Ersten Weltkrieg und in den Vereinten Nationen nach dem Zweiten konkretisierten sich solche demokratischen, pazifistischen und utopischen Erwartungen. Damals lag die Vorstellung nahe, eine globale Demokratie analog zu den bekannten Formen politischer Organisation zu entwerfen: Das konnte, Kant folgend, eine Föderation sein, also ein Staatenbund. Dieser Gedanke wurde im Science Fiction der 1960er Jahre sogar auf interplanetarisches Niveau gehoben, nämlich in der «Föderation» der amerikanischen Serie «Star Trek», für die das Raumschiff Enterprise unterwegs war. Oder man fasste eine Art Welt-Nationalstaat ins Auge, in dem eine Weltregierung und ein Weltparlament unmittelbar die Souveränität einer globalen Bürgerschaft ausdrücken würden. In seinem amerikanischen Exil hat sich der Schriftsteller Thomas Mann in den 1940er Jahren, vor dem Hintergrund zerstörter Demokratie in Europa, für das Projekt einer Weltdemokratie engagiert und gemeinsam mit anderen Intellektuellen im Herbst 1940 sogar den Entwurf einer Weltverfassung vorgelegt. Eine Tagung im schweizerischen Interlaken griff diesen Impuls 1948, unter Mitwirkung von Manns Tochter Elisabeth, auf. Auch heute noch setzen sich verschiedene Organisationen für dieses kosmopolitische Projekt ein.

Ähnlich wie in der europäischen Integration haben sich die hochfliegenden Erwartungen an Weltstaat und Weltverfassung nicht erfüllt. Damit ist Demokratie auf globaler Ebene aber nicht gescheitert; sie hat nur einen anderen, und komplizierteren, Aggregatzustand angenommen. Demokratie, Bürgerschaft und Staatlichkeit lösen sich zunehmend von der Eindeutigkeit territorialer Grenzen, so dass ein Weltstaat, mit dem Philosophen Otfried Höffe gesprochen, kein globaler Leviathan sein wird. Politische Bürgerschaft überträgt sich nicht vom Nationalstaat auf einen europäischen und von dort wieder auf einen globalen Staat, sondern fächert sich in verschiedene Schichten auf. Dabei spielt eine entstehende globale Zivilgesellschaft eine bedeutende Rolle, wie sie Thomas Mann, und erst recht Kant, noch nicht erahnen konnten: als informelles Weltbürgertum zum Beispiel im Internet, als formal organisiertes in Menschenrechts-, Konsumenten-, Umweltschutzgruppen und anderen Institutionen der weltweiten «anwaltschaftlichen Demokratie». Die Vollversammlung und der Sicherheitsrat der Vereinten Nationen sind nur noch zwei Elemente in diesem Gefüge, und in der Perspektive auf Demokratie nicht einmal mehr die wichtigsten.

8 Jenseits der Demokratie?

Demokratie ist in aller Munde. Selten ist über Demokratie mehr gesprochen worden als zu Beginn des 21. Jahrhunderts. In westlichen Ländern und anderswo auf der Welt, in etablierten demokratischen Systemen ebenso wie in autoritären Gesellschaften artikulieren sich politische Forderungen und soziale Proteste unter Berufung auf demokratische Ziele und Ideale, und mit der Anprangerung demokratischer Defizite. Doch seit einigen Jahren, und verstärkt seit der weltweiten Finanz- und Wirtschaftskrise von 2008, äußert sich auch eine grundsätzliche Skepsis an der Zukunftsfähigkeit der Demokratie. Hat die Demokratie den Zenit ihrer Geschichte überschritten, geht das Zeitalter der Demokratie zu Ende? Der britische Politikwissenschaftler Colin Crouch hat von «Postdemokratie» gesprochen und damit, nach der Resonanz in Wissenschaft und Öffentlichkeit zu urteilen, einen Nerv getroffen: Der Begriff ist dabei sich zu etablieren, auch unabhängig von Crouchs marxistisch inspirierten Argumenten. Im Herbst 2011 eröffnete im Florentiner Palazzo Strozzi eine Fotoausstellung internationaler Künstler unter dem Titel «Declining Democracy». Ein Hauch von Melancholie umgibt die Zukunft der Demokratie.

Gerade aus geschichtswissenschaftlicher Perpektive ist diese Frage berechtigt, auch wenn sie, nach einer längeren Zeit unbefragter Selbstverständlichkeit, noch etwas ungewohnt klingt. Alle Hervorbringungen menschlicher Gesellschaften sind historisch, das heißt unter bestimmten Umständen entstanden. Sie können auch wieder vergehen und durch andere Formen der Organisation von Wirtschaft, Herrschaft und sozialem Zusammenleben abgelöst werden. Wenn das für das Römische Weltreich galt und für den europäischen Feudalismus, für die absolute Monarchie der frühen Moderne und im 20. Jahrhundert für einen spezifischen Typus totalitärer und extrem gewaltsamer Diktatur, muss die Demokratie davon keine Ausnahme bilden. Sie ist historisch «kontingent»: Es muss sie nicht notwendig und für alle Zeiten geben. Im Prinzip ist das keine neue Erkenntnis, aber sie wurde von einer Vorstellung der Demokratiegeschichte lange Zeit überdeckt, die sich mit der Kosmologie, dem astrophysikalischen Bild von der Entwicklung des Universums, vergleichen lässt: Auf den Urknall folgt eine stete Expansion bis in die Unendlichkeit von Raum und Zeit. So vollzog sich nach liberal-aufklärerischer Vorstellung die Ausbreitung von politischer Freiheit und demokratischer Verfassung als ein Wachstums- und Fortschrittsprozess, dem einige Rückschläge letztlich nichts anhaben konnten.

Auf den ersten Blick ist es höchst paradox, dass diese Sichtweise gerade in dem historischen Moment fragwürdig wird, in dem jede ernsthafte Alternative zur Demokratie, als politischer Verfassung wie als freier Lebensform im weiteren Sinne, verloren gegangen ist. Die Alternativlosigkeit der Demokratie ist tatsächlich ein bemerkenswertes historisches Novum. In der griechischen Antike war die Demokratie immer nur eine unter mehreren Regierungsformen, und eine normative Überlegenheit als «beste» unter diesen Optionen wurde ihr kaum zugeschrieben. Der Wechsel politischer Regime und Verfassungsmodelle vollzog sich nach damaliger Sicht nicht als linearer Fortschritt, sondern in der zyklischen Bewegung eines ständigen Kreislaufs oder einer Welle des Auf und Ab. Nicht nur in der Theorie, sondern auch in der Praxis hatte die athenische Demokratie ihre Feinde. Tatsächlich ging sie nach längstens drei Jahrhunderten zu Ende und blieb insofern eine, wenn auch welthistorisch bedeutsame, Episode. Bei ihrer Neuentstehung im 18. und 19. Jahrhundert konnte von Siegesgewissheit erst recht keine Rede sein. Vielmehr blieb Demokratie marginal: als politisch-soziale Bewegung nur von einer Minderheit unterstützt, als Regierungsform ein Sonderfall in der Welt der Monarchien.

Ihr Anspruch auf universelle Geltung entstand also überhaupt erst im 20. Jahrhundert – und stand dann sofort in der Herausforderung durch die Alternative der Diktatur. Das war nicht nur eine faktische Herausforderung, im Sinne einer unglücklichen Störung des «Idealfalls Demokratie». Die Diktatur bildete vielmehr eine Zeitlang auch eine normative Alternative, insofern viele sie der Demokratie für überlegen hielten. In der zweiten Hälfte des 20. Jahrhunderts verblasste diese Option der emphatischen Diktatur bereits rapide; autoritäre Regimes und Diktaturen wie die kommunistischen in Ostmitteleuropa stilisierten sich stattdessen als die überlegene Demokratie. Nach 1989 ist von dieser Alternative, auch wenn längst nicht alle Länder der Erde demokratisch sind, erst recht nicht mehr viel geblieben. Vor allem der «inneren Kritik» an der Demokratie in den westlichen Gesellschaften fehlt, nach dem Ende einer sozialistischen Verfassungsoption, ein halbwegs konkreter Gegenentwurf für eine bessere Regierungsform nach der Demokratie, die man dennoch häufig im Niedergang sieht. Vermutlich löst sich dieses Paradox auf, wenn man im Verschwinden von Alternativen gerade einen Auslöser des neueren Unbehagens sieht. Die demokratische Option tritt damit nicht klarer hervor, wie zuvor in ihrer Geschichte, sondern wird diffuser. Sie vermittelt zugleich das Gefühl der Unausweichlichkeit und Schicksalhaftigkeit, das sie nun mit der Macht des Kapitalismus zu teilen scheint. Demokratie verspricht dann nicht mehr Freiheit, sondern wird als Bedrohung eines «stahlharten Gehäuses» empfunden.

Gegen die Kontingenz der Demokratie oder jedenfalls gegen das Bild ihres inneren Verfalls seit dem späten 20. Jahrhundert lassen sich jedoch eine ganz Reihe von Argumenten anführen, empirische und grundsätzliche. Auch radikal veränderte soziale und wirtschaftliche Verhältnisse haben den wichtigsten «Bausteinen» der Demokratie, von der Pressefreiheit über freie Wahlen und Parteien bis zu Parlamenten, nichts anhaben können. Die postindustrielle, global vernetzte Gesellschaft des 21. Jahrhunderts hat mit der Pferdekutschen-Welt des späten 18. Jahrhunderts, in der radikale Bürger und Handwerker demokratische Verfassungen entwarfen und praktizierten, wenig zu tun. Ein Parlament der Gegenwart würden diese frühen Demokraten aber sofort wiedererkennen. Was sie vermutlich am tiefsten irritieren würde, gäbe es eine Zeitmaschine, wäre übrigens nicht das Flugzeug oder das Mobiltelefon, sondern die enthierarchisierte, egalitäre Alltagskultur der Moderne, und nicht zuletzt die Stellung der Frauen. Teils haben demokratische Impulse und Bewegungen diese Gegenwart selber herbeigeführt; teils haben sich demokratische Institutionen als erstaunlich langlebig, und vor allem flexibel, erwiesen. Warum gerade die Veränderungen, in denen wir heute stehen, die Demokratie fundamental gefährden, müsste deshalb schon sehr gut begründet werden. Dass der Kapitalismus erneut in ein neues Stadium tritt, reicht dafür kaum aus.

Auch das Argument der spezifischen «Zeittakte» moderner Gesellschaften, mit denen sich die Rhythmen der Demokratie nicht synchronisieren ließen, überzeugt nicht. Es kursiert seit einiger Zeit in zwei Varianten. Nach der einen erfordert eine sich immer schneller bewegende technische und ökonomische Welt schnelle politische Entscheidungen, die Demokratien mit ihren langen Verfahren der Diskussion und ihrer Einbeziehung vieler Akteure nicht mehr leisten könnten. Deshalb könnten sich stromlinienförmig organisierte autoritäre Regime wie China einen globalen Wettbewerbsvorteil sichern. Diese Herausforderung besteht in mancher Hinsicht tatsächlich, auch wenn sie nicht unbedingt neu ist. Komplizierte Verfahren der Mehrheitsfindung etwa in der Europäischen Union müssen deshalb überprüft werden, doch die Antwort wird häufig in mehr statt weniger Demokratie liegen: nämlich im Sinne von klarer Verantwortlichkeit, parlamentarischer Exekutive und Mehrheitsprinzip. Im Übrigen müssen demokratische Gesellschaften mit dieser Spannung leben. Die zweite Variante unterstellt parlamentarischen Systemen mit ihren Wahlperioden von vier oder fünf Jahren eine strukturelle Kurzfristigkeit des politischen Denkens. Es gehe dem Abgeordneten oder der Bundeskanzlerin, so hört man häufig, nicht um langfristige Ziele des Gemeinwohls, sondern bloß um die eigene Wiederwahl. Dahinter scheint aber nicht nur eine Vision des objektiven und absoluten «Gemeinwohls» auf, die mit Demokratie gerade nicht sehr viel zu tun hat. Das Argument steht auch empirisch auf schwachen Füßen, nicht weil es vollkommen unbegründet wäre, sondern weil es dem Vergleich mit anderen, zumal autoritären politischen Systemen nicht standhält. Eine nachhaltige Diktatur – das ist nach aller historischen Erfahrung eine *contradictio in adiecto*, ein Widerspruch in sich selbst. Auch was das Prinzip der Langfristigkeit und Nachhaltigkeit angeht, ist die Demokratie, mit Churchill gesprochen, die am wenigsten schlechte aller Regierungsformen.

Man sollte sich zudem, historische und grundsätzliche Überlegungen verbindend, an die Situation während der «großen Krise» der Demokratie am Anfang des 20. Jahrhunderts, besonders in den 20er und 30er Jahren, erinnern. Weithin war damals, von links bis rechts, die Überzeugung vom zu Ende gehenden Zeitalter der Demokratie, der Parlamente, der liberalen Freiheit und des Individualismus die Rede. Auch wenn die Demokratie der Weimarer Republik nicht zuerst am falschen Reden gescheitert ist, sondern am antidemokratischen Handeln ihrer Eliten ebenso wie erheblicher Teile der Bevölkerung, die antidemokratische Parteien gewählt und unterstützt haben: Die Macht des Diskurses, den Sog demokratiezerstörenden Redens sollte man nicht unterschätzen. Historiker haben in den letzten Jahren immer wieder gezeigt, dass Sprache Deutungen der Wirklichkeit formiert und damit Handlungsspielräume eröffnet oder verschließt; das «Sagbare» und das «Machbare» sind eng miteinander verknüpft. Vor diesem Hintergrund klingen manche Abgesänge auf die Demokratie schief: nicht nur voreilig, sondern auch gefährlich. Wer wie Crouch von einer «parabelförmigen Lebenskurve der Demokratie» spricht und die Gegenwart auf dem absteigenden Ast dieser Parabel sieht, muss sich zumindest im Klaren darüber sein, dass er damit Denken, Sprache und Metaphern der Demokratiefeinde aus dem frühen 20. Jahrhundert unmittelbar wieder einführt.

So ist der suggestive Begriff der «Postdemokratie» zumindest missverständlich. Möglicherweise meint er gar keinen Abschied von der Demokratie, sondern ihre Weiterentwicklung, ihren Übergang in einen neuen Aggregatzustand – analog zu Begriffen wie dem «Poststrukturalismus». Einer nicht geisteswissenschaftlich hochgebildeten Bevölkerung ist das aber schwer zu vermitteln. Wer nicht «nach der Demokratie» meint, sondern «nach der klassischen, repräsentativen Demokratie», sollte das auch sagen, so wie in diesem Buch öfters von der postklassischen Demokratie die Rede war, die sich um partizipatorische Dimensionen erweitert hat. Andererseits haben demokratische Systeme und demokratische Kultur die immer wieder erneuerten Versuche, die liberal-repräsentative Demokratie als bloße bürgerliche Fassade zu entlarven und ihren nahe bevorstehenden Zusammenbruch begrifflich zu prognostizieren, seit der Mitte des 20. Jahrhunderts unbeschadet überstanden. So gesehen, steht die vermeintliche «Postdemokratie» in der unmittelbaren Nachfolge des «Spätkapitalismus» der 1960er und 70er Jahre.

Trotz Globalisierungsrhetorik ist diese Perspektive zudem sehr auf eine westliche Binnensicht begrenzt. Sie setzt nämlich das Vorhandensein einer liberalen Demokratie, die man dann mit aller Schärfe kritisieren kann, voraus. Für polnische oder tschechische Dissidenten der 80er Jahre, chinesische oder ägyptische Demonstranten zwischen 1989 und 2011 oder für die afrikanischen Friedensnobelpreisträgerinnen des Jahres 2011 ist Demokratie offenbar immer noch mehr als ein korruptes Regime kapitalistischer Eliten. In all diesen Bewegungen, ebenso wie in immer neuen Protestformen, Wahlkampagnen und Parteibildungen des Westens – von Barack Obama über die «Piraten» bis zur «Besetzung» der New Yorker Wall Street gegen die Macht von Banken und Finanzkapitalismus –, haben sich gerade jüngere Menschen politisch engagiert – und zwar sehr dezidiert im Namen der Demokratie, nicht gegen sie. Die in der kritischen politischen Theorie neuerdings öfters geäußerte These von einer «Entpolitisierung» als Teil innerer demokratischer Entleerung wird in der Praxis vielfältig widerlegt und ist deshalb empirisch nicht haltbar. Man muss genauer hinschauen, denn es gibt beides: Politikverdrossenheit, den Rückzug von Ärmeren und Benachteiligten aus der Demokratie, gewiss auch das Schrumpfen klassischer Engagementformen wie der Parteimitgliedschaft. Daneben steht eine expandierende Welt der Partizipation, die vor allem von Jüngeren und Angehörigen der Mittelschichten gestaltet wird; die Welt einer vielfältigen, einer multiplen Demokratie. Oft sind Frustration und Protest zwei Seiten derselben Medaille, so wie das in den sozialen Bewegungen seit der Mitte des 20. Jahrhunderts regelmäßig der Fall war. Daraus ist demokratische Kultur bisher gestärkt, und nicht geschwächt, hervorgegangen.

Selten ist über Demokratie mehr gesprochen worden als heute: emphatisch, kritisch, klagend, fordernd; in allen Tonlagen und in allen Teilen der Welt. Diese diskursive Zentralität von Demokratie ist eine der besten Bestätigungen, dass ihre Geschichte noch nicht zu Ende ist, und dass es ein «jenseits der Demokratie» so schnell nicht geben wird. Aber die Unsicherheit ist größer geworden, wie diese Geschichte zu erzählen sei. Der Triumphalismus von einst hat ausgedient, und das gleiche sollte für sein Spiegelbild gelten, die nicht weniger eindimensionalen Verfallstheorien. Ein einziger Strich reicht nicht aus, ob er in den Himmel weist oder als fallende Parabel dem Nullpunkt zustrebt. Deshalb ist hier vorgeschlagen worden, die Entwicklung der Demokratie in drei Perspektiven zu sehen: als ein Versprechen und eine Erfüllungsgeschichte; als eine Krisengeschichte; und als eine beständige Suche nach neuen Formen von Freiheit und Partizipation. Man kann sich andere Perspektiven, andere Begriffe vorstellen. Aber wir müssen Wege finden, die Geschichte der Demokratie auch nach der Phase der klassischen westlichen Nachkriegsordnung weiterzuerzählen, als Geschichte neuer Demokratie.

Ist die Demokratie denn die beste aller Regierungsformen? Das ist eine Frage der politischen Ethik, die nicht mehr so häufig gestellt wird – auch deshalb, weil schon in der Frage das Pathos und die Arroganz der Überlegenheit mitzuschwingen scheinen. Dabei sind die Antworten in den letzten Jahrzehnten eher zurückhaltend und bescheiden ausgefallen. Der skeptische Ton der Nachkriegszeit, der in der Demokratie die nur relativ beste Versicherung gegen Machtmissbrauch, Unfreiheit und Gewalt sah, ist in der jüngeren politischen Theorie und Philosophie häufig aufgegriffen worden. Anhänger der Demokratie sollten, so der amerikanische Philosoph Richard Rorty, nicht mit dem schweren Gepäck einer wesensmäßigen Überlegenheit unterwegs sein, nicht mit metaphysischen oder quasi-theologischen Ansprüchen argumentieren. Vielmehr ist der Demokratie unter pragmatischen und relativen Gesichtspunkten der Vorzug vor anderen Systemen zu geben. Sie ist, nach bisheriger und gegenwärtiger Erfahrung, besser als jede Alternative. Sie überzeugt nicht durch ihre Stärke, sondern, wie John Keane meint, gerade durch ihre Schwäche, ihre Offenheit und Verletzlichkeit. Im Gegensatz zu anderen bekannten Verfassungs- und Gesellschaftsformen vermag sie sich selber in Frage zu stellen, und gerade aus dieser Fähigkeit zur Selbstkritik – die, praktisch gesehen, immer wieder erstritten werden muss! – haben sich Dynamik und Erneuerung der Demokratie in den letzten Jahrzehnten maßgeblich gespeist. Aus heutiger Sicht kommt deshalb nach der Demokratie: die Demokratie.

9 Was habe ich von der Demokratie?

Die Zukunft demokratischer Regierungssysteme wird auch davon abhängen, wie viel Zustimmung und Unterstützung sie in der Bevölkerung erfahren können. Am Beginn des 21. Jahrhunderts ist diese Frage wieder offener geworden als sie einige Jahrzehnte früher schien. In der Systemkonfrontation des Kalten Krieges und in einer Zeit noch weithin ungebrochenen Fortschrittsbewusstseins folgten die westlichen Länder der wärmenden Sonne der Demokratie. Sie war entweder selbstverständlich oder, wie in der Bundesrepublik, noch nicht selbstverständlich genug: als das rettende Ufer, das man nach dem Absturz in Diktatur, Krieg und Völkermord gerade eben glücklich erreicht hatte. In jedem Fall erschien Demokratie als ein «Wert an sich», der keiner weiteren Rechtfertigung bedurfte, schon gar nicht der nüchternen Frage nach dem Nutzen oder Schaden für das eigene Leben.

Ob die Präferenz für bestimmte politische Systeme an ihrem «output» gemessen werden kann, also an den von ihnen für die Bevölkerung generierten Leistungen, ist umstritten. Man kann das umso leichter tun, je abstrakter und immaterieller diese Leistungen definiert sind: Kaum jemand würde bestreiten, dass demokratische Systeme sich an dem Grundversprechen der Freiheit, aber auch der Gewährung von Sicherheit messen lassen müssen. Aber wie steht es um die Bereitstellung eines vernünftig bezahlten Arbeitsplatzes, oder um möglichst großen Wohlstand für möglichst viele? Wichtig ist auch die Unterscheidung zwischen einer kollektiven und einer individualistischen Perspektive. Wenn ein politisches Regime möglichst das «Gemeinwohl» befördern soll, etwa im Sinne der klassischen Formel des Utilitarismus vom «größten Glück der größten Zahl», muss ein Einzelner auch in Kauf nehmen, dass er selber nicht zu jener Mehrheit gehört, die das System im Ganzen überlegen macht. Oder er wählt eine individuell-utilitaristische Perspektive und fragt, was er selber denn, in seiner konkreten und auch privaten Lebensführung, durch die Demokratie gewinne: ein höheres Einkommen, einen sicheren Lebensabend, Glück inmitten von Familie und Freunden?

Dahinter steht die Unterscheidung zwischen einer privaten und einer öffentlichen, zwischen einer individuellen und einer kommunitären Betrachtung. Für die Demokratie spiegelt sich darin das Nebeneinander von liberaler und republikanischer Tradition, und ein Stück weit auch ihr Konflikt. Aus liberaler Perspektive hat der Staat Freiheit und Schutz des Individuums zu gewährleisten. Bürger und Bürgerin müssen ihr Leben, in Familie und Erwerb, möglichst frei führen können. Die Leistungen der Regierung müssen sich daran messen lassen. In republikanischer Perspektive dagegen steht nicht der Einzelne im Vordergrund, sondern die gemeinsame Freiheit – nicht als negative Freiheit «von» etwas, sondern als positive Freiheit «für» etwas, und zuallererst: für die freie, das heißt selbstbestimmte politische Ordnung. Ob ich als Privatmensch reich oder glücklich bin, ist dann gar nicht entscheidend.

Die Spannung zwischen beiden Polen ist unverzichtbarer Teil der Demokratie. Auch wenn man der republikanischen Variante den Vorzug gibt, lässt sich die Frage nach Leistungen und Nutzen demokratischer Systeme nicht umgehen. Sie gehört zu klassischen Definitionen der Demokratie wie derjenigen Abraham Lincolns als Regierung «aus dem Volk, durch das Volk, für das Volk». Sie wird in gegenwärtiger Stimmung der politischen Enttäuschung, in Verbindung mit einer unsicherer gewordenen wirtschaftlichen Situation oder sozialen Sicherung, von vielen Menschen gestellt, denen der Hinweis auf die prinzipielle Unzulässigkeit eines solchen Maßstabs kaum weiterhelfen dürfte. Sie verweist aber auch auf einen engen Wirkungszusammenhang in der Geschichte des 20. Jahrhunderts, und besonders in der deutschen Nachkriegsgeschichte. Nach der Etablierung eines demokratischen Staates mit dem Grundgesetz konnten die Westdeutschen auch deshalb schnell zu inneren Demokraten werden, weil sie die politische Ordnung der Bundesrepublik mit der Prosperität des «Wirtschaftswunders», mit der Verbesserung der eigenen Situation und der Verlässlichkeit sozialer Sicherung verbanden. Die fatale Weimarer Assoziation von Demokratie, ökonomischer Krise und Instabilität trat so rasch in den Hintergrund.

Aber auch jenseits der besonderen deutschen Erfahrung ist die Beziehung zwischen demokratischer Regierung und materiellem Wohlstand eng. Empirisch ist seit den 1950er Jahren immer wieder der Nachweis geführt worden, dass demokratische Staaten einen besonders hohen ökonomischen Entwicklungsstand aufweisen, auch einen hohen Bildungsstand der Bevölkerung; und umgekehrt sind wirtschaftlich und sozial weit entwickelte Länder überdurchschnittlich oft Demokratien. Aber was steht am Anfang? Es ist ein klassisches «Henne-und-Ei»-Problem, das immer wieder auch mit politischem Kalkül diskutiert worden ist. Insofern wirtschaftliche Entwicklung, Verstädterung und Bildungsexpansion demokratische Institutionen nach sich ziehen, ist das ein Argument für langfristig angelegte Entwicklungspolitik als Demokratieförderung. Wenn demokratische Institutionen am Anfang stehen, und unter ihnen wirtschaftliche, soziale und kulturelle Prosperität sich besonders wirkungsvoll entfalten, kann man autoritären Gesellschaften die Demokratie mit der Aussicht auf materielle Entfaltung vielleicht schmackhaft machen. Vor einem halben Jahrhundert prägte dieser Nexus die Modernisierungstheorien der amerikanischen Politikwissenschaft, mit ihrem Vertrauen auf den Siegeszug des eigenen Modells eines demokratischen Massenkapitalismus. Heute greift die «Human Development»-Forschung in der politischen Soziologie eine ähnliche Problematik auf, mit einem erweiterten Blick auf die sozialen und kulturellen Lebenschancen von Menschen auch jenseits materieller Güter, und auf deren Verknüpfung mit demokratischer Regierung, «good governance» und selbstbestimmtem Handeln im weitesten Sinne.

In Deutschland ist die Zufriedenheit mit der Demokratie, nach der Euphorie von Mauerfall und Wiedervereinigung, am Anfang des 21. Jahrhunderts nicht mehr gewachsen, nach manchen Umfragen sogar ein wenig abgebröckelt. Im Westen ist die Zustimmung deutlich höher als in den neuen Bundesländern. Darin kommen enttäuschte Erwartungen, das Gefühl der Übermacht des Westens, auch die schwierigere wirtschaftliche Situation und der gefühlte Verlust von Sicherheit zum Ausdruck. Viel spricht dafür, dass sich dieser Unterschied langfristig (aber nicht sehr schnell) abschleifen wird. Im Übrigen können sich die entwickelten Demokratien nach wie vor auf ein sehr hohes Maß der Zustimmung ihrer Bürgerinnen und Bürger stützen. Vor die Wahl zwischen Diktatur und Demokratie gestellt, ist die Entscheidung eindeutig – was historisch, wenn man an das frühe 20. Jahrhundert denkt, keineswegs selbstverständlich ist. Anders als damals denkt der Großteil derjenigen, die Demokratie nicht für die «beste Regierungsform» halten, inzwischen kaum mehr an eine konkrete, überlegene Systemalternative. Eher kommt darin ein Unbehagen über die Schwächen der Demokratie zum Ausdruck, die eine Minderheit höher bewertet als ihre Vorzüge; und mehr noch ein Verlust des Vertrauens in ihre Reformfähigkeit. In globaler Perspektive ergibt sich ein ähnliches Bild: Neben einem sehr hohen Maß an Zustimmung und Sympathie in allen Regionen der Welt machen sich regionale und kulturelle Unterschiede im Blick auf die konkreten Vorzüge demokratischer Verfassung geltend. Das Urteil über Leistungen und Nutzen der Demokratie ist pluraler und vielschichtiger geworden, während es vor fünfzig Jahren eher in dichotomischer Eindeutigkeit festgelegt war: Freiheit und Wohlstand gegen Unfreiheit und Mangel.

Die amerikanische Unabhängigkeitserklärung formulierte als «selbstverständliche Wahrheiten», dass alle Menschen gleich geschaffen und mit unveräußerlichen Rechten ausgestattet seien – an erster Stelle «Leben, Freiheit und das Streben nach Glück». Zur Sicherung dieser Rechte sollten demokratische Regierungen die alten Monarchien ablösen. Hat die Demokratie dieses Versprechen gehalten? Ökonomen und Glücksforscher haben tatsächlich herausgefunden, dass Glück und Zufriedenheit in der persönlichen Lebensführung mit demokratischer Verfassung korrelieren. In Demokratien sind die Menschen, weltweit, glücklicher als unter anderen Regierungsformen. Besonders hoch ist die Zufriedenheit dort, wo Regierung und politische Einflussmöglichkeiten den Bürgerinnen und Bürgern nahe sind: in Ländern mit föderaler Verfassung, in denen es nicht nur eine weit entfernte Zentralregierung gibt; in Ländern mit Elementen direkter Demokratie wie der Schweiz. Das macht deutlich: Glück ist nichts, was eine demokratische Regierung von oben «spendet» – solche Glücksmomente könnte wohl auch ein autoritäres Regime, eine Fürsorgediktatur, beschaffen. Es entsteht vielmehr im freien Handeln, in der Möglichkeit zur Teilhabe an politischen Entscheidungen, im Gefühl, das eigene Leben ebenso wie die allgemeinen Angelegenheiten beeinflussen zu können.

So bleiben die Antworten auf die Frage «Was habe ich davon?» so vielschichtig und spannungsreich wie die Demokratie selber. Man kann sie umdrehen, ähnlich wie John F. Kennedy das in seiner Antrittsrede als amerikanischer Präsident im Januar 1961 getan hat: Frage nicht, was die Demokratie für dich tut, sondern was du für die Demokratie tun kannst. Man kann an den Gegensatz von Diktatur und Demokratie denken, dessen Kern der polnische Dissident Adam Michnik so gefasst hat: «Diktaturen garantieren sichere Straßen und den Terror der Türklingel. In der Demokratie mögen die Straßen nachts unsicher sein, aber wenn es frühmorgens klingelt, ist es wahrscheinlich nur der Milchmann.» Und man kann das Versprechen einer freien Lebensführung vor Augen haben, in dem Demokratie weit über persönliche Sicherheit und repräsentative Institutionen hinausgeht. Sie wird, in der Beschreibung des amerikanischen Philosophen John Dewey, zur Lebensform der individuellen Autonomie und der freien Kooperation mit anderen.

Nachwort

Geschichte und Gegenwart der Demokratie haben mich seit langem beschäftigt. In meiner Schulzeit und im Studium, noch während der Zeit der «alten» Bundesrepublik, stand dieses Thema ganz im Zeichen des Untergangs der Demokratie in der brutalen Diktatur des Nationalsozialismus und ihrer Wiedergewinnung in Westdeutschland. Die Rückkehr zur Demokratie wurde als ihr Neugewinn verstanden, als die erste «richtige» Ankunft der Deutschen in einem freien Regierungssystem und einer offenen Gesellschaft. Das war die Perspektive derer, die jetzt häufig als «45er» bezeichnet werden: der um 1930 geborenen Generation, die das Dritte Reich noch als Jugendliche erlebt hatten. Danach verschrieben sie sich, für ihr Leben und ihre wissenschaftliche Arbeit, der Öffnung zum Westen, der Abkehr von deutschen Traditionen autoritärer Gesellschaft und starken Staates.

Nach der Wiedervereinigung und der Demokratisierung Europas gab es nur einen kurzen Moment des Triumphes. Zumal im ersten Jahrzehnt des 21. Jahrhunderts schoben sich skeptische Töne und Zweifel an der Zukunftsfähigkeit des westlichen Modells in den Vordergrund. Man fragte nicht nur, ob es in anderen Regionen der Welt, in anderen kulturellen Kontexten anwendbar sei, sondern sah auch «zuhause» dunkle Wolken aufziehen. Sinkende Wahlbeteiligung und schwindendes Vertrauen in Parlament und Politiker, Europa als Bürokratie und die Globalisierung als Angriff auf politische Selbstbestimmung – das sind nur einige Stichworte dafür. Ich gebe zu, mich hat die Vehemenz dieser Kritik oft überrascht – und auch ihre Leichtfertigkeit, denn die Grenze zwischen Kritik *in der* Demokratie und einer Kritik *an ihr* verschwimmt bisweilen allzu leicht. Gewiss kann man bei der Perspektive der «45er» nicht stehenbleiben, sich zufrieden mit dem Erreichten zurücklehnen oder den Kritikern bloß entgegenhalten: Ihr habt ja in vielem Recht, aber wir sind doch gerade erst der Diktatur entkommen, lasst uns das nicht aufs Spiel setzen!

Als Kind der 45er kann man aber auch feststellen: Ihre Sichtweise auf die Demokratie war nicht nur situationsgebunden und vergeht deshalb auch nicht mit dem Ende der Nachkriegszeit. Sie besitzt eine zeitlose Komponente, denn immer noch streben Menschen nach der Überwindung unfreier Regierungen, nach der Abkehr von Traditionen, die zu sagen scheinen: Bei uns gab es das noch nie und kann das gar nicht passen. Die Aufstände des arabischen Frühlings haben das eindrucksvoll vor Augen geführt. Und mindestens ebenso wichtig: Der Blick auf Defizite verstellt gelegentlich die eindrucksvolle Dynamik von Demokratie, die sich in westlichen Gesellschaften während des letzten halben Jahrhunderts entfaltet hat, in der letzten Generationsspanne ganz besonders. Auch damit konnten die 45er nicht rechnen. Und vieles davon ist noch so neu, dass uns die Begriffe dafür fehlen. Die Demokratie der Gegenwart ist zweifellos komplizierter als die von 1970, aber deshalb nicht weniger vital. Der Blick zurück neigt oft zur Romantisierung – darauf hinzuweisen ist eine wichtige Aufgabe des Historikers. Einen historischen Gipfelpunkt der Demokratie, von dem aus wir in letzter Zeit wieder in einen Abstieg übergehen, hat es nie gegeben. Demokratie war immer umstritten und vieldeutig, sie war nie fertig und wird es nie sein. Wenn es gelungen ist, das zu verdeutlichen, ist das wichtigste Ziel dieses Buches erreicht.

Dass es geschrieben werden sollte, war mir schon länger klar; welche Form es annehmen würde, war lange unsicher. Ich danke dem Verlag C.H.Beck und namentlich Detlef Felken für seine Geduld und Ermunterung über die Jahre. Viele Aspekte des Themas, viele Quellen und Interpretationen habe ich mit Studierenden in Lehrveranstaltungen erschlossen und diskutiert, in Bremen, Berlin und in Chapel Hill. Die zwei Semester der Lehre dort 2010/11 waren eine beglückende Erfahrung, wie überhaupt das Leben im amerikanischen Süden. Dafür gebührt ein großer und persönlicher Dank Hannelore und Konrad Jarausch. Ohne den Abstand von der Berliner Betriebsamkeit wäre dieses Buch nicht so geschrieben worden oder noch lange nicht fertig. Familie und Freunde haben die asoziale Zeit der Schreibklausur geduldig mitgetragen, besonders Monika. Studentische Hilfskräfte haben immer wieder Literatur beschafft und am Schluss mit Korrekturen und Register geholfen, vor allem Boris Barth und Lena Kuhl. Till van Rahden hat mich an seinen Überlegungen und Lesefrüchten teilhaben lassen. Gewidmet ist dieses Buch einem großen 45er, meinem Lehrer Hans-Ulrich Wehler, für Jahrzehnte des Vertrauens.

Berlin, im Oktober 2011

Nachweise und Literatur

Im Folgenden werden die verwendete Literatur und die Zitate nachgewiesen. Zugleich soll interessierten Lesern zu jedem Kapitel der Einstieg in weitere, vertiefende Lektüre ermöglicht werden. Der Schwerpunkt liegt auf Monographien und Sammelbänden; Zeitschriftenliteratur wird nur ausnahmsweise genannt.

I. Einleitung

Einige Gesamtdarstellungen, Einführungen, Überblicke: John Keane, The Life and Death of Democracy, London 2009; John Dunn, Democracy. A History, New York 2006; Hans Vorländer, Demokratie. Geschichte, Formen, Theorien, München 2003; Bernhard Frevel, Demokratie. Entwicklung, Gestaltung, Problematisierung, Wiesbaden 2004; Bernard Crick, Democracy. A Very Short Introduction, New York 2002; Luciano Canfora, Eine kurze Geschichte der Demokratie, Köln 2006; Ricardo Blaug u. John Schwarzmantel (Hg.), Democracy. A Reader, Edinburgh 2004; Larry Diamond u. Marc F. Plattner (Hg.), Democracy. A Reader, Baltimore 2009. – Zur neueren Reflexion, Krise und Verteidigung der Demokratie: Colin Crouch, Postdemokratie, Frankfurt 2008 (zuerst ital. 2003); jetzt auch ders., Das befremdliche Überleben des Neoliberalismus. Postdemokratie II, Frankfurt 2011; Giorgio Agamben u. a., Democracy in What State?, New York 2011; Kenneth Minogue, The Servile Mind: How Democracy Erodes the Moral Life, New York 2010; Pierre Rosanvallon, Democracy Past and Future, New York 2006; Robert A. Dahl, On Democracy, New Haven 1998; Charles Tilly, Democracy, Cambridge/New York 2007; Paul Ginsborg, Wie Demokratie leben, Berlin 2008; Christoph Möllers, Demokratie – Zumutungen und Versprechen, Berlin 2008; Florian Felix Weyh, Die letzte Wahl. Therapien für die leidende Demokratie, Frankfurt 2007; Catherine Colliot-Thélène, Demokratie ohne Volk, Hamburg 2011; Peter Baofu, The Rise of Authoritarian Liberal Democracy, Newcastle 2007; Jedediah Purdy (Hg.), Democratic Vistas: Reflections on the Life of American Democracy, New Haven 2004; Otfried Höffe, Ist die Demokratie zukunftsfähig? Über moderne Politik, München 2009; Tim Ringen, What Democracy is For. On Freedom and Moral Government, Princeton 2007. – Aktuelle Entwicklungen: Volker Perthes, Der Aufstand. Die Arabische Revolution und ihre Folgen, München 2011; Claus Leggewie, Mut statt Wut. Aufbruch in eine neue Demokratie, Hamburg 2011; Thymian Bussemer, Die erregte Republik. Wutbürger und die Macht der Medien, Stuttgart 2011; Roland Roth, Bürgermacht. Eine Streitschrift für mehr Partizipation, Hamburg 2011; Serge Embacher, «Demokratie! Nein Danke?» Demokratieverdruss in Deutschland, Bonn 2009. – «Westen»: Heinrich August Winkler, Geschichte des Westens, bisher 2 Bde., München 2009/2011; zu John Dewey und zur Demokratie als «Lebensform» s. u., VII.1. u. VII.9. – Kurze Skizze des Autors: Paul Nolte, Von der repräsentativen zur multiplen Demokratie, in: Aus Politik und Zeitgeschichte 1–2/2011, S. 5–12.

II. Anfänge

II.1./Erfindung der Demokratie in Athen:
Christian Meier, Art. Demokratie (Antike), in: Otto Brunner u. a. (Hg.), Geschichtliche Grundbegriffe (im Folgenden: GGr), Bd. 1, Stuttgart 1972, S. 821–835; ders., Athen. Ein Neubeginn der Weltgeschichte, Berlin 1993; ders., Die Entstehung des Politischen bei den Griechen, Frankfurt 1980; ders. u. Paul Veyne, Kannten die Griechen die Demokratie?, Berlin 1988; Jochen Bleicken, Die athenische Demokratie, 4. Aufl., Paderborn 1995; J. K. Davies, Democracy and Classical Greece, 2. Aufl., London 1993; Angela Pabst, Die athenische Demokratie, München

2003; Elke Stein-Hölkeskamp, Demokratie – die ‹herrschende Hand des Volkes› in: dies. u. Karl-Joachim Hölkeskamp (Hg.), Die griechische Welt. Erinnerungsorte der Antike, München 2010, S.487–509; Hans-Joachim Gehrke, Kleine Geschichte der Antike, München 1999; Werner Dahlheim, Die Antike. Griechenland und Rom, 6.Aufl., Paderborn 2002; Wilfried Nippel, Antike oder moderne Freiheit? Die Begründung der Demokratie in Athen und in der Neuzeit, Frankfurt 2008; Moses I.Finley, Democracy Ancient and Modern, New Brunswick, N.J. 1973/1996; Thukydides-Zitat: Geschichte des Peloponnesischen Krieges II, 37 (dtv-Ausgabe, München 1991, S. 140); Martin Bernal, Black Athena: The Afroasiatic Roots of Classical Civilization, London 1987.

II.2./Funktionsweisen der athenischen Demokratie:
Vgl. allg. die Lit. zu II.1. – «Schönwetterdemokratie»: Topos der westdeutschen Debatte v.a. der späten 1960er und der 1970er Jahre; Empire als Voraussetzung der Demokratie: Finley, Democracy Ancient and Modern, S. 87; Deutung von Athen als «Staat»: pointiert bei Bleicken, Athenische Demokratie (II.1.); Athen als «deliberative Demokratie»: Vorländer, Demokratie (I.), S. 30; Losverfahren: Hubertus Buchstein, Demokratie und Lotterie. Das Los als politisches Entscheidungsinstrument von der Antike bis zur EU, Frankfurt 2009, bes. S. 17–59.

II.3./Römische Republik:
Jochen Bleicken, Geschichte der Römischen Republik, 6.Aufl., München 2004; ders., Die Verfassung der Römischen Republik, 7.Aufl., Paderborn 1995; «Imperien», Rom als Paradigma der Moderne für Aufstieg und Fall: Charles S.Maier, Among Empires: American Ascendancy and Its Predecessors, Cambridge, Mass. 2006; Herfried Münkler, Imperien. Die Logik der Weltherrschaft – vom Alten Rom bis zu den Vereinigten Staaten, Berlin 2005; Edward Gibbon, Verfall und Untergang des Römischen Imperiums. Bis zum Ende des Reiches im Westen, 6 Bde., München 2003; Wolfgang Mager, Art. Republik, in: GGr (II.1.), Bd. 5, S.549–651, hier bes. 550 ff.; Cicero, Der Staat, Tusculum-Ausgabe, 4. Aufl. München 1987, S. 52 (res publica res populi), S.66 (lex sit civilis societatis vinculum); Dahlheim, Antike (II.1.), bes. S. 343 ff.; Christian Meier, Res publica amissa. Eine Studie zu Verfassung und Geschichte der späten römischen Republik (1966), Frankfurt 1980; ders., Die Ohnmacht des allmächtigen Diktators Caesar, Frankfurt 1980; ders., Caesar, Berlin 1982; Motiv der gefährdeten Republik in der Neuzeit: J.G.A.Pocock, The Machiavellian Moment. Florentine Political Thought and the Atlantic Republican Tradition, Princeton 1975; Rolf Rilinger, Humiliores – Honestiores. Zu einer sozialen Dichotomie im Strafrecht der römischen Kaiserzeit, München 1988; Manfred Riedel, Art. Bürger, Staatsbürger, Bürgertum, in: GGr (II. 1.), Bd. 1, Stuttgart 1972, S.672–725.

II.4./Antike und moderne Demokratie:
Grundlegend: Nippel, Antike oder moderne Freiheit (II.1.); Finley, Democracy Ancient and Modern (II.1.); Christian Meier, Historie, Antike und politische Bildung, in: Historischer Unterricht im Lernfeld Politik, Bonn 1973, S.40–76, bes. S. 56 ff. («Alte Geschichte als das nächste Fremde»); Herfried Münkler, Machiavelli. Die Begründung des politischen Denkens der Neuzeit aus der Krise der Republik Florenz, Frankfurt 1982 (Neuausgabe 2004); Gisela Bock u.a. (Hg.), Machiavelli and Republicanism, Cambridge 1990; Hans Ulrich Gumbrecht, Art. Modern, Modernität, Moderne, in: GGr (II.1.), Bd.4, Stuttgart 1978, S.93–131; Wilfried Nippel, Mischverfassungstheorie und Verfassungsrealität in Antike und Früher Neuzeit, Stuttgart 1980; Gordon S.Wood, The Creation of the American Republic, Chapel Hill 1969; Paul A.Rahe, Republics Ancient and Modern. Classical Republicanism and the American Revolution, Chapel Hill 1992; Hannah Arendt, Über die Revolution, München 1963; Thomas Paine, Common Sense (1776); Federalist Papers, 1787–1788: hier bes. Nr. 10 (James Madison); Christoph Hauser, Anfänge bürgerlicher Organisation. Philhellenismus und Frühliberalismus in Südwestdeutschland, Göttingen 1990; Friedrich Daniel Bassermann: Rede am 22.8. 1843 in Neckargemünd, in: Karl Mathy (Hg.), Die Verfassungsfeier in Baden am 22.August 1843, Mannheim 1843, S.55; Paul Nolte, Gemeindebürgertum und Liberalismus in Baden 1800–1850. Tradition – Radikalismus – Republik, Göttingen 1994, S.205 f.; W.Samtleben, Die Idee einer altgermanischen Volksfreiheit im vormärzlichen deutschen Liberalismus, Hamburg 1935; Otto v.Gierke, Das deutsche Genossenschaftsrecht, Bd. 1, Berlin 1868; Ernst-Wolfgang Böckenförde, Die deutsche verfas-

sungsgeschichtliche Forschung im 19. Jahrhundert. Zeitgebundene Fragestellungen und Leitbilder, Berlin 1961; Finley, Democracy Ancient and Modern (II.1.), S. ix, 14.

II. 5./Feudalismus und Monarchie:
«Pariah word»: Dunn, Democracy (I.), S. 71; Otto Hintze, Staat und Verfassung. Gesammelte Aufsätze zur Allgemeinen Verfassungsgeschichte, 3. Aufl., Göttingen 1970; Marc Bloch, Die Feudalgesellschaft, Stuttgart 1999; Johannes Fried, Das Mittelalter. Geschichte und Kultur, München 2008; Wolfgang Reinhard, Lebensformen Europas. Eine historische Kulturanthropologie, München 2004; Heinz Duchhardt, Das Zeitalter des Absolutismus, 3. Aufl., München 1998; Johannes Kunisch, Absolutismus, Göttingen 1986; Hans Maier, Die ältere deutsche Staats- und Verwaltungslehre (Polizeiwissenschaft), Neuwied 1966. – Amerikanische Demokratie ohne Feudalordnung: Louis Hartz, The Liberal Tradition in America, New York 1955.

II. 6./Städte, Gemeinden, Republiken:
Luther 1539: Art. Demokratie, in: GGr (II.1.), Bd. 1, Stuttgart 1972, S. 845, Anm. 160; Klaus Schreiner u. Ulrich Meier (Hg.), Stadtregiment und Bürgerfreiheit. Handlungsspielräume in deutschen und italienischen Städten des Späten Mittelalters und der Frühen Neuzeit, Göttingen 1994 (darin bes.: dies., Regimen Civitatis, S. 11–34; zu Florenz: Ulrich Meier, S. 147–187; zu Köln: Gerd Schwerhoff, S. 188–243); vormoderne Formen und Kultur der Politik: Barbara Stollberg-Rilinger, Des Kaisers alte Kleider. Verfassungsgeschichte und Symbolsprache des Alten Reiches, München 2008; dies. u. André Krischer (Hg.), Herstellung und Darstellung von Entscheidungen. Verfahren, Verwalten und Verhandeln in der Vormoderne, Berlin 2010; Kommunalismus: Peter Blickle, Landschaften im Alten Reich. Die staatliche Funktion des gemeinen Mannes in Oberdeutschland, München 1973; ders., Kommunalismus und Republikanismus in Oberdeutschland, in: Helmut G. Koenigsberger (Hg.), Republiken und Republikanismus im Europa der Frühen Neuzeit, München 1988, S. 57–75 (u.a. Beiträge in diesem wichtigen Band); Frederic C. Lane, Venice: A Maritime Republic, Baltimore 1973; Andrzej Wyczański, Polen als Adelsrepublik, Osnabrück 2001; Biancamaria Fontana (Hg.), The Invention of the Modern Republic, Cambridge 1994; Niederlande: Jonathan I. Israel, The Dutch Republic: Its Rise, Greatness, and Fall, 1477–1806, Oxford 1995; Heinz Schilling, Der Aufstand der Niederlande: Bürgerliche Revolution oder Elitenkonflikt?, in: Hans-Ulrich Wehler (Hg.), 200 Jahre Amerikanische Revolution und moderne Revolutionsforschung, Göttingen 1976, S. 177–231; Martin van Gelderen (Hg.), The Dutch Revolt, Cambridge 1993; Helmut G. Koenigsberger, Estates and Revolutions, Ithaca 1971; Robert Forster u. Jack P. Greene (Hg.), Preconditions of Revolution in Early Modern Europe, Baltimore 1970; André Holenstein u. a. (Hg.), The Republican Alternative: The Netherlands and Switzerland Compared, Amsterdam 2008 (auch zu II.7.); Gerhard Oestreich, Zur Vorgeschichte des Parlamentarismus: Ständische Verfassung, landständische Verfassung und landschaftliche Verfassung, in: Zeitschrift für Historische Forschung 6, 1979, S. 63–80; Volker Press, Landtage im Alten Reich und im Deutschen Bund. Voraussetzungen ständischer und konstitutioneller Entwicklungen 1750–1830, in Zs. f. württ. Landesgeschichte 39, 1980, S. 100–140; ders., Landstände des 18. und Parlamente des 19. Jahrhunderts, in: Helmut Berding u. Hans-Peter Ullmann (Hg.), Deutschland zwischen Revolution und Restauration, Königstein 1981, S. 133–157; Otto Hintze, Weltgeschichtliche Bedingungen der Repräsentativverfassung, in: ders., Staat und Verfassung, 3. Aufl., Göttingen 1970, S. 140–185; Pocock, The Machiavellian Moment (II. 3.); ders., Virtue, Commerce, and History, Cambridge 1985; Heinrich Heffter, Die deutsche Selbstverwaltung im 19. Jahrhundert. Geschichte der Ideen und Institutionen, 2. Aufl., Stuttgart 1969; Peter Blickle, Deutsche Untertanen. Ein Widerspruch, München 1981.

II. 7./Schweiz:
Manfred Hettling u. a., Eine kleine Geschichte der Schweiz. Der Bundesstaat und seine Traditionen, Frankfurt 1998; darin bes.: Martin Schaffner, Direkte Demokratie: «Alles für das Volk, alles durch das Volk», S. 189–226; Dieter Fahrni, Schweizer Geschichte. Ein historischer Abriss von den Anfängen bis zur Gegenwart, 8. Aufl. Zürich 2000; Blickle, Kommunalismus und Republikanismus (II.6.); Gregory A. Fossedal, Direct Democracy in Switzerland, New Brunswick 2002; allg. zur Konkordanzdemokratie: Arend Lijphart, Patterns of Democracy, New Haven

1999; individuelles vs. kommunales und föderalistisches «Buchstabieren der Freiheit»: Mario König, Politik und Gesellschaft im 20. Jahrhundert, in: Hettling u. a., Schweiz, S. 21–90, hier S. 87. – «Erfindung von Tradition»: Eric J. Hobsbawm u. Terence Ranger, The Invention of Tradition, Cambridge 1983.

II.8./Aufklärung:
Christiane Eisenberg, Englands Weg in die Marktgesellschaft, Göttingen 2009; Kenneth Pomeranz, The Great Divergence: Europe, China, and the Making of the Modern World Economy, Princeton 2000; Christopher A. Bayly, The Birth of the Modern World 1780–1914: Global Connections and Comparisons, Oxford 2004; Christof Dipper, Deutsche Geschichte 1648–1789, Frankfurt 1991; Hans Medick, Naturzustand und Naturgeschichte der bürgerlichen Gesellschaft, Göttingen 1973; Hartmut v. Hentig, Rousseau oder Die wohlgeordnete Freiheit, München 2003; Barbara Stollberg-Rilinger, Europa im Jahrhundert der Aufklärung, Stuttgart 2000; Wolfgang Hardtwig (Hg.), Die Aufklärung und ihre Weltwirkung, Göttingen 2010; «Eindeutschung» des Begriffes im 18. Jh.: Werner Conze u. a., Art. Demokratie, in: Geschichtliche Grundbegriffe, Bd. 1, Stuttgart 1972, S. 821–899, hier S. 844 f.; Immanuel Kant, Zum ewigen Frieden (1795), Stuttgart 1984; Jonathan Israel, A Revolution of the Mind. Radical Enlightenment and the Intellectual Origins of Modern Democracy, Princeton 2009, bes. S. 60 ff.; ders., Democratic Enlightenment: Philosophy, Revolution, and Human Rights, New York 2011; Max Horkheimer u. Theodor W. Adorno, Dialektik der Aufklärung, Frankfurt 1969; Richard van Dülmen, Die Gesellschaft der Aufklärer. Zur bürgerlichen Emanzipation und aufklärerischen Kultur in Deutschland, Frankfurt 1986; Stefan-Ludwig Hoffmann, Geselligkeit und Demokratie. Vereine und zivile Gesellschaft im transnationalen Vergleich 1750–1914, Göttingen 2003; Jürgen Habermas, Strukturwandel der Öffentlichkeit. Untersuchungen zu einer Kategorie der bürgerlichen Gesellschaft, Neuwied 1962; Lucian Hölscher, Öffentlichkeit und Geheimnis, Stuttgart 1979; Andreas Gestrich, Absolutismus und Öffentlichkeit, Göttingen 1994; Helmut Berding u. a. (Hg.), Deutschland und Frankreich im Zeitalter der Französischen Revolution, Frankfurt 1989; Lynn Hunt, Inventing Human Rights. A History, New York 2007; Demokratie als Kontingenz: Keane, Life and Death (I.), S. 853.

III. Revolutionen

III.1./Revolution und Demokratie:
Reinhart Koselleck u. a., Art. Revolution, in: GGr (II. 1.), Bd. 5, Stuttgart 1984, S. 653–788; Robert R. Palmer, The Age of Democratic Revolution, 2 Bde., Princeton 1959–64; Hannah Arendt, On Revolution, New York 1963; dt.: Über die Revolution, München 1965; Crane Brinton, The Anatomy of Revolution, New York 1938/1965; Eric J. Hobsbawm, The Age of Revolution 1789–1848, London 1962; Louis Bergeron u. a., Das Zeitalter der europäischen Revolution 1780–1848, Frankfurt 1969; Jonathan Sperber, Revolutionary Europe 1780–1850, Harlow 2000; Andreas Fahrmeir, Revolutionen und Refomen. Europa 1789–1850, München 2010; Forster u. Greene (Hg.), Preconditions of Revolution in Early Modern Europe (II.6.); Edmund S. Morgan, Inventing the People: The Rise of Popular Sovereignty in England and America, New York 1988; Jonathan Sperber, The European Revolutions, 1848–1851, Cambridge 1994; Stefan Rinke, Revolutionen in Lateinamerika. Wege in die Unabhängigkeit 1760–1830, München 2010.

III.2./England im 17. Jahrhundert:
Hans-Christoph Schröder, Die Revolutionen Englands im 17. Jahrhundert, Frankfurt 1986; Gerald E. Aylmer, The Levellers in the English Revolution, London 1975; ders., Rebellion or Revolution? England 1640–1660, Oxford 1986; Toby Barnard, The English Republic, 1649–1660, London 1982; Christopher Hill, The World Turned Upside Down. Radical Ideas During the English Revolution, Harmondsworth 1973; Derek Hirst, Authority and Conflict: England 1603–1658, London 1986; Keith Lindley, The English Civil War and Revolution, London 1998; John S. Morill, The Impact of the English Civil War, London 1991; ders., Stuart Britain. A very

short Introduction, Oxford 2000; Lawrence Stone, The Causes of the English Revolution 1529–1642, London 1972; David Underdown, Pride's Purge. Politics in the Puritan Revolution, London 1971.

III.3./Amerikanische Revolution:
Hans-Christoph Schröder, Die Amerikanische Revolution, München 1982; Horst Dippel, Die Amerikanische Revolution 1763–1787, Frankfurt 1985; Willi Paul Adams, Die USA vor 1900, München 2000; Edward Countryman, The American Revolution, New York 1985; Gordon S. Wood, The American Revolution, New York 2002; Pauline Maier, From Resistance to Revolution: Colonial Radicals and the Development of American Opposition to Britain, 1765–1776, New York 1972; Edward Countryman, A People in Revolution: The American Revolution and Political Society in New York, 1760–1790, Baltimore 1981; Gordon S. Wood, The Creation of the American Republic, 1776–1787, Chapel Hill 1969; Willi Paul Adams, The First American Constitutions. Republican Ideology and the Making of the State Constitutions in the Revolutionary Era, Lanham, Md. 2001; Jürgen Heideking, Die Verfassung vor dem Richterstuhl. Vorgeschichte und Ratifizierung der amerikanischen Verfassung 1787–1791, Berlin 1988; David Brion Davis, Freiheit – Gleichheit – Befreiung. Die Vereinigten Staaten und die Idee der Revolution, Berlin 1993; Dick Howard, Die Grundlegung der amerikanischen Demokratie, Frankfurt 2001.

III.4./Französische Revolution:
Hans-Ulrich Thamer, Die Französische Revolution, München 2004; William Doyle, The Origins of the French Revolution, Oxford 1980; François Furet u. Denis Richet, Die Französische Revolution, Frankfurt 1968; Lynn Hunt, Symbole der Macht, Macht der Symbole. Die Französische Revolution und der Entwurf einer politischen Kultur, Frankfurt 1989; Olwen Hufton, Women and the Limits of Citizenship in the French Revolution, Toronto 1992; Reinhart Koselleck u. Rolf Reichardt (Hg.), Die Französische Revolution als Bruch des gesellschaftlichen Bewusstseins, München 1988; Mona Ozouf, La fete révolutionnaire 1789–1799, Paris 1976; George Rudé, Die Massen in der Französischen Revolution, München 1961; Viktoria Schmidt-Linsenhoff (Hg.), Sklavin oder Bürgerin? Französische Revolution und neue Weiblichkeit 1760–1830, Marburg 1989; Albert Soboul, Französische Revolution und Volksbewegung. Die Sansculotten, Frankfurt 1978; Michel Vovelle, Die Französische Revolution. Soziale Bewegung und Umbruch der Mentalitäten, Frankfurt 1985; Patrice Higonnet, Goodness Beyond Virtue: Jacobins During the French Revolution, Cambridge, Mass. 1998.

III.5./Demokratische Gesellschaft:
Gordon S. Wood, The Radicalism of the American Revolution, New York 1992; Rhys Isaac, The Transformation of Virginia, 1740–1790, Chapel Hill 1982; Alfred F. Young, The Shoemaker and the Tea Party: Memory and the American Revolution, Boston 1999; Gary B. Nash, The Unknown American Revolution: The Unruly Birth of Democracy and the Struggle to Create America, New York 2006; Alan Taylor, William Cooper's Town: Power and Persuasion on the Frontier of the Early American Republic, New York 1995; Paul Nolte, Die Amerikanische Revolution als Bruch des gesellschaftlichen Bewusstseins. Politischer, ökonomischer und soziokultureller Mentalitätswandel 1750–1800, in: Zeitschrift für Historische Forschung 18, 1991, S. 425–460; Alexis de Tocqueville, Der alte Staat und die Revolution (1856), München 1978.

III.6./Deutsche Revolution 1848/49:
Manfred Botzenhart, 1848/49: Europa im Umbruch, Paderborn 1998; Dieter Dowe u. a. (Hg.), Europa 1848. Revolution und Reform, Bonn 1998; Wolfram Siemann, Die deutsche Revolution von 1848/49, Frankfurt 1985; Dieter Hein, Die Revolution von 1848/49, München 1998; Christof Dipper u. Ulrich Speck (Hg.), 1848: Revolution in Deutschland, Frankfurt 1998; Dieter Langewiesche (Hg.), Die Revolutionen von 1848 in der europäischen Geschichte. Ergebnisse und Nachwirkungen, München 2000; Christian Jansen u. Thomas Mergel (Hg.), Die Revolutionen von 1848/49. Erfahrung, Verarbeitung, Deutung, Göttingen 1998; Manfred Botzenhart, Deutscher Parlamentarismus in der Revolutionszeit 1848–1850, Düsseldorf 1977; Carola Lipp (Hg.), Schimpfende Weiber und patriotische Jungfrauen. Frauen im Vormärz und in der Revo-

lution von 1848/49, Moos 1986; Michael Wettengel, Die Revolution von 1848/49 im Rhein-Main Raum, Wiesbaden 1989; Nolte, Gemeindebürgertum (II.4.). – Wichtig auch Thomas Nipperdey, Deutsche Geschichte 1800–1866. Bürgerwelt und starker Staat, München 1983; Hans-Ulrich Wehler, Deutsche Gesellschaftsgeschichte, Bd. 2: Von der Reformära bis zur industriellen und politischen ‹Deutschen Doppelrevolution› 1815–1845/49, München 1987.

III.7./Nationalismus und Demokratie:
Benedict Anderson, Die Erfindung der Nation. Zur Karriere eines erfolgreichen Konzepts, Frankfurt 1988; Hans-Ulrich Wehler, Nationalismus. Geschichte, Formen, Folgen, München 2001; Christian Jansen u. Henning Borggräfe, Nation, Nationalität, Nationalismus, Frankfurt 2007; Seymour M. Lipset, The First New Nation: The United States in Historical and Comparative Perspective, New York 1963; David Waldstreicher, In the Midst of Perpetual Fetes: The Making of American Nationalism, 1776–1820, Chapel Hill 1997; Heinz-Gerhard Haupt, Nationalismus und Demokratie. Zur Geschichte der Bourgeoisie in Frankreich der Restauration, Frankfurt 1974; Otto Dann, Nation und Nationalismus in Deutschland 1770–1990, München 1993; Dieter Langewiesche, Nation, Nationalismus, Nationalstaat in Deutschland und Europa, München 2000; ders., Reich, Nation, Föderation. Deutschland und Europa, München 2008.

III.8./Demokratische Revolutionen im 20. Jahrhundert:
Jörg Baberowski (Hg.), Moderne Zeiten? Krieg, Revolution und Gewalt im 20. Jahrhundert, Göttingen 2006; James F. Rinehart, Revolution and the Millenium: China, Mexico, and Iran, Westport, Conn 1997; Jürgen Osterhammel, Shanghai, 30. Mai 1925. Die chinesische Revolution, München 1997; ders., China und die Weltgesellschaft, München 1989; Hans Werner Tobler, Die mexikanische Revolution. Gesellschaftlicher Wandel und politischer Umbruch 1876–1940, Frankfurt 1992; Michael J. Gonzales, The Mexican Revolution, 1910–1940, Albuquerque 2002; Robin W. Wright, The Last Great Revolution: Turmoil and Transformation in Iran, New York 2000; Mohsen M. Milani, The Making of Iran's Islamic Revolution: From Monarchy to Islamic Republic, 2. Aufl., Boulder 1994; Said Amir Arjomand, The Turban for the Crown: The Islamic Revolution in Iran, New York 1988. – Für Literatur zur Russischen Revolution s. u. VI.4.

IV. Ordnungen

IV.1./Parlament und Repräsentation:
John Stuart Mill, Considerations on Representative Government (1861); dt. Betrachtungen über die repräsentative Demokratie, Paderborn 1971; Gerhard Leibholz, Das Wesen der Repräsentation und der Gestaltwandel der Demokratie im 20. Jahrhundert, Berlin 1929, 2. Aufl., 1960; Kurt Kluxen, Geschichte und Problematik des Parlamentarismus, Frankfurt 1983; Bernard Manin, The Principles of Representative Government, Cambridge 1997; dt.: Kritik der repräsentativen Demokratie, Berlin 2007; Gerhard A. Ritter (Hg.), Gesellschaft, Parlament und Regierung. Zur Geschichte des Parlamentarismus in Deutschland, Düsseldorf 1974; ders. (Hg.), Handbuch der Geschichte des deutschen Parlamentarismus, darin z. B.: Herbert Obenaus, Anfänge des Parlamentarismus in Preußen bis 1848, Düsseldorf 1984; Hans-Peter Becht, Badischer Parlamentarismus 1819 bis 1870, Düsseldorf 2009; Manfred Botzenhart, Deutscher Parlamentarismus in der Revolutionszeit 1848–1850, Düsseldorf 1977; Horst Möller, Parlamentarismus in Preußen 1919–1932, Düsseldorf 1985. – Zur konstitutionellen Monarchie: Hans Boldt, Deutsche Staatslehre im Vormärz, Düsseldorf 1975; Martin Kirsch, Monarch und Parlament im 19. Jahrhundert. Der monarchische Konstitutionalismus als europäischer Verfassungstyp – Frankreich im Vergleich, Göttingen 1999. – Zu Parlamentsbauten u. a.: Michael H. Port, The Houses of Parliament, New Haven 1976; Michael S. Cullen, Der Reichstag. Die Geschichte eines Monuments, Berlin 1983.

IV.2./Parteien:
David Hume, «principles» und «interests»: Of the Parties of Great Britain, in: Essays, Moral, Political, and Literary, Indianapolis 1985; Klaus v. Beyme, Art. Partei, Fraktion, in: GGr (II.1.),

Bd. 4, Stuttgart 1978, S. 677–733; John Brewer, Party Ideology and Popular Politics at the Accession of George III, Cambridge 1976; J. C. D. Clark, English Society 1688–1832. Ideology, Social Structure and Political Practice during the Ancien Regime, Cambridge 1985; Linda Colley, In Defiance of Oligarchy. The Tory Party, 1714–1760, Cambridge 1982; Peter Mandler, Aristocratic Government in the Age of Reform. Whigs and Liberals, 1830–1852, Oxford 1990; Andreas Rödder, Die radikale Herausforderung. Die politische Kultur der englischen Konservativen zwischen ländlicher Tradition und industrieller Moderne (1846–1868), München 2002; Richard Shannon, The Age of Disraeli, 1868–1881. The Rise of Tory Democracy, London 1992. – Paul Nolte, Republicanism, Liberalism, and Market Society: Party Formation and Party Ideology in Germany and the United States, c. 1825–1850, in: Jürgen Heideking u. James A. Henretta (Hg.), Republicanism and Liberalism in America and the German States, 1750–1850, Cambridge/New York 2002, S. 187–207; Jackson Turner Main, Political Parties Before the Constitution, New York 1973; Harry L. Watson, Liberty and Power: The Politics of Jacksonian America, New York 1990; Dieter Langewiesche, Die Anfänge der deutschen Parteien. Partei, Fraktion und Verein in der Revolution von 1848/49, in: Geschichte und Gesellschaft 4, 1978, S. 324–361; Gerhard A. Ritter (Hg.), Deutsche Parteien vor 1918, Köln 1973; ders., Die deutschen Parteien 1830–1914, Göttingen 1985; Susan E. Scarrow, Parties and their Members: Organizing for Victory in Britain and Germany, Oxford 1996.

IV.3./Opposition:
Siehe v. a. IV.1.; Kurt Kluxen, Geschichte Englands, 4. Aufl., Stuttgart 1991; ders., Das Problem der politischen Opposition. Entwicklung und Wesen der englischen Zweiparteienpolitik im 18. Jahrhundert, Freiburg u. a. 1956; Wolfgang Jäger, Art. Opposition, in: GGr (II.1.), Bd. 4, Stuttgart 1978, S. 469–517; ders., Politische Partei und parlamentarische Opposition, Berlin 1971; Michael Stürmer, Koalition und Opposition in der Weimarer Republik, Bonn 1967.

IV.4./ Gewaltenteilung:
Montesquieu, Vom Geist der Gesetze, Hg. Kurt Weigand, Stuttgart 1965; Gerhard A. Ritter, Regierung, Bürokratie und Parlament in Preußen und Deutschland von 1848 bis zur Gegenwart, Düsseldorf 1983.

IV.5./Wahlen:
Frank O'Gorman, Voters, Patrons, and Parties. The unreformed electorate of Hanoverian England, 1734–1832, Oxford 1989; Jon Lawrence, Electing Our Masters. The Hustings in British Politics from Hogarth to Blair, Oxford 2009; James Vernon, Politics and the People: A Study in English Political Culture, c. 1815–1867, Cambridge 1993; Andreas Wirsching, Parlament und Volkes Stimme. Unterhaus und Öffentlichkeit im England des frühen 19. Jahrhunderts, Göttingen 1990; Willibald Steinmetz, Das Sagbare und das Machbare. Zum Wandel politischer Handlungsspielräume in England 1780–1867, Stuttgart 1993; Alan Taylor, «The Art of Hook and Snivey»: Political Culture in Upstate New York during the 1790s, in: Journal of American History 79, 1993, S. 1371–1396; Daniel Walker Howe, What Hath God Wrought: The Transformation of America, 1815–1848, New York 2007 (hier z. B. S. 451); Paul Nolte, Parteien und Propaganda im Vormärz, in: Ute Daniel u. Wolfram Siemann (Hg.), Propaganda, Frankfurt 1994, S. 83–100; Thomas Kühne, Dreiklassenwahlrecht und Wahlkultur in Preußen 1867–1914. Landtagswahlen zwischen korporativer Tradition und politischem Massenmarkt, Düsseldorf 1994; Margaret L. Anderson, Practicing Democracy: Elections and Political Culture in Imperial Germany, Princeton 2000 (dt. Ausg. Stuttgart 2009); Karl Rohe, Wahlen und Wählertraditionen in der deutschen Geschichte, Frankfurt 1992; Thomas Mergel, Propaganda nach Hitler. Eine Kulturgeschichte des Wahlkampfs in der Bundesrepublik 1949–1990, Göttingen 2010. – Alternative des Losverfahrens: Buchstein, Demokratie u. Lotterie (II.2.); Manin, Kritik (IV.1.), S. 63–131.

IV.6./Rechtsstaat:
Republik als Herrschaft der Gesetze: weit verbreiteter Topos in der zweiten Hälfte des 18. Jahrhunderts, z. B. bei Jean-Jacques Rousseau, Gesellschaftsvertrag; Montesquieu, Vom Geist der Gesetze (IV.4.); Zitat «Zaun»: Buch XII, Kap. 2. –Wolfgang Schluchter, Entscheidung für den

sozialen Rechtsstaat. Hermann Heller und die staatstheoretische Diskussion in der Weimarer Republik, 2. Aufl., Baden-Baden 1983; Jürgen Habermas, Faktizität und Geltung. Beiträge zur Diskurstheorie des Rechts und des demokratischen Rechtsstaats, Frankfurt 1992, bes. Kap. IV, S. 166 ff.

IV. 7./Religionsfreiheit:
Thomas Jeffersons Virginia Statute for Religious Freedom: 1777 entworfen; 1786 als Staatsgesetz. – Isaac, The Transformation of Virginia (III. 5.); Heinrich Lutz (Hg.), Zur Geschichte der Toleranz und Religionsfreiheit, Darmstadt 1977; Ernst-Wolfgang Böckenförde, Religionsfreiheit. Die Kirche in der modernen Welt, Freiburg 1990; John Witte u. Johan D. van der Vyer, Religious Human Rights in Global Perspective, 2 Bde., Den Haag/Boston 1996; Rainer Forst, Toleranz im Konflikt. Geschichte, Gehalt und Gegenwart eines umstrittenen Begriffs, Frankfurt 2003; Karl-Albrecht Schachtschneider, Grenzen der Religionsfreiheit am Beispiel des Islam, Berlin 2011.

IV. 8./Menschenrechte:
Lynn Hunt, The Revolutionary Origins of Human Rights, in: dies. (Hg.), The French Revolution and Human Rights. A Brief Documentary History, Boston 1996; dies., Inventing Human Rights. A History. London 2007; Samuel Moyn, The Last Utopia: Human Rights in History, Cambrigde, Mass. 2010; Stefan-Ludwig Hoffmann (Hg.), Moralpolitik. Geschichte der Menschenrechte im 20. Jahrhundert, Göttingen 2010; ders. u. Samuel Moyn (Hg.), Human Rights in the Twentieth Century, Cambridge 2011; Hans Joas, Die Sakralität der Person. Eine neue Genealogie der Menschenrechte, Berlin 2011.

IV. 9./Verfassung:
Hans Vorländer, Die Verfassung. Idee und Geschichte, München 1999; Heinz Mohnhaupt u. Dieter Grimm, Art. Verfassung, Konstitution, in: GGr (II. 1.), Bd. 6, Stuttgart 1990, S. 831–899; Hans Boldt, Deutsche Verfassungsgeschichte, 2 Bde., München 1984/1990; Ernst-Wolfgang Böckenförde (Hg.), Moderne deutsche Verfassungsgeschichte (1815–1918), Köln 1972; ders., Staat, Verfassung, Demokratie. Studien zur Verfassungstheorie und zum Verfassungsrecht, Frankfurt 1991; Ernst Rudolf Huber, Deutsche Verfassungsgeschichte seit 1789, 8 Bde., Stuttgart 1960 ff.; Hartwig Brandt, Der lange Weg in die demokratische Moderne. Deutsche Verfassungsgeschichte von 1800 bis 1945, Darmstadt 1998; Vernon Bogdanor, The Monarchy and the Constitution, Oxford 1995; Walter Bagehot, The English Constitution, London 1867; Stein und die Verfassungsdiskussion in Preußen: Paul Nolte, Staatsbildung als Gesellschaftsreform, Frankfurt 1990; Reinhart Koselleck, Preußen zwischen Reform und Revolution, Stuttgart 1967. – Dolf Sternberger, Verfassungspatriotismus (1979), in: ders., Schriften, Bd. 10, Frankfurt 1990, S. 13–16; Jürgen Habermas, Die nachholende Revolution, Frankfurt 1990. – Verfassungsfeste: Heideking, Die Verfassung vor dem Richterstuhl (III. 3), S. 709 ff.; Paul Nolte, Die badischen Verfassungsfeste im Vormärz, in: Manfred Hettling u. ders. (Hg.), Bürgerliche Feste, Göttingen 1993, S. 63–94; Nadine Rossol, Repräsentationskultur und Verfassungsfeiern in der Weimarer Republik, in: Detlef Lehnert (Hg.), Demokratiekultur in Europa. Politische Repräsentation im 19. und 20. Jahrhundert, Köln 2011, S. 261–279. – Christoph Möllers, Das Grundgesetz. Geschichte und Inhalt, München 2009 (siehe weiter VII. 7.); Dieter Grimm, Die Verfassung und die Politik. Einsprüche in Störfällen, München 2001.

IV. 10./Gute Bürger:
Dewey-Zitat 1916: Democracy and Education. An Introduction to the Philosophy of Education, New York 1916, S. 101; ders., Creative Democracy: The Task Before Us (1939), in: John Dewey, The Later Works, 1925–1953, Bd. 14, Carbondale, Ill. 1976, S. 224–230; Hans Joas (Hg.), Philosophie der Demokratie. Beiträge zum Werk von John Dewey, Frankfurt 2000; Emile Durkheim, Erziehung, Moral und Gesellschaft, Frankfurt 1984; Pocock, Machiavellian Moment (II. 3.); Alasdair MacIntyre, After Virtue: A Study in Moral Theory, Notre Dame, Ind. 1981. – Bundeszentrale für politische Bildung: www.bpb.de/die_bpb/ (16. 1. 2012); Carl Schmitt, Die Tyrannei der Werte (1959/1967), 3. Aufl. Berlin 2011; vgl. Eberhard Straub, Zur Tyrannei der Werte, Stuttgart 2010. – Hans Joas, Die Entstehung der Werte, Frankfurt 1997;

Volker Gerhardt, Partizipation. Das Prinzip der Politik, München 2007; Oskar Negt, Der politische Mensch. Demokratie als Lebensform, Göttingen 2010.

IV. 11/Öffentlichkeit:
Jürgen Habermas, Strukturwandel der Öffentlichkeit. Untersuchungen zu einer Kategorie der bürgerlichen Gesellschaft, Neuwied 1962; Lucian Hölscher, Art. Öffentlichkeit, in: GGr (II.1.), Bd. 4, Stuttgart 1978, S. 413–467; ders., Öffentlichkeit und Geheimnis, Stuttgart 1979; Hans Medick, Plebejische Kultur, plebejische Öffentlichkeit, plebejische Ökonomie. Über Erfahrungen und Verhaltensweisen Besitzarmer und Besitzloser in der Übergangsphase zum Kapitalismus, in: Robert M. Berdahl u. Alf Lüdtke (Hg.), Klassen und Kultur, Frankfurt 1982, S. 157–204; Oskar Negt u. Alexander Kluge, Öffentlichkeit und Erfahrung. Zur Organisationsanalyse von bürgerlicher und proletarischer Öffentlichkeit, Frankfurt 1972; Wirsching, Unterhaus (IV.5.); Wolfram Siemann (Hg.), Der «Polizeiverein deutscher Staaten». Eine Dokumentation zur Überwachung der Öffentlichkeit nach der Revolution von 1848/49, Tübingen 1983; Mary P. Ryan, Women in Public: Between Banners and Ballots, Baltimore 1981; Jörg Requate, Öffentlichkeit und Medien als Gegenstand historischer Analyse, in: Geschichte und Gesellschaft 25, 1999, S. 5–32; Paul Nolte, Öffentlichkeit und Privatheit. Deutschland im 20. Jahrhundert, in: Merkur 60, 2006, S. 499–512; Wolfgang Sofsky, Verteidigung des Privaten, München 2007; Raymond Geuss, Privatheit. Eine Genealogie, Frankfurt 2002; Jeffrey Edward Green, The Eyes of the People: Democracy in an Age of Spectatorship, New York 2010.

IV.12./Jenseits der repräsentativen Demokratie?:
Heinz-Gerhard Haupt u. Karin Hausen, Die Pariser Kommune. Erfolg und Scheitern einer Revolution, Frankfurt 1979; Daniel K. Richter, The Ordeal of the Longhouse: The Peoples of the Iroquois League in the Era of European Colonization, Chapel Hill 1992; Mishal Fahm Sulami, The West and Islam: Western Liberal Democracy versus the System of Shura, London 2003; Ubaidullah Fahd Falahi, Islamic Shura: Religion, State, and Democracy, New Delhi 2007.

V. Expansionen

V.1./Zensuswahlrecht:
Heinz Boberach, Wahlrechtsfragen im Vormärz. Die Wahlrechtsanschauung im Rheinland 1815–1849 und die Entstehung des Dreiklassenwahlrechts, Düsseldorf 1959; Thomas Kühne, Dreiklassenwahlrecht und Wahlkultur in Preußen 1867–1914, Düsseldorf 1994; Nolte, Gemeindebürgertum (II.4.), S. 115 ff. – Frankreich: Edgar Leon Newman u. Robert Lawrence Simpson (Hg.), Historical Dictionary of France from the 1815 Restoration to the Second Empire, 2 Bde., Westport, Conn. 1987 (darin: Sylvia Neely, Elections and Electoral Systems, S. 384–391; Thomas Beck, Electors, S. 391–393; Guillaume de Bertier de Sauvigny, Law of the Double Vote, S. 335; zu den sozialen Grundlagen Heinz-Gerhard Haupt, Sozialgeschichte Frankreichs seit 1789, Frankfurt 1989. – USA: J. Morgan Kousser, Suffrage, in: Jack P. Greene (Hg.), Encyclopedia of American Political History, New York 1984, Bd. 3, S. 1236–1258; Howe, What Hath God Wrought (IV.5.), bes. S. 488 ff.; Alexander Keyssar, The Right to Vote, New York 2000; Sean Wilentz, The Rise of American Democracy. Jefferson to Lincoln, New York 2005.

V.2./Tocqueville in Amerika:
Tocqueville-Ausgabe: Library of America, Hg. Olivier Zunz u. Arthur Goldhammer, New York 2004; Reiseroute Tocquevilles: ebd., S. 878–906; sowie wsw.tocqueville.org (28. 5. 2011); neuere Regionalstudie: John L. Brooke, Columbia Rising: Civil Life on the Upper Hudson from the Revolution to the Age of Jackson, Chapel Hill 2010; Korporation und Assoziation: Thomas Nipperdey, Verein als soziale Struktur in Deutschland im späten 18. und frühen 19. Jahrhundert, in: ders., Gesellschaft, Kultur, Theorie, Göttingen 1976, S. 174–205; Stefan-Ludwig Hoffmann, Geselligkeit und Demokratie, Göttingen 2003.

V.3./Fundamentalpolitisierung:
Richard D. Brown, Knowledge is Power: The Diffusion of Information in Early America, 1700–1865, New York 1989; Edward Countryman, A People in Revolution: The American Revolution and Political Society in New York, 1760–1790, Baltimore 1981. Zu aktuellen Entwicklungen und der Frage nach einer Umkehrung dieses Prozesses: Pippa Norris, Critical Citizens. Global Support for Democratic Government, New York 1999 dies., Democratic Deficit: Critical Citizens Revisited, New York 2011.

V.4./Britische Wahlrechtsreformen:
John Ashton Cannon, Parliamentary Reform 1640–1832, Cambridge 1973; Paul Foot, The Vote: How it was won and how it was undermined, London 2005; Gareth Stedman Jones, Klassen, Politik und Sprache, Münster 1988; Malcolm Chase, Chartism: A New History, Manchester 2007; Dorothy Thompson, The Chartists: Popular Politics in the Industrial Revolution, New York 1984. – Zur «Volkssouveränität» zuletzt: Ingeborg Maus, Über Volkssouveränität. Elemente einer Demokratietheorie, Frankfurt 2011.

V.5./Amerikanischer Bürgerkrieg:
Daniel Webster, «Liberty and Union»: Rede am 26./27.1.1830, in: Herman Belz (Hg.), The Webster-Hayne Debate on the Nature of the Union. Selected Documents, Indianapolis 2000, S. 81–144, hier S. 144 (Hervorhebung «and» im Original); Eric Foner, Free Soil, Free Labor, Free Men: The Ideology of the Republican Party before the Civil War, 2. Aufl., New York 1995; Eugene D. Genovese, The Slaveholders' Dilemma: Freedom and Progress in Southern Conservative Thought, 1820–1860, Columbia, S. C. 1992. – Abraham Lincoln, Selected Speeches and Writings, New York 1992, hier: «House Divided Speech» (Springfield, Ill., 16.6. 1858): S. 131 ff.; Gettysburg Address, 19.11.1863: S. 405. – John C. Calhoun, A Disquisition on Government, in: ders., Union and Liberty, Indianapolis 1992, S. 3–78. – Allg. James M. McPherson, Battle Cry of Freedom. The Civil War Era, New York 1988; Eric Foner, Reconstruction: America's Unfinished Revolution, 1863–1877, New York 1988.

V.6. / Deutsches Kaiserreich 1871–1918:
Hans-Ulrich Wehler, Das deutsche Kaiserreich, Göttingen 1973, S. 67 (das spätere Zitat: «strukturelle Demokratiefeindschaft»: ebd., S. 105); siehe auch ders., Deutsche Gesellschaftsgeschichte, Bd. 3: 1849–1914, München 1995. – Thomas Nipperdey, Deutsche Geschichte 1866–1918, 2 Bde., München 1990/1992 (die «Schattenlinien» und das Zitat am Schluss des Kapitels: Bd. I, S. 834); Hans-Peter Ullmann, Das deutsche Kaiserreich 1871–1918, Frankfurt 1995; ders., Politik im Deutschen Kaiserreich, München 1999; Ralf Dahrendorf, Gesellschaft und Demokratie in Deutschland, München 1965; M. Rainer Lepsius, Demokratie in Deutschland, Göttingen 1993; David Blackbourn u. Geoff Eley, The Peculiarities of German History, New York 1984; dt.: Mythen deutscher Geschichtsschreibung, Frankfurt 1980; Thomas Nipperdey, War die wilhelminische Gesellschaft eine Untertanengesellschaft?, in: ders., Nachdenken über die deutsche Geschichte, München 1990, S. 208–224; Anderson, Practicing Democracy (IV.5.); Rohe, Wahlen (IV.5.); zur städtischen Bürgerlichkeit und Demokratie z. B. Manfred Hettling, Politische Bürgerlichkeit. Der Bürger zwischen Individualität und Vergesellschaftung in Deutschland und der Schweiz von 1860 bis 1918, Göttingen 1999. Zur kulturellen Moderne der Jahrhundertwende s. u., VI.1.

V.7./Siedlergesellschaften:
Frederick Jackson Turner, The Significance of the Frontier in American History (1893), zit. nach: ders., History, Frontier, and Section, Albuquerque 1993; Henry Nash Smith, Virgin Land: The American West as Symbol and Myth, Cambridge, Mass. 1950; Perry Miller, Errand into the Wilderness, Cambridge, Mass. 1956; Edmund S. Morgan, American Slavery, American Freedom: The Ordeal of Colonial Virginia, New York 1975; Roger D. McGrath, Gunfighters, Highwaymen, and Vigilantes: Violence on the Frontier, Berkeley 1984; David T. Courtwright, Violent Land: Single Men and Social Disorder from the Frontier to the Inner City, Cambridge, Mass. 1996; Richard Slotkin, Regeneration through Violence: The Mythology of the American Frontier, 1600–1860, Norman, Okla. 1973; ders., The Fatal Environment: The Myth of the

Frontier in the Age of Industrialization, 1800–1890, New York 1985; ders., Gunfighter Nation: The Myth of the Frontier in Twentieth-Century America, New York 1992. – Stuart MacIntyre, A Concise History of Australia, 3. Aufl., Cambridge/New York 2009; John Hirst, Freedom on the Fatal Shore: Australia's First Colony, Melbourne 2008; Jörg Fisch, Geschichte Südafrikas, München 1990. – Zu Israel s. u., VII.4.; zum Problem von Gewalt und Demokratie s. u., IX.3.; allg. vgl. Christof Dipper u. Rudolf Hiestand (Hg.), Siedler-Identität, Frankfurt 1995.

V.8./Frauenwahlrecht:
Gisela Bock, Frauen in der europäischen Geschichte. Vom Mittelalter bis zur Gegenwart, München 2000 (bes. Kap. IV, S. 177–238); dies., Frauenwahlrecht – Deutschland um 1900 in vergleichender Perspektive, in: Michael Grüttner u. a. (Hg.), Geschichte und Emanzipation. Fs. Reinhard Rürup, Frankfurt 1999, S. 95–136; Angelika Schaser, Helene Lange und Gertrud Bäumer. Eine politische Lebensgemeinschaft, Köln 2000, bes. S. 128 ff.; Ute Frevert, Frauen-Geschichte. Zwischen Bürgerlicher Verbesserung und Neuer Weiblichkeit, Frankfurt 1986. – Linda K. Kerber, Women of the Republic: Intellect and Ideology in Revolutionary America, Chapel Hill 1980; Carol Berkin, Revolutionary Mothers: Women in the Struggle for America's Independence, New York 2005; Mary P. Ryan, Cradle of the Middle Class: The Family in Oneida County, New York, 1790–1865, New York 1981; dies., Women in Public (IV.11.); Aileen S. Kraditor, The Ideas of the Woman Suffrage Movement, 1890–1920, New York 1965; Ellen Carol Dubois, Feminism and Suffrage: The Emergence of an Independent Women's Movement in America, 1848–1869, New York 1998. – Melanie Phillips, The Ascent of Woman. A History of the Suffragette Movement and the Ideas Behind It, London 2003; Antonia Raeburn, The Militant Suffragettes, London 1973; Marie Mulvey Roberts u. Tamae Mizuta (Hg.), The Militants. Suffragette Acitivism, London 1994. – Anti-Feminismus, Gegenbewegungen: Ute Planert, Antifeminismus im Kaiserreich. Diskurs, soziale Formation und politische Mentalität, Göttingen 1998; Jane Jerome Camhi, Women Against Women: American Anti-Suffragism, 1880–1920, New York 1994. – Zu aktuellen Entwicklungen und Debatten einer feministischen Demokratie (-theorie) z. B.: Susan Mendus, Losing the Faith: Feminism and Democracy, in: Dunn (Hg.), Democracy (I.), S. 207–219; Carole Pateman, Participation and Democratic Theory, New York 1970; Anne Phillips, Engendering Democracy, Cambridge 1991; Nancy Fraser, Die halbierte Gerechtigkeit, Frankfurt 2001; Gertrude Lübbe-Wolff, Demokratie als Weiberkram, in: Grundrechte und Solidarität. Fs. Renate Jaeger, Kehl 2011, S. 225–244; Birgit Sauer, Die Allgegenwart der «Androkratie»: Feministische Anmerkungen zur «Postdemokratie», in: Aus Politik und Zeitgeschichte 1–2/2011, S. 32–36.

V.9./Arbeiterbewegung und soziale Demokratie:
Geoff Eley, Forging Democracy: The History of the Left in Europe, 1850–2000, New York 2002; Jürgen Kocka, Lohnarbeit und Klassenbildung, Bonn 1983; Helga Grebing, Die deutsche Arbeiterbewegung. Zwischen Revolution, Reform und Stabismus, Mannheim 1993; dies., Arbeiterbewegung. Sozialer Protest und kollektive Interessenvertretung bis 1914, München 1985. – Grundlegend für Deutschland: Gerhard A. Ritter (Hg.), Geschichte der Arbeiterschaft und Arbeiterbewegung in Deutschland seit dem 18. Jahrhundert (Teilbände von Kocka, Ritter u. Tenfelde, Winkler, Schneider, Klessmann); für die frühe Zeit v. a.: Thomas Welskopp, Das Banner der Brüderlichkeit. Die deutsche Sozialdemokratie vom Vormärz bis zum Sozialistengesetz, Bonn 2000; klassisch: Gustav Mayer, Die Trennung der proletarischen von der bürgerlichen Demokratie in Deutschland, 1863–1870 (1912), in: ders., Radikalismus, Sozialismus und bürgerliche Demokratie, Frankfurt 1969, S. 108–178; Arthur Rosenberg, Demokratie und Sozialismus. Zur politischen Geschichte der letzten 150 Jahre, Frankfurt 1962; Werner Conze, Art. Arbeiter, in: GGr (II.1.), Bd. 1, Stuttgart 1972, S. 216–242; Horst Stuke, Sozialgeschichte – Begriffsgeschichte – Ideengeschichte. Gesammelte Aufsätze, Hg. Werner Conze u. Heilwig Schomerus, Stuttgart 1979; Wolfgang Schieder, Karl Marx als Politiker, München 1991; Lucian Hölscher, Weltgericht oder Revolution. Protestantische und sozialistische Zukunftsvorstellungen im deutschen Kaiserreich, Stuttgart 1989. – Als Beispiel für eine breite Literatur über demokratischen Radikalismus in der frühen Arbeiterbewegung außerhalb Deutschlands: Sean Wilentz, Chants Democratic: New York City and the Rise of the American Working Class,

490

1788–1850, New York 1984; Michael Merrill u. ders. (Hg.), The Key of Liberty. The Life and Democratic Writings of William Manning, «A Laborer», 1747–1814, Cambridge, Mass. 1993; und klassisch: E. P. Thompson, The Making of the English Working Class, New York 1963.

V. 10./Sozialstaat:
Gerhard A. Ritter, Der Sozialstaat, München 1989; ders., Entstehung und Entwicklung des Sozialstaates in vergleichender Perspektive, in: Historische Zeitschrift 243, 1986, S. 1–90 (dort S. 8: Sozialstaat als «Form der Demokratie»); Jens Alber, Vom Armenhaus zum Wohlfahrtsstaat. Analysen zur Entwicklung der Sozialversicherung in Westeuropa, Frankfurt 1982; ders., Der Sozialstaat in der Bundesrepublik 1950–1983, Frankfurt 1989; Winfried Schulze, Gerhard Oestreichs Begriff «Sozialdisziplinierung in der Frühen Neuzeit», in: Zeitschrift für Historische Forschung 14, 1987, S. 265–302; George R. Boyer, An Economic History of the British Poor Law, 1750–1850, Cambridge 1990; Felix Driver, Power and Pauperism. The Workhouse System, 1834–1884, Cambridge 1993; Bettina von Arnim, Dies Buch gehört dem König! (1843); Berlin 1989. – Drei Regime des Sozialstaates: Gösta Esping-Andersen, The Three Worlds of Welfare Capitalism, Cambridge 1990; Ursprünge im Krieg: Theda Skocpol, Protecting Soldiers and Mothers: The Political Origins of Social Policy in the United States, Cambridge, Mass. 1992; Michael Geyer, Ein Vorbote des Wohlfahrtsstaates. Die Kriegsopferversorgung in Frankreich, Deutschland und Großbritannien nach dem Ersten Weltkrieg, in: Geschichte und Gesellschaft 9, 1983, S. 230–277; Susan Pedersen, Family, Dependence, and the Origins of the Welfare State: Britain and France, 1914–1945, Cambridge, Mass. 1993; Werner Abelshauser (Hg.), Die Weimarer Republik als Wohlfahrtsstaat. Zum Verhältnis von Wirtschafts- und Sozialpolitik in der Industriegesellschaft, Stuttgart 1987; Detlef J. K. Peukert, Grenzen der Sozialdisziplinierung. Aufstieg und Krise der deutschen Jugendfürsorge von 1878 bis 1932, Köln 1986; David F. Crew, Germans on Welfare: From Weimar to Hitler, New York 1998; Franklin D. Roosevelt: Radioansprache am 6.9.1936, in: FDR's Fireside Chats, hg. v. Russell D. Bhuite u. David W. Levy, Norman, Okla. 1992, S. 73–82. – Michael Prinz, Vom neuen Mittelstand zum Volksgenossen, München 1986; Timothy W. Mason, Sozialpolitik im Dritten Reich. Arbeiterklasse und Volksgemeinschaft, Opladen 1977; Shelley Baranowski, Strength through Joy: consumerism and mass tourism in the Third Reich. Cambridge 2004; Victoria De Grazia, The Culture of Consent: Mass Organization of Leisure in Fascist Italy, Cambridge, Mass. 1981; Marie-Luise Recker, Nationalsozialistische Sozialpolitik im Zweiten Weltkrieg, München 1985; Götz Aly, Hitlers Volksstaat. Raub, Rassenkrieg und nationaler Sozialismus, Frankfurt 2005. – Hans Günter Hockerts, Der deutsche Sozialstaat. Entfaltung und Gefährdung seit 1945, Göttingen 2011 (darin u. a.: Drei Wege deuscher Sozialstaatlichkeit, S. 205–223); Konrad H. Jarausch, Realer Sozialismus als Fürsorgediktatur. Zur begrifflichen Einordnung der DDR, in: Aus Politik und Zeitgeschichte B 20, 1998, S. 33–46; ders., Art. Fürsorgediktatur, in: docupedia-Zeitgeschichte (www.docupedia.de/zg/Fürsorgediktatur); Gerhard A. Ritter, Der Preis der deutschen Einheit. Die Wiedervereinigung und die Krise des Sozialstaates, München 2006; Amartya Sen, Poverty and Famine: An Essay on Entitlement and Deprivation, New York 1981.

V. 11./Wellen der Demokratisierung:
Samuel P. Huntington, Democracy's Third Wave, in: Journal of Democracy 2, 1991, No. 2 (Spring), S. 12–34; ders., The Third Wave: Democratization in the Late Twentieth Century, Norman, Okla. 1991; Larry Diamond u. a. (Hg.), Consolidating the Third Wave Democracies, Baltimore 1997; Frances Hagoplan u. Scott P. Mainwaring (Hg.), The Third Wave of Democratization in Latin America. Advances and Setbacks, New York 2005; Anders Uhlin, Indonesia and the «Third Wave of Democratization». The Indonesian Pro-Democracy Movement in a Changing World, New York 1997; Michael McFaul, The Fourth Wave of Democracy and Dictatorship: Noncooperative Transitions in the Postcommunist World, in: World Politics 54, 2002, S. 212–244; Welle demokratischer Revolutionen 1905–1915 (Russland, Iran, Osmanisches Reich, Portugal, Mexiko, China): Charles Kurzman, Democracy Denied: Intellectuals and the Fate of Democracy, Cambridge, Mass. 2008; anregend im langen Blick auf das 19. und 20. Jh.: Charles S. Maier, Democracy Since the French Revolution, in: Dunn (Hg.), Democracy (I.), S. 125–153; Variation der Idee als Wellen demokratischer Reform im 20. Jh.: Russell J. Dal-

ton u. a., New Forms of Democracy? Reform and Transformation of Democratic Institutions, in: Bruce E. Cain u. a. (Hg.), Democracy Transformed? Expanding Political Opportunities in Advanced Industrial Democracies, New York 2008, S. 1–20.

VI. Krisen

VI. 1/Massengesellschaft um 1900:
August Nitschke u. a. (Hg.), Jahrhundertwende. Der Aufbruch in die Moderne 1880–1930, 2 Bde., Reinbek 1990; Paul Nolte, 1900: Das Ende des 19. und der Beginn des 20. Jahrhunderts in sozialgeschichtlicher Perspektive, in: Geschichte in Wissenschaft und Unterricht 47, 1996, S. 281–300; Ute Frevert (Hg.), Das Neue Jahrhundert. Europäische Zeitdiagnosen und Zukunftsentwürfe um 1900, Göttingen 2000; Joachim Radkau, Das Zeitalter der Nervosität. Deutschland zwischen Bismarck und Hitler, München 1998; George L. Mosse, Die Nationalisierung der Massen. Von den Befreiungskriegen bis zum Dritten Reich, Frankfurt 1976; Robert Michels, Masse, Führer, Intellektuelle. Politisch-soziologische Aufsätze 1906–1933, Frankfurt 1987; Robert Wiebe, The Search for Order, 1877–1920, New York 1967; ders., Self-Rule: A Cultural History of American Democracy, Chicago 1995; Alan Trachtenberg, The Incorporation of America: Culture and Society in the Gilded Age, New York 1982; Olivier Zunz, Making America Corporate, 1870–1920, Chicago 1990; Jan Werner Müller, Contesting Democracy: Political Ideas in Twentieth-Century Europe, New Haven 2011 (wichtig auch zum Folgenden).

VI. 2./Demokratie und Diktatur:
Ernst Nolte, Art. Diktatur, in: GGr (II. 1.), Bd. 1, Stuttgart 1972, S. 900–924; Marcus Llanque, Die Diktatur im Horizont der Demokratieidee. Zur verfassungspolitischen Debatte der Zwischenkriegszeit, in: Christoph Gusy (Hg.), Demokratie in der Krise: Europa in der Zwischenkriegszeit, Baden-Baden 2008, S. 52–85 (und überhaupt dieser Band); Hans Freyer, Soziologie als Wirklichkeitswissenschaft, Leipzig 1930; ders., Revolution von rechts, Jena 1931; Hermann Heller, Rechtsstaat oder Diktatur, Tübingen 1930; auch in: ders., Gesammelte Schriften, hg. v. Martin Drath u. a., Leiden 1971, Bd. 2, S. 443–462; Hans Kelsen, Verteidigung der Demokratie (1932), in: ders., Verteidigung der Demokratie, hg. v. Matthias Jestaedt u. Oliver Lepsius, Tübingen 2006, S. 229–237 (das Zitat S. 230); Stephan Malinowski, Vom König zum Führer. Sozialer Niedergang und politische Radikalisierung im deutschen Adel zwischen Kaiserreich und NS-Staat, Berlin 2003; Wolfgang Hardtwig (Hg.), Utopie und politische Herrschaft im Europa der Zwischenkriegszeit, München 2003; ders. (Hg.), Ordnungen in der Krise. Zur politischen Kulturgeschichte Deutschlands 1900–1933, München 2007; Thomas Mergel, Führer, Volksgemeinschaft und Maschine. Politische Erwartungsstrukturen in der Weimarer Republik und dem Nationalsozialismus 1918–1936, in: Wolfgang Hardtwig (Hg.), Politische Kulturgeschichte der Zwischenkriegszeit, Göttingen 2005, S. 91–127. – Allg. zu Kap. V.: Lutz Raphael, Imperiale Gewalt und mobilisierte Nation. Europa 1914–1945, München 2011; Eric J. Hobsbawm, Das Zeitalter der Extreme, München 1995; Mark Mazower, Dark Continent: Europe's Twentieth Century, New York 1999.

VI. 3./Europäische Demokratie nach dem Ersten Weltkrieg:
Mazower, Dark Continent (VI. 2.), bes. S. 3–40 (Zitat: «democracy's shallow roots in Europe's political tradition»: S. 27); Martin Kitchen, Europe between the Wars, 2. Aufl., London 2006; Walther L. Bernecker, Europa zwischen den Weltkriegen 1914–1945, Stuttgart 2002; Raphael, Imperiale Gewalt (VI. 2.), S. 82 ff.; Gusy (Hg.), Demokratie in der Krise (VI. 2.); Charles S. Maier, Recasting Bourgeois Europe: Stabilization in France, Germany, and Italy in the Decade after World War I, Princeton 1975; Enzo Traverso, Im Bann der Gewalt: Der europäische Bürgerkrieg 1914–1945, Berlin 2008; Wolfgang Schieder, Der italienische Faschismus 1919–1945, München 2010; ders., Faschistische Diktaturen. Studien zu Italien und Deutschland, Göttingen 2008; Doktrin des Faschismus: Art. Fascismo, in: Enciclopedia Italiana, Bd. 14, Rom 1932, S. 847 ff.

VI.4./Russland von der Rätedemokratie zu Stalin:
Wladimir I. Lenin, Staat und Revolution (1917); Sheila Fitzpatrick, The Russian Revolution, 2. Aufl., New York 1994; Dietrich Geyer, Die Russische Revolution, Göttingen 1980; Manfred Hildermeier, Die Russische Revolution 1905–1921, Frankfurt 1989; ders., Geschichte der Sowjetunion 1917–1991, München 1998; Jörg Baberowski, Der rote Terror. Geschichte des Stalinismus, Frankfurt 2007; ders., Der Feind ist überall. Stalinismus im Kaukasus, München 2003; ders. u. Anselm Doering-Manteuffel, Ordnung durch Terror, Bonn 2006; Michael Geyer u. Sheila Fitzpatrick (Hg.), Beyond Totalitarianism. Stalinism and Nazism Compared, New York/Cambridge 2009; Stefan Plaggenborg (Hg.), Stalinismus. Neue Forschungen und Konzepte, Berlin 1998; Manfred Hildermeier (Hg.), Stalinismus vor dem Zweiten Weltkrieg. Neue Wege der Forschung, München 1998; Sheila Fitzpatrick, Everyday Stalinism: Ordinary Life in Extraordinary Times: Soviet Russia in the 1930s, New York 1999; dies. (Hg.), Stalinism. New Directions, New York 2000.

VI.5./Amerika in der Zwischenkriegszeit:
C. Vann Woodward, The Strange Career of Jim Crow, 3. Aufl., New York 1974; ders., Tom Watson, Agrarian Rebel, Savannah 1973; ders., Origins of the New South, 1877–1913, Baton Rouge 1971; Edward L. Ayers, The Promise of the New South. Life after Reconstruction, New York 1992, hier bes. S. 432; Hans-Ulrich Wehler, Der Aufstieg des amerikanischen Imperialismus, Göttingen 1974; Nicholas Lemann, The Promised Land: The Great Black Migration and How It Changed America, New York 1991; David S. Cecelski u. Timothy B. Tyson (Hg.), Democracy Betrayed: The Wilmington Race Riot of 1898 and Its Legacy, Chapel Hill 1998; W. Fitzhugh Brundage, Lynching in the New South: Georgia and Virginia, 1880–1930, Urbana 1993; Manfred Berg, Popular Justice: A History of Lynching in America, Chicago 2011; Nancy MacLean, Behind the Mask of Chivalry: The Making of the Second Ku Klux Klan, New York 1994; Leonard J. Moore, Citizen Klansmen: The Ku Klux Klan in Indiana, 1921–1928, Chapel Hill 1991; Wiebe, Self-Rule (VI.1.); John Higham, Strangers in the Land. Patterns of American Nativism, 1860–1925, New York 1981; Stefan Kühl, The Nazi Connection: Eugenics, American Racism, and German National Socialism, New York 1994; dt.: Die Internationale der Rassisten: Aufstieg und Niedergang der internationalen Bewegung für Eugenik und Rassenhygiene im 20. Jahrhundert, Frankfurt 1997; Alan Brinkley, Voices of Protest: Huey Long, Father Coughlin, and the Great Depression, New York 1982; Walter Lippmann, Public Opinion, New York 1922; ders., The Phantom Public, New York 1925; John Dewey, The Public and Its Problems, New York 1927 (S. 110: «Optimism about democracy is today under a cloud»); Robert B. Westbrook, John Dewey and American Democracy, Ithaca 1991, hier bes. S. 285 f.; ders., Democratic Hope: Pragmatism and the Politics of Truth, Ithaca 2005; Frank Lloyd Wright, The Disappearing City, New York 1932, bes. S. 15 f.; überarb. 1945 unter dem Titel: «When Democracy Builds».

VI.6./Carl Schmitt:
Reinhard Mehring, Carl Schmitt. Aufstieg und Fall, München 2009; Dirk van Laak, Gespräche in der Sicherheit des Schweigens. Carl Schmitt in der politischen Geistesgeschichte der frühen Bundesrepublik, Berlin 1993; Carl Schmitt, Der Begriff des Politischen, Berlin 1932; ders., Die geistesgeschichtliche Lage des heutigen Parlamentarismus, Berlin 1923, 2. Aufl. 1926 mit neuem Vorwort; dort die Zitate: «zu einer leeren Formalität gemacht»: S. 10; «Heterogenität beseitigen», Hinweis auf Vertreibung der Griechen aus der Türkei: S. 14; Bolschewismus und Faschismus nicht antidemokratisch: S. 22; Mazower, Dark Continent (VI.2.), S. 17–21; Max Weber, Parlament und Regierung im neugeordneten Deutschland (1918), in: ders., Gesammelte Politische Schriften, 5. Aufl., Tübingen 1988, S. 306–443, hier S. 350; Hans Kelsen, Vom Wesen und Wert der Demokratie (1920), in: ders., Verteidigung der Demokratie (VI.2.), S. 149–228 (Auseinandersetzung mit Rousseau; Bezug auf Lenin und Max Weber); Robert Michels, Die oligarchischen Tendenzen der Gesellschaft. Ein Beitrag zum Problem der Demokratie (1908), in: ders., Masse, Führer, Intellektuelle (VI.1.), S. 134, 141; Berufung auf Rousseau bei Carl Schmitt z. B.: Geistesgeschichtliche Lage, S. 19–21. – Neuere Rousseau-Würdigung von linker Warte: Hartmut v. Hentig, Rousseau oder Die wohlgeordnete Freiheit, München 2003; linker Neoschmittianismus, Chantal Mouffe: s. u., VIII.5.; Trennung von Liberalismus und Demokratie in

Schmittscher Tradition: Crouch, Postdemokratie (I.), S. 26; vgl. S. 13: «parabelförmige Lebenskurve der Demokratie».

VI.7./Weimarer Republik:
Hans Mommsen, Die verspielte Freiheit, Berlin 1989; Heinrich August Winkler, Weimar 1918–1933, München 1993; Eberhard Kolb, Die Weimarer Republik, 9. Aufl., München 2009; Andreas Wirsching, Die Weimarer Republik. Politik und Gesellschaft, München 2000 (Zitat S. 112); Detlev J. K. Peukert, Die Weimarer Republik, Frankfurt 1986; Fritz René Allemann, Bonn ist nicht Weimar, Köln 1956; Kurt Sontheimer, Antidemokratisches Denken in der Weimarer Republik, München 1962; Christoph Gusy (Hg.), Demokratisches Denken in der Weimarer Republik, Baden-Baden 2000; ders. (Hg.), Demokratie in der Krise: Europa in der Zwischenkriegszeit, Baden-Baden 2008; Kelsen, Verteidigung der Demokratie (VI.3.), Zitat S. 237; Gotthard Jasper, Der Schutz der Republik. Studien zur staatlichen Sicherung der Demokratie in der Weimarer Republik 1922–1930, Tübingen 1963; Gisela Bock u. Daniel Schönpflug (Hg.), Friedrich Meinecke in seiner Zeit, Stuttgart 2006; Andreas Wirsching, Vom Weltkrieg zum Bürgerkrieg? Politischer Extremismus in Deutschland und Frankreich 1918–1933/39: Berlin und Paris im Vergleich, München 1999; ders. (Hg.), Herausforderungen der parlamentarischen Demokratie. Die Weimarer Republik im europäischen Vergleich, München 2007; Riccardo Bavaj, Von Links gegen Weimar: Linkes antiparlamentarisches Denken in der Weimarer Republik, Bonn 2005; Klaus-Michael Mallmann, Kommunisten in der Weimarer Republik. Sozialgeschichte einer revolutionären Bewegung, Darmstadt 1986; Jürgen Falter u. a., Wahlen und Abstimmungen in der Weimarer Republik, München 1986, bes. S. 41–44.

VI.8./Drittes Reich als «Volksstaat»?
Michael Wildt, Geschichte des Nationalsozialismus, Göttingen 2008; Hans-Ulrich Thamer, Verführung und Gewalt. Deutschland 1933–1945, Berlin 1986; Hans Mommsen, Von Weimar nach Auschwitz, Berlin 1999; Klaus Hildebrand, Das Dritte Reich, 7. Aufl. München 2009; Hans-Ulrich Wehler, Der Nationalsozialismus. Bewegung, Führerherrschaft, Verbrechen, München 2009; Ian Kershaw, Der NS-Staat. Geschichtsinterpretationen und Kontroversen im Überblick, 2. Aufl.; Reinbek 2001; Bernd-Jürgen Wendt, Deutschland 1933–1945. Das «Dritte Reich», Hannover 1995. – Michael Wildt, Volksgemeinschaft als Selbstermächtigung. Gewalt gegen Juden in der deutschen Provinz 1919 bis 1939, Hamburg 2007; Hitler-Zitat 23. 3. 1933 zur Justiz: nach Wendt, Deutschland 1933–1945, S. 102; Aly, Hitlers Volksstaat (V.10); zur Sozialpolitik im «Dritten Reich» s. o., V.10.; Ernst Fraenkel, Der Doppelstaat, Frankfurt 1974 (zuerst engl.: The Dual State, 1941); Michael Stolleis, Gemeinwohlformeln im nationalsozialistischen Recht, Berlin 1974; Detlev Peukert, Volksgenossen und Gemeinschaftsfremde, Köln 1982; ders. u. Jürgen Reulecke (Hg.), Die Reihen fast geschlossen. Beiträge zur Geschichte des Alltags im Nationalsozialismus, Wuppertal 1981. – Modernisierung im «Dritten Reich», Nationalsozialismus als soziale Revolution: David Schoenbaum, Die braune Revolution, Köln 1968; Dahrxendorf, Gesellschaft und Demokratie in Deutschland (V.6.); später vieldiskutiert: Michael Prinz u. Rainer Zitelmann (Hg.), Nationalsozialismus und Modernisierung, 2. Aufl., Darmstadt 1994.

VI.9./Krisengeschichte:
«Klassische Moderne»: Peukert, Weimarer Republik (VI.7.); «Hochmoderne»: Ulrich Herbert, Europe in High Modernity: Reflections on a Theory of the 20th Century, in: Journal of Modern European History 5, 2007, S. 5–20; «Goldenes Zeitalter»: Hobsbawm, Zeit der Extreme (VI.1.). – Michel P. Crozier u.a., Crisis of Democracy. Report on the Governability of Democracies to the Trilateral Commission, New York 1975; darin Dahrendorf: S. 188–195; Wilhelm Hennis u. a. (Hg.), Regierbarkeit. Studien zu ihrer Problematisierung, Bd. 1, Stuttgart 1977; Gerd Klaus Kaltenbrunner (Hg.), Der überforderte schwache Staat. Sind wir noch regierbar?, München 1975; Claus Offe, Unregierbarkeit. Zur Renaissance konservativer Krisentheorien, in: Jürgen Habermas (Hg.), Stichworte zur «Geistigen Situation der Zeit», Frankfurt 1979, Bd. 1, S. 294–318; Jürgen Habermas, Legitimationsprobleme im Spätkapitalismus, Frankfurt 1973; Hermann Lübbe, Zur politischen Theorie der Technokratie, in: Der Staat 1, 1962, S. 19–38. – Crouch, Postdemokratie (I.); Ralf Dahrendorf, Die Krisen der Demokratie. Ein Gespräch mit Antonio Polito, München 2002.

VII. Lernprozesse

VII.1./Der realistische Demokratiebegriff:
Mark Mazower, Hitlers Imperium. Europa unter der Herrschaft des Nationalsozialismus, München 2009; Joseph A. Schumpeter, Capitalism, Socialism, and Democracy, 1942; dt. Ausgabe: zuerst 1946; zit. nach: Kapitalismus, Sozialismus und Demokratie, 8. Aufl., Tübingen 2005; bes. Kap. 21, 22; die Definition (Zitat): S. 427 f.; Richard Swedberg, Joseph A. Schumpeter. Eine Biographie, Stuttgart 1994; Richard Saage, Demokratietheorien. Eine Einführung, Wiesbaden 2005, S. 237–260 («Reduzierte Demokratietheorien im Schatten des Zweiten Weltkriegs»); Karl R. Popper, Das Elend des Historizismus (entstanden vor 1945; engl. Buchveröff. 1957), Tübingen 1965 (dort bereits der Begriff «piecemeal social engineering», in Abgrenzung vom «utopian social engineering»); ders., Die offene Gesellschaft und ihre Feinde (zuerst engl. 1945), Bern 1957/58; Dewey, Creative Democracy (IV.10.); Laura Claridge, Norman Rockwell: A Life, New York 2001; Margaret T. Rockwell, Norman Rockwell's Chronicles of America, New York 1996. – Kreisauer Kreis, Grundsätze für die Neuordnung, 9.8. 1943: zit. nach Wolfgang Benz (Hg.), Bewegt von der Hoffnung aller Deutschen. Zur Geschichte des Grundgesetzes. Entwürfe und Diskussionen 1941–1949, München 1979, S. 95. – Abschied vom Utopischen: Hardtwig (Hg.), Utopie und politische Herrschaft (VI.2.); Hans Mommsen, Die Realisierung des Utopischen: Die «Endlösung der Judenfrage» im «Dritten Reich», in: Geschichte und Gesellschaft 9, 1983, S. 381–420; Lutz Raphael, Radikales Ordnungsdenken und die Organisation totalitärer Herrschaft: Weltanschauungseliten und Humanwissenschaftler im NS-Regime, in: ebd. 27, 2001, S. 5–40; ders., Imperiale Gewalt (VI.2.); Paul Nolte, Die Machbarkeit der Welt. Technik, Gesellschaft und Politik im utopischen 20. Jahrhundert, in: Klaus Geus (Hg.), Utopien, Zukunftsvorstellungen, Gedankenexperimente, Frankfurt 2011, S. 229–253. – Robert A. Dahl, A Preface to Democratic Theory, Chicago 1956; ders., Polyarchy: Participation and Opposition, New Haven 1971; ders., On Democracy, New Haven 1998, bes. S. 83–99; systematische Kritik an der Churchill-Definition: Manfred G. Schmidt, Demokratietheorien, 3. Aufl., Baden-Baden 2000, S. 538 f.; Müller, Contesting Democracy (VI.1.), S. 125 ff.; Bescheidenheit und Demut («humility») als Merkmal der Demokratie: Keane, Life and Death (I.), S. 846–851, 865–867.

VII.2./Westdeutsche und Amerikaner:
Grundlegend Wolfgang Benz, Auftrag Demokratie. Die Gründungsgeschichte der Bundesrepublik und die Entstehung der DDR 1945–1949, Berlin 2009 (vgl. S. 119: «Gewählt wurde erst ab 1946»; dagegen wird hier die Schnelligkeit des Prozesses betont); ders., Potsdam 1945. Besatzungsherrschaft und Neuaufbau im Vier-Zonen-Deutschland, München 1986; Konrad H. Jarausch, Die Umkehr. Deutsche Wandlungen 1945–1995, München 2004 (bes. Kap. 4 und 5); Hermann-Josef Rupieper, Die Wurzeln der deutschen Nachkriegsdemokratie. Der amerikanische Beitrag 1945–1952, Opladen 1993; Potsdamer Konferenz, 2.8. 1945: zit. nach Hans-Jörg Ruhl (Hg.), Neubeginn und Restauration. Dokumente zur Vorgeschichte der Bundesrepublik Deutschland 1945–1949, München 1982, S. 112 ff.; Brian M. Puaca, Learning Democracy: Education Reform in West Germany, 1945–1965, New York 2009; Lutz Niethammer, Die Mitläuferfabrik. Die Entnazifizierung am Beispiel Bayerns, Berlin 1982; Kreisauer Kreis, Grundsätze für die Neuordnung, 9.8. 1943: zit. nach Benz (Hg.), «Bewegt von der Hoffnung» (VII.1.), S. 94 f.; Jürgen Schmädeke u. Peter Steinbach (Hg.), Der Widerstand gegen den Nationalsozialismus, München 1985 (darin z. B. Ger van Roon, Hans Mommsen); Bonn und Weimar: Fritz René Allemann, Bonn ist nicht Weimar, Köln 1956/Frankfurt 2000; Sebastian Ullrich, Der Weimar-Komplex. Das Scheitern der ersten deutschen Demokratie und die politische Kultur der frühen Bundesrepublik, Göttingen 2009; Generations-Überlegungen im Anschluss an Peukert, Die Weimarer Republik (VI.7.), S. 25 ff.; Michael Wildt, Generation des Unbedingten. Das Führungskorps des Reichssicherheitshauptamtes, Hamburg 2002; Arnd Bauerkämper, Demokratisierung als transnationale Praxis. Neue Literatur zur Geschichte der Bundesrepublik in der westlichen Welt, in: Neue Politische Literatur 53, 2008, S. 57–84; transnationales Netzwerk der Gewerkschaften: Julia Angster, Konsenskapitalismus und Sozialdemokratie. Die Westernisierung von SPD und DGB, München 2003; Anselm Doering-Manteuffel, Wie westlich sind die

Deutschen? Amerikanisierung und Westernisierung im 20. Jahrhundert, Göttingen 1999; Victoria de Grazia, Irresistible Empire: America's Advance Through Twentieth-Century Europe, Cambridge, Mass. 2005; Ernst Fraenkel, Deutschland und die westlichen Demokratien, Stuttgart 1964; Alfons Söllner, Ernst Fraenkel und die Verwestlichung der politischen Kultur in der Bundesrepublik Deutschland, in: ders., Fluchtpunkte, Baden-Baden 2006, S. 201–223; Simone Ladwig-Winters, Ernst Fraenkel. Ein politisches Leben, Frankfurt 2009.

VII.3./Grundgesetz:
Benz, Auftrag Demokratie (VII.2.); ders., Die Gründung der Bundesrepublik. Von der Bizone zum souveränen Staat, München 1984; Christoph Möllers, Das Grundgesetz. Geschichte und Inhalt, München 2009; eine moderne Kultur- und Wirkungsgeschichte des Grundgesetzes fehlt noch. – Südafrikanische Verfassung 1996, Präambel: www.info.gov.za/documents/constitution/ 1996/96preamble.htm (9. 8. 2011); Manfred G. Schmidt, Das politische System der Bundesrepublik Deutschland, München 2005; ders., Das politische System Deutschlands, München 2007; Michael Stolleis (Hg.), Herzkammern der Republik. Die Deutschen und das Bundesverfassungsgericht, München 2011; «Verfassungspatriotismus»: s.o., IV.9; «Böckenförde-Diktum»: Ernst-Wolfgang Böckenförde, Die Entstehung des Staates als Vorgang der Säkularisation (1967), in: ders., Recht, Staat, Freiheit, Frankfurt 1991, S. 92–114, hier S. 112.

VII.4./ Japan, Indien, Israel:
«Drei Wellen»: s.o., V.11.; Reinhard Zöllner, Geschichte Japans. Von 1800 bis zur Gegenwart, 2. Aufl., Paderborn 2009; Ray A. Moore u. Donald L. Robinson, Partners for Democracy: Crafting the New Japanese State Under MacArthur, New York 2002; Sebastian Conrad, Auf der Suche nach der verlorenen Nation. Geschichtsschreibung in Westdeutschland und Japan 1945–1960, Göttingen 1999; Dietmar Rothermund, Indien. Aufstieg einer asiatischen Weltmacht, München 2008; Hermann Kulke u. ders., A History of India, 5. Aufl., New York 2010; Keane, Life and Death (I.), S. 585–647; Theodor Herzl, Der Judenstaat. Versuch einer modernen Lösung der Judenfrage (1896), Zürich 1988; Michael Brenner, Geschichte des Zionismus, München 2002; Gudrun Krämer, Geschichte Palästinas. Von der osmanischen Eroberung bis zur Gründung des Staates Israel, München 2002; Martin van Creveld, The Land of Blood and Honey; The Rise of Modern Israel, New York 2010; Arnold Blumberg, The History of Israel, Westport, Conn. 1998; Elmar Krautkrämer, Krieg ohne Ende? Israel und die Palästinenser – Geschichte eines Konflikts, Darmstadt 2003.

VII.5./Mittel- und Osteuropa: ·
Tony Judt, Postwar. A History of Europe Since 1945, London 2005, bes. Kap. VI, IX, XIII; Mazower, Dark Continent (VI.2.), Kap. 8, S. 250–285 («Building People's Democracy»); Robert O. Paxton, Europe in the Twentieth Century, Boston 2005, S. 515–529, 611–617; Robert K. Furtak, Die politischen Systeme der sozialistischen Staaten, München 1979; Antifaschismus: Annette Leo, Antifaschismus, in: Martin Sabrow (Hg.), Erinnerungsorte der DDR, München 2009, S. 30–42; aus westlicher Perspektive: Wolfgang Fritz Haug, Der hilflose Antifaschismus, 3. Aufl., Frankfurt 1970; Fehlen von liberal-demokratischen Traditionen: Judt, Postwar, S. 137. – Zum 17. Juni 1953 u.a.: Hubertus Knabe, 17. Juni 1953. Ein deutscher Aufstand, München 2003; Ulrich Mählert (Hg.), Der 17. Juni 1953, Bonn 2003; Volker Koop, Der 17. Juni. Legende und Wirklichkeit, Berlin 2003; Westliche Intellektuelle: Thomas Kroll, Kommunistische Intellektuelle in Westeuropa: Frankreich, Österreich, Italien und Großbritannien im Vergleich (1945–1956), Köln 2007; Tony Judt, Past Imperfect: French Intellectuals, 1944–1956, Berkeley 1992; exemplarisch: Eric J. Hobsbawm, Gefährliche Zeiten. Ein Leben im 20. Jahrhundert, München 2003; Jürgen Habermas, Die nachholende Revolution, Frankfurt 1990; Norbert Frei, 1968: Jugendrevolte und globaler Protest, München 2008, bes. S. 189–207.

VII.6./Kalter Krieg:
Bernd Stöver, Der Kalte Krieg. Geschichte eines radikalen Zeitalters 1947–1991, München 2007; ganz knapp ders., Der Kalte Krieg, München 2003; John Lewis Gaddis, The United States and the Origins of the Cold War, 1941–1947, New York 1972; ders., We Now Know. Rethinking Cold War History, New York 1997; ders., The Cold War: A New History, New York 2005;

Wilfried Loth, Die Teilung der Welt. Geschichte des Kalten Krieges 1941–1955, München 1990; Erfindung von Tradition: Eric J. Hobsbawm u. Terence Ranger (Hg.), The Invention of Tradition, Cambridge 1983; Begriff und Geschichte des «Westens»: Winkler, Geschichte des Westens (I.); Axel Schildt, Zwischen Abendland und Amerika. Studien zur westdeutschen Ideenlandschaft der 50er Jahre, München 1999; Vanessa Conze, Das Europa der Deutschen. Ideen von Europa in Deutschland zwischen Reichstradition und Westorientierung (1920–1970), München 2005; James T. Patterson, Grand Expectations: The United States, 1945–1974, New York 1996; Alonzo L. Hamby, Man of the People: A Life of Harry S. Truman, New York 1995; Tim B. Müller, Die gelehrten Krieger und die Rockefeller-Revolution. Intellektuelle zwischen Geheimdienst, Neuer Linken und dem Entwurf einer neuen Ideengeschichte, in: Geschichte und Gesellschaft 33, 2007, S. 198–227; u.v.a. ders., Krieger und Gelehrte. Herbert Marcuse und die Denksysteme im Kalten Krieg, Hamburg 2010; Alfons Söllner (Hg.), Zur Archäologie der Demokratie in Deutschland. Analysen von politischen Emigranten im amerikanischen Geheimdienst, 2 Bde., Frankfurt 1982/1986; Jürgen Heideking u. Christof Mauch (Hg.), Geheimdienstkrieg gegen Deutschland, Göttingen 1993; Alexander Bloom, Prodigal Sons: The New York Intellectuals and their World, New York 1986; Richard Crossman (Hg.), The God That Failed, New York 1949; Ralf Dahrendorf, Versuchungen der Unfreiheit. Die Intellektuellen in Zeiten der Prüfung, München 2006; Raymond Aron, Opium für Intellektuelle oder Die Sucht nach Weltanschauung, Köln 1957 (franz. 1955); ders., Demokratie und Totalitarismus, Hamburg 1970 (franz. 1965); Matthias Oppermann, Raymond Aron und Deutschland. Die Verteidigung der Freiheit und das Problem des Totalitarismus, Ostfildern 2008; Michael Hochgeschwender, Freiheit in der Offensive? Der Kongress für kulturelle Freiheit und die Deutschen, München 1998; Dokumentation des Kongresses: Der Monat 2, 1950, Nr. 22/23; Doering-Manteuffel, Wie westlich sind die Deutschen? (VII.2.), hier bes. S. 75, m. E. mit überschätzter Konsistenz des Konzepts); Angster, Konsenskapitalismus (VII.2.); Steve Fraser u. Gary Gerstle (Hg.), The Rise and Fall of the New Deal Order, 1930–1980, Princeton 1989; Sicherheit: Eckart Conze, Die Suche nach Sicherheit, München 2009.

VII.7./Lernen der Demokratie:
Franz L. Neumann, Militärregierung und Wiederbelebung der Demokratie in Deutschland (1948), in: ders., Wirtschaft, Staat, Demokratie, Frankfurt 1978, S. 309–326, hier S. 311; Fritz René Allemann, Das deutsche Parteiensystem. Eine politische Analyse, in: Der Monat 5, 1953, Nr. 53, S. 365–388, hier S. 367; ders., Bonn ist nicht Weimar (VI.7.); Ullrich, Der Weimar-Komplex (VII.2.); Norbert Frei, Vergangenheitspolitik. Die Anfänge der Bundesrepublik und die NS-Vergangenheit, München 1996; Hans-Peter Schwarz, Anmerkungen zu Adenauer, München 2004; Erik Lommatzsch, Hans Globke (1898–1973). Beamter im Dritten Reich und Staatssekretär Adenauers, Frankfurt 2009; Jürgen Bevers, Der Mann hinter Adenauer. Hans Globkes Aufstieg vom NS-Juristen zur Grauen Eminenz der Bonner Republik, Berlin 2009; Ulrich Herbert, Best. Biographische Studien über Radikalismus, Weltanschauung und Vernunft, 1903–1989, Bonn 1996; Frank Bösch, Die Adenauer-CDU. Gründung, Aufstieg und Krise einer Erfolgspartei 1945–1969, Stuttgart 2001; Hermann Lübbe, Der Nationalsozialismus im deutschen Nachkriegsbewusstsein, in: Historische Zeitschrift 236, 1983, S. 579–599; Ulrich Herbert (Hg.), Wandlungsprozesse in Westdeutschland. Belastung, Integration, Liberalisierung 1945–1980, Göttingen 2002; Jarausch, Umkehr (VII.2.); Daniel Morat, Von der Tat zur Gelassenheit. Konservatives Denken bei Martin Heidegger, Ernst Jünger und Friedrich Georg Jünger 1920–1960, Göttingen 2007; Jerry Z. Muller, The Other God That Failed. Hans Freyer and the Deradicalization of German Conservatism, Princeton 1987; Jens Hacke, Philosophie der Bürgerlichkeit. Die liberalkonservative Begründung der Bundesrepublik, Göttingen 2006; Ralf Dahrendorf, Gesellschaft und Freiheit, München 1961; ders., Gesellschaft und Demokratie in Deutschland (V.6.); ders., Konflikt und Freiheit, München 1972; M. Rainer Lepsius, Parteiensystem und Sozialstruktur. Zum Problem der Demokratisierung der deutschen Gesellschaft, in: Ritter (Hg.), Deutsche Parteien vor 1918 (IV.2.), S. 56–80; ders., Demokratie in Deutschland, Göttingen 1993; Clemens Albrecht u. a., Die intellektuelle Gründung der Bundesrepublik. Eine Wirkungsgeschichte der Frankfurter Schule, Frankfurt 1999; A. Dirk Moses, German Intellectuals and the Nazi Past, Cambridge 2007; Wilhelm Bleek, Geschichte der Politikwissenschaft in Deutschland, München 2001, S. 265–307; Paul Nolte, Die Ordnung der deutschen Gesellschaft, München

2000; ders., Soziologie als kulturelle Selbstvergewisserung. Die Demokratisierung der deutschen Gesellschaft nach 1945, in: Steffen Sigmund u.a. (Hg.), Soziale Konstellation und historische Perspektive. Fs. M. R. Lepsius, Wiesbaden 2008, S. 18–40; Helmut Schelsky, Auf der Suche nach Wirklichkeit, Düsseldorf 1965; Ralf Dahrendorf, Pfade aus Utopia, München 1967; Christina v. Hodenberg, Konsens und Krise. Eine Geschichte der deutschen Medienöffentlichkeit 1945–1973, Göttingen 2006; Ralf Dahrendorf, Liberal und unabhängig. Gerd Bucerius und seine Zeit, München 2000; Matthias Frese u.a. (Hg.), Demokratisierung und gesellschaftlicher Aufbruch. Die sechziger Jahre als Wendezeit der Bundesrepublik, Paderborn 2005; Axel Schildt u. Arnold Sywottek (Hg.), Modernisierung im Wiederaufbau. Die westdeutsche Gesellschaft der 50er Jahre, Bonn 1993; Axel Schildt u.a. (Hg.), Dynamische Zeiten. Die 60er Jahren in den beiden deutschen Gesellschaften, Hamburg 2000; Edgar Wolfrum, Die geglückte Demokratie. Geschichte der Bundesrepublik Deutschland von ihren Anfängen bis zur Gegenwart, Stuttgart 2006; Daniel Fulda u.a. (Hg.), Demokratie im Schatten der Gewalt. Geschichten des Privaten im deutschen Nachkrieg, Göttingen 2010.

VII.8./Notstand der Demokratie:
Philipp Gassert, Kurt Georg Kiesinger 1904–1988. Kanzler zwischen den Zeiten, München 2006; Jan-Ole Prasse, Der kurze Höhenflug der NPD, Marburg 2010; Freimut Duve (Hg.), Die Restauration entlässt ihre Kinder oder Der Erfolg der Rechten in der Bundesrepublik, Reinbek 1968; Karl Jaspers, Wohin treibt die Bundesrepublik?, in: Der Spiegel, 18. 4. 1966 (20. Jg., Nr. 17), S. 49–64 (die Zitate 49–51); als Buch: ders., Wohin treibt die Bundesrepublik? Tatsachen – Gefahren – Chancen, München 1966; Theodor Eschenburg, Herrschaft der Verbände?, Stuttgart 1955; Hermann Rudolph (Hg.), Den Staat denken. Theodor Eschenburg zum Fünfundachtzigsten, Berlin 1990; Ralf Dahrendorf, Für eine Erneuerung der Demokratie in der Bundesrepublik, München 1968 (darin u.a.: Fundamentale und liberale Demokratie, S. 31–46; zuerst Merkur, Dez. 1947); Martin Schneider, Demokratie in Gefahr? Der Konflikt um die Notstandsgesetze, Bonn 1986; Wolfgang Kraushaar, Die Furcht vor einem «neuen 33». Protest gegen die Notstandsgesetzgebung, in: Dominik Geppert u. Jens Hacke (Hg.), Streit um den Staat. Intellektuelle Debatten in der Bundesrepublik 1960–1980, Göttingen 2008, S. 135–150, Boris Spernol, Notstand der Demokratie. Der Protest gegen die Notstandsgesetze und die Frage der NS-Vergangenheit, Essen 2008; Eugen Kogon u.a., Der totale Notstandsstaat, Frankfurt 1965; Helmut Ridder u.a., Notstand der Demokratie (Dokumentation des Kongresses in Frankfurt am 30. 10. 1966), Frankfurt 1967; Kritik des Antiparlamentarismus der «Außer»-parlamentarischen Opposition: Ernst Fraenkel, Universität und Demokratie, Stuttgart 1967, S. 54 f.; Paul Nolte, Von der Gesellschaftsstruktur zur Seelenverfassung. Die Psychologisierung des Sozialdiagnose in den sechziger Jahren, in: Tobias Freimüller (Hg.), Psychoanalyse und Protest, Göttingen 2008, S. 70–94; Frank Biess, Die Sensibilisierung des Subjekts. Angst und «neue Subjektivität» in den 1970er Jahren, in: Werkstatt Geschichte 49, 2008, S. 51–72.

VII.9./Mehr Demokratie wagen:
Peter Merseburger, Willy Brandt 1913–1992. Visionär und Realist, Stuttgart 2002; Politikplanung: Michael Ruck, Ein kurzer Sommer der konkreten Utopie – Zur westdeutschen Planungsgeschichte der langen 60er Jahre, in: Schildt u.a. (Hg.), Dynamische Zeiten (VII.7.), S. 362–401; Gabriele Metzler, Konzeptionen politischen Handelns von Adenauer bis Brandt. Politische Planung in der pluralistischen Gesellschaft, Paderborn 2005; Paul Nolte, Die letzte Euphorie der klassischen Moderne. Die Reformzeit der alten Bundesrepublik in den 1960er und 1970er Jahren, in: ders., Riskante Moderne, München 2006, S. 27–46; Willy Brandt, Rede auf SPD-Parteitag, 24. 11. 1964, in: ders., Auf der Zinne der Partei. Parteitagsreden 1960–1983, Bonn 1984, S. 94 f.; Gustav Heinemann, 1. Juli 1969: zit. nach Christoph Klessmann, Zwei Staaten, eine Nation, Göttingen 1988, S. 548–550; Regierungserklärung Willy Brandts, 28. 10. 1969 nach: Klaus v. Beyme (Hg.), Die großen Regierungserklärungen der deutschen Bundeskanzler von Adenauer bis Schmidt, München 1979, S. 251–281; Claus Offe (Hg.), Demokratisierung der Demokratie. Diagnosen und Reformvorschläge, Frankfurt 2003; Hartmut v. Hentig, Die Sache und die Demokratie, in: Neue Sammlung 9, 1969, Heft 2, S. 101–129, hier bes. S. 106 f.; Thomas Gordon, Familienkonferenz. Die Lösung von Konflikten zwischen Eltern und Kind, Hamburg 1972, 10. Aufl. (176.-200. Tsd.) 1977; Entwurf des Hamburger SDS für ein Hochschulge-

setz, 1968, in: Kursbuch Nr. 14, 1968, S. 120–122, hier S. 122; Wilhelm Hennis, Demokratisierung. Zur Problematik eines Begriffs, Köln 1970; «Orientierungsrahmen 85» (Abschnitt 2.3.1); Conze, Die Suche nach Sicherheit (VII.6.); Bernd Greiner, 9/11. Der Tag, die Angst, die Folgen, München 2011.

VII.10./Protestbewegungen:
Harvard Sitkoff, The Struggle for Black Equality 1954–1992, New York 2008; Nicholas Lemann, The Promised Land: The Great Black Migration and How It Changed America, New York 1992; «Brown v. Board of Education»: Robert Griffith (Hg.), Major Problems in American History Since 1945, Lexington, Mass. 1992, S. 356 ff.; Taylor Branch, Parting the Waters. America in the King Years, 1954–63, New York 1988; David J. Garrow, Bearing the Cross: Martin Luther King, Jr. and the Southern Christian Leadership Conference, New York 1986; John Dittmer, Local People: The Struggle for Civil Rights in Mississippi, Urbana, Ill. 1995; Prinzip der «Anerkennung»: Axel Honneth, Kampf um Anerkennung, Frankfurt 1992; ders., Das Ich im Wir. Studien zur Anerkennungstheorie, Berlin 2010; Port Huron Statement: Griffith (Hg.), Major Problems, S. 447–452; David Riesman, The Lonely Crowd: A Study of the Changing American Character, New Haven 1950; dt.: Die einsame Masse, Reinbek 1958; Frei, 1968 (VII.5.); Jeremi Suri, The Global Revolutions of 1968, New York 2007; Ingrid Gilcher-Holtey, Die 68er Bewegung. Deutschland – Westeuropa – USA, München 2001; dies., «Die Phantasie an die Macht». Mai 68 in Frankreich, Frankfurt 1995; Gespräch Cohn-Bendit und Sartre: Nouvel Observateur, 20. 5. 1968, engl. Übers. in: Hervé Bourges (Hg.), The French Student Revolt: The Leaders Speak, New York 1968, S. 73–83; Tilman P. Fichter u. Siegward Lönnendonker, Kleine Geschichte des SDS, 4. Aufl., Essen 2007; Christina v. Hodenberg u. Detlef Siegfried (Hg.), Wo «1968» liegt. Reform und Revolte in der Geschichte der Bundesrepublik, Göttingen 2006; Frantz Fanon, Die Verdammten dieser Erde, Frankfurt 1966; Dutschke-Zitate: Uwe Bergmann, Rudi Dutschke u. a., Rebellion der Studenten oder Die neue Opposition, Reinbek 1968, S. 82, 77; Jürgen Habermas, Kongress ‹Hochschule und Demokratie› (1967), in: ders., Kleine Politische Schriften I-IV, Frankfurt 1980, S. 205–216, hier S. 213 ff.; Wolfgang Abendroth u. a., Die Linke antwortet Jürgen Habermas, Frankfurt 1968; Johannes Agnoli, Die Transformation der Demokratie, in: ders. u. Peter Brückner, Die Transformation der Demokratie, Berlin 1967, S. 3–87; Wolfgang Kraushaar, Agnoli, die APO und der konstitutive Illiberalismus seiner Parlamentarismuskritik, in: Zeitschrift für Parlamentsfragen 38, 2007, S. 160–179; Herbert Marcuse, Repressive Toleranz (1965), dt.: Repressive Toleranz, in: Robert Paul Wolff u. a., Kritik der reinen Toleranz, Frankfurt 1966, S. 91–128; ders., Das historische Schicksal der bürgerlichen Demokratie (1973/74), in: ders., Nachgelassene Schriften, Bd. 1, Lüneburg 1999, S. 145–175; ders., One-Dimensional Man: Studies in the Ideology of Advanced Industrial Society, Boston 1964; dt.: Der eindimensionale Mensch, Stuttgart 1967; Sara Evans, Personal Politics: The Roots of Women's Liberation in the Civil Rights Movement and the New Left, New York 1980. – «Expressive Revolution»: Talcott Parsons, Religion in Postindustrial America: The Problem of Secularization, in: Social Research 41, 1974, S. 193–225; Bryan S. Turner, Talcott Parsons's Sociology of Religion and the Expressive Revolution: The Problem of Western Individualism, in: Journal of Classical Sociology 5, 2005, S. 303–318; Dagmar Herzog, Die Politisierung der Lust. Sexualität in der deutschen Geschichte des 20. Jahrhunderts, München 2005; Gerd Koenen, Das rote Jahrzehnt. Unsere kleine deutsche Kulturrevolution 1967–1977, Frankfurt 2002; Andreas Kühn, Stalins Enkel, Maos Söhne. Die Lebenswelt der K-Gruppen in der Bundesrepublik der 70er Jahre, Frankfurt 2005; Habbo Knoch, Bürgersinn mit Weltgefühl. Politische Moral und solidarischer Protest in den sechziger und siebziger Jahren, Göttingen 2007; Joachim Raschke, Soziale Bewegungen, Frankfurt 1985; Roland Roth u. Dieter Rucht (Hg.), Die sozialen Bewegungen in Deutschland seit 1945. Ein Handbuch, Frankfurt 2010; Ruud Koopmans, Democracy from Below. New Social Movements and the Political System in West Germany, Boulder, Colo. 1995; Ute Hasenöhrl, Zivilgesellschaft und Protest. Eine Geschichte der Naturschutz- und Umweltbewegung in Bayern 1945–1980, Göttingen 2011; Joachim Radkau, Die Ära der Ökologie. Eine Weltgeschichte, München 2011; Tine Stein, Demokratie und Verfassung an den Grenzen des Wachstums. Zur ökologischen Kritik und Reform des demokratischen Verfassungsstaates, Opladen 1998; Grünes Plakat 1979, «Wir haben die Erde von unseren Kindern nur geborgt»: Deutsches Historisches Museum, www.dhm.de/sammlungen/plakate/pli02940.

499

html (19.8.2011); Hans Jonas, Das Prinzip Verantwortung. Versuch einer Ethik für die technologische Zivilisation, Frankfurt 1979; Grünes Parteiprogramm 1980, Präambel: Archiv Grünes Gedächtnis, www.boell.de/downloads/stiftung/1980_Bundesprogramm.pdf (19.8. 2011); Joachim Raschke u.a., Die Grünen. Wie sie wurden, was sie sind, Köln 1993; Hubert Kleinert, Vom Protest zur Regierungspartei. Die Geschichte der Grünen, Frankfurt 1992; Saskia Richter, Die Aktivistin. Das Leben der Petra Kelly, München 2010; Silke Mende, «Nicht rechts, nicht links, sondern vorn». Eine Geschichte der Gründungsgrünen, München 2011.

VIII. Erweiterungen

VIII.1./Zivilgesellschaft:
Manfred Riedel, Art. Bürgerliche Gesellschaft, in: GGr (II.1.), Bd. 2, Stuttgart 1975, S.719–800; Jürgen Kocka, Zivilgesellschaft als historisches Problem und Versprechen, in: Manfred Hildermeier u.a. (Hg.), Europäische Zivilgesellschaft in Ost und West, Frankfurt 2000, S. 13–39; John Keane, Civil Society: Old Images, New Visions, Cambridge 1998; Adam Michnik, Interview mit Erica Blair (d.i. John Keane), Februar 1988, in: ders., Letters from Freedom, Berkeley 1998, S.96–113, hier bes. S. 100, 104 f.; Juan J.Linz u. Alfred Stepan, Problems of Democratic Transition and Consolidation, Baltimore 1996, S.255–292, hier bes.273 («ethical civil society»); Bronisław Geremek, The Transformation of Central Europe, in: Larry Diamond u. Marc F.Plattner (Hg.), Democracy after Communism, Baltimore 2002, S. 120–125; Timothy Garton Ash, The Polish Revolution: Solidarity, 1980–1982, London 1983; Agnes Arndt, Intellektuelle in der Opposition. Diskurse zur Zivilgesellschaft in der Volksrepublik Polen, Frankfurt 2007; Andrew Arato, Civil Society vs. the State: Poland 1980–1981, in: Telos 47, 1981, S. 23–47; ders. u. Jean L. Cohen, Civil Society and Political Theory, Cambridge, Mass. 1992; Ralf Dahrendorf, Die gefährdete Civil Society, in: Krzysztof Michalski (Hg.), Europa und die Civil Society. Castelgandolfo-Gespräche 1989, Stuttgart 1991, S. 247–263; Axel Honneth (Hg.), Kommunitarismus. Eine Debatte über die moralischen Grundlagen moderner Gesellschaften, Frankfurt 1993; Thomas Schmidt, Staatsbegräbnis. Von ziviler Gesellschaft, Berlin 1990; Michel Foucault, Geschichte der Gouvernementalität, 2 Bde., Frankfurt 2004; Ulrich Bröckling u.a. (Hg.), Gouvernementalität der Gegenwart. Studien zur Ökonomisierung des Sozialen, Frankfurt 2000; Robert D.Putnam, Bowling Alone: The Collapse and Revival of American Community, New York 2000; ders., Making Democracy Work. Civic Traditions in Modern Italy, Princeton 1993; Paul Ginsborg, Italy and Its Discontents: Family, Civil Society, State, 1980–2001, London 2001, S. 94–136, hier bes. S. 124; Bussemer, Die erregte Republik (I.); Leggewie, Mut statt Wut (I.); Paul Nolte, Zivilgesellschaft und soziale Ungleichheit. Überlegungen zur deutschen Gesellschaftsgeschichte, in: ders., Generation Reform, München 2004, S.85–109; Ginsborg, Italy, S. 124; Jeffrey Stout, Blessed Are the Organized: Grassroots Democracy in America, Princeton 2010; Manfred Hildermeier, Russland oder Wie weit kam die Zivilgesellschaft?, in: ders. u.a. (Hg.), Europäische Zivilgesellschaft, S. 113–148; Guido Hausmann (Hg.), Gesellschaft als lokale Veranstaltung, Göttingen 2002; Helmut Anheier u.a. (Hg.), Global Civil Society 2001, Oxford 2001.

VIII.2./DDR 1989:
Huntington: s.V.11.; Klaus-Dietmar Henke (Hg.), Revolution und Wiedervereinigung 1989/90, München 2009; darin u.a.: Ralph Jessen, Massenprotest und zivilgesellschaftliche Selbstorganisation in der Bürgerbewegung von 1989/90, S. 163–177 (S. 172: Zitat «Gegnerschaft/Systemwandel»); Ehrhart Neubert, Geschichte der Opposition in der DDR 1949–1989, 2.Aufl., Berlin 1998; Eberhard Kuhrt (Hg.), Opposition in der DDR, Opladen 1999 (Quellen); Karsten Timmer, Vom Aufbruch zum Umbruch. Die Bürgerbewegung in der DDR 1989, Göttingen 2000; Detlef Pollack, Politischer Protest. Politisch alternative Gruppen in der DDR, Opladen 2000; Ilko-Sascha Kowalczuk, Endspiel. Die Revolution von 1989 in der DDR, München 2009; Charles S.Maier, Dissolution: The Crisis of Communism and the End of East Germany, Princeton 1997; Konrad H.Jarausch, Die unverhoffte Einheit 1989–1990, Frankfurt 1995; Andreas Rödder, Deutschland einig Vaterland. Die Geschichte der Wiedervereinigung, München 2009;

Thomas Lindenberger, Der lange Sommer einer kurzen Demokratie: die DDR zwischen «Wende» und Vereinigung, in: Henke (Hg.), Revolution und Vereinigung, S. 343–352; Timothy Garton Ash, Zeit der Freiheit. Aus den Zentren von Mitteleuropa, München 1999; Geremek, Transformation (VIII.1.), S. 122.

VIII.3./Europa:
Hartmut Kaelble, Wege zur Demokratie. Von der Französischen Revolution zur Europäischen Union, Stuttgart 2001; Gabriele Clemens u. a., Geschichte der europäischen Integration, Paderborn 2008; Gerhard Brunn, Die Europäische Einigung von 1945 bis heute, Stuttgart 2002; Franz Knipping, Rom, 25. März 1957. Die Einigung Europas, München 2004; Wilfried Loth, Der Weg nach Europa. Geschichte der europäischen Integration 1939–1957, 2. Aufl., Göttingen 1991; Ute Frevert, Eurovisionen. Ansichten guter Europäer im 19. und 20. Jahrhundert, Frankfurt 2003; Jürgen Habermas, Braucht Europa eine Verfassung?, in: ders., Zeit der Übergänge, Frankfurt 2001, S. 104–129; ders., Zur Verfassung Europas. Ein Essay, Frankfurt 2011; sehr anregend: Möllers, Demokratie (I.), S. 82–94; Dahrendorf, Die Krisen der Demokratie (VI.9.), S. 33–52, hier S. 45 (kein europäischer Patriotismus); Jürgen Habermas (mit Jacques Derrida), Der 15. Februar oder: Was die Europäer verbindet (FAZ, 31. 5. 2003), in: ders., Der gespaltene Westen, Frankfurt 2004, S. 43–51; ders., Ist die Herausbildung einer europäischen Identität möglich, und ist sie nötig?, in: ebd., S. 68–82; Ruprecht Polenz, Besser für beide. Die Türkei gehört in die EU, Hamburg 2010.

VIII.4./Konsumbürger:
Tanja Busse, Die Einkaufsrevolution. Konsumenten entdecken ihre Macht, München 2006; Kerstin Brückweh (Hg.), The Voice of the Citizen Consumer, Oxford 2011; Kate Soper u. Frank Trentmann (Hg.), Citizenship and Consumption, London 2008; Martin Daunton u. Matthew Hilton (Hg.), The Politics of Consumption: Material Culture and Citizenship in Europe and America, Oxford 2001; Susan Strasser u. a. (Hg.), Getting and Spending. European and American Consumer Societies in the Twentieth Century, Cambridge 1998; Heinz-Gerhard Haupt, Konsum und Handel. Europa im 19. und 20. Jahrhundert, Göttingen 2003. – Max Weber, Die Protestantische Ethik und der Geist des Kapitalismus (1904), in: ders., Gesammelte Aufsätze zur Religionssoziologie, Bd. I, Tübingen 1988, S. 17–206; Brotunruhen im 18./19. Jh.: George Rudé, Die Volksmassen in der Geschichte. England und Frankreich 1730–1848, Frankfurt 1977; E. P. Thompson, The Moral Economy of the English Crowd in the Eighteenth Century, in: Past and Present 50, 1971, S. 76–136; Victoria E. Thompson, The Virtuous Marketplace: Women and Men, Money and Politics in Paris, 1830–1870, Baltimore 2000; Christoph Nonn, Verbraucherprotest und Parteiensystem im wilhelminischen Deutschland, Düsseldorf 1996; Michael Prinz, Brot und Dividende. Konsumvereine in Deutschland und England vor 1914, Göttingen 1996; Martin H. Geyer, Verkehrte Welt. Revolution, Inflation und Moderne: München 1914–1924, Göttingen 1998; Claudius Torp, Konsum und Politik in der Weimarer Republik, Göttingen 2011; Hartmut Berghoff (Hg.), Konsumpolitik. Die Regulierung des privaten Verbrauchs im 20. Jahrhundert, Göttingen 1999; Kathryn K. Sklar, Florence Kelley and the Nation's Work: The Rise of Women's Political Culture, 1830–1900, New Haven 1995; dies., The Consumers' White Label Campaign of the National Consumers' League, 1898–1918, in: Strasser u. a. (Hg.), Getting and Spending, S. 17–35; Lizabeth Cohen, The New Deal State and the Making of Citizen Consumers, in: ebd., S. 111–125; Robert S. Lynd u. Helen M. Lynd, Middletown: A Study in Modern American Culture (1929), New York 1956; De Grazia, Irresistible Empire (VII.2.); Lizabeth Cohen, A Consumers' Republic: The Politics of Mass Consumption in Postwar America, New York 2003; Horkheimer u. Adorno, Dialektik der Aufklärung (II.8.); Marcuse, Der eindimensionale Mensch (VII.10.); aktuelle Varianten: Benjamin R. Barber, Consumed: How Markets Corrupt Children, Infantilize Adults, and Swallow Citizens Whole, New York 2007; Zygmunt Bauman, Exit Homo Politicus, Enter Homo Consumens, in: Soper u. Trentmann (Hg.), Citizenship and Consumtion S. 139–153; klassisch: Erich Fromm, Haben oder Sein. Die seelischen Grundlagen einer neuen Gesellschaft, Stuttgart 1976.

VIII.5./Deliberative Demokratie:
Habermas, Faktizität und Geltung (IV.6.) (hier S. 435 das Zitat «Kommunikationsstruktur

...»); ders., Die Einbeziehung des Anderen. Studien zur politischen Theorie, Frankfurt 1996 (hier S. 296 f. das Zitat «Die administrativ verfügbare ...»; S. 290: «dezentrierte Gesellschaft»); ders., Strukturwandel der Öffentlichkeit (IV.11.); ders., Theorie des kommunikativen Handelns, Frankfurt 1981; ders., Öffentlicher Raum und politische Öffentlichkeit. Lebensgeschichtliche Wurzeln von zwei Gedankenmotiven, in: ders., Zwischen Naturalismus und Religion, Frankfurt 2005, S. 15–26; Stefan Müller-Doohm, Jürgen Habermas, Frankfurt 2008; Michael Funken (Hg.), Über Habermas. Gespräche mit Zeitgenossen, Darmstadt 2008; Seyla Benhabib (Hg.), Democracy and Difference: Contesting the Boundaries of the Political, Princeton 1996; René v. Schomberg u. Kenneth Baynes (Hg.), Discourse and Democracy: Essays on Habermas's Between Facts and Norms, Albany 2002; Nina Verheyen, Diskussionslust. Eine Kulturgeschichte des «besseren Arguments» in Westdeutschland, Göttingen 2010; Dahrendorf: s.VII.7.; Chantal Mouffe, Das demokratische Paradox, Wien 2008 (das Zitat: S. 105); dies., Über das Politische. Wider die kosmopolitische Illusion, Frankfurt 2007; Ernesto Laclau u. dies., Hegemony and Socialist Strategy. Towards a Radical Democratic Politics, London 1985; dt.: Hegemonie und radikale Demokratie. Zur Dekonstruktion des Marxismus, Wien 1991; Martin Nonhoff (Hg.), Diskurs, radikale Demokratie, Hegemonie. Zum politischen Denken von Ernesto Laclau und Chantal Mouffe, Bielefeld 2007; zu Carl Schmitt s. o., VI.6.

VIII.6./Direkte Demokratie:
Ernest Renan, Qu'est-ce qu'une nation? (1882); dt.: Was ist eine Nation? Und andere politische Schriften, Wien 1995; Heidrun Abromeit, Nutzen und Risiken direktdemokratischer Instrumente, in: Offe (Hg.), Demokratisierung der Demokratie (VII.9.), S. 95–110; Manfred G. Schmidt, Lehren der Schweizer Referendumsdemokratie, in: ebd., S. 111–123; Zoltán Tibor Pállinger u. a. (Hg.), Direct Democracy in Europe. Developments and Prospects, Wiesbaden 2007; Thomas Goebel, A Government By the People: Direct Democracy in America, 1890– 1940, Chapel Hill 2002; Thomas E. Cronin, Direct Democracy: The Politics of Initiative, Referendum, and Recall, Cambridge, Mass. 1989; Ulrich Glaser, Direkte Demokratie als politisches Routineverfahren. Volksabstimmungen in den USA und in Kalifornien, Erlangen 1997; Arthur O'Sullivan u. a., Property Taxes and Tax Revolts: The Legacy of Proposition 13, New York 1995; Mark Baldassare u. Cheryl Katz, The Coming Age of Direct Democracy: California's Recall and Beyond, Lanham, Md. 2008; Skeptisch, aber informativ: The Perils of Extreme Democracy: California Offers a Warning to Voters all over the World, in: Economist, 20. 4. 2011; David Butler u. Austin Ranney (Hg.), Referendums around the World: The Growing Use of Direct Democracy, Washington, D.C. 1994; Gregory A. Fossedal, Direct Democracy in Switzerland, New Brunswick, N.J. 2002; Hermann K. Heußner u. Otmar Jung (Hg.), Mehr direkte Demokratie wagen. Volksbegehren und Volksentscheid: Geschichte – Praxis – Vorschläge, München 1999; Andreas Kost (Hg.), Direkte Demokratie in den deutschen Ländern, Wiesbaden 2005; The Initiative and Referendum Institute Europe, Guidebook to Direct Democracy in Switzerland and Beyond, Bern 2005; Temma Kaplan, Taking Back the Streets: Women, Youth, and Direct Democracy, Berkeley 2004.

VIII.7./Digitale Demokratie:
Andreas Elter, Bierzelt oder Blog? Politik im digitalen Zeitalter, Hamburg 2010; Claus Leggewie u. Christoph Bieber, Demokratie 2.0. Wie tragen neue Medien zur demokratischen Erneuerung bei?, in: Offe (Hg.), Demokratisierung der Demokratie (VII.6.), S. 124–151; David Gelernter, Computers and Democracy, in: Purdy (Hg.), Democratic Vistas (I.), S. 258–272; Hubertus Buchstein u. Harald Neymanns (Hg.), Online-Wahlen, Opladen 2002; Pippa Norris, Digital Divide: Civic Engagement, Information Poverty, and the Internet Worldwide, Cambridge/New York 2001; Barry N. Hague u. Brian D. Loader, Digital Democracy: Discourse and Decision Making in the Information Age, London 1999; Tobias Moorstedt, Jeffersons Erben: Wie die digitalen Medien die Politik verändern, Frankfurt 2008; Philip N. Howard, The Digital Origins of Dictatorship and Democracy: Information Technology and Political Islam, New York 2010; Piraten: www.pp-international.net; Micah L. Sifry, WikiLeaks and the Age of Transparency, Berkeley 2011; Daniel Domscheit-Berg, Inside Wikileaks: Meine Zeit bei der gefährlichsten Website der Welt, Berlin 2011.

VIII.8./Anwälte und Kläger:
Bruce E. Cain u. a. (Hg.), Democracy Transformed: Expanding Political Opportunities in Advanced Industrial Democracies, New York 2003 (z. B. Einleitung, S. 10 f.: «advocacy democracy» als selbstständiger dritter Typus neben repräsentativer und direkter Demokratie); Kim Fortun, Advocacy after Bhopal: Environmentalism, Disaster, New Global Orders, Chicago 2001; Alec Stone Sweet, Governing with Judges: Constitutional Politics in Europe, New York 2000; Lisa Ranghelli, Strengthening Democracy, Increasing Opportunities: Impacts of Advocacy, Organizing, and Civic Engagement in North Carolina, Washington, D. C. 2009; Stout, Blessed Are the Organized (VIII.1.); Keane, Life and Death (I.) («monitory democracy»); Stolleis (Hg.), Herzkammern der Republik (VII.3.); Matthias Jestaedt u. a., Das entgrenzte Gericht. Eine kritische Bilanz nach sechzig Jahren Bundesverfassungsgericht, Frankfurt 2011.

VIII.9./Multiple Demokratie:
Dieter Grimm, Lässt sich die Verhandlungsdemokratie konstitutionalisieren?, in: Offe (Hg.), Demokratisierung der Demokratie (VII.9.), S. 193–210; Wolfgang Merkel, «Eingebettete» und defekte Demokratien, in: ebd., S. 43–71 (s.a. IX.6.); von einem «Kern» spricht in etwas anderem Sinne auch: Marcia Pally, Lob der Kritik. Warum die Demokratie nicht auf ihren Kern verzichten darf, Berlin 2003; Staat gegen «radikale» Demokratie: Laclau u. Mouffe, Hegemony (VIII.5.); James Holston, Insurgent Citizenship: Disjunctions of Democracy and Modernity in Brazil, Princeton 2009; Marc Stears, Demanding Democracy: American Radicals in Search of a New Politics, Princeton 2010; Thomas Wagner, Demokratie als Mogelpackung. Deutschlands sanfter Weg in den Bonapartismus, Köln 2011; Offe (Hg.), Demokratisierung (VII.7.); Benjamin R. Barber, Strong Democracy: Participatory Politics for a New Age, Berkeley 1984/20th Anniversary Ed. 2004; Nolte, Von der repräsentativen zur multiplen Demokratie (I.); Niedergang der Demokratie: Crouch, Postdemokratie (I.); Baofu, The Rise of Authoritarian Liberal Democracy (I.); dagegen: Norris, Democratic Deficit (V.3.); dies., Critical Citizens (V.3.); s. auch dies., Democratic Phoenix: Reinventing Political Acitivism, Cambridge 2002.

IX. Spannungslinien

IX.1./Markt und Kapitalismus:
C. B. MacPherson, Die politische Theorie des Besitzindividualismus. Von Hobbes bis Locke, Frankfurt 1967; Barrington Moore, Soziale Ursprünge von Diktatur und Demokratie, Frankfurt 1969; Albert O. Hirschman, The Passions and the Interests: Political Arguments for Capitalism Before Its Triumph, Princeton 1977; ders., Rival Views of Market Society, Cambridge, Mass. 1992; Joyce Appleby, The Relentless Revolution: A History of Capitalism, New York 2010; Seymour M. Lipset, Some Social Requisites of Democracy: Economic Development and Political Legitimacy, in: American Political Science Review 53, 1959, S. 69–105; David M. Potter, People of Plenty. Economic Abundance and the American Character, Chicago 1954; Richard C. Levin, Democracy and the Market, in: Purdy (Hg.), Democratic Vistas (I.), S. 154–172; Adam Przeworski u. a., Democracy and Development: Political Institutions and Well-Being in the World, 1950–1990, New York 2000; Thomas Bender (Hg.), The Antislavery Debate: Capitalism and Abolitionism as a Problem in Historical Interpretation, Berkeley 1992; Lothar Gall, Liberalismus und «bürgerliche Gesellschaft». Zu Charakter und Entwicklung der liberalen Bewegung in Deutschland, in: Historische Zeitschrift 220, 1975, S. 324–356; Welskopp, Banner der Brüderlichkeit (V.9.), S. 76–82; DNVP, Oktober 1924: zit. nach Winkler, Weimar (VI.7.), S. 269.

IX.2./Ungleichheit und Gerechtigkeit:
Helmut Schelsky, Die Bedeutung des Schichtungsbegriffs für die Analyse der gegenwärtigen deutschen Gesellschaft (1953), in: ders., Auf der Suche nach Wirklichkeit, Düsseldorf 1965, S. 331–336; Stefan Hradil, Soziale Ungleichheit in Deutschland, 8. Aufl., Opladen 2001; Hans-Peter Müller u. Michael Schmid (Hg.), Hauptwerke der Ungleichheitsforschung, Opladen 2003; Heike Solga u. a. (Hg.), Soziale Ungleichheit. Klassische Texte zur Sozialstrukturanalyse, Frankfurt 2009; «gleiche Freiheit» als Leitmotiv bei Möllers, Demokratie (I.); Thomas Nipperdey,

Reformation, Revolution, Utopie, Göttingen 1975; Karl Löwith, Weltgeschichte und Heilsge-
schehen. Die theologischen Voraussetzungen der Geschichtsphilosophie, 2.Aufl., Stuttgart
1953; Thomas Etzemüller (Hg.), Die Ordnung der Moderne. Social Engineering im 20.Jahr-
hundert, Bielefeld 2009; George Orwell, Animal Farm (1945), dt.: Farm der Tiere, Zürich 1982;
Dunn, Democracy (I.), 143 f.; Montesquieu, Vom Geist der Gesetze (1748), 8. Buch, 2.Kapitel
(Reclam-Ausgabe, Stuttgart 1994, S. 180); Ralf Dahrendorf, Über den Ursprung der Ungleich-
heit unter den Menschen, 2. überarb. u. erw. Aufl., Tübingen 1966, Zitat S. 35; John Rawls, Eine
Theorie der Gerechtigkeit (1971), Frankfurt 1975; ders., Gerechtigkeit als Fairness. Ein Neu-
entwurf, Frankfurt 2003; Rainer Forst, Kontexte der Gerechtigkeit, Frankfurt 1994; Stefan
Gosepath, Gleiche Gerechtigkeit. Grundlagen eines liberalen Egalitarismus, Frankfurt 2004;
Angelika Krebs (Hg.), Gleichheit oder Gerechtigkeit. Texte der neuen Egalitarismuskritik,
Frankfurt 2000; Wolfgang Kersting, Kritik der Gleichheit. Über die Grenzen der Gerechtigkeit
und der Moral, Weilerswist 2002; Robert A.Dahl, Politische Gleichheit – ein Ideal?, Hamburg
2006; Ian Shapiro, Democracy and Distribution, in: Purdy (Hg.), Democratic Vistas (I.), S. 173–
204; Nancy Fraser u. Axel Honneth, Umverteilung oder Anerkennung? Eine politisch-philoso-
phische Kontroverse, Frankfurt 2003; Amartya Sen, Die Idee der Gerechtigkeit, München 2010;
Martha C.Nussbaum, Gerechtigkeit oder Das gute Leben, Frankfurt 1999; Nancy Fraser, Die
halbierte Gerechtigkeit, Frankfurt 2001; Zygmunt Bauman, Verworfenes Leben. Die Ausgegrenzten der Moderne, Hamburg 2005; Heinz Bude, Die Ausgeschlossenen. Das Ende vom
Traum einer gerechten Gesellschaft, München 2008; Johanna Klatt u. Franz Walter (Hg.), Ent-
behrliche der Bürgergesellschaft? Sozial Benachteiligte und Engagement, Bielefeld 2011; Paul
Nolte u. Dagmar Hilpert, Wandel und Selbstbehauptung: Die gesellschaftliche Mitte in historischer Perspektive, in: Zwischen Erosion und Erneuerung. Die gesellschaftliche Mitte in
Deutschland, Hg. Herbert-Quandt-Stiftung, Frankfurt 2007, S.11–101; Peter Spahn, Mittel-
schicht und Polisbildung, Frankfurt 1977.

IX.3./Gewalt und Frieden:
Thomas Paine, Common Sense (1776), in: Jack P. Greene (Hg.), Colonies to Nation 1763–1789,
New York 1975, S.278; Immanuel Kant, Zum ewigen Frieden. Ein philosophischer Entwurf
(Reclam-Ausgabe, Stuttgart 1984, S.16, 19); Rousseau, Contrat Social, zit. nach: Klaus Stüwe
u. Georg Weber (Hg.), Antike und moderne Demokratie, Stuttgart 2004, S.69; Robert Michels,
Grundsätzliches zum Problem der Demokratie (1928), in: ders., Masse, Führer, Intellektuelle
(VI.1.), S.182–187, hier S.186; antike Tradition: Werner Riess, Demokratische Gewalt? Prole-
gomena zu einer Kulturgeschichte der interpersonellen Gewalt im klassischen Athen, in: Histo-
rische Zeitschrift 292, 2011, S.681–718; Franklin D.Roosevelt, 19.12. 1940: Fireside Chats,
New York 1995, S.62; Spencer R.Weart, Never at War: Why Democracies Will Not Fight One
Another, New Haven 1998; Anna Geis u.a. (Hg.), Democratic Wars: Looking at the Dark Side
of Democratic Peace, New York 2006; dies. (Hg.), Den Krieg überdenken. Kriegsbegriffe und
Kriegstheorien in der Kontroverse, Baden-Baden 2006; Jost Dülffer u. Gottfried Niedhart (Hg.),
Frieden durch Demokratie? Genese, Wirkung und Kritik eines Deutungsmusters, Essen 2011;
Herfried Münkler, Die neuen Kriege, Reinbek 2002; Richard Bessel, The War to End all Wars:
The Shock of Violence in 1945 and Its Aftermath in Germany, in: Alf Lüdtke u. Bernd Weisbrod
(Hg.), No Man's Land of Violence, Göttingen 2006, S.69–99; Daniel Fulda u.a. (Hg.), Demo-
kratie im Schatten der Gewalt. Geschichten des Privaten im deutschen Nachkrieg, Göttingen
2010; Dieter Langewiesche (Hg.), Revolution und Krieg. Zur Dynamik historischen Wandels
seit dem 18. Jahrhundert, Paderborn 1989; Steven Watts, The Republic Reborn: War and the
Making of Liberal America, 1790–1820, Baltimore 1987; Carroll Smith-Rosenberg, This Violent Empire: The Birth of an American National Identity, Chapel Hill 2010; Anthony F.Wallace,
The Long, Bitter Trail: Andrew Jackson and the Indians, New York 1993; William G.Mc-
Loughlin, After the Trail of Tears: The Cherokees' Struggle for Sovereignty, 1839–1880, Chapel
Hill 1993; Michael Mann, Die dunkle Seite der Demokratie. Eine Theorie der ethnischen Säuberung, Hamburg 2007; Isabel V.Hull, Absolute Destruction: Military Culture and the Prac-
tices of War in Imperial Germany, Ithaca 2005; Norman M.Naimark, Flammender Hass. Ethnische Säuberungen im 20.Jahrhundert, München 2004; Timothy Snyder, Bloodlands. Europa
zwischen Hitler und Stalin, München 2011; Christian Gerlach, Extrem gewalttätige Gesellschaften. Massengewalt im 20.Jahrhundert, München 2011; Ralph Jessen u. Jürgen Kocka, Die

abnehmende Gewaltsamkeit sozialer Proteste. Vom 18. zum 20. Jahrhundert, in: Peter-Alexis Albrecht u. Otto Backes (Hg.), Verdeckte Gewalt, Frankfurt 1990, S. 33–57; Ute Frevert, Die kasernierte Nation. Militärdienst und Zivilgesellschaft in Deutschland, München 2001; Bock, Frauen (V.8.), S. 215; Hans Joas u. Wolfgang Knöbl (Hg.), Gewalt in den USA, Frankfurt 1994; zur «frontier violence» s. o., V.7.; W. Fitzhugh Brundage, Lynching in the New South: Georgia and Virginia, 1880–1930, Urbana 1993; Jürgen Martschukat, Die Geschichte der Todesstrafe in Nordamerika, München 2002; Susanne Krasmann u. ders. (Hg.), Rationalitäten der Gewalt. Staatliche Neuordnungen vom 19. bis zum 21. Jahrhundert, Bielefeld 2007; John Keane, Violence and Democracy, Cambridge 2004, S. 1; Susan Sontag, Das Leiden anderer betrachten, Frankfurt 2005; Judith Butler, Raster des Krieges. Warum wir nicht jedes Leid beklagen, Frankfurt 2010.

IX.4./Der Staat als Helfer und Hindernis:
Henry David Thoreau, Civil Disobedience (1849), in: ders., Collected Essays and Poems, New York 2001 (Library of America-Ausgabe), S. 203–224, hier S. 203; Edmund Burke, Betrachtungen über die französische Revolution (1790), Zürich 1996; Hagen Schulze, Staat und Nation in der Europäischen Geschichte, München 1994; Wolfgang Schluchter, Aspekte bürokratischer Herrschaft. Studien zur Interpretation der fortschreitenden Industriegesellschaft, Frankfurt 1985; Ernst Forsthoff, Der Staat der Industriegesellschaft, München 1971; Claus Offe, Strukturprobleme des kapitalistischen Staates, Frankfurt 1972; Urs Jaeggi, Kapital und Arbeit in der Bundesrepublik, Frankfurt 1973, bes. S. 132 ff.; Max Weber, Wirtschaft und Gesellschaft. Grundriss der verstehenden Soziologie, 5. Aufl., Tübingen 1972, bes. S. 122 ff., 551 ff., 815 ff.; ders., Parlament und Regierung (VI.6.). – Demokratie ist auch marginal oder eine «Leerstelle» bei Foucault: Geschichte der Gouvernementalität (VIII.1.), denn im Blick auf die Macht des Staates über die Subjekte geht die Fähigkeit verloren, zwischen politischer Freiheit und Unfreiheit zu unterscheiden. – Geppert u. Hacke (Hg.), Streit um den Staat (VII.8.); Christoph Möllers, Der vermisste Leviathan. Staatstheorie in der Bundesrepublik, Frankfurt 2008; Peter J. Katzenstein, Policy and Politics in West Germany: The Growth of a Semisovereign State, Philadelphia 1987; Simon Green u. William E. Paterson (Hg.), Governance in Contemporary Germany: The Semisovereign State Revisited, Cambridge 2005; Schmidt, Das politische System Deutschlands (VII.3.), S. 163 ff.; Wolfgang Reinhard, Geschichte der Staatsgewalt. Eine vergleichende Verfassungsgeschichte Europas von den Anfängen bis zur Gegenwart, München 1999; ders., Geschichte der modernen Staates, München 2007; Niklas Luhmann, Legitimation durch Verfahren, Neuwied 1969/Frankfurt 2005; Habermas, Faktizität und Geltung (IV.6.); «präzentorialer Staat»: Helmut Willke, Ironie des Staates. Grundlinien einer Staatstheorie polyzentrischer Gesellschaft, Frankfurt 1992, bes. S. 144 ff.; «Zerfaserung»: Stephan Leibfried und Michael Zürn (Hg.), Transformationen des Staates?, Frankfurt 2006, S. 13; Miguel Abensour, Democracy Against the State: Marx and the Machiavellian Moment, Cambridge, Mass. 2011; Baofu, The Rise of Authoritarian Liberal Democracy (I.); s. auch VIII.10. – Gunnar Folke Schuppert u. Michael Zürn (Hg.), Governance in einer sich wandelnden Welt, Wiesbaden 2008; Ludgera Klemp u. Roman Poeschke, Good Governance gegen Armut und Staatsversagen, in: Aus Politik und Zeitgeschichte, 28–29, 2005, S. 18–25.

IX.5./Transformation und defekte Demokratien:
Wolfgang Merkel, Systemtransformation. Eine Einführung in die Theorie und Empirie der Transformationsforschung, 2. Aufl., Wiesbaden 2010; Christian W. Haerpfer u. a., Democratization, New York 2009; Wolfgang Merkel, Embedded and Defective Democracies, in: Democratization 11, 2004, Nr. 5, S. 33–58; ders. u. a., Defekte Demokratie, Bd. 1: Theorie, Opladen 2003; Bd. 2: Regionalanalysen, Wiesbaden 2006; Margareta Mommsen u. Angelika Nussberger, Das System Putin. Gelenkte Demokratie und politische Justiz in Russland, München 2007; Anna Politkovskaja, In Putins Russland, Köln 2005; Bertelsmann Transformation Index 2010: www.bertelsmann-transformation-index.de (zuletzt 24.9.2011).

IX.6./Islam und Demokratie:
Francis Fukuyama, The End of History and the Last Man, New York 1992 (dt.: Das Ende der Geschichte, München 1992); Samuel P. Huntington, The Clash of Civilizations and the Re-

making of World Order, New York 1996 (dt.: Kampf der Kulturen, München 1996); Larry Diamond u. a. (Hg.), Islam and Democracy in the Middle East, Baltimore 2003; Ghassan Salamé (Hg.), Democracy without Democrats? The Renewal of Politics in the Muslim World, London 2001; John Esposito u. John Voll, Islam and Democracy, New York 1996; Amin Saikal u. Albrecht Schnabel (Hg.), Democratization in the Middle East, Tokio 2003; Gudrun Krämer, Demokratie im Islam. Der Kampf für Toleranz und Freiheit in der arabischen Welt, München 2011; dies., Gottes Staat als Republik. Reflexionen zeitgenössischer Muslime zu Islam, Menschenrechten und Demokratie, Baden-Baden 1999; Konsens- und Konkordanzdemokratie: Arend Lijphart, Democracies: Patterns of Majoritarian and Consensus Government in Twenty-One Countries, New Haven 1984; ders., Patterns of Democracy. Government Forms and Performance in Thirty-Six Countries, New Haven 1999. – Fathi Triki, Demokratische Ethik und Politik im Islam. Arabische Studien zur transkulturellen Philosophie des Zusammenlebens, Weilerswist 2011; Stephen L. Carter, Can Religion Tolerate Democracy? (And Vice Versa?), in: Purdy (Hg.), Democratic Vistas (I.), S. 67–98; Saad Eddin Ibrahim, Religion and Democracy: The Case of Islam, Civil Society, and Democracy, in: Takashi Inoguchi u. a. (Hg.), The Changing Nature of Democracy, Tokio 1998, S. 213–228; Vali Nasr, The Rise of ‹Muslim Democracy›, in: Diamond u. Plattner (Hg.), Democracy: A Reader (I.), S. 377–391 (Vergleich mit Christdemokratie, besonders in Italien); Manfred Brocker u. Tine Stein (Hg.), Christentum und Demokratie, Darmstadt 2006; Polenz, Besser für beide: Die Türkei gehört in die EU (VIII.3.); Philip N. Howard, The Digital Origins of Dictatorship and Democracy: Information Technology and Political Islam, New York 2010.

IX.7./Westlicher Sonderweg oder Weltdemokratie:
Habermas, Faktizität und Geltung (IV.6.); Mouffe, Über das Politische (VIII.5.), bes. S. 108 ff.; Amartya Sen, Democracy as a Universal Value, in: Journal of Democracy 10, 1999, S. 3–17; ders., Poverty and Famines (V.10.); ders., Development as Freedom, New York 1999; vgl. auch Paul Collier, Wars, Guns, and Votes, New York 2009; dt. Gefährliche Wahl. Wie Demokratisierung in den ärmsten Ländern der Erde gelingen kann, München 2009; John Ikenberry u. a., American Democracy Promotion: Impulses, Strategies, and Impacts, New York 2000; Wolfgang Merkel u. a., Demokratie in Asien. Ein Kontinent zwischen Diktatur und Demokratie, Bonn 2003 (für die Perspektive der politischen Stiftungen, hier der Friedrich-Ebert-Stiftung, auf Demokratieförderung); Frederic C. Schaffer, Democracy in Translation: Understanding Politics in an Unfamiliar Culture, Ithaca 1998 (zur «demokaraasi» im Senegal); Shmuel N. Eisenstadt, Die Vielfalt der Moderne, Weilerswist 2000; ders. (Hg.), Multiple Modernities, New Brunswick 2002; Modjtaba Sadria (Hg.), Multiple Modernities in Muslim Societies, Genf 2009; Kant, Zum ewigen Frieden (IX.3.); Paul Kennedy, Parlament der Menschheit. Die Vereinten Nationen und der Weg zur Weltregierung, München 2007; Daniele Archibugi, Democracy at the United Nations, in: Inoguchi u. a. (Hg.), The Changing Nature of Democracy (IX.6.), S. 244–254; Herbert Agar u. a. (Committee of Fifteen), The City of Man. A Declaration on World Democracy, New York 1940; www.weltdemokratie.org (14.10. 2011); Charles S. Maier, Consigning the Twentieth Century to History: Alternative Narratives for the Modern Era, in: American Historical Review 105, 2000, S. 807–831 (Entterritorialisierung); Seyla Benhabib, Kosmopolitismus und Demokratie, Frankfurt 2008; Otfried Höffe, Demokratie im Zeitalter der Globalisierung, München 2002; zur anwaltschaftlichen Demokratie s. o., VIII.8.

IX.8./Jenseits der Demokratie?:
Crouch, Postdemokratie (I.); vgl. das Themenheft «Postdemokratie?» von: Aus Politik und Zeitgeschichte, 1–2/2011 (3. Januar 2011); Ausstellung in Florenz, 23.9. 2011 bis 22.1. 2012: www.strozzina.org/en/exhibitions/declining-democracy/ (13.10. 2011); «stahlhartes Gehäuse»: Weber, Die protestantische Ethik und der Geist des Kapitalismus (VIII.4.), S. 203; Steinmetz, Das Sagbare und das Machbare (IV.5.), Stuttgart 1993; Chantal Mouffe, «Postdemokratie» und die zunehmende Entpolitisierung, in: Aus Politik und Zeitgeschichte 1–2/2011, S. 3–5; Wagner, Demokratie als Mogelpackung (VIII.9.); Keane, Life and Death (I.), S. 839–872, hier bes. S. 843; Richard Rorty, Kontingenz, Ironie und Solidarität, Frankfurt 1989; Otfried Höffe, Ist die Demokratie zukunftsfähig? München 2009.

IX.9./Was habe ich von der Demokratie?:
Negative und positive Freiheit: Isaiah Berlin, Liberty, Hg. Henry Hardy, Oxford 2002, bes.
S. 166 ff.; Lipset, Some Social Requisites of Democracy (IX.1.); Potter, People of Plenty (IX.1.);
Ronald Inglehart u. Christian Welzel, Modernization, Cultural Change, and Democracy. The
Human Development Sequence, New York 2005; Larry Diamond u. Marc F. Plattner (Hg.),
How People View Democracy, Baltimore 2008; Norris, Critical Citizens (V.3.); dies., Democra-
tic Deficit (V.3.); Bruno S. Frey u. Claudia Frey Marti, Glück. Die Sicht der Ökonomie, Zürich
2010; John F. Kennedy, Inaugurationsrede am 20. Januar 1961: «Ask not what your country
can do for you, ask what you can do for your country»; Adam Michnik, zit. bei Keane, Violence
(IX.3.), S. 1; Dewey, Creative Democracy (IV.10).

Personenregister

Adams, John (1735–1826) 53, 81, 139
Adams, Abigail (1744–1818) 81
Adenauer, Konrad (1876–1967) 220, 265, 291, 299, 304 f., 307, 334 f., 337, 339, 341, 385
Adorno, Theodor W. (1903–1969) 72, 167, 338, 353, 393
Agnoli, Johannes (1925–2003) 364
Ahlers, Conrad (1922–1980) 339,
Ahmadinedschad, Mahmud (*1956) 458
Alexander I. (1888–1934) 243
Alexander der Große (356–323 v. Chr.) 29
Alfons XIII. (1886–1941) 243
Al-Gaddafi, Muammar (1942–2011) 456
Allemann, Fritz René (1910–1996) 332 f.
Aly, Götz (*1947) 278
Arato, Andrew (*1944) 374
Arendt, Hannah (1906–1975) 237
Aristoteles (384–322 v. Chr.) 30–32, 45 f., 50, 139, 153, 159 f., 354
Armstrong, Neil (*1930) 348,
Arndt, Ernst Moritz (1769–1860) 100
Arnim, Bettina von (1785–1859) 217
Aron, Raymond (1905–1983) 330
Assange, Julian (*1971) 412
Attlee, Clement (1883–1967) 190, 220
Augstein, Rudolf (1923–2002) 300, 339, 343
Augustus (Gaius Octavius) (63 v. Chr.– 16 n. Chr.) 39 f.
Ayers, Edward (*1953) 254

Babeuf, François (1760–1797) 90, 435
Bagehot, Walter (1826–1877) 154
Barroso, José Manuel (*1956) 387
Barzel, Rainer (1924–2006) 124, 307
Bassermann, Friedrich Daniel (1811–1855) 48
Bauerkämper, Arnd (*1958) 301
Beaumont, Gustave de (1802–1866) 179
Bebel, August (1840–1913) 209, 214
Beecher Stowe, Harriet (1811–1896) 192
Beneš, Edvard (1884–1948) 321
Ben-Gurion, David (1886–1973) 316
Benhabib, Seyla (*1950) 396
Bentham, Jeremy (1748–1832) 287
Bernal, Martin (*1937) 33
Bernstein, Eduard (1850–1932) 214, 432
Best, Werner (1903–1989) 334
Bin Laden, Osama (1957–2011) 456

Bismarck, Otto von (1815–1898) 122, 188, 196–198, 217f.
Blickle, Peter (*1938) 59, 62
Blum, Léon (1872–1950) 319
Blum, Robert (1807–1848) 96
Böckenförde, Ernst-Wolfgang (*1930) 162, 310
Bohley, Bärbel (1945–2010) 380
Bolivar, Simon (1783–1830) 100, 224
Bonaparte, Napoleon (1769–1821) 59, 65, 67, 90, 100, 176
Bracher, Karl Dietrich (*1922) 302
Brandt, Willy (1913–1992) 122, 124, 213, 308, 342, 349–351, 355, 421, 449
Braun, Otto (1872–1955) 269
Brecht, Bertolt (1898–1956) 183
Brüning, Heinrich (1885–1970) 270
Bryce, James (1838–1922) 234
Bucharin, Nikolai Iwanowitsch (1888–1938) 249
Burke, Edmund (1729–1797) 445
Bush, George W. (*1946) 456
Byrnes, James F. (1882–1972) 297 f.

Caesar, Gaius Iulius (100–44 v. Chr.) 39, 47
Calhoun, John C. (1782–1850) 193 f.
Calvin, Johannes (1509–1564) 143
Carmichael, Stokely (1941–1998) 359
Castro, Fidel (*1926) 105
Chamberlain, Neville (1869–1940) 285
Chaplin, Charlie (1889–1977) 329
Charles I. (1600–1649) 77, 79
Churchill, Winston (1874–1965) 285, 288 f., 293, 325 f., 471
Clay, Lucius D. (1897–1978) 305
Cohn-Bendit, Daniel (*1945) 361, 364
Coughlin, Charles (1891–1979) 257
Crouch, Colin (*1944) 14, 468, 471

Dahl, Robert Alan (*1915) 225, 292 f.
Dahrendorf, Ralf (1929–2009) 198, 277, 281 f., 302, 330, 337 f., 345, 374, 388, 399, 436
De Gaulle, Charles (1890–1970) 292, 361, 385
Degenhardt, Franz Josef (1931–2011) 308
Dewey, John (1859–1952) 161, 230, 255–257, 288, 296, 352, 360, 477
Díaz, Porfirio (1830–1915) 103

Jay, John (1745–1829) 83
Jefferson, Thomas (1743–1826) 81, 123, 145, 149, 178, 202, 445
Jelzin, Boris Nikolajewitsch (1931–2007) 450, 453
Jinnah, Muhammad Ali (1876–1948) 314
Joas, Hans (*1948) 162
Johnson, Lyndon B. (1908–1973) 342, 349 f.
Jonas, Hans (*1948) 367
Juan Carlos I. (*1938) 105

Kadar, Janos (1912–1989) 323
Kaiser, Karl (*1934) 281
Kai-shek, Chiang (1887–1975) 104
Kant, Immanuel (1724–1804) 70, 72, 439 f., 466 f.
Karl der Große (747/748–814) 45
Katharina II. (1729–1796) 206
Katzenstein, Peter J. (*1945) 447
Kautsky, Karl (1854–1938) 215
Keane, John (*1949) 24, 33, 293, 315, 418, 445, 473
Kelley, Florence (1859–1932) 391
Kelsen, Hans (1881–1973) 238, 261, 267 f.
Kennan, George F. (1904–2005) 326
Kennedy, John F. (1917–1963) 348 f., 477
Kershaw, Ian (*1943) 275
Khomeini, Ruhollah Musavi (1902–1989) 458
Kiesinger, Kurt Georg (1904–1988) 343
King, Martin Luther, Jr. (1929–1968) 329, 342, 358 f., 445
Kipling, Rudyard (1865–1936) 253
Kleisthenes von Athen (ca. 570-507 v. Chr.) 28, 37
Koestler, Arthur (1905–1983) 251, 330
Kogon, Eugen (1903–1987) 300
Kohl, Helmut (*1930) 124, 308
Kolumbus, Christoph (1451–1506) 49
Krämer, Gudrun (*1953) 459
Kristol, Irving (1920–2009) 330
Kuron, Jacek (1934–2004) 324

Lange, Helene (1848–1930) 209
Lasky, Melvin Jonah (1920–2004) 331
Lassalle, Ferdinand (1825–1864) 170, 213 f., 446
LeBon, Gustave (1841–1931) 227
Leber, Julius (1891–1945) 290, 298
Leibholz, Gerhard (1901–1982) 267
Lenin, Wladimir Iljitsch (Uljanow) (1870–1924) 19, 76, 104, 118, 160, 238, 243, 246–249, 258, 261, 272, 318
Lepsius, M. Rainer (*1928) 198, 338
Liebknecht, Wilhelm (1826–1900) 214

Lincoln, Abraham (1809–1865) 191 f., 194, 253, 360, 475
Lippmann, Walter (1889–1974) 256
Locke, John (1632–1704) 47, 69, 428
Long, Huey, Jr. (1893–1935) 256
Louis Philippe I. «Bürgerkönig» (1773–1850) 94, 177
Lübbe, Hermann (*1926) 334, 337
Ludwig XIV. (1638–1715) 53, 84, 109, 144
Ludwig XVI. (1754–1793) 86
Luhmann, Niklas (1927–1998) 448
Lukaschenko, Alexander (*1954) 453
Luther, Martin (1483–1546) 54, 57, 143
Luther King, Martin (1929–1968) 329, 342, 358 f., 445
Luxemburg, Rosa (1871–1919) 209
Lynd, Robert Staughton (1892–1970) 391

MacArthur, Douglas (1880–1964) 312
Machiavelli, Niccolò (1469–1527) 46 f., 158
MacIntyre, Alasdair C. (*1929) 160
Madison, James (1751–1836) 81, 83, 110, 117
Malcolm X (1925–1965) 359
Mandela, Nelson (*1918) 314
Mann, Heinrich (1871–1950) 197
Mann, Michael (*1942) 442
Mann, Thomas (1875–1955) 200, 467
Mann Borgese, Elisabeth Veronika (1918–2002) 467
Mao Zedong (Tse-tung) (1893–1976) 105, 326, 362
Marcuse, Herbert (1898–1979) 329, 364 f., 393
Marshall, Thomas H. (1893–1981) 151
Marshall, George C., Jr. (1880–1959) 326
Marx, Karl (1818–1883) 78, 97, 116, 160, 170, 212 f., 214, 216, 247, 260, 361, 364, 372, 431, 446 f.
Masaryk, Thomas (1850–1937) 242
Mason, George (1725–1792) 149
Mazower, Mark (*1958) 246
McCarthy, Joseph (1908–1957) 329
Meier, Christian (*1929) 32, 44, 75
Meinecke, Friedrich (1862–1954) 269
Meredith, James (*1933) 357
Merkel, Wolfgang (*1952) 451, 453
Michels, Robert (1876–1936) 231 f., 234 f., 256, 263, 345, 439
Michnik, Adam (*1946) 107, 324, 373, 477
Mierendorff, Carlo (1897–1943) 298
Mikołajczyk, Stanisław (1901–1966) 321
Mill, John Stuart (1806–1873) 188, 207
Mohammed (ca. 570-632) 458
Moltke, Helmuth James von (1907–1945) 290, 298